U0492489

经以修齐
辅仁济美

贺教育部
人文社会科学项目

成果出版

李瑞柏
癸巳春八

教育部哲學社會科學研究重大課題攻關項目
"十三五"国家重点出版物出版规划项目

现代大学治理结构中的纪律建设、德治礼序和权力配置协调机制研究

RESEARCH ON DISCIPLINE CONSTRUCTION, RULE OF VIRTUE, ORDER OF ETIQUETTE, AND COORDINATION MECHANISM OF POWER ALLOCATION IN MODERN UNIVERSITY GOVERNANCE STRUCTURE

周作宇 等著

中国财经出版传媒集团
经济科学出版社
Economic Science Press

图书在版编目（CIP）数据

现代大学治理结构中的纪律建设、德治礼序和权力配置协调机制研究/周作宇等著．－－北京：经济科学出版社，2020.12

教育部哲学社会科学研究重大课题攻关项目 "十三五"国家重点出版物出版规划项目

ISBN 978-7-5218-2238-0

Ⅰ.①现…　Ⅱ.①周…　Ⅲ.①高等学校-学校管理-研究-中国　Ⅳ.①G647

中国版本图书馆CIP数据核字（2020）第264096号

责任编辑：郎　晶
责任校对：靳玉环
责任印制：范　艳

现代大学治理结构中的纪律建设、德治礼序和权力配置协调机制研究
周作宇　等著
经济科学出版社出版、发行　新华书店经销
社址：北京市海淀区阜成路甲28号　邮编：100142
总编部电话：010-88191217　发行部电话：010-88191522
网址：www.esp.com.cn
电子邮箱：esp@esp.com.cn
天猫网店：经济科学出版社旗舰店
网址：http://jjkxcbs.tmall.com
北京季蜂印刷有限公司印装
787×1092　16开　28印张　534000字
2022年1月第1版　2022年1月第1次印刷
ISBN 978-7-5218-2238-0　定价：112.00元
（图书出现印装问题，本社负责调换。电话：010-88191510）
（版权所有　侵权必究　打击盗版　举报热线：010-88191661
QQ：2242791300　营销中心电话：010-88191537
电子邮箱：dbts@esp.com.cn）

课题组主要成员

首席专家 周作宇

主要成员 李延保　王英杰　张保生　陈洪捷　金生鈜
　　　　　　秦惠民　施克灿　余雅风　林　杰　杜瑞军
　　　　　　乔锦忠　夏仕武　李庆丰　张学文　孙富强
　　　　　　张红伟　章建石　杜云英　刘益东　王明明
　　　　　　何　芳　赵荣辉　张建锋　马佳妮　陈　燕
　　　　　　李胜机　姚冬萍　毛金德　赵聪环　张玉凤
　　　　　　冯用军　孙成梦雪　宋　文

总　序

哲学社会科学是人们认识世界、改造世界的重要工具，是推动历史发展和社会进步的重要力量，其发展水平反映了一个民族的思维能力、精神品格、文明素质，体现了一个国家的综合国力和国际竞争力。一个国家的发展水平，既取决于自然科学发展水平，也取决于哲学社会科学发展水平。

党和国家高度重视哲学社会科学。党的十八大提出要建设哲学社会科学创新体系，推进马克思主义中国化、时代化、大众化，坚持不懈用中国特色社会主义理论体系武装全党、教育人民。2016年5月17日，习近平总书记亲自主持召开哲学社会科学工作座谈会并发表重要讲话。讲话从坚持和发展中国特色社会主义事业全局的高度，深刻阐释了哲学社会科学的战略地位，全面分析了哲学社会科学面临的新形势，明确了加快构建中国特色哲学社会科学的新目标，对哲学社会科学工作者提出了新期待，体现了我们党对哲学社会科学发展规律的认识达到了一个新高度，是一篇新形势下繁荣发展我国哲学社会科学事业的纲领性文献，为哲学社会科学事业提供了强大精神动力，指明了前进方向。

高校是我国哲学社会科学事业的主力军。贯彻落实习近平总书记哲学社会科学座谈会重要讲话精神，加快构建中国特色哲学社会科学，高校应发挥重要作用：要坚持和巩固马克思主义的指导地位，用中国化的马克思主义指导哲学社会科学；要实施以育人育才为中心的哲学社会科学整体发展战略，构筑学生、学术、学科一体的综合发展体系；要以人为本，从人抓起，积极实施人才工程，构建种类齐全、梯队衔接的高校哲学社会科学人才体系；要深化科研管理体制改革，发挥高校人才、智力和学科优势，提升学术原创能力，激发创新创造活力，建设中国特色新型高校智库；要加强组织领导、做好统筹规划、营造良好学术生态，形成统筹推进高校哲学社会科学发展新格局。

  哲学社会科学研究重大课题攻关项目计划是教育部贯彻落实党中央决策部署的一项重大举措，是实施"高校哲学社会科学繁荣计划"的重要内容。重大攻关项目采取招投标的组织方式，按照"公平竞争，择优立项，严格管理，铸造精品"的要求进行，每年评审立项约40个项目。项目研究实行首席专家负责制，鼓励跨学科、跨学校、跨地区的联合研究，协同创新。重大攻关项目以解决国家现代化建设过程中重大理论和实际问题为主攻方向，以提升为党和政府咨询决策服务能力和推动哲学社会科学发展为战略目标，集合优秀研究团队和顶尖人才联合攻关。自2003年以来，项目开展取得了丰硕成果，形成了特色品牌。一大批标志性成果纷纷涌现，一大批科研名家脱颖而出，高校哲学社会科学整体实力和社会影响力快速提升。国务院副总理刘延东同志做出重要批示，指出重大攻关项目有效调动各方面的积极性，产生了一批重要成果，影响广泛，成效显著；要总结经验，再接再厉，紧密服务国家需求，更好地优化资源，突出重点，多出精品，多出人才，为经济社会发展做出新的贡献。

  作为教育部社科研究项目中的拳头产品，我们始终秉持以管理创新服务学术创新的理念，坚持科学管理、民主管理、依法管理，切实增强服务意识，不断创新管理模式，健全管理制度，加强对重大攻关项目的选题遴选、评审立项、组织开题、中期检查到最终成果鉴定的全过程管理，逐渐探索并形成一套成熟有效、符合学术研究规律的管理办法，努力将重大攻关项目打造成学术精品工程。我们将项目最终成果汇编成"教育部哲学社会科学研究重大课题攻关项目成果文库"统一组织出版。经济科学出版社倾全社之力，精心组织编辑力量，努力铸造出版精品。国学大师季羡林先生为本文库题词："经时济世 继往开来——贺教育部重大攻关项目成果出版"；欧阳中石先生题写了"教育部哲学社会科学研究重大课题攻关项目"的书名，充分体现了他们对繁荣发展高校哲学社会科学的深切勉励和由衷期望。

伟大的时代呼唤伟大的理论，伟大的理论推动伟大的实践。高校哲学社会科学将不忘初心，继续前进。深入贯彻落实习近平总书记系列重要讲话精神，坚持道路自信、理论自信、制度自信、文化自信，立足中国、借鉴国外，挖掘历史、把握当代，关怀人类、面向未来，立时代之潮头、发思想之先声，为加快构建中国特色哲学社会科学，实现中华民族伟大复兴的中国梦做出新的更大贡献！

教育部社会科学司

摘 要

现代大学治理体系与治理能力建设与大学的使命追求、功能定位、发展要求等紧密相关,也受特定的政治制度、社会现实、历史文化传统等因素的影响。现代大学治理既需要面对普遍的、一般性的问题,也不能超越特定的国情和具体的情景,它是国家治理体系与治理能力建设的有机组成部分。因此,基于特定情景对现代大学治理问题进行研究不仅仅是一种方法论,更是一种认识论。纪律建设、德治礼序、权力配置是解读中国大学治理的核心要素。纪律强调对人的行为的约束以及对权力的约束。纪律建设主要起到显性规范、权力监督和价值引领的作用,是大学制度建设的组成部分,是中国大学治理的核心内容。德治礼序主要起到社会规范和文化影响的功能,是立足中国特色,凸显中国文化,从中国传统文化中寻求智慧,挖掘其当代价值。德治礼序与现代大学治理的结合是传统与现代的碰撞,既是传承与回归,亦是创新。权力配置关乎大学内部权力的边界、运行与博弈。现代大学治理需要面对的问题庞杂,但并非无所不包,从"问题导向"出发,核心是解决大学内外部权力配置与权力运行的问题。纪律建设、德治礼序和权力配置最终都依归于组织内每一个具体的人的观念、行为与惯习之中。

本书共有六章。

第一章介绍了课题研究背景、研究现状、研究内容、研究方法以及创新点和难点。扎根中国大地办大学,加强党的领导,加强治理体系和治理能力建设,对大学治理提出了新的要求。中国大学治理体系建设要摆脱"西方中心主义"倾向,在坚持开放、包容的前提下,把加强党的领导、加强纪律建设、加强对中国优秀传统文化中宝贵经验的萃取作为重点。根据研究任务不同，本书主要采用文本分析法、问卷调查法、访谈法、观察法（民族志研究方法）、比较法、个案研究、案例分析等研究方法，致力于构建有中国特色的大学治理体系。

第二章通过国际比较研究，系统梳理了西方大学治理的历史发展脉络，跟踪国外大学治理关注点和走向，结合中国政治制度和高校治理结构的特点，为我国进一步推动纪律建设、加强德治礼序及合理分配权力问题提供经验。

第三章聚焦现代大学治理结构中的纪律建设问题，系统梳理了纪律概念的流变，厘定了大学纪律建设的内涵，从政治纪律、行政纪律、学术纪律三个方面建构了大学纪律建设的分析框架，阐明了纪律建设在大学治理中的意义和价值。

第四章把德治礼序与中国大学治理结合起来，解释了德治礼序的传统内涵及其演变，关注大学中仪式、礼仪的治理价值，大学的伦理德性与大学内部治理，德治礼序的实践路径等问题。本章指出，建设现代大学制度，不仅旨在达到世界水平，更要立足中国特色，凸显中国文化，弘扬德治礼序。大学德治要求在加强学生德育、师德建设和道德领导的同时，明确自律与他律的区别，切勿本末倒置，将手段当作目的。倡导大学之礼就是要明确个体的角色、权利与责任，维护师道尊严。此外，德治礼序的文化逻辑可为大学治理制度逻辑的局限性提供有效补充，从而实现大学德治与法治的统一。

第五章关注现代大学治理结构中的权力配置问题。在大学治理的权力格局中，必须关注政治权力。在中国情景下，政治权力是执政党的政治权力在高校的延伸和具体体现。政治权力、行政权力以及学术权力构成了大学治理的权力三角，与此相对应，大学治理存在三种模式：政治治理模式、行政治理模式和学术治理模式。中国大学治理要系统认识三边权力关系，在具体的治理情境中，依据情境特征对权力的表达进行权变性的调整，构建基于三权协调的权变大学治理观。

第六章关注纪律建设、德治礼序与权力配置之间的协同机制。纪律建设和德治礼序是权力配置与权力运行的基础性条件保障。权力配置并非静态的，而是动态的，既受到普遍性的、显性的制度、法律、规则等的规制，也受到政治团体、行政团体、学术团体内部的纪律制约，并受到扎根于此的文化传统影响。纪律体现为对权力运行的"硬约束"，德治礼序体现为"软约束"，三者是大学治理体系的核心要素。从历史实践来看，三种要素的不同配置在高等教育史上留下了三种不同治理模式，即权力主导型、纪律主导型和文化主导型。然而在当下来看，任何一种模式都因其固有的局限无法实现现代大学的使命和目标，最终的路径必然是三者间的有效整合。因此，现代大学治理必须通过加强不同治理手段间的协调机制建设，由治理走向善治，从而实现大学治理与大学使命的统一。操作上，要改善权力配置，促进利益协调；加强纪律建设，促进目标协调；重视文化治理，促进价值协调。大学治理体系建设转化为治理能力建设，要关注治理的微观结构，关注组织中的人。大学治理是人的治理，以人为主体和对象，以人为工具和目的。大学善治之善，是以大学成员个体之善为基础，但还有超越个体的善。善治之善乃是集体之善、法人之善和组织之善。

Abstract

The construction of modern university governance system and governance capacity is closely related to the mission pursuit, functional orientation and development requirements of the university, and is also influenced by specific political system, social reality, historical and cultural traditions, and many other factors. Modern university governance not only needs to face universal and general problems, but also cannot go beyond specific national conditions and specific situations. It is an organic part of national governance system and governance capacity-building. Therefore, the study of modern university governance based on specific situations is not only a methodology, but also an epistemology. To understand Chinese university governance, there are three core elements, namely discipline construction, virtue cultivating and etiquette formulating, and power allocation. First, discipline emphasizes the restraint of human behavior and power. Discipline construction mainly plays the role of explicit norms, power supervision and value guidance. It is an integral part of university system construction and the core content of university governance in China. Second, the virtue cultivating and etiquette formulating mainly plays the function of social norms and cultural influence. It is based on Chinese characteristics, highlighting Chinese culture, seeking wisdom from Chinese traditional culture and exploring the contemporary value of Chinese culture. It is a collision between tradition and modernity when the rule of virtue and etiquette combines with modern university governance, which is not only a kind of inheritance and return, but also a kind of innovation. Third, power allocation is related to the boundary, operation and game of power within the university. The problems that modern university governance needs to face are numerous, but are not all inclusive. Being problem-oriented, the core is to solve the problems of internal and external power allocation and operation in university. These three core elements are ultimately attributed to the ideas, behaviors and habits of each specific person in the organization.

The book consists of six chapters.

Chapter 1 introduces the research background, research status, research content, research methods, innovation points and difficulty points. There are new requirements for university governance, concerning the aspects of taking root in China to run universities, strengthening the leadership of the Communist Party of China (CPC), and strengthening the construction of governance system and governance capacity. The construction of Chinese university governance system should get rid of the tendency of "western centralism". On the premise of adhering to openness and inclusiveness, it should focus on strengthening the leadership of CPC, the construction of discipline and the extraction of valuable experience from Chinese excellent traditional culture. According to different research tasks, this book mainly adopts text analysis method, questionnaire survey method, interview method, observation method (ethnography research method), comparison method, case study, case analysis and other research methods. We are committed to building a university governance system with Chinese characteristics.

Chapter 2 systematically summarizes the historical development of western university governance through international comparative research. It tracks the concerns and trends of foreign university governance, and provides experience for China, in combination with the characteristics of Chinese political system and university governance structure, to further promote discipline construction, strengthen the rule of virtue and etiquette, and push forward with reasonable power allocation.

Chapter 3 focuses on the discipline construction in the modern university governance structure. It systematically combs through the evolution of the concept of discipline, collates and stipulates the connotation of university discipline construction, constructs the analytical framework of university discipline construction from the aspects of political discipline, administrative discipline and academic discipline, and also expounds the significance and value of discipline construction in university governance.

Chapter 4 combines the virtue cultivating and etiquette formulating with Chinese university governance. This chapter explains the traditional connotation and its evolution of virtue cultivating and etiquette formulating, and pays attention to many questions, such as the governance value of rituals and etiquette in universities, the ethical virtue and internal governance of universities, and the practical path of virtue cultivating and etiquette formulating. It points out that the construction of modern university system is not only aimed at achieving the world level, but also based on Chinese characteristics, highlighting Chinese culture and promoting virtue cultivating and etiquette formulating. University moral governance requires that while strengthening students' moral education, teachers' moral construction and moral leadership, we should clarify the difference between self-discipline and heteronomy, not put the cart before the horse and take means as the purpose. Advocating university etiquette is to clarify individual roles, rights and responsibilities and maintain the dignity of teachers. In addition, the cultural logic of virtue cultivating and etiquette formulating can provide an effective supplement to the limitations of university governance system logic, so as to realize the unity of rule of virtue and rule of law in university.

Chapter 5 focuses on the power allocation in the governance structure of modern universities. In the power pattern of university governance, political power should be paid attention to. In China, political power in universities is the extension and concrete embodiment of the political power of the ruling party. Political power, administrative power and academic power constitute trilateral powers of university governance. Accordingly, there are three governance models: political governance model, administrative governance model and academic governance model. Chinese university governance should systematically understand the trilateral power relationship, adjust the expression of power according to the situation features in specific governance contexts, and build a contingency view of university governance based on the coordination of three powers.

Chapter 6 focuses on the coordination mechanism among discipline construction, virtue cultivating and etiquette formulating, and power allocation. The construction of discipline and virtue cultivating and etiquette formulating are the basic conditions for the allocation and operation of power. Power allocation is not static, but dynamic. It is not only regulated by universal and explicit systems, laws and rules, but also restricted by the discipline within political groups, administrative groups and academic groups. Besides, it is also influenced by the rooted traditional culture. Discipline is the "hard constraint" on the power operation, and the rule of virtue and etiquette is the "soft constraint". The three are the core elements of the university governance system. From the perspective of historical practice, the different allocation of the three elements led to three different governance modes in the history of higher education, namely power-oriented mode, discipline-oriented mode and culture-oriented mode. However, at present, any model cannot achieve the mission and goal of modern universities because of its inherent limitations. The final path must be the effective integration of the three. Therefore, modern university governance must move from governance to good governance by strengthening the construction of coordination mechanism among different means of governance, so as to realize the unity of university governance and university mission. In practice, we should improve power allocation and promote the coordination of interests, should strengthen discipline construction and promote goal coordination, should pay attention to cultural governance and promote value coordination. To transform the construction of university governance system into the construction of governance capacity, we should pay attention to the microstructure of governance and pay close attention to people in the organization. University governance is human governance, which takes human as the subject and object, human as the tool and purpose. The good university governance is based on good individual members in universities, but there is also the goodness beyond the individual. The goodness of good governance is the goodness of the community, the legal person and the organization.

目 录
Contents

第一章 ▶ 绪论 1

    第一节　问题的缘起　1

    第二节　研究现状　4

    第三节　总体框架和研究内容　31

第二章 ▶ 大学治理的历史演进 41

    第一节　学生治理：博洛尼亚大学的诞生及其治理特征　42

    第二节　教师治理：巴黎大学的诞生及其治理特征　52

    第三节　博雅教育与大学学术自治：牛津大学的精髓与治理特征　61

    第四节　科研教学相结合：德国柏林大学治理的新主张　68

    第五节　从法人—董事会到共同治理：美国大学治理特征　78

    第六节　中央集权与基层民主：苏联大学治理体系的建设与发展　91

第三章 ▶ 现代大学治理结构中的纪律建设研究 105

    第一节　大学纪律的构成及其治理意义　108

    第二节　学术纪律建设：破解学术失范的"系统"力量　138

    第三节　行政纪律建设：高校有效行政的关键　147

    第四节　政治纪律建设：重构大学治理秩序　156

第四章 ▶ 现代大学治理结构中的德治礼序研究 163

    第一节　德治礼序的传统内涵及其演变　163

    第二节　仪式、礼仪及其现代化　172

    第三节　德治礼序与现代大学治理　182

第四节　德治礼序的实践路径　194

第五章 ▶ 现代大学治理结构中的权力配置研究　208

第一节　现代大学治理中的"权力三角"理论模型　209

第二节　大学治理中的章程"现象"　226

第三节　我国高校内部领导体制的演变　234

第四节　高校内部院校两级权力配置研究　242

第五节　中国大学权力配置的实证研究　260

第六章 ▶ 现代大学治理结构的协调机制研究　341

第一节　现代大学治理的协调机制：权力三角的视角　342

第二节　现代大学治理的理想类型与协调机制：高等教育史的视角　357

第三节　大学治理的心理基础：心智模式与集体思维　368

参考文献　390

Contents

Chapter 1　Introduction　1

    1.1　Origin of the Problem　1

    1.2　Research Status　4

    1.3　Main Frame and Research Content　31

Chapter 2　The Historical Evolution of University Governance　41

    2.1　Student Governance: The Birth of Bologna University and Its Governance Characteristics　42

    2.2　Teacher Governance: The Birth of the University of Paris and Its Governance Characteristics　52

    2.3　Liberal Arts Education and University Academic Autonomy: The Essence and Governance Characteristics of Oxford University　61

    2.4　Combination of Scientific Research and Teaching: A New Idea of Governance in Berlin University　68

    2.5　From Corporate Board to Corporate Governance: New Features of American University Governance　78

    2.6　Centralization and Grassroots Democracy: The Construction and Development of University Governance System in the Soviet Union　91

Chapter 3 Research on Discipline Construction in Modern University Governance Structure　105

3.1　Composition of University Discipline and Its Governance Significance　108

3.2　Academic Discipline Construction：The "Systematic" Power to Crack Academic Anomie　138

3.3　Administrative Discipline Construction：The Key to Effective Administration in Colleges and Universities　147

3.4　Construction of Political Discipline：Reconstruction of University Governance Order　156

Chapter 4 Research on the Order of Rule of Virtue and Etiquette in Modern University Governance Structure　163

4.1　The Traditional Connotation and Evolution of the Ritual Order of Rule of Virtue　163

4.2　Ceremony, Etiquette and its Modernization　172

4.3　The Order of Rule by Virtue and Modern University Governance　182

4.4　Practice Path of Rule of Virtue and Ritual Order　194

Chapter 5 Research on Power Allocation in Modern University Governance Structure　208

5.1　The Theoretical Model of "Power Triangle" in Modern University Governance　209

5.2　Constitution "Phenomenon" in University Governance　226

5.3　The Evolution of Internal Leadership System in Colleges and Universities in China　234

5.4　Research on the Power Allocation at Two Levels within Colleges and Universities　242

5.5　An Empirical Study on the Power Allocation of Chinese Universities　260

Chapter 6 Research on the Coordination Mechanism of Modern University Governance Structure　341

6.1　The Coordination Mechanism of Modern University Governance：

　　　　From the Perspective of Power Triangle　342
　6.2　Ideal Types and Coordination Mechanism of Modern University
　　　　Governance：From the Perspective of Higher Education History　357
　6.3　Psychological Basis of University Governance：Mental Model and
　　　　Collective Thinking　368

References　390

第一章

绪　论

第一节　问题的缘起

一、新时期大学使命与大学治理的新起点

党的十八大以来，国家对高等学校的职责、使命和发展的定位发生了明显的改变，在关注质量的同时，把办学方向摆在突出重要的地位。2014年，习近平总书记在北京大学考察时指出，"办好中国的世界一流大学，必须有中国特色"。2014年教师节，习近平总书记在同北京师范大学师生代表座谈时强调，"我们的教育是为中国特色社会主义服务的"。2015年中共中央办公厅、国务院办公厅印发《关于进一步加强和改进新形势下高校宣传思想工作的意见》强调指出，高校是意识形态工作的前沿阵地，加强高校意识形态阵地建设，是一项战略工程、固本工程、铸魂工程。2016年全国高校思想政治工作会议对高校的职责使命和办学定位做了最为全面的阐释：高校必须把立德树人作为立身之本，必须把坚持党的领导作为最本质的特征，必须把坚持"为人民服务，为中国共产党治国理政服务，为巩固和发展中国特色社会主义制度服务，为改革开放和社会主义现代化建设服务"作为最根本的办学方向。

国家对高校办学方向的定位，以及把高校视为思想意识形态工作的前沿阵地的研判是与新时期我国经济社会改革发展面临的新形势、新要求紧密相关的。党的十九大提出中国特色社会主义进入新时代，这是中国决胜全面建成小康社会进而全面建设社会主义现代化强国的时代，是奋力实现中华民族伟大复兴的中国梦的时代。但必须清晰认识到，受"去全球化"浪潮影响，不少发达国家孤立主义、国家主义和民粹主义回潮，具体表现在各种极端主义思潮在混沌中涌现，恐怖主义威胁日趋严峻。民粹主义和保守主义趁势抬头，全球及地区安全风险显著上升，全球正在进入具有高度不确定性的"风险社会"时代。① 中国也处于这样的"风险社会"。改革处于攻坚克难时期，各种利益和矛盾冲突凸显，价值观的良莠不齐，理想信念缺失，历史虚无主义的沉渣泛起不断消解人们的共同信念和社会凝聚力。② 习近平总书记在党的十八届五中全会第二次全体会议上的讲话中指出，"今后5年，可能是我国发展面临的各方面风险不断积累甚至集中显露的时期"，"我们必须把防风险摆在突出位置"。

高校是国内外社会思潮的聚集和交汇地，是意识形态工作的"风向标"和"晴雨表"。③ 2016年，全国各类高等教育在学总规模达到3 699万人，普通高等学校专任教师达到160.20万人，其中45岁以下青年教师占到70%左右。这部分群体的价值取向决定了未来整个社会的价值取向。这就要求从战略高度认识高校意识形态工作的重要性。高校意识形态工作的成效影响高校的发展与稳定，影响社会的发展与稳定，影响政权的安危。④ 高校必须把"培养什么人""如何培养人""为谁培养人"摆在首要位置。这对高校加强党的领导提出了新的要求。

二、全面依法治国战略与大学治理新动力

高校肩负着学习研究宣传马克思主义、培养中国特色社会主义事业建设者和接班人的重大任务。加强党对高校的领导，加强和改进高校党的建设，是办好中国特色社会主义大学的根本保证。习近平总书记在十八届中央纪委五次全会上提出坚持思想建党和制度治党，严明政治纪律和政治规矩，强调"把守纪律讲规矩摆在更加重要的位置"，并生动描绘了纪律与规矩的关系问题，即"纪律是成文的规矩，一些未明文列入纪律的规矩是不成文的纪律"，"纪律是刚性的规矩，一些未明文列入纪律的规矩是自我约束的纪律"。这一表述，也精准地把握了大学

---

① 范如国：《"全球风险社会"治理：复杂性范式与中国参与》，载《中国社会科学》2017年第2期。
② 郑师渠：《当下历史虚无主义之我见》，载《历史研究》2015年第6期。
③④ 张建明：《从战略高度认识高校意识形态工作》，载《求是》2015年第21期。

基层党组织纪律建设的核心。当前,高校党的纪律建设面临许多新问题。十八届中央第十二轮巡视对29所"中管"高校党委开展专项巡视所发现的问题主要体现在:"四个意识"不够强,党委领导核心作用发挥不够充分,贯彻党的教育方针在有些方面不够到位,思想政治工作较为薄弱,落实意识形态工作责任制不够到位,对做好新形势下高校思想政治工作措施不够有力,思想政治工作队伍建设有所弱化,等等。部分党员个人主义、自由主义严重,目无组织纪律,跟组织讨价还价,不服从组织安排;部分领导干部把分管领域当成"私人领地";有的人只对领导个人负责而不对组织负责,把上下级关系搞成人身依附关系。拉关系、走后门,搞"圈子文化"在大学中也一定程度的存在。学校校纪校规涣散,部分教师和学生理想、信念缺失,自私自利,甚至发表不负责任的言论等。加强大学纪律建设,就是要把权力关进制度的笼子里,就是要让人守规矩。纪律和自由是相对的。纪律和自由互为条件、相互促进。纪律与自由是限制和约束、反限制和反约束的矛盾统一体,是在特定的历史条件下,特定的社会、政党和组织中存在和发展的。在科研与教学领域,所谓自由是对真理的认识与探究,是对知识的有效传播和对文化的有效传承,而不能脱离中国的国情,不能脱离党的领导。纪律规范和约束科研、教学等实践活动的自由范畴,在纪律约束下的科研和教学实践才能真正开花结果,不断发展进步,使纪律在新的更高层次上发挥作用。

三、全面从严治党与大学治理的新要求

基于法治思维和制度激励的政府治理模式的变革,是实现中国大学治理体系变革的根本性制约环节。① 党的十八届三中全会通过的《中共中央关于全面深化改革若干重大问题的决定》将"完善和发展中国特色社会主义制度,推进国家治理体系和治理能力现代化"确立为"全面深化改革的总目标"。依法治校和大学治理是国家治理体系和治理能力现代化在教育领域的本质要求和具体体现,教育治理体系和大学治理能力现代化将对国家治理体系和治理能力现代化起到有力的助推作用。我国大学目前正处于不断深化改革时期,不同权力主体的利益面临深刻的调整,改革的难度加大。要使得大学改革走出"深水区",就需要处理好改革和法治之间的关系,做到立法决策和改革决策相衔接、相统一。凡属重大改革要于法有据,不允许随意突破法律红线;同时,立法要主动适应改革发展需要,不能成为改革的"绊马索"。

依法执教需要转变职能,促使政府管理"到位"而不"越位",提升教育治

---

① 张杰:《推进以人为本的制度激励》,载《中国高等教育》2014年第22期。

理能力，探索建立科学的"管办评"机制，推动落实学校办学自主权。依法执教还需要在以下方面积极开展工作：强化依章办学，推动章程从字面落到地面；探索多元参与，构建高校治理新机制；坚持重心下移，深化校院两级改革；等等。这就需要对大学的治理结构、权力运行机制进行科学、合理的规划，需要对我国的法律、政策进行研究，使不同权力主体的权力配置、权力运行在法治的框架下开展。

四、扎根中国大地与大学治理的新趋向

现在建构的大学治理体系中，一定程度上存在着"西方中心主义"的倾向。在中国建设一流大学的过程中，西方经验成为所谓的"主流经验"，西方的传统、西方的做法被无条件引入对中国问题的分析。现代大学治理体系建设可以借鉴西方好的经验和做法，但必须和中国国情相结合，必须借鉴中国优秀传统文化中的宝贵经验。习近平总书记在北京大学讲话中提到，我们要建中国的北京大学，而不是把北京大学建设成为哈佛大学。大学是传承文化的重要机构，如果失去传承本民族优秀文化的功能，大学也就失去了其灵魂。因此，把德治礼序纳入大学治理结构中，是建构中国特色大学治理体系的努力，也是中国大学贡献给世界的重要经验。

本书的学术价值在于把组织建设、德治礼序纳入大学治理结构之中，并且让其与权力配置相协调。这是中国优秀传统文化和西方经验的有机结合，是中国特色大学治理体系建设的重要探索。

第二节 研究现状

一、我国大学治理研究综述

我国高等教育学界于20世纪末引入治理观点，并展开了相关研究。虽然较国外而言起步较晚，但业已积累了大量的文献资源。到目前为止，CNKI数据库中主题为大学治理和高等教育治理的文献已高达2 000余篇，其中CSSCI来源期

刊论文达 1 000 余篇。① 对前期文献研究发现，在大学治理研究中，我国共被引频率较高的学者为张维迎、别敦荣、张应强、俞可平、王洪才、李福华等。② 其中，张维迎和俞可平不是高等教育研究者，分属经济学和政治学领域，在一定程度上体现了治理的理论渊源。张维迎较早在其《大学的逻辑》一书中对大学治理进行了讨论，指出大学治理涉及一系列问题，如大学的制度安排、大学的控制权由谁掌握、教师队伍的选拔与激励等。③ 俞可平作为治理理论的主要推手，形成了关于治理的一整套理论体系，主要是区别治理与统治，提出了治理的多层概念体系（其中有代表性的是俞可平的国家治理观，他指出国家治理包括三个要素：治理主体、治理机制和治理技术），④ 概括了中国实现善治的十个特征，⑤ 形成了测量中国善治程度的综合量表等。⑥ 这一整套理论体系在高等教育学界产生了重大影响，关于大学治理的大多数研究，都能看到俞可平的治理理论烙印。

在高等教育学科内，按照中国传统研究中"人及其思想"的研究理路，⑦ 我们首先考查了这些共被引频率较高的学者关于大学治理的文献，而后根据以往的阅读和研究经验，进一步综合了相关学者的治理研究。以此为基础，我们尝试整理了中国大学治理研究的核心观点，分别从理念、目标、结构和制度、机制、主体以及文化等几个层面加以概述，借以窥探中国大学治理研究的全貌。

（一）理念层面的大学治理

理念层面的大学治理研究根植于大学理念的知识基础。⑧ 其认为大学治理的目标是构建知识共同体，使教师能充分享受知识探究的乐趣，⑨ 与此相对应，学者从事教学与研究需要思想自由和学术自由。要保障这些自由，就要求实施学术自治甚至大学自治，并需要有相应的制度安排加以保障。该层面的大学治理认为学术自由是大学的生命所在，自治是大学治理的本质特征。⑩ 理念层面指涉的治

---

① 检索日期：2018 年 8 月 8 日。
② 刘益东：《中外大学治理研究的图谱分析——基于 WoS 和 CNKI 数据库的比较》，载《教育学术月刊》2017 年第 3 期。
③ 张维迎：《大学的逻辑》，北京大学出版社 2004 年版，第 5 页。
④ 俞可平：《走向善治》，中国文史出版社 2016 年版，第 58 页。
⑤ 俞可平：《全球治理引论》，载《马克思主义与现实》2002 年第 1 期。
⑥ 俞可平：《论国家治理现代化》，社会科学文献出版社 2015 年版，第 242～304 页。
⑦ 汪庆华、郭钢、贾亚娟：《俞可平与中国知识分子的善治话语》，载《公共管理学报》2016 年第 1 期。
⑧ 周作宇：《大学理念：知识论基础及价值选择》，载《北京大学教育评论》2014 年第 1 期。
⑨ 王洪才：《大学治理：理想·现实·未来》，载《高等教育研究》2016 年第 9 期。
⑩ 刘献君：《自治·共治·善治——大学治理的特征、方式与目标》，载《探索与争鸣》2015 年第 7 期。

理现象是大学的"行政化"。其外部表现为政府对大学"管得过死"、"官学一体"的制度安排以及高校主要领导的"向上负责制"等;① 内部表现为高校内部行政压制学术的诸多现象。由此,学界提出有限政府的观念,主张推动国家、大学和学者对此的共识。②

总体来看,理念层面的大学治理与大学的逻辑起点和大学的发展历史联系在一起,深受大学组织作为学者共同体和知识共同体的影响,力主大学的独立性和自主性。但由于大学首先是为执行特定社会任务而做的结构化安排,理念后于结构而存在,③ 理念的运行就难免受限于具体的情境。因此,在具体情境中,大学究竟如何可以完全不受外部影响,如何避免资源、路径、制度和文化依赖,又如何取得历史与传统合法性之外的辩护还存在很大的讨论空间。当理念的治理遭遇现实的治理,难免显得力不从心。现实中的治理案例也在昭彰理念的缺憾:相较于美国大学而言,欧洲大学治理中教授的权力相对更大,但从大学的办学效果来看,竞争力却普遍不如美国。④ 中国大学面对更为复杂的治理环境,如何将理念照进现实,还需要深入展开。比起理念层面的大学治理,目标层面的大学治理稍多了一些实践的意味。

(二) 目标层面的大学治理

目标层面的大学治理指向大学治理的结果,如构建现代大学制度、实现大学善治、获得大学主体性等。这些目标与大学的理念一脉相承,但总体上倾向于开始强调理念与实践的协调,强调实现理念的多元路径和理念的多种未来可能,并提供一些操作性方案。就目标而言,现代大学制度是一个发展性目标,具有指向未来、普适与多样的统一、不断发展变化、⑤ 社会适应性强⑥等特征。大学善治是大学治理的结果性目标,其理论来源是俞可平的善治理论。基于该理论,有学者提出了大学善治的基本表现:效率性、民主性、整体性和法制性。⑦ 注重效率和整体的理论认知超越了传统的大学理念,将大学治理置身于资源有限和市场的环境中考察,对民主和法制的强调则催生了大学章程和教师参与大学治理的广泛讨论。大学主体性则更多是一个愿景性目标,强调大学主体性回归的重要价值,

---

① 王英杰:《学术神圣——大学制度构建的基石》,载《探索与争鸣》2010年第3期。
② 张楚廷:《不同的大学治理方式》,载《大学教育科学》2010年第1期。
③ 张斌贤、王晨:《大学"理念"考辨——兼论大学"理想"与大学"观念"》,载《江苏高教》2005年第2期。
④ 张维迎:《大学的逻辑》,北京大学出版社2004年版,第90页。
⑤ 张应强、蒋华林:《关于中国特色现代大学制度的理论认识》,载《教育研究》2013年第11期。
⑥ 别敦荣:《论现代大学制度之现代性》,载《教育研究》2014年第8期。
⑦ 眭依凡:《论大学的善治》,载《江苏高教》2014年第6期。

指出构建大学、市场和政府共建良性互动机制是治理的必由之路。①

虽然不同的学者在描述大学治理的目标上采用了不同的概念来强调不同的方面，但这些概念始终围绕着善治这一核心话题，无不在强调大学和谐的内外部关系和大学的自主权，其深深地根植于大学的自治传统，并提出了相应的实践安排。在这个意义上，大学治理、现代大学制度、大学善治、大学主体性在多数情况下表征相似的意涵，几乎是表达大学治理目标的同义概念，但又因具体情境的不同而又有微观差异，在对治理不同方面的强调上，有不同侧重。学者们普遍认为，实现这些治理目标的基础，是要在治理结构、制度安排、大学权力主体和组织文化等方面做出相应的治理改革。

（三）结构和制度层面的大学治理

结构和制度层面的研究在中国大学治理研究中占重要地位。有学者认为大学治理就在于将理念转变为相应的结构和制度安排。② 治理结构需要配合相应的制度安排，二者是相辅相成、不可分割的统一体。治理结构不同于组织结构（学部、院、系，机关部处等），多表征大学中各个权威顶点的部、局和委员会。我国大学的主要治理结构包括党委（常委）会、校长办公会、学术委员会（总体上的称谓，还可以细分为不同的委员会）。③ 突出特征表现为党政结构是治理结构的核心，学术委员会发挥补充作用。④ 由于学术治理结构在发挥其治理功能时不够充分，大量关于治理结构的研究都在探讨如何限制党政结构的治理影响，强调学术委员会的重要意义以及如何加强学术委员会在治理中的功用，⑤ "共同治理"是该类研究的主体话语。

基于这些观点，学者们认为大学治理即为大学的制度体系，是具有特定目的的制度安排。⑥ 这种理论认识和现有的国家治理实践的主体话语具有某种一致性（党的十八届三中全会提出的国家治理体系就是国家的制度体系，而国家治理能力，就是制度的执行能力⑦）。但这种认识也在一定范围内混淆了治理的层级。国家层面的治理是一个复杂的宏观问题，所谓制度体系实质上是一个宏大框架，

---

① 宣勇：《论中国大学的主体性重建》，载《国家教育行政学院学报》2014年第8期。
② 李立国：《大学治理的内涵与体系建设》，载《大学教育科学》2015年第1期。
③ 周作宇、刘益东：《权力三角：现代大学治理的理论模型》，载《北京师范大学学报》（社会科学版）2018年第1期。
④ 别敦荣、菲利普·阿特巴赫：《中美大学治理对谈》，载《清华大学教育研究》2016年第4期。
⑤ 王英杰：《共同治理：世界一流大学治理的制度支撑》，载《探索与争鸣》2016年第7期。
⑥ 李福华：《大学治理与大学管理：概念辨析与边界确定》，载《北京师范大学学报》（社会科学版）2008年第4期。
⑦ 俞可平：《走向善治》，中国文史出版社2016年版，第59页。

包括正式制度和非正式制度,二者的执行力依赖不同的规则体系和道德体系。将大学治理简单等同于大学的制度安排将忽视对治理有重大影响的其他要素,在治理改革思路上也容易陷入制度供给的思路而缺乏必要的反思。

(四) 机制层面的大学治理

机制层面的大学治理研究的典型代表是关于大学治理与大学管理异同的研究。大学管理的概念远早于大学治理。就大学外部而言,管理和治理指涉着不同的府学关系,其核心对应的是大学自主权的多寡,学者们在这一点上的认知基本是统一的。就大学内部而言,在治理与管理的关系上有一些不同的认识。一类观点认为大学治理和大学管理是两个交织在一起的不同的过程,主张管理与治理有不同的时间、规模和制度边界,认为大学必有管理,但不一定有治理,实施大学治理需要达到一定条件;① 另一类观点认为大学治理是大学管理的一部分,是后者的高级阶段,主体话语是从管理走向治理。但这种区分容易带来将大学管理与大学治理割裂的认识误区。②

就府学关系层面而言,从治理的政治学渊源看,所谓"管理",表达的意思更多是"统治",而治理则指大学自主权更大的一种管理模式,在此意义上,统治和治理都是一种管理过程,管理和治理不是对立的。就大学的内部治理而言,管理一般是基于权力和职位,而治理则一般基于权威。权力和权威都是一种影响力,区别在于:前者是迫使个体服从的制度力量,更多是强制服从;而后者是因个体信服产生的服从,更多是自愿服从。③ 但权威仅表达了治理合法性的一个来源。相较于管理与治理的异同,似乎更应关注基于权威的领导与基于权力的管理之间的关系。④

总的来看,这些机制层面的研究尝试给大学治理划定一个组织边界,并为大学划定一个管理改革的目标框架。但事实上,就治理的理论渊源看,治理和管理本身不是对立的。治理是一个多元层级的概念系统,而管理则多指向这一系统中的组织层面,治理不能没有管理。但由于这种区分业已形成了"从管理走向治理"的主导话语,从而影响了一批学者对大学治理的理解。

---

① 李福华:《大学治理与大学管理:概念辨析与边界确定》,载《北京师范大学学报》(社会科学版) 2008 年第 4 期。
② 王洪才:《大学治理的内在逻辑与模式选择》,载《高等教育研究》2012 年第 9 期。
③ 俞可平:《权力与权威:新的解释》,载《中国人民大学学报》2016 年第 3 期。
④ 王英杰:《试论大学的领导与管理:孰重孰轻》,载《江苏高教》2014 年第 5 期。

（五）主体层面的大学治理

主体层面的大学治理是结构层面大学治理的进一步细化。主体主要是权力主体。按照高校权力划分的理想类型，有学术权力、行政权力和政治权力（亦有学者强调社群组织的民主权力①）。权力主体包括个体和群体。个体权力研究的核心是大学的书记、校长和教授；群体权力研究的核心是治理结构所表征的学术权力、行政权力和政治权力。关于书记、校长的关系研究，主要有两种认识：一为横向分权，即分别确定书记和校长的决策领域；二为纵向分权，建立"决策—执行"机制，形成决策同心圆。②但在实践中，横向分权要求书记和校长必须合作，过于依赖二人的品格，容易导致权力制衡关系中的扯皮状态；③纵向分权更符合治理的实际和我国的大学治理体制。④群体权力的研究重点是关于学术权力和行政权力关系的讨论，主流思路是如何抑制行政权力而发展学术权力。目前更为全面的认识是关注大学的政治权力，强调权力的平衡、协调和制约是治理目标。⑤

无论是个体层面的权力协调，还是群体层面的权力配置，学者们大都强调卓越领导在大学治理中的重要作用。⑥相较于书记，学者们偏向于认为校长是治理中的核心行动者。大学实现善治的重要标志是大学校长的职业化，有必要改革现有的大学校长遴选机制，增强校长的负责能力。⑦相对而言，主体层面的研究是大学治理中讨论最为充分的一个部分，但遗憾的是，由于各种各样的原因，学界少有关于大学政治权力的精细研究。从中国大学的治理结构看，大学治理改革在一定程度上就是政治改革。政治权力作为贯通大学内外部治理的重要表征，其重要意义显然未受到足够的重视。

（六）文化层面的大学治理

文化层面的大学治理涉及多个主题，大体上有两条主线：一条是组织文化以

---

① 刘献君：《论大学内部权力的制约机制》，载《高等教育研究》2012年第3期。
② 周光礼：《"双一流"建设的三重突破：体制、管理与技术》，载《大学教育科学》2016年第4期。
③ 王洪才：《大学治理：理想·现实·未来》，载《高等教育研究》2016年第9期。
④ 周光礼：《高校内部治理创新的政策框架》，载《探索与争鸣》2017年第8期。
⑤ 周作宇、刘益东：《权力三角：现代大学治理的理论模型》，载《北京师范大学学报》（社会科学版）2018年第1期。
⑥ 阎光才：《回归一流大学建设与治理的常识》，载《探索与争鸣》2018年第6期。
⑦ 宣勇、钟伟军：《论我国大学治理能力现代化进程中的校长管理专业化》，载《高等教育研究》2014年第8期。

及大学治理的文化模型；另一条是中国特色现代大学治理中的文化传承与创新。但何谓文化尚没有统一的认识。就大学组织层面而言，文化是大学制度与人之间一切存在的总和，在更宽泛的框架下，则与中华文明、世界文明相联系。① 文化在治理中的重要性不言而喻。文化囊括了大学治理中的非正式制度要素以及大学治理的传统，成为大学治理不可或缺的组成部分。在这条脉络中，特别值得一提的是关于大学微观政治的研究。微观政治的视角对组织中的文化冲突做了系统的概述，指出大学治理需要从"常人逻辑"出发。② 这一理论认识在教师的情感层面补充了上述多个层面的大学治理观念，形成了较为完整的大学治理认知地图。

在中国特色现代大学治理层面，其基本假设是：大学治理需要充分注意大学治理的时空之维，尤其需要关注历史传统、国别差异、地缘政治等在治理体制、治理机制、治理技术等方面的影响。③ 中国特色的具体表征包括：进一步坚持与完善党委领导下的校长负责制，构建协调的治理文化；④ 大学治理应与国家重大战略需求相协同；⑤ 大学治理应充分关注中国传统文化，尤其是将德治礼序与大学治理协同起来；⑥ 等等。

总体而言，文化层面的大学治理研究中有许多深刻的理论洞见，具有极强的理论和实践价值。尤其是其中关于中国特色的相关研究，是我国大学治理研究理论创新最为充分的方面。但其中也有一种趋势需要注意，即把过多的概念或问题集中在中国特色的框架之下，使得部分治理问题被"特色"话语遮蔽，⑦ 在一定程度上影响了大学治理改革进程。

（七）总体述评

按照中国"人及其思想"的研究传统，我们尝试在理念、目标、结构和制度、机制、主体以及文化六个层面上大体梳理和评述了中国大学治理的主要观点。从中可以看到关于大学治理的研究非常广泛，几乎涉及大学的方方面面，但在一些问题上也缺乏精细的探讨。一个重要发现是，这些研究具有中国人文社科研究的普遍特征，即关于大学治理"是什么"及其理论分析的解释性（explana-

---

① ③ 管培俊：《关于大学治理的辩证思维》，载《探索与争鸣》2017 年第 8 期。
② 周作宇：《微观政治：大学治理中的一个特殊场域》，载《清华大学教育研究》2017 年第 2 期。
④ 张应强、蒋华林：《关于中国特色现代大学制度的理论认识》，载《教育研究》2013 年第 11 期。
⑤ 宣勇：《大学能力建设：新时代中国高等教育面临的重大课题》，载《高等教育研究》2018 年第 5 期。
⑥ 王明明、周作宇、施克灿：《德治礼序与中国大学治理》，载《北京师范大学学报》（社会科学版）2017 年第 1 期。
⑦ 阎光才：《回归一流大学建设与治理的常识》，载《探索与争鸣》2018 年第 6 期。

tory）研究较少，而关于其"应该是什么"的规范性（normative）研究则较多，[①]倾向于基于某种价值取向而对治理采取特定的理解。二者虽对形成大学治理的理论体系均有贡献，但由于价值观的差异和学者们对诸多"应然状态"的不同理解，后者对形成规范化和解释力强的理论体系的贡献度可能不大。此外，由于在总体上缺乏理论框架的指导和经验材料的支撑，而过分依赖逻辑和理念对治理进行比照，一些对治理的理解和建议也难免有立于空中楼阁之嫌，对于构建中国特色的大学治理理论和改进治理实践意义不大。[②] 此外，治理虽然对大学具有重大意义，但其本质上是一个中性词，[③] 无疑有其力所不逮的方面。当治理承载着大学的理念、目标、手段、结果、机制等所有方面时，治理是否还具有解决其核心问题的能力颇为值得怀疑。不仅如此，关于大学治理的过多期待在现实中难免导致因希望落空而带来的失落情绪。鉴于此，有必要尝试为开展大学治理的后续研究提供一个具有基础性意义的分层次的理论框架，一方面尝试综合国内外相关研究观点，另一方面则致力于帮助后续研究建立在以知识积累为目标的大学治理概念地图上。

我们以"纪律建设、德治礼序和权力配置"为研究视角，希望从三个方面构建现代大学的治理结构。首先，大学内部各组织的纪律建设问题，是关系大学治理的基础性问题，大学内组织若没有纪律性，则以组织为基础的治理结构必然是松散的，其组织内部的成员很大程度上会以个人利益为出发点，妨害大学内部的组织利益，破坏大学内部的利益平衡，破坏治理结构。其次，在大学治理结构建设中，更多地考虑中国文化传统，让德治礼序渗透到治理结构的建设中，不仅是改进目前研究治理问题缺失人文关怀的方略，也是将中国文化与西方文明有机结合的方式，从而凸显大学治理结构的中国特色。最后，大学治理结构中的权力配置问题，是治理问题中最为核心的问题之一。但就目前的研究来看，对大学内部权力配置的相关研究，更多的都是在管理层面，其研究多数忽略了大学内部党群组织和学生组织的权力问题。因此，进行权力配置研究的重要目的就在于，探讨如何平衡大学内部各权力之间的关系，如何将大学的内部权力科学配置，进而与大学的外部权力达到平衡。

[①] 周雪光：《中国国家治理及其模式：一个整体性视角》，载《学术月刊》2014 年第 10 期。
[②] 李立国：《大学治理：治理主体向治理规则的转向》，载《江苏高教》2016 年第 1 期。
[③] 阎凤桥：《思想引领：世界一流大学治理的核心特征》，载《探索与争鸣》2018 年第 6 期。

二、大学内部纪律建设研究现状

（一）大学基层党组织和学术组织纪律建设相关文献综述

党的十八大报告提出了"加强党的纪律建设"，习近平总书记在十八届中央纪委五次全会上提出，坚持思想建党和制度治党，严明政治纪律和政治规矩，强调"把守纪律讲规矩摆在更加重要的位置"，并生动描绘了纪律与规矩的关系问题，即"纪律是成文的规矩，一些未明文列入纪律的规矩是不成文的纪律"，"纪律是刚性的规矩，一些未明文列入纪律的规矩是自我约束的纪律"。这一表述，也精准地把握了大学基层党组织纪律建设的核心。

大学基层党组织建设是一项复杂、科学的系统工程。目前，国内学者对军队纪律建设、领导干部纪律建设的研究内容比较丰富，发表了大量的研究成果，但关于大学基层党组织纪律建设的学术论文和著作都少见发表，为数不多的研究主要涉及大学基层党组织纪律建设如何定位以及其与大学发展的关系问题。如胡丽伟将大学基层党组织纪律建设具体化为严格有效的监督机制建设，她指出，这是保持共产党员先进性的重要方面，是发挥大学生党员模范带头作用的前提；[①] 孟勋通过对大学党建工作意义的系统性探讨，指出大学基层党组织的纪律建设是增强大学基层党组织发挥"推动组织发展、服务群众、凝聚人心、促进和谐"的作用的有效途径。[②]

在关于大学基层党组织纪律建设与大学发展的关系问题方面，学界持积极态度，但也指出要注意纪律建设过程中存在的问题。如刘川生在结合高校党建工作基本经验的基础上，指导大学的党建工作要融入学校工作大局和学校中心工作中去，不能搞"两个中心"，要明确党的纪律，根据大学的特点，将更多优秀的高校知识分子吸收到党的队伍中来，要以党纪建设为保障，建设和谐校园文化，营造创新环境。[③] 林佩云则强调了大学基层党组织要通过纪律建设构建服务型党组织，以发挥凝心聚力的重要作用，要注意转变管理中的"命令"模式，注重情感交流。[④]

在坚持"党委领导下的校长负责制"的基本制度下，大学基层党组织的纪律

[①] 胡丽伟：《高校基层党组织建设的现状及发展思路》，载《教书育人》（高教论坛）2014 年第 7 期。
[②] 孟勋：《高校基层党组织建设的作用和评价机制研究》，华南理工大学，2010 年。
[③] 刘川生：《高校党建九十年的历史进程和基本经验》，载《中国高等教育》2011 年第 12 期。
[④] 林佩云：《发挥高校服务型党组织凝心聚力作用》，载《中国高等教育》2015 年第 5 期。

建设，是大学治理中纪律建设的前提。从文献的梳理中可以看到，大多数学者认为大学基层党组织的纪律建设对大学发展具有积极意义，在纪律建设过程中，更要注重方式方法，尊重大学基层党组织的特殊性，保障其多元化。

随着学术腐败问题和学术不端现象的出现，学术组织内学术腐败的相关研究开始进入学者的视野。杨玉圣详细地分析和论述了学术腐败现象，他指出了"低水平重复、粗制滥造、抄袭剽窃、泡沫学术、假冒伪劣、沽名钓誉、高等教育学位注水以及学术评审深度腐败"八个方面。① 万晓光把学术腐败的表现概括为抄袭剽窃和假冒伪劣、低水平重复和学术泡沫、学术贿赂和学术交易、关系学术和学霸现象。② 就学术腐败问题产生的原因，学者们也进行了深入分析。如程孝良和向玉凡指出，学术腐败是社会性的道德失范在学术领域的一个缩影，是研究人员基于效益最大化（腐败的预期收益大于行为成本、举报成本大于预期收益）的一种理性选择；学术腐败的产生与蔓延与当前社会对学术腐败行为的控制不力直接相关。③ 总的来说，造成学术腐败滋生与蔓延的原因主要包括国家政策和法律规范的原因、学术精神和学术道德的原因、学术管理体制和评价机制的原因、利益需求的原因、社会风气方面的原因等。在学术腐败问题如何治理方面，学者们提出了很多见解，主要包括三个方面：在认知层面上提高思想认识；道德层面上对学术腐败进行批判和劝导；制度上探讨如何进行建设。

（二）大学学生群体和教师群体纪律建设相关文献综述

有关教师群体和学生群体的纪律要求在大学章程中有所彰显。大学章程的制定及其内容，一定程度上保证了大学纪律的法制化和教育功能。如加州大学董事会章程与章规中要求："任何主管官员、教师和大学员工都须按照总校校长制定的相关规定积极从事大学的服务义务，否则将不予发放薪酬。任何人在从事大学服务期间不得沉溺于私人活动，也不得因工作之外的事宜干扰大学内的表现。主管官员、教师和大学其他员工的私人工作安排应该服从于大学校长制定的规章制度。"剑桥大学章程中规定："为维持大学应有的秩序和纪律，大学应不定期制定规章，对学位服的穿着、学校各部门工作的协助与遵从、违规与惩罚的定义与决定、罚金与罚款的目的等方面给予适当规定。大学应设纪律法庭。"

学生群体是大学的主体之一。目前对学生的纪律建设的研究较少。对学生的

---

① 杨玉圣：《为了中国学术共同体的尊严——学术腐败问题答问录》，载《社会科学论坛》2001年第10期。
② 万晓光：《高校学术腐败的成因及治理研究》，中南民族大学，2007年。
③ 程孝良、向玉凡：《学术腐败成因及其治理：一个社会学理论分析框架》，载《现代教育管理》2011年第3期。

纪律建设的研究主要集中在对学生的纪律处分的相关问题探讨。例如，茅锐等对学生纪律处分功能进行阐述；① 莫晓斌对学生纪律处分行为的法律规制进行了研究；② 申素平以牛津大学为个案，研究英国高等学校学生纪律处分制度，在对其纪律规范的对象和范围、纪律处分的类型和条件以及纪律处分的程序进行分析后，从学生纪律处分的规范对象、学术与非学术行为的区分、校内纪律处分与校外法律责任以及纪律处分的程序四个方面与我国的高校学生纪律处分制度进行比较，并据此提出了完善我国高校学生纪律处分制度的若干建议。③ 林天伦和茅锐对中美英三国学生纪律处分制度进行了比较研究。④ 此外，马超介绍了美国大学学生纪律的演变、内容及功能，指出早期的美国大学学生纪律古板、教条，20世纪中后期以后，其向减轻惩罚和放松控制的方向发展，更加民主和理性。⑤ 教师群体是大学的另一重要主体。教师队伍的纪律建设是加强高校师资队伍建设的基础性工作。然而，目前并没有详细的有关教师群体纪律建设的研究。随着习近平总书记提出"纪律建设"问题，纪律建设不失为防治学术腐败、改善校风校纪、提高基层党组织效能的一条新思路。然而，目前对高校基层党组织纪律建设和大学校纪校规、学术不端等研究为数不多，且已有研究多为规范性研究，缺乏实证研究，没有实证数据发现其发展状况、佐证其实施是否有效。

三、现代大学治理中的德治礼序研究现状

（一）国外相关研究综述

德治礼序作为中国的本土概念，体现着中国传统文化的精髓。国外并未有学者针对德治礼序做出具体的研究。相关研究可见于关于大学组织文化与组织气候、道德领导、学术伦理、大学治理中的伦理道德等几个方面。其中，大学组织文化和组织气候以及大学道德领导相关研究对现代大学治理中的德治礼序研究具有一定的启发意义，现就相关问题的研究现状综述如下。

---

① 茅锐、黄跃奎、郑家裕、赵倩、孙敏：《对学生纪律处分功能的研究》，载《教学与管理》2004年第19期。

② 莫晓斌：《高校学生纪律处分行为的法律规制研究》，载《湖南科技大学学报》（社会科学版）2009年第12期。

③ 申素平：《高校学生纪律处分制度研究——中英比较的视角》，载《中国高教研究》2009年第4期。

④ 林天伦、茅锐：《中美英三国学生纪律处分制度的比较研究》，载《教育科学研究》2005年第7期。

⑤ 马超：《美国大学学生纪律的演变、内容及功能》，载《清华大学教育研究》2008年第3期。

1. 道德领导

西方关于领导力的研究成果颇丰，道德领导（moral leadership）是领导力研究的一个领域。对于大学的道德领导理论而言，萨乔万尼的《道德领导：抵及学校改善的核心》一书具有重要意义。① 此后，萨乔万尼连续发表了诸多著作与论文，构建起了道德领导理论的框架。萨乔万尼的理论之所以令人关注并形成影响，主要在于其揭露了以往理论在学校领导关键问题上的一系列误判，并以一种更为接近学校领导真实世界的立场，对诸如学校的本质是什么、校长拥有哪些领导权威、校长的第一要务是什么、校长应做怎样的角色定位等问题重新做了回答。此后还有一些学者对道德领导问题做出论述，但最核心的观点没有跳出萨乔万尼所提出的理论框架。

2. 组织气候与组织文化

（1）相关概念。组织文化和组织气候是一组管理学概念。国外学者关于组织文化的界定有以下四种视角，如表 1-1 所示。

表 1-1　　　　　　　　　　组织文化的定义

视角	内容	文献来源	时间
传统、风气与价值观	一个公司的文化由其传统和风气所构成。此外，文化还包含一个公司的价值观，如进取、守势或灵活，即确定活动、意见和行动模式的规范	威廉·大内：《Z 理论》，机械工业出版社 2007 年版	1984 年
文化构成要素	组织文化由组织环境、价值观、英雄、习俗和仪式以及组织中的文化网络共同组成，其中，价值观是组织文化的核心	特雷斯·E. 迪尔、阿伦·A. 肯尼迪：《企业文化》，上海科学技术文献出版社 1989 年版	1982 年
基本假设	组织文化是特殊群体在其处理适应外部环境及增强内部整合等问题的过程中创造出、发掘出、将其进一步发展的一套基本假设的定式，这套定式因其行之有效而具有价值，并且被视为用来教化该群体的成员如何感知、思考、体验以上类似问题的正确方式	艾德加·沙因：《组织文化与领导力》，中国人民大学出版社 2011 年版	1990 年

---

① ［美］托马斯·萨乔万尼著：《道德领导：抵及学校改善的核心》，冯大鸣译，上海教育出版社 2002 年版，第 18~19 页。

续表

视角	内容	文献来源	时间
共同价值观与指导观念	是一种能使公司上下互相协调一致的传统，为企业员工构建明确的价值观和规范，创造一个良好的环境氛围，给人们提供崇高的、大展宏图的机会	彼得斯、沃特曼：《追求卓越》，中信出版社2012年版	2000年

（2）大学组织文化和组织气候研究的分析框架。美国学者根据美国本土大学的组织形式和组织文化，给出了研究大学组织文化的一组维度（见表1-2），并对组织文化和组织气候做了系统的区分（见表1-3）。他们指出，文化主要用以表达大学内部的行为模式、价值观、信念和意识形态。大学的文化元素包括治理模式，教育哲学，教学、学习，教育或学者社区的本质等难以具体化的一系列维度，关键在于理解其独特的意义是深入、持久、难以改变的；而气候则主要用于描述共同的观点和各类具象化的、易于比较的组织现象。相较于文化而言，气候具有更清晰的元素，如组织目标和功能、治理和决策模式、教学和学习程序、参与性行为、努力、相互影响模式、工作模式等，此外，气候的重要特征在于其变换迅速。在此基础上，他们提出了组织文化研究的概念框架（见图1-1）。

表1-2　　　　　　　　　　大学文化研究的维度

维度	内容
惯例	将各种形式的文化用一件事表达（如学位论文答辩会）；通过社会合作（interaction）贯彻；通常对观众有利
礼仪	一些惯例（rite）的系统与一个单一场合或事件相联系（如毕业典礼）
仪式	技术和行为的细节很少考虑实践重要性的结果（如新人就职集会）
神话	想象的事件，解释一些事情的起源和变化；无可置疑的信念
传奇	独特成就，领导，英雄
传说	基于历史的伟大的事件，但已经被虚构的细节美化
故事	真相与小说的结合体
民间传说（folktale）	纯粹的小说故事
象征	任何一种物体、行动、事件、质量和关系充当媒介表达意义
语言	组织内成员表达意义给彼此的一种特殊的形式或方法
肢体语言	使用身体活动表达意义

续表

维度	内容
物理情境	物理世界给予人们感觉上的刺激，使他们做出文化表达行为
人工制品	由人制造的物品，使得文化表达行为更为便利

表1-3　　　　　　　　组织文化和组织气候的主要区别

组织概念	文化	气候
概念的基础	组织成员深度的共享价值观、假设、信念及意识形态	大众对组织生命的态度取向和感觉
主要的概念来源	人类学、社会学、语言学以及组织行为	认知心理学和社会心理学，组织行为
组织视角	全部的、主要的、紧急的模式	无处不在的、多样化的组织模式，通常关注具体的领域（arenas）
概念的主要目的	工具的（is）：社会解释，行为控制，适应	外在的：成员控制
	解释的（has）：隐喻或意义	内在的：成员动机
主要元素或重点	高级的意义	参与的通常观点
主要的价值或应用	在与其他组织的联系中找到独特性	组织间的或时期的比较
主要特点	深入的、持久的	当前的模式或氛围
变革的本质	猛烈且长期的、彻底的努力	更具有可塑性，多元的或间接的方式

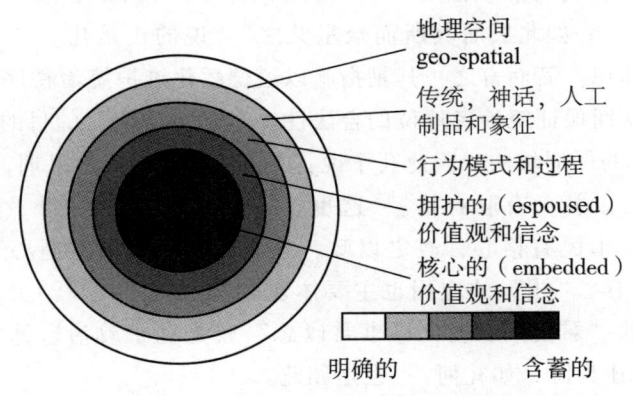

图1-1　大学组织文化研究的概念框架

（图中标注：地理空间 geo-spatial；传统，神话，人工制品和象征；行为模式和过程；拥护的（espoused）价值观和信念；核心的（embedded）价值观和信念；明确的——含蓄的）

(3) 研究述评。国外关于组织文化和组织气候的理论探讨已比较成熟，关于文化和气候的分析框架也合乎逻辑，值得批判地借鉴。但我国还少见依据这一系列分析框架所做的实证研究，关于大学组织文化的相关研究均以理论探讨居多，以思辨研究为主，多从应然视角出发，很少有学者从实然的角度深入探讨我国高校内部的组织文化和组织气候，以及形成这些组织文化背后的中国文化基础。国外大学经典的院校治理案例，其背后显示了高校内部的组织文化和组织气候，揭示了国家文化传统对组织文化和组织气候的影响，较为生动地体现了大学治理过程中文化的作用，体现了文化与院校发展目标和治理结构的统一，对我国进一步审视大学治理过程中的组织变革、组织文化和组织气候变迁以及传统文化对治理过程的影响等方面都有一定的参考价值。

（二）国内相关研究综述

大学治理是高等教育目标及理念得以实现的重要保证。随着大学改革与变迁新趋势、新特征的出现，现代大学治理应运而生。德治礼序作为我国以儒家思想为代表的传统文化的核心内容，数千年来都是人们道德与行为的重要标准。德治礼序与现代大学治理的结合是传统与现代的碰撞，是传承与回归，亦是创新。学界关于这一主题的研究主要集中在德治礼序思想的传统内涵及其演变，德治礼序与古代大学关系，不同视角下德、礼思想的比较，德治礼序之于大学治理的当代价值等方面。

1. 德治礼序的起源及传统内涵

德治礼序是中华文明特有的标识之一，也是解读整个中华文明的一大关键。德治礼序最早常见于先秦诸子作品之中，尤其以孔子为代表的儒家最为推崇。"德治""礼序"一般理解为以德为治、以礼为序，二者各有所指，但也常同时使用，共同构成古代政治家治国理政的智慧来源与知识分子精神修养的核心内容。"为政以德，譬如北辰居其所而众星共之"，说的正是孔子"德治"思想在治国理政上的体现。简而言之，其是指施以道德教化维护统治秩序，使人民对君主自觉臣服，从而保证统治者地位的合法性。当时"德治"的目的主要在于区别"法家"所主张的严刑峻法，因此孔子说："道之以政，齐之以刑，民免而无耻；道之以德，齐之以礼，有耻且格。"这也正好与《礼记》中的"夫民，教之以德，齐之以礼，则民有格心；教之以政，齐之以刑，则民有遁心"相一致。与"德治"思想一样，"礼"的应用也主要体现在君臣关系、政治关系上，如《论语·八佾》中的"君使臣以礼，臣事君以忠"就是孔子政治道德主张的核心体现。"不能以礼让为国，如礼何？"也是如此。

那么"德"和"礼"的传统内涵是什么呢？"德，外得于人，内得于己也。"

这是东汉许慎在《说文解字》中关于"德"的解释，即以善德施于别人，使人各得其所；以善念存诸心中，使身心各得其益，倾向于表达一种向善的伦理规范。《孟子·梁惠王下》中对礼的来源有这样的论述："礼义由贤者出"，即认为"礼"是特定文化中由圣贤制定的行为准则。《资治通鉴·周纪·威烈王》则对"礼"有详细解释："夫礼，辨贵贱，序亲疏，裁群物，制庶事，非名不著，非器不形；名以命之，器以别之，然后上下粲然有伦，此礼之大经也。""天子之职莫大于礼，礼莫大于分，分莫大于名。"可见"礼"的核心在于区分地位高下与身份贵贱，排比亲疏，在于明确人与人之间的差异化。君臣有别正是这种道理。当然也可用来裁决、处理日常庶事。而不同身份的人拥有的名分与其差异化则是"礼"的外在表现形式，通过这些方式把"礼"具体化、明确化了。但从本质上来说，器物与名分毕竟只是表象，其实质目的则是维护一种等级秩序。

当然，"礼"的应用不只限于治国理政层面。如"恭近于礼，远耻辱也"讲的是与人交往需合乎礼；"生，事之以礼；死，葬之以礼，祭之以礼"则是说尽孝于父母，无论何时都不可违背礼。《礼记·礼运篇》也详细记述了古代"礼"在各方面的功用："礼义以为纪，以正君臣，以笃父子，以睦兄弟，以和夫妇，以设制度，以立田里，以贤勇知，以功为己"。

综上所述，"德"和"礼"共同构成了古代早期社会治理的思想基础和秩序保障，是当时社会重要的伦理、政治和社会原则，在维护社会秩序、和谐人际关系、规范人的行为等方面都发挥着不可替代的作用。当然，需要明确的是，当时倡导的德治礼序是一套自上而下的思想观念体系，主要在具有一定社会地位的贵族阶层发挥作用，具有一定的等级色彩。

2. 德治礼序与古代大学

关于古代大学，首先需讨论的是我国大学何时起源这一问题，对此目前学界尚有争论。董仲舒曰："五帝名大学曰成均，则虞庠近是也。"从文献记载推测，大学作为一种具有高等教育职能的机构，最早可追溯到五帝时期的成均和上庠。而殷周时期大学这一称谓已较为常见，如《礼记·王制》所云，"小学在公宫南之左，大学在郊"。当然，学术界比较有代表性的主张有以下三点：一是认为我国大学主要源于古代的"太学"；二是认为应该以清末引入的西方大学堂作为我国大学的源头；三是认为我国大学应以西方大学堂与我国传统书院作为双重起源。

不过学界主流观点一般都把建于公元前124年的太学视为古代中国高等教育的发端。太学作为古代中央官学，是教育体系中的最高学府。与之相匹配，地方则相应设立郡学、州学、府学、县学等供同龄学生学习的地方官办高等学校，相当于不同阶级的公立大学。隋唐以后，太学改为国子监，唐五代之间出现书院。

书院与国子监的区别主要在于前者主要是一种研究学问的民间组织机构,主要形式是私办官助,尽管偶尔受朝廷赏赐,但主要办学资源并不靠朝廷的奖励和补助。如吕思勉先生所言:书院之设,大概由有道德学问者所提倡,或为好学者的集合,或则有力者所兴办。白鹭书院、白鹿洞书院、应天府书院、嵩阳书院、石鼓书院、茅山书院等都是史上著名书院的代表。明清以来,书院作为中国文化的载体和先进教育模式,一度被日本、韩国和东南亚地区所效仿,可见其在世界教育史上也有一定地位。

在大学管理方面,今之大学有章程,古之大学有学规。学规作为古代学校管理规章制度的总称,最初只是对学生行为、道德之约束。如齐国的稷下学宫制定的第一个学生守则《管子·弟子职》所言:"先生施教,弟子是则。温恭自虚,所受是极。见善从之,闻义则服。温柔孝悌,毋骄恃力。志毋虚邪,行必正直。"又如《论语》所云:"弟子入则孝,出则弟;谨而信;泛爱众,而亲仁;行有余力,则以学文"。其也可以视作对初学者的学规。到宋代时期,学规已发展成为学校和书院的规章制度的称谓。宋代太学学规对学生的过错就有严格的惩戒措施:"生徒犯规,轻则关暇几月,不许出入;重则前廊关暇;再重则迁斋,若其人果不肖,则所迁之斋可以不受;既迁以后,又必本斋同舍力告公堂,方许放还;再重则下自讼斋,自宿自处,同舍亦不敢过问;又重则夏楚,屏斥终身不齿。"与太学学规相对应,《白鹿洞学规》可视作书院规章的代表。淳熙六年(即公元1179年),朱熹知南康军时颁布以示学者,包括四个部分内容:一是五教之目:"父子有亲,君臣有义,夫妇有别,长幼有序,朋友有信";二是为学之序,即做学问的方法,"博学之,审问之,慎思之,明辨之,笃行之";三是修身之要,即指道德上的要求,"言忠信,行笃敬,惩忿窒欲,迁善改过";四是处事接物之要,"正其义,不谋其利,明其道,不计其功",以及"己所不欲,勿施于人,行有不得,反求诸己"。可见几乎关于教育的根本问题都包容在内了,这既是书院教育的纲领,又是书院教育的条规;既是对书院办学方针及宗旨的规定,也是对学生进行学业和德行进修的准则和规范。

不过,中国古代的高等学校与现代意义上的大学存在很大差别。一方面,古代大学教育具有明显的阶级性,正如吕思勉先生所言:所谓古代大学,即系王宫的一部分,都是从王宫中分离出来的。可见在当时主要承担的是贵族教育的功能。另一方面,从功能上看,学校作为政治上的一个机关,是政治制度的一部分,其目的主要在于培养政治人才,与学术无甚关系。不过这正好与儒家"学而优则仕"的主张相吻合。当然,作为民间教育机构的书院,在研究学问方面要好于官办教育机构,一定程度上具备学校性质,对推动民间思想文化交流有重要意义。

此外，与欧洲中世纪大学相比，中国古代尽管有太学这样的高等教育机构，但与欧洲中世纪大学也不可同日而语。前者主要培养国家官员，后者则是未来职业人员的学习场所。尤其官办学校以培养治理政府的仕人及从事文化教育的文人为主，学科上自然科学尤为缺乏，所以到近代整个的传统教育体系都面临着转型、革新。

当然，单从中国古代大学的角度讲，传统文化与大学是融为一体的。在儒家思想长期占主导地位的古代社会，大学作为贵族知识分子教育的场所，以德治礼序为核心的思想观念成为知识分子精神与道德的最主要组成部分，也成为政治统治阶层治国理政的工具与智慧来源。再加上长期以来的科举制度明确把儒家经典之内容作为选拔人才标准的依据，在制度上保证了传统文化在大学教育中无可替代的作用与地位。

3. 德治礼序与近代以来的高等教育

自鸦片战争开始，中国步入半殖民地半封建社会。再加上明末以来的西学东渐之风盛行，中国教育开始兼具中国特色与西方模式的特征。清政府于1905年末颁布新学制，废除科举，并在全国范围内推广新式学堂，西学逐渐成为学校教育的主要形式。创办于1895年的北洋大学成为中国第一所现代意义上的大学。它结束了中国一千多年封建教育的历史，开启了中国近代教育的航程。而京师大学堂的创办开启了中国近代国立高等教育的先河。

尽管这一时期大学办学模式开始西化，但理念上却仍坚持以中国传统为首要。这一点在《京师大学堂章程》体现得最为明确："中国圣经垂训，以伦常道德为先；外国学堂于知育、体育之外尤重德育。中外立教本有相同之理，今无论京外大小学堂，于修身伦理一门视他学科更宜注意为培植人材之始基。"由此可见，坚持传统上的德育为先理念仍是其立校之本。而其章程中"所有学堂人等，自教习总办、提调、学生诸人有明倡异说，干犯国宪，及与名教纲常显相违背者，查有实据轻则斥退重则究办"的规定对大学各类人员的言行皆有较强约束，这一定程度上也是大学的"礼"的体现，有所为，亦有不可为。

新中国成立之初，主体教育制度主要是照搬苏联模式，显现出高度计划性和政策性。直到1978年改革开放后，先进的欧美教育模式开始大规模推行，从最初的办学基本模式到后来理念上皆采用西方模式，这一趋势和影响尚在不断深化。总的来看，从苏联模式到欧美模式，在这一阶段的高等教育发展中，中国传统文化遭到严重削弱甚至被摒弃，所有大学发展皆以美式教育、英式教育为尊。今天来看，这一趋势和逻辑是存在很大弊端的。当前我国大学治理中的相当一部分问题和困境，都是西方高等教育理念与中国传统理念相冲突的结果。因此，未来大学治理的方向，必然是要更多地尊重并利用中国传统文化的智慧。

4. 德治礼序内涵的演变及其当代价值

"德"和"礼"是中国古代核心思想价值。经过几千年的演变，德治礼序已经成为仁者见仁、智者见智的颇为复杂的概念。有学者认为，礼是源于原始的宗教祭祀活动、调节一定群体内部人与人关系的思想和行为规范的总和；清华大学方朝晖教授把礼的特征与本质概括为秩序、认同与尊重；① 费孝通先生在其《乡土中国》中总结指出，中国传统社会中实行的乃是一种"礼治秩序，礼是经教化过程而成为主动性的服膺于传统的习惯"。② 马戎则认为，"礼治"的行为规则用于维护君权、族权、父权、夫权和乡绅利益，"礼治"并不等同于以朴素道德观念来规范人们行为的"德治"，"礼"是自上而下推行的规范。随着语境的发展变化，"德"与"礼"的区分并不十分明显，"礼"可用来描述约定俗成的"德"，"德"亦可以表达约定俗成的"礼"。

在谋求建立近代法治国家时，德治、礼治都曾被当成和法治截然不相容的东西而遭到全盘否定。其实，这既是对德治与礼治的误解，也是对法治的误解。方朝晖对德治礼序做了深入研究。他认为，德治是指让有德性的人治国，即贤能治国，并且德治是中国文化中比较有效的治理方式，因为中国文化是以人际关系为本位的。③ 礼是一种传统，是一种约定俗成的习惯性规矩，它深植于人们的生活方式中，在人们从小到大的成长过程中耳濡目染，是人们心中真正有力量的规矩。与法治相比，礼治在中国关系本位的文化中更有效。它不是硬约束，但却能通过人心的力量发挥更大的约束作用，这是由于"礼"诉诸人情和面子这两个在关系本位的文化中特别有力量的因素。中国文化的"关系本位"特征导致了其中最有效的整合方式是治人而非治法、伦理本位而非制度本位、依靠贤能治国而非法律治国等重要特征。以德性权威、人伦重建、任贤使能、移风易俗、礼大于法等为主要内容的"治道"是中国文化复兴、中国文化秩序重建的必由之路。

5. 德治礼序之于大学治理

从目前检索到的文献资料来看，关于德治礼序思想在现代大学治理应用的研究非常少。然而，德治礼序对于完善大学治理结构具有十分重要的意义。

习近平总书记曾勉励青年大学生要修德，加强道德修养，注重道德实践，同时也要学会自省、学会自律。我国学者彭湃从道德领导的角度阐释了德治之于大学治理的意义。④ 余承海、曹安照指出："道德能够为大学治理输送新鲜的血液，

---

① 方朝晖：《法治中国同样需要礼教文明重建——从中西方制度文明的比较展开》，载《人民论坛·学术前沿》2014 年第 21 期。
② 费孝通：《乡土中国》，人民出版社 2015 年版，第 36 页。
③ 方朝晖：《"三纲"与秩序重建》，中央编译出版社 2014 年版，第 181～187 页。
④ 彭湃：《大学之治：道德领导的思维向度》，载《高等教育研究》2005 年第 7 期。

重新激活大学治理。大学治理的道德诉求是'以德治教'和'以德治校'在大学治理中的具体体现。要以道德约束大学官员权力,强化官德建设。"① 在关于大学德育的相关研究中,杜华伟从古代书院的相关研究出发,指出道德教育对个体德行培育的意义;② 吴先伍从道德教育的发展走向出发,指出回应式的道德教育更易为学生创构良好的成人环境。③

中国的大学理应办出中国特色,德治礼序是中国传统文化尤其是儒家思想的核心,在西方大学模式主导中国高等教育的今天,大学中的传统特征与地位遭到严重削弱。作为文化传承者与传播者的大学,复兴传统文化成为发展中国特色高等教育的当务之急,也是我国高校治理的重要方向。

虽时代不同,但作为传统文化的德治礼序仍具有极其重要的当代价值,正如孔子所言:"殷因于夏礼,所损益,可知也;周因于殷礼,所损益,可知也。其或继周者,虽百世,可知也。"不同时期礼仪制度皆有革新与增减,亦有传承与延续。而其精华部分,虽历百世,犹可发光发热。

大学治理是一项长期性系统的工程,正式制度只是实现大学良治的条件之一。中华传统文化是责任文化,讲究德治礼序。孝悌忠信礼义廉耻是中华文明的基因,为国尽忠、在家尽孝,天经地义。我们要尊重自己的历史文化,把握文化根脉,取其精华、去其糟粕,坚守和弘扬优秀传统,发挥礼序家规、乡规民约的教化作用,为全面推进依法治国提供文化营养。如果仅仅依靠法律治理,都退到了底线,那就会很危险。我们必须继承和弘扬中华民族优秀传统文化,汲取德治礼序、崇德重礼的文化精华。

我国目前关于现代大学治理结构的研究过于关注显现的制度(如大学章程),忽略了大学治理具体的文化环境。从制度谈制度,而上升不到礼的高度,制度就会成为压抑人性的工具。梁漱溟曾指出,中国文化中的制度建设不适用于西方那一套以人与人相互限制、相互竞争以及自我中心、权利本位的方式。因此,乡村组织构造的重建,从根本上讲,就是"新礼俗"的重建,并采取"伦理情谊,人生向上"的方式。④

中国大学的今天是从中国的昨天和前天发展而来的。要治理好今天的中国大学,需要对我国历史和传统文化有深入了解,也需要对我国古代治国理政的探索和智慧进行积极总结。正如阿什比所言,大学是民族灵魂的反映。一个国家的大

---

① 余承海、曹安照:《当代中国大学治理的道德诉求》,载《大学教育科学》2013 年第 3 期。
② 杜华伟:《中国古代书院个体德性培育研究》,中南大学,2012 年。
③ 吴先伍:《独白·对话·回应——历史视野中的道德教育走向》,载《湖南师范大学教育科学学报》2015 年第 3 期。
④ 梁漱溟:《中国文化要义》,上海人民出版社 2018 年版,第 320~345 页。

学是与这个国家的历史传承和文化传统密切相关的。习近平总书记在2014年五四青年节北京大学师生座谈会上曾明确指出:"办好中国的世界一流大学,必须有中国特色。没有特色,跟在他人后面亦步亦趋,依样画葫芦,是不可能办成功的……世界上不会有第二个哈佛、牛津、斯坦福、麻省理工、剑桥,但会有第一个北大、清华、浙大、复旦、南大等中国著名学府。我们要认真吸收世界上先进的办学治学经验,更要遵循教育规律,扎根中国大地办大学。"

四、现代大学治理中权力配置研究现状

(一) 国外相关研究综述

围绕现代大学治理中权力层次及权力分配,本部分将从大学权力的类型、大学权力层次结构及权力运行机制、多重研究视角对国外相关研究展开综述。

有关大学权力的类型,国外学者迪特里希将其分为六种,分别为总体规划与决策权、预算与财政权、招生权、课程与考试权、教师聘任权,以及研究决策权。[①] 经合组织(OECD)把大学权力类型分为八种,分别为房屋与设备资产权、借贷权、财务预算权、学科与课程设置权、雇用和解聘学术成员权、确定工资标准权、招生权以及学费水平决定权。

有关大学权力层次结构及权力运行机制,研究代表作有:范德格拉夫等编著的《学术权力——七国高等教育管理体制比较》,作者以组织社会学、比较政治学、公共管理学为理论基础,对德国、意大利、法国、瑞典、英国、美国和日本七国高教领域的权力层次结构和运行机制进行了比较研究;[②] 伯顿·克拉克所著的《高等教育系统——学术组织的跨国研究》认为高等教育系统中权力的不同分布影响着高教系统的活动方式、变革的类型及其所贯彻的价值观念,甚至影响着一所大学或者学院在多大程度上是一个组织。[③] 对高等教育系统权力进行专门研究的学者还有鲍德里奇、伯恩鲍姆、科恩、马奇、柯蒂斯、埃尔克、赖利、斯科特等。美国学者罗伯特·伯恩鲍姆在其著作《大学运行模式》一书中,从大学组织控制系统的角度研究了大学运行模式,总结了大学组织运行主要有四种模式:学会组织模式、官僚组织模式、政党组织模式、无政府组织模式。学会组织模式

[①②] [加] 约翰·范德格拉夫等编著:《学术权力——七国高等教育管理体制比较》,王承绪等译,浙江教育出版社2001年版,第185~193页。

[③] [美] 伯顿·R. 克拉克著:《高等教育系统——学术组织的跨国研究》,王承绪、徐辉等译,杭州大学出版社1994年版,第271~312页。

是在平等的社团中共同分享权力、拥有共同的价值观；官僚组织模式是一种典型的科层制模式，按"权力线"运行大学组织；政党组织模式指组织中的各团体意见存在分歧的情况下谋求发展和行使各自的权力以获得所希望的结果，这是一种基于权力和资源竞争基础上的大学运行模式；无政府组织模式表现出目标的或然性、技术的不明确性和参与人员的流动性特点。伯恩鲍姆指出大学的管理机构应该由行政体系管理权力、学术会或评议会的专业体系、管理委员会的责任体系三种权力构成，这种结构虽没有给予学术权力太大权重，但也提出在大学事务的管理过程中，全局性的决策都应由三种权力主体探讨协商后做出。① 英国学者托尼·布什在《当代西方教育管理模式》一书中总结了大学治理结构中的六种模式：正规模式、学院模式、政治模式、主观模式、模糊模式和文化模式。正规模式是早期教育管理中的一种主导模式，强调正规结构、理性决策和自上而下的垂直领导，而其他五种模式则是针对正规模式的不足提出的不同模式，如学院模式主张教师参与决策，文化模式强调价值观和信仰，模糊模式关注到教育情境的复杂性等，在此基础上，布什试图构建一种综合模式。② 罗森兹威格（Rosenzweig）在《大学与政治》一书中认为，大学无疑是一个政治体系，不理解其特殊的政治体系特征就会导致很多困惑，甚至是严重的错误。③

国外学者采用不同的视角对此问题进行了研究。彼得·沃伦（Peter Warren）以质的研究方法对弗吉尼亚州高等教育委员会与弗吉尼亚州立大学董事会之间的关系、董事会权力与弗吉尼亚大学的自治权力问题、利益相关者和政治因素如何影响决策的问题，以及州联合理事会的监督责任等问题进行了研究。还有学者从文化视角进行研究，比如卡普兰在 2001 年的一项大规模院校研究中发现了文化因素对大学治理绩效的影响。研究认为重视校园文化比重视治理结构更有益于提高大学治理的绩效。丹尼思·盖尔（Dennis Gayle）和鲍哲特（Bhoendradatt）、巴奇（Bargh）等的《21 世纪的大学治理：战略领导与管理方法》对大学治理的有效性进行了研究，并从利益相关者视角对美国大学治理结构和治理过程提出了一种新的治理模式，即共同治理模式。

目前，国外关于大学权力问题的研究中，美国学者对大学权力运行绩效更加关注，如格温和佩里（Gwen and Perry）的《大学教师集体谈判契约中的学术影响力》。林恩和里奥等（Lynn and Leo et al.）在《变革中的澳大利亚和新西兰大

---

① ［美］伯恩鲍姆著：《大学运行模式》，别敦荣等译，中国海洋出版社 2003 年版，第 216～219 页。
② ［英］托尼·布什著：《当代西方教育管理模式》，强海燕等译，南京师范大学出版社 1998 年版，第 40～60 页。
③ ［美］罗伯特·M. 罗森兹威格著：《大学与政治》，王晨译，河北大学出版社 2008 年版，第 109～114 页。

学学院院长角色：现代院长角色诉求》中提出高校应重视行政领导绩效，实施"高效领导"（quality leadership）和专业化管理（professional management）。

（二）国内相关研究综述

1. 关于大学权力的构成及特征

我国学界对我国大学内部权力的划分主要有"行政权力与学术权力"的二元权力结构模式分析和"政治权力、行政权力与学术权力"的三元权力结构模式分析及"政治权力、行政权力、学术权力和民主管理权力"的四元权力结构模式分析。还有学者认为大学中存在多重权力：行政权力、学术权力、学生权力、政党权力和外部权力五方面权力。学者谢安邦和阎光才认为，高校权力结构主要由行政权力、学术权力以及其他利益群体的权力构成。[①] 也有学者按照高校内部的垂直权力结构进行划分，如高校—学部—院系结构。[②]

其中，学者们对学术权力和行政权力进行了较为细致的研究。以潘懋元、张德祥、睦依凡、柯文进等为代表的多数研究者认为高校作为学术性的社会组织结构，既具有一般社会组织结构的特征，又具有学术机构的特殊性，存在着行政权力和学术权力。学术权力是在大学基本的教学和科研活动中产生的，其存在是高等学校根本属性的必然要求；行政权力则是大学发展过程中有效处理日益繁杂的内部事务，维系和保证大学组织目标实现的必然选择。王静指出，学术权力的主体是高校各学术机构和学术人员，学术权力的客体是学术事务；行政权力的主体是行政机构以及行政人员，其客体是行政事务。[③] 也有学者认为，教授治校是学术权力的具体体现。教授治校的真谛是那些没有任何行政职位的一线教师的代表参与学校的决策，参与对学校资源的分配，并按照学术规则来评价学术。[④]

高校学生权力也是高校权力结构中不可或缺的组成部分。甘永涛认为，划定学生权力主要有三方面的依据：一是理论依据，如学生身心发展规律、教学理论等，这些依据有利于在复杂的社会关系中给高校学生以准确定位。二是法律依据，如我国的《宪法》和《高等教育法》，学生权力可以按照有关法律中对公民权的规定，结合学生特点予以确定。三是现实依据，学生权力在高校内部权力结构中一定程度的缺失就是确定学生权力的现实依据。[⑤] 此外，还有研究者认为高

---

① 谢安邦、阎光才：《高校的权力结构与权力结构的调整——对我国高校管理体制改革方向的探索》，载《高等教育研究》1998年第2期。
② 陈权：《当代中国公立高校内部权力结构及运行机制研究》，吉林大学，2011年。
③ 王静：《试论大学的组织特性与大学内部的权力制衡》，载《中国高教研究》2008年第3期。
④ 宋伟：《存在与本质：研究型大学中的学术权力》，载《教育研究》2006年第3期。
⑤ 甘永涛：《对高校学生权力的探索》，载《现代教育科学》2007年第1期。

校除了政治权力、行政权力和学术权力之外，还存在民主管理的权力。①

2. 大学内部权力的配置

学者们认为，对于高等教育体系来说，决定其权力分配的主要有四个方面的因素：有关高等教育的法律、大学宪章、高等教育传统，以及大学资金的来源。②研究者认为高校内部管理体制和权力关系模式的形成主要受三方面因素的影响和制约：一是国家的政治体制；二是高校自身形成和发展中自觉形成的惯性行为模式；三是国家之间的相互借鉴和模仿。这些影响因素促成了各个国家当前不同的权力配置模式。③

对于大学权力的分配及运行，学者们从不同的理论基础出发或运用不同理论视角进行研究，比如有学者运用组织行为学的理论视角。这是因为大学作为教育组织的一部分，大学权力的分配实际上涉及大学组织内部的权力协调、权责等问题，因此，在这方面可以用组织行为学的眼光来审视大学组织中的权力分配问题。在分析大学的权力层次过程中，需要将大学置于组织这一视角，将组织的共性融入对大学权力分配的判断与理解。有学者运用权力博弈论对大学权力分配进行解读。因为大学组织的权力结构就是大学内外部各种权力博弈的结果。大学权力博弈是在大学特定的场域中，针对特定的目标，各权力主体之间按照游戏规则进行的博弈。还有学者从治理理论的视角进行研究，比如俞可平认为高等学校不仅要对其内部管理进行治理，还要实施善治。善治是使公共利益最大化的管理过程，其本质特征就是政府与公民对公共生活的合作管理。善治有合法性、透明性、责任性、法治性、回应性和有效性五个特征。高等学校内部管理体制中的治理结构系统就是基于由党委领导、校长、行政人员以及教职工之间权、责、利的制衡关系。④ 有学者运用利益相关者理论进行研究，认为在大学内部有不同的相关利益者，而且每个利益相关者有多种利益要求。归结起来主要分为核心利益相关者、蛰伏利益相关者和边缘利益相关者。不同的利益相关者不仅有不同的利益，而且也会有冲突，因为每个利益相关者都是站在本身利益需求的角度提出有利于自身的要求。所以，高等学校要建立一种利益相关者的利益协调机制。也有学者运用教育社会学理论进行研究，这是因为大学中权力因素的普遍客观存在映射了大学的政治化、社会化程度。同时，不容忽视的是，大学从其存在之日起就无法摆脱社会的大背景与环境。更确切地说，大学应社会需要而生，随社会发展

---

① 秦惠民：《我国大学内部治理中的权力制衡与协调——对我国大学权力现象的解析》，载《中国高教研究》2009 年第 8 期。
② 倪小恒、陈英霞：《高等教育体系的权力分配与大学组织结构》，载《教育科学》2007 年第 2 期。
③ 汤萱：《基于治理视角的中国公立高校权力整合机制研究》，武汉理工大学，2007 年。
④ 俞可平：《治理和善治：一种新的政治分析框架》，载《南京社会科学》2001 年第 9 期。

而进步与发展，从其教育目的、教育对象、教育途径、教育手段等方面来考虑，大学都是社会的重要因子与组成部分，在考虑大学权力分配的过程中，需要将之放在社会学的角度来考虑和分析，这也是不容忽视的。还有学者将委托代理方法应用于大学内部行政权力和学术权力的配置上，将内部权力配置方式抽象为集权和分权两种模式，进而相应地建立多任务和多代理人的委托代理模型。① 还有学者从国际比较的角度对西方国家的行政权力分配进行了梳理：（1）一般都存在二元的权力结构，即学术权力与行政权力，而且由不同的机构行使，学术团体负责学术事务，行政负责人或行政团体负责行政事务，相互进行权力制衡。（2）一般实行个人负责制与会议制相结合的管理体制。学校一般实行校长负责制，学院或学部实行相应的行政负责制，一般由校长任命并向其负责。会议制设置各种专门委员会，其有多种职能，如决策、审议、咨询、参谋等，一般执行其中一种或几种职能，有时行政负责人兼任委员会主席或主任。（3）分权化是高校权力结构的普遍现象，不同的利益群体通过自身的集体代表性机构以不同形式参与学校或学院管理，各种权力之间有一定的监督和制衡机制。②

3. 大学内部权力配置存在的问题

胡保利等以冲突理论为视角，认为学术权力与行政权力存在冲突，并且在当前中国高校权力场域中，存在行政权力"错位"和学术权力"错位"现象。前者指的是大学严格以科层制方式管理，泛化为一般行政组织，其对学术权力和学术事务干预过多，忽视学者对学术事务的管理。后者指称学术权力的滥用。③ 伊继东指出，我国高校行政权力与学术权力严重失衡，具体表现为高校内部管理普遍存在"行政权力泛化"现象。高校内部学术权力弱化，学术权力保障机制功能缺失。校长、教授职能权限划分过于分明，形成了管理上的"双轨制"。校长多由上级行政部门任命，其产生过程政治色彩浓厚，其对学术事业的管理也主要依靠行政手段和行政权力，形成了"重权术轻学术"的局面。④ 钟秉林认为，行政权力与学术权力之间的关系仍处于某种失衡状态，具体表现为大学内部行政权力泛化，大学管理"机关化"色彩过于浓厚。大学内部的学术权力与行政权力的界限模糊，行政权力和学术权力常常交织在一起，造成分工不明，责任不清，导致行政权力与学术权力的相互越位。学术权力的主体——教授及其学术组织的作用不突出。由于缺乏相关法律制度及其实施细则的保障，学术权力的合法性和可操

---

① 郭广珍：《大学内部权力配置模式与激励》，辽宁大学，2007 年。
② 俞建伟：《学院制改革与高校内部权力结构调整》，载《现代大学教育》2001 年第 6 期。
③ 胡保利、赵惠莉：《冲突理论视野中高校学术权力与行政权力的关系》，载《黑龙江高教研究》2008 年第 4 期。
④ 伊继东：《高校党的先进性长效机制建设的若干思考》，载《学校党建与思想教育》2006 年第 7 期。

作性在实践中难以体现。①

4. 对大学权力配置提出的建议

张德祥在其专著《高等学校的学术权力与行政权力》中，从理论和实践、历史和现实的视角分析了高等学校学术权力和行政权力的合理与局限、冲突与协调、过去与现在的基本情况，提出了学术力量和行政力量平衡在大学治理中的重要作用。其就学术权力与行政权力之间的关系构建了一个新模式：改变过分依靠行政权力进行决策管理的现象；充分发挥学术权力在决策管理中的作用；健全决策、审议咨询、指挥执行、监督保证的运行机制。总体而言，张德祥倾向于强调学术力量在大学治理中的决定性作用。②

丁三青和胡仁东在对国内外关于大学治理中学术权力和行政权力关系研究成果的再研究的基础上，指出已有研究并没有讨论影响二者关系的因素以及它们的作用机理，采用单一模式研究二者关系问题存在较大的局限性，进而提出了学术权力与行政权力"共轭"的新视角，即指基于相互作用、相互影响、相互制衡的学术权力与行政权力动态地存在于大学治理中。他们还认为，学术权力和行政权力在相互作用过程中，都有各自的底线，它们之间关系的处理是为了寻求一种经济学上的"帕累托最优"，而不是通过贬低、排斥一方的作用而强化另一方的影响，这样才能克服大学治理的"短板困境"。基于此，他们抽象出了二者的共轭关系方程：$f = tx + (1-t)y, t \in [0,1]$（其中，$x$ 代表学术力量，y 代表行政力量，t 为参数）。他们指出，在 t 值变化过程中，二者之间的关系发生变化，影响 t 值的因素包括制度、学校历史、学校文化等诸方面。理想的 t 值应该是"黄金分割点"，即 $t = 0.618$。但在实际的大学治理中，t 值会偏离这个值，达到一个实践中的均衡。③

何作井和杨天乐提出今后改革的方向是强化学术权力，分离两类权力。他们指出，重构大学权力配置的原则是两种权力的分离、降低管理重心、权力适当分散。④ 另有学者提出改革的步骤：先以加强学术权力为基础，从二元权力渗透、行政权力主导向学术权力主导转变，再向二元权力分离过渡，最终实现二元权力分离、学术权力主导的权力格局。⑤

学者们对学术权力和行政权力之间的关系进行了国际比较研究。汤智和李小

---

① 钟秉林：《现代大学学术权力与行政权力的关系及其协调》，载《中国高等教育》2005 年第 19 期。
② 张德祥：《高等学校的学术权力与行政权力》，南京师范大学出版社 2002 年版，第 178~193 页。
③ 丁三青、胡仁东：《大学治理中学术权力和行政权力关系研究的再研究——基于共轭的视角》，载《煤炭高等教育》2015 年第 33 期。
④ 何作井、杨天乐：《论大学内部权力结构的冲突与重构》，载《辽宁教育研究》2007 年第 2 期。
⑤ 毕宪顺：《高校学术权力与行政权力的耦合及机制创新》，载《教育研究》2004 年第 9 期。

年梳理了国外大学基层学术组织的运行机制,借鉴德国讲座制所代表的权威型、美国学系制所代表的社团式以及俄罗斯教研室制所代表的参与式三类典型模式,提出了大学治理中要构建"学术主导、行政服务的基层权力耦合机制",并要建立"教学为要、科研为基的基层学术事务运作机制",以期建立与发达国家"和而不同"的现代大学制度。① 李红伟和石卫林通过对美、英、德三国大学章程的文本比较,指出大学章程的主要功能是规制大学权力运行。大学章程规定防范性的学术权力制约机制,有利于解决当前我国高校学术权力"缺位"和行政权力"越位"问题。②

除了对学术权力和行政权力的配置提出建议外,也有学者从大学内部权力纵向结构层面对权力配置提出设想。周作宇和赵美蓉通过对我国高校与国外高校校院权力进行比较,发现在校院权力的分配上出现上移与集中的特点,学院的权力相对较少,进而提出完善校院权力分配合理化的意见。他们指出,我国高校进行的学部改革正是这样的尝试,意图改变这种权力分配状况,将学部作为一个有效平台,在人事、财务、事务上取得自主管理的权力,将学术权力与行政权力进行划分,发挥教师在其中的关键作用。③ 叶飞帆提出把学术权力从学院剥离后,学院只承担行政管理与服务的职能,从而在行政管理上形成学校与学院的二级管理体系。与此同时,将学术权力从学院下放到系后,在许多情况下学校就以学术权力运作的方式对系的学术活动进行引导和评价,同时学院在其中发挥协调和服务作用,由此形成一种学校和学院共同为系服务的二级学术管理体系和学术权力的配置方式。也就是说,在三级组织体系的架构里,学校行政管理的落脚点在学院,而学术管理的落脚点在系,从而建立一个三级组织二级管理的模型。④

总体而言,学者们对学术权力和行政权力的关系问题已经勾勒得比较清楚,主流学术观点由前期的"去行政化"逐渐向"共轭、耦合、制衡"的方向发展,为如何处理二者关系提供了新的思路。但略有不足的是,大量成果均处于理论探讨阶段,很少看到相关的实证研究。

除此之外,相关研究中还有许多关注不足需要进一步研究的问题。

其一,就高校内部的除学术权力和行政权力之外的其他权力的配置问题,如党群组织、学生组织、教代会、教师工会组织的权力问题,没有给予足够的关

---

① 汤智、李小年:《大学基层学术组织运行机制:国外模式及其借鉴》,载《教育研究》2015年第36期。

② 李红伟、石卫林:《大学章程关于学术权力制约机制的规定——基于美、英、德三国大学章程的文本比较》,载《高等教育研究》2013年第7期。

③ 周作宇、赵美蓉:《高校校院权力配置研究》,载《国家教育行政学院学报》2011年第1期。

④ 叶飞帆:《大学行政权力与学术权力的分离:三级组织二级管理模式》,载《教育研究》2011年第2期。

注。美国学者较早关注到了学生组织问题。在美国，学生会称为学生政府（或学生自治会）、学生理事会（或学生联盟）。相对于学校行政部门，美国高校学生会在资金（来自每位学生每学期所交付的学杂费）、行为等方面是完全独立的。美国高校学生会具有制度规范化、学生主体性、高度自治等特点。通过文献的梳理可以发现，我国国内相关研究中，就学生组织权力如何配置、学生组织权力在现代大学治理中有何地位的研究还不多见。学生组织是构成大学内部的关键一环，是连接大学与学生的中心机构，学生组织能不能健康发展，学生组织能不能有效治理，直接关系到现代大学是否能有效治理。学生组织的权力配置不明，就会导致学生权利无法实现，即大学内部主体的权利无从诉求，更无从探讨现代大学治理问题。此外，我国有关大学权力配置相关研究中，有关大学党群组织、工会组织的权力配置问题研究关注不足。要构建现代大学治理结构，党群组织、学生组织、教师工会组织的权力配置问题是现代大学治理中的不可忽视的重要课题之一。

其二，从纵向权力配置来看，仅有为数不多的几篇文献对大学内部的垂直权力结构（如高校—学部—院系权力如何配置）予以关注。与横向权力配置相比，大学内部的纵向权力结构配置的相关研究有待加强。

其三，从静态来看，有关大学治理的高等教育法和学位条例等法律依然存在诸多问题。譬如，在程序、原则和适用上都使大学治理举步维艰。在立法层面，大学章程、校内法律、校外法律文本上对大学内部各种权力的有效边界及其归属规定不清，权力清单不明确，需要相关法律文本进一步完善。

其四，从动态来看，已有研究对权力实际运行状态关注不足。在权力实际运行状态中存在着哪些缄默的"潜规则"？各执行主体间的关系是什么？各执行主体的权责是什么？这些都需要通过进一步研究予以厘清。

第三节　总体框架和研究内容

一、总体框架

本书从"四个全面"战略布局的高度，从提升中国特色现代大学治理能力和治理体系的现代化水平的角度，探求大学治理结构中纪律建设、德治礼序和权力配置协调机制问题。重点分析三个层面的关系：大学内部权力配置与纪律建设之间的关系；权力配置与德治礼序之间的关系；纪律建设与德治礼序之间的关系。其中，分析大学治理结构中的权力配置问题是基础和研究的切入点。纪律建设和德治礼序对权力合理配置、健康运行犹如"车之两轮，鸟之两翼"，是"硬和软"两个方面的条件和保障。权力配置和纪律建设、德治礼序处于不断动态调整之中（见图1-2）。

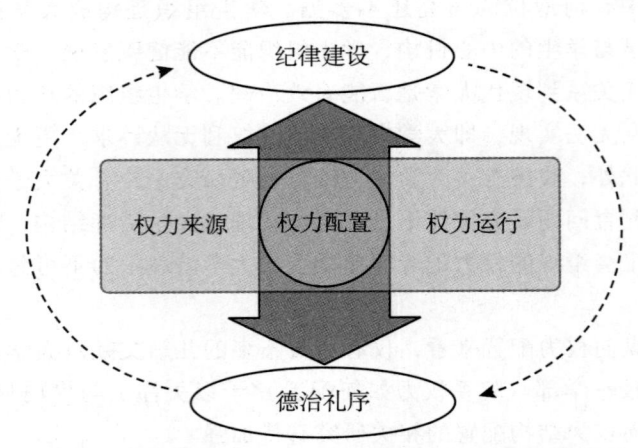

图1-2 权力配置、纪律建设及德治礼序互动结构

二、研究内容

（一）大学治理结构中权力主体之间的关系研究

在现代大学治理结构中，明确权力主体是基础。本书在横向上研究大学治理结构中不同职能部门的权力主体之间的关系，主要包括党政之间、党群之间、学术与行政、教师和学生的权力（见图1-3）。本书重点分析四个问题：（1）在党委领导下的校长负责制度安排下，党委和校长之间的权力配置方式、权力边界和运行规则；（2）研究党群关系，重点研究工会作为群众组织在大学治理结构中的权力边界和实际运行问题；（3）分析学术权力和行政权力之间的边界和运行规则；（4）分析教代会、学生组织在大学治理中的权力界定和实际参与学校治理的现状研究。

本书在纵向上研究大学治理结构中不同权力主体之间的关系，主要包括政府与大学、大学与学校内的二级学院之间的关系（见图1-3）。本书主要研究三个方面的问题：（1）通过对省属院校的调查，以及对党章、政策和法律的分析，明确厘定政府和大学的权力边界（包括行政领导和政治领导），特别明确大学自主权的权力清单。（2）对大学内部学校层面和二级学院之间的权力配置问题进行研究，厘清大学内部治理的框架结构。

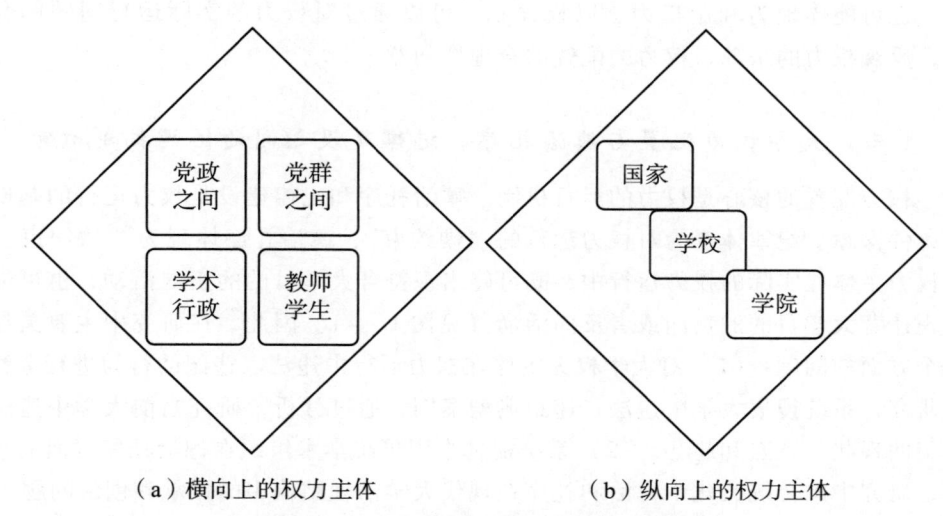

（a）横向上的权力主体　　　　（b）纵向上的权力主体

图 1-3　大学治理结构中的权力主体

（二）大学治理结构中权力配置的理论研究

大学权力配置涉及三个方面的关键问题：（1）权力的来源。权力的来源一方面包括党章、法律、制度规定等外部的规定性，另一方面来自传统的习俗和个人的人格魅力，需要全面审视权力来源的合法性和合目的性问题。（2）权力的配置。权力的配置包括纵向上上级组织与下级组织之间的授权与分权，也包括横向上不同权力主体之间权力的制约，需要全面审视权力配置的合理性和相互监督制约问题。（3）权力的运行。权力的运行，既有显性的规则和制度，也有隐性的潜规则，需要全面审视权力在实践环境中的运行问题。权力运行是"试金石"（见表 1-4）。

表 1-4　　　　　　　　大学权力配置中的三个因素

权力来源	法律、政治、规定	传统习俗及个人品行
权力配置	纵向	横向
权力运行	显规则	潜规则

权力运行中的显规则，既可能体现为"照章办事"、依法履行职责的行为，也可能体现为权力主体行使权力过程中的"缺位""越位""错位"等"不作

为""乱作为"现象。权力运行中的潜规则,既可能体现为对现有制度、规章中不合理部分的"权变"和因地制宜,或者体现为对大学组织中习俗和礼仪的默认,也可能体现为利用权力、以权谋私。可以通过对权力的实际运行问题的分析,反观权力的来源、权力的配置的合理性问题。

(三)大学权力配置与德治礼序、纪律建设之间的协调机制研究

权力配置的核心是权力的运行机制。德治礼序和纪律建设是权力运行的基础性条件保障。纪律体现为对权力运行的"硬约束",德治礼序体现为"软约束"。各权力主体在实际的权力运行中,既可能出现符合大学目的的正向活动,也可能出现违背大学目的的负向或者反向活动(见图1-4)。因此,在研究中主要关注两个方面的问题:(1)对大学权力主体在权力运行中违法、违纪的行为进行考察和研究,系统搜集大学中违法、违纪典型案例,通过分析,研究当前大学中违法违纪的现状、特点和趋势。(2)系统梳理中国传统学术组织在德治礼序方面的经验,研究中国传统文化中德治和礼序在现代大学治理结构中的传承和创新问题。

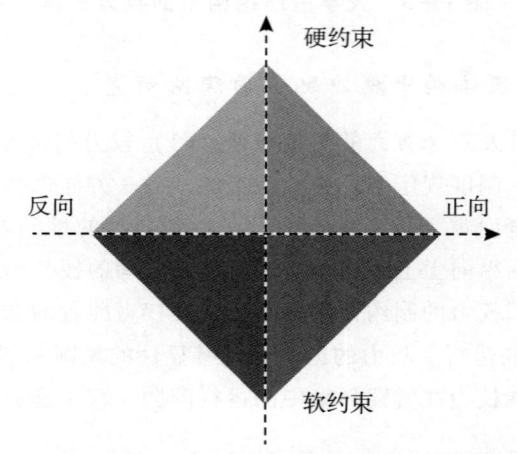

图1-4 大学权力运行中德治礼序与纪律建设协调机制

三、研究方法和研究手段

根据研究目标与内容,本书主要采用文本分析法、问卷调查法、访谈法、观察法(民族志研究方法)、比较法、个案研究、案例分析等研究方法。不同的子课题在研究方法上各有侧重,具体如下:

（一）中国大学纪律建设研究

该方面主要采用文本分析方法、访谈法和问卷调查法、案例分析法。具体过程如下：

收集《中国共产党章程》《中国共产党党和国家机关基层组织工作条例》等文本，分析大学需要遵循的政治纪律、组织纪律等内容。

收集大学章程、学术纪律、管理者要求、教师规范、学生规范等文本，分析当前大学内部纪律建设现状与问题。

运用访谈法，针对"大学组织纪律、学术纪律、行为规范的建设、执行现状与问题"，按照分类抽样原则，共抽取东中西部地区部属和学校的党委书记、党委会成员、教师进行访谈。根据访谈结果进行编码，总结当前大学在组织纪律、学术纪律、行为规范的建设、执行现状与问题方面的问题，为问卷编制提供基础。

根据文本分析与访谈结果，自编问卷，运用封闭式问题和开放性问题，针对"大学组织纪律、学术纪律、行为规范的建设、执行现状与问题"进行调查。按照分类抽样原则，抽取东中西部地区部属和地方所属高校的党委书记、党委会成员、教师（包括不同学科、年龄层次、职称结构）、学生进行问卷调查。调查结果运用 SPSS 20.0、Nvivo 等工具进行分析，总结不同地区、不同类型高校组织纪律、学术纪律、行为规范建设与执行的特征。

（二）大学治理结构中不同权力主体权力配置的调查研究

该方面主要采用文本分析法、访谈法和问卷调查法。具体过程如下：

收集现代大学治理结构中党政、党群、行政与学术权力配置相关文献，收集分析现代大学的组织特性等文献资料。了解大学权力的构成及特征、大学内部权力的配置、大学内部权力配置存在的问题、对大学内部权力配置提出的建议等，为编制访谈提纲提供基础。

以"现代大学治理结构中党政、党群、行政与学术权力配置现状与问题"为主题，采用半结构性访谈的方式，选取东中西部地区部属与地方院校的党委书记、校长、学校职能部门负责人及学院负责人，围绕"您如何理解您职能范围的边界？""您如何看待党政权力分配、学校与学院权力分配问题？""目前党政、学校与学院的权力分配及权力运行中存在什么样的问题？""您对解决权力分配与运行中的问题有什么样的建议？"等问题进行访谈，运行编码分析，考察不同高校在权力分配与运行中的现状与问题。重点了解权力运行中的潜规则问题。

根据半结构式访谈中发现的问题，再次形成访谈提纲，运用结构式访谈方式,再次选取东中西部部属与地方院校的党委书记、校长、学校职能部门负责人及学院负责人进行深入访谈,印证、补充、修订半结构式访谈得到的结论。

运用问卷调查法,调查我国大学教代会、工会组织、学生组织参与学校治理的现状;在前期访谈的基础上,编制调查问卷,调查院校二级机构的权力配置现状和存在的问题。调查对象为省属高校5所,部属高校5所。

(三) 现代大学治理中德治礼序的传承与创新研究

该方面主要采用文本分析法与观察法。具体过程如下:

采用文本分析法,采集中国大学传统道德规范、义理、仪式相关文献,对其历史变迁过程进行梳理、分析,分析中国大学需要继承的道德、义理、礼序传统。

采用参与式观察法和访谈法相结合的研究方法,一方面按照方便抽样的原则,即哪所学校将举行庆典、仪式,则选取进行观察,观察学校管理者、师生在仪式、庆典中的集体行为;另一方面按照东中西地区、部属和地方所属学校分类抽样,共选取6所学校,观察学校以及管理人员和师生的个人道德礼仪,分析学校德治礼序的现状与问题。根据访谈和观察结果,结合国外现代大学治理体系建设经验,分析中国大学在建设现代大学治理体系中需要创新的道德、义理和礼序。

(四) 国际比较研究

该方面主要采用文本分析法和比较法。具体过程如下:

选取美国、英国、法国、德国等国家以及金砖国家现代大学治理体系的相关文献,进行比较分析,总结它们的关注点和走向。根据国外大学治理关注点和走向,结合中国政治制度和高校治理结构的特点,为我国高校进一步推动纪律建设、加强德治礼序及合理分配权力提供经验。

(五) 案例研究

(1) 借鉴民族志的研究方法,通过观察和参与观察、相处与访谈等形式,对大学内部党政之间、党群之间、学术与行政之间等权力配置及实际运行状况进行观察和分析。

(2) 对大学内部重大庆典(学位论文答辩、毕业仪式、开学仪式)以及日常行为规范进行观察和访谈,了解大学内部的习俗、礼仪及规范等现状。

(六) 大学纪律建设、德治礼序、权力配置的协调机制研究

该方面主要采用文本分析法、访谈法与案例调查法。具体过程如下:

继续采用半结构式访谈法，以"现代大学治理结构中权力配置与德治礼序、纪律建设关系研究"为主题，选取东中西部地区部属与地方院校的党委书记、校长、学校职能部门负责人及学院负责人，围绕"您如何理解您权力配置与德治礼序间的关系？""您如何理解权利配置与纪律建设间的关系？""您如何理解德治礼序与纪律建设之间的关系？""您所在学校权力配置的形式是什么？各岗位职责是什么？"等问题进行访谈，运用编码分析，归纳出"不同大学的权力运行模式"，并通过对以上报告的文本分析与案例研究，建立"不同学校中权力配置与德治礼序、纪律建设三者之间的关系模型"，比较分析各种模型的优劣。

四、调研安排

本书的调研安排如表 1-5 所示。

表 1-5 调研安排

调研对象	主要调研内容	主要调研形式	备注
大学书记及党委办公室人员、教师	大学组织纪律、学术纪律、行为规范的建设、执行现状与问题	访谈、观察/问卷调查/文本收集	1. 选取东中西部地区部属和学校的党委书记、党委会成员、教师进行访谈 2. 抽取东中西部地区共 12 所部属和地方所属高校的党委书记、党委会成员、教师（包括不同学科、年龄层次、职称结构）、学生进行问卷调查
大学书记、校长、学校职能部门负责人、院系负责人	现代大学治理结构中党政、党群、行政与学术权力配置现状与问题	深度访谈/集体座谈	1. 选取东中西部地区部属与地方院校的党委书记、校长、学校职能部门负责人及学院负责人进行半结构性访谈 2. 再次选取东中西部地区 6 所部属与地方院校的党委书记、校长、学校职能部门负责人及学院负责人进行结构性访谈
学校庆典、仪式中的管理者、师生	大学德治礼序的现状与问题	观察	1. 庆典、仪式按照方便抽样的原则，即哪所学校将举行庆典、仪式，则选取进行观察 2. 个体观察按照部属、地方所属学校分类抽样进行观察

五、本书的研究目标

本书的研究目标主要基于研究的问题确立。主要包括以下几个方面：

围绕纪律建设问题：（1）系统搜集大学人员违法、违纪典型案例，分析大学违法违纪的主要特征及趋势，并对存在的问题进行反思。（2）开展大学基层党组织纪律建设、校纪校规调查研究，了解党员干部、教师党员、学生党员在纪律建设方面的举措和效果。（3）从从严治党、依法治国的角度，提出形成完善我国法律体系、大学内部治理的相关政策建议。

从德治礼序建设在现代大学治理中的作用入手：（1）研究中国传统学术组织中的德治礼序历史经验和传承创新问题。（2）提出把传统文化中德治礼序合理的、精华的部分纳入现代大学治理结构中的政策建议，从而形成中国风格的大学治理体系。（3）从教育管理者、教师、学生、教育教学活动四个方面提出一系列行为规范。

在权力配置方面，重点在横向上分析党政权力配置中党委领导和校长负责之间的关系；分析教师代表大会、工会在大学治理结构中的权限和实际发挥的作用；分析学生组织参与大学治理的现状和未来的趋势。在纵向上重点分析国家和大学权力配置的现状、国际经验和发展趋势；分析学校和二级学院权力配置的现状、国际经验和外来趋势等问题。在分析的基础上形成一系列调研报告，并就完善相关法律、政策，完善大学内部章程提出意见和建议。

六、研究的创新点

研究问题的创新：德治礼序是对中国传统文化的再挖掘再运用，纪律建设是坚持中国共产党领导下对基层党组织和校风校纪的完善，大学权力配置又体现着发源于西方的法治精神。因此，本书是中国文化元素、中国共产党实践和西方法治精神的三重结合。本书通过汲取中国传统文化中的德治礼序的文化资源和坚持中国共产党领导下的纪律建设的党的实践智慧，结合西方法治精神，试图将三者有机结合起来，建立有中国特色的大学治理体系。

研究内容的创新：对大学内部权力配置予以较为细致性和动态性的研究，从权力的来源、分配和运行，权力运行的效果这几个层面来分析权力配置问题。此外，对大学内部权力配置问题做到了横向、纵向兼顾，不仅对学术权力、行政权力、政治权力和民主管理权力的横向维度进行调查和研究，同时关注和触及纵向维度的学校、学部、院系层面的权力配置。在此基础上进行比较系统化的审视，系统地、综合地看纪律建设、权力配置、德治礼序。既关注权力运行的显规则，也关注权力运行的潜规则。

研究方法的创新：本书将突出"综合研究"，运用综合的研究方法，其中涉及调查、访谈、参与式观察的实证研究，同时采用文本分析法，采集中国大学传统道德规范、义理、仪式相关文献，对其历史变迁过程进行梳理、分析，分析中国大学需要继承的道德、义理、礼序传统。并且对英国、德国、法国和日本等国家现代大学治理体系中的纪律建设、德治礼序及权力分配进行国际比较分析，以方法创新推动理论和实践创新。

另外，本书将采取对一个学校的案例研究，通过民族志的方式深入观察一个学校不同权力主体的权力配置、纪律建设、礼仪规范方面的内容，以一斑窥全貌。

研究团队的创新：本书整合各个领域的知名专家学者。专家研究领域遍及教育哲学、高等教育管理、教育史、法学等。

同时吸纳博士生、硕士生参与，把科研和教学紧密融合。

七、研究突破的重点和难点

（1）大学治理结构中的权力配置问题无论是理论研究还是实践运行都是一个极其复杂的工作。它不仅受到内部权力主体之间的博弈与均衡，也受到外部政策法律、政治力量等多种因素的影响，具有很强的民族性、情境性。在不同国家、不同大学情境中会有不同的权力配置和运行方式。因此，需要扎根本土、扎根大学权力配置和权力运行的实际情境中进行调查研究。

（2）大学治理结构中的纪律建设和德治礼序是扎根中国文化、建构中国风格现代大学治理体系的重要探索。以往的研究对纪律建设、德治礼序等方面的内容关注较少，也增加了本书研究的难度。

本书拟通过对党章、党的基层组织各项条例、党的纪律发展的历史进行系统梳理，对大学校纪校规等文本资料进行详细分析，厘清大学纪律建设的内涵。同时通过深入观察、访谈，了解和研究我国大学中党委领导下的校长负责制在实践中的运行方式、形态等。另外，也将通过历史研究，对中国传统学术组织中的为人、为学的道德规范，教育教学活动中的仪式、礼序等方面的内容进行梳理。同时通过深入观察、访谈等形式，对大学重要庆典、活动中的仪式、礼仪等进行观察，以期在这方面有更深入的研究。

（3）大学作为一个有组织无政府的松散的组织，其权力配置、权力运行有显性的规则，也有潜规则。而潜规则在一定意义上影响着大学的组织文化、大学的发展方向。纪律和道德在很大程度上是在潜意识层面影响人的行为。如何对纪律建设、德治礼序的效果进行分析、认识和评价是一个难点。为此，本书希望通过对学校的个案研究，通过深入的观察和访谈，了解大学权力运行中的各种规则，特别是加深对潜规则的认识，从而为构建中国特色现代大学治理体系提出可行的建议。

第二章

大学治理的历史演进

世界最古老的大学——意大利的博洛尼亚大学，欧洲最古老大学之一——法国的巴黎大学，英语国家中最古老的大学——英国的牛津大学，世界上第一所研究型大学——德国的柏林洪堡大学，都出自欧洲这一世界高等教育发源地。美国是目前世界高等教育的中心，加州大学系统为世界高等教育提出了很好的方案。苏联高等教育体系对我国高等教育格局确立起到一定示范作用。在大学千年历史演进长河中，这些国家的这些著名大学对世界范围内的高等教育产生了极其深远的影响。

西欧中世纪常被称为"黑暗时代"，然而，人类文明史上的娇艳之花"大学"正是在这封闭落后的时期萌发的。中世纪大学继承了古代东西方的教育遗产，构成了世界近现代大学和高等教育机构的基本原型。①

大学治理的实质是"大学内外部利益相关者参与大学重大事务决策的结构和过程"，② 是各种决策权的分配和行使的过程，其中董事会体现了内外部权力在大学治理过程中的资源分配。③ 大学治理结构包括外部治理结构和内部治理结构，涉及社会参与的发展决策机制、校长负责的行政执行机制、教授治学的学术自治机制等。外部治理结构主要是大学利益相关者之间的权力关系和责任义务，包括大学与政府、大学与社会、大学与市场等；内部治理结构主要是大学内部各利害

---

① 黄福涛：《外国高等教育史》，上海教育出版社 2003 年版，第 52 页。
② D. J. Gayle et al., *Governance in the Twenty – First – Century University: Approaches to Effective Leadership and Strategic Management*. San Francisco: Wiley Periodicals, 2003, P. 73.
③ 郭春发、孙宵兵：《英国大学董事会制度的变迁》，载《清华大学教育研究》2013 年第 2 期。

关系人（包括学生、教师等）的权责关系及其平衡法则。大学治理结构的关键是权力的合理配置与运行。①

大学治理模式既受大学作为学术组织的本质制约，也受国家经济政治和历史文化的环境制约。各国的高等教育治理体系各有特色，权力配置模式有所差异，其治理结构、组织文化、管理制度等颇有借鉴意义。本章围绕大学内外部权力配置这一主题，以历史演进顺序为轴，讨论世界高等教育发展史上的代表性大学的治理体系，多层面、多角度探究其权力配置模式。

第一节 学生治理：博洛尼亚大学的诞生及其治理特征

一、博洛尼亚大学诞生的背景与机遇

博洛尼亚大学的诞生源于其独特的自然条件和社会条件。博洛尼亚地处意大利北部的雷诺河畔，处于伦巴第（Lombardy）、维罗纳（Verona）、罗曼多拉（Romandiola）和托斯卡纳（Tuscany）的交会之处，交通便利，也是由意大利通往罗马的必经之地，成为意大利北部社会经济发展的中心。一方面，城市的兴起、工商业的发展和经济的复兴加剧了社会治理的复杂，商业纠纷、贸易争端问题不断，世俗生活面临着越来越多的法律问题。封建王权和基督教权两种不同的政治权力也亟待法律上的解释和定义。旧世界的文化无论好坏仍然存在。古罗马文明在生活中从未消失，罗马法在城市的实际管理中一直起着重要作用。② 人们积极寻求法律理论的支持，掀起了重新学习和研究罗马法的热潮，用以调节复杂的政治秩序、经济生活和社会关系。另一方面，国家没有多余的财富来支持任何规模的非职业课程。由于没有国家的经济资助，普通学生面临的压力是在既定的秩序下尽可能快地找到一份赚钱的工作。作为满足社会需要的工具，培训学生掌握知识和分析技能的职业学校成为大势所趋。这些知识和分析技能可以用于为国家或教会服务，从事教学或法律和医学等世俗职业。③

因而，博洛尼亚法律学校成为博洛尼亚最早建立的学校。博洛尼亚法律学校

---

① 左崇良：《现代大学的双层治理结构探索》，载《中国高教研究》2013 年第 2 期。
② Wells, J., The Universities of Europe in the Middle Ages. *The Scottish Review*, 1896, 28 (55), pp. 56–78.
③ Alan B. Cobban, Student Power in the Middle Ages. *History Today*, 1980, 30 (2), pp. 7–10.

的建立还得益于诸多著名法学家的支持。例如，被誉为"法律之灯"的欧内乌斯（Irnerius）早在 1088 年就在博洛尼亚举办了法律讲座，因而被看作是博洛尼亚法律学校的建立者。除此之外，欧内乌斯还全面评注了以《查士丁尼法典》为代表的东罗马帝国皇帝查士丁尼的作品，并将《民法大全》推广为普法教育课程的重要内容。博洛尼亚法律学校便是博洛尼亚大学的前身，1088 年也被博洛尼亚大学奉为建校之年。在博洛尼亚大学正式成立之前已经有许多独立的教育教学活动，虽然没有教皇或皇帝的圣旨昭示它的存在，很难找出一个标志来证明它作为历史的开始，所以 1088 年这个选择确实有些随意，但毫无疑问的是，真正的博洛尼亚大学是学生型的，它的起源与欧内乌斯的讲座吸引学生集聚在博洛尼亚这一事件密切相关。博洛尼亚大学不是建立起来的，而是发展而来的。当一群学生聚集在一群杰出的教师周围，这些教师就组织创建了一种通过承认他们为同事或博士的吸收合格人才的制度。① 而学生们大多是成熟的神职人员，他们希望提高自己对于教会法律或其他重要职位的知识。来自不同国家的学生作为外国人在这样一个无法获得公民权的意大利小镇里，很自然地把自己组织成一个联盟，或组成一个大学。

需要注意的是，一所大学也不仅是由许多学者组成的，我们必须追溯到有组织的生活和明确的自治特权。在这些政策文件中，我们最早看到的是著名的腓特烈一世（Frederick I）于 1158 年发布的《居住法》（*Constitutio Habita*）。所有学者在旅行期间将受到皇帝的直接保护，任何对其事务的干预都将受到重罚，更不能对他们的罪行或债务提出索赔，他们只受主教或大学校长的管辖。② 它还授予了博洛尼亚不受其他权力控制的独立办学和发展的权利，地方当局不得干预学校内部事务，同时规定学校必须成立由一名硕士（master）监督的学生协会，由学生付给其报酬。③

二、博洛尼亚大学的组织架构

博洛尼亚大学的组织架构如图 2-1 所示。

---

① T. E. Holland, The Centenary of Bologna University. *Macmillan's Magazine*, 1888 (58), pp. 356 – 363.
② W. T. Hewett, University Life in the Middle Ages. *Happer's New Monthly Magazine*, 1897 (96), pp. 945 – 955.
③ 宋文红：《欧洲中世纪大学：历史描述与分析》，华中科技大学，2005 年。

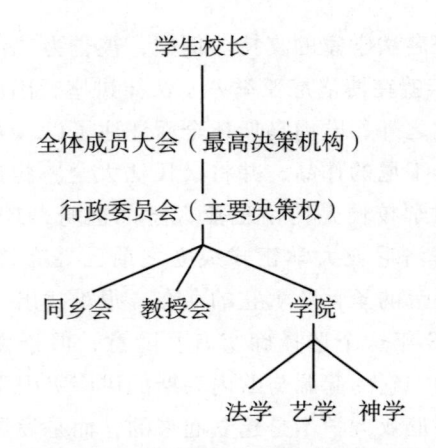

```
                学生校长
                   │
         全体成员大会（最高决策机构）
         行政委员会（主要决策权）
                   │
         ┌─────┬────┴─────┐
       同乡会  教授会    学院
                        │
                   ┌────┼────┐
                  法学  艺学  神学
```

图 2 – 1　博洛尼亚大学组织架构

在博洛尼亚大学，最高决策机构是全体成员大会，由大学校长、督导（consiliarii）和同乡会代表发起。会议在修道院或基督教堂中举行。大学校长的选举、学校重大事务的决策、学校章程的制定及修改均应通过全体大会来进行。涉及博士学位、宣誓、撤职等事务时，必须有超过半数成员出席。在选举时，用黑白豆子作选票，白色代表同意，黑色代表反对，每名学生仅有一次投票机会。① 但由于这一程序的烦琐性，全体大会的召集可能比预期的要少，大部分的决策仍然由行政委员会执行。这个至高无上的全体成员大会常常显得无能为力，只是行政委员会决策的被动反映。②

在博洛尼亚大学，权力的行使实际上往往集中在少数学生官员手中。即使在博洛尼亚学生权力的鼎盛时期，理论上的学生民主政府形式也被作为行政委员会的学生代表所代替。大学的日常管理权主要集中在由大学校长、各同乡会选举出的学生代表和督导组成的行政委员会，即便要召开全体大会，大会的议程和讨论内容也须得到行政委员会的批准。行政委员会委员一般由即将退休的老成员推荐，但在闰年，则由全体会员选举产生。对于普通学生而言，全体大会仅仅是了解大学管理和教学事务的一种途径，尽管他们可以在大会上发表自己的观点，甚至有不记名投票的权利，但学校的主要决策权还是掌握在行政委员会手中。③ 除了教会和国家之外，大学实际上成为第三大力量。学生代表经常居住在罗马的宫

---

① 钱露：《中世纪博洛尼亚大学同乡会研究》，河北大学，2013 年。
② Alan B. Cobban, Student Power in the Middle Ages. *History Today*, 1980, 30（2）, pp. 7–10.
③ 何振海：《博洛尼亚大学学生型管理体制的形成及其民主性辨析》，载《西部教育发展研究》2008 年第 1 期。

廷里，参加所有影响基督教世界的大会，以保护他们的利益。①

校长是博洛尼亚大学的最高行政负责人，任期两年，由学生间接选举选出。校长候选人必须是年满 24 周岁的在俗教士、未婚、宣誓遵守教会习俗、拥有 5 年以上的法律学习或研究经历。校长必须是神职人员，否则就不能对身为神职人员的学生行使管辖权。② 以博洛尼亚法律大学为例，大学章程明文指出校长需要配备两名侍从，就职当天需要在主教堂召开就职庆典，由一名教授授予其校长兜帽。③ 在博洛尼亚，校长本身并无实权。到 15 世纪，涉及双方都是大学学者的案件，校长才拥有仅适用于大学内部的刑事审判权。大学校长的司法权力远远超过了行会组织，包括大学的服务人员，如大学的行政人员、抄写员、装订工、装饰者以及其他在不同职位上为大学服务的手艺人，还包括租借房子给大学成员的房东们。④ 校长的职责在于维护大学章程，执行大会决议并对执行情况予以监督，对违背大学章程规定的成员进行惩处。惩处方式包括公开谴责、罚款、驱逐出校或剥夺生活必需品等。⑤ 至 15 世纪后期，随着学生控制权力的消亡，校长职务在很大程度上又成为一种荣誉象征性的行政称谓，真正的权力已经转移到教师组织手中。⑥

同乡会是由非博洛尼亚本市市民学生组成的学生协会。大学各同乡会的会长由全体成员集体投票选出。会长根据大学章程行使职权。对内，会长负责召集全体成员集会，主持各种仪式，关心成员日常生活，慰问贫病会友。对外，会长代表同乡会参与和执行决议。在大学管理的过程中，学生也是通过同乡会会长向上传递自己的意见与建议的。⑦ 来自博洛尼亚本地的学生，作为该市市民，已经享有了法律规定的各种权利，因此被剥夺了成为同乡会成员的资格，被完全排除在学校管理的过程之外。

教授会中的博洛尼亚大学教授都是本市市民。1397 年，大学章程规定，教授入会前必须有教授 3 年民法的经验。由于知识上的优势，教授会享有学位认定与授予、评判学生能否进入教师行列等权利。博洛尼亚大学分别建立了宗教法和民法两大教授会，也有成员二者兼而有之。教授会并不包括全体教授成员，而是

---

① W. T. Hewett, University Life in the Middle Ages. *Happer's New Monthly Magazine*, 1897, 96, pp. 945 - 955.

② Wells, J., The Universities of Europe in the Middle Ages. *The Scottish Review*, 1896, 28 (55), pp. 56 - 78.

③⑤ 钱露：《中世纪博洛尼亚大学同乡会研究》，河北大学，2013 年。

④ 范颖：《中世纪大学校长制度探究——以博洛尼亚大学与巴黎大学为例》，载《科教文汇（中旬刊）》2017 年第 10 期。

⑥ 程玉红：《中世纪"学生型"大学的产生与发展——意大利博洛尼亚大学组织管理述评》，载《沈阳师范学院学报》（社会科学版）2002 年第 6 期。

⑦ 孙华程：《城市与教堂：制度视野下欧洲中世纪大学的发生与演进》，西南大学，2011 年。

选取部分代表入会，其中民法教授 16 名，宗教法教授 12 名。① 未能进入教授会的普通教师群体也丧失了在学校事务管理过程中的参与权。在博洛尼亚学生政府的体制之下，教师被排除在大学议会的投票之外，只能以观察员的身份出席。②

除以上主要机构外，博洛尼亚大学还设置了持标人（bedel、beadles）、书籍稽查员（peciarii）、大学公证人（university notary）、税务官（taxor）、评审员（syndics）、司库（massarii）等职位。③

三、博洛尼亚大学的学科设置与毕业典礼

继欧内乌斯推广建立的民法之后，一位教授宗教法规的著名法学家格林蒂安（Gratian）使得一门新的学科——宗教法在博洛尼亚确立起来。他于 1140 年汇编的《教令集》（*Decretum*）一直是教会法庭公认的教材，也是欧洲第一部系统评述宗教法规的著作。④ 在基督教教会的支持与影响之下，宗教法也逐渐受到重视和发展，与民事法并驾齐驱。民法和教会法这两个博士学位也被看作是最高的学术荣誉。从博洛尼亚法律学校毕业的学生有的进入教会担任高级神职人员，有的进入政府担任高级行政人员，有的成为律师。从 14 世纪开始，博洛尼亚大学除法学院外又增加了艺科院，吸引了医学、哲学、算术、天文学、逻辑学、修辞学和语法学等诸多领域的学者。但丁（Dante）、彼特拉克（Petrarca）都曾在博洛尼亚学习。1364 年，博洛尼亚大学增设了神学系。⑤ 到 14 世纪末，博洛尼亚大学在校生已有 1 万多人。⑥ 15 世纪，博洛尼亚大学又开始了希腊语和希伯来语的研究，16 世纪向实验科学研究转变。

在博洛尼亚，教堂晨祷铃响课程开始，到 9 点结束。下午的讲座在教授家里举行。早上的课是两小时，中午过后的讲座为一个半小时，后来减少为 45 分钟。圣诞节和复活节则有假期。⑦ 学生毕业在这里和其他地方一样，共经历三个阶段。所有攻读学位的人都要参加考试。学生经过考试首先会被提升为学士（bachelor），再经过下一阶段测试后，他将得到进入该学科进行教学的许可。最后，经

---

① ③ 钱露：《中世纪博洛尼亚大学同乡会研究》，河北大学，2013 年。
② Alan B. Cobban, Student Power in the Middle Ages. *History Today*, 1980, 30 (2), pp. 7–10.
④ 孙华程：《城市与教堂：制度视野下欧洲中世纪大学的发生与演进》，西南大学，2011 年。
⑤ The University from the 12th to the 20th century, University of Bologna, https://www.unibo.it/en/university/who-we-are/our-history/university-from-12th-to-20th-century.
⑥ 《欧洲的母校博洛尼亚大学》，环球人物网，2016 年 12 月 27 日，http://www.hqrw.com.cn/2016/1227/59337.shtml.
⑦ W. T. Hewett, University Life in the Middle Ages. *Happer's New Monthly Magazine*, 1897, 96, pp. 945–955.

过一次公开的试讲和辩论,方可获得博士学位,学者们在辩论的过程中可以提出反对意见或参与讨论。最终的毕业仪式包括一顶礼帽、一枚戒指、一本打开的书和一个吻的赠与,最后被带入教授席。① 圆圆的礼帽象征着完美和经验。帽子本身象征着德行和自由。就像帽子保护头部不受风暴侵袭一样,它也暗示着神保护他不受外界的中伤和诽谤。神学专业毕业的博士,帽子的颜色是黑色;法律专业毕业的博士,帽子的颜色是红色;医学或哲学领域毕业的博士,帽子的颜色是紫罗兰色。黑色表示神学家必须为世界而死。红色帽子意味着律师是皇帝的助手。紫罗兰色是指哲学家必须将他的目光投向紫罗兰色的天空,那是知识和真理的源泉。戒指戴在新博士的手指上作为贵族的象征。毕业的博士还会被给予一部《圣经》(Bible)、《刑事大法典》(The Corpus Juris)、《希波克拉底》(Hippocrates)或《亚里士多德》(Aristotle),根据学生所在的学院而被给予不同的书。书中蕴含着知识的财富,博士也应该拥有同样的知识。打开那本书,意味着随着知识的不断进步,毕业的学生也应该致力于知识的增长和传播。随后,新毕业的博士要宣誓支持大学的章程,以圣父、圣子和圣灵的名义,接受爱的誓言和祝福的亲吻。最后,他们还会举行盛大的宴会。所有毕业的博士都需在证书上签字,并有公证员庄严地见证这一过程,证明这一过程是非常正式的。学者们的死亡也会由全体学生共同参与纪念,葬礼仪式会在他所属国家的教堂举行。如果是一位教师去世了,他的同事会发表一篇纪念他的演讲,大学里的所有人都会披上表示哀悼的外衣。②

四、博洛尼亚大学的治理特征

(一)"掌权"的学生同乡会

博洛尼亚大学起初并无固定场所和教师,教师的任期也很短,有的仅为半年,很多教师还从事其他职业。因此,最初的博洛尼亚大学可以被看作是由一群学生组成的协会。博洛尼亚学生行会的兴起与当时盛行的意大利公民概念有关。博洛尼亚的学生来自欧洲许多国家,但在博洛尼亚他们不是公民,是在城市法律面前不堪一击的外国人。因此,在没有保护的情况下,学生们不得不主动组织防御。必须强调的是,博洛尼亚的学生行会最初是一个互利的团体,其目的是根据

---

① T. E. Holland, The Centenary of Bologna University. *Macmillan's Magazine*, 1888, 58, pp. 356 – 363.

② W. T. Hewett, University Life in the Middle Ages. *Happer's New Monthly Magazine*, 1897, 96, pp. 945 – 955.

城市法律保护其成员，提供一种防御措施。①

据估计，当时学生的入学年龄在 18~25 岁之间，很多学生年近 30。在进入大学学习法律之前，这些学生中的大部分已经接受过较高程度的文科教育，其中很多人曾经担任过如教会牧师、律师、行政官员等重要的社会职务，②他们社会背景优越，物质财富充裕，阅历丰富，习惯于在社会中担任一定职务。这一切也使得学生在控制大学权力时更容易理解。但这些侨民无法享受与本市市民同等的公民权利，其人身安全和财产安全得不到合法的保护，甚至会面临更为严苛的法律制度。当时，意大利的外国商人最早成立了各种行会，以最大限度地争取共同利益，相互支持和保护。根据中世纪罗马法，任何行业都有权成立自己的行会。有鉴于此，博洛尼亚的非本市学生们也自发地组成了学生行会。由于学生数量的增多，学生行会根据学生来源地的不同又逐步分化成了不同地域的同乡会。1317年和1347年的大学章程中指出，同乡会以学生的出生地为依据划分，而不是学生们的居住地或是他们父辈的出生地。③但不是每个国家的学生都有各自的社团，有的国家来的学生很少，难以组织起来，就只有加入其他国家的同乡会中。同乡会有自己的印章，并选举产生自己的会长（rector）。学生在大学学习的时间通常为 5~10 年，有的甚至更长，这也有利于同乡会的稳定发展。

13 世纪中叶，以阿尔卑斯山为界，由来自阿尔卑斯山以南的学生组成的"山南协会"或"山内集团"和来自阿尔卑斯山以北和以西地区的学生组成的"山北协会"或"山外集团"组成了博洛尼亚大学。这两个集团又分别包括不同的同乡会。山南协会最初由三个同乡会组成，即伦巴第、托斯卡纳和罗马同乡会。山北协会则包括数目更多的同乡会，在 1265 年有 14 个，在 1432 年有 16 个。博洛尼亚大学后来又吸收合并了博洛尼亚市已经存在的一些文法学校和医学校。但在组成博洛尼亚大学的每一所法学、艺学和医学的大学中，都存在山内和山外两个学生协会，每个协会都由同乡会构成。④我们可以从流传下来的章程和被保存下来的记录中找到这些早期大学的组织结构。章程将学生行会的宗旨定义为"友善、互助、友好、慰问病人、支持有需要的人、举办丧葬、陪同学位获得者出席、关心支持学生的精神世界"。⑤到 14 世纪，各同乡会已达成共同的制度

---

① Alan B. Cobban, Student Power in the Middle Ages. *History Today*, 1980, 30 (2), pp. 7 – 10.
② 何振海：《博洛尼亚大学学生型管理体制的形成及其民主性辨析》，载《西部教育发展研究》2008 年第 1 期。
③ 钱露：《中世纪博洛尼亚大学同乡会研究》，河北大学，2013 年。
④ 孙华程：《城市与教堂：制度视野下欧洲中世纪大学的发生与演进》，西南大学，2011 年。
⑤ Wells, J., The Universities of Europe in the Middle Ages. *The Scottish Review*, 1896, 28 (55), pp. 56 – 78.

规范，共用一个印章。① 这也是博洛尼亚大学最初的组织形式和制度规范。由学生群体自发组成的同乡会对学校拥有绝对的管辖权和控制权，同乡会可主持校务，选聘教授，决定学费的数额、教师的薪资、学期的时限和授课的时数，等等。

（二）"受宠"的博洛尼亚学生

由于博洛尼亚大学的非本市学生较多，意味着这些学生随时会有迁徙的可能性。当出现任何问题时，这所大学就会立即停课，如果问题严重，全体学生就会立即准备迁移，他们没有自己独有的建筑和固定的教学场所。② 博洛尼亚市政当局为防止人才流失，维护学校带来的教育、声誉和经济利益，试图对其进行约束，希望学生群体能够宣誓定居。然而，人数众多的学生行会拒绝了宣誓要求，并取得了教皇的支持，在长久的博弈过程中取得了胜利。博洛尼亚市政当局不得已承认了博洛尼亚大学的独立性，并将大学的管理权交由大学自己选举产生的学生校长负责，这其中甚至包括司法管理权。

13 世纪中期，博洛尼亚大学的非本市学生享有与本市市民除了某些政治权利外同样的人身和财产安全等保障，甚至包括免交市政税、便利的房屋租赁、免服兵役等特权。1284 年，博洛尼亚市政当局还给予了学生其他的特权：学生及家属的住宅得到特别保护；房主不得在学期中途命令其搬家；若非学生本人导致房屋遭遇火灾或被破坏，博洛尼亚市政当局应为学生另行提供其他住所，直至合同到期；学生及家属也可同住学校宿舍；学校或学者住所的周边不得经营手工业，以保证其学习气氛不被打扰；等等。③

在有关学生的纪律方面，学生必须穿法定的或黑色的礼服，违者将被处以 3 磅的罚款。④ 在课程讲座中，学生应保持安静，不得呻吟、叫嚷、耳语，不得对陌生人或新来的人喊叫，不能携带武器，不写讽刺性文章。学生还被禁止在大斋节⑤ 闯入房屋偷肉。⑥ 在博洛尼亚大学的章程中，针对两类学生行为进行了明确的纪律规定：一是持枪，二是赌博。其中，学生禁止开赌场、进入赌场，甚至不

---

① 钱露：《中世纪博洛尼亚大学同乡会研究》，河北大学，2013 年。
②④ Wells, J., The Universities of Europe in the Middle Ages. *The Scottish Review*, 1896, 28 (55), pp. 56–78.
③ 宋文红：《欧洲中世纪大学：历史描述与分析》，华中科技大学，2005 年。
⑤ 在西方基督教国家，每年的大斋节（Lent）是基督徒献供与苦修的时期，也是洗涤罪恶、承蒙天主启示的时期，自圣灰星期三开始至复活节前的 40 天，在此期间进行斋戒和忏悔。
⑥ W. T. Hewett, University Life in the Middle Ages. *Happer's New Monthly Magazine*, 1897, 96, pp. 945–955.

能在公开场合看人赌博,即使在获得学位后的一个月也不能在家赌博。① 但在大学管理过程中,也不断有人指控学生干部是没有能力和操守的人,他们操纵自己的选举,或与同伴拉帮结派,以武断的形式进行统治。②

(三)"受控"的博洛尼亚教师

博洛尼亚大学的教授们是博洛尼亚的第一批公民,他们已经享有学生通过结社寻求的法律保护。而博洛尼亚大学学生的社会地位较高、经济实力雄厚,教师的薪酬完全来源于学生的学费。所以,在与教师的博弈过程中,学生行会取得了胜利,成为大学的管理层,对教师拥有绝对的控制权。教师仅拥有对求职者进行考试、发放证书或者制定公共试用期的权力。13世纪,学生们似乎在每年10月大学开学前数月已经选择好了他们所期望雇用的教师。依据挑选程序,胜任的教师要宣誓,即在所有涉及大学社会关系的事情中都要服从学生校长的管理。为了确保教师的讲学情况与协议一致,在每学期开学的时候,学生都要求教师交纳一定数目的定金放到城市银行家那里。严禁教师在授课中遗漏或跳过某些章节,其不得将授课难点拖至课程结束时才进行讲解;教师必须按照学期开始前拟订的计划系统讲授课程内容;不得全年只讲授导言或仅介绍参考书目。③ 为了防止他在课程早期花费太多时间,教师还被要求在指定日期讲到某一部分。④ 如违反上述规定,教师将受到学生的处罚。由校长领头的一个学生审查法庭,会根据教师违反大学法规条令的情况,从其定金中扣除相应的罚金数目。如果出现罚金的数量过多导致定金用尽的话,教师按规定必须到银行家那里再交上一次定金。拒绝服从是没有任何意义的,因为再被罚款的教师将不被允许收取学生的教学费用,他的收入来源将会被切断。

当圣彼得教堂的钟声敲响做弥撒时,教师必须准时开始讲课。如果教师迟一分钟开始讲课或者在规定时间后继续讲课都将被罚款。事实上,教师如果迟到一分钟,学生会立即要求其离开教室。学生还会对教师上课的表现进行定量和定性的评估。大学还秘密地挑选出4位学生,他们像间谍一样监视着教师的工作情况,并且要汇报教师触犯的大学规定的罚金条款,如糟糕的授课技能、没有完成规定期限内的教学内容,或者超过规定的讨论次数等。依据学生的告发事实,校

---

① 宋文红:《欧洲中世纪大学:历史描述与分析》,华中科技大学,2005年。
② Alan B. Cobban, Student Power in the Middle Ages. *History Today*, 1980, 30 (2), pp. 7 – 10.
③ 何振海:《博洛尼亚大学学生型管理体制的形成及其民主性辨析》,载《西部教育发展研究》2008年第1期。
④ Wells, J., The Universities of Europe in the Middle Ages. *The Scottish Review*, 1896, 28 (55), pp. 56 – 78.

长有责任履行大学相应条款规定的措施。情节严重时,教师将被禁止教学、予以开除并剥夺学者特权。① 但这种控制甚至还延伸到了私人领域,例如,如果一位教师结婚了,学生们只允许他度蜜月一天一夜。② 教师的授课生活一直在面临罚款的焦虑气氛中进行。教师不得擅自缺课,如果一位教授想要获得休假,他必须向他自己的学生、同乡会会长和督导员请假,否则根据城市法规,他将被视为缺席而被罚款。得到许可后,教师也需交纳一定数量的保证金,待其返校后再交还给教师本人。教师在讲授一般的课程中,必须至少有 5 名学生出席,在特殊的讲座中必须至少有 3 名学生出席,否则教师都将被视为缺课,须对教师处以罚金。除此之外,博洛尼亚大学的教师还要负责所在学院开关院舍大门、冬天将稻草铺于地面、每月两次清理院舍。③

大学教师中也有许多不负责任的人。有人抱怨说大学里的教席被卖给了出价最高的人,甚至一度有人试图让博洛尼亚的教席世袭制。学生们也到处抱怨教师在履行职责时的疏忽或缺勤,尤其令学生不满的是那些参与商业活动或更广泛的政治事务的教师的缺席。教师在转到另一所大学或开始一段非学术工作之前一般只在一所大学待一两年。教师们在学术生活和非学术生活之间的轻松切换可以在一定程度上解释为什么教师们愿意忍受学生们有限时间内的控制。④

1280 年,博洛尼亚市政当局第一次为西班牙宗教法学者格西阿斯支付了 150 里拉 (libra) 的酬金。1381 年,博洛尼亚大学有 23 个由市政当局支付薪水的法律博士,薪水数额从 100 里拉到 620 里拉不等。⑤ 市政当局所提供给教授的薪水主要来源于市民缴纳的酒税、蚕丝税、捕鱼税等。⑥ 学生对教师的控制在博洛尼亚市政当局设立带薪教职之后也有所改变。带薪教职制度很快成为地方政权掌控大学的有效手段,到 14 世纪中期,几乎所有的大学教师都由市政当局任命并为其支付薪金,学生对教师和大学事务的管辖权也逐渐转至当局手中,学生的领导地位被架空,变得有名无实。⑦

五、结语

博洛尼亚大学作为一所原生型大学,自建立起便在欧洲范围内产生了巨大影

---

① 杨蕾、黄旭华:《中世纪大学的教学质量监控制度——基于学生权力视角》,载《高等教育研究》2016 年第 2 期。
②④⑥ Alan B. Cobban, Student Power in the Middle Ages. *History Today*, 1980, 30 (2), pp. 7 – 10.
③ 钱露:《中世纪博洛尼亚大学同乡会研究》,河北大学,2013 年。
⑤ 宋文红:《欧洲中世纪大学:历史描述与分析》,华中科技大学,2005 年。
⑦ 何振海:《博洛尼亚大学学生型管理体制的形成及其民主性辨析》,载《西部教育发展研究》2008 年第 1 期。

响。第一，它吸引了来自四面八方的不同国家的学者，而不只是自己国家的学者；第二，它不仅提供了艺科的教学，而且提供了神学、法律和医学等高等教育；第三，这些课程均由相当数量的大师所教。① 从以上三点来看，博洛尼亚大学已具备现代意义上的大学特征。西班牙的萨拉曼卡大学、葡萄牙的科英布拉大学、波兰的克拉科夫大学等都是仿照博洛尼亚特色建立的大学。②

从治理特征来看，博洛尼亚大学的治理特色在于它是一所学生主导型大学，重要校务均由学生代表管理，教师群体也处于学生代表的控制之下。究其原因，一方面，当时的学生年龄较大，心智成熟，具备较强的经济实力和社会地位，能够自行支付教师的薪酬，因而在与教师的博弈过程中掌握了话语权。另一方面，外籍学生众多，在无法享受同等公民权的背景下，他们表现出了强有力的团结性，建立了行会并得到了皇帝的支持。因此，中世纪的学生行会更多的是一种团结防御性的机制。他们从一开始并不是为了控制大学和教师，关于如何管理大学也没有任何蓝图和计划，他们只是在获取知识的同时保护自己，使自己得以生存。此外，这类学生主导型大学也并非是一种真正民主式的管理，其实际权力仍然掌握在少数学生代表的手中，本市学生和教师甚至没有投票权，无法参与到大学治理的过程中。无论如何，博洛尼亚大学都是高等教育发展史上的重要里程碑，是欧洲的"大学之母"，也是世界范围内公认的第一所大学。它成功引领了欧洲大学制度的改革，并将继续对世界范围内现代大学制度的改革和完善发挥重要的参考和启示作用。

第二节 教师治理：巴黎大学的诞生及其治理特征

一、巴黎大学诞生的背景与机遇

几乎在博洛尼亚大学兴起的同时，巴黎崛起了一所形态迥异的原型大学——巴黎大学。在当时，法国各大教区特别是位于巴黎的圣母院主教堂成为知识分子最向往的学术中心。圣母院主教堂周围聚集了来自欧洲各地的学者前来求学或进

---

① Wells, J., The Universities of Europe in the Middle Ages. *The Scottish Review*, 1896, 28 (55), pp. 56 – 78.
② 孙华程：《城市与教堂：制度视野下欧洲中世纪大学的发生与演进》，西南大学，2011 年。

行学术研究,12世纪初主教堂附属学校在当时被誉为中世纪神学与哲学中心,"由共同的教堂(universal church)所浇灌和栽培的所有知识之泉,主要可以追溯至它们的源头:最伟大的大学,特别是巴黎大学"。① 作为神学和哲学中心,主教堂附属学校吸引了来自各地的学生纷至沓来,面对大批如饥似渴求知的人群,主教堂学校和修道院学校已经无法容纳如此多的学生,无法满足学生求知的需求,教师们不得不将授课地点移至自家住所或者附近公共区域。

随着巴黎圣母院主教堂周围学者人数不断增加,在圣母院附属天主教学校讨论哲学和神学问题的教师行会发展成为巴黎大学,可以说巴黎大学起源于巴黎圣母院主教堂教会学校,其开办学校需得到主教的准许,因而巴黎大学与天主教会具有千丝万缕关系。② 根据史料记载,12世纪,来自世界各地的教师和学生来到巴黎大学,"大学教师们在欧洲区域范围内可以自由流动,选择自己向往的大学从事学习和研究活动,并可以得到各地大学都相互承认的资格证书……"③ "巴黎大学师生中还有那维亚人、德国人、意大利人",④ 并且按照各自的民族来源自发形成了法国、诺曼、英国和皮卡第四大学者社群(The French Nation,The Norman Nation,The English – German Nation,The Picard Nation)。巴黎大学设置了神学、法学、医学和艺学四个学院,四大同乡会的成员由艺学院的教师组成,神学、法学和医学院都没有同乡会。⑤

巴黎大学与博洛尼亚大学都由来自各地的学者社群构成,但与博洛尼亚大学不同的是,巴黎大学是一所典型的"教师大学",巴黎大学的教师在大学治理中拥有绝对权威。1200年,巴黎大学的一名学生在酒馆与人发生争执后被打伤,其同乡替他报仇时将酒吧老板打成重伤。愤怒的巴黎市民接连杀死多名巴黎大学学生,引起巴黎大学师生的极大不满。国王担心大学师生集体离开,判处参与此次事件的市长终身监禁。⑥ 1208年,教皇英诺森三世颁布了旨在保护大学师生的特权敕令,特权敕令给予巴黎大学独立的司法权,这一敕令也被认为是巴黎大学正式建立的标志。1231年,为了进一步保护巴黎大学的特权,教皇格里高利九

---

① Hastings Rashdall, *The Universities of Europe in the Middle Ages* (2). Edited by F. M. Powicke and A. B. Emden. New York: Oxford University Press Inc., 1936, P. 2.

② Gabriel, A. L., *Garlandia: Studies in the History of the Mediaeval University*. Frankfurt: Josef Knecht, 1969, P. 39.

③ Leff, G., *Paris and Oxford Universities in the Thirteenth and Fourteenth Centuries: An Institutional and Intellectual History*. United States: John Wiley & Sons Inc., 1968, P. 15.

④ [法]雅克·韦尔热著:《中世纪大学》,王晓辉译,人民出版社2007年版,第21页。

⑤ Lowrie, J., Dalys, J., *The Medieval University 1200 – 1400*. New York: Sheed and Ward, 1961, pp. 33, 48–49.

⑥ Hastings Rashdall, *The Universities of Europe in the Middle Ages* (Vol. 1). Oxford: Oxford University Press, 1936, P. 294.

世颁布《知识之父》特许状（Parens Scientiarum），特许状的颁布昭示着巴黎大学正式被纳入教会的保护体系。① 巴黎大学的多项特权包括巴黎大学具有制定大学规章制度和惩罚违反大学规章制度者的权力。特权还限制了地方主教管理大学事务的权力。

二、巴黎大学的治理特征

（一）"掌权"的教师行会

教师行会或称之为学者基尔特社团组织，是巴黎大学组织架构的独特之处。教师行会拥有严谨的组织架构、独立的负责人和组织章程。从行会本身性质来说，教师行会是具有自治性的、自我保护特征的团体。对教师行会来说，"保护教师团体不受外界威胁就是它的唯一目标，防御和保护是形成学者社团的起点"。② 同时教师行会与地方主教长期斗争过程中逐步获得执教资格（licencia docendi）的权力，使教师行会的成员在大学内部事务的处理上享有各自的权力。正是基于自治性的、自我保护以及授予执教资格这两个重要功能，巴黎大学发展成为学者聚集研修学问的场所。

巴黎大学形成了法兰西、皮卡第、诺曼和英格兰四大同乡会教师行会。经过长时间的发展，巴黎大学四大同乡会最终共同构成了巴黎大学的主体——"艺学院"。除了艺学院之外，巴黎大学还有神学院、法学院和医学院共计四个学院，其中神学院教授经院哲学课程，也是巴黎大学地位最高的学院。神学院、法学院和医学院是巴黎大学的高阶学院，艺学院教授"七艺"课程，是一种预备性质的机构，为学生进入其他学院做准备。③ 艺学院的院长实际上成为四大同乡会的统领。④

艺学院教师行会逐渐在巴黎大学组织机构中占主导地位，艺学院的负责人成为整个大学的实际领导者。主要表现在以下几个方面：第一，艺学院教授会几乎能够全权负责大学事务，并且巴黎大学校长选举也基本上成为艺学院的内部事

---

① Peter R. McKeon, The Status of the University of Paris as Parens Scientiarum：An Episode in the Development of Its Autonomy. *Speculum*，1964（4），pp. 651 – 675.

② Kivinen, O., Poikus, P., Privileges of Universitas Magistrorum et Scolarium and Their Justification in Charters of Foundation from the 13th to 21st Centuries. *Higher Education*，2006（2），P. 189.

③ ［法］雅克·勒戈夫著：《中世纪的知识分子》（第 1 版），张弘译，商务印书馆 1996 年版，第 66 ~ 68 页。

④ Lowrie, J., Dalys J., *The Medieval University 1200 – 1400*. New York：Sheed and Ward, 1961, P. 33.

务。根据大学章程，巴黎大学实行的是校长负责制，但事实上作为同乡会联盟体的巴黎大学在举行会议时并不存在任何讨论程序。在全校大会上，当一件大学事务摆在校长面前的时候，事实上如何解决此事的方案在会议之前已由各系科教师团或各同乡会讨论完毕，且各系科或同乡会的负责人也就此事件发表了各自意见。各机构在全校大会上参加人数的多少成为决定其地位最显著、最重要的因素，鉴于艺学院在人数上的绝对优势，其逐渐越来越多地掌握了大学治理权，成为全校大会解决大学组织事务的最有决定权的核心力量。第二，在贯穿整个世纪的巴黎大学与圣母院主事的争讼期间，艺学院主事一直以整个巴黎大学的名义与主教堂主事对簿公堂。艺学院同乡会组织的主事人制度可以被视为巴黎大学校长制度的前身。第三，四大同乡会决定着艺学院的组织运作和课程内容。同乡会会长们的教师身份逐渐过渡成为大学的管理者，具有监管、任命和惩罚的权力。同乡会会长的职能相当于博洛尼亚大学的咨询会议。①

艺学院在巴黎大学组织中的支配性地位日益凸显。艺学院教师行会之所以在整个巴黎大学组织机构占主导地位，究其原因，可以归纳为人数上的绝对优势、组织严密的社团、勇于反抗教会权威压迫的精神。其一，人数上的绝对优势：艺学院教师是整个巴黎教师行会中人数最多的，随着艺学院教师规模不断发展壮大，艺学院教师团在人数上获得绝对性优势。其二，艺学院创建组织了严密的社团：在其他三个学院尚未组建独立社团的情况下，艺学院教师行会最早组建为正式的社团，拥有正式的独立的负责人、法团印玺和组织章程及共同财产。其他三个学院的教师占比有限，且一直处于一盘散沙的状态。其三，勇于反抗教会权威压迫的精神：艺学院的教师和学生相对而言更加勇于反抗教会权威的压迫。当巴黎师生因为种种冲突与主教堂主事对峙罗马教廷时，艺学院的教师与学生成为主要的反抗力量。在实质上促成艺学院教师团支配性地位的必要条件还是教师社群与巴黎主教堂主事的长期争讼。至于诉讼产生的资金，也由艺学院教师共同筹集。除上述原因之外，巴黎大学高阶系科特别是神学院由于在传统上与巴黎主教堂主事存在着密切关系，因而不适合代表全体大学教师的利益。自就任之日起艺学院主事就在事实上成为整个巴黎大学的代表或代理人。

（二）"权力有限"的大学校长

大学校长是由教授会的主任与同乡会的顾问共同选举的，只能行使受委托的

---

① Cobban, A. B., *The Medieval Universities: Their Development and Organization.* Britain: Methuen and Co Ltd., 1975, P. 88.

权限，不得支使各团体，各团体仍享有自由独立权，形成一种联邦性质的组织结构。巴黎大学大约从 1245 年开始出现校长，起初只能由艺学院教授担任，并要求候选人由具有 7 年以上教授文法或修辞学，或教授哲学两年以上资质的长者担任；开始每月改选一次，后来改为 3 个月，16 世纪以后改为 1 年选举一次；选举程序是先由各民族团的首领、各学院的院长参加，再由各民族团和学院选举出的代表参加。巴黎大学校长任职仪式十分隆重，如果在职期间去世，可以享受与王族成员同等的待遇。①

巴黎大学校长的职能主要包括几个方面：一是召集和主持大学会议，虽不参与讨论，但拥有优先投票权。二是与会长们组成法庭处理违纪问题，但无权治理学部。例如，听取有关寝舍租赁事宜的争讼和大学监督之下进行的交易中对大学成员的控诉，授予学者身份的相关证明，发起对被伤害学者的补偿，调和教师、学生等大学成员相互之间出现的、严格说来纯属个人行为的争端，并做出判决。最重要的一项职能是对违反大学法令之人进行惩处。② 这一治理模式与博洛尼亚大学有异曲同工之妙，即并非受制于大学外部，而是大学内部的自我管理，区别就在于是基于教师群体的共同治理。

当校长行使上述职权时，由艺学院各同乡会代理人共同组成的永久"副职机构"负责协助校长开展相关工作，此机构也称为"审理委员会"。若艺学院层面的同乡会代理人提出决议，则需呈送至艺学院办事机构或艺学院教师团；若超越艺学院层面的某个高级系科的教师团共同提出一项决议，或者校长与各同乡团代理人提出一项决议，那么需要呈送至校级层面会议，由专任代表负责受理议案并举行听证。中世纪后期，各同乡会代理人、各学院院长与校长共同组成了所谓的"特别法庭"，作为大学的永久代理人委员会。该委员会最终代替了大学组织架构中比较常见的全体大会。

三、执教资格的争夺斗争

主教及其代理人希望通过负责教区教育事务管理之便确立对整个巴黎大学的控制权。在这场"争夺战"中，教师和主教间的斗争焦点是教师执教资格证书的发放权。③ 巴黎的执教资格授予权起初完全由执事垄断。在大学出现之前，对教

---

① 李兴业编著：《巴黎大学》（第 1 版），湖南教育出版社 1983 年版，第 23~24 页。
② 陈涛：《大学本质属性探源——基于三所欧洲中世纪大学的分析》，载《高等教育研究》2016 年第 10 期。
③ Haskins, C., The University of Paris in the Sermons of the Thirteenth Century. *American Historical Review*, 1904 (1), P.7.

师进行资格审核的做法就已经存在。自加洛林文艺复兴以来，法国的教育就被牢牢地控制在教会手中。主教堂学校是当时教育活动的主要承担者。巴黎主教堂学校的负责人被称为"执事"，不仅主持主教堂学校的教育工作，还负责整个教区"执教资格"的审核。"在巴黎大学形成之前，根据普遍教会法的规定，在巴黎，只有巴黎圣母院的执事才有权力授予'执教资格'，即教学的权利。"① 这一时期，执事代表教会垄断了执教资格的授予权。最初，主教堂学校的教师都是由教区主教兼任。有时主教也会根据实际情况任命其他有教学能力的人任教。"在那个各个教堂一般只拥有不超过一位权威教师的年代，这位教师根据不同的情况，有可能是教士团的一员，也有可能不属于这个社团……如果教堂里确实没有一位能够胜任教育学生的教士，那么教士们将会雇用一位游方学者前来任教。"② 但是，"从11世纪开始，由主教堂的教士担任学校教师已成为一种习俗"。③ "主教堂执事最初的职责大概有些类似于王室大臣，只不过是掌管主教座堂宗教团的印章，以及负责起草一些需要加盖印章的信件或公文。"④ 随着求学人数增多，仅凭执事一人已无法应付日益扩大的教学规模。在这种情况下，执事逐渐脱离实际教学，开始通过授予执教资格的方式，将一部分教学工作委任给其他定期从教堂领取薪酬的学者。教会的管理职责从修道院学校和教堂学校延伸到对私人办学活动的管理方面，逐渐形成需要取得执教权（licentia docendi）才能从事私人教学或办学的审批性管理制度。

日益兴起的教师行会内部有业内公认的行业规范，若成为组织一员，需要符合严格的录用标准和程序。中世纪大学已有学位制度，成为教师需要经过专业化的考试，合格者方可获得"硕士""博士"或教授的学位。若获得"硕士学位"，学习年限至少需要7年。硕士的培养重在基础课程教育方面的训练，此外还考虑到入学者基础和能力参差不齐，采取大多数学生可接受的进度。当然还有一个重要原因就是当时的教学并不规范。⑤ 1215年制定的巴黎大学条例堪称中世纪大学学位制的样本。鉴于执教资质上的严格要求，教师已成为专业性较强的职业。作为行业行会组织，教师行会应有权根据自身行业标准自主遴选新成员，同样有权

---

① Compayre, G., *Abelard and the Origin and Early History of Universities*. New York: Charles Scribner's Sons, 1907, P. 116.

② Rashdall, H., *The Universities of Europe in the Middle Ages: Saler-no Bologna, Paris* (Vol. 1). Oxford: Clarendon Press, 1895, pp. 280 – 281.

③ Post G., Alexander III, The Licentia Docendi and the Rise of the Universities. *Charles Homer Haskins Anniversary Essays*, 1929, P. 256.

④ Rashdall, H., *The Universities of Europe in the Middle Ages: Saler-no Bologna, Paris* (Vol. 1). Oxford: Clarendon Press, 1895, pp. 281 – 282.

⑤ Hilde de Ridder – Symoens, *A History of the University in Europe*, Vol. 1. *Universities in the Middle Ages*. Cambridge: Cambridge University Press, 1992, pp. 52 – 169.

开除不再符合教师行业标准的成员并严格禁止其再就业。然而,当时的实际情况是成为教师的基本前提为从地方主教堂执事那里获得教师资质。地方主教堂的执事掌控着确立教师资质的权力,学生从巴黎大学毕业后,必须从主教堂执事处获得教师资质。而作为行业组织的教师行会无权判定教师的从业资质,因此,教师行会亦无法完全实现行业内部自治。发放教师许可证的权力完全由巴黎圣母院执事所享有,同时其还享有审核教师资格甚至收回教师许可证的权力。可以说,颁发教师资格营业执照的权力完全由巴黎圣母主教堂执事垄断。根据史料记载,在当时多次发生主教及其代理人以权谋私、暗地买卖证书的勾当,引起了巴黎大学师生的严重不满。此后接连出现教师和学生要求对教师资格认定制度改革的呼吁倡议,得到了社会各界包括教皇的支持,因此,教师资格获得的方式逐渐发生了变化。由完全由地方主教堂执事掌控,到需要通过教师行会资格考试才能获取,教师行会坚持要求主教必须承认教师行会的合法地位,这也是教师行会努力争取并长期与主教博弈的结果。

在其后的很长一段时间,对执教资格授予权力的争夺成为教师行会的头等大事,学者共同体进行了摆脱主教堂执事的斗争。在司法权和裁判权的争夺上、在大学章程的确立以及大学是否应掌握独立印信等具体问题上,巴黎大学教师行会与地方主教堂也都存在冲突。为了摆脱长期受制于地方主教堂的处境,学者共同体意识到需要更加紧密团结起来,从而形成一个强有力的组织与之抗衡。伴随着学者共同体力量的逐步壮大,其影响力也与日俱增。主教堂执事也意识到必须遏制学者共同体的势力,由此主教与教师行会开始了漫长的斗争。教师们一方面以罢课形式(即拒绝履行自己授课职责)来向主教发起挑战,另一方面拒绝承认未经教师行会同意获得执教权的新教师,不认可其作为新成员,以通过这样的行为来威慑主教。

面对日益激烈的矛盾,教宗通过书信和派遣特使的方式介入教师行会与地方主教堂事务。教宗英诺森三世在位期间对教师行会争夺自治权力起到重要推动作用,英诺森三世本人曾在巴黎大学学习神学,对大学事务保持了开明的态度。1213年,他要求地方主教堂巴黎圣母院执事不得在颁发执教资格期间收取任何财物,倘若教师行会认可候选人的教师资质,执事不得以任何方式拒绝候选人获取教师资质。① 在教宗的支持和推动下,地方主教堂和教师行会达成协议,制定了两条获取执教资格的途径:第一条是通过正常的学术程序以及教师团的推荐。只要执教资格申请者获得学科超过一半教师的推荐,即可获得执教许可证。第二条是规定在教皇的要求下,主事可直接授予申请者执教许可证。教师行会逐渐开

---

① 张弢:《欧洲中世纪执教资格的产生与演进》,载《世界历史》2013年第3期。

始掌握考核和选拔新教师的权限，削弱了执事对候选人资质认定的权限。与此同时，教师行会也逐步独立掌握大学教师在神学、法学、医学和人文学科中的自由裁量权，执事的权限是仅在教师行会做出决定后履行颁发执教资格的职责。教师管理机制逐渐从松散的教会管理演变为教会和教师行会共同管理。① 在此机制下，若成为新教师必须获得两个机构的认可：一方面必须获得教会颁布的"执教权"，另一方面必须获得教师行会的认可。教师行会的认可会被记载到证书上，表明证书持有者经过长时间学习和严格的考核，具有开展教师工作的资质。由此可见，主教堂执事在形式上颁布了教师许可证书，而教师行会在新教师实质开展教师工作上的专业性权威日益加大。②

1215 年，教宗英诺森三世派遣特使罗伯特在巴黎颁布巴黎大学首部大学章程，其中明令规定，"任何人不得通过贿赂、向主事宣誓或者其他一切作弊手段获得执教资格，任何一个人也没法只获取主事授予的执教许可证或者通过教师行会的就职礼就能成为正式的教师。"③ 大学章程的颁布以政策文本形式限制了地方主教堂的权限，严厉禁止任何试图通过不正当手段从执事那里获取执教资格的行为。在之后的几年，由执事颁发执教资格日益演变为一种仪式上的象征，考核和选拔新教师的实际权限逐步完全掌握在教师行会各个学科专任教师手中。在教宗格里高利九世期间，颁布巴黎大学教令，教令规定，"每一任的执事需在主教以及两位大学教师面前宣誓他将严格履行颁发执教资格的职责"。大学逐步实现了教师行会的自治权力。因而在教师培养和任用上，大学教授具有绝对权威，教授负责中世纪大学教师资格的审核，决定了大学教师在学术与教学中的控制权。

尽管获取学位后便拥有了官方承认的执教权，但事实上执教资格获得者仍是行会的"准成员"，还必须通过系科教师团的纳新仪式，在就职典礼举办之前，执教资格获得者需要向所属的同乡会、系科教师等宣誓效忠，方可获得完整合法的教师身份。根据记载，1280 年的教师宣誓效忠誓言包括"尊重大学的法律和特权，不泄露秘密，保证成为学者共同体的忠诚成员，参加同事的葬礼，举报那些煽动同乡会之间矛盾的个人，尊重学生自由选择'在岛上'向执事或'在山上'向修道院院长申请许可证的权利"。④

---

① ［法］爱弥尔·涂尔干著：《教育思想的演进》，李康译，上海人民出版社 2003 年版，第 117 ~ 118 页。
② ［法］爱弥尔·涂尔干著：《教育思想的演进》，李康译，上海人民出版社 2003 年版，第 115 页。
③ Alan E. Bemstein, Magisterium and License: Corporate Autonomy Against Papal Authority in the Medieval University of Paris. *Viator*, 1978 (9), pp. 291 - 307.
④ Perdersen, O., *The First Universities: Studium General and the Origins of University Education in Europe*. New York: Cambridge University Press, 1997, P. 267.

对巴黎大学来说，执教资格授予权的争夺不仅意味着对自主决定什么样的人进入大学的权力的掌控，在一定程度上也意味着大学开始由松散的学者团体向法人社团的转变。总而言之，对执教资格授予权的争夺是中世纪巴黎大学真正走上独立发展道路的开端。大学教师行会自身不懈的争取和努力以及教皇和世俗王权的外部支持是促成这一转变的两大因素。

四、结语

巴黎大学与博洛尼亚大学都由来自各地的学者社群构成，但与博洛尼亚大学不同的是，巴黎大学是一所典型的"教师大学"，教师是巴黎大学的主体，巴黎大学发展成了教师主导大学的典范。教师行会掌握大学的管理权，是巴黎大学组织架构的独特之处。教师行会拥有严谨的组织架构、独立的负责人和组织章程。从行会本身性质来说，教师行会是具有自治性的、自我保护特征的团体。这种行会性的大学组织模式，保护了学生和教师团体的利益。教师行会在巴黎大学治理体系中扮演非常重要的角色。

巴黎大学教师行会与地方主教堂执事及其代理人间的冲突是权力争斗的主战场。主教堂执事及其代理人长期负责大学的管理，并且负责执教权资质的授予，其与大学教师行会在管理巴黎大学方面的关系是解读巴黎大学早期形成与发展的核心。① 教师行会在对大学章程的确立、大学是否应掌握独立印信、司法权和裁判权的争夺、执教资格权的颁发上都存在着激烈冲突。13世纪巴黎大学教师行会逐步实现了大学自治的权力，在教师培养和选拔任用上，大学教授具有绝对权威。大学教师行会取得了学术与教学上的控制权，大学教授负责中世纪大学教师资格的审核权。

巴黎大学教师行会在与地方教会包括在后期与教皇的斗争过程中，② 大学的组织章程、大学独立掌握印信、司法权和裁判权掌握等逐步被认可，教师执教资格授予权的权威认证使得中世纪大学有了合法身份。学位制度使得中世纪巴黎大学成为真正意义上的大学，大学的组织架构也初步得到发展。

---

① 张磊:《欧洲中世纪大学》，商务印书馆2010年版，第64页。
② Haskins, C., The University of Paris in the Sermons of the Thirteenth Century. *American Historical Review*. 1904 (1), P. 7.

第三节 博雅教育与大学学术自治：牛津大学的精髓与治理特征

一、牛津大学的创建与发展

牛津大学是英语世界中最古老的大学，具有800多年的发展历史，它的出现标志着英国高等教育的开端。牛津大学自创立以来培养了无数精英，在全世界享有极高声望。其悠久的历史传统、独特的教育模式、辉煌的学术成就，深刻影响了世界高等教育的发展变迁及功能目的。

牛津大学创设之初的目的是培养教会人员，主要为教会服务。但后来随着英格兰王室政权对牛津大学影响的加大，牛津大学开始培养政府官员和社会精英。在教会与王室政府对牛津大学的争夺中，牛津大学成为受益者，形成了学者自治的格局。

早在1096年，在牛津就开始有学者从事培养牧师等讲学活动。1167年，英王召回在巴黎大学的学者和学生，他们聚集到牛津一带，进行学术活动，因得到英国皇室大力支持而快速发展起来。1201年，牛津有了第一位校长，开始被称为大学。牛津大学的创建深受中世纪宗教的影响，大学经费来源于教会，作为教会的附属机构而存在。其校徽上写着"主照亮我"，宗教色彩十分浓厚。初期牛津大学模仿巴黎大学的结构设置，设有文学、法学、医学、神学四大学科，神学教学是重点，很快文学处于核心地位，博雅教育成为牛津大学的精髓。

13~16世纪，牛津大学的许多学院陆续创立。牛津大学实质上是由多个学院组成的松散联邦机构。学院隶属于大学，但不归大学管理，有自己的领导机构和章程。学院独立自主办学，自行接受社会捐赠，教学科研及行政事务均在学院，由学院的教授会管理。

牛津大学的大学自治和学术自由始终是其突出特点。其背后的理念是，当大学能够控制自己的命运时，就能够运作得更好。如果它们能够直接受益于其行为，它们将有很大的动力进行改革，否则就只会维持现状，任由竞争者超过它们。如果大学有自主权以它们认为合适的方式来回应英国的教育政策目标，它们很有可能选择不同的方式达到同一目标，有的高校就会比其他高校更有创新力。如果是中央集权的话，则不会有学校的多样性。

二、纽曼的博雅教育学说

博雅教育、精英教育,是牛津大学自创办到现在 800 多年始终坚持的大学理念的精髓,是牛津大学学院制及导师制形成的重要基础。19 世纪中期,英国兴起了有关大学理念的讨论,更多思考什么知识最有价值。把"大学的理念"表达得最好的或许是纽曼在一个多世纪以前在建立都柏林大学时所说的话。① 约翰·亨利·纽曼(John Henry Newman),于 1816 年在他 15 岁时进入牛津大学三一学院学习,在此期间坚持每天读书学习 12 小时。毕业后在牛津大学奥利尔学院担任教师。1845 年离开牛津大学,在牛津大学学习工作将近 30 年。1852 年,纽曼被任命为爱尔兰都柏林天主教大学校长,在筹建该大学过程中,发表了关于大学理念的系列演讲,后将演讲稿整理出版为《大学的理念》一书。该书是世界高等教育史上最经典、最有影响力的作品之一。纽曼关于大学理念的核心思想是:大学是探索普遍学问的场所,是传授普遍知识的场所。实际上,纽曼的大学理念就是牛津大学的办学理念。

纽曼在《大学的理念》一书中指出,大学教育从定义上就有别于职业或专业指导。大学教育的目的是大力开阔眼界,扭转思想观念,培养思维习惯,并使人具备社会互动和人际交往的能力。大学是教授全面知识的地方。这说明了它的宗旨,一方面是心智性的,而非精神性的;另一方面是对知识的普及和扩展,而非提高。这种宗旨就是大学的本质。心智的力量、稳定性、理解力和各种才能,以及对自身能力的控制,对眼前事物的正确判断,尽管有时确属天赋,然而没有经年累月的努力和训练通常是无法得到的。大学博雅教育从其本身来看,就是对心智的培养,追求心智上的卓越,博雅教育的目的绝不仅仅是知识。知识是心智扩展不可或缺的条件,是达到心智扩展的手段。② 纽曼将大学视作可以而且应该给个人提供广泛的知识、批判的思维、高尚的道德和社会敏感度的人文机构,大学通过开放式教育塑造"绅士"。他坚持认为,大学应该坚守这一点。

大学教育在发展过程中始终与社会历史发展相适应,在很大程度上受到社会环境的影响,社会需求对大学理念的发展具有推动作用。19 世纪,英国资本主义工商业快速发展,迫切要求大学培养具备科技专业技能的应用型人才,因此逐渐出现了城市学院、技术学院和师范学院等与社会生产实践结合、服务地方经济

---

① [美]克拉克·克尔著:《大学之用》,高铦、高戈、汐汐译,北京大学出版社 2019 年版,第 1 页。

② [英]约翰·亨利·纽曼著:《大学的理念》,高师宁、何克勇、何可人、何光沪译,贵州教育出版社 2003 年版,第 21、104~116 页。

发展的"新大学"。创立于 1827 年的伦敦大学标志着英国现代大学运动的开始。这些大学在人文教育之外还设置了科学课程和职业课程，偏重科学和工业领域，大学课程逐渐世俗化。它们向中产阶级打开了高等教育的大门，主要满足中等阶层受教育的需求，高等教育不再为上层阶级所垄断。如同克拉克·克尔所说，1852 年当纽曼写作《大学的理念》的时候，德国的大学正成为新的楷模。民主、工业与科学革命都在西方世界大力进行。"在任何社会里游刃有余"的先生们很快对什么都不在行了。科学开始取代道德哲学的地位，研究开始取代教学的地位。一个人不再可能"精通一切"——纽曼的万能通才人物一去不复返了。① 在这种背景下，牛津大学也开始关注回应社会的需求，逐步进行课程改革，增设自然科学课程。当然，纽曼关于大学理念的论述及他所提倡的博雅教育，无论是对当时还是现在，对于办好大学教育及做好人才培养都具有极其重要的意义。博雅教育是牛津大学和纽曼对世界高等教育的巨大贡献。注重精英培养人才，始终是牛津大学的突出特色。

三、牛津大学的治理特征——大学自治、学术自治

大学治理是大学治理主体和权力结构调试、重构和分工合作的过程。大学自治和学术自由始终是牛津大学的核心价值理念，贯穿其整个发展历史。

（一）大学治理的外部因素——教会、王室政府

牛津大学的治理模式是教会或王室政府宏观管理，学校自主办学；其核心价值追求是学术自治。

牛津大学的第一批师生中有很多人曾在巴黎大学求学，其建制在很大程度上效仿巴黎大学。教学内容最初是文、神两科，后来扩展为文、神、法、医四科。最初学校事务由主教任命的大教堂司学（chancellor）管理，之后逐渐发展为校长人选由大学的教师选举产生，在管理内部事务上大学拥有较大的自治权力。

牛津大学早期受到教会的控制，教会指派校长，校长拥有管理大学的实权。教会是牛津大学经费的主要来源，教会给予大学很多特权，因此牛津大学要为教会需求服务，大学教育以宗教为中心，教学内容主要为神学，人才培养目标为牧师等各种神职人员。

英国世俗王权一直在与教会争夺对大学的管理权，15 世纪，王室对大学的

---

① ［美］克拉克·克尔著：《大学之用》，高铦、高戈、汐汐译，北京大学出版社 2019 年版，第 1~2 页。

影响逐渐加强。16世纪,亨利八世发动宗教改革,自封为英格兰大主教,完全脱离罗马教廷的控制。国王为了确立自己"王权至尊"的地位,进一步加强了对大学的掌控,大学中教授职位的设置均需得到国王的批准,① 王权通过控制大学和学院中关键职位任命及教师聘任的权力实现对大学的控制。王室政府甚至组成专门的牛津大学皇家调查委员会,促使大学进行改革。② 牛津大学的领导权逐渐从宗教势力手中转向世俗政权。1571年,牛津大学和剑桥大学依照政府颁布的《牛津和剑桥大学法律地位法》获得正式法律地位。以伊丽莎白一世为代表的世俗政权的法律取代了以前教皇颁布的特许状,标志着世俗政权正式取代宗教势力对牛津大学进行管辖。1636年,牛津大学颁布章程承认王室有至高无上的权力。③ 大学的人才培养转向服务于国王政府的利益,为其培养统治精英,古典人文教育逐渐成为课程的核心内容,大学教育的世俗化色彩更加浓郁。④

19世纪以来,英国工业革命对经济社会影响巨大,大机器工业代替手工业,资产阶级兴起,英国社会结构和生产关系发生重大改变。王权处于不断衰退的态势,中央政府权力逐渐上升,政府逐渐加大对大学的控制。由此,英国高等教育面临改革挑战。之后,英国成立皇家调查委员会,对牛津大学进行巡视调查并根据调查结果颁布相关法律,促成大学按照王室政府的意愿进行治理改革。

英国成立大学拨款委员会(UGC),标志着英国政府开始以拨款加问责的方式对大学治理施加影响。委员会成员为教育部及财政部官员、校长代表、知名教授和社会人士等,负责制定大学拨款政策。大学拨款委员会是准自治组织,在政府和大学之间起到缓冲器作用。

按照大学治理结构和权力密集程度的不同,英国大学形成了多种治理模式,其中最主要的是采取以中介机构(通常反映政府意图)监督为主的复合型模式,大学自治与政府监管并存。⑤ 英国政府不直接干预高等教育,基本不参与大学的微观管理,更多的是通过制定政策、准则或通过缓冲机构提供经费对大学进行宏观管理。但是在给大学拨付资金的同时,政府又通过多种措施加强对大学的外部监控,如采用问责机制、质量保障机制及绩效管理机制对高校资源的使用情况及产生效果进行监督。

尽管英国政府逐渐加大了对大学的监督力度,学术自治仍然是不争的事实,学术人员讨论并通过的决策对院系的财政产生重大影响。大学一方面忠于传统,

---

① 黄福涛:《欧洲高等教育近代化——法、英、德近代高等教育制度的形成》,厦门大学出版社1998年版,第39页。

②③ 曾鸣:《英国大学治理结构发展研究》,福建师范大学,2015年。

④ 司俊峰:《英国大学自治样态的流变研究——基于"府学关系"变迁的视角》,华东师范大学,2017年。

⑤ 甘永涛:《大学治理结构的三种国际模式》,载《高等工程教育研究》2007年第2期。

坚守学术自治；另一方面也具有一定灵活性和适应性，对社会变化做出反应。面临复杂性和不确定性递增的外部环境以及内部多方力量的博弈，如何在捍卫学术自治的核心价值的基础上回应外部挑战和诉求，实现外部规制和内部自治的平衡，是英国大学能否继续保持世界领先地位的关键。[①]

（二）大学治理的主要特征——大学自治、学术自治

大学自主权又称院校自治、大学自治或学术自治。如果一所学院或大学要有效地界定其目标并且选择或发现实现其目标的方法，就必须具有充分的自主权。[②]与欧洲其他国家的大学相比，英国的大学享有更大的学术自治权。研究型大学精神的核心要素即学术自由原则。[③] 自由是大学的生命之源，失去学术自由，大学无法在知识创造与传播、人才培养、科学研究等方面进行探索创新发展。牛津大学自诞生开始不断地向教会和王室争取更多自治权，能够独立管理本机构内部事务。大学自治、学院自治和学术自由自治，始终是牛津大学的传统，是其核心价值观之一，是其长盛不衰的不竭动力。归根结底，牛津大学正是因为拥有大学自治和学术自治的特权，才得以不断发展壮大。

牛津大学自成立后主要是对学术人员进行治理，形成了学者自治的传统。这种以学者自治为主的大学治理主要是受到欧洲中世纪行会制度和博洛尼亚大学及巴黎大学的影响，另外，宗教及王权对大学管理权进行争夺也在一定程度上促成了大学自治。牛津大学是对外高度自治、对内高度自由的大学学术自治模式。

大学拥有很大的内部管理自主权，包括选举校长和其他行政人员、管理大学共有财产、制定学校法令规范、授予学位、确定和保证自身学术标准等。校长由教授们选举并由主教任命，拥有较大权力，决定学校发展方针。教皇和国王为彰显自己的权威，并使大学教育为自己的利益服务，陆续授予大学更多的特权。1368年教皇下令免去林肯主教的校长确认权，从此以后，牛津大学享有选举和确认自己的最高首脑的权力，而无须考虑基督教当局，开创了大学自治制度。[④]

牛津大学创建初期，最高权力机构是教师大会（congregation），由全体现职

[①] 王思懿：《迈向"混合法"规制结构：新公共治理范式下高等教育系统的变革趋势——基于美国、英国、新加坡三国的分析》，载《中国人民大学教育学刊》2017年第2期。

[②] Schmidtlein, Frank A. & Berdahl, Robert O., Autonomy and Accountability: Who Controls Academe? In Philip G. Altbach, Patricia J. Gumport and Robert O. Berdahl (eds.). *American Higher Education in the Twenty-First Century: Social, Political, and Economic Challenges* (Third Edition). Baltimore: The Johns Hopkins University, 2011, P. 69.

[③] Altbach, Philip G., Academic Freedom: International Realities and Challenges. In *Tradition and Transition: The International Imperative in Higher Education*. Rotterdam, Netherlands: Sense, 2007, pp. 49-66.

[④] 王承绪：《世界教育大系——英国教育》，吉林教育出版社2002年版，第22~26页。

教师（regents）组成，负责处理大学日常事务。后来非现职教师增加，逐渐形成校友大会（convocation），既包括教师大会的成员，也包括非教师群体，校友大会地位不断上升。1314年以后，校友大会取代教师大会，成为学校的最高立法机构和最高上诉机构。之后又设立了更加集权的"七日管理委员会"（Hebdomadal Board）和"评议会常委会"（Caput Senatus），提前对提交到校友大会的议案进行审查和表决。① 大学的管理成员均来自学校内部，是明确的学校自治。

1636年《劳德规约》（Laudian Code）的颁布标志着牛津大学学院寡头制统治的正式开启。它得到王室的认可，几乎涉及大学日常的所有细节。《劳德规约》规定：每周一，校长、学监（proctor）和各学院院长都要召开例会，任何涉及大学管理、效率和利益的事情都必须在这些例会上研讨后，才能将处理意见和建议提交到校友大会上予以表决。这样的规定无疑使得学院院长的权力大增，学院院长开始掌控大学发展的主导权。随着学院的兴起及其势力的扩大，牛津大学的管理机制发生了重大变化，大学的权力已转到了各学院院长的手中，大学的管理模式由社团化的民主管理转变为学院寡头制的统治；管理权力从教师大会转移到了寡头政治的执政者手中。② 它以法令的形式正式确认了学院在大学中的地位，提升了学院的地位，标志着学院制确立，牛津大学正式成为学院制大学，是由各学院联合组成的联邦式学术团体，内部实行分级管理。

1854年，根据皇家委员会的调查报告建议，英国国会通过了《牛津大学法案》。法案规定：七日理事会（Hebdomadal Council）取代七日管理委员会，成为新的咨询与执行机构，理事会一周召开一次，其成员大多由教职工大会选举出来，各学院院长代表的比例被减至1/3；废除《劳德规约》，理事会成员大多由教师大会选举出来，各学院院长代表的比例被减至1/3，大学的民主化管理程度有所提高。③ 皇家委员会认为，由教授和摄政成员代表组成的摄政院对大学的影响力实际上已经消失，真正拥有权力的是由学院领导组成的七日管理委员会和评议会（convocation）。④

19世纪末，牛津大学的主要治理机构为七日理事会、摄政院、评议会。重要的管理机构是七日理事会，七日理事会成员由摄政院投票产生。评议会是最高治理机构，有权任命校长。⑤ 七日理事会拥有很大的管理大学的权力，但其权力仍然受到约束。七日理事会发布的章程要通过摄政院的审议，评议会依然是大学

---

①②③ 司俊峰：《英国大学自治样态的流变研究——基于"府学关系"变迁的视角》，华东师范大学，2017年。

④ The University of Oxford，Preface：Constitution and Statute-making Powers of the University. https：//governance. admin. ox. ac. uk/legislation/preface – constitution – and – statute – making – powers – of – the – university.

⑤ 曾鸣：《英国大学治理结构发展研究》，福建师范大学，2015年。

的最高立法机构。根据《1923年牛津剑桥大学法》，真正能代表牛津大学民意的摄政院拥有了立法权，成为牛津大学最高的立法机构。①

英国注重学术自由和大学自主，平等参与是大学治理的本质要求。大学治理结构实现了学术权力和行政权力的适度结合，达成多元利益主体的平衡。20世纪以来，评议会开始获得正式的决策权。副校长是大学行政官员中的最高领导人，对协调校内外关系以及平衡学术和行政利益起着重要作用。强有力的副校长实现权力的转移，有效减少了董事会的权力，同时为加强教授的权力铺平了道路。② 大学以利益相关者为权力主体，实现多元主体平等参与型共同治理，每个利益相关方均对大学治理产生影响。③

（三）学院制与导师制——学术自治的基础

牛津大学最显著的组织特征是学院制，学院（被称为hall或house）是自治的独立团体，对大学的组织结构、教学管理等多方面产生影响。学院在牛津大学具有核心地位，大学与学院实行分权制，学院作为独立实体享有自治权。学院制这一大学内部组织结构与治理模式，以学院为主体和管理重心，它的存在，凸显了学术自治的特征。学院制和导师制，是牛津大学内部结构突出的特点。学院制得益于寄宿制，师生在共同生活中有着密切的联系，又逐渐形成了独特的导师制。

17世纪确立的学院制赋予学院极大的权力，牛津大学实质上是由各个学院联合而成的联邦式的学术团体。学院财政独立，设定自己的规章对学院进行自治管理，全权掌控教学，管理学生日常学习生活，分派导师指导学生等。大学负责开设一些课程、提供图书馆和授予学位等。大学与学院都是自主和自治的，在大学和学院层面分工不同，彼此合作，各司其职。

中世纪时，大学的唯一职能就是培养人才。英国大学一直重视道德教育，大学的首要使命是进行绅士教育。④ 牛津大学和各学院共同培养人才。学院为学生提供住宿、图书馆等设施、宗教服务，负责学生的导师制教学，重视学生的道德教育，培养国教派的贵族和绅士。纽曼提出大学和学院职能的区别是，大学的教学方法是讲授式的，而学院的教学方法是导师式的，大学为传授知识而存在，而

---

① 周常明：《牛津大学史》，上海交通大学出版社2012年版，第220页。
② 左崇良：《现代大学的双层治理结构探索》，载《中国高教研究》2013年第2期。
③ Henard, F. and A. Mittertle, Governance and Quality Guidelines in Higher Education, http://www.oecd.org/education/imhe/46064461.pdf.
④ [加] 约翰·范德格拉夫等编著：《学术权力——七国高等教育管理体制比较》，张维平、张民选、徐辉等编译，浙江教育出版社2006年版，第93~94页。

学院的职能在于发展品格。① 导师制是指学生一起生活学习过程中学院聘请教师辅导帮助学生学习，为学生答疑解惑，在学生的生活和学习方面提供引导和支持。《劳德规约》规定，各学院必须给学生配备一位品质高尚、学识渊博的教师。师生在共同的学院制生活中保持密切的交往联系。

学院制的兴起和确立引发了牛津大学管理权力的变迁。教会、王室给学院提供大笔捐赠，学院拥有的土地、建筑和图书等资产不断扩充，相较而言，大学能够掌控的资源却相当有限。学院的力量迅速壮大起来，院长因能够支配更多资源，拥有了更大的权力。牛津大学保持着完整的"学院自治"特征，学术权力的影响是一种普遍的事实。大学的管理重心较低，权力主要集中在学院，而学院相对独立，所以院长和院教授会拥有核心权力。内部管理完全掌握在大学高级人员的手中，学院享有高度自治权，学院有自己的领导机构和章程，大学不直接干涉学院的管理。②

总体而言，有着 800 多年历史的牛津大学自建校以来始终秉持学院自治的传统，注重自由教育思想，恪守学术本位理念。牛津大学的博雅教育及其院校自治和学术自由的精髓被世界公认为大学的典范，对英国和世界的发展都产生了重大影响。

第四节　科研教学相结合：德国柏林大学治理的新主张

德国柏林大学创办于 1810 年 10 月，原名为弗里德里希·威廉大学，因地处柏林市，也被称为柏林大学。③ 它由施莱尔马赫、费希特和洪堡等人共同推动创立，颠覆了传统大学"以教学为主要职能"的办学模式，率先提出"教学与科研相结合"的主张，也较成功地实践着"学术自由原则"，开启了德国大学一个辉煌的世纪，被誉为"现代大学之母"，也成为世界高等教育发展史上的一座重要的里程碑。无论在教育理念还是在治理模式上，柏林大学都对当今的大学具有广泛而深远的影响。

---

① M. G. Brock & M. C. Curthoys, *The History of the University of Oxford*. Vol. 6. Oxford: Claredon Press, 1997, P. 293.
② 郭春发、孙霄兵：《英国大学董事会制度的变迁》，载《清华大学教育研究》2013 年第 2 期。
③ 柏林大学有时也被称为柏林洪堡大学，但二者并不完全等同。1945 年 5 月，随着希特勒战争的彻底失败，柏林大学被一分为二，成为柏林洪堡大学（Humboldt University of Berlin）和柏林自由大学（Free University of Berlin）两所大学。

一、柏林大学的创办背景

柏林大学诞生于国家和德意志民族危难之际,承载了社会民众对"新大学"的期望。[①]

19 世纪初,处于分裂状态的德国由于数次被拿破仑一世打败,国内上下笼罩着沮丧的气氛。1806 年 10 月 14 日,德国在耶拿战役中再次败北,被迫与法国签订了《梯尔西特和约》,丧失了易北河以西的领土,而耶拿和哈勒大学作为德国两所重要的大学,也被拿破仑所关闭。[②] 在此背景下,德国国内民族主义和自由主义思潮兴起,以施莱尔马赫、费希特、洪堡为代表的一批有识之士,积极谋求通过教育尤其是大学探寻国家强盛和民族复兴之路。一方面,旧大学中到处充斥着不务实际、保守的学究和陈腐无意义的争论,没有真正的研究。它们认为,知识已成为凝固封闭的体系,大学只需要将已经知道的知识传授给学生。有官员甚至认为,应该用一种满足专门职业教育的机构取代大学组织。[③] 社会各界期待着新型的"大学"出现。另一方面,战败后的德意志民族希望通过脑力补偿在战争中遭遇的物质失败,他们不顾战后物资匮乏与极端贫困,决心建立一所全新的大学代替耶拿和哈勒大学以全面表达普鲁士和德国的新大学观。可以说,柏林大学是希望通过精神力量实现民族振兴的战略举措。[④]

1807 年左右,许多学者在柏林举办演讲,最著名的为费希特发表的系列"告德意志国民书"。他呼吁通过创办一所新的大学重建民族精神和民族文化,引起贵族和大臣的高度重视,并在民众间产生广泛影响。彼时,一大批教师由于大学"关闭"逃亡至柏林,他们迫切希望国王重建他们的大学。这些为"新大学"的诞生奠定了历史基础。1807 年 8 月,施莱尔马赫教授率领前哈勒大学教师代表团要求弗里德里希·威廉三世在柏林重建他们的大学,得到了国王的欣然应允。1809 年,洪堡出任普鲁士(当时德国最大的公国)内务部教育厅厅长。他借鉴费希特和施莱尔马赫在《在柏林建立一所高等院校计划的来龙去脉》与《关于德意志意义上的大学之随想及有关一所新大学的附录》等提及的教育思想,开始着手筹建柏林大学。他为柏林大学聘请了如神学教授施莱尔马赫、哲学教授费希

---

① 张小杰:《关于柏林大学模式的基本特征的研究》,载《华东师范大学学报》(教育科学版)2003 年第 6 期。
② 高田钦:《"洪堡大学理念"确立的文化背景及其历程》,载《煤炭高等教育》2011 年第 1 期。
③ D. Fallon, *The German University: A Heroic Ideal in Conflict with the Modern World*. Boulder: Colorado Associated University Press, 1980, pp. 5 – 8.
④ Nipperdey T., *Nachdenden Üeber Die Deutsche Geschichte*. Müenchen: Verlag C. H. Beck, 1986, P. 142.

特、医学教授胡弗兰特、法律教授萨维尼、化学教授克拉普罗特等一流教授,①并在16个月的任期内,进行了意义深远的改革。1810年,柏林大学成立,施莱尔马赫教授担任临时校长,1811年,费希特当选校长,肩负强国使命的柏林大学也正式开启了其漫漫征程。

二、以"科研与教学相结合"为核心的柏林大学教育理念

柏林大学的教育理念经常也会被称为"洪堡理念"。洪堡作为柏林大学建立的实际推动者,被认为是德国大学理念的集大成者,他本身具有符号意义。事实上,"洪堡理念"是以洪堡为代表,汇集施莱尔马赫、费希特、斯泰芬斯,甚至康德、席勒等一批德国知识分子的关于大学教育的思想,是集体智慧的结晶。② "洪堡理念"根据人文主义的思想,基于知识统一的认识论,③ 提出了"科研与教学相结合"④ 的新主张,其是"洪堡理念"的核心,是现代大学发展的基本原理,也是研究型大学得以产生的源头。此外,它还包括"教与学的自由""大学与政府的关系"等思想,这些是"科研与教学相结合"理念的重要支撑。这些先进的教育理念成为现代大学制度的基本标志,⑤ 也使柏林大学迅速成长为世界一流大学。

(一)科研与教学相结合

"科研与教学相结合"的理念可以追溯到柏拉图的"雅典学派",⑥ 费希特是最早系统明确提出的,他认为大学应重视学术研究的重要地位,每位教师都应成为学术研究的学者,每个学科领域都应开展学术研究,这样大学才能成为德意志文明的"皇冠"。⑦ 而洪堡则将该思想转化为真正的大学办学原则,将科学研究作为大学职能之一。

柏林大学创建之初,就办成怎样的大学主要有两种观点:一是由于当时普鲁士战败法国,有观点认为应该效仿法国,建立实用性强、培养专门人才的专科院

---

① 吴晋:《现代大学之母:柏林大学》,载《教育与职业》2007年第9期。
② 陈洪捷:《洪堡大学理念的影响:从观念到制度——兼论"洪堡神话"》,载《北京大学教育评论》2017年第3期。
③ 黄福涛:《外国教育史》,上海教育出版社2003年版,第159~160页。
④ [美]伯顿·克拉克著:《探究的场所——现代大学的科研和研究生教育》,王承绪译,浙江教育出版社2001年版,第1~40页。
⑤ 王洪才:《想念洪堡——柏林大学创立200周年纪念》,载《复旦教育论坛》2010年第6期。
⑥ 周光礼、马海泉:《科教融合:高等教育理念的变革与创新》,载《中国高教研究》2012年第8期。
⑦ [德]彼得·贝格拉著:《威廉·冯·洪堡传》,袁杰译,商务印书馆1994年版,第79页。

校；二是大学是人才培养机构，新的大学的功能应当是教学和培养人才。① 这两种观点其实都借鉴了法国高等教育制度。在法国由博物馆等承担科研职能，大学则长期承担教学和培养人才的职能。洪堡不赞同上述意见，他认为应该建立完全意义上的大学，即大学不能把科研和教学完全分开，而应将科研和教学相结合与统一。这与伯顿·克拉克的观点相一致，其认为参与科研也是教学的一种形式。② 他提出大学是具有研究性质的高等学术机构，并不是高级中学或专科院校。他反对传统大学将传授知识作为主要职能，主张将教学与科研结合起来，认为脱离科研的探索与融合的教学，是空洞的传输。他认为教师只有进行科学研究，才能发现最新的创造性研究成果，才能将这些成果作为知识传授，这样的教学才能称为真正意义上的大学的教学。教学的过程必须是教师参与和引导学生去探索的过程，而不应该是教条地让学生接受已有固化知识的过程。同时，他认为，学生也应参与科研活动，这样他们才能有效地学习，才可以称为大学的学习。在柏林大学，科学研究是老师的第一职责，目的是发现新的研究成果（知识），并引导学生发现"研究"的兴趣，进而帮助学生完成研究工作和学业学习。老师和学生之间更多的是科研合作伙伴关系。

　　洪堡提出"科研与教学相结合"原则的基础是他对知识统一的认识论，源自他对一种纯粹知识的追求。③ 这种知识类似哲学家的理想哲学主张，认为真正的世界不是分离的、零散的，而是统一的，是对世界终极存在的思考。洪堡认为，不能简单地从经典中寻找答案，如果经典中已有既定答案，那么世界就不可能如现在般处在无知状态，那说明还没发现世界的本质，还需要继续探讨。④ 作为大学机构，应"总是把科学当作一个没有完全解决的难题来看待，它因此也总是处于研究探索之中"。⑤ 这也是洪堡认为大学教学不应是简单的传授，而是应该在科学研究中不断探索寻求答案，并将教学与科研有机统一起来的出发点。正如鲍尔生所言，德国柏林大学是典型专心致力于科研与教学的机构。⑥ 同时，洪堡认为，哲学是纯科学，不同于自然科学和历史等经验科学，它统领一切学科，只进行纯知识、纯学理的研究。⑦ 在他的理念指引下，哲学不再是神学的侍女，哲学

---

① 张斌贤：《现代大学制度的建立与完善》，载《国家教育行政学院学报》2015 年第 11 期。
② Broxton, J. M., Contrasting Perspectives on the Relationship between Teaching and Research. *New Directions for Institutional Research*, 1996, 19 (2), P. 90.
③④ 黄福涛：《外国教育史》，上海教育出版社 2003 年版，第 159～160 页。
⑤ ［德］威廉·冯·洪堡著：《论柏林高等学术机构的内部和外部组织》，陈洪捷译，载《高等教育论坛》1987 年第 1 期。
⑥ ［德］弗·鲍尔生著：《德国教育史》，滕大春、滕大生译，人民教育出版社 1986 年版，第 126 页。
⑦ Humboldt W. V., über die Bedingungen, unter Denen Wissenschaftund Kunst in Einem Volk Gedeihen. Flitner A. (ed.). *W. V. Humboldt—Schriften zur Anthropologie und Bidung*. Frankfurt：Klett - Cotta im Ullstein Taschenbuch, 1984, pp. 93 - 95.

院也不再是"预备学院",它取代了"神学院"的主导地位。哲学成为大学知识的顶点与核心,①指导各学科科研和教学的探讨。这意味着各学科单独存在没有价值,只有与哲学共同存在,能够验证哲学的假设才有价值。这种思想与当时的功利主义思潮存在明显不一致。洪堡认为各学科通过实验手段改变和控制物质世界以获取物质利益的行为是短视的,它破坏了世界的整体形象。所有这些探讨都应建立在一定的哲学基础上,基于完全理性,避免盲目探索为人类带来后患无穷的潜在灾难。从今天的视角来看,洪堡对哲学和各学科关系的理念仍是超前和充满睿智的。伯蒂尔认为,柏林大学不仅将科研与教学相结合,而且将哲学与各经验科学相结合起来。②"哲学家只是用不同的方式解释世界,而问题在于改变世界"也成为柏林大学的校训。

(二) 学术自治

如前所述,柏林大学创办于国家危难之际,是在国家极端贫困的环境下,由普鲁士国王直接拨款资助创建的,简而言之,柏林大学的开办者是政府。在大学与政府的关系上,施莱尔马赫和费希特的观点截然不同。费希特认为,国家应该对大学施以各种影响;施莱尔马赫则认为,大学应独立于国家之外。洪堡对大学与政府的关系始终保持警醒,他赞同施莱尔马赫的观点,明确提出:"国家决不应指望大学同政府的眼前利益直接地联系起来;却应相信大学若能完成它们的真正使命,则不仅能为政府眼前的任务服务,还会使大学在学术上不断地提高,从而不断地开创更广阔的事业基地,并且使人力、物力得以发挥更大的功用,其成效是远非政府的近前布置所能意料的。"③他认为,大学生存的条件是宁静与自由的,它是独立于国家的组织形式,国家必须保护和尊重大学的自由。④洪堡关于"学术自治"的思想为柏林大学"科研与教学相结合""教与学的自由"等理念的实现奠定了基础。

洪堡从文化国家观出发,反对国家对大学的控制,认为大学作为高等学术机构,应以发展理性和探知真理为目的,根据科学活动的需要,为科学而科学地进行活动,并不需要依据国家某项功能需求来证明其存在的意义。国家应承认大学

---

① ハンス=ヴェルナープラール,山本尤訳,大学制度の社会史.東京:法政大学出版局,1988,P.190.

② [美]伯顿·克拉克著:《探索的场所——现代大学的科研和研究生教育》,王承绪译,浙江教育出版社2001年版,第22页.

③ 陈洪捷:《德国古典大学观及其对中国大学的影响》,北京大学出版社2002年版,第65、44、87、24~26页.

④ [德]威廉·冯·洪堡著:《论柏林高等学术机构的内部和外部组织》,陈洪捷译,载《高等教育论坛》1987年第1期.

科学活动的自主性,对于科学活动的研究目标与对象、路径与方法,应由大学研究人员自主去选择,国家仅需按照理性原则和自由原则来为科学活动提供支持和保障,①从而使大学得以发展。国家对大学的发展应持有长远的眼光,并不能只关注眼前,按照办专门学校的思路指望从大学当前的活动中获益。洪堡指出:"大学是一种最高手段,通过它,普鲁士才能为自己赢得在德意志世界以及全世界的尊重,从而取得真正的启蒙和精神教育上的世界领先地位。"②他坚信,大学实现了其自身的最终目标,国家对大学的目标也就实现了,而且是在更高层次上实现了。这意味着国家要充分尊重大学的办学自由,并给予大力支持。有学者指出,坚持"学术自治"中如何处理政府和大学之间的关系这一原则是德国柏林大学模式能够让世界各国大学将其作为效仿榜样的重要基础。③

此外,洪堡认为大学应独立于经济社会生活。他说,"当科学似乎多少忘记生活时,它常常才为生活带来至善的福祉"。④ 科学是纯粹的学问探索,而不应追求满足经济社会生活对科学的要求。大学师生应潜心研究,不被世俗生活所干扰。洪堡的学术自治理念的核心在于鼓励大学追求办学的自主性和大学师生追求心无旁骛的学术研究。如今,很多学者对其大学脱离政府、经济社会的观点提出质疑,认为这是空想,不符合实际。事实上,大学作为学术自治机构,其现代意义⑤的独特组织身份从中世纪起才获得。不得不说,保留独立的发展空间、保持自主是现代大学的内核,是当今大学的发展之基,是所有教育者都应持之以恒追求的办学理念。

(三) 教与学的自由

"教与学的自由"和"科研与教学相结合"一脉相承,是其理论支点。洪堡从纯科学的角度出发,强调为学术而学术的自由理念。他认为,大学作为高等学术机构,所有成员必须牢记与服从纯科学的观念,其支配性原则就是自由与孤独。⑥ 施莱尔马赫与洪堡的观点一致,他从大学目的的角度进行阐释,认为大学

---

① 陈学飞:《美国、德国、法国、日本当代高等教育思想研究》,上海教育出版社1998年版,第146页。
② 李工真:《德意志大学与德意志现代化》,引自《中国大学人文启示录》(第一卷),华中理工大学出版社1996年版,第50~51页。
③ 黄福涛:《外国教育史》,上海教育出版社2003年版,第159~160页。
④ 陈洪捷:《什么是洪堡的大学思想》,载《中国大学教学》2003年第6期。
⑤ Harold Perkin, History of Universities. In Philip G. Altabach, *International Higher Education*. New York and London: Garland Publishing, 1991, P. 169.
⑥ Humboldt W. V., über die Bedingungen, unter Denen Wissenschaftund Kunst in Einem Volk Gedeihen. Flitner A (ed.), *W. V. Humboldt—Schriften zur Anthropologie und Bidung*. Frankfurt: Klett - Cotta im Ullstein Taschenbuch, 1984, pp. 93 - 95.

的目的是培养学生的科学精神，并不是给学生传授知识，而这种科学精神需要在自由中产生，不能靠强制。① 尽管自由的概念由来已久，但柏林大学的开创之举在于将自由作为学术研究和人才培养的基本原则。它的办学宗旨为自由探索科学真理，这里的自由又分为教师"教的自由"和学生"学的自由"。费希特主张，"教的自由"和"学的自由"是教育的基本条件。

所谓"教的自由"是指，教师在其各自学科领域具有自由探讨、出版、教授和发现真理的权利，不受各种政治、党派、权威以及社会舆论的任何干涉；"学的自由"是指，学生具有选择教师和学习内容以及参与评议学校管理事务的权利，同时在教师的正确指导下，拥有在专业学习上探讨、争论和质疑权威等的自由。② 洪堡认为，必须排除外部的一切干预与控制，才能保证教师和学生有效地追求真理。其中，打破固有课程观念是实现"教的自由"和"学的自由"的关键。新的课程观认为：应该摒弃古典的课程，将教师当前最新的科研成果直接作为教学内容。③ 学生享有同样的自由，他们可以自由选择将哪些课程或教师的科研成果作为自己的学习内容。这与"科研与教学相结合"的理念连贯一致。基于"教的自由"与"学的自由"，洪堡提出了最早的"自由选修"制度（后文会详细论述），教师和学生在这个制度下有远超于以往的"自由"。有学者指出，在德国，极端自由与探究过程齐头并进，并最大限度地扩大了探究过程，两者都有效地服务了知识生产。④

"教的自由"与"学的自由"的教育思想是教育的基本条件，核心在于人才的科学精神只能在自由中产生，无法靠传授知识和强制，⑤ 其落脚点是洪堡关于培养"完人"（vollstandige menschen，又译"完全的人"）⑥的理念。所谓完人，是指有教养的人，洪堡希望通过大学教育培养出有理智、有修养的完人，培养出"类似希腊人的"德国人。⑦ 修养的目标并非外在的、功利的目标，而在于人自身的发展。洪堡将自由探究置于更宏大的人文关怀之中，他认为，科研的功用是

---

① Schleiermacher F. E. D., *Gelegentliche über Universitaten in Deutschem Sinn, Nebst Einem Anhang über eine Neue zu Erichtende*. Berlin：Realschulbuchh，1808，P. 218.

② 张宝昆：《人的因素对大学发展的影响——德、美、日三国大学发展与高等教育思想家》，载《比较教育研究》1988年第1期。

③ 周光礼、马海泉：《科教融合：高等教育理念的变革与创新》，载《中国高教研究》2012年第8期。

④ [美]伯顿·克拉克著：《探究的场所——现代大学的科研和研究生教育》，王承绪译，浙江教育出版社2001年版，第22页。

⑤ Schleiermacher F. E. D., *Gelegentliche über Universitaten in Deutschem Sinn, Nebst Einem Anhang über eine Neue zu Erichtende*. Berlin：Realschulbuchh，1808，P. 218.

⑥ 刘保存：《洪堡大学理念述评》，载《清华大学教育研究》2002年第1期。

⑦ [德]彼得·贝格拉著：《威廉·冯·洪堡传》，袁杰译，商务印书馆1994年版，第73~79页。

启蒙，通过探究教育可以将知识与自我实现紧密结合，从而使人的心灵得到展开，进而帮助个人精神和心智得到完善，实现全面发展。在柏林大学的影响下，19世纪德国的大学都致力于培养独立思考的"完人"。对此，英国学者梅尔茨曾如此评价：在19世纪，大学的教授和学生毕生都在追求真理和致力于获得真正的知识，从他们的传记中我们看到了，作为一切人类无私努力之真正特征的那种精神的自我否定和升华。①

三、柏林大学组织治理结构的特征

洪堡曾说："只需聘任有能力的学者，新的大学会逐步形成其制度。"② 初创时期的柏林大学，组织制度尚未完备，直到1817年，在施莱尔马赫的领导下，经过数年努力，柏林大学的章程才正式颁布。据此，柏林大学组织制度和治理结构得以正式构建与确立。基于"科研与教学相结合"等教育新主张，该制度中教师位于学术活动的中心，③ 总结而言主要包括：讲座制、习明纳制、教授会制、学院制四大特征。

（一）讲座制

"讲座制"是柏林大学"科研与教学相结合"教育理念的集中体现。"讲座"这一形式在德国大学中早已存在，但在19世纪洪堡理念下的柏林大学成立后，这一组织形式才成为组织制度得以确立，进而在德国大学中持续焕发新的活力。柏林大学的讲座制是按照专业或学科来设置讲座（seminars or institutes），每一门讲座由具体的讲座教授全权负责。

讲座教授拥有大学讲座（或教学活动）的基本决定权，④ 如他们可以决定自己的讲座的教授内容与研究计划，决定招收的学生和自己的讲座助手，以及决定低级别教师的职称晋升等。在讲座制中，根据授课者的水平和学科体系的成熟程度将授课者分为正教授与副教授等不同的等级。对于正教授而言，其所研究的学科领域历史悠久且比较成熟，他们本人也在讲座研究内容领域声名远扬，他们是

---

① ［英］梅尔茨著：《19世纪欧洲思想史》（第一卷），周昌忠译，商务印书馆1999年版，第189页。

② Weischeldel, W., *Idee und Wirkhchkeit einer Umversitat. Dokumente zur Geschichte der Fnedrich - Wilhelms - Umversitat zu Berlin.* Berlin：W De Gruyter, 1960, pp. XIX, XV.

③ ［美］伯顿·克拉克著：《高等教育新论——多学科的研究》，王承绪等译，浙江教育出版社1998年版，第39页。

④ 王洪才：《想念洪堡——柏林大学创立200周年纪念》，载《复旦教育论坛》2010年第6期。

一门讲座的主持人;对于副教授而言,他们协助正教授开展讲座活动,同时本人也进行教学与科研的活动。讲座制有些类似于今天的各个学科的教研室单位,大学根据不同的学科领域设置不同的讲座职位,教授可以选择不同选题开展讲座,同一讲座下也可以设置专门的研究领域,如化学讲座可下设药物化学、无机化学、法医化学等不同领域。

(二) 习明纳制

洪堡理念认为,要更好地实现"教学与科研相结合"原则,师生间的探讨应该是一对多的,不应该是一对一的。因为一对一不可避免地会造成教师主导,陷入原来教学教条灌输的模式。一对多可以在一定程度上达成教师和学生智力的平衡,从而有利于建立共同探讨的环境与氛围。习明纳(Seminar)制是指学生在教授的指导下,进一步分成多个研究组共同研究某一课题,在深入调查研究的基础上与教授展开自由学术探讨,从而达到教学与科研双赢的目的。

在习明纳模式中,对于教师而言,在与学生互动中,需要时刻应对学生的质疑,进而不断地更新和重新建构已有知识;对于学生而言,在小组研究和与教师互动的过程中,探求知识的兴趣得到满足,知识结构也得到了不断完善。可以说,习明纳制在柏林大学中扮演了教学与科研之间的桥梁和纽带的角色,它是一种创新的科研活动形式,也是培养学生学术精神和良好知识素养的教学形式。正如麦克莱兰所言:"作为学术和发展中心的德国大学的荣誉,在很大程度上取决于在大学古老的躯干里所包括的这些有生气的机构。"[1] 这种教学方式发展到今天已成为各大学常见的研讨班模式,在大学教育中发挥着不可忽视的重要作用。

(三) 教授会制

以柏林大学为代表的德国大学,一方面由政府设立、管理,另一方面也保持着高度自治。而大学保持高度自治的载体就是"教授会制"。教授会由全体正教授组成,大学章程赋予教授会非常大的权力,即大学的各项事务均由教授会决定,包括聘任教授等。由15人组成的"评议会"是大学的最高权力机构。[2] 柏林大学的校长更多的是一个象征,[3] 其由教授会选举产生,通常一年一选。其中,最具代表性的为第一任校长的选举。经过正教授四轮投票选举,费希特险胜萨维

---

[1] Charles E. Mcclelland, *State, society and university in German*, 1700–1914. Cambridge: University Press, 1980, P. 14.
[2] 别敦荣、李连梅:《柏林大学的发展历程、教育理念及其启示》,载《复旦教育论坛》2010年第6期。
[3] 张斌贤:《现代大学制度的建立与完善》,载《国家教育行政学院学报》2015年第11期。

尼，于 1811 年正式担任柏林大学校长。

在柏林大学，行政事务服务于学术事务，教授在学术事务中拥有非常大的权力。以学院为例，教授是学院基层讲座或研究所的主持人和负责人，他们拥有经费预算与支出、设备购置、课程安排以及从事研究等权力。学院院长由教授选举产生，负责执行教授会决议、教授会活动的组织实施以及有关事项的协调与平衡。学院院长并没有多少实质的权力。基于柏林大学以学术为中心的组织架构，院长十分尊重教授会的决议，并为决策提供行政支持与服务，通常不会主动发难。柏林大学的内部由教授会自行管理，但是政府也会发挥监督作用，如会派遣部长的行政或财政代表出席大学的评议会等。

（四）学院制

施莱尔马赫主张柏林大学的组织制度尽量保持传统。初创时期的柏林大学保留了中世纪以来的医学、法律、神学和哲学 4 个传统学院，共聘任了 24 名教授，招收了 256 名学生。① 医学院的胡费兰、法学院的萨维尼、古典语言学家奥古斯特·柏克和哲学院的黑格尔分别是当时各学院的精神代表。与传统大学不同的是，柏林大学改变了各学院在地位上的不平等，提升了哲学院的地位。

在柏林大学成立之前，哲学院是预备学院性质，学生中学毕业后要先进入哲学院补充学习希腊文、拉丁文以及自然科学等知识，为升入医学院、法学院等其他"高级"学院做准备。经洪堡改革后，哲学院成为综合大学的核心，它不仅与其他学院拥有平等的地位，更是取代了神学院的主导地位。哲学院的研究成果和教学方法成为其他学院效仿的典范。哲学被认为不仅对人类的自我实现和伦理发展具有积极意义，而且其批判、思辨以及规范的范式与功能有助于其他学院的发展。②

四、小结

综上所述，在世界教育史的漫漫长河里，德国柏林大学占据着重要的位置，对各国高等教育发展发挥着重要的指导作用。在洪堡等人先进教育理念的指导和实践下，柏林大学颠覆了传统的大学教学模式，提出以"教学与科研相结合"为

---

① Nipperdey T., *Deutsche Geschichte* 1800–1866：*Buergerwelt und Starker Staat*. Muenchen：Beck，1991，P. 64.

② 胡建华：《科学研究在大学中的历史演进》，载《南京师范大学学报》（社会科学版）2006 年第 4 期。

核心的大学理念新主张，致力于让大学独立于政府、经济社会等，实现学术自治，提倡"教的自由"与"学的自由"等，使其赢得了"现代大学之母"的美誉。除了办学理念以外，柏林大学基于这些理念的治理结构也被世界各国的大学广泛效仿。它创新构建了"讲座制、习明纳制、教授会制、学院制"等新的治理模式，树立了现代大学的典范。一直以来，德国柏林大学的办学理念和治理模式都是高等教育领域的研究热点，这些理念和做法历经两百余年的检验与挑战仍顽强延续，我们对这些问题的深入研究，对在未来高等教育的发展中准确把握高等教育的发展规律大有裨益。

第五节 从法人—董事会[①]到共同治理：美国大学治理特征

美国的高等教育起源于殖民地时期。这一时期共有 9 所学院，其中哈佛学院和威廉玛丽学院采用了董事会与监事会并存的"双院制"治理形式，其他 7 所殖民地学院采用了董事会"一院制"治理形式。后者逐渐演变成美国大学治理的主导模式。自 1636 年哈佛学院成立至今的近 400 年的发展历程中，董事会制度不断发生权力重组，大学内部由董事会独大发展为"多权力中心"的治理结构。外部治理上，虽然法人身份保护了大学的自治，但随着大学对经济和社会发展的重要性凸显，政府通过拨款、立法等手段逐步介入大学发展。

一、美国大学法人—董事会制度

美国殖民地时期的学院没有延续中世纪大学学者行会自治的传统，没有出现英国牛津大学和剑桥大学的学者行会治校的制度，而是"移植了英国的学术法人制度，同时借鉴了加尔文教派外行管理教会和大学的理念，以及英国的信托制度，从而产生了'法人—董事会制度'"。[②]《学术法人》一书作者爱德温·杜里埃（Edwin D. Duryea）认为美国大学治理为包含法人制度和董事会两个相互联系的方面，其中法人制度是核心，董事会是法人代表，享有对大学管理的最高决策

[①] 美国的大学奉行"外行治理"的理念，这个校外人士组成的委员会，常用的英文表达有 Board of Trustees、Board of Directors 或 Board of Regents 等，本节统称为董事会。

[②] 甘永涛：《美国大学共同治理制度的演进》，载《清华大学教育研究》2009 年第 3 期。

权。①"法人—董事会"制度形成于殖民地时期,在美国建国初期被国家制度认可,19 世纪扩展到州立大学,贯穿于整个美国高等教育的发展历程。②

(一) 法人—董事会制度的诞生

1636 年马萨诸塞湾殖民地大议会(The Massachusetts General Court)建立哈佛学院。一年后,大议会决定增加一个委员会来监督这所学院。1642 年大议会通过一个更为详尽的法案,把原来的治理委员会改为监事会(Board of Oversees),成员包括 6 名来自大议会的地方官员和 6 名牧师。他们拥有全部的权力和权威,可以接受和持有"礼物、遗产、税收、土地、捐赠"。③ 1650 年,时任校长亨利·邓斯特(Henry Dunster)向马萨诸塞湾大议会递交了一份特许状,希望创建一个比监事会更积极、更深入开展工作的董事会。大议会批准了特许状,但保留了监事会,将其视作第二个董事会,而不只是一个监视团体,同时新建"哈佛法人"(The Harvard Corporation),由院长、司库和 5 名议员组成,拥有惯例上的法人权力和特权。这个法人会可以做出并履行决策,但是需要经过监事会的同意。由此哈佛学院形成了特有的监事会和董事会并存的"双院制"管理体制。尽管获得特许状,但是当时的英国政府并不承认马萨诸塞湾的法人地位,因此哈佛学院不能被称为法人。直至 1707 年,英国王室才认可 1650 年特许状的有效性。这意味着哈佛学院的法人地位获得承认,进而从根本上确立了哈佛的学院"双院制"模式。

殖民地的第二所高校是 1693 年创办的威廉玛丽学院,其获得了英国皇家颁发的特许状,在治理结构上也采用"双院制"。双院制"体现一种在熟悉的英国学者自治模式与自 1636 年以来哈佛所实行的实际制度之间的妥协。法人会在所有问题上享有创制权,而监事会被授予否决权"。④ 鉴于双院制造成监事会和董事会之间的矛盾和冲突,1701 年创建的耶鲁学院只设置了单一董事会作为管理团体,由创校的 10 位神职人员担任董事,职权包括选聘校长并监督其行为。此后成立的大多数高校都仿效耶鲁学院的单一董事会制度,这些院校都获得了英国皇室或殖民地议会颁发的具有法律效力的特许状,它规定了学院的法人地位、董事会的权力和管理体制。自此,殖民地学院基本上形成了"法人—董事会"的治

---

① 转引自阎凤桥、闵维方:《从法人视角透视美国大学治理之特征:〈学术法人〉一书的启示》,载《北京大学教育评论》2016 年第 2 期。
② 甘永涛:《美国大学共同治理制度的演进》,载《清华大学教育研究》2009 年第 3 期。
③ 刘爱生:《美国大学治理:结构、过程与人际关系》,中国社会科学出版社 2017 年版,第 62 页。
④ 欧阳光华:《从法人治理到共同治理——美国大学治理的历史演进与结构转换》,载《教育研究与实验》2015 年第 2 期。

理结构。①

（二）法人—董事会制度的拓展

法人制度意味着政府与大学之间是平等的法人关系，但是政府从未放弃过介入大学的尝试。独立战争期间，本杰明·拉什（Benjamin Rush）提出建立国立大学，这一倡议得到建国之初前六位总统的支持，却遭到国会中的州权主义者的百般阻挠。一些州也试图改造位于本州的学院，然而均以失败告终，如马萨诸塞州议会试图改组哈佛大学董事会的决议也遭到强烈抵制。② 1816 年，新罕布什尔州抓住达特茅斯学院校长与董事会发生纠纷的时机，向州议会施加压力，试图将学院改造成为一所州立大学，在董事会中增加来自州政府的代表。1819 年 2 月，美国联邦最高法院对达特茅斯诉讼案做出最终判决，认为达特茅斯学院的特许状属于一种契约，受到美国宪法的保护，州政府的干预行为属于违宪行为；达特茅斯学院属于私法人，其经费来自私人捐赠，尽管学院关乎社会的公共福祉，但州政府无权控制该学院。达特茅斯学院的私法人身份受到宪法的保护。"达特茅斯学院案"的判决结果标志着大学法人—董事会制度得到国家的认可。

达特茅斯案的判决促使美国私立大学、州立大学迅猛发展。1819 年杰斐逊创办弗吉尼亚大学，其被认为是美国第一所真正意义上的州立大学。根据弗吉尼亚大学的州法令，弗吉尼亚大学是一所完全的公共机构，而非私立机构或者准公共机构。弗吉尼亚大学延续了以往由州议会授予特许状的形式，并采用了董事会制度。另据统计，到 1860 年左右，美国共有 182 所大学，其中 116 所是私立大学。③ 可以看出，在这之前的院校主要是私立大学，而弗吉尼亚大学作为第一所州立大学采用董事会制度这一治理模式，成为州立大学的典型治理模式。由于各院校之间相互模仿，法人—董事会制度得以扩展至各类院校，成为美国主导的大学治理模式。

然而，达特茅斯案并不是大学的"全胜"。政府开始保护甚至扩大自己的权力：一方面体现在创建了可以由其控制的公立高等教育系统；另一方面体现在美国法人制度的内涵中：一是议会在院校特许状中增加了修改和废止的保留条款；二是 1868 年宪法第四修正案的通过，使后一届议会有权修改前一届议会制定的法律。④

---

① 刘爱生：《美国大学治理：结构、过程与人际关系》，中国社会科学出版社 2017 年版，第 63 页。
② 赵丽娜：《美国州立大学的权力制约机制研究》，华中科技大学，2016 年。
③ 刘虹：《控制与自治：美国政府与大学关系研究》，复旦大学，2010 年。
④ 阎凤桥、闵维方：《从法人视角透视美国大学治理之特征：〈学术法人〉一书的启示》，载《北京大学教育评论》2016 年第 2 期。

（三）美国大学法人—董事会制度的特征

直到 20 世纪 60 年代，法人—董事会制度仍然是美国大学治理的主导模式。法人—董事会制度的治理特征始终处于一个随外部环境变化的动态中。"与过去相比，大学的特许状、章程及其法律解释没有什么明显的变化，但是董事会的构成、作用却与以往有所不同……"① 殖民地学院的治理主要体现在董事会和校长两个维度上。这一时期的学院还没有对董事会和校长进行监督和制约。由地方法官和牧师组成的董事会是学校的最终掌权者，但他们对大学管理没有什么兴趣，也无意陷入学校事务中，因此选择大学校长作为教师代表来服务董事会。校长由大学董事会授权负责大学的行政管理，其职责是执行董事会的意愿和各项政策。校长扮演多种角色，拥有广泛的权力，发挥着综合的作用。大部分的校长是牧师，他们是教师的一员，从事教学并领导教学人员，同时他们又从属于董事会，参与学院的主要决策。殖民地学院的教师人数很少，通常一个殖民地学院就只有院长和自己遴选的两三名助教一起完成所有的教学任务，因此不能形成像英国大学教授那样的学术团体力量。实际上，教师们从来没有掌过权，更不能像英国的大学教授一样获得自治地位。因此教师在大学治理中的影响力非常微弱。

独立战争之后，与殖民地时期学院的管理模式相比，大学和学院的管理模式并没有太大的变化。大学的规模依然较小，行政事务简单。但这一时期因战争引发的财政困境迫使大学和学院董事会构成发生了变化，牧师的比例下降，而商人和专业人士则逐渐增加。校友和捐赠人的意愿也开始影响到董事会成员的构成。② 校长依旧是唯一的官员，但是其越来越多地成为董事会的代言人，而不是教师队伍中的一员。很多校长继续教学，但是他们花费更多的时间筹资和处理外部关系。③ 教师们开始逐渐获得独立意识，但是在他们成为一个自治的专业团体之前，大学和学院的治理模式已经基本形成，所以他们始终没能像欧洲同行那样获得自治权，在学校的决策权方面与之前并没有太大的变化。教授虽然获得了选聘教授和选择课程的权力，但并没有获得分配资金和管理院校的权力，甚至在招生上也没有最终决定权。几乎所有的管理权都集中在校长一人身上，包括对为数不多的几个其他行政管理人员的管理。校长和教师开始朝不同的方向发展。④

南北战争后，美国进入高等教育史上著名的"大学时代"。1862 年的《莫里尔法案》促进了州立大学的急剧增长。同时受德国学术研究风气的影响，研究型

---

① 阎凤桥、闵维方：《从法人视角透视美国大学治理之特征：〈学术法人〉一书的启示》，载《北京大学教育评论》2016 年第 2 期。

②③④ 赵丽娜：《美国州立大学的权力制约机制研究》，华中科技大学，2016 年。

大学在美国大地上兴起。到 1900 年美国大学联合会成立的时候，研究型大学已经成为美国院校的重要组成部分。除了董事会和校长以外，大学行政管理职位增加了副校长、校长助理，在系一级设置了系主任、秘书等管理职位，在学院一级设置了院长、副院长以及秘书等职位。大学还成立了职能部门（如学生处、人事处、财务处等）来负责管理学生、教师、财务以及学校相关事务，聘用专职的管理人员，初步形成了董事会、校长、副校长、院系主任以及各职能部门负责人的大学管理体系，大学管理出现了专业化的趋势。大学内部科层制基本形成。而且大学内部治理越来越由院长、教务长和招生官控制。传统的教师从业者（practitioner-teachers）逐步被拥有博士学位的学者取代。大学内部设立学系，教师有了不同的职称。1915 年美国大学教授联合会成立，并于 1920 年发表了《关于教师在大学治理和行政中的定位和功能的报告》，该报告认为行政人员和教师要形成一种"共同担责和全面合作的精神"。这意味着教师在大学治理中的地位和作用逐渐受到重视。教授职位专业身份强化，控制了聘任、课程和学位要求，但是他们并没有在大学治理中扮演核心角色。

值得一提的是，19 世纪末到 20 世纪初美国出现了一批卓越的大学校长，这些校长对大学和社会的发展产生了很大影响，如哈佛大学的艾略特（Charles W. Eliot）、约翰霍普金斯大学的吉尔曼（Daniel C. Gilman）、密歇根大学的安吉尔（James B. Angell）等。这个时期，绝大部分的大学校长"已经从教学工作中走出来而专门从事行政管理工作"。① 美国学者考利（W. H. Cowley）曾用"巨人的时代：1870~1910 年"（The Age of Titans：1870-1910）来形容这一时代。②

二、美国大学共同治理制度

随着法人—董事会制度向公立院校扩展、知识的分化和专门化以及教师的专业地位的提升，在董事会和校长的二元治理体系中，教师开始成为参与大学内部治理的第三利益相关者。有学者认为，美国大学的"共治"传统源于殖民地时期的学院，当时的校长经常就学院的重大的、难以做出抉择的问题召集所有成员进行商讨。③ 在 1919~1920 年的"教工革命"之后，加州大学的学术评议会作为

---

① 姜朝晖：《论美国高等教育巨人时期的大学校长》，载《高校教育管理》2011 年第 3 期。
② 王福友、王向华：《美国大学发展史上巨人校长的领导过程与特征研究》，载《高等教育研究》2008 年第 6 期。
③ 于杨、张贵新：《美国大学"共治"的两难处境及发展趋势》，载《高等教育研究》2007 年第 8 期。

教师的发声通道拥有部分治理实权,共同治理的雏形就此形成。① 无论源头何在,20世纪60年代共同治理这一概念才真正出现在大学治理的场域。

(一) 共同治理制度的初创

1960年克拉克·克尔制定的"加州高等教育总体规划"使董事会、教师、校长及其行政的组织架构和权职划分更加清晰,伯克利分校共同治理的初步框架是全美高校治理变革的开端。② 为了巩固20世纪60年代校园民主运动成果,美国大学教授联合会、美国大学董事会联合会和美国教育联合会于1966年联合颁布了《学院与大学治理联合声明》。根据该声明,"共同治理"为"基于教师和行政部门双方特长的权力和决策的责任分工,以代表教师和行政人员共同工作的承诺"。"共同治理"有两条原则:大学组织重大事情的决策既需要首创能力,也需要全体人员的参与;大学各组织群体在决策中的地位有所不同,谁对具体事物负有首要责任,谁就最有发言权。在这一概念中,大学被贴上了利益相关者的标签,即所有利益相关者都对学校的事务有一定的发言权,应当考虑所有阶层的人的各种意见与建议之后才能做出最后的决定。③ 该声明对共同治理中的权力分配做了较为详细的分类,明确了董事会、校长和教师的主要权力和责任范围。

(二) 共同治理制度法制化

1988年加州颁布的第1725号议会法案(Assembly Bill 1725),开了共同治理法制化的先河。该法案确立了"首要依赖于学术委员会的建议和判断"和建立"学区董事会和学术委员会的相互协商"两大原则。该法案是推进加州社区学院治理结构改革的重要举措,它不仅在美国产生了重要的影响,还引起了国际社会的广泛注意。自此,美国逐步形成了一种双重系统,即加州采取共同治理制度是通过立法强制执行的,而其他州则可自由选择。虽然加州是美国唯一实施"共同治理"法制化的州,但美国有95%以上的高校都采用了这一模式。④

(三) 共同治理的特征

受20世纪60年代学生运动的影响,许多大学董事会吸纳学生董事和校友董事,以应对变化的价值和学生的需要。"大学教授通过董事会的授权或默许,在

---

①② 王聪:《美国大学共同治理制度的困境及理性回归》,载《黑龙江高教研究》2018年第5期。
③ AAUP, ACE, AGB, Statement on Government of Colleges and Universities. *Academe*, Volume 52, Issue 4. 1966. pp. 375–379.
④ 甘永涛:《美国大学共同治理制度的演进》,载《清华大学教育研究》2009年第3期。

课程内容、教学方法、学术研究、教师地位以及学生生活等方面负有首要责任，而且广泛参与学校的目标确立、规划、预算以及管理者的遴选等教育决策。教师参与决策的范围由传统的学术领域逐步扩展到财政预算、战略规划、外部关系以及高级行政人员的任命等方面。"①

随着高等教育大众化的发展，美国公立院校的规模越来越大，行政管理也越来越复杂，需要建立新部门专门处理一些行政事务，因此行政管理人员暴增，增长比例远高于同期教师和学生人数增长的比例。以前一些由校长和教师负责的工作，现在由行政管理人员负责。他们要负责经济资源的分配、课程改革计划等。而且大学董事会和大学校长都设立了副职，分管学术事务、公共关系、财务、行政等方面。校长的权力因此受到了挑战。同时他们发现没有了教师和学生的支持，他们很快就会失业。因此他们不得不认真考虑教师和学生的想法，以获得其支持来对抗董事会。校长越来越多地被看作是董事会和教师之间的桥梁。

20世纪70年代中后期，学生权力进入了"调整期"。这一时期，社会环境已经发生改变，没有入伍的担忧，也没有战争需要反对，学生参与大学治理的理念也得到认可。但此时的学生无暇顾及更多，他们更关注自己的未来（比如就业）。1990年，美国大学教授联合会（American Association of University Professors，AAUP）对《大学治理宣言》进行完善，认为学生与管理者和教师具有同等地位，正式将学生参与纳入大学治理结构，并阐述了学生参与大学治理的意义和权限。②

20世纪80～90年代，美国高校大量聘用兼职教师，人们对大学教师终身制提出质疑；专职管理人员主导行政，削弱了大学的学术权力；另外，问责制的兴起促使董事会不断要求强化其对大学的信托责任。事实上，在美国大学的管理中，"董事会和行政人员拥有最终的决定权，教师拥有次之的权力，学生的权力最有限"。③

（四）案例：加州大学系统的共同治理

加州大学是美国最大的公立高等教育系统，是包含10所分校的多校区巨型大学。其总部设在奥克兰市，是纯粹的管理机构。加州大学有三个权力系统共同参与内部治理，分别是董事会、行政、学术。

---

① 欧阳光华：《从法人治理到共同治理——美国大学治理的历史演进与结构转换》，载《教育研究与实验》2015年第2期。
② 董柏林：《学生参与大学治理的美国经验及其镜鉴——以美国一流大学章程为考察中心》，载《高教探索》2019年第11期。
③ 赵丽娜：《美国州立大学的权力制约机制研究》，华中科技大学，2016年。

董事会是加州大学的最高权力和决策机构，也是加州大学的法人。董事会共有33名成员，其中有7位当然董事、18位任命董事（州长任命）、3位候补董事、2位教师代表、3位顾问。董事会享有授权管理大学事务权、政策审议和决策权、监督调查和建议权。董事会对加州大学的管理权由《加州宪法》赋予。《加州宪法》规定，加州大学管理的根本权力属于董事会，加州大学全部的组织和管理权力都来源于董事会授权，董事会依据加州大学利益最大化原则，有权授予或撤销这些特权。董事会任命总校校长并授权其监督和管理大学；总校校长对董事会负责，向董事会汇报工作，执行董事会确定的大学发展战略和目标。董事会经总校校长推荐，任命分校校长并授权其监督和管理分校；分校校长对总校校长和董事会负责，向总校校长和董事会汇报工作，执行董事会和总校校长的政策和发展目标。董事会除了授权校长监督和管理大学之外，还对大学履行监督、调查、审议、决策、建议及帮助大学发展之职责。①

以校长为首的行政权力系统是大学的运行管理和政策执行系统。总校校长负责总校日常管理事务，履行属于总校系统的管理职责，包括编制和管理加州大学预算、建立和维护加州大学的整体环境和大学社区的多样性、增进大学利益、维护大学声誉等。分校校长负责分校管理事务，履行属于分校的管理职责，包括：制定与总校一致的政策、目标和战略计划；在董事会和大学校长批准的政策和预算范围内，负责大学内部的组织和运行管理、财务管理、纪律监察等工作。②

学术评议会代表学术权力系统，是保障教师和学术人员学术自由和参与内部治理的权力机构。学术评议会由60人组成，包括总校校长和教务长、10位分校学术评议会主席、8位总校行政系统管理人员、40位分校教师代表。学术评议会由董事会授权，对校长和董事会负责。学术评议会制定的学术政策要向校长和董事会汇报，最后由董事会审议批准后，方可由行政管理系统具体执行。学术评议会有权组织专门委员会对涉及个人、部门或大学福利的任何事项举行学术听证。校长及其行政管理团队有义务就上述相关议题与学术评议会协商。分校学术评议会是总校学术评议会的分支机构，由总校学术评议会授权，主要负责向总校学术评议会集中反映师生的意见和需求，并协助校长处理本校学术方面的政策问题。③

虽然三个权力系统职责分明，但是具体操作层面上会有交叉。比如招生工作，招生标准由学术评议会制定，招生规模由管理部门决定，但都要经过董事会审批，最后由招生管理部门组织实施。基于"信任与合作、致力于更好的决策、

---

①②③ 徐少君、眭依凡、俞婷婕、朱剑：《加州大学共同治理：权力结构、运行机制、问题与挑战——访加州大学学术评议会前主席 James A. Chalfant 教授》，载《复旦教育论坛》2019年第1期。

让加州大学更加卓越"的理念，学术、行政、董事会三个权力系统维持良好运行。①

三、美国政府对美国大学自治的干涉

由于董事会成员主要由来自校外的非教育人士组成，而非政府，在某种意义上，董事会制度使得美国各高校保持了董事会控制下的高度自治。达特茅斯案的判决使私立大学的自治权有了法律的保障。1820年之后，各州纷纷建立州立大学。州成立后建立的州立大学由州长任命的董事会管理。而美国有的大学在州建立之前已经存在，如加州大学。按照州宪法，这些院校享有与州立法、司法和行政机构平等的地位。19世纪末，以南北战争时期的《莫里尔法案》为标志，美国大学的自治由内部自我控制逐步向内外势力互相抗衡发展。

（一）1861年前美国政府对大学的干涉

殖民地时期并不存在现在意义上的"美国政府"，只有殖民地政府。殖民地政府大多以校外力量的形式介入大学的发展和管理中，政府人员通过学院董事会或监事会成员的方式，实施对大学的影响。这一时期，大学自治在殖民地政府与大学的关系中占据相对强势的地位。政府的力量较为弱小，殖民地学院通过获得特许状拥有独立法人地位。此外，殖民地时期的学院分散在人口稀少的农村或者小城镇，也加大了政府对学院进行管控的难度。

从独立到南北战争时期，美国政府逐渐加强对大学的控制，但大学依然继续保持自己的独立法人地位。1792年，美国宪法第十条修正案规定：凡本宪法所未授予联邦或未禁止各州行使之权力，皆由各州或人民保留。这一规定实际上把教育管理的权限赋予各州政府。1819年达特茅斯案的结果促使各州发展州立大学。同一年，杰斐逊创办弗吉尼亚大学，根据州法令，其为完全公共机构。19世纪30年代，在"公共教育运动"（Common-school Movement）的影响下，从美国南部各州开始了创办州立大学的尝试。但值得注意的是，"革命后创办的早期州立大学与私立机构差别甚小。大学作为州的一个部门的概念尚未完全形成，其结果是此类机构在创办之初，州政府仅掌握部分控制权。直到19世纪中叶，随

---

① 徐少君、眭依凡、俞婷婕、朱剑：《加州大学共同治理：权力结构、运行机制、问题与挑战——访加州大学学术评议会前主席James A. Chalfant教授》，载《复旦教育论坛》2019年第1期。

着公众对高等教育重要性认识的加强，州立大学才完全由州政府所掌握"。①

（二）《莫里尔法案》后政府对大学的干涉（1862~1945年）

阿特巴赫曾说："直到19世纪60年代还是美国社会中一潭死水的美国大学，逐步地成为美国实现现代化的一个关键机构。在美国南北战争后的年代里，有两个基本的影响，对美国高等教育的改造发挥了作用。第一个是1862年的《莫里尔法案》……另一个重要影响是新型的德国大学模式。"②《莫里尔法案》开启了美国政府对大学的积极干涉。

为了促进农工技术教育的发展，美国国会于1862年颁布《莫里尔法案》。根据该法案，联邦政府在每州至少资助一所学院从事农业及工艺教育；联邦政府依照每州参加国会的议员的人数每人拨3万亩土地或等值的土地期票，出售土地所获资金的10%可用于购买校址用地，其余则设立为捐赠基金；捐赠基金如果在5年内未能使用，将全部退还给联邦政府。《莫里尔法案》颁布之前，联邦政府在高等教育领域的影响力微不足道，通过这一法案，联邦政府开始以资助的形式较大规模介入高等教育的大门，高等学校与联邦政府的关系进入了一个崭新的时期。各州开始建立州立大学，同时也资助了部分私立大学。

《莫里尔法案》后，大学为社会服务的办学理念兴起。作为赠地学院之一的威斯康星大学重视大学与社会的合作关系，并始终以服务社会和群众为宗旨，而不仅仅停留在教学和科研上。1912年查尔斯·麦卡锡在其专著《威斯康星思想》中把威斯康星大学20世纪初的办学理念和实践称为"威斯康星思想"。"威斯康星思想"使承继于欧洲大陆大学模式的美国大学彻底摆脱了象牙塔的束缚，得以直面美国现实社会生活，社会服务成为继教学、科研之后高等教育承担的第三项职能。大学越来越成为政府的政治工具。

19世纪中叶，在赠地学院运动开展的同时，一大批美国学者带着德国大学"教学与科研相一致"及"教学自由"的思想和以此改造美国高等教育的理想从德国留学归来。③ 1876年约翰霍普金斯大学成立，成为美国第一所研究型大学。随后，1887年克拉克大学成立，1890年芝加哥大学成立。到1900年，美国大学联合会成立的时候，研究型大学已经成为美国院校的重要组成部分。由于科学研究对资源的依赖性尤其是政府的支持远高于古典人文学科，到了19世纪中后期，科学研究开始变成一种职业，大学里有了专职研究人员，无论是专职研究人员的

---

① 浦琳琳、冯典：《美国州立大学校长评价研究——以六所州立大学为例》，载《山东高等教育》2016年第1期。

②③ 刘虹：《控制与自治：美国政府与大学关系研究》，复旦大学，2010年。

工资还是其从事科研本身都需要雄厚的物质支持作为后盾，于是政府以资助科研的角度切入，开始越来越多地介入大学的发展之中。二战期间，美国政府利用科研成果获取战场上的胜利、救助受伤的士兵，也促进了大学科研的发展。

（三）二战后政府大规模介入大学发展（1945~1979年）

二战后，大学逐渐成为政府达成政治发展和社会发展目标的载体。联邦政府通过颁布法案、发布报告等形式直接或间接改变高等教育的进程。1944年美国国会通过了《退伍军人权利法案》，该法案给军人提供了一系列福利待遇，其中包括每个退伍军人都可以进入高校进行全日制免费学习一年，并且每多服役一个月就可以增加一个月的免费学习时间。这一法案的颁布宣告美国进入高等教育大众化时期。1945年7月，范内瓦·布什撰写报告《科学：无尽的边疆》，该报告促使联邦政府延续了战时对研究型大学科研的资助。1947年，应杜鲁门总统的要求，总统高等教育委员会发布了《为民主服务的高等教育》，报告中明确提出要改革美国原有的高等教育结构和管理模式、扩大社区学院招生规模等。报告公布后，在联邦政府和各级地方政府的扶持下，社区学院迅速发展，并逐步从以私立学院为主体转变为以公立学院为主体。①

1958年《国防教育法》的颁布标志着联邦政府向高等教育大规模投入时期的到来，也标志着高等教育在国家安全和国家政策上的战略地位得到了确认。1965年《高等教育法》的颁布首次明确规定了联邦政府要向公立和私立高等院校提供长期而全面的资助，并且要求每个州为高等教育建立一个协调性机构。这部法案的颁布表明联邦政府对高等教育正式采取直接干预的强硬态度。同时，有了这部法案，联邦政府就能够通过修订法案的方式，较为轻松地将其意图和政策渗透到高等教育的发展中，进而直接或间接地决定着整个高等教育的发展方向和进程。

1979年，联邦政府设立专门的教育部，其基础是1953年联邦政府成立的卫生教育福利部。教育部由若干联邦政府部门组合而成，主要职责包括：制定联邦教育资助政策，分配并监管这些资金；收集美国学校数据，发布研究结果；对关键教育问题予以国家关切，禁止歧视，保障教育公平入学。

可以看出，尽管不能直接干预大学自主办学，但通过拨款、立法、设立专门机构等手段，联邦政府对大学办学的影响不断增强。1963年，克拉克·克尔在《大学的功用》中提到，50%的高校的自我定位是"联邦拨款大学"。这一时期，政府与大学之间的关系紧密程度进入了一个前所未有的阶段。

---

① 刘虹：《控制与自治：美国政府与大学关系研究》，复旦大学，2010年。

美国各州政府在大学治理中也扮演着非常重要的角色。尽管部分经费来自联邦经费（教育部或其他联邦政府机构），州政府始终是州立大学的主要经费来源。即使二战后联邦政府经费大幅增加，情况依然如此。一方面，州政府官员历来有在本州公立大学担任董事的传统；另一方面，州政府历来都是其辖区内各类大学运行相关法律法规的制定者，而且始终为大学的运转提供巨额经费。1972年，美国国会通过了《高等教育修正案》，历史性地拒绝为院校提供直接的全方位援助："1965年《高等教育法》授权拨付的11亿美元中有68%用于高校援助项目，只有32%用于学生资助。但是到了1972年，学生资助的支配地位被永久地建立起来。"① 自此以后，联邦政府强调为学生而不是院校提供援助，从而州政府对于州立大学的意义更为重大。

（四）1980年后政府问责大学

20世纪60年代末到80年代中期，联邦政府对大学的干预经历了暂缓时期，表现之一是对科研的经费资助增速放缓。随着20世纪80年代中期特别是90年代以来美国经济的好转，联邦政府干预高等教育的势头再次回升并保持延续的状态。这一时期，政府除了通过发表政府公告、国会立法等形式干预大学外，还连续制定了全国性的对高等教育发展具有指导作用的战略和规划。1983年和1984年，联邦教育部先后发布了《国家在危急中——教育改革势在必行》《投身学习——发挥美国高等教育的潜力》两份报告，以推动高等教育质量的改善。1992年克林顿政府颁发《高等教育修正案》，提出对中学后教育实施检查和鉴定。该修正案成为联邦政府监督美国高等教育的重要策略。21世纪初，美国教育部相继发表《2001～2005年战略规划》和《2002～2007年战略规划》，通过建立中学后教育机构问责制度等提高大学教育质量和效能。②

州政府在20世纪80年代开启了公立大学问责制的根本变革。州政府开始调整自己在高等教育领域的定位，更多地利用手中的资源和力量去促使大学积极回应社会和公众诉求。州政府扮演了大学管理参与者的角色。州政府将州立大学纳入审查范围，开始加大对州立院校的管控，州立大学不得不承受着学校经营状况的压力。③ 一些州甚至通过立法来规定大学的使命，如加州在20世纪80年代末经历了一场立法改革，其中一项就是通过立法确定了大学的多种使命，即规定大

---

① 孔令帅、蓝汉林：《美国高校助学金政策探析——以佩尔助学金项目为例》，载《高教发展与评估》2010年第6期。
② 刘虹：《控制与自治：美国政府与大学关系研究》，复旦大学，2010年。
③ 浦琳琳、冯典：《美国州立大学校长评价研究——以六所州立大学为例》，载《山东高等教育》2016年第1期。

学在本州的地位和研究机构提升加州生活质量的中心地位。虽然《加州宪法》规定加州大学和加州大学董事会不受州立法会制定的法律约束，但实际上，加州大学必须接受州立法会拨款权力的制约，州政府会定期对加州大学几乎所有的重要事项进行严格审计。①

四、结语

美国大学治理结构经历了由法人—董事会逐步演变成以董事会、校长和教授为主体的共同治理结构的变化。20 世纪 60 年代后，无论是公立大学还是私立大学，无论是研究型大学还是社区学院，都开始运用共同治理理念安排本校的制度与结构。80 年代在弗里德曼新自由主义经济思想的影响下，"私有化、市场化、公司化、分权化以及问责制成为现代大学治理的重要原则和改革方向"。② 90 年代以来，美国高等教育界掀起了对共同治理制度的激烈批评，共同治理制度问题成为美国高等教育界争论不休的热点话题，学者们开始重新审视共同治理制度的作用，提出对共同治理制度进行改革。面对挑战，1998 年美国大学董事会联合会（AGB）颁布了《治理宣言》，对 1966 年《学院与大学治理联合声明》做出部分调整，提出重建大学治理模式的七条原则，对董事会、校长和教师的权力进行了重新划分。在决策权方面，董事会承担了更多的"首要责任"，同时也有了与"利益相关者"进行"协商""沟通"的责任。值得一提的是，《治理宣言》将利益相关者的定义扩充到外部人员，包括社区领导、教育购买者、资金提供者，而教师在决策中的权威性逐渐减少。

20 世纪末 21 世纪初，大学逐步走向了"后公共管理时代"——多中心治理时代。集体谈判被纳入共同治理运行环节中。最有效的治理是建立在集体谈判之上的，而这种"合作"战略使得美国大学面临着前所未有的利益与权力多重性。③ 2010 年美国大学和学院董事会协会发布《董事会院校治理责任声明》，提出：董事会有时需要协调不同内外部利益相关者的相互冲突的诉求；要避免微观管理；要倾听和发问，而不是发声或提出要求。④ 董事会越来越成为一个联络内外的"桥梁"和调节内部冲突的"缓冲器"。

---

① 徐少君、眭依凡、俞婷婕、朱剑：《加州大学共同治理：权力结构、运行机制、问题与挑战——访加州大学学术评议会前主席 James A. Chalfant 教授》，载《复旦教育论坛》2019 年第 1 期。
② 施晓光：《现代大学治理模式的转向》，载《苏州大学学报》（教育科学版）2015 年第 4 期。
③ 甘永涛：《美国大学共同治理制度的演进》，载《清华大学教育研究》2009 年第 3 期。
④ Board of Directors. Board Responsibility for Institutional Governance. January 22. 2010，Association of Governing Boards of Universities and Colleges，https：//www.agb.org/sites/default/files/agb‐statements/statement_2010_institutional_governance.pdf.

第六节　中央集权与基层民主：苏联大学治理体系的建设与发展

历史是连续的，也是传承的，大学的治理体系也不例外。一个国家高等教育的成长和发展与这个国家的成长和发展是同命运、共呼吸的。这些都是与探讨一个国家高等教育有关的重要线索和依据。① 苏联的大学治理体系与沙俄时期的大学治理体系有千丝万缕的联系。为更好地理解苏联的大学治理体系，有必要对沙俄时期的大学治理体系进行简单的梳理。

一、沙俄时期的大学治理体系萌芽与发展

在探寻沙俄时期大学治理体系的成长和发展时，沙皇俄国这个国家的成长和发展，确切地说，其国家的发展战略和发展方向必然是重要的线索和依据。根据史料记载，从罗曼诺夫王朝开始，俄罗斯的王公、沙皇都具有对外扩张、对内集权的双重掠夺性。② 为完成对外扩张和对内集权，他们加强了与西方的往来。所以，沙俄大学治理体系的萌芽与发展离不开来自西方国家的被动推动和引导，这也是推动其治理体系建设主要的参照模板。

（一）沙俄大学治理体系的萌芽

在沙俄执政历史中，彼得一世（1682～1725年）、叶卡捷琳娜二世（1762～1796年）和亚历山大一世（1801～1825年）对其教育体系中大学治理体系的建设与发展影响尤为深远。在君主专制政体和农奴制经济下，彼得一世和叶卡捷琳娜二世通过"欧化"开启了沙皇俄国社会的现代化。③

彼得一世是一位非常有野心的沙皇，也被称为彼得大帝。为发展本国经济并最终控制沿海地区，他于1703年下令开始建造彼得堡城，经过9年的建设，1712年将首都迁到彼得堡，使之成为沙皇俄国的政治、经济和文化的中心。在18世纪初，他提出并实行种种改革，如发展沙皇俄国和乌拉尔等地中心工业企

---

① 王清华：《苏联高等教育的历史和现状》，吉林教育出版社1985年版，第1页。
② 巢进文：《普希金帝王情结的成因》，载《民族论坛》2008年第4期。
③ 李雅君：《俄罗斯教育改革模式的历史文化研究》，东北师范大学，2010年。

业、冶金、造船、纺织工业，开凿运河，修筑铁路，建立以募兵为基础的正规军，建立海军等。这一系列举措极大地推动了生产力的前进，促进了沙皇俄国的经济、科学和文化的发展，使得其一跃而成为欧洲强国。

经过与西欧的文化接触，彼得一世非常重视文化建设，特别是重视教育的发展。他曾利用出访欧洲的机会，多次考察欧洲的科学院和大学，获得了丰富的办学经验。回国以后，他就将这些通过调研获得的经验运用到国内的高等教育建设和改革上。比如，1724年1月28日，在其私人医生布留蒙特罗斯特和德国著名学者沃立夫的建议下，彼得一世指示当时的参政会在彼得堡"成立附设大学和中学的科学院"，① 并成立科学院大学。科学院大学附属于科学院，也是沙皇俄国的第一所综合大学。虽然没有制定和发布大学章程，但根据当时的文件规定，科学院和其附属大学的基本组织原则是：科学院、综合大学和中学是共存关系；综合大学的使命包括促进科学发展和科学知识的普及；科学院的院士同时担任综合大学的教授；中学的毕业生毕业之后进入综合大学学习；那尔法、捷尔普特、佩尔诺夫和阿联斯布尔格的税收专门用作科学院和综合大学的办学经费。不过，由于基础教育未能跟上，科学院大学曲高和寡，最终因生源不足而于1766年停办。在建设科学院和科学院附属大学的同时，彼得一世政府也创办了一些新式学校，推行实科教育和专业教育，以培养经济社会建设和发展所需要的专门人才。

到了叶卡捷琳娜二世执政期间，这种"欧化"趋势没有减弱，反而得到不断加强。因其个人的出身和成长经历，叶卡捷琳娜二世对德国和法国的文化有一种本能的亲近和接受。随着生产力的提升和资本主义经济的萌芽，之前盛行的神学知识已经无法满足大众的文化需求，取而代之的是科学知识成为民众的兴趣所在。受欧洲教育世俗化和平权化思想的影响，叶卡捷琳娜二世曾直接邀请法国启蒙学者狄德罗到俄国参与制定国民教育组织草案，并在后期为自己的孙子（亚历山大一世）安排了一位法语家教。

通过采取创建世俗学校、实科学校、高等学府等措施来发展职业技术教育、军事教育和高等教育，彼得大帝和叶卡捷琳娜二世等都让沙皇俄国的高等教育走上了康庄大道。特别是通过国家创办科学院、科学院管理附属综合大学这种模式，使得中央集权与基层民主的治理模式开始萌芽，为沙皇俄国的高等教育发展打下了坚实的基础。彼得一世也成为名副其实的"俄国现代高等教育的奠基人"。不过，这只是沙皇俄国高等教育的起步阶段。在这个阶段，沙皇政府对高等教育尚未形成整体认识，也不可能形成强有力的中央集权管理，只能是粗放式管理。

---

① А. И. Аврус, История Российских Университетов Москва: Московский Общественный Научный Фонд, 2001, С. 8.

"沙皇政府还没有想到用政府行政手段来直接干预高等教育管理,但是最重要的原因是在高等教育治理结构当中缺乏国家统一的管理机构。"① 在没有国家层面统一管理机构的情况下,高等教育就由沙皇个人决策,而沙皇个人的喜好、素质和思想的差异最终导致高等教育政策的有效连续性难以保证。②

(二) 沙俄大学治理体系的发展

亚历山大一世在其执政时期推行了一系列带有自由主义色彩的改革,而国民教育改革是其重要改革之一。③ 经过亚历山大的改革,沙俄的高等教育得到长足的发展,大学治理体系也基本成型。

在正式执政之前,亚历山大一世在祖母叶卡捷琳娜二世的安排下,开始接受 Ф. Ц. 拉阿尔普的家庭教育,时间长达 12 年之久。Ф. Ц. 拉阿尔普受过良好的欧洲教育,是启蒙运动者和人文主义者,支持共和主义观点。他教授亚历山大法语、负责其道德教育并传授其政治法律知识。在担任家庭教师期间,Ф. Ц. 拉阿尔普向年轻的亚历山大积极灌输"教育是人民获得福利的必要条件"的民主思想。在亚历山大执政之后,Ф. Ц. 阿拉尔普又积极推动国民教育改革。Ф. Ц. 拉阿尔普对亚历山大一世的影响非常之大,以至于亚历山大一世自己说:"我的为人,可能我全部的长处,都应归功于拉阿尔普先生。"④ 另外,对亚历山大带来影响的还有他的"青年朋友"和 M. M. 斯佩兰斯基伯爵等。在自由、民主思想的引领下,亚历山大一世进行了大刀阔斧的改革,其中国民教育改革尤为引人注目。他先后批准发布了《国民教育初步规章》《大学章程》《大学附属学校章程》等一系列重要文件,最终形成沙俄的教育体制结构,这被学者称为"19 世纪俄国第一个十年里所有国家改革中考虑最周密、进行最彻底的一次改革"。⑤

《国民教育初步规章》将教育改革提升到国家重要改革的战略高度,规定了国家未来大学改革的基本原则,宣布成立国民教育部,专门负责国家的教育改

---

① Е. В. Олесеюк, В. С. Борисов, В. А. Динес, Отечественные Университеты в Динамике Залотого Века Русской Культуры. Санкт - Петербург: М - во Образования и Науки Российской Федерации, Федеральное Агентство по Образованию, Федеральный Центр Образовательного Законодательства, 2005, С. 370.
② 吴式颖:《俄国教育史》,人民教育出版社 2006 年版,第 165 页。
③ 张广翔、关慧颖:《19 世纪初俄国的教育改革及其评价》,载《俄罗斯东欧中亚研究》2014 年第 3 期。
④ И. В. Кулькина, Правовое Регулирование Деятельности Высшей Аттестационной Комиссии СССР в Сфере Присуждения Ученых Степеней: 1934 - 1991 гг. РГБ ОД, 61 09 - 12/257, 2008.
⑤ 关慧颖:《19 世纪的俄国大学及大学章程研究》,吉林大学,2014 年。

革。国民教育部是中央直属的专门部门，不隶属或依靠沙俄其他高级机构或中央机构。对于这样的设计，卡拉姆金盛赞："将教育作为一个特殊的整体同国家其他部分分离开来，这个思想是明智的、有益的。"①

沙俄时期有两部大学章程历史地位特殊，都是沙俄大学治理体系建立和发展的重要文献。一部是 1804 年亚历山大一世批准的大学章程，是自由主义的典型代表；另一部是 1835 年其继任者尼古拉一世批准的大学章程，是保守主义的典型代表。1804 年大学章程首次明确规定了大学与国民教育部之间的关系、大学与其他政府管理机构之间的关系、大学的法律地位以及大学内部的运行机制等。所以关慧颖认为："1804 年大学章程是相对成熟、富有创新精神的重要文件。19 世纪初俄国的大学改革是亚历山大一世当政初期所进行的一项最彻底、最成功改革。"② 1835 年的大学章程体现了尼古拉一世想要加大中央集权或者加强官僚主义的主导思想，但是在大学自治团体的不懈抗争下，双方达成一致，最终继续沿着 1804 年大学章程的道路前进，标志着俄罗斯大学制度建设新阶段的开始。③

具体来说，根据这些大学章程《批准诏书》的规定，大学隶属于国民教育部，国民教育部通过督学实现对大学的管理。大学是学者阶层，通过自己的大学委员会、理事会和系委员会享有并实现在教学和科研方面的完全自主权。大学委员会、理事会和系委员会的组成、职权及运行具体如下。

（1）大学委员会。大学委员会由各大学校内各系的功勋教授和正式教授组成，负责管理大学内部及学区的一切事务。大学委员会每月应举行至少一次会议。会议由校长召集和主持，与会人员超过应到人数的一半方可有效。可以列入大学委员会会议议程的有：选举大学校长、系主任、公费大学生学监、大学教师以及"名誉成员"；任命学区内省级中学、县立学校及其他学校教师；采取各种措施以完善大学及其学区内学校的教学工作；批准教学计划，按学科之间的自然联系制定大学课表；组织每年的毕业考试；批准每年理事会关于大学经济和财政事务的工作报告；批准学区内所有隶属学校活动的年度工作报告。④

（2）大学理事会。大学理事会是大学委员会的执行机构，具体负责大学的行政、经济和财政工作。其成员有大学校长、各系主任和常任陪审员，理事会

---

① Петров Ф. А., Формирование Системы Университетского Образования в России. Москва： Государственый Университет им. М. В, Т. 1, 2003, С. 219.
② 关慧颖：《19 世纪的俄国大学及大学章程研究》，吉林大学，2014 年。
③ Петров Ф. А., Формирование Системы Университетского Образования в России. Москва： Государственый Университет им. М. В, Т. 4, 2003, С. 17.
④ Савин М. В., 200 Лет Первому Университетскому Уставу в России. Университетское Управление： Практика и Анализ, No. 1., 2004, С. 13.

主席由大学校长担任。所有成员均由大学委员会民主投票产生。理事会由校长召集，每月集中两次。具体职责包括：负责研究中学、其他院校或者私人寄宿学校毕业生的成绩证书，发给大学生课程成绩单，颁发大学毕业证书和学位证；负责管理政府划拨给大学的全部资金，签订契约和包工合同，向校委会汇报工作，每年向校委会提交年度工作报告；负责管理大学警察局，保证遵守纪律和秩序，保持教学楼清洁，预防火灾发生；任命专门监察员（即学监），监督内部秩序和规矩。①

（3）系委员会。系委员会隶属于大学委员会，由各系里的教授和副教授组成。系委员会会议由各系主任负责召集和主持，每月召开一次，研究系内日常教学事务，包括：安排讲座及其他学习活动的时间表，布置学年考试；组织学士、硕士和博士学位论文答辩；安排庆祝大会上的讲话，挑选优秀著作，由大学拨款出版；讨论各系需要的支出和校长或系主任提出的问题。②

在《大学附属学校章程》中，亚历山大一世以法国的"帝国大学"为参照系，将整个沙皇俄国分为6个学区，在每个学区建设或者任命1所大学，负责本学区范围内所有学校的行政和教学工作。这样，这所大学不仅是教学和科研单位，也是本学区的行政单位，具有政府部门的性质。因此，有学者称俄国高等教育"深深扎根于欧洲文化传统，特别是法国的文化传统土壤之中"。③

但无论如何，张广翔等研究发现，亚历山大一世的大学改革总体上一直都贯彻了八个基本原则，即：①赋予大学广泛的自治权；②实行无等级差别教育和免费教育原则；③建立等级制度，实行连续性教育原则；④建立教区学校；⑤建立清晰而灵活的适合俄国条件的大学结构；⑥将大学转变为管理中、低等教学单位的学区中心；⑦将大学职务纳入官阶等级系统；⑧赋予大学授予学位的权利。④

不过还需要注意到的是，沙皇俄国时期的高等教育是在借鉴西欧各国特别是德国和法国高等教育的基础上发展而来的。在德国古典大学模式的影响下，沙俄非常重视创建综合性大学，比如喀山大学、莫斯科大学和彼得堡大学等一批名牌大学。这些综合性大学的创建都是参照德国古典大学模式，在校内的办学实践中

---

① Петров Ф. А., *Формирование Системы Университетского Образования в России*. Москва：Государственый Университет им. М. В. ，Т. 1. ，2003. cc. 251 – 252.

② Олесеюк Е. В. ，Харламова Т. Н. ，*Университетские Уставы XIX Века: из Опыта Нормативно - Правового Регулирования Отношений Студенчества*. Санкт – Петербург：Проблемы и Образования，No. 1，2007，C. 126.

③ ［加］许美德著：《中国大学 1895～1995：一个文化冲突的世纪》，许洁英译，教育科学出版社1999 年版，第 105 页。

④ 张广翔、关慧颖：《19 世纪初俄国的教育改革及其评价》，载《俄罗斯东欧中亚研究》2014 年第 3 期。

非常注重人文哲学学科的建设，崇尚"教学与研究相统一""大学自治""学术自由""教授治校"等经典大学理念。到了19世纪中叶以后，随着世界竞争形势的变化和国内产业化发展需要，沙俄政府开始改变高等教育的发展策略，由之前只注重纯学术研究的德国古典大学模式转向同时强调各种实用性的单科技术学院的并行模式。沙俄开始出现法国式"专门学院"及"综合理工学院"的教育模式，于是就出现了综合性大学与各单科性学院并存的局面。

与此双重结构并存的局面相适应，沙俄也形成了颇具特色的高等教育治理体系。在这个并存的体制下，综合性大学与单科性学院位置不同，因此管理形式也不一样。其中，综合性大学由国民教育部直接管辖，享有相对自主性；而单科性学院不受国民教育部直接管辖，而是由中央政府下属的相应业务主管部门分别管理，各中央政府业务主管部门根据本管理部门及行业所需的人才数量和规格，制定人才培养方案和计划，下发给管辖的学校负责执行。因此，各分管学校，即单科性学院很难享有综合性大学所享有的自主性。

所以，从国家层面来看，沙皇俄国的高等教育治理体系是国民教育部与中央各部委分别办学，综合大学与单科性学院并存，条块分割、分别管理的"九龙治水"中央集权管理模式。从校内来看，大学委员会、大学理事会和系委员会三个机构通过选举的方式，分别从不同层面管理学校的具体事务，体现了基层的民主，实现了中央集权与基层民主的结合。

总之，经过包括彼得一世、亚历山大一世等在内的历代沙皇的推动，沙俄高等教育的治理体系日渐明晰，逐步发展起来。虽然中央集权和高校自治互有进退，但总体上来说，中央集权与基层民主能够有机结合，相得益彰，为十月革命之后的苏联的高等教育治理体系奠定了基础。

二、苏联时期的大学治理体系发展与形成

苏联的高等教育是在对沙俄时期业已存在的高等教育进行改造的基础上逐步完成的，它从创立之初就具备"科学—教育—实践"综合体的特征。① 经过近70年的建设，苏维埃政府通过颁布法案、财政拨款、统一管理等手段取得对高等教育的领导与控制权，② 也逐步建成中央集权制教育管理模式。

---

① 王莉、李晓贤：《卫国战争时期苏联高等教育的发展》，载《西伯利亚研究》2018年第2期。

② 单春艳、肖甦：《俄罗斯高等教育层次结构及学位制度的改革与现状评述》，载《比较教育研究》2008年第9期。

(一) 中央集权制教育管理模式的初创与发展

十月革命胜利以后，在培养具有专业知识的专家为社会主义经济建设服务的培养目标和世俗化、民主化和高效率建设教育管理体制原则的指导下，列宁和斯大林等领导下的苏维埃政权对沙俄时期建立的高等教育体系进行了一系列改造。1917 年 12 月 11 日列宁签署了《教育人民委员部关于将教育和教养事业从宗教部门移交给教育人民委员部的决定》，1918 年 1 月 20 日其又签署了《关于信仰自由、教会和宗教团体的法令》，① 依据教会同国家分离、学校同教会分离的原则将全国所有的学校（包括高等学校）全部收归教育人民委员部管理，统一了学校的领导权。1918 年 1 月，人民委员会废除旧的国民教育管理体制中的学区制，撤销了国民学校管理处和视察处，将地方的国民教育事业移交给各级苏维埃相应机构统一管理。1918 年 6 月 18 日，人民委员会颁布了《俄罗斯苏维埃联邦社会主义共和国国民教育事业组织条例》（以下简称《条例》），规定国家教育委员会负责对国民教育事业的全面领导，其主席由教育人民委员担任，委员由三部分组成：第一部分为教育人民委员部的现职人员；第二部分为中央执行委员会、教师工会联合会等部门选派的人员；第三部分为民族事务人民委员部和最高国民经济委员会等各部的代表。委员会的具体职能包括：制定国民教育的总计划、一般组织原则的细则和学校制度的原则；统一全国各地的教育工作；编制和分配全国的教育预算；处理人民委员部部务委员会提交给国家教育委员会审议的任何其他原则性的问题。同时还规定："国家教育委员会应定期召开全俄教育代表大会，向代表大会报告自己的工作，并把国家教育委员会管理范围内最重要的问题提交代表大会讨论。"② 《条例》中对国家教育委员会、教育人民委员部、地方各级国民教育管理机构的组成、职责范围与工作指导原则，以及全国教育代表大会和各级国民教育委员会的组成与工作内容等的规定既体现了国家集中统管教育的设计方向，同时也体现了依靠"教师和社会力量通力合作"办教育的民主思想，奠定了苏联教育管理体制的创建方向。

1920 年 10 月 28 日，俄共（布）中央政治局通过了列宁拟就的《俄共（布）中央政治局关于政治教育总委员会的决定草案》，其中强调有必要使全国的全部政治教育工作统一起来，加强俄共（布）对教育的领导和管理，而且着重指出"这一统一只能理解为应保持、加强和扩大的不仅是教育人民委员部

---

① 吴式颖：《俄国教育史》，人民教育出版社 2006 年版，第 312 页。
② 瞿葆奎、杜殿坤：《教育学文集·苏联教育改革》（上册），人民教育出版社 1988 年版，第 22 ~ 23 页。

党组织的独立自主，而且是该党组织对该部一切部门工作的领导的、指导的和主导的地位"。①

随着国家工业化方针的提出，斯大林执政以后不断地强调培养新的专业人才的重要性，提出了青年必须掌握科学知识的要求。但由于时任教育人民委员部领导未能重视该要求，斯大林就对国家的教育管理体制进行了大刀阔斧的改革，将原教育人民委员部的职能拆分，直接通过党中央的决议来解决教育问题，苏联中央集权制教育管理模式也有了新的发展。

1922年7月，俄罗斯联邦社会主义共和国人民委员会通过高等学校章程详细规划了高等学校20世纪20～30年代的工作。1928年7月联共（布）中央全会通过《关于改进培养新型专家的工作的决议》，将原属教育人民委员部管辖的一些高等技术学校和中等专业学校划归苏联最高国民经济委员会及其他有关部委负责。1929年11月，联共（布）中央全会通过《关于国民经济干部的决议》，又把新建的高等工业技术学校和中等专业学校交给最高国民经济委员会领导。1932年成立高等技术教育委员会，由人民委员会直接领导，负责批准高等专业学校的设置、研制教学计划、教学大纲、教学方法，检查教学进度。1936年其改组为全苏高等教育委员会，领导范围扩大到除军事院校及全苏艺术事业委员会所属学校以外的所有高等和中等专业学校。教育人民委员部只负责管理学前教育机构、普通教育学校、师范学校和综合大学。1938年通过高等学校标准章程，对高等学校的结构和工作内容进行标准化规定，比如规定高等学校的教学工作有讲课、实验室操作和生产实习三种基本教学方式，对学业评价［如学期末考试（考查）、毕业时的国家考试、毕业设计（论文）和毕业答辩等］也有相应的要求和规定。

经过一系列改革，苏联形成了苏共（布）集中统一领导，综合大学和师范学校由教育人民委员部负责，高等技术学校和中等专业学校由苏联最高国民经济委员会及其他有关部委负责的中央集权加"条块结合"式的高等教育治理体系。从高等学校结构上看，综合大学、多科性工程技术学院、专业学院并存，多科性工学院和单科性专业学院得到规模发展，但综合大学明显发展不足，总量上还不到高等学校总数的4%。② 不过，列宁时期和斯大林时期的中央集权的大学治理体系还是有一些差异的。列宁时期的中央集权的大学治理体系中能够发扬民主，实行民主集中制。在斯大林时期，由于个人崇拜和家长制风气盛行，民主集中制遭到一定程度的破坏，这种病态的集权扼杀了广大教育工作者和教师的

---

① 华东师范大学教育系：《列宁论教育》，人民教育出版社1979年版，第259页。
② 王清华：《苏联高等教育的历史和现状》，吉林教育出版社1985年版，第19页。

主动性、积极性与创造性。① 斯大林逝世后，苏联中央集权制的教育管理模式在苏共批判个人崇拜的基础上虽无根本改变，但还是向理性化、民主化和法制化的方向有所前进。

（二）中央集权制教育管理模式的发展与解体

在苏联中央集权加各部委"条块结合"的治理体系建立起来之后，随着二战之后的国家恢复和随后美苏全球争霸的需要，苏联的高等教育的教育目标也从之前的培养具有狭窄专业知识的专家发展到培养具有广泛专业知识的专家，再到培养具有完整专业知识的专家，走出一条"教育—科学—生产一体化"②的道路。在这一办学思想的指导下，苏共（布）也对其治理体系进行了与时俱进的调整。

1954年8月30日，为拓宽培养专家的知识领域，提升培养质量，苏共中央和苏联部长会议通过了《关于改进高等和中等专业人才的培养、分配和使用的决议》，解决专业数目过多、分类过细的问题，将1932年审定的专业目录重新审查，从660个降至300个左右，改革教学计划和教学大纲，加强基础课教学；同时，对高等学校进行了调整，将一些办学和科研力量比较薄弱的学校进行合并，将法律和师范类高校并入综合大学。

1957年4月，为提高科研水平，服务国家战略，苏联最高学位评定委员会通过了《授予学位学衔制度的细则》，其中给在科研上有突出贡献的博士生可以免于论文答辩的特权。同年苏联又实行了《提高有学位的科研人员的工资制度》，给有学位的科教工作者以高额职务工资，即额外补发工资。苏联当年实现卫星上天与这一激励不无关系。不过，在前期教育改革的影响下，1950~1958年，中学生的人数从34万激增到180万，而当时高等学校最多只能招收其中的17%。为缓解压力，1958年9月21日，赫鲁晓夫提出《关于加强学校同生活的联系和进一步发展国民教育制度的建议》，讨论修订后，经苏联最高苏维埃通过。其中规定：加强重点高校建设，特别是发展综合大学；扩充核物理等尖端专业；招生上规定高校优先录取具有两年以上工龄的青年，应届毕业生不得超过20%。③ 这项改革后，苏联建立了8所综合大学和一些工学院及专业学院，在校生数量也大幅度提升，但培养的专家质量却下降明显。

1961年9~12月，高等和中等专业教育部先后出台了《高等学校系主任选

---

① 吴式颖：《俄国教育史》，人民教育出版社2006年版，第328页。
② 肖甦、王义高：《俄罗斯转型时期重要教育法规文献汇编》，人民教育出版社2009年版，第2页。
③ 王清华：《苏联高等教育的历史和现状》，吉林教育出版社1985年版，第21~22页。

举办法》《高等学校系务委员会条例》《高等学校教研室条例》。《高等学校系主任选举办法》对系主任的任职条件、产生办法、岗位职责、任期等进行了规定；《高等学校系务委员会条例》对系务委员会的基本任务、人员组成、任命流程、具体职责和工作机制等进行了规定；《高等学校教研室条例》对教研室的设置条件、组织架构、工作任务、成立和取消程序等进行了规定。

1969 年 1 月，苏联部长会议审议通过了《高等学校条例》，规定苏联高等教育由其综合大学、专业学院、厂办工科院校及其他高等学校来施行，同时还规定了这些高校的主要任务、苏联部长会议和各加盟共和国的分工、学校章程及其内部规章的产生办法、学校的组织架构及其权利与义务、师生的权利与义务等。

1970 年 3 月，俄罗斯联邦共和国部长会议审议通过了《俄罗斯联邦共和国教育协会章程》。该章程规定教育协会是自愿组成的科学教育社会组织，可以在自治共和国、边疆区、州、自治州、民族区、区和市建立。普通学校教员可以自愿加入，进行交流学习，促进苏共（布）和苏联政府对青年学子进行教育和共产主义教育目的达成，接受协会最高机关协会代表大会的领导。

1972 年 12 月，苏联高等和中等专业教育部出台了《高等学校校长委员会章程》，对高等学校校长委员会设立的目的、基本任务、委员构成、审批流程和工作机制等进行了规定。

1973 年 7 月，苏联第八届最高苏维埃第六次会议通过了《苏联和各加盟共和国国民教育立法纲要》，1958 年通过的《关于加强学校同生活的联系和进一步发展国民教育制度的建议》随之废止。《苏联和各加盟共和国国民教育立法纲要》是苏联全国国民教育的总纲，是除宪法之外教育领域的基本法。《苏联和各加盟共和国国民教育立法纲要》对最高国家权力机关和国民教育方面的国家管理机关、各加盟共和国在国民教育领域的权限以及高等学校的构成、主要任务、师生的权利义务进行了根本性的规定。同年，苏联高等和中等专业教育部出台了《高等学校委员会章程》《高等学校教授、教学人员空缺任补程序》《高等学校学年考试和考查条例》《高等学校标准内部规章》《高等学校学生社会政治实习标准条例》等一系列规章制度，对高校之间和高校内部各个环节的运行机制都进行了详细的规定。其中《高等学校委员会章程》规定高等学校委员会是苏联高等和中等专业教育部的部内咨询机构，受其部长领导，其委员会成员不仅包括辖有高校部领导，还有国家计划委员会、工会中央、共青团中央、各加盟共和国教育部门的领导以及大学生代表。①

---

① 北京师范大学外国问题研究所外国教育研究室：《苏联教育法令汇编》，北京人民出版社 1978 年版，第 305 页。

1974年4月，苏联高等和中等专业教育部出台了《高等学校入学考试委员会章程》和《高等学校国家考试委员会条例》，对高等学校如何选拔学生和进行学业评价进行了程序和标准上的规定。

经过这一系列的改革，苏联的中央集权与基层民主的高等教育治理体系更趋成熟和完善。在中央集权方面：通过苏联最高苏维埃立法，出台国民教育领域的立法纲要，作为苏联和各加盟共和国开展国民教育的根本依据；① 通过苏联部长会议出台规定，对苏联高等学校的管理进行分工，其中高等师范院校的开设、改组和撤销权由各加盟共和国负责，其他高等学校的开设、改组和撤销权由苏联部长会议负责；② 通过苏联高等和中等专业教育部出台的一系列非常详尽且操作性非常强的规章制度，对高等教育领域各参与方的权利与义务、各个环节及运行机制等都进行了详细的规定，供各高校遵照执行，体现了高度的中央集权。

在具体实践中，苏联高等和中等专业教育部及中央各专业部分别直接管理各类重点高校；在中央与加盟共和国层面，除各类重点高校外，90%以上的高校由各加盟共和国高等和中等专业教育部或其他业务部门（如卫生部等）管辖。各部门在苏联高等和中等专业教育部的领导下负责对其所管辖的院校进行监督、调整、拨款和规划。与此同时，苏联高等和中等专业教育部还成立了高等学校委员会、高等学校校长委员会、各高等学校的校务委员会及其校内各系的系务委员会，并要求全社会广泛参与。比如，规定苏联全国科技委员会、苏联科学院、全苏工会中央理事会和全苏共青团中央等单位的领导干部，各加盟共和国高等和中等专业教育部（国民教育部）部长，以及大学生代表担任高等学校委员会委员；③ 规定除校长、副校长、系主任和教研室主任外，还要有教员代表、社会团体代表、相关企业及机关的著名学者和专家等担任高校的校务委员会委员。④ 另外，高等学校校长委员会和系务委员会也都有类似要求。这些规定和实践在很大程度上提高了广泛参与度，引入了社会、普通教师和学生的参与，发扬了基层民主，体现了中央政府的分权思想，展示了向市场（社会）和大学进行的权力让渡。

经过近60年的建设和发展，苏联的高等教育成绩斐然。苏联境内的高校从

---

① 北京师范大学外国问题研究所外国教育研究室：《苏联教育法令汇编》，北京人民出版社1978年版，第339页。
② 北京师范大学外国问题研究所外国教育研究室：《苏联教育法令汇编》，北京人民出版社1978年版，第187页。
③ 北京师范大学外国问题研究所外国教育研究室：《苏联教育法令汇编》，北京人民出版社1978年版，第306页。
④ 北京师范大学外国问题研究所外国教育研究室：《苏联教育法令汇编》，北京人民出版社1978年版，第201页。

1914 年的 105 所增加到 1977 年的 859 所，在校生从 127.4 万人增加到 4 950.2 万人。① 其中，俄罗斯境内共有 514 所高等学校，219.7 万名教师，2 824.5 万名在校生，每万人口中拥有大学生 190 人、具有高等教育水平的居民达 1 130 人。②

这种稳定很快就被打破了。1985 年起，在西方新自由主义思潮的指导下，戈尔巴乔夫发起了改革与新思维运动。在不足 6 年的时间里，轰轰烈烈，疾风骤雨，这场运动彻底摒弃了斯大林主义留下的政治体制遗产，以建立人道的、民主的社会主义的名义取消了马克思主义的指导地位、苏联共产党的法定执政党地位和公有制经济对国家经济的有效控制地位，在高等教育管理体制里表现为要坚决摒弃中央集权化管理、逐级削减政府权力和抵制行政命令式的管理。由此，高等学校获得了相当大的自治权力，比如高校的校长由原来的委任改成由校务委员会选举产生等，③ 之前形成的高等教育集权化模式走向全面解体。

1987 年 7 月，戈尔巴乔夫颁布《高等和中等专业教育改革的基本方针》，要求高等学校按照民主管理的原则，保障和提升各类高校独立行使权力，创造性地开展教学科研活动，主动参与国内外竞争，自行解决改革过程中出现的各类问题。中央政府下放部分高等学校的教学过程权力，与高等学校教学指导委员会和高校共同规划。

1988 年，戈尔巴乔夫颁布的《中等和高等学校的改革进程及党在实施这一改革中的任务》明确提出了在高等教育领域"广泛贯彻自治原则，给学校以独立自主和必要的权力"，④ 强调政府应该给高校层层松绑放权，以便高校实现自治。改变中央集权模式，建立国民教育理事会，将其作为管理主体与政府各级教育管理机构并行进入高等教育治理领域。高校的经费来源由单一的财政拨款改为多种渠道筹集资金，以提高高校的财政和行政管理自主性。1989 年，苏联国家国民教育委员会颁布实施的《苏联高等学校暂行（标准）条例》明确规定，高校享有"法人权利"，可以完成社会服务以获取报酬。⑤ 原中央集权的治理模式中政府的政治监督作用被大幅度削减，之前长期以来被取消的高校自治获得了新的发展。

---

① 王清华：《苏联高等教育的历史和现状》，吉林教育出版社 1985 年版，第 47 页。
② В. Л. Соколин － Пред. и др., Российский Статистический Ежегодник 2005 Года. Москва: Госкомстат России, 2005, pp. 247－262.
③ 肖甦、王义高：《俄罗斯转型时期重要教育法规文献汇编》，人民教育出版社 2009 年版，第 125 页。
④ 肖甦、王义高：《俄罗斯转型时期重要教育法规文献汇编》，人民教育出版社 2009 年版，第 36 页。
⑤ 周文智：《苏联高等学校暂行（标准）条例》，载《外国教育动态》1990 年第 2 期。

三、苏联大学治理体系的特点及启示

通过上述梳理可以发现，苏联的大学治理体系既有世界共性的一面，也有苏联个性的一面。概括起来有如下几个方面：

首先，在沙皇时期乃至苏联时期，其大学治理体系受到西欧特别是德法两国的影响。历史不断传承，也在不断提升。德国的古典大学重视人文教育，崇尚人本主义，其治理模式重视人的发展并强调发挥个体的智慧。而法国的大学区制能够集中力量，形成同频共振，以解决社会发展中遇到的实际问题，推动科技和社会发展。经过彼得一世、叶卡捷琳娜二世及亚历山大一世等历代沙皇的不懈努力，在封建君主专制的体制下将两者有机结合，在经济社会发展过程中既在一定范围内发扬民主并解决了人文素养提升问题，又集中力量解决了具体的技术问题，帮助沙俄增强了国力，提升了国民素质。到了苏联阶段，随着经济社会的发展，特别是两强争霸态势的形成，促使高等教育尤其是实科教育获得了快速发展，成绩斐然。苏联高等和中等专业教育部部长叶留金在其报告中明确指出，① 高等教育的任务和科研方向就是在各系（教研室）通力合作、多科融合的基础上，培养每个学科中的专才、熟谙多科的通才、基础扎实的能才和开拓创新的新才，实现教学与国民经济高效融合。面对任务的不断提升，苏联在沙俄高等教育治理体系的基础上，经过近 70 年的改造和发展，最终形成了中央集权与部分分权的特色鲜明的民主集中制管理体系。不过最后，随着治理体系中中央集权的快速崩塌，整个治理体系也随之崩塌。

其次，苏联的大学治理体系是随着生产力的不断提升并在为了促进生产力发展的实践中逐步探索且不断完善的。中央集权和民主集中在不同时期互有侧重。生产力决定生产关系，生产关系反作用于生产力。同时，经济基础决定上层建筑，上层建筑也反作用于经济基础。大学治理体系属于上层建筑。有什么水平的生产力和经济基础，就需要与之相适应的生产关系和上层建筑。两者相适应就能相互促进，反之亦反。彼得大帝雄心勃勃，开始按照西方的模式建设及管理大学；亚历山大一世建设但又被迫关闭了科学院；戈尔巴乔夫信心满满，推行"新思维"，最终葬送整个国家。这些历史证明，不合时宜的治理体系设计不但不会促进生产力的发展，反而会阻碍生产力的发展，并最终导致整个体系崩盘。反倒是认真分析生产力的实际水平，实事求是，与时俱进，才能极大促进生产力的发展。列宁对沙俄教育体系的社会主义改造，突出中央集权制；斯大林让不同中央

---

① ［苏］S. 卡弗达诺夫著：《苏联高等教育》，刘君宾编译，火星社 1950 年版，第 33~34 页。

部委根据行业特点有针对性地培养专门人才，形成"条块分割"的办学格局，到1955年，苏联单科性学院占总共880余所高校的80%以上；① 赫鲁晓夫根据经济发展和生产力的实际水平适时调整，进一步完善治理体系，实现卫星、原子弹等高科技领域的重大进展。这都是实事求是、让两者在互相适应的基础上做出的成功的制度安排。

---

① 眭依凡：《关于高校合并的理性思考》，载《求是》2000年第4期。

第三章

现代大学治理结构中的纪律建设研究

中国大学治理身处全球治理和国家治理的大背景下，常常面临一系列治理难题，如治理逻辑冲突、正式制度失灵、大学的功能性失效等。这些治理难题构成了一个与大学治理相关的问题网络。在制度设计层面，中国大学应对这些治理难题的主要举措是构建现代大学制度，推进现代大学治理；在具体措施层面，其主要举措是推动章程建设，完善治理结构，划分权责清单，推动高校巡视等成为重要的制度安排。但在贯彻这些举措的过程中，大学治理又生发了一些新问题，诸如大学章程搁置、学术委员会虚化、权力下放伴随责任疏离等现象开始显现。为什么会出现这些问题，如何解决这些问题，这些问题的背后是否又存在统一的制度逻辑？本研究的逻辑起点正是对这些问题的思考。党的十九届四中全会明确了坚持和完善中国特色社会主义制度、推进国家治理体系和治理能力现代化的重大意义和总体要求，指出了国家制度和治理体系的十三个显著优势，为推进国家治理体系和治理能力现代化奠定了制度基础。大学治理作为其中的重要一环，其治理体系和治理能力的现代化也是重要组成部分。现代大学制度作为中国大学治理整体制度设计的重要内容，是推动大学治理现代化的重要基础。在此意义上，对上述问题的解释和回应需要先回到现代大学制度本身的话语上来进行考察。

中国特色现代大学治理是构建中国特色现代大学制度的核心和关键。现代大学制度的形成离不开现代大学治理。那么，究竟何为现代大学？大学自中世纪肇始，先后经历了学生共同体（博洛尼亚大学）、教师共同体（巴黎大学），后又形成师生共同体。随着时代变迁，大学由纯粹的知识传授机构转向知识生产机构，研究功能在德国大学兴起，并在全球传播，大学逐渐开始以学术为中心。洪堡认为大学的核心是知识发现；纽曼提出大学是传播永恒真理的场所；弗莱克斯纳认为大学的本质就是发展纯学术；赫钦斯也将大学描绘为理智社团，用以解决人类所面临的或可能面临的普遍性问题。随后，"威斯康星思想"生发，大学的社会服务功能成为大学合法性的新来源，大学再也不是"象牙塔"，其与外部持续互动，逐渐成为"多元巨型大学"。在全球化背景下，大学又日益向"交互大学"迈进，社会责任越来越成为考量大学外部合法性的重要变量。从大学演化的历史视角看，大学的组织形式和治理模式表现出多元的特征：从学院模式到科层模式，再到政治模式和文化模式。治理模式的多元化在一定程度上揭示了大学组织性质的不断转向，因为每种模式都描绘了大学治理的某个面向。在大学的组织形态和组织功能的变迁过程中，关于高等教育"认识论"（学术逻辑）和"政治论"（政治逻辑）的哲学纷争一直此消彼长。从宏观上审视大学治理模式就会发现，虽然理论上学术和政治遵循不同的逻辑，但在现实中二者联系密切，难以决然分割。这是因为，在大学多元治理模式的背后，依然存在一套与大学组织特性高度相关的组织原型，科恩和马奇对此进行了生动的描述，提出了"有组织的无政府"的组织原型概念，其基本特征是：人员流动、技术不确定、目标模糊。在全球化情境中，新自由主义席卷全球，"自由"和"市场"思潮深入人心，大学又开始与市场互动，市场成为决定大学走向的重要外部力量。于是，伯顿·克拉克才描绘了全球大学治理的"三角协调图"，指出学术权威、国家和市场分立三个顶端。伴随时代变迁和技术进步，技术变革也越来越影响大学的治理，技术在治理中发挥的功能也越来越值得关注。一部大学的发展史，近似看，就是一部大学与外部关系的互动史。大学的发展变迁和其治理模式的风云变幻，道出了一个朴素真理：大学之所以能存续近千年，在某种程度上正是得益于其在保持组织特性的前提下，仍具有极强的外部适应能力和权变的内部管理特质。

那么，在构建中国特色现代大学制度的话语体系中，我们该从哪个角度描绘现代大学呢？从时间序列来看，似乎现代大学越新越好，但事实却是历史越悠长越被认为是"纯粹"的大学；从空间向度来看，似乎越发达的地区、文明程度越高的地区越拥有现代大学。在全球化背景下，全球大学组织机构趋同、功能趋同，越来越"美国化"。似乎"美国大学"就是现代大学的标志。于是，构建中国特色现代大学制度的讨论往往倾向于对时间上的历史感的强调（大学文化）和空间上的美国化的推崇（制度借鉴）。简单来看，学界将二者归结于两点，就是所谓的"学术自由"观和"大学自治"观。但从这个视角出发，我国大学治理中的一些"矛盾和冲突"便开始凸显：学术与政治的关系、政府与大学的关系、党委领导与学术自治的关系等。但从现代性角度切入，这种现代大学观尚没有系统挖掘大学发展的历史全貌，而更多关注了大学的一个侧面。我们更需要从大学的组织原型和多元治理模式出发去思考现代大学制度，关注其多元特征以及与外部环境的充分互动。将自由与自治奉为圭臬的现代大学观对现代性的理解是不完整的，它至少忽略了现代性的另外一个侧面：纪律。自由与纪律共同伴随现代而来，都是现代性的产物，不可分割。

党的十八大以来，法治观念和法治实践在完善国家治理体系、提升国家治理能力中发挥了重要作用。党的十八届四中全会审议通过了《中共中央关于全面推进依法治国若干重大问题的决定》（以下简称《决定》），在历史上第一次将"法治"作为核心主题。《决定》第五部分的主题是"全民守法"。开篇即指出"法律的权威源自人民的内心拥护和真诚信仰"，并在后文对法的范畴进行了丰富的阐释，提出要发挥"市民公约、乡规民约、行业规章、团体章程等社会规范在社会治理中的积极作用"。从法律社会学的立场上看，俱乐部的规则、学校的纪律、民间社团内部的规章，都是一个社会规范系统中的重要部分。① 由此可见，在国家视野中，法治的观念并不局限于法律本身，而具有更广阔的空间。纪律建设也是法治建设的重要组成部分。在宏大的法治观念指导下，2015 年 10 月 12 日，中共中央政治局召开会议，审议通过了《中国共产党纪律处分条例》（以下简称《条例》）。这是全面从严治党、依规治党的重大举措。可以说，在建设国家现代治理体系过程中，纪律建设被置于突出重要的地位。纪律建设成为一种新常态，"把纪律挺在前面""把权力关进制度笼子"等新提法体现了中央纪律建设的决心和魄力。从纪律建设的实践效果来看，社会风气获得了显著改善，党内凝聚力获得了重大提升。可见，纪律建设对于重塑组织形象、强化治理成效具有非常重要的作用。在大学法治的背景下，大学纪律建设也具有重要价值。《决定》业已表明，法治的内涵不仅是法律的供给，纪律建设也是其重要的组成部分。系统认识纪律建设的内涵，考察其在大学组织建设中的作用，将可能成为构建中国特色大学制度的一个重要抓手。但是，从直观经验来看，大学组织崇尚学术自由和学术自治，这与纪律的直观含义似有冲突。然而，看似冲突的背后，是什么逻辑假设导致了这种冲突思维却少有人问津。想要理解冲突背后的逻辑假设，需要对一系列问题进行追问：如何来理解纪律，纪律建设在大学中具有何种功能？纪律建设与大学的组织特性有怎样的关系，与构建中国现代大学制度之间又有什么关系？怎么认识纪律与自由的关系？纪律与自由是非黑即白的对立关系吗？纪律限制自由了吗？如果是，纪律限制了哪些自由，又在何种程度上限制了这些自由？诸如此类的问题成为在全面认识现代大学治理时需要考察的方面。而对这些问题

---

① 梁治平：《2014 版法治地图探径》，爱思想网，2014 年 12 月 15 日，http://www.aisixiang.com/data/81378 - 2.html。

的回应或将成为打开中国特色现代大学制度建设之门的一把钥匙，或能为解决开篇提出的系列问题提供思路。回应这些问题，需要首先对大学纪律建设的内涵做出厘定。

第一节 大学纪律的构成及其治理意义

历史是理论的源头，考察"纪律从何处来"更有利于思考"纪律向何处去"的问题。本章首先将考察纪律概念的变迁史，梳理纪律概念从古至今的流变，并通过对纪律与系列概念对应关系的分析，考察其特征。在此基础上，结合大学的组织特性和中国独特的时代背景，尝试构建中国大学纪律建设的理论框架，进而讨论大学纪律建设的概念、分析框架、特征和价值。为后文探讨大学纪律建设的现状及分析其原因提供理论依据。

一、纪律的概念流变

（一）纪律的词源

1. 中国纪律的词源

《说文解字》对"纪"本身的解释为"纪，丝别也"，[1] 本义指为了缠束丝别而区分出来的丝的端绪。[2] 比喻为把极其细微、乱成一团的蚕丝梳理成有井井有条的丝线。[3] 随着历史的变迁，"纪"有了更为丰富的意涵。"纪"作为名词主要有三层含义：一是其本义，即丝的头绪。"古者圣王为五刑，请以治其民，譬若丝缕之有纪，网罟之有纲，所以连收天下之百姓不尚同其上者也"（《墨子·尚同上》）;[4] "是故君子之行礼也，不可不慎也，众之纪也，纪散而众乱"（《礼记·礼器》）。[5] 二是指纪传体史书中记载帝王历史事迹的篇章。三是引申义，指

---

[1] 张章：《说文解字》（上），中国华侨出版社2012年版，第169页。
[2] 古代汉语字典编委会：《古代汉语字典》，商务印书馆2010年版，第343页。
[3] 王志轩、王为治：《"纪""律"：治理与约束》，载《中国纪检监察》2015年第12期。
[4] 秋至乐：《中国古代十大思想家》，红旗出版社2014年版，第74页。
[5] 《图说天下·国学书院系列》编委会编：《四书五经》，吉林出版集团有限责任公司2007年版，第166页。

法度和准则。"夫辩者，将以明是非之分，审治乱之纪"（《墨子·小取》）；①"无变天之道，无绝地之理，无乱人之纪"（《吕氏春秋·孟春》）。② "纪"做动词讲主要有两层含义：一是通"记"，为记载、记录之义。"夫德，俭而有度，登降有数，文、物以纪之，声、明以发之，以临照百官"（《左传·桓公二年》）。③ 二是指料理、经营。"衣食当须纪，力耕不吾欺"（陶渊明《移居》之二）。此外，古代的"纪"还有量词之用，十二年指一纪。④ 从"纪"的词源来看，无论是其名词还是动词用法，大多表征了一种对秩序的强调，引申在治理国家层面，则指在国家治理过程中，由乱而治，通过"纪"使得混乱的局面变得有序。因此，"纪"在事实上表达了规则、规范、法律的意涵，有"纪"就意味着有秩序。

《说文解字》中解释，"律，均布也"。⑤均布是古代乐器中调节音律的工具，本义为普遍实行的规律。"律"作名词主要有两层含义：一是古代用来定音或测量气候的竹管、玉管或铜管。"其音角，律中大蔟"（《礼记·月令》）。⑥ 二是格律、格调之意。"觅句新知律，摊书解满床"（杜甫《又示宗武》）。三是法令、法规之意。"当赵之方明国律、从大军之时，人众兵强，辟地齐、燕；及国律慢，用者弱，而国日削矣。"（《韩非子·饰邪》）⑦ "律吕万法之所出，故法令谓之律。"（《正韵》）⑧ "律"作动词讲，主要有两层含义：一是要求、束缚、限制。"五伯兼并，而以桓律人，则是皆无贞廉也。"（《韩非子·难四》）⑨ 二是指用篦子梳理头发。"不沐则濡栉三律而止，不浴则濡巾三式而止。"（《荀子·礼论》）⑩ 从"律"的词源来看，"律"与"纪"有相似之意，又有不同。"律"在秩序层面表达了法令、法规之意，及其对个体行为的限制和规范。

"纪""律"二字连用，较早可见于《中论·历数》，"昔者圣王之造历数也，察纪律之行，观运机之动，原星辰之迭中"，⑪ 此处纪律代指日月星辰的节气，有规律的潜在含义。还可见于《左传·桓公二年》，"文物以纪之，声明以发之，以临照百官，百官于是乎戒惧而不敢易纪律"。⑫ 此处的"纪律"是以器物为载体、以声音和光亮加以强调的纪纲、法度，以起到威慑百官之作用。

---

① 墨子：《墨家智谋全书》，内蒙古人民出版社2005年版，第240页。
② 方勇：《吕氏春秋》，商务印书馆2015年版，第2页。
③⑥ 陈戍国：《四书五经》（上），岳麓书社2014年版，第702页。
④ 古代汉语字典编委会：《古代汉语字典》，商务印书馆2010年版，第343页。
⑤ 张章：《说文解字》（上），中国华侨出版社2012年版，第204页。
⑦ 韩非著：《韩非子》，张觉点校，岳麓书社2015年版，第45页。
⑧ 孙国华：《中华法学大辞典》（法理学卷），中国检察出版社1997年版，第295页。
⑨ 韩非著：《韩非子》，张觉点校，岳麓书社2015年版，第153页。
⑩⑪ 夏传才、林家骊：《徐干集校注》，河北教育出版社2013年版，第140页。
⑫ 左丘明著：《左传》，蒋冀骋标点，岳麓书社1988年版，第16页。

总的来看,"纪律"一词在中国历史和文化典籍中出现的频次不是很高。其含义虽略有不同,但多数情况下与现代语境的纪律无太大差异。如曾巩的《祭欧阳少师文》中有:"公在庙堂,总持纪律,一用公直,两忘猜昵。"① 此处"纪律"指法度、纪纲。苏东坡的《王仲仪真赞》中有:"方是时,虏大举犯边,转运使摄帅事,与副总管议不合,军无纪律,边人大恐,声摇三辅。"② 此处"纪律"特指军纪军规。

从纪律的词源学考察中可知,纪律并非舶来品,而是中国固有的词汇,且其含义与现代汉语中所描述的纪律意涵有很多相似之处。从词源上来理解纪律,可以将其简要概括为:对个体和群体具有约束的、有震慑和惩罚功能的普遍规则。纪律的词源突出了纪律的两个基本内涵:规则和约束。

2. 国外纪律词源及释义

在英文中,纪律一般为"discipline",该词缘起于古法语(11世纪)的"descepline",表征"纪律、身体惩罚、教学、折磨和殉道";其也来自拉丁语(13世纪)的"disciplina",表征"教学(instruction)、教育(teaching)、学习、知识"。到了15世纪,其又增加了军事纪律的意涵。《牛津英语词典》(*The New Oxford Dictionary of English*)中给出了discipline的若干种解释。其作名词有两方面含义:一是指"训练人们遵守规则和法令的实践,运用惩罚手段去修正不服从命令的行为(disobedience)"。这一层面的意涵包括"通过训练控制个体行为""心理或身体训练的活动和经验""关于行为(conduct)的一套规则系统"。二是指学科,一般指"高等教育研究中的某个知识的分支"。③ 用作动词的discipline多用于表征"训练、惩罚"的意涵,常常还有"自我控制"的延伸义。

可见,国外discipline一词在词源上要比中文"纪律"的含义广得多。其强调的侧重点也颇有不同。中文词源上的纪律更多强调一种规则、法度及其相应的约束;而国外词源则不止于此,还凸显了一种权力关系。福柯在《规训与惩罚》中考察17～18世纪纪律的谱系时,就将权力关系作为纪律的核心论点之一。④ 这为我们理解纪律提供了重要的思想资源。

---

① 曾巩著:《中国古代十大散文家精品全集(曾巩)》,陶文鹏选注,大连出版社1998年版,第194页。

② 苏轼著:《苏轼全集》(上),张春林编,中国文史出版社1999年版,第698页。

③ Judy Pearsall, Patrick Hanks, *The New Oxford Dictionary of English*. Oxford: Clarendon Press, 1998, P. 525.

④ 详见本节"纪律与现代性"部分。

（二）纪律的变迁

现代汉语词典将纪律定义为："政党、机关、部门、团体、企业等为了维护集体利益并保证工作的正常运行而制定的要求每个成员遵守的规章、条文"。① 单纯从纪律的定义来看，纪律似乎从多种形式的规则和约束固化成为了政党或组织的规章制度。但事实上，随着纪律的使用域的扩大，其逐渐承载了更多的内涵，表现在与几组概念的关系上：就政治场域和政党层面而言，纪律与意识形态的关系十分密切，这是现代以来使用纪律的重要含义之一；在社会层面，纪律与社会的现代性连接在一起，韦伯、涂尔干、马克思等都对纪律与现代性的关系进行了一定程度上的说明；在伦理层面，纪律与道德紧密相连，纪律本身具有了道德属性；在制度层面，纪律与制度本身也有十分密切的联系。通过对几组关系的梳理，可以较为完整地看到纪律的概念流变轨迹。

1. 纪律与意识形态

"意识形态"这一术语源自西方近代哲学家对社会意识与现实关系（特别是与现实政治经济关系）的分析研究。马克思主义认为意识形态：（1）是人们物质生活的直接产物，并随之而不断发展变化；（2）具有鲜明的阶级特征，是阶级利益的体现；（3）是相对独立的思想观念，对推动社会发展具有积极意义。概括而言，意识形态是为政治、政党服务的思想话语体系，与政治及国家利益紧密相关，其内核是主导价值观，在现实中体现为话语权和软实力。②

德裔社会学家曼海姆则认为意识形态有两种完全不同的含义：特殊含义和总体含义。特殊含义的意识形态是一种相对激进的社会观念，特别是当我们怀疑我们的论敌提出的观点和陈述时，这种特殊意义尤为明显，如某个时代或某个具体历史—社会集团（如阶级）的意识形态。③ 相对应的，总体含义的意识形态是一整套原则、观念和范畴，已经包括了世界观层面。④ 在曼海姆看来，言称"意识形态"往往意味着双方或多方在整体观念或特殊观念上的对立性。

在现代用法中，意识形态还具有一种较为特殊的价值含义，往往指一种不辩自明的、不容讨论的观念。如"思想意识形态""科学意识形态"等表述，就体现了这一特征。

---

① 中国社会科学院语言研究所词典编辑室：《现代汉语词典》（第7版），商务印书馆2016年版，第616页。
② 王达品：《马克思主义意识形态：内涵、挑战及对策》，载《北京日报》2016年10月24日。
③ ［德］卡尔·曼海姆著：《意识形态与乌托邦》，黎鸣、李书崇译，商务印书馆2000年版，第56~57页。
④ ［德］卡尔·曼海姆著：《意识形态与乌托邦》，黎鸣、李书崇译，商务印书馆2000年版，第58页。

中国语境中纪律与意识形态的关系更多体现在政治领域，党的纪律往往是一种政治意识形态，是与党的建设和国家命运紧密相连的政治性用语。这也是对纪律概念的主流认知。需要注意的是，意识形态虽然是纪律的一个重要方面，但意识形态作为一种观念、话语或陈述，具有一定的对立特征。因此，若仅从意识形态层面考察纪律，就会将纪律局限于政党政治层面，而看不到纪律的全貌，从而导致一定程度的认识偏狭，继而遮蔽了纪律在更大范围上的意义和价值，尤其是遮蔽了纪律与现代性的关系。

2. 纪律与现代性

纪律与现代性的关系是社会学的一个重点领域，有较多社会学学者对此进行过深入的探究。主流观点认为，福柯、马克思、韦伯和涂尔干的贡献是奠基性的，奠定了后续研究的认识论和方法论基础。此外，美国学者戈尔斯基关于纪律革命的论述在某种意义上贯通了几位大师的思想，对理解纪律与现代性的关系具有重要价值。

（1）福柯：纪律锻造"驯顺的肉体"。

后现代主义的集大成者福柯在其《规训与惩罚》一书中对纪律进行了17~18世纪的系谱学考察，纪律与现代性的讨论也肇始于此。在福柯那里，监狱的产生作为所谓现代社会的一个表征，事实上代表了一种关于纪律的"政治解剖学"和"微观物理学"，即一种不平等和不对称的微观权力系统，突出了纪律的规训功能。现代的学校、医院、军队等都存在一种以纪律为支配的"全景敞式"的监督技术。纪律成为肉体的"支配方式"，旨在锻造"驯顺的肉体"。于是，福柯指出，"启蒙运动既发现了自由权利，也发明了纪律"。[①] 但在福柯看来，纪律与现代性的关系似乎有一种内在的张力。他通过对纪律与法律关系的讨论描述了这一张力。他指出，纪律应被视为一种反法律（counter-law），因为纪律在私人之间构筑了一种强制的权力关系，与法律所要求的契约关系背道而驰。[②] 作为后现代主义的代言人，福柯始终表现出一种对由纪律代言的现代性的无情批判，他在描述非法活动与过失犯罪的篇章中指出，"非法活动是对这种压制活动的反抗……揭示了无纪律（indiscipline）的双重含义：既是社会无序的秩序，又是对不可转让的权利的肯定"，[③] "一种自称为权利的非法状态，与表面上是法律的纪

[①] ［法］米歇尔·福柯著：《规训与惩罚》，刘北成、杨远婴译，生活·读书·新知三联书店2012年版，第249页。

[②] ［法］米歇尔·福柯著：《规训与惩罚》，刘北成、杨远婴译，生活·读书·新知三联书店2012年版，第249~250页。

[③] ［法］米歇尔·福柯著：《规训与惩罚》，刘北成、杨远婴译，生活·读书·新知三联书店2012年版，第328页。

律发生冲突。造成敌对冲突的是无纪律，而不是犯罪"，①"（文明）有自己的强制体制，表面上是法典，实际上是纪律"。② 此时，福柯已经指出，所谓的无纪律，正是由于纪律带来的规训机制造成的，实质上带来了一种现代性本身的悖论，即"过失犯罪"实质上是为了争取"自由"，而这恰恰是对现代性本身最大的讽刺。

从福柯的视角出发，我们发现，现代性在世界各地传播扩展"自由、理性、解放"等价值的同时，也带去了以纪律为核心的现代组织技术。在某些地区，纪律可能比自由更容易扎下根来，因为在利益的博弈中，"自由可能是深得人心的动员口号，但纪律无疑是更为有效的行动保证"。③

（2）马克思：纪律是资本主义的支配方式。

本书在第二章总括性地梳理了马克思和恩格斯的纪律建设观，主要基于党的建设和发展，多探讨了纪律的积极层面。而马克思最早对资本主义生产体制所引发的纪律问题进行了论述，且多从对资本主义纪律的批判出发。④ 马克思本人虽没有明确地提出纪律与现代性的关系，但其讨论资本主义的运作方式时，始终把纪律作为一种重要的规范体系加以论说，认为正是由于资本家强迫工人屈服于资本的纪律，而使得其劳动变成了强迫劳动，将劳动转化成为了资本的一部分。⑤ 马克思因此区隔出了以纪律为主要运作机制的工厂内部分工，而马克思关于纪律与现代性关系的看法也是由此为基础反推而成的。⑥

从这个意义上来看，马克思似乎是福柯纪律思想的先导。马克思指出了纪律与时间的内在关系，认为纪律在本质上把时间的价值置于人的价值之上，造成了工人的手脑分离，并将其转化为了同质性的、功能化的人，即每一个工人都需要适应机器的节奏，训练工人从小就学会使自己的动作适应机器的连续运动方式。⑦ 纪律最重要的作用就成为了训练工人并将他们重新组织成一个类似机器运动的有机系统。这正是福柯笔下纪律的"微观物理学"的前奏。

马克思虽然主要在资本主义工厂的情境中讨论了纪律问题，但工厂作为现代性的一个缩影，也着实体现了纪律与现代性关系的一个侧面，也代表着当时

---

① ［法］米歇尔·福柯著：《规训与惩罚》，刘北成、杨远婴译，生活·读书·新知三联书店 2012 年版，第 330 页。
② ［法］米歇尔·福柯著：《规训与惩罚》，刘北成、杨远婴译，生活·读书·新知三联书店 2012 年版，第 329 页。
③ 成然：《纪律与现代性——从韦伯和迪尔凯姆的观点看》，载《浙江学刊》2005 年第 4 期。
④⑥ 张宏辉：《纪律与现代性：马克思的论点》，载《社会分析》2012 年第 4 期。
⑤ 中共中央马克思恩格斯列宁斯大林著作编译局：《马克思恩格斯全集》（第 32 卷），人民出版社 1998 年版，第 303～307 页。
⑦ 中共中央马克思恩格斯列宁斯大林著作编译局：《马克思恩格斯全集》（第 44 卷），人民出版社 2001 年版，第 484 页。

社会的其他方面。纪律总体上表现为一种资本主义的主要支配方式。也正是将纪律作为一种精细的支配方式所表现出来的种种特征，才决定了时代的走向。在这个意义上，马克思对纪律以及纪律所表征的资本主义式的现代性持有激烈的批判态度。这体现出马克思和福柯在纪律作为一种支配方式这一思想上的某种共性。

（3）韦伯：纪律是科层制的根基。

韦伯关于纪律的讨论并不多，较为系统地集中在《经济与社会》中关于"卡里斯玛及其变形"的论述之中。① 韦伯将纪律与卡里斯玛结合起来，指出卡里斯玛进入现代社会势必衰退，而其中起到决定性作用的就是纪律，因为纪律是理性化的表征。在韦伯眼中，纪律的要旨是"对公认的秩序进行一以贯之的理性化"，"行动者被要求不折不扣地执行命令"，其关键就在于"多数人的服从即可达到理性的统一"。② 在此意义上，韦伯指出纪律起源于战争。他指出，纪律是非人格化的，其用机械性的操练取代了英雄主义式的迷醉、荣誉崇拜、个人主义的忠诚和献身，把个人整合进一个迫使成员通力协作且无处可逃、不可阻挡的机器中去。③ 而且，纪律诉诸了明确的道德动机，以责任感和良心为先决条件。

韦伯指出，在战争中，纪律与卡里斯玛的冲突变化无常，但这种冲突是由技术决定的。战争中所采用的武器是纪律的结果，而非纪律的原因。也就是说，是纪律改变了武器，而非武器塑造了纪律。因此，开启战阵变革过程的并不是火药，而是纪律。有了纪律，战阵技术才具有了意义。④ 因此韦伯认为，纪律作为实战的基础，是种种体制的母体，⑤ 而军事纪律更是一切纪律的母体。韦伯转而以经济组织讨论纪律与现代性的关系，指出科层制是纪律最理性的"子嗣"，是一种建立在纪律基础之上的机制。

---

① ［德］马克斯·韦伯著：《经济与社会》（第二卷·下），阎克文译，上海世纪出版集团 2010 年版，第 1289～1314 页。该版本译者将卡里斯玛翻译为超凡魅力，笔者认为超凡魅力仅仅是卡里斯玛的一个特征，因此如此翻译是不准确的，故仍采用卡里斯玛译法。相关的译本还有 1989 年商务印书馆出版的《经济与社会》上下册，以及更加专门讨论社会支配的《支配社会学》（广西师范大学出版社 2004 年版）。在这三个译本中，关于这一部分的论述有些不同，或许是由于翻译的关系，抑或是由于根据英译本翻译而来的缘故，在考察韦伯纪律与现代性关系的论述中，由于不通德文，笔者主要参考了这三个中译本以及该书的英译本（*Economy and Society*, University of California, 1978），并按照个人理解做了取舍。

② ［德］马克斯·韦伯著：《经济与社会》（第二卷·下），阎克文译，上海世纪出版集团 2010 年版，第 1304 页。

③ ［德］马克斯·韦伯著：《经济与社会》（第二卷·下），阎克文译，上海世纪出版集团 2010 年版，第 1305～1306 页。

④ ［德］马克斯·韦伯著：《经济与社会》（第二卷·下），阎克文译，上海世纪出版集团 2010 年版，第 1307～1309 页。

⑤ ［德］马克斯·韦伯著：《支配社会学》，康乐、简惠美译，广西师范大学出版社 2004 年版，第 339 页。

其实，韦伯对科层制基础下的现代性是抱有悲观判断的。他指出，在工厂、国家行政机构、军队和大学院系中，通过科层化的人类装置，运行手段集中到掌握该装置的人手中，这部分可以归结于现代运行手段的特性，即纯粹的技术考虑；但部分也是由于这种人类合作的方式有更高的效率，即归结为纪律的发展，如军队、官职、工厂和商业纪律的发展。① 韦伯认为纪律本身就是机器生产的必要组成部分，纪律与现代生产方式之间有密切关系。所以，无论是谁统治，都不能改变现代社会的运作基础，即不能改变科层制运作的纪律基础。一旦纪律基础受到侵蚀和威胁，一定会采取措施来维持纪律。②

因此，我们可以看到纪律在现代性中起到的作用：现代人从最初的"良知人"到满怀激情和信仰的"职业人"，再到被迫而为的职业人（即需要时时面对组织内部秩序的强制要求），最终沦为"秩序人"。③ 纪律配合科层制，终于成为现代性难以逃脱的"铁笼"。

从这里可以看出，韦伯在思想倾向上与福柯和马克思具有某种一致性，都表达了一种对现代性的忧虑。但三者忧虑的基础是不同的，福柯更多担忧的是人的自由，马克思更多注重的是阶级的剥削和压迫，而韦伯则看到了现代社会的运行机制中存在的难以冲破的藩篱。三位大师都看到了纪律之于现代性的价值，也看到了纪律给现代性本身带来的问题。

（4）涂尔干：纪律是社会团结的基础。

如果说福柯是在同时批判现代性和纪律，马克思是在检讨以工厂为代表的现代社会中的纪律，韦伯是在组织的立场上表达一种忧虑，他们各自代表了一种对纪律的批判立场，那么涂尔干讨论纪律与现代性关系的出发点与福柯、马克思和韦伯都有显著的不同。他从社会分工的角度切入现代性问题，继而又从道德重建的层面切入讨论关于纪律与现代性的关系，指出道德的首要要素就是纪律精神（将在后文进一步讨论纪律与道德的关系）。

涂尔干对社会团结的形式做了机械团结和有机团结的二分。在涂尔干看来，"社会越是原始，构成它的个体之间就越具有相似性"。④ 因此，似乎有机团结的形式更符合"现代"特征，因为其总体上采取恢复性法律，旨在强调社会中人的劳动分工，而不强调同一性。在论证了为何分工会带来更大的社会团结后，涂尔干讨论了分工的反常形式，并将其界定为"失范状态"，总体上表达"分工不能

---

① ［德］马克斯·韦伯著：《韦伯政治著作选》（影印本），阎克文译，中国政法大学出版社 2003 年版，第 281 页。
②③ 成然：《纪律与现代性——从韦伯和迪尔凯姆的观点看》，载《浙江学刊》2005 年第 4 期。
④ ［法］埃米尔·涂尔干著：《社会分工论》，渠敬东译，生活·读书·新知三联书店 2017 年版，第 93 页。

产生社会团结",究其原因,是由于"各个机构之间的关系没有得到规定",① 换言之,即规范的缺失。在涂尔干看来,"劳动分工越发展,规范就会变得越多,倘若没有规范,有机团结就是不可能的,或不完善的"。② 但"有了规范还不够,因为规范有时候会成为弊害的根源",③ 还必须有公平,具有"绝对意义上的公正性"。④ 这种公正性在于构筑一种契约团结,但仅靠公共权威确保人们恪守契约是不够的,因为纯粹的外在秩序不能遮蔽冲突状态,即便达成口头或书面上的同意,也极有可能是被迫的。在这个意义上,要想人们完全赞同契约,缔约双方就必须获得同等的社会价值。⑤ 由此,人们自愿地向往规范,自愿地接受规范,而这种接受其实是一种启蒙的赞同。⑥

在《社会分工论》中,涂尔干虽然没有明确地对纪律和现代性的关系进行讨论,但其对有机团结的论述、对社会规范的强调、对失范的分析当中,无不透露着他对二者关系的洞见。虽然涂尔干的主体用语是"规范"一词,但在涂尔干看来,"纪律就是使行为符合规范",⑦ 因此,在涂尔干语境下的纪律与规范具有某种一致性。这种一致性可以从其《道德教育》一书中获得更多证据。由此,涂尔干认为纪律是有机团结的基础,没有纪律,有机团结不可能形成或无法有效地形成,也就无法使社会进入现代,而会倒退回以机械团结为特征的原始社会。针对广泛认为的纪律具有压制性的观点,涂尔干认为其是一种"令人不可思议的肤浅观念"。⑧ 他认为纪律正是自由的来源。这并非表明涂尔干拥有一种盲目的乐观,而是因为其区分了"个体设定的纪律"和"集体设定的纪律",将社会性置于个体之上,进行了纪律的价值排序。

(5)纪律革命:现代性的产生。

美国社会学家戈尔斯基(Gorski)梳理了福柯、韦伯以及其他社会学者关于社会纪律(social discipline)的相关研究,着重讨论了宗教、纪律和国家权力的

---

① [法]埃米尔·涂尔干著:《社会分工论》,渠敬东译,生活·读书·新知三联书店2017年版,第328页。
② [法]埃米尔·涂尔干著:《社会分工论》,渠敬东译,生活·读书·新知三联书店2017年版,第365页。
③ [法]埃米尔·涂尔干著:《社会分工论》,渠敬东译,生活·读书·新知三联书店2017年版,第333页。
④ [法]埃米尔·涂尔干著:《社会分工论》,渠敬东译,生活·读书·新知三联书店2017年版,第339页。
⑤ [法]埃米尔·涂尔干著:《社会分工论》,渠敬东译,生活·读书·新知三联书店2017年版,第340~344页。
⑥ [法]埃米尔·涂尔干著:《道德教育》,渠敬东译,上海人民出版社2006年版,第118页。
⑦ [法]埃米尔·涂尔干著:《道德教育》,渠敬东译,上海人民出版社2006年版,第33页。
⑧ 成然:《纪律与现代性——从韦伯和迪尔凯姆的观点看》,载《浙江学刊》2005年第4期。

关系。在他看来，韦伯主要抓住了宗教和纪律的关系，福柯则更多关注纪律与国家权力的关系，而自己的研究在某种程度上是对二者的综合和超越。①

他在《纪律革命：加尔文主义与近代欧洲国家的兴起》(*The Disciplinary Revolution: Calvinism and the Rise of the State in Early Modern Europe*) 中，以韦伯和福柯的理论为基础，强调了宗教改革所发动的纪律革命的重要性。他指出正是欧洲近代的宗教改革开启了一个影响深远的纪律化过程，这个过程可以称之为纪律革命，它极大地增强了早期现代国家的力量，同时也在实行加尔文主义的大部分欧洲国家产生了强烈影响。②他认为纪律革命转变了生产的物质和技术基础，创造了社会生产 (production of social) 和政治秩序的新机制。他指出，纪律革命的核心技术就是监督 (observation)③——自我监督、相互监督和层级监督的技术。他认为正是这种监督技术释放了一种广为人知但不为人所用的来自人类灵魂的力量，并利用这种力量来为政治权力和统治 (domination) 的目的服务。④换言之，纪律革命带来了一系列现代要素，使得国家的物质和技术基础产生了质的变化，纪律正是现代性的来源。

通过对几位学者关于纪律与现代性关系的研究的考察，可以看到纪律在形塑现代性过程中起到的关键作用。但由于现代性本身蕴含着复杂的要素和内涵，内部存在冲突与张力。故此，在不同学者看来，纪律在现代性的过程当中甚至起完全相反的作用。福柯、韦伯、马克思分别在不同的角度看到了纪律为现代性带来的弊端，而涂尔干则看到了纪律在形塑现代性过程中所起到的积极作用。戈尔斯基则将纪律本身视为一种革命，认为正是纪律革命带来了现代性。从纪律与现代性的复杂关系看，如何在当今语境下认识纪律、理解纪律、使用纪律，在什么样的理论立场进行纪律建设，无疑会影响中国现代化的走向。就高等教育层面而言，现代大学制度建设作为主体话语，对大学本身现代性的认识却并不是很充分，尤其是没有将纪律视角纳入大学的现代性框架。但无论是从理论渊源还是从实践经验来看，将纪律纳入大学现代性的考察都具有重要意义。将其与当前学界的主体话语，如学术自由、学术自治、制度建设、文化建设等进行对话，讨论大学纪律建设之路径，对构建中国特色现代大学制

---

① Gorski, Philip Stephen, *The Disciplinary Revolution: Calvinism and the Rise of the State in Early Modern Europe*. Chicago: University of Chicago Press, 2003, P. 3.
② Gorski, Philip Stephen, *The Disciplinary Revolution: Calvinism and the Rise of the State in Early Modern Europe*. Chicago: University of Chicago Press, 2003, P. x.
③ observation 本应译为观察，但根据后文表述，笔者认为译为监督可能更为合适。笔者后面也将 observation 和 surveillance（监督、监视）进行了同义表述。
④ Gorski, Philip Stephen, *The Disciplinary Revolution: Calvinism and the Rise of the State in Early Modern Europe*. Chicago: University of Chicago Press, 2003, P. xvi.

度具有重要的理论价值和实践意蕴。

3. 纪律与道德和法律

（1）纪律与道德。

道德是一个不易界定的概念，常理中的道德概念包含了一些社会规范所认可的"好"的方面，学理中的道德可能有更为复杂的面向。社会规范是道德的一个显著特征，涂尔干批判性地考察了伦理学中道德研究的特点后指出，道德行为都有一个共同方面，即都遵循预先确定的规范。① 从规范内容上看，道德主要以义务为内容；从作用方式看，道德主要运用教育、劝导、感化、舆论等方式来规范人们的思想和行为。言外之意，道德的实施不具有国家强制性，强调个人自觉遵守，不管这种自觉是来自行为人对行为规范的内心遵从还是来自对社会舆论等外在监督的威慑。从调整对象上看，道德调整所有人的思想和行为；从作用领域看，道德适用于一切领域；从生成上看，道德存在于人类社会的始终。

涂尔干是关于纪律与道德关系讨论的集大成者。他在《道德教育》一书中较为充分地阐释了其道德教育体系中关于纪律与道德的关系。涂尔干认为："在道德生活的根基中，不仅有对常规性的偏好，也存在着道德权威的观念。道德的这两个方面是紧密相连的，两者的统一性来源于一个更为复杂的、能够将两者都涵括在内的观念。这就是纪律的概念。实际上，纪律就是使行为符合规范。纪律意味着在确定的条件下重复的行为。不过，倘若没有权威，没有一种能够起到规定作用的权威，纪律就不会出现。道德的基本要素就是纪律精神。"② "纪律的存在理由是从其自身中获得的；人受纪律的约束，而不以他发现自己受到约束的行为为转移，这就是善。"③ 但这一结论明显冒犯了当时人类的普遍情感，在自由主义的时代，人们认为纪律在本质上就是约束，一切约束都是恶的，道德就像法律一样，是一种病态。④ 但事实上，"阻碍人的发展的，乃是鼓励无拘无束、无穷无尽的渴求的欲望"，当人们没有很宽的眼界的时候，似乎就会受到拘束和局限。而这种眼界，正是生命完满感的来源。⑤

涂尔干进一步对一种常见的论述做出了回应。他指出，纪律经常被人们当成是对人的自然本性的侵害，因为它阻碍着人们不受限制的发展。这样的看法看似有道理，实则恰恰相反。倘若一个人没有能力将自身限制在明确的限度内，那么这就是一种疾病的征兆。超出一定的限度时，就会为异化现象提供不容辩驳的证

---

① [法]埃米尔·涂尔干著：《道德教育》，渠敬东译，上海人民出版社2006年版，第21页。
②③ [法]埃米尔·涂尔干著：《道德教育》，渠敬东译，上海人民出版社2006年版，第27页。
④ [法]埃米尔·涂尔干著：《道德教育》，渠敬东译，上海人民出版社2006年版，第29~30页。
⑤ [法]埃米尔·涂尔干著：《道德教育》，渠敬东译，上海人民出版社2006年版，第30页。

据。① 涂尔干充分强调了人类社会发展过程中拥有"度"的思维方式的关键性。他指出,"如果我们坚持认为,每一个事物都有一个理由","我们的所有推理能力和反应能力都不够用"。② 涂尔干继而描述了日常生活需要一种均衡机制,指出如果我们摆脱所有约束和规范,不再维系于某一明确目标,打破生活中诸多要素的均衡,那么在获得收益的同时,这也将成为人类诸多痛苦的根源。③ 在此意义上,涂尔干指出,权威之所以重要,是因为只有有了道德规范中的权威,才能形成真正的力,以至于当我们的欲求变得过度时,这些力就会形成对抗作用。④ "只有当我们限制某些倾向,压制某些欲望,减弱某种趋势的时候,行为才能成为合乎道德的行动。"⑤

所以,在涂尔干看来,道德基本上是一种纪律。这基于纪律的两个基本特征:规范性和权威性。对纪律的强调并非限制了个体的发展,反而有助于个体抑制无边界的自由,培育一种道德感,从而在促进个体发展的同时,使得社会向善。在这个意义上,纪律是一种善,而非自由主义所强调的一切约束都是恶。总的来看,涂尔干认为道德和纪律相互促进,纪律有助于道德的养成,道德反过来强化了纪律精神,二者在本质上是统一的。

但过度的纪律有时也会带来对道德的盲视。鲍曼在对第二次世界大战期间纳粹大屠杀与现代性的关系的论述中指出,现代文明不是大屠杀的充分条件,但无疑是必要条件,是现代文明的理性世界让大屠杀变得可以想象。纳粹分子集体屠杀犹太人不仅是工业社会的技术成就,更是一个官僚社会的组织成就。⑥ 鲍曼认为,其中最重要的原因就是所谓的"组织纪律",即要求服从上级的指令而排除其他对行动的阻碍,要求献身组织福利,这些要求由上级命令来使之明确,高于其他一切奉献和承诺。纪律的宗旨在于组织的完全认同——这反过来就只意味着要消除个人自己的独立特性和牺牲个人自己的利益。在组织的意识形态中,极端的自我牺牲被表述为一种德行,一种要取缔其他所有道德的德行。换言之,通过荣誉,纪律取代了道德责任。唯有组织内的纪律被视为正当性的源泉和保证,甚至变为最高美德,从而否定个人良知的权威性。⑦ 这种纪律产生了"道德冷漠"和"道德盲视"。

涂尔干和鲍曼对纪律的看法的区别在于,前者将纪律置于社会的整体当中,纪律更多体现了一种社会规范的功能,强调社会规范之于个人具有道德意义;而

---

① [法]埃米尔·涂尔干著:《道德教育》,渠敬东译,上海人民出版社2006年版,第31~32页。
②③ [法]埃米尔·涂尔干著:《道德教育》,渠敬东译,上海人民出版社2006年版,第32页。
④ [法]埃米尔·涂尔干著:《道德教育》,渠敬东译,上海人民出版社2006年版,第34~35页。
⑤ [法]埃米尔·涂尔干著:《道德教育》,渠敬东译,上海人民出版社2006年版,第37页。
⑥ [英]鲍曼著:《现代性与大屠杀》,杨渝东、史建华译,译林出版社2002年版,第18页。
⑦ [英]鲍曼著:《现代性与大屠杀》,杨渝东、史建华译,译林出版社2002年版,第29~30页。

后者则强调了一种基于"服从命令"的纪律，个体为其道德行为的异化找到了心理上的释放空间，进而行恶。鲍曼之后，美国社会心理学家津巴多进一步将这种所谓的"好人为恶"的现象称为"路西法效应"。涂尔干和鲍曼都强调了道德与纪律的关系问题，但明显是在不同的层面。前者在更广阔的社会规范层面，具有普遍性；而后者在相对微观的社会心理和行为层面，具有情境的特殊性。总之，关于纪律与道德关系的讨论有两个完全不同的面向。纪律一方面可以促进道德的养成，另一方面也可以让人无视道德，这取决于具体情境中对纪律理念的理解和对纪律效果的评价以及能否将纪律置于"系统"中进行考察。

（2）纪律与法律。

法律是一个非常复杂的概念，美国法学家哈特曾用几百页的巨著论述过这一概念。但一般而言，法律是指国家有权机关制定的、以规定人们权利义务为内容的、由国家保障实施的具有普遍约束力的调整人们行为的社会规范。纪律与法律的共同点在于，从本质上来看，纪律与法律都是一种社会规范，且其功能也具有一定的相似性。但从法理上的角度来看，纪律是一种特别权力关系（RDQ017），"特别权力关系适用法律的特别规定"，① 基于此，组织有权利要求其成员放弃一部分宪法和法律所赋予个体的权利，以作为组织的规范和基本价值观念。

总的来看，纪律与法律的根本区别主要有以下五个方面。第一，制定的主体不同。纪律通常由组织内的相关机构按照一定的民主程序制定，而法律则由国家权力机关按照法定程序制定。第二，意志形式不同。纪律仅具有组织的意志属性，而法律则具有全体人民意志的国家意志属性。第三，效力范围不同。一般而言，纪律仅适用于组织或行会内部，法律则具有普遍约束力。第四，规范要求不同。一般而言，纪律是对组织成员的基本要求，体现组织的核心价值观，某些纪律条款也兼具道德属性；而法律则是一种最普遍的行为规范，是针对每一个个体的最基本的行为要求，一般不具有道德属性。第五，实施方式不同。纪律不具有国家强制力，其最高作用就是使组织成员脱离组织或行会；法律的实施则具有国家强制力，有相应的执法机关作为其基础。②

通过对纪律与道德和法律关系的梳理，可以看到纪律大体上是介于道德和法律之间的规范，虽然涂尔干将道德和纪律进行了统一化，但这种统一是有一定范围的，总体上看，道德的范围仍然比纪律广阔得多。相较于道德规范和法律规范而言，纪律具有独特的规范内容、作用方式和作用领域等特征。首先，从规范内

---

① 邹瑜、顾明等编：《法学大辞典》，中国知网，https：//cidian.cnki.net/cidian/Search/SimpleSearch? key = % E7% 89% B9% E5% 88% AB% E6% 9D% 83% E5% 8A% 9B% E5% 85% B3% E7% B3% BB&range = CNKIDICT&searchtype = Entryword。

② 晋乾泰：《中国共产党纪律学》，红旗出版社1993年版，第200~203页。

容上看，它虽然主要以义务为主要内容，但是也有一些权利性内容，这一点与道德既存在统一性，又存在差异性。其次，从作用方式上看，它既要依靠人们的自觉遵守，也要依靠强制。不同的社会形态有不同的处罚性质和不同的处罚手段。但这种强制性又与道德的软强制、法律的硬强制有理念、方式等方面的不同。从社会规范意义上而言，纪律的强制力强于道德的强制力，又弱于法律的强制力；但从组织的角度看，纪律的效力更强，更具针对性。从调整对象上看，纪律主要调整人们的行为，但并不限于此，也包含了调整思想的部分。因此，它的调整对象相较于道德窄，相较于法律宽泛。最后，从生成上看，早在原始社会的氏族时期，在没有阶级、没有国家、没有法律法规的时候，当道德已经无力解决部分氏族成员的不良行为时，就产生了训诫、鞭笞、饿饭、禁闭、逐出氏族等纪律规范。①

总体而言，纪律与道德和法律的关系可以简要用图 3-1 来表征。从概念间的关系来看，宏观层面的纪律是贯通道德和法律的规范体系。就大学而言，如何在大学治理中贯通纪律建设、德治与法制，形成共享价值，进而共同形塑大学的组织秩序，亦是构建中国特色现代制度的重要理论和实践话题。

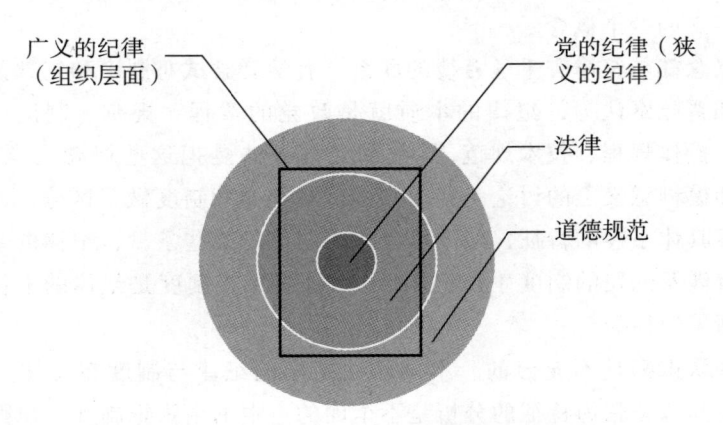

图 3-1 纪律、法律、道德规范关系简图

4. 纪律与制度、规则和规范

制度是一个极具模糊性的概念。制度在不同学派、不同学科、不同研究视角下所表达的含义均不甚相同。英文中制度一词一般有两种译法，institution 和 system。有一种观点认为，二者的区别在于，把某一单行的 institution 用规章，而把一套 institution 所组成有关的 system 用制度。② 但是，这种认识忽略了西方语境下

---

① 鲁野：《建立纪律学的初步构想》，载《党政论坛》1991 年第 7 期。
② 孙殿柏：《比较经济制度》，三民书局 1975 年版，第 4 页。

组织与制度的不可分割性。institution 本身就可以译为组织和机构，因此，在这个意义上，制度涵盖了整个组织体系，包括组织或机构自身，也包括组织或机构的运行机制，亦包括了组织内部的具体规则。① 而 system 所翻译的制度则一般是指在国家层面上广义的经济或政治制度，是广义概念，类似于"体制"的含义。这是 institution 背景下制度的基本含义。学术界使用制度还有另外一层内涵，是指在一定范围内，人们所必须遵守的准则和规范，既包括成文规则，也包括不成文的习俗和惯例。② 即制度可以分为正式制度和非正式制度，这是制度学派关于制度的基本认识。但在制度学派内部，关于制度的认识也有一定差异，坎贝尔总结了三种主流的新制度主义关于制度的定义：（1）理性选择的制度主义认为制度是正式与非正式规则，行动者遵守的程序、策略均衡；（2）组织分析的新制度主义认为制度是正式的规则与视若当然的文化框架、认知图式、习惯的再生产过程；（3）历史的新制度主义则认为制度是正式与非正式的规则和程序。③ 从这一系列关于制度的定义中可以看到，与制度概念相联系的另外几个重要概念是规则、规章和规范。一般意义上而言，规则的使用域较广，规章则一般局限在组织内部，而规范多强调一种权威性，这种权威性可能来自传统、文化抑或整体性的社会认知，是最广义的一个概念。

这些概念都与纪律有千丝万缕的联系。有学者尝试对制度和纪律的关系进行了讨论，如晋乾泰认为，纪律的本质就是政党的章程、规章、制度、守则、须知、公约、操作规程、技术规范，④ 他的处理办法是把这些概念完全混在一起，进行抽象和模糊意义上的讨论。褚丽则尝试对纪律和制度做了区分，她指出，制度主要考察其体系性的特征，纪律可以作为制度的某些条款，纪律的主要特征是惩罚，只有涉及惩罚的制度才是纪律。⑤ 在她看来，制度是纪律的上位概念，制度完全囊括了纪律。

但这些认识都是不充分的。本书认同褚丽的纪律与制度在总体上的范畴关系，但认为其以条款为特征的分析是不全面的。本书主张把制度、规则、规范、⑥规章和纪律放在一个多层框架中来考察。从范围上来说，规范的范围是最大的，规范的模糊性包含了一切有规范性质的话语，包括了成文和非成文两个方面的内

---

① ② 张伟：《学术组织中的成文规则》，华东师范大学，2012年。
③ ［美］约翰·L. 坎贝尔著：《制度变迁与全球化》，姚伟译，上海人民出版社2010年版，第10页。
④ 晋乾泰：《中国共产党纪律学》，红旗出版社1993年版，第36页。
⑤ 褚丽：《德育视域下的学校纪律研究》，安徽师范大学，2014年。
⑥ ［法］米歇尔·福柯著：《规训与惩罚》，刘北成、杨远婴译，生活·读书·新知三联书店2012年版，第207~208页。本书认为规范有两层内涵：名词内涵和动词内涵。此处的规范是从名词内涵来考察的。从动词角度来看，福柯对规范和纪律的关系也进行过说明，他指出，"规范的力量贯穿在纪律之中……与监督一样并与监督一起，规范化在古典时代末期成为重要的权力手段之一……"。

容，一般受到各类权威的影响。制度的范围次之，因为制度包含了组织内外部大量的潜规则、惯例、习俗等。而规则一般是制度中的成文部分。在组织层面，规章与规则的区别不是很大，一般均表示成文的规章。如果把规范和制度当成一个宏观概念，而把规则和规章作为一个微观概念，则纪律将处于中观层次。一方面，纪律因其道德性，业已涉及了组织与人两个维度，在此意义上是规范、制度和规则的集合，但与此同时，由于纪律一般用于一个组织场域，又或具有行会性质，因此与并没有完全包括规则的内涵；另一方面，纪律的用语范围相较于制度而言具有局限性，专门针对某类行为，因而相较于制度又略显微观。我们可以用图 3-2 来简要表征这一层级关系。需要注意的是，此处的制度是最广义范围内的制度，包括了组织内外的、成文与非成文的、正式与非正式的、情境与文化的一切相关制度。

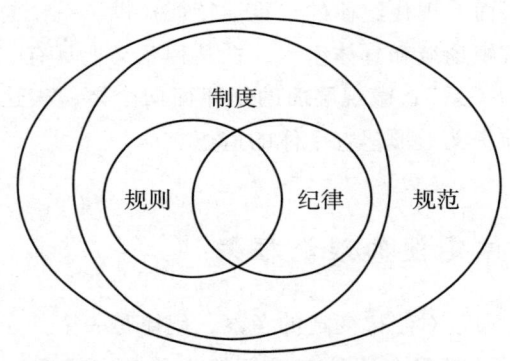

图 3-2　纪律与规则、制度和规范关系

（三）纪律的当代意涵

通过对纪律的词源和变迁的梳理，可以对"纪律"做如下总结。第一，纪律是一个多意性话语，从其古典的规则、法度等内涵，到现代衍生的支配、道德等意蕴，体现了其作为一种话语与时代情境具有共鸣的特征。第二，纪律在两个方面体现了其作为现代性的标志的功能：其一，主要以福柯、马克思和韦伯为理论源头，认为纪律以"支配和控制"的特征为核心，体现了纪律作为现代性的支配作用，表达了一种不平等的权力关系。其二，主要以涂尔干为理论先导，认为纪律是道德性的特征，表现为纪律精神作为现代人的一种基本意蕴，但在鲍曼的忧虑中，纪律的道德性也存在将纪律化为道德的风险，从而弱化个体的道德感。事实上，这正体现了纪律作为现代性特征的二重性，即一方面具有约束与控制的作用，另一方面则具有某种形式上的道德性和权利性。第三，纪律具有重塑行为、重塑制度的能力。总体上看，纪律建设是法治的衍生，但在一些特殊情况中，也面临合法性的挑战。由此观之,"纪律"这一概念本身就蕴含着十足的张力。总的来说,纪律的现代意涵表达了一种深刻的二重性:约束性和权利性。约束性是其一条脉络主线,体现在纪律流变的各个阶段。权利性则表现在纪律与现代性的关系中,体现为道德纪律作为道德基础的重要特征,这正是涂尔干关于纪律的核心论点。

鉴于此,必须从当下中国情境重新思考纪律的当代意涵。一方面,在现代化过程中要避免作为支配方式和道德盲视的纪律;另一方面,又要构筑恢复秩序、重塑制度的纪律。结合纪律的变迁史,通过制度理论框架来认知纪律,可以看到纪律在微观、中观和宏观三个层次有不同的意涵。宏观层面的纪律面向整个社会情境,具有鲜明的时代特征。在福柯、马克思、韦伯、涂尔干以及戈尔斯基等的理论视野下,纪律是宏大的社会规范,形塑了具体时代的特征,甚至带来社会变革。在中观和微观层面,现代纪律的二重性特征提供了一个总体的分析视角。中观层面的纪律面向组织场域和具体组织,在某种意义上具有"行规"的性质,是组织中的"特别权力关系";微观层面的纪律面向个体,表达个体遵守规则和规范的情况,并在某种意义上形塑着个体的道德。

二、大学纪律建设的理论框架

本书业已指出,通过对纪律变迁的考察,纪律是一个处于宏观社会情境、中观组织场域和组织以及微观个体的三维框架中的动态概念。冠之以大学这一前缀,宏观意义上的大学纪律关切政府、社会与大学的关系,此时的大学不是一个个体概念,而是一个场域概念,是在具体的社会情境中的社会规范。鉴于其涉及一整个社会系统,很难将其具体化或操作化。本研究所讨论的大学纪律更多地被置于组织场域和具体组织的中观层面以及组织内个体的微观层面,以期提供相对充足的实证依据。在制度学派看来,所谓组织场域,是指参与者拥有共同意义系统的组织共同体,[①] 是受制度规则约束的特定类型的组织群。[②] 对于大学而言,组织场域的范围可大可小,既可以表示高等教育这一宏观组织群,又可以界定为同一类型的大学组织群,根据具体分析情境的不同,可以采取不同程度的组织场域概念。本部分基于对纪律的基本梳理,辅以其他研究方法,尝试构建关于大学纪律建设的理论框架。

[①] Scott, W. R., *Institutions and Organizations*. Thousand Oaks, CA: Sage, 1995, P. 56.

[②] Austin I., Jones G. A., *Governance of Higher Education: Global Perspectives, Theories, and Practices*. New York: Routledge, 2015, P. 27.

（一）大学纪律建设的概念与类型

1. 大学纪律

（1）大学纪律的概念。

在考察纪律的三维内涵后，本研究尝试在中观的组织场域与具体组织层面界定大学纪律的概念。根据制度理论和资源依赖理论的观点，现代大学作为一个法人实体，由于其合法性方面的需要，所以要接受政府和社会的监督和管理；又因其本身不具有直接创造资源的能力，因而必须依赖各类资源提供方，是一个多元利益相关者组织，其本身并不处于也不可能处于完全自治状态，任何重要决策都在博弈中产生。因此，单一主体不具备进行决策的绝对合法性。从大学的组织特性来看，大学又具有松散耦合①和有组织无政府②的特征。"耦合"与"有组织"，表达了一种大学所需要的基本规则，这是大学作为组织的基本特征；但"松散"和"无政府"，又表达了大学内部规则和秩序的多元性。因此，探讨大学纪律不能局限于大学一个法人主体。纪律主体理应具有一定的多元性，至少包括政府、大学及其内部的各种次级组织，且纪律功能也是多元的。

由于少有文献涉及大学纪律的概念和内涵问题，在概念界定过程中，笔者访谈了12位来自高等教育、教育政策与法律、教育史和党建方面的专家学者。对访谈内容进行了编码，整理了专家们关于大学纪律概念的论断，对核心关键词进行了抽取和概括，相关结果如表3-1所示。

表3-1　　　　　　　大学纪律的概念和内容编码

关键词	来源	关键词	来源
规则、规范、规矩	BNY067；SNL127；ZPG105	对个体的约束	BNS047；BNY066
校规校纪	RDQ019；RDS142；BPY007	特别权力关系	RDQ017
低限/低价值要求	BDY015；BNW061	契约	RDQ018
党的纪律	RDQ021；BPY001	政治术语	BNL026

---

① Weick K. E., Educational Organizations as Loosely Coupled Systems. *Administrative Science Quarterly*, 1976, 21（1）, pp. 1-19.

② Cohen, M., March, J., Leadership in An Organized Anarchy. Christopher Brown II, James L. Ratcliffe, etc. *Organization & Governance in Higher Education*（*fifth edition*）. New York：Person Custom Publishing, 2000, pp. 16-35.

续表

关键词	来源	关键词	来源
秩序	BDC006	包含责任	BNY078
针对负面、不合理的事项	BDC007；BDY015	共同体的公德	BDY011；BNL036；SNL127
体系	BDY016；RDS140	程序正义	BNL038
软法	RDS141	同尺度	ZPG106

从访谈内容来看，专家们对大学纪律的看法存在显著差异。在针对大学纪律的基本态度方面，基本可以概括为三类。第一类是否定性的，认为纪律是政治语词，不适合于大学场域，纪律针对"不好"的行为；第二类是较为中立的，认为大学纪律有必要性，但要注意其边界和性质，指出大学纪律更多应是"低限"或"低价值"规范，认为学术方面的纪律不应过于严格和教条，要更多强调学者自律，大学纪律应更多规范高校领导干部的行为；第三类对纪律持相对积极的态度，认为当前有些领域存在纪律缺失问题（如不认真教学、师生恋等方面没有细致规定），在某些研究方面自由度过大，在很多重大问题（如高校经费使用的合理性、高校营利性行为、招生等）上没有明确的纪律，导致相关制度"因人而异"。在关于大学纪律的性质方面，基本有两类观点：一类认为大学纪律是刚性的硬约束，是在外的；另外一类认为大学纪律同时拥有硬约束和软约束两种特质，硬约束表现在组织规章和外部纪律方面，软约束表现在共同体的公共道德方面。在综合考虑这些观点的基础上，有必要结合纪律的变迁史加以整合。首先，本研究业已表明，纪律是处于三维框架中的动态概念，其针对的对象具有复杂性，将其理解为政治术语是将其置身于党的纪律的话语体系，不能完全表征其在大学场域中的实际内涵。其次，大学纪律的对象包括大学组织本身，也包括组织内的个体，纪律根据组织身份的不同，理应有一定差别。大学纪律应在不同程度上具有规制行为、规范权力的效用。最后，大学纪律一方面针对大学中的负面行为，具有禁止和惩罚的功能；另一方面也具有道德性质，有价值引领的作用。综上所述，本书尝试将大学纪律界定为：它是由政府、高校及其内部的次级组织、群体等根据特定目标所制定的，以维护高校及其内部共同体的整体利益、保障高校有序运行、规制各方权力关系为根本，以体现组织核心价值观、赋有一定道德属性、规范和影响组织与个体行为为特征，是大学的各级组织和成员需要遵守的规则和价值体系。

因此，大学纪律与组织的规章制度有必然的联系，但在以下三个方面有差异：一是大学纪律制定的主体在组织内外，执行的主体在组织内，体现组织的核心价值观；二是在大学纪律的相关表述中具有道德属性，具有强制性的道德意涵；三是大学纪律规制相应权力，将其"挺在前面"意味着组织的强制执行，没有特殊情况，因此大学纪律涉及的情况往往是原则性的。而大学的规章制度则多为组织内部制定、内部执行，且一般不具有明显的道德属性，在执行过程中也有一定的弹性空间，一般更为细碎和普遍。

（2）大学纪律的分类。

根据不同的标准，可在理论上将大学纪律划分为若干类别。根据大学纪律作用对象的不同，可以按照大学组织内的主体对其进行划分和切割；根据大学纪律功能的差异，又可以对其进行功能性的区别。

从主体来看，大学纪律的作用对象主要有四类：大学（作为一个法人实体）、大学内部的次级组织和各类群体以及作为个体的组织成员。具体而言，大学纪律首先作用于大学组织本身，有其自身的大学组织纪律；其次，大学纪律作用于大学内部的次级组织，用以调节和规范校院两级，学术机构、行政机构和党政机关之间的关系；再次，大学纪律作用于大学内部的不同群体，这些群体包括学术人员、行政人员、党员领导干部等；最后，大学纪律作用于大学组织内每一个个体，体现其作为组织成员的道德和行为规范。由此，从其作用对象来看，大体上可以将大学纪律分为上位的大学纪律和下位的大学纪律。上位的大学纪律是作为组织和法人实体的大学纪律，是一个较为抽象的纪律系统，该系统是界定大学与政府、大学与社会关系的边界性纪律，也是教师、学生加入这一组织所应共同认同和遵守的组织规则和价值观。这是他们进入组织的前提，具有契约性质。在大学中，具有明显纲领性性质的纪律是大学章程和教师行为规范与学生行为规范中的相应条款。综合考察其作用于大学内部次级组织、群体和个体的纪律及其对应的权力关系，[①] 有相对下位的三大纪律：学术纪律、行政纪律和政治纪律。这是大学纪律最重要的组成部分。

①学术纪律。自中世纪大学以降，大学一直是"学者社区"的代言人，学术纪律天然地与大学纪律存在交集。学术纪律有广义和狭义之分。广义的学术纪律强调制定学术纪律的主体是政府、社会和学术共同体，但其效力需要通过整个学术共同体的认同。狭义的学术纪律主要关切大学组织内部，即需要组织内部"学术人"的认可。但原则上来说，二者是包含关系，大学组织内的学术纪律范围应

---

① 周作宇和刘益东分析指出大学治理过程中应超越二元权力论，建立动态的权力三角：学术权力、行政权力和政治权力，并据此建立了大学治理的理论模型，提出了构建三权协调的权变大学治理观。大学纪律三分的权力基础，即该权力三角形。由于本书的重点在于纪律的论证，因此不再对权力的三分进行赘述，如对权力三分的理论基础、现实演变等问题存疑，可参考该文。

小于广义学术纪律的范围,但二者关切的核心都是学术事务,针对的群体都是广义或狭义上的学术共同体成员。

学术纪律有以下几个基本特征。首先,学术纪律是进入学者群体的基本原则,诸如杜绝学术不端、学术腐败,保持学术真诚①等;其次,学术纪律规定了学术自由的限度,学者不能以学术自由为名,从事有违学术伦理、危害公共秩序、有损国家安全统一的各项活动。同时,因为边界的划定,学术纪律实质上起到了维护学术权利、保障学术自由的作用。但需要明确,学术自由不等于言论自由,只在该学者的研究范围内适用,是学者从事研究的特权,但这一自由的范围应该由相关学科的学者共同体来讨论决定。② 在学术纪律的基本特征范畴下,本研究尝试将学术纪律界定为:以学术人员为主导,由大学的各个利益相关者联合制定的,需要大学内部学术人员必须遵守的学术活动的基本原则以及学术共同体所共同维护的学术道德。学术纪律要求学者遵循一定的教学伦理,在发表一切研究结论时,都不应损害人类的健康和安全,不应有违基本的伦理道德规范,不应有损国家利益。学术观点应当以坚实的证据为基础,且证据的合法性应由学术共同体来决定。需要注意的是,学术纪律本身不是大学的价值追求,这种纪律并非无限,更不以压制学术自由为目的。其出发点是保持适当的学术秩序,保证学术自由和"合法性安全区",即在最大限度上保证高校学术自由的合法性。

此处需要对学术纪律与学术规范的关系进行一点说明。规范一般用以规制学术共同体的学术行为,一般而言惩罚措施不明确、不具体。而学术纪律则更多地强调大学组织内部的"执行权",以大学组织为单位推进学术纪律的形成。学术纪律于学术规范而言具有更强的效力,也更具针对性。③

②行政纪律。高效的行政管理是现代大学有效运转的前提,④ 行政人员是大学不可或缺的组成部分,从校长到一般职员,都承担着大学有序运行的行政责任。行政纪律是保持大学行政秩序、保障大学有序运行的重要手段。大学的行政纪律应根据行政主体的不同略有细分,如校长的纪律、相关部处领导干部的纪律、学术机构负责人的纪律、行政职员的纪律等。与此同时,专职教师在组织中也处于行政管理的过程中,其本身的行政行为也有合规之必要,因此,教师也有一定的行政纪律。

---

① 张学文:《何谓大学学者》,载《高等工程教育研究》2006 年第 5 期。
② [美]布鲁贝克著:《高等教育哲学》,王承绪等译,浙江教育出版社 1987 年版,第 46~64 页。
③ 在本书的学术纪律建设的实践路径部分,将有更进一步的说明。
④ 周光礼:《"双一流"建设的三重突破:体制、管理与技术》,载《大学教育科学》2016 年第 4 期。

在明茨伯格的理论框架下，大学是一个专业化组织，① 学术管理呈现出"倒金字塔"特征，其行政结构依然保持了科层制的基本特征。这是因为以科层制为基础的大学行政结构的重要目标是保障学术的有序运行。行政人员的重要职责之一就是处理日常的行政事务，在保障大学组织运行效率的前提下尽可能减轻学者的事务性负担，为学术服务，激发学术活力，而不是反过来，给学术人员增加行政压力。但事实上，从我国大学治理的实践来看，高校普遍存在一种"学术活动行政化"的倾向，② 往往表现为行政效率压制学术效率，学术效率有时甚至成为行政效率的牺牲品。③

高校内的行政管理区别于其他组织的显著特征在于其服务特性。④ 由此，行政纪律主要关切的是，大学内部如何行政，又如何保证行政的服务功能，如何通过行政落实"以人为本"。⑤ 鉴于此，本研究尝试将行政纪律界定为：各级各类行政人员从事行政管理时所应遵守的基本准则，以维护大学秩序为前提，以服务学术为导向，体现"服务第一序"的行政逻辑。在具体的行政行为规则中，应以不同的表述体现这层含义。

③政治纪律。政治纪律是大学纪律的重要组成部分。但是，将政治明确引入大学治理的讨论，在有的人看来，或许与理想主义大学观（即以学术为尊的"学者社区"大学观）存在认识分歧。有的学者谈政治色变，政治性因"敏感"而讳莫如深，⑥ 更别说在大学内部讨论政治纪律。从经验上来看，政治纪律是比较具有中国特色的提法，一般用于政党内部，似乎不太适用于大学内部。在学理上，有的学者将政治纪律与"控制"联系在一起，认为政治纪律是禁止性的。由此，就不可避免地产生了一种理论观点，即认为在大学内部谈政治纪律是对大学加强控制，背离了大学的学术宗旨。⑦ 但事实上，大学组织根本上还是由人构成的行动单位，大学不能脱离政治场域存在，大学的政治纪律更是中国大学治理不能回避的话题。其实，大学政治纪律建设也并非仅仅是中国的独特现象。西方大学虽然没有明确提出政治纪律，但以自由标榜的美国大学，其大学治理陷入政治冲突的例子也并不鲜见，其董事会领导下的治理结构中也不乏政治力量的参与，

---

① Henry Mintzberg, *The Professional Bureaucracy*. In Christopher Brown II, James L. Ratcliffe, etc. *Organization & Governance in Higher Education*（fifth edition）. New York：Person Custom Publishing，2000，pp. 50 – 70.
② 任增元：《制度理论视野中的大学行政化研究》，大连理工大学，2012 年。
③ 刘益东：《高等教育现代化中的"麦当劳化"及其消解》，载《现代教育管理》2017 第 10 期。
④ 邝洁：《论我国高校行政管理的服务特性》，载《湖南社会科学》2010 第 1 期。
⑤ 孔宪铎：《我的科大十年》（增订版），北京大学出版社 2004 年版，第 2 页。
⑥ 周作宇、刘益东：《权力三角：现代大学治理的理论模型》，载《北京师范大学学报》（社会科学版）2018 年第 1 期。
⑦ 刘益东、杜瑞军：《大学政治纪律建设的调查研究》，载《复旦教育论坛》2018 年第 1 期。

包括历史上一系列的政治正确运动以及一系列关于学术与政治的关系的讨论中，无论对学术产生了抑制或繁荣的作用，都或多或少涉及大学政治纪律的内容。①走出"象牙塔"是当今大学所面临的客观实践情境，政治是大学必须面对的重要因素之一。

因此，如何认识学术与政治的关系，是政治纪律需要界定的重要内容之一。但是，关于学术与政治的关系如何界定并没有统一的学术标准，其更多是一个价值问题。依据我国的国情和大学治理的基本情况，大学的政治纪律有明确的价值观，即研究者和教师在从事研究和教学行为时，不能以学术自由为幌子，采取有违政治纪律的政治行动。即如韦伯所言，"政治不属于课堂"，"教师不应该在讲台上以任何或明或暗的方式，将任何态度（政治见解）强加给学生"。②

鉴于此，可以尝试将大学政治纪律界定为：第一，大学组织成员所必须遵守的政治原则。这条原则是指，无论在何种情况下，都要维护国家的统一和领土完整，将研究与教学活动与政治活动相切割，不兜售不恰当的政治见解。第二，高校内部政治群体进行权力表达和实施所必须遵守的政治原则。这是作为一个大学的"组织人"所需要明确的一般性的政治纪律。此外，大学政治纪律还有一个特殊的组成部分，即第三，党的纪律。大学内党的纪律建设与无范围限定的党的纪律建设相比既有共性，又有其特殊性。其共性表现在，大学党员都应该遵守党的一切纪律，这是所有党员在入党之前就已明确的基本原则。其特殊性在于，在大学内探讨的党的纪律建设，明确指向实践中存在的问题，其典型代表就是党的十八届中央第十二轮巡视所揭示的系列问题：如何进一步加强党的领导，完善党委领导下的校长负责制，着力克服高校的基层党组织涣散现象等。此外，党的纪律的重点还应包括加强党在大学治理中的监督作用，以党的纪律建设保障高校的有序运行等内容。

总之，大学纪律规定了大学的职能边界，包括其使命边界、任务边界、目标边界与组织边界等，强调了大学组织内部成员的行为准则。其核心功能在于维护和保持大学的组织秩序，规范和监督各主体的权力实施，使大学组织运行保持有序状态。需要注意的是，虽然可以在理论上对大学纪律进行三分，但这更多是一种理想类型，因为现实中大学的具体事务的性质难以界定为纯粹的学术事务、行政事务或政治事务，大学组织成员也往往具有"学术人""行政人""政治人"等多重身份。因此，大学纪律在理论上三分的目的在于更好地为大学纪律建设的实践服务，而并非意味着对其内部的割裂。

---

① 刘益东、杜瑞军：《大学政治纪律建设的调查研究》，载《复旦教育论坛》2018 年第 1 期。
② ［德］马克斯·韦伯著：《学术与政治》，冯克利译，生活·读书·新知三联书店 2013 年版，第 37 页。

2. 大学纪律建设

如果说大学纪律是一个规则和价值体系，那么大学纪律建设便是建构这些规则和价值并应用该体系来应对组织失败①现象的实践活动。大学纪律建设的前提是存在组织失败现象，即组织业已发生了与大学纪律体系所不相容的组织行为，以及组织纪律在运行过程中处于低效、失效和异化等状态。因此，大学纪律建设是一个行动纲领，拥有具体的目标。具体而言，是要有系统的方式方法，采取一定措施，将大学纪律观念在大学内部树立起来，使大学各主体的职责更为明确，使大学在处理相应的关系时能有一把"尺子"，②规范当前在治理过程中的各类关系，如学术与行政、学术与政治、行政与政治的关系等，其目的在于使大学组织的价值观得到彰显，组织的底线道德要求得到保障，使组织的运行更为有序。大学纪律建设致力于使组织成员形成纪律自觉，建立强烈的规矩意识和纪律自豪感，使组织共同体的整体利益得到更好的保障。为了方便讨论与分析，我们将大学纪律建设根据大学纪律的理想类型进行三分：包括学术纪律建设、行政纪律建设和政治纪律建设三大部分。

（1）学术纪律建设。

学术纪律建设是贯彻学术纪律的具体路径。其面对的主要是学术失范问题。一般而言，学术失范多指违反学术界公认的学术原则和学术道德的现象。从操作化层面来说，学术失范是相对于学术规范而言的，是指学术规范处于低效或失效的状态。③ 各种类型的学术失范即为大学在学术层面的组织失败行为的具体表征。鉴于此，学术纪律建设面向三个主要问题：一是规制和防范公认的学术不道德行为，诸如学术不端、学术腐败等；二是解决学术规范处于低效或失效的问题；三是考察组织内部相应的学术问责程序和相应的制度安排是否具有效力。

（2）行政纪律建设。

行政纪律建设是落实行政纪律的实践方略。其面对的主要问题是行政权力压制学术权力和大学内部的组织承诺问题。行政权力压制学术权力是中国大学治理

---

① 周雪光：《中国国家治理的制度逻辑：一个组织学研究》，生活·读书·新知三联书店2017年版，第10~12页。组织失败是周雪光在描述国家治理中一统体制和有效治理之间矛盾所提出的一个重要概念。但其并未对此做出具体的界定，根据其使用场景而言，我们认为组织失败是指组织中现有的治理逻辑不能解决组织面临的治理问题，其突出表现是中央集权的治理模式难以面面俱到，导致组织不堪重负，进而国家治理中出现了中央政府与基层政府的"共谋现象"、政策一统性与执行灵活性的表征以及"运动式"治理机制。我们借用周雪光组织失败的概念，是要表征大学组织中面临的诸多治理问题，但现有的治理安排并不能为解决这些问题提供具体的方案，而纪律建设则是解决这些问题的一种手段。在学术、行政与政治方面，组织失败有各自不同的表现。
② 马怀德、张瑜：《用好"纪律"这把尺子》，载《中国高等教育》2016年第2期。
③ 阎光才、张银霞：《高校学术失范问题的探索性实证研究》，载《北京大学教育评论》2010年第2期。

的基本共识，而这种权力现状在某种程度上导致了大学内部的价值分化，造成组织成员的承诺剥离。所谓组织承诺，是指组织成员愿意把自己的力量和忠心的意愿交到某个社会关系之中，是对一个特定的组织接受、认同和投入的程度。[①] 行政纪律建设将对构筑大学的组织承诺具有重要意义。行政纪律建设面向两个主要问题：一是规制和防范行政中的失范行为，诸如行政权力越界、服务职能缺失等；二是解决行政规章处于低效、失效或异化的问题。

(3) 政治纪律建设。

政治纪律建设是规范大学的政治权力、规制大学内部各类群体和个体政治行为的现实做法，大学内党的纪律建设是其不可或缺的组成部分。其面对的主要问题是统一关于党委领导下校长负责制的思想认识和实践策略、政治权力在大学内部认识不清、进一步发挥高校政治领导的监督功能等。

以上关于大学纪律建设的一般性概述指出了大学纪律建设的基本前提是应对大学治理中的组织失败现象，为了使这些现象便于检验，笔者将采用制度理论的思路，发展一个关于大学纪律建设的分析框架，并在此框架指导下开展实证研究，以期找到大学纪律建设的实践方向，为克服这些组织失败现象奠定理论与实践基础。

(二) 大学纪律建设的分析框架

制度理论强调了思想观念和物质利益对制度建设、制度变迁具有重要价值。理性选择的制度主义主要强调个体的物质利益，而组织分析的制度主义则认为思想观念具有更大影响。大学纪律建设作为广义制度建设的一部分，需要从物质利益和思想观念两个方面进行把握。

构成大学组织的首先是人。考察组织的纪律建设也涉及人的思想观念与物质利益。个体行为是表现其物质利益的一个重要方面。因此，本研究尝试在"观念"和"行为"两个维度上对大学纪律建设进行分析。为了从系统的角度考察大学纪律建设的现状和路径，本研究选取个人和组织作为两个操作层面，进而组成了关于大学纪律建设的分析矩阵。此外，根据阿基里斯和舍恩的行动科学的基本观点，个体"声称的理论"和"使用的理论"之间存在间距。其具体表现为个体在观念和行为方面的差异。作为组织而言，其"声称的制度"和"使用的制度"之间往往也存在间距。而这些差异正是大学治理中组织失败现象的来源，

---

① Allen N. J., Meyer J. P., The Measurement and Antecedents of Affective, Continuance and Normative Commitment to the Organization. *Journal of Occupational and Organizational Psychology*, 2011, 63 (1), pp. 1 – 18.

考察这些方面的具体情况，就揭示了组织失败的程度，而这一程度与大学纪律建设是负相关的，即纪律建设程度越高，组织失败程度就越低。因此，使用该框架考察和分析大学纪律建设的基本情况，可以较为清楚地看到在组织和个体层面的这种间距的表征，进而考察其实践中的具体情况。

综上所述，本研究采用"观念/行为"和"个体/组织"的二维矩阵框架（见图3-3）对大学纪律建设进行总体分析，其三大组成部分（学术纪律、行政纪律和政治纪律）都将据此框架展开分析。总体来看，其中A域表征了组织内部成员对各类纪律的认知情况，B域则体现为其在违规违纪方面的表现情况。个体层面的纪律建设首先需要A域与组织的价值观具有一致性；行为层面的纪律建设则致力于观念与行为之间的间距。C域表征组织在学术、行政和政治方面的纪律观和价值观，考察组织内成员对组织价值观的认同情况，针对二者之间的张力，进行学理上的说明，以求实现组织的价值和个体价值之间的平衡，其具体体现应为组织内部的纪律的价值属性和道德属性。D域则考察组织在各项纪律执行过程中的效果，考察组织成员对其执行效果是否认可，考察组织的纪律执行是否遵照相应的规范和程序，考察组织在"潜规则"方面的因素，从而对组织"潜规则"的显性化提供认识论和方法论上的理论根据。

	个体	组织
观念	A	C
行为	B	D

图3-3 大学纪律建设的分析框架

在此框架指导下，大学纪律建设的三个维度将包括以下内容。

1. 学术纪律建设的分析框架

学术纪律建设包括以下内容：在个体层面，个体学术观念（A）即其如何认识基本的学术共同体规范，个体学术行为（B）即其基本的教学和研究行为；在组织层面，组织的学术观念（C）和学术行为（D）通过教师对组织对学术行为的制度性、程序性保障措施的评价来判断。

2. 行政纪律建设的分析框架

行政纪律建设包括以下内容：个体层面的行政观念建设（A）与组织层面的行政观念建设（C）是统一的，都指向"服务第一序"的大学行政观。个体层面的行为建设（B）指向行政人员的行政实践，破除其观念与行为中存在的张力。组织层面的行为建设（D）涉及组织成员对现有行政规则的评价，需要构建全新的行政规则，创制行政评价体系，通过强力的激励和惩罚措施改善主体行政行为。

3. 政治纪律建设的分析框架

政治纪律建设包括以下内容：在个体层面，具体表现为个体的政治观念（A）和政治行为表现（B）；在组织层面，具体表现为教师对组织的相关规章制度建设情况（C）和执行情况（D）的评价；考虑到大学党建在大学的政治纪律建设中的特殊性，特别将大学党建效果评价（C、D）列入该框架。

（三）大学纪律建设的特征

通过对党的纪律建设的基本考察以及对大学纪律基本概念的探索，可以看到党的纪律建设与大学纪律建设既有联系又有区别。二者的共性在于，都强调纪律的禁止、惩罚、监督、道德等几个主要功能。就大学内部而言：（1）"禁止"是大学纪律最常见的功能之一，其主要作用是划定纪律的边界，树立群体和组织内成员的纪律意识，明确各个主体的禁止行为，是对组织内部各类"负面权力清单"的划定，是保障组织秩序的基础性条件。如若没有禁止功能，组织将极有可能处于一种无秩序的混乱状态。（2）"惩罚"与"禁止"相伴相生。"惩罚"功能体现的是组织内部绝对的纪律红线，是一定不能违反的规章制度，只要违反，必将受到纪律处罚。惩罚是保证纪律实施的重要措施，没有惩罚功能，纪律在某种意义上就变成了道德要求，而不具有一定的强制力。但是，违反纪律不一定会违反法律，因此，组织内的惩罚措施不具备暴力特征，一般最高惩罚措施是使组织成员离开组织。（3）"监督"是纪律语境下的应有之义。监督主要是针对组织内各种事项的程序和各项纪律的执行情况。上到大学组织的运行机制和决策过程，下到学生活动的组织开展，都有一系列明确的规章制度对相关的程序进行规范。如果不按照相应的程序进行，视情况而定将有相应的处理办法。（4）"道德"是大学纪律的特殊功能，通常具有公共道德的性质。其作用不在于禁止和惩罚，而在于呼吁一种良好的职业道德和社会公德，倡导组织成员"修身"，是一种组织的价值观导向，是组织成员和组织建立价值联系的通道。通过纪律的道德性，可以促进组织内成员的自我成长和自我完善，进而促进组织的良性发展。这是保持组织长久活力和组织成员成长的重要功能。

从整体上看，在大学场域中，党的纪律建设是大学纪律建设的重要组成部分，党的纪律建设没有特殊性，但大学纪律建设在政治之外拥有更丰富的内涵和外延。从制度理论来看，大学纪律建设首先是大学外部合法性的来源。但这种合法性必须考虑纪律建设的实践与组织治理的关系，因而必须考察大学的组织特征。在科恩和马奇看来，大学的总体特征是"有组织无政府"。他们认为其决策符合"垃圾桶决策模型",其基本特征就表现为目标模糊、人员流动和技术不确定。① 因此,期望大学纪律建设能够像党的纪律建设那样有一个明确的目标和非常具体的惩罚手段是不合常理的。大学纪律建设的特征在于,在学术、行政和政治的诸多模糊的目标中首先确定一个相对清晰的建设路径。如前所述,它们指向大学治理中的组织失败现象,其重要表现为:学术失范、服务型行政建设以及大学的政治方向。这些目标对于大学治理而言具有基础性作用。

三、大学纪律建设的治理意义

前文已探讨了大学纪律的概念及分析框架,将其与党的纪律建设做了比较,并散落在各处探讨了大学纪律建设的价值问题。为了更为系统地把握大学纪律建设的价值,在此做一定总结及扩展。

(一)大学纪律建设的基础性意义

大学纪律建设在三个方面具有基础性意义。首先,一般而言,纪律是现代正式组织的基础,没有纪律的正式组织几乎不能存在。当然,有些小型的正式组织或非正式组织可以依靠人与人之间的关系来处理组织运行中出现的种种问题。韦伯所论及的卡里斯玛型权威就是这种组织存续的关键,但对于以卡里斯玛权威为根基的组织而言,其很难长期的存续。② 但对大学来说,随着大学组织规模和功能的不断扩张,其已经表现出"巨型大学"的种种特征,③ 必须以相应的纪律作为组织运行的基本保障。虽然在大学内部没有明确提出"纪律"的提法,但其中关于大学组织的"行规"、教师个体的道德自律等方面内容已经体现了纪律的基本特征。在构建中国特色现代大学制度的背景下,将纪律明确提出,加强对其的认识和研究,对进一步探求大学作为组织的现代性,构建秩序井然的大学组织架构有重要意义。其次,大量的研究表明,单靠人的理性、自觉与道德无法实现组织的善治,因为"人们依据情境卷入情况的不同倾向于不同的道德判断,道德判断并非是完全理性的,相反,它在整个道德发展阶段都取决于个人的利益追求,这是生物体为了适应环境变化而采取的手段",④ 换言之,组织中的个体对个人

---

① Cohen M., March J., Olsen J., A Garbage Can Model of Organizational Choice. *Administrative Science Quarterly*, 1972, 17(1), pp. 1–25.
② 周雪光:《组织社会学十讲》,社会科学文献出版社 2014 年版,第 188~190 页。
③ [美]克拉克·克尔著:《大学之用》,高铦、高戈、汐汐译,北京大学出版社 2008 年版,第 1 页。
④ 郑睦凡、赵俊华:《权力如何影响道德判断行为:情境卷入的效应》,载《心理学报》2013 年第 11 期。

利益的各类诉求在某种程度上会导致组织利益受损，就如奥尔森（Olson）所言，组织中的集体行动面临困境。① 如果没有纪律规范，个体的理性常常会导致群体的非理性、组织的非理性，个体和组织想要实现"双赢"，必须有与组织相适应的纪律，经由这些纪律形成超越个体道德判断的自律精神，是保障组织理性的重要支撑。最后，从教育的角度来看，无论在理论上还是在实践中，纪律都具有一定的教育功能。② 这使得纪律与大学具有天然的联系。当然，纪律对人的教育功能或许会体现在知识层面，但更多则体现在其对人的规范性要求和精神追求层面，体现为一种教化特征。这在重塑组织的价值观、增强组织凝聚力等方面具有重要价值，这也是大学内部开展跨界合作的规范基础。

（二）大学纪律建设为解决大学治理中的组织失败现象提供理论抓手

如前所述，大学治理中存在大量的组织失败现象，这些现象导致了大学治理的失序。这在学术、行政和政治三方面都有突出的表现。学术治理失序表现为学术治理面临学术不端、学术腐败等方面的挑战；行政治理失序表现为行政治理面临行政权力压制学术权力、服务型行政建设难等问题；政治治理失序表现在高校党的领导弱化、政治意识不够强、高校主要领导干部行为失范等方面。面临大学治理中的诸多问题，治理学术失序的制度供给改革、治理行政失序的去行政化改革已有丰富的理论讨论和实践，但现实中存在的问题依然未得到有效解决。大学纪律建设在现有实践基础上，着重从系统视角切入，尝试建构解决学术和行政失序的系统论模型，以奠定秩序重构的观念与行为基础，通过大学纪律影响观念，为改变大学治理中的失范现象提供一种新的思考面向和实践路径。政治失序治理则是高校治理面临的亟待解决的问题，大学纪律建设尝试从理论和实证角度为其提供治理之策。

（三）针对党的十八大以来的高校巡视提供治理之策

2016年，中央第8轮巡视组对教育部反馈指出，部分高校存在基层党组织涣散问题。③ 2016年12月召开全国思想政治工作会议，习近平总书记就高校党建

---

① ［美］曼瑟尔·奥尔森著：《集体行动的逻辑》，陈郁、郭宇峰、李宗新译，格致出版社、上海人民出版社2014年版，第3~4页。
② 马卡连科、福柯、涂尔干等都曾深入论述过纪律与教育的关系问题，虽然他们对纪律的教育功能的认识不同，但相同点在于，他们都认为纪律具有一定的教育功能。
③ 《中央第八巡视组向教育部党组反馈专项巡视情况》，中央纪委国家监委网站，2016年2月4日，http：//www.ccdi.gov.cn/special/zyxszt/2015dsl_zyxs/fgqg_2015dsl_zyxs/201602/t20160219_74612.html。

问题做出了重要讲话，高校的政治秩序受到重视。2017 年，中央第 12 轮巡视组对 29 所中管高校展开巡视，指出多所高校在政治纪律方面存在诸多问题。① 经过文书分析发现，如"四个意识"落实不到位（29 次）、意识形态工作责任落实不到位（25 次）、政治生活不严不实（24 次）、党委领导下校长负责制贯彻不力（23 次）、选人用人存在问题（23 次）、党的领导弱化（15 次）、基层党建存在问题（15 次）、纪委执纪不严（12 次）、关键领域具有廉洁风险（12 次）等是突出问题。这些问题直接关乎我国建设中国特色现代大学制度的目标和路径，亟待经由纪律建设尤其是政治纪律建设加以改善。大学纪律建设特别是政治纪律建设，是加强和完善党对高校领导、构建中国特色现代大学制度的重要手段和必由之路。

（四）大学纪律建设助推形成大学纪律监督的长效机制

制度理论业已指出了制度监督的三个维度：自我监督、利益相关者监督和第三方监督。大学纪律建设在学术、行政和政治三个维度上都赖于坚实的监督机制。目前来看，高校内部的学术监督主要通过校、院两级的学术委员会，行政监督主要通过学校的纪委和党委，政治监督也由纪委和党委负主要责任。显然，三个方面都没有做到三个层面的监督，学校纪委也往往面临监督难的制度困境。

具体而言，大学纪检监察工作既存在普遍困难，也有其特殊性。首先，从高校的组织结构来看，纪检监察机构是高校党委领导下的二级机构，在对党委委员进行监督时存在困难，导致一些纪检干部在思想上和行动上不愿监督、不敢监督、不能问责（HNDY011）。其次，高校的纪检监察人员多由高校内部人员构成，来源通常包括职能部处的横向流动、学院书记的向上流动等，存在"熟人监督"问题，导致一些纪检干部在思想上和行动上不愿监督、不愿问责（HNDY011）。最后，部分纪检监察人员对自己的职责范围认识尚不清晰。面对高校内部的众多事项，什么是自己的职责范畴在制度上没有得到清晰的划定，导致纪检干部普遍认为人力不足，疲于监督和问责（HNDY008）。因此，以大学纪律建设为突破口，建立新型治理监督机制，在学术、行政和政治方面采用特定的监督路径，对防治高校治理中的失序现象有积极意义。

（五）大学纪律建设为构建现代大学制度提供了现代性依据

如前所述，纪律的二重性（约束性和权利性）是其体现现代性的显著特征之

---

① 《中央巡视组在南大、上交等 15 所高校发现哪些问题？》，搜狐网，2017 年 6 月 21 日，https://www.sohu.com/a/150820298_114812。

一。从此视角看，大学纪律建设为构建现代大学制度提供了方法论视角和现代性根基。以纪律的现代性为依托，能够在大学治理实践中找到关于"集权"和"分权"的纪律基础，二者都是现代大学的显著特征。区别在于，在具体的情境中，大学纪律发挥的效用是不同的。在面对组织核心价值受到挑战时，纪律的约束性或许会发挥更大效用；在面对大学日常具体的学术、行政和政治问题时，则或许主要表现出一种权利性特征。这对进一步强调政治权力在大学中的合法地位有积极的理论意义，也对反思所谓现代大学的"自治观"的思考框架①有重要价值。

第二节 学术纪律建设：破解学术失范的"系统"力量

学术是大学的灵魂，但诸如学术不端、学术腐败等学术失范现象在一定程度上损伤了大学之魂，导致了大学和学术的"污名化"。现有实证研究表明，学术失范行为并非个案，已成为常见现象。② 从理论上来看，"学者本应是人类的教师，代表其所处时代可能达到的道德发展的最高水平"，③ 是时代的道德先锋；但从实际来看，学术丑闻却屡见不鲜。除个体对金钱、名誉、权力等追逐的原因之外，学术制度不健全、学术评价机制不合理、惩罚机制未落地等无疑也是造成学术失范的重要原因。然而，在事实和经验的判断之外，学术失范背后的理论假设是什么？为什么以道德模范为标杆的学术圈会有为数不少的学术失范现象？面对学术失范，我们又该如何应对？种种问题，在理论上少有回应。鉴于此，我们采用社会心理学的理论框架，分析学术失范现象的深层原因，评介目前采取的诸多治理学术失范的方法，并尝试提出学术纪律建设之路径，以厘清其背后的理论逻辑，为解决学术失范现象提供抓手。

一、学术失范：来自社会心理学的解释

何谓学术失范在学界并没有统一的界说。一般而言，学术失范是指违反学术

---

① 笔者将目前学界所论的认为构筑现代大学制度的核心是加强大学自治和教授治校、构建以类似西方大学董事会的治理结构等为主要论点的观念统称为现代大学"自治观"的思考框架。
② 阎光才、张银霞：《高校学术失范问题的探索性实证研究》，载《北京大学教育评论》2010年第2期。
③ 张学文：《何谓大学学者》，载《高等工程教育研究》2006年第5期。

道德的诸多现象。有学者从操作化层面对其进行了定义，认为学术失范是相对于学术规范而言的，是指学术规范处于低效或失效的状态。① 本书所论的学术失范，综合考虑两个方面：既指违反学术道德的诸多现象，诸如学术不端、学术腐败等；也表征学术规范缺失和不起作用的情况。

那么，是何种原因导致了学术失范呢？已有研究给出了几个思考路向。如有研究指出，这是由于学术领域中的道德约束机制、成果鉴定机制不健全；② 也有研究从学术腐败入手，认为学术腐败是研究人员基于效益最大化（腐败的预期收益大于行为成本、举报成本大于预期收益）的一种理性选择，是社会性的道德失范在学术领域的一个缩影，与当前社会对学术腐败行为的控制不力直接相关；③ 还有研究显示学术失范是由于"行政强力介入和功利化自助取向使得学术职业淡漠功利的理想色彩成为奢望"；④ 亦有学者采取实证研究方式，指出学术失范行为可以由"个人"和"环境"两个维度予以解释。⑤ 总的来看，现有研究从学者个体因素、外部环境因素和制度因素（缺失或不起作用）等几个方面分析了产生学术失范现象的原因。通过理论凝练，可以发现这些原因大多可以用勒温（Lewin）的拓扑心理学理论加以整合：行为是环境和个性的函数，即 $B=f(E, P)$。⑥ 具体来解释学术失范现象，"环境"表征了客观的外部环境（包括制度）及外部环境对个体造成的心理环境；"个性"是指个体层面的学术道德缺失。这是学术失范行为在外部环境和学术人的学术道德缺失层面的一个理论解释。对学术规范不起作用的原因，制度学派的理论框架和集体行动理论可做出一定解释：即学术规范在学术圈仅起到了"合法性机制"的作用，学术共同体中的个体由于多重原因，无力为共同体的改变做出努力，进而导致了学术规范失效。⑦

总之，根据拓扑心理学的观点，从个体道德水平出发来解释这一现象有一定道理，从外部环境和制度视角解释也有一定的说服力。但始终有些问题难以得到很好的回应：诸多学者的学术失范行为，个体道德水平的原因是主要的吗？制度的力量强大到可以将"好"人变"坏"吗？除了个体和制度的力量外，是否还有其他因素？

---

①④　阎光才、张银霞：《高校学术失范问题的探索性实证研究》，载《北京大学教育评论》2010 年第 2 期。

②　王前：《警惕"学"、"术"分家的倾向》，载《自然辩证法通讯》2000 年第 5 期。

③　程孝良、向玉凡：《学术腐败成因及其治理：一个社会学理论分析框架》，载《现代教育管理》2011 年第 3 期。

⑤　张英丽：《大学生学术道德失范现状的实证研究》，载《教育科学》2012 年第 1 期。

⑥　[美] 库尔德·勒温著：《拓扑心理学》，竺培梁译，浙江教育出版社 1997 年版，第 31 页。

⑦　我们曾用两个理论系统分析了大学章程不起作用的原因，此处关于学术规范不起作用大致是类似的。关于两个理论如何解释该现象的详细分析可参考我们的文章《论"大学章程现象"》，载《中国高教研究》2017 年第 3 期。

有一个研究范例为我们提供了解答思路。美国社会心理学者菲利浦·津巴多（Philip Zimbardo）以20世纪70年代所做的"斯坦福监狱实验"（Stanford prison experiment）为基础，提出了"路西法效应"，详细解释了"好"人为恶的一个重要原因："系统"的力量。津巴多的研究指出：情境力量左右行为的方式远超过人们的想象，而情境本身，便由更为复杂和强大的动力制造，即"系统"。他以监狱为案例，解释了"系统"力量发生作用的机理：在由"系统"所塑造的情境中，当事人从事恶行，会天然地认为自己是在"履行职责"或"扮演好自己的角色"，而把道德和良心搁置一旁，并对自己和他人的恶行表现出冷漠态度。通过对实验过程的深刻描述，他刻画了"系统"塑造一个"两面人"（即在生活中和在情境中判若两人的人）的全过程，充分展现了情境力量对个体的强力影响。[1] 根据系统理论，津巴多对南京大屠杀、卢旺达事件、阿布格莱布监狱虐囚案、集中营等现象予以了理论分析，发现"系统"对以上事件都具有强解释力，进而从侧面再次证实了其系统观点。在津巴多之后，也有若干研究采用不同的实验进一步证实了其系统论。

学者作为理论上的"好人"，当大面积的学术失范现象发生时，他们从个人角度思考问题显然不足以完全解释这一现象。依据拓扑心理学的思路，似乎也难以找到其背后的深层原因。据此，我们有理由相信：将"系统"思维应用于解释学术失范，将能获得有益的启示。当然，监狱或这些极端事件本身并不能构成与大学和学术的类比，但值得注意和思考的是：与外部的监狱所类似的，学术失范行为是否建造了个体的"心灵监狱"？学术失范的情境力量是什么？造成这种情境力量的系统又是什么？这个系统是否也塑造了学术中的"两面人"？如果系统存在，又如何来重塑系统，进而改造情境，影响行为？

根据社会心理学的系统论，我们认为，学术失范的深层次原因是学者所处的"心理系统"和"学术系统"出现了张力与偏差。在政治、利益、行政力量等诸多外部情境组成的系统中，学者丢失了所属于"学术系统"（即学术共同体）的价值力量，表现出了学术价值认同（value commitment）缺失，其在进行学术失范行为时，很自然地将这种行为与个人道德相剥离，认为"大家都这样"或"大环境就是这样"，寻找"体制替罪羊"为自己的失范行为找到立足点，进而具有"双重人格"：即在学术之外，仍然是"好人"，但在学术之内，却屡屡"失范"。

因此，学术失范不仅表现为个体、环境、制度三者之间的共谋，更是整个国

---

[1] ［美］菲利浦·津巴多著：《路西法效应：好人是如何变成恶魔的》，孙佩妏、陈雅馨译，生活·读书·新知三联书店2016年版，第1~23、503~509页。

家治理体系、大学治理系统带来的学术困境。从国家治理的历史和现实来看，大的政治和经济腐败背景给学术腐败提供了反面的"合法性安全区"；从大学治理的发展和现实看来，针对教师的各类指标化评价标准、绩效考核、管理模式等共同建构了为学术失范提供"合理性辩护"的"舒适圈"。例如：以绩效为杠杆的"双一流"政策会导致高校诸多学术文化困境，加剧高校间的无序人才竞备，消解学术价值认同；① 高校以"论文数量""海归""期刊等级"等代替学术质量和学术贡献的评价模式，也会在系统中促使学术失范的发生。

综合以上的讨论，可以简要地用一个思想实验来解析促成学术失范的系统是如何形成的，这其中至少涉及三个效应。首先是他者的示范效应。在学术共同体内部，"他人"的失范行为所带来的一系列利益（诸如发表、评奖、称号等）对学术内的个体起到了"示范"的作用，这是造成个体道德感剥离、成为"两面人"的诱因。其次是制度和体制的默许效应。面对学术失范行为，制度和体制没有强硬的惩戒措施，反而提供了"合法性安全"。最后是潜在的马太效应。一系列科研评价标准也都放大了制度的默许效应，从而形成了潜在的奖励机制，鼓励个体以量取胜，并且与后续一系列的评价挂钩，形成了学术评价潜在的马太效应，为学术失范提供了土壤。这一系列效应，构成了默许甚至促成学术失范的系统力量。

当然，我们绝非为学者的学术失范行为寻找理由或进行辩护，而是希望经由"系统"的思想，促使学术界、大学和教育管理部门共同反思：为什么理论上我们着力打造的"好"系统，反而会生发这些"坏"行为？我们应该怎么办？为了回答这些问题，我们尝试提出一种方式：学术纪律建设。

二、学术纪律建设：改变系统的关键力量

应对学术失范，不妨从党和国家治理的经验中汲取智慧。党的十八大以来，以习近平同志为核心的党中央针对各类腐败问题展开了全面的反腐运动，提出了以纪律建设为核心的党建思路，提出了"把纪律挺在前面""把权力关进制度的笼子""全面从严治党"等系列思想。党的十八届六中全会进一步分析了全面从严治党面临的形势和任务，指出办好中国的事情，关键在党，尤其是党要管党、从严治党，再次强调"纪律严明是全党统一意志、统一行动、步调一致前进的重要保障，是党内政治生活的重要内容。必须严明党的纪律，把纪律挺在前面，用铁的纪律从严治党。坚持纪律面前一律平等，遵守纪律没有特权，执行纪律没有

---

① 刘益东：《论"双一流"建设中的学术文化困境》，载《教育科学》2016 年第 3 期。

例外，党内决不允许存在不受纪律约束的特殊组织和特殊党员。"① 从党的纪律的理论和实践来看，党的纪律至少有三个基本特征：惩罚性、意志性、道德性。从党的纪律建设执行情况来看，政治风气获得显著改善，关于腐败的系统力量也得到有效遏制，外部系统的转变已经发生。因此，在外部系统变革的系统力量中，学术系统无疑也具备了改变的可能。

那么，什么是学术纪律？学术纪律与党的纪律有什么共通与区别？学界对纪律的认知本就存在差异，想要在学术中讨论纪律问题，必须先明确其边界。讨论其边界的前提是明确其不是什么。学术纪律至少不是以下几个方面。首先，学术纪律不是完全意义上的学术审查。在美国，学术审查有两种情况：外部审查和内部审查。前者主要由政府机构进行审查，后者则主要由大学的董事会和管理人员来进行审查。② 学术审查一般针对的是学术中的政治问题，而且学术审查的边界经常界定不清，容易引发关于学术自由的争议。③ 但需明确的是，任何自由都是相对的，没有绝对的自由，学术自由也是如此，学术的外部干预与审查一定是必要的。没有限制的学术自由或许会如同经济上的不干涉主义一样成为灾难。④ 这是学术纪律建设的基本前提。其次，学术纪律不仅仅是学术规范。鉴于学术失范现象频发，国家已经建立了相应的学术规范，如七部委联合下发的《发表学术论文"五不准"》，教育部下发的《高等学校预防与处理学术不端行为办法》等。从当前的研究来看，应对学术失范，建立规范是必要且必须的。但有没有其他可能性？应该建立到什么程度？从国家层面确立诸多学术规范，是否会产生其他效应？有一种解释认为，当外部规范已经到制度化层面时，可能会将学者原先的"道德行为"转化为"循规行为"。这会带来一系列的连锁反应，甚至会推动学术失范的产生。学术纪律建设希望在"循规行为"之外重塑制度和规范，使学者行为回归学术道德层面。最后，学术纪律不是法律。法律规定的刚性行为是学术纪律不需要讨论的，如学术涉及宪法和法律所规定的违法行为，无疑不属于学术纪律的讨论范畴。

鉴于此，相较于党的纪律，学术纪律也具有三个基本特征：认同性、道德性和惩罚性。换言之，学术纪律即要求学者们认同学术共同体的价值观，遵循公认

---

① 《中国共产党第十八届中央委员会第六次全体会议公报》，中国共产党新闻网，2016年10月27日，http://cpc.people.com.cn/n1/2016/1027/c64094-28814120.html。

② William A. Kaplin, Barbara A. Lee, *The Law of Higher Education: A Comprehensive Guide to Legal Implications of Administrative Decision Making*. San Francisco: Jossey-bass, A Wiley Imprint, 2007, P.239.

③ 陈超：《从大学审查制度透视美国学术自由的限度与挑战》，载《清华大学教育研究》2014年第4期。

④ ［美］约翰·S. 布鲁贝克著：《高等教育哲学》，王承绪等译，浙江教育出版社2001年版，第32、50页。

的学术道德，履行严格的学术惩罚机制。由此，学术纪律建设是指能使学者在从事学术活动时遵循其信奉的学术信念、恪守公认的学术道德、对违反共同体的准则心存敬畏和愧疚的系统工程。

如前所述，系统的力量之所以强大到能够改变人的行为，是因为给予了当事人拥有"双重人格"的合理性，变相解除了其心理和道德负担，鼓励和默许其为恶。因此，学术纪律建设需要直面系统力量，从根本上消除学术中的"双面人"，对学术之"恶"坚决说不，并持续转换系统力量，使系统向善。因此，学术纪律建设既是一种理念，拥有其社会心理学的学理基础，又是一种实践，需要在实践中有具体的操作办法。那么，学术纪律建设如何实践呢？我们认为，至少可以有以下两条路径以供思考。

三、重归真诚：学术纪律建设的实践路径

学术纪律建设的实践路径基于对系统的认知。这里有必要先对系统的层次进行说明。津巴多的系统思想与大学组织的系统理论有相异之处，前者的系统强调对情境和人的塑造作用，而后者则从系统的角度思考大学组织内部的松散连接关系。① 从学术的视角来看，前者的系统概念是"大系统"，是所有与学术相关的情境所共同构成的一套相互影响的运行模式，理论上较难分析；后者的系统概念可近似地看作"大系统"下的"子系统"。从系统角度思考学术失范的治理及解决，就操作性即可行性角度而言主要考察两个子系统：一是学者所属的学术共同体；二是学者所属的学术组织（主要是大学）。有鉴于此，应从这两个子系统入手，用系统的思想来考察学术失范和学术纪律，进行学术纪律建设。两个子系统的学术纪律建设分别解决不同的问题，其中最为关键的是：学术共同体要致力于解决学术价值信仰问题，而大学组织则主要致力于解决学术评价问题。

（一）建立学术共同体纪律，重塑学术共同体价值信仰

现有研究的主要观点认为，学术失范的主要原因是外部学术规范供给不足。② 但如从系统的角度来思考，似乎会得到相异的结论。以学术共同体作为系统来考察，可以建构关于学术信仰、学术规范以及学术失范的系统模型。当学术信仰回

---

① ［美］罗伯特·伯恩鲍姆著：《大学运行模式：大学组织与领导的控制系统》，别敦荣等译，中国海洋大学出版社2003年版，第34～38、48页。

② 江新华：《学术何以失范：大学学术道德失范的制度分析》，社会科学文献出版社2005年版，第105页。

归,学者们会自发地建立一系列的"行规",即内部认可的学术规范。此时,学术道德获得了重建,学术失范现象也会相应减少,这是在理论上解决学术失范现象的根本方法。而各个层面学术规范的出台作为一种现实中解决学术失范的方式,只是暂时缓解学术失范的方式,短期内确实减少了学术失范现象,但从长期来看,却会导致将"道德行为"转化为"循规行为"的困境,从而造成了系统中的"转移负担模式"。① 而且,在这一过程中,由于无限延迟了根本解决法——即学术信仰的回归,从而带来了新的系统困境,会造成学者对学术信任的减少,进而变相促成了整个系统中的学术失范行为的发生(见图3-4)。

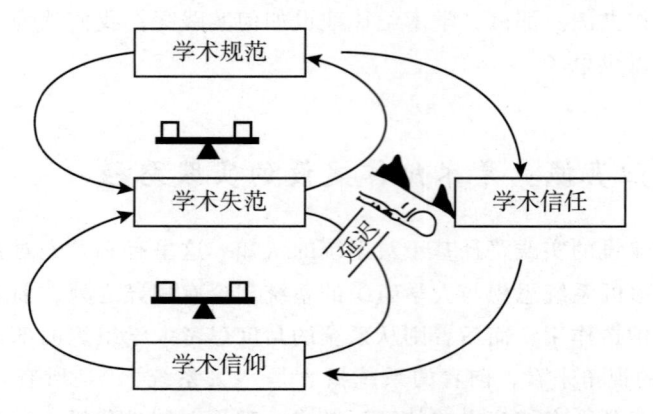

图 3-4 学术失范的"转移负担"系统

因此,当前的重要任务是建立让学术信仰回归的路径,换言之,即进行学术纪律建设。这是促进学术道德回归的重要方式。如前所述,学术纪律建设的目的在于让学者认同学术共同体和核心价值信仰,回归学术道德,建立惩戒意识。那么,谁来执行学术纪律呢?至少需要考虑学术纪律建设的两个阶段。首先,面对学术共同体价值认同相对缺失的阶段,须借助外部力量推动学术纪律建设。从国家治理腐败的经验来看,须先将惩戒措施树立起来,将学术纪律"挺在学术规范的前面",加大学术失范的惩戒力度,在这一过程中,学术信仰会逐步回归。待经过该阶段后,须由学术共同体自身接棒学术纪律建设,将学术纪律转化为道德自律,才能重回学术价值认同。

那么,如何判断学术纪律建设的程度呢?西方大学将"学术真诚"视为学者人格的最高标准。② 基于此,我们认为,这也是学术纪律建设的最终目标。学术纪律建设只有再次使学术真诚成为学者共同体的共同价值信仰,才能从根本上改

---

① [美]彼得·圣吉著:《第五项修炼》,张成林译,中信出版社2010年版,第111~120页。
② 张学文:《何谓大学学者》,载《高等工程教育研究》2006年第5期。

变系统，塑造情境，改变行为。换言之，学术纪律建设起的是内外结合的交互作用，即外部和内部相结合的强有力的学术惩罚机制和学术共同体内部学术信仰的重建。

（二）建立学术纪律执行委员会，重塑学术评价机制

当前大学的学术评价机制广受诟病，人们普遍认为目前大学评价偏向行政化，认为行政权力压制了学术权力。① 此外，诸如数量化评价、标签化评价以及功利化评价等也有诸多问题，部分高校的学术评价的结果和程序也遭到质疑。② 从大学子系统的角度来看待学术评价，我们会发现评价本身就是导致学术失范行为的重要原因之一。由评价引发的一系列连锁反应，形成了"鼓励"学术失范行为的系统力量。因此，在大学组织内部，学术纪律建设的重要目标就是变革学术评价机制。鉴于此，我们认为，大学组织中的学术纪律应由相应的委员会来执行（如建立学术纪律执行委员会），该委员会应由四部分组成：学校的党委、纪委成员以及校、院学术委员会成员。这主要基于以下三个原因：首先，多元主体参与。正如布鲁贝克所言："就像战争意义太重大，不能完全交给将军们决定一样，高等教育也相当重要，不能完全交给教授们决定。"③ 学术评价作为大学重要的学术事项之一，应由学术共同体负主要责任，但与此同时，评价的过程也需要受到纪委的监督，还需同时考虑大学自身的组织目标。其次，形成关于学术评价的共识，明确学术评价对大学治理的影响。诚如系统论所强调的，"事物本身可能比它们所表现的要复杂得多，不能企求采用简单的方式就能解决问题"。④ 同样，学术评价也并非一个孤立的元素，其对大学中其他元素有重要影响，尤其需要关注其对大学治理的影响。学术评价、组织认同和大学治理构成了一个系统循环的"理想类型"（见图 3-5）。学术评价机制越合理，学者的组织认同感就越高，就越能推动大学治理实现善治，从而进一步建立更为合理的评价机制，反之则相反。那么，谁来推动评价机制变革呢？学术纪律执行委员会可发挥效用，因其综合了组织目标、学术目标和监督目标，是集体决策的结果。最后，明确学术评价纪律对学术发展的功用，消解行政力量对学术评价的干预。当前学术评价机制的形成，与高等教育评估的指标化、大学的功利化、大学评价的排名化等都有联

---

① 王应密：《中国大学学术职业制度变迁研究》，华中科技大学，2009 年。
② 李福华：《论高等学校教师职称评审的结果公正与程序公正》，载《清华大学教育研究》2016 年第 2 期。
③ [美] 约翰·S. 布鲁贝克著：《高等教育哲学》，王承绪等译，浙江教育出版社 2001 年版，第 32、50 页。
④ [美] 罗伯特·伯恩鲍姆著：《大学运行模式：大学组织与领导的控制系统》，别敦荣等译，中国海洋大学出版社 2003 年版，第 34~38、48 页。

系。甚至可以说，在更广泛的系统内，评价机制也是一种"共谋"的结果。但系统观同时告诉我们，改变系统力量必须从"我"做起，① 必须从大学组织本身和学术共同体自身做起。因此，作为大学组织，其重要价值就在于消解大学内部行政力量对学术评价机制的干预，将评价规则的制定权转移到学术纪律执行委员会。之所以不能将权力完全交由学术委员会，是因为要想做到管、评分离，就不能让其同时作为学术活动的"运动员"和"裁判员"，二者可以有交集，但不能重合。综上所述，我们认为，鉴于学术纪律执行委员会的三重功能，其可以有效转变行政对学术评价的影响，进而重塑学术评价机制。所以，重塑学术评价机制，建立学术纪律执行委员会是一条实践路径。

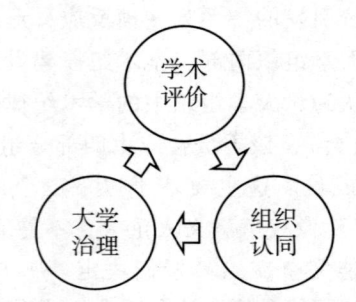

图 3-5 学术评价的系统循环

当然，诚如本书一直强调的，学术失范行为受系统力量的重大影响。但系统的问题并不能通过学术纪律建设完全解决，学术纪律建设只能解决整个系统下位的子系统（即学术系统）的问题。在该子系统中，主要专注于两个方面：一是使学术惩罚落地；二是形成学术共享价值观。因此，从系统的广度思考问题的答案，还须从大学组织的整体角度考虑大学纪律建设问题，尤其需要关注大学内部的行政纪律问题，如如何行政、谁来监督等问题，都需要系统清理；此外，还要从政府与大学关系中考察纪律对双方的规制作用等方面。但正如系统的特点一样，系统中的各个元素都是交互影响的。想要使改变发生，必须先采取行动。如同"鸡蛋从外部打破是食物，从内部打破是生命"的道理一样，破解学术失范难题也需先从学者内部出发，从学者内部的学术纪律建设做起，实现学术共同体的自律，回归学术真诚，进而实现改变系统、改变行为的变革目标。

---

① ［美］菲利浦·津巴多著：《路西法效应：好人是如何变成恶魔的》，孙佩妏、陈雅馨译，生活·读书·新知三联书店 2016 年版，第 1~23、503~509 页。

第三节 行政纪律建设：高校有效行政的关键

明茨伯格认为，大学是一个专业化的科层组织；① 组织学者维克将大学的组织模式描述为"松散耦合"系统。② 关于大学组织性质的讨论，其本质上是在探讨大学内部的两种制度逻辑（即学术逻辑和科层逻辑）的协调和平衡问题。沿着这一脉络，中国大学的外部治理研究主要关切政府与大学的关系，尤其是大学的自主权问题，其衍生而来的就是所谓大学的"行政化"现象，而内部治理研究则着重关注所谓学术权力和行政权力的关系，大学内部的行政管理也往往成为"行政化"的对象。笔者粗略考察了中文社会科学引文索引（CSSCI）来源期刊中题名包含行政权力的研究，近20年来的发文量为232篇，如果从关键词和主题层面进行考察，对行政权力的讨论可谓汗牛充栋，但与此相对应的是，近20年来直接关注大学行政管理的研究却不多见，仅有39篇。③ 鉴于此，本书无意于过度探讨权力的分配与协调关系，而是以此为基础，将重点放到探讨大学行政管理本身上来，考察其对大学的内在价值。我们的思路是，以大学教师和行政人员对高校行政管理的认知为出发点，试图提出行政纪律建设的概念，并对其实践路径进行初步探讨，将其作为构筑大学组织共同体的组织承诺的核心关键，为推动大学治理改革提供思路和方向。而这一系列问题的基础是对大学行政管理中的主导价值和内在的逻辑有较为清晰的认知。

一、大学行政管理中的几个问题

我们根据最近的一次的调查发现，大学内部不同职位的群体对"行政"的认知存在一定差异。调查分两次进行，第一次调查为网络随机样本，收取有效问卷425份，调查了大学内部各个群体对行政管理的看法（要求单选）和行政人员从事行政工作的主要原因。在425人的样本中，有188人从事行政工作（包括专职

---

① Henry Mintzberg. *The Professional Bureaucracy*. Christopher Brown II, James L. Ratcliffe, etc. *Organization & Governance in Higher Education* (fifth edition). New York：Person Custom Publishing, 2000, pp. 50 – 70.
② Weick K. E., Educational Organizations as Loosely Coupled Systems. *Administrative Science Quarterly*, 1976, 21（1）, pp. 1 – 19.
③ 检索数据库为CNKI数据库；检索方式为题名含有"高校行政管理"或"大学行政管理"的CSSCI来源期刊文章，剔除其中与大学行政管理无关的文章；检索时间为2018年3月13日。

行政人员 106 人和"双肩挑"人员 82 人）。在"您从事行政工作的首要原因"一题中，有 30.85% 的教师选择了"有助于个人发展"，有 21.81% 的教师选择了"热爱行政岗位"，有 13.83% 的教师选择了"为学术服务"，有 7.98% 的教师选择了"获得经济报酬"，还有 25.53% 的教师选择了其他原因（其中详细的原因包括"服从安排""学历不够"等）。我们还对学术人员和行政人员做了关于"您认为大学的行政管理的主要功能"的调查，其与岗位性质的交互分析结果如图 3-6 所示。我们发现无论是学术人员、行政人员还是"双肩挑"人员都认为"为教师和学生提供服务"是大学行政管理最重要的功能之一，但这几类人员的选择在比例上呈现出持续下降的趋势。这显示了一个十分有趣的事实，即超过半数从事行政工作的人员都认为"服务"是最重要的，但仅有不到 14% 的教师从事行政工作的主要目的是"服务"。

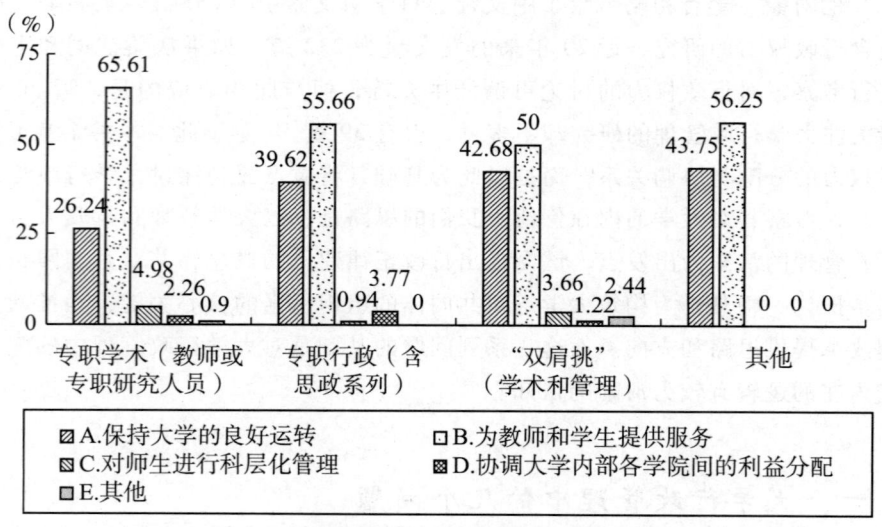

图 3-6 岗位类别与行政管理功能的交叉分析

第二次调查采取整群抽样，选取校领导和中层行政领导为样本，收取了有效样本 146 份。但本次调查对"您认为大学的行政管理的主要功能"一题采取了不定项选择，即被试可以选取多项，结果显示，有 83.5% 的教师选择了"保持大学的良好运转"，有 67.1% 的教师选择了"为教师和学生提供服务"，有 18.5% 的教师选择了"对师生进行科层化管理"，有 31.5% 的教师选择了"协调大学内部各学院间的利益分配"。换为多选后，科层管理和利益分配的比例明显提高，而"服务"一项仅提高了约 10 个百分点。

由此可推断，关于行政管理功能的价值排序，在学术人员和行政人员之间具有一定差异。"服务"功能在学术人员中是"第一序"的；"组织运转"在行政人员中是"第一序"的，虽然他们认为"服务"也很重要，但只有极少数人以此作为从事行政管理工作的目的。以该发现为出发点，可以对大学行政管理中的几个现象做初步探讨。

（一）"去行政化"不是"去行政管理"

关于大学的行政管理，学界呈现出一个具有张力的认识区间。有的学者认为，大学的行政管理是"行政化"的代言人，带来"学术行政化"等诸多问题，是组织冲突的根源，①"去行政化"的一个方面就是去行政管理；有的学者则认为，行政管理对大学组织具有重要的协调价值，不仅"不可去"，还应该继续加强。② 两种观点都有一定的理论和现实基础。前一种观点主要的理论和实践来源是古典大学观，趋向于认为大学是"学者社区"，奉行大学自治；后一种观点的主要理论和实践来源是现代大学观，趋向于认为大学是"多元巨型组织"，行政管理在其中非常重要。其中重要的变量就是组织的规模和复杂性。当前的大学，无疑处于一个"巨型"时代，其规模、功能、运作都发生了翻天覆地的变化。基于规模和复杂性，大学的治理安排可能位于集权与分权连续体的某个坐标。在某种程度上，集权程度就代表了所谓大学"行政化"的程度，而过度集权化可能导致所产生的决策几乎没有合法性。③ 与此同时，分权在本质上也并非指涉学术与行政的横向分权，而是指代校院系三级的纵向分权。④ 因此，从权力角度看，"行政化"并不等于"行政管理"，"去行政化"的语词表达也似乎曲解了治理中的行政要素，其本义之一是去"集权"，而非去"行政"。而强调行政管理，正是强调行政在分权过程中的秩序，这是加强大学治理有效性所必需的。⑤ 这也与前述调查中教师高度认同大学行政管理的主要功能为"保持组织运转秩序"是高度一致的。"去行政化"的另外一个指涉是高校管理中的指标化，即所谓的"行政"通过指标管理"学术"。⑥ 这是被学界诟病最多的地方之一。指标化管理的核心逻辑是企业的绩效逻辑，有人认为其能提高大学的学术效率，但事实上这里面存在一个深刻的效率悖论。

---

① 谢凌凌：《大学学术权力行政化及其治理——基于权力要素的视角》，载《高等教育研究》2015 年第 3 期。

②⑤ 周光礼：《"双一流"建设的三重突破：体制、管理与技术》，载《大学教育科学》2016 年第 4 期。

③ Austin I., Jones G. A., *Governance of Higher Education: Global Perspectives, Theories, and Practices*. New York: Routledge, 2015, P. 54.

④ 周光礼：《高校内部治理创新的政策框架》，载《探索与争鸣》2017 年第 8 期。

⑥ 李立国、赵义华、黄海军：《论高校的"行政化"和"去行政化"》，载《中国高教研究》2010 年第 5 期。

（二）大学行政管理中的效率悖论

为了提高管理效率和组织绩效，高校行政管理首先增加了一系列关于学术工作的繁文缛节。① 首先，以各类"填表事业"为中心就是典型的例证，这看似提高了高校的整体效率，但实质上是提高了行政效率，降低了学术效率，进而降低了高校行政管理的合法性。其次，以量代质，将学术指标化为论文、基金、获奖等。最后，用"头衔"评价学术人才，行政为学术划定人才评判标准。② 但诸如此类的高效率、可计算和可预测特征并不能真正提高组织效率。周雪光从治理规模的角度给出了一种解释。他在国家治理层面探讨指标化与有效治理的关系时指出，"数目字管理"可以在一定程度上暂时加强治理的有效性，但并不是根本解决办法，而且还会在根本上加大治理规模，带来治理困境。③ 这与大学治理的逻辑是一致的。因为诸如此类的做法在本质上提高了治理成本，降低了治理主体的合法性，加剧了治理中的一统体制，使得整个系统不堪重负。这一逻辑与系统中的"转移负担"模式也是类似的，即采用暂时手段而拖延了根本解决方法的采纳，延迟了根本解决法，④ 反而导致治理危机。用相同的逻辑进行演绎，诸如此类的"高效率"在本质上提高了大学的行政成本，加剧了学术与管理两套逻辑的冲突，进而带来了隐形的组织冲突，降低了组织效率。这种高效率也明显与调查所示的"服务"高序列是不相符合的。除了以上理论解释外，我们认为，行政管理的效率悖论也部分源自没有认清行政管理对教师组织承诺塑造的重要价值，反而在某种程度上造成了组织承诺的剥离。

（三）行政管理对塑造组织承诺的关键性价值

迪奥在研究学术文化的过程中发现，高校教师的价值承诺发生了明显转变，由最初的院校承诺（institutional commitment）转而成为职业承诺，又随着学科逐渐分化而趋向学科承诺。⑤ 其中的一个重要方面是大学运行逻辑由学术逻辑转向市场逻辑和企业逻辑。⑥ 这一点在我国的大学表现得尤为明显，从高校教师不

---

① 阎光才：《关于高校"去行政化"议题的省思》，载《清华大学教育研究》2011年第1期。
② 刘益东：《高等教育现代化中的"麦当劳化"及其消解》，载《现代教育管理》2017年第10期。
③ 周雪光：《中国国家治理的制度逻辑：一个组织学研究》，生活·读书·新知三联书店2017年版，第15~18页。
④ ［美］彼得·圣吉著：《第五项修炼》，张成林译，中信出版社2010年版，第111~120页。
⑤ Dill D. D., The Management of Academic Culture: Notes on the Management of Meaning and Social Integration. *Higher Education*, 1982, 11 (3), pp. 303-320.
⑥ 李立国：《大学发展逻辑、组织形态与治理模式的变迁》，载《高等教育研究》2017年第6期。

愿参与到治理中来便可窥得一斑。① 其中涉及十分复杂的原因，超出了本书的讨论范围。但组织承诺感的缺失一定是重要原因之一。组织承诺是指组织成员愿意将自己的力量和忠心交给某个社会关系，是个体对一个特定组织接受、认同和投入的程度。管理学的基本逻辑认为，对组织进行团队建设的根本目标就是增加组织成员的组织承诺。② 因为其在构建组织成员的共享价值、增强组织的竞争力方面具有重要意义。对于大学而言，提高组织承诺是实现大学善治所必需的。

大学的组织特性决定了大学的基层学术单位之间的联系性比较脆弱，它们彼此之间分享不同的学术文化，因而通过学术本身构建组织承诺存在一定难度。因此，我们转换思路，认为将基层学术单位整合在一起的制度性力量，就是大学的行政管理部门。鉴于此，我们提出一个重要的假设，大学教师的组织承诺感中相当重要一部分来自与行政人员的互动和在整个大学治理过程中体现的存在感和价值感。而组织承诺感的建立，便可持续加强教师的投入和组织忠诚，进而推动大学的良性发展。这方面的突出案例是香港科技大学。孔宪铎指出，香港科技大学之所以迅速跻身世界一流大学，有一个重要的秘诀就是"以人为本"，即"延聘一流人才，并使他们快乐"，这当然不是没有原则的，而是基于一整套大家共同认可的"游戏规则"。③ 换言之，就是塑造一流教师的组织承诺感，建构他们的共同理想，让他们愿意付出，对组织忠诚。赵富强等的研究也指出，在高校管理中要特别注重心理资本所起的作用，④ 实质上也是在强调教师的组织承诺感。这些研究和实践无疑都支持了上述假设。由此可见，正确而有效的行政管理将在塑造教师组织承诺中扮演着重要角色。鉴于此，我们将能够促成大学组织承诺的行政管理称为有效行政。

大学治理的良序需要有效行政，有效行政的关键在于突破行政悖论中的消极方面，进一步发展积极方面。跳出权力论争的圈子和治理结构的视角，更多地关注组织中的人、关注人在组织中的承诺感，是重要且必要的治理逻辑。组织承诺的要素是构建共同体型制度和文化，不同的共同体塑造着不同程度的组织承诺。构筑高度承诺感的共同体是大学有效行政的价值选择。

---

① 教师不愿参与治理，体现为教师不愿参与各类政策制定咨询、不愿参与公共事务、不愿花费时间和精力处理与组织相关的事项等多个方面。
② 可见于清华大学宁向东教授的管理学课程，第51讲。
③ 孔宪铎：《我的科大十年》（增订版），北京大学出版社2004年版，第2页。
④ 赵富强、陈耘、张光磊：《心理资本视角下高校学术氛围对教师科研绩效的影响——基于全国29所高校784名教师的调查》，载《高等教育研究》2015年第4期。

二、共同体建设：有效行政的价值逻辑

（一）大学组织的四种共同体逻辑

大学组织内部的共同体至少有四种理想类型：职业共同体、利益共同体、事业共同体和命运共同体。四种共同体的范围和层级显著不同[①]（见图3-7）。

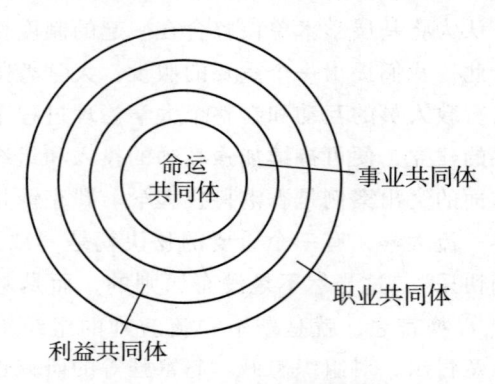

图3-7 大学组织的四种共同体

1. 职业共同体

任何一个组织中的大部分成员都处于职业共同体的层次。职业共同体的典型特征是组织成员主要为了获得经济报酬。在这种状态下，组织的好坏与他无关，这一点在长期存续的组织中表现得尤为明显。而大学恰是存续时间悠长的组织形态，前述调查结果也在一定程度上反映了确实存在一定比例的职业共同体教师。"做一天和尚撞一天钟"是该共同体的常态，其较少有目标感和责任感，甚至会在有些情况下损耗仅有的组织承诺，为组织带来危机，是组织冲突的潜在危机。

2. 利益共同体

利益共同体相较于职业共同体而言，组织承诺稍强。其核心特征是组织成员拥有共同利益。在大学治理中，利益共同体往往体现出一种学术和行政的共谋。例如，行政制定量化评价标准，部分学术人员趋利投机，以获得"学术繁荣"的虚幻假象。随之而来的是学术不端、学术腐败、行政化加深。利益共同体下的组

[①] 此处受清华大学宁向东教授管理学课程的启发。其论述的重点是企业的团队建设。整套逻辑推演到大学组织中来，在分析大学发展和组织承诺的关系上具有很强的解释力。

织承诺更多是一种利益承诺。短暂的利益追逐过后，当利益发生迁移或消逝，所谓的组织承诺也随之消失。

3. 事业共同体

事业共同体的基本特征是组织成员拥有共享目标和共同理想。事业共同体本身也是有层级的。就大学组织的整体而言，全体组织成员的共享目标可以作为一项"事业目标"，而各类学术团队的集体学术目标也可作为一项"事业目标"。随着组织规模的扩大，在整体大学层面形成事业共同体越发困难。但关于跻身世界一流大学和一流学科，传播知识、真理和人类文明，守护大学精神，服务国家与社会等目标，都会给大学组织作为一个事业共同体提供"向心力"。在事业共同体中，组织成员普遍拥有"获得感"，组织承诺水平居高。

4. 命运共同体

命运共同体是共同体建设的终极样态。其核心特征是组织成员与组织共存亡。最典型的例子是战斗中的军队。就大学而言，组织成员以高度的责任感投入工作，与本校的名誉、声望休戚与共，也可以视为命运共同体的表现形式。但与事业共同体类似的，在大学这样的"巨型组织"中，构筑命运共同体也十分不易。但通过这样的逻辑理路增强"向心力"，是提高组织承诺的重要路径。

（二）共同体视野下的有效行政

用该共同体框架审视当前大学治理可以看到，在更多情况下，大学组织中的个体更多处于职业共同体和利益共同体之下。随着大学组织规模的扩大，建构整体的事业共同体和命运共同体愈发困难。但通过构筑关于共同体的"向心力"，使得大学组织内部的共同体建设向事业共同体和命运共同体的方向发展，是大学治理改革的基本价值取向，也是大学有效行政的必然选择。

从事业共同体和命运共同体的基本特征来看，其轴心在于有一个相对清晰的组织目标，并获得广泛认同。但大学本身是一个具体目标模糊的组织。[①] 因此，形成一种关于学术和行政关系的共识十分重要。这一共识的内核就在于在维持组织良好运转的情境下，行政当以学术为中心，为学术服务。这是学术逻辑和管理逻辑贯通的重要前提，对改善学术与行政的关系、推动二者的相互理解、形成共享价值具有重要意义。就我国目前大学治理的普遍情况看，其中涉及大学行政管理主体的价值和行动变革。而推动这一变革的实践基础，就是进行大学行政纪律

---

① Cohen, M., March, J., *Leadership in an Organized Anarchy*. M. Christopher Brown II, James L. Ratcliffe, etc. *Organization & Governance in Higher Education* (*fifth edition*). New York: Pearson Custom Publishing, 2000, pp. 16–35.

建设。换言之，行政纪律建设是推动这一变革的实践逻辑。

三、行政纪律建设：有效行政的实践逻辑

（一）行政纪律建设的实践框架

行政纪律建设是大学纪律建设的有机组成部分。其直接源自党的十八大以来党和国家的治理经验。纪律建设的突出特征是强力的激励和惩罚措施、具有秩序重构的制度和文化力量。根据大学纪律建设的分析框架，对行政纪律建设的分析也基于"个体/组织"和"观念/行为"组成的二维矩阵框架。①

行政纪律建设的主体主要是高校行政人员，具体包括专职行政人员和"双肩挑"人员，学术人员的循规观念与行为也属于该框架的探讨范畴。个体层面的行政观念建设（A）与组织层面的行政观念建设（B）是统一的，都指向"服务"第一序的大学行政观。个体层面的行为建设（C）指向行政人员的行政实践，破除其观念与行为中存在的张力，也指向学术人员的行政规范意识。组织层面的行为建设（D）涉及组织成员对现有行政规则的评价，需要构建全新的行政规则，创制行政评价体系，通过强力的激励和惩罚措施改善主体行政行为。在此框架指导下，行政纪律建设体现在三条实践思路之中。

1. 推动构筑"服务第一序"的动态大学行政纪律

"服务第一序"的行政纪律的前提是树立"服务第一序"的大学行政管理观。与此相配套的是大学内部整个的行政组织变革，是对"管理"概念的重新认识。在管理学看来，组织想要长期存续，唯一不变的就是组织变革，大学概莫能外。面对当前大学内部的学术和行政冲突、教师普遍的组织承诺感缺失等问题，十分有必要通过行政纪律建设改善这一现状。这也是大学真正从以科层和等级为逻辑基础的管理走向以共享和协商为基础的治理；行政管理从观念中的"领导"走向管理实践中的"服务"，从控制理路走向协调机制。这其中的重点是大学内部"关键少数"的观念变革，其核心是校领导，其重点是机关部处领导。重要的实施路径是在学校层面建立全新的"服务第一序"行政纪律，包括但不限于：建立权责清单制度，优化行政对学术的服务；② 在重要行政领域（如日常事务、财务管理、行政审批等）和行政评价机制中构筑包含服务和业务两条主线的行政人

---

① 刘益东、杜瑞军：《大学政治纪律建设的调查研究》，载《复旦教育论坛》2018 年第 1 期。
② 钟晓敏：《加快教育"放管服"改革推进大学内部治理体系和治理能力现代化——基于大学权责清单制度的探索》，载《中国高教研究》2018 年第 2 期。

员的绩效考核系统,加大激励程度和惩罚力度。如果面临关键组织效率和服务第一序相冲突的情况,应依据具体情况进行适度调整,让不同主体之间的沟通与协调成为常态。

2. 创建大学学术、行政与政治沟通的协调机制

要推动建构学术、行政与政治沟通的协调机制,把行政管理放入大学治理的大背景中来。人们需要认识到大学治理处于一个动态的权力三角之中,权力的监督、支持和运行都是相互的。① 而且,随着大学组织目标的日益多元化,不同权力主体之间的协调和对话成为必然选择。② 因此,行政纪律建设不是孤立的,而是处于一个学术纪律建设③和政治纪律建设④的整体框架中。三方纪律建设在推动自律的同时,也在促进三方的沟通和制约。行政纪律的提出,意义在于其在协调过程中克服行政本来存在的科层化倾向(即希望通过命令式的、基于职位的结构性的制度权力参与协调过程),而要更多地在松散联结的学术院系之间起协调作用。组织承诺是协调机制有效性的文化保障因素,这同时意味着行政纪律建设要在组织内部新型共同体的建构中发挥积极效用。

3. 以行政纪律建设引领组织共同体建设

行政纪律建设为重新认识大学组织内的共同体提供了基础。在大学组织层面,要超越学术共同体的思维模式,把行政群体也纳入组织共同体的建设中来,为构筑组织中的事业共同体和命运共同体提供强大的"向心力"。其要点在于,以行政纪律建设为基础,落实"服务第一序"的行政观,拓展高校内部的三权协调机制,从根本上增强教师的组织承诺。换言之,就是要把人的因素作为组织发展的重要考量,通过行政纪律建设,约束人性中的固有缺陷,⑤将人的观念、行为、互动模式引导到构筑事业共同体和命运共同体的方向上来。

经由这三个方面,行政纪律建设可以促进大学行政管理的深刻转型,这其中既有观念的变革,也有实践的变革。而这些变革一方面能够增强学术科研人员对大学的组织承诺,另一方面有助于构建学术与行政之间的组织共同体,进而促进大学的有效行政。有效行政意味着大学治理不再仅仅局限于对结构的认知,而是更多走向组织中的人,将整个治理看作"一个由结构和人所组成的互动网络"。⑥

---

①⑤ 周作宇、刘益东:《权力三角:现代大学治理的理论模型》,载《北京师范大学学报》(社会科学版)2018年第1期。

② 赵聪环、周作宇、杜瑞军:《论大学治理的领导力基础》,载《中国高教研究》2017年第12期。

③ 刘益东、杜瑞军、周作宇:《学术纪律建设:破解学术失范的"系统"力量》,载《国家教育行政学院学报》2017年第6期。

④ 刘益东、杜瑞军:《大学政治纪律建设的调查研究》,载《复旦教育论坛》2018年第1期。

⑥ Austin D., Jones G. A., *Governance of Higher Education: Global Perspectives, Theories, and Practices.* New York: Routledge, 2015. P. 56.

（二）行政纪律建设的误区

在强调行政纪律建设对构筑大学有效行政的重要性的同时，也要避免几个认识和实践误区。首先，行政纪律建设"服务第一序"并不意味着行政在大学中处于边缘地位。任何组织中处于边缘地位的一方，其组织承诺感势必降低，这反过来影响组织的共同体构建，反而阻碍了行政纪律建设的过程。"服务第一序"是一种权力协调逻辑，是转变当前高校内行政管理科层化倾向的战略选择，是提高教师组织承诺的关键。这也要求，在行政纪律建设的同时，要同步加强行政管理队伍专业化建设，不断提高大学的有效行政水平。其次，行政纪律建设是一个上下互动过程，需要多元主体参与。在有些学者看来，"纪律建设"意味着控制和强制，但这可能只描述了政治场域中纪律的一个侧面。大学纪律更多是一种规范和价值体系，其中包括了大学和其利益相关方的价值观。行政纪律建设既需要由上而下顶层推动，也需要基层行政管理人员由下而上的互动和变革，需要自主地采取行动，真正转变个体的行政观念，重新界定大学行政管理的价值排序。最后，行政纪律建设不是孤立的。行政纪律建设作为大学纪律建设的组成部分，需要大学全体教师的支持、理解和广泛参与，只有更多人参与到行政纪律的制定、监督和制约中来，才能更广泛地提高组织承诺，推动构建大学内部的事业共同体和命运共同体，形成有效行政的组织氛围。

大学作为一种组织现象，始终处在发展与变化之中。变革是大学的常态。首先需要观念的变革，需要突破大学内部的横向分权逻辑，跳出学术权力和行政权力的争论，把各类权力主体置于一个动态平衡的权力三角之中审视现代大学治理，这样就能看到大学治理的大图，把大学的有效行政摆在一个更加重要的位置来审视。而形成何种组织共同体则决定了变革的取向。超越职业共同体和利益共同体，通过行政纪律建设形成构筑事业共同体和命运共同体的强大"向心力"，是提高大学组织承诺的必由之路，也是大学行政管理走向有效行政的变革之旅。

第四节 政治纪律建设：重构大学治理秩序

在大学治理的权力三角模型中，我们讨论了政治与行政分野的理论与实践基础，指出三权协调是实现大学善治的必由之路。从权力三角的分析中可以看到，政治在中国大学治理中存在一个两极悖论：一方面，政治在大学的日常运行中起到重要作用；另一方面，政治又由于各种各样的原因受各方忽视，甚至谈之色变。在某种意义上，这也是组织失败在政治方面的表现，大学政治纪律建设理应对这一悖论予以弥合。根据大学纪律建设的基本理论框架，政治纪律建设的分析层次偏向中观和微观，关注大学组织内部。该框架指出政治纪律建设包括以下内容：在个体层面，具体表现为个体的政治观念（A）和政治行为表现（B）；在组织层面，具体表现为教师对组织的相关规章制度建设情况（C）和执行情况（D）的评价；考虑到大学党建在大学的政治纪律建设中的特殊性，特别将大学党建效果评价（C、D）列入该框架。但由于政治权力是贯通大学内外的特殊权力形态，在国家层面也有不同的政治治理方式，因此，仅从框架出发讨论政治纪律建设的治理意义就会忽略政治在大学治理中更广阔的治理意蕴。由此，有必要进一步讨论国家层面的政治纪律建设对高校的治理影响。

一、大学治理秩序：政治纪律建设的视角

党的十八大以来，党的纪律建设一直是国家治理改革中的重要方面。纪律建设对重构国家治理秩序起重要作用。受国家治理改革的影响和推动，大学治理秩序变革成为可能。

如前所述，大学纪律建设的目标在于应对高校治理中的组织失败现象。在高校组织内部，重构学术评价的学术纪律建设、复归"服务第一序"的行政纪律建设都是应对组织失败、完善大学治理秩序的必要举措。在政治层面，高校的组织失败现象有诸多表现，其集中表现为大学治理的无序。就重构治理秩序的目标而言，政治纪律建设的重点在于如何促进不同情境下政治逻辑的变迁，使其能够形成相对一致的主导逻辑；如何提高高校党建活动的适切性与有效性；如何通过政治纪律建设切实改善大学治理中的政治体制机制问题。体制问题涉及国家与大学的关系，主要是党的领导弱化现象；机制问题主要涉及组织内部治理的领域，主要是监控薄弱、信息不透明、程序合法性弱、权责不对等和问责不力。① 换言之，从政治纪律建设视角审视治理秩序，涉及组织内外两个方面。就组织外部而言，是将国家与大学的政治功能贯通起来，不把大学看作孤立的组织，而将其视为国家网络中的必要组成部分，国家和政府在大学的政治秩序构建中具有引领性作

---

① 黄帅、姜华、苏永建：《体制与机制：高校内部权力制约与监督——基于39所高校巡视反馈文本的主题分析》，载《复旦教育论坛》2018年第1期。

用；就组织内部而言，是将政治明确地在高校内部提出，把大学看作一个政治场域，① 将治理中的人视为"常人"，力图构建学术、行政和政治相平衡的治理结构，以政治为抓手构建大学治理的协调机制。二者共同形塑了政治视角下的大学治理的宏观秩序和微观秩序。

二、宏观治理秩序重构：政治纪律建设的国家行动

从政治纪律的视角重新审视大学治理，就可以看到党的十八大以来以高校巡视为核心的一系列中央治理模式对重塑大学治理秩序的影响。通过对高校巡视中所显现的问题进行分析，可以勾勒出国家在进行大学政治纪律建设过程中的总体框架。

我们通过对 29 所中管高校巡视文本的编码分析，发现高校治理中的突出问题表现在以下六个方面：第一，党的领导方面有短板。具体表现为四个意识不够强、党委核心作用体现不够（党委领导下的校长负责制执行不力）、思想政治工作重视不够、意识形态工作不到位（贯彻中央决策不到位、阵地意识不强、学习习近平总书记系列讲话不到位）等。第二，大学党建有漏洞。具体表现为党内生活不严不实、执行"三会一课"等不到位、基层党组织弱化虚化现象、党员先锋模范作用待发挥。第三，存在政治违规现象。具体表现为存在"四风"问题、执行八项规定不到位、"两个责任"落实不到位等。第四，选人用人机制待完善。具体表现为选人用人程序不合理、管理不到位、人才引进把关不严、存在裙带关系等。第五，纪委执纪宽松软。具体表现为学校纪委执纪不严、不敢动真碰硬、"三转"不到位、监督不力等。第六，多领域存在廉洁风险。主要为校办企业、资产管理部门、校医院等。总的来看，国家认为大学治理中对政治纪律的重视度明显不够，尤其是在贯彻落实党的领导方面有较大距离。这是国家层面决定开展政治纪律建设行动的重要动因。

以巡视为核心的大学政治纪律建设的国家行动，彰显了大学的政治基础，明确在高校治理中强调政治纪律的重要性。这既是对我国三十余年来实施党委领导下的校长负责制的总体反馈，也是对当前大学治理中政治层面的组织失败现象的系统性纠偏。此次巡视把党的领导、党的建设、党的纪律监督、党管人才干部、党的政治秩序综合起来，编制了以政治纪律建设为中心的治理之网，对重构高校

---

① 大学作为一个政治场域的学术观点最早见于鲍德里奇关于大学政治模式的研究。鲍德里奇根据纽约大学的案例分析，描述了大学内部的权力斗争、利益博弈等过程。政治模式对解读大学治理具有重要意义。但本书所论的政治场域并不等同于鲍德里奇的政治模式，而是从宏观微观相结合的政治视角解读组织，是在中国特殊背景下所理解的广义政治。

治理秩序具有重要意义。其至少释放了国家在处理国家与大学关系方面的几大信号。首先，明确了大学既作为一个学术组织也作为一个政治组织的定位，力图在党的领导层面贯通学术与政治的鸿沟，使二者成为大学发展的两翼。其次，凸显了党的领导和高校的意识形态建设在大学治理秩序中的重大影响力，指出二者缺失的治理秩序将不具有合法性基础。最后，重点检讨了大学纪律检查和监察机构的体制机制障碍，力图使纪律检查和监察机构在大学治理中发挥更加重要的作用。

党的十九大报告进一步指出党的领导的重要意义，特别强调"党是领导一切"的。宪法修正案又将党的领导进一步法制化。国家层面加强党的领导的一系列举措，在大学治理层面都有具体的表征。可以预见，未来国家将采取更多的治理方式强化高校巡视的各项举措，进一步规范大学的政治秩序。

高校巡视工作完成后，各高校公示了政治纪律建设的时间表和路线图，提出了针对六大方面问题的具体举措。国家层面的政治纪律建设初显成效。但这些时间表和路线图是否符合大学组织特性，是否具有有效性，是否能够有效改善大学的治理秩序，还有待时间检验。宏观治理秩序变革势必引发微观治理秩序变革，大学政治纪律建设的分析框架将为研究高校组织和个体层面的自主行动提供抓手。

三、微观治理秩序变革：政治纪律建设的实践路径

在组织和个体层面，根据大学纪律建设框架，我们进行了研究，以揭示大学政治纪律建设的整体情况。① 研究结果显示，我国大学政治纪律建设的总体处中等偏上水平，在对政治纪律建设的四个因子（高校政治纪律贯彻与执行情况、高校党建效果评价、高校政治失范治理、个体政治行为）上，党员教师显著好于非党员教师，自然科学教师明显高于人文社科教师，行政人员明显好于学术人员；但在高校类型、管理者的行政级别等方面没有显著差异。大学在关于政治纪律的制度建设和制度执行方面普遍得到教师认可，教师的思想政治水平较高，个体政治失范行为管理也处于较高水平。但在某些方面问题也比较突出，尤其是大学党建活动和民主投票的形式化问题和大学内部的"两面人"的治理等问题。这几方面问题在一定程度上会导致大学政治纪律建设不力，也是形成所谓"行政权力压制学术权力""教师参与学校决策受阻"等现象的重要原因之一。基于对研究的进一步深化，我们认为微观层面的大学治理秩序变革需要政治纪律建设的助力，

---

① 刘益东、杜瑞军：《大学政治纪律建设的调查研究》，载《复旦教育论坛》2018 年第 1 期。

大学政治纪律建设的实践路径需包括以下几个方面。

（一）旗帜鲜明地把政治纪律在高校内立起来

党的领导弱化是高校在政治方面出现失范现象的根源。一部分原因在于高校内部常规性地将视野定位在学术权力和行政权力的二元论之间，在一定程度上忽视了大学的政治权力，[①] 不仅如此，基于高校内部"双子权力系统"[②] 的治理实践和多数高校行政与党政部门"一套人马、两块牌子"的现象，[③] 在大学治理中多将行政与政治混为一谈，均置于学术的对立面。政治权力没有明确的主体和对象，政治纪律自然得不到合法性的保证。

面对大学政治失序的诸多表现，仅采取"头痛医头脚痛医脚"这样看似"对症下药"的措施并不能从根本上解决问题。还要考虑从系统的角度切入。针对政治失范，也不能完全依靠国家层面以大学巡视为基本表征的"运动式治理"，因为这会在一定时期内削弱大学党委的主体领导地位，使教师对其合法性产生怀疑，甚至产生"朝令夕改"的效应，让人"无所适从"（XJDY051），进而使教师产生政治承诺的偏离。从系统论来看，短期看似有效的行动策略，在长期甚至会阻碍政治秩序的复归（见图3-8）。

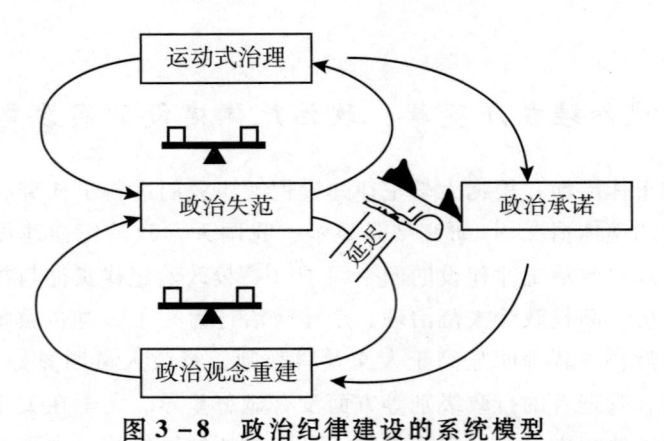

图3-8 政治纪律建设的系统模型

[①] 周作宇、刘益东：《权力三角：现代大学治理的理论模型》，载《北京师范大学学报》（社会科学版）2018年第1期。

[②] 孙天华：《大学的科层组织特征及效率——对我国公立大学内部治理结构的分析》，载《河南社会科学》2004年第5期。

[③] 与文前所述"党政合一"是同一现象。

从党的纪律建设的理论与实践来看,唯有对政治的真信、真懂、真实践,将其作为一种自觉纪律并常态化,才是根本解决之道。具体而言,一方面,需要转变大学治理的观念。突破大学治理中学术与行政的二元治理观,把政治意识在大学的管理和治理中树立起来,构建起关于大学治理理念的权力三角,①重视政治权力在大学中的合理和合法地位。另一方面,需要进行大学治理的行动变革。这种变革既需要大学的领导者积极引导,也需要大学组织内的每一个成员参与。大学的领导者需要认识到大学政治纪律建设的关键在于,在更加公平、公开、公正的环境中行使管理权,接受监督;大学组织成员也应认识到,需要将学术生活与政治生活有效结合起来,在可能的范围内积极参与大学治理,助力形成更加民主的大学治理氛围。② 只有先给政治"除魅",认识到政治的常态,才能破除不同群体间的政治逻辑差异。因此,必须首先将高校内部的政治纪律明确地立起来,形成政治失范的常态预警和监督基础。

(二) 将大学党建与大学组织特性结合起来

大学党建是大学政治纪律建设的重要组成部分,是贯彻党对大学领导的重要方略。但从调研的结果看,大学党建活动中存在"运动式治理"的方式。调研数据业已说明了这一现象。在因子分析时删除的"15. 我校党建活动的开展过于频繁,影响正常的教学于科研活动"一题中,比较同意(135)与完全同意(46)的比率占31.7%,而比较不同意(155)和完全不同意(33)的比例占32.9%,二者几乎相当。虽然在该题答案上的极端分化,但也在一定程度上揭示了大学党建活动中教师们诸多的不满意。在"政治3"中关于党建活动形式意义大于实际意义的问题中,则有40.1%的教师表示了同意,更加印证了上述论断。此外,在访谈中"戴着镣铐跳舞"(XJDY006)、"一级骗一级"(XJDY030)、"游走于政策边缘"(XJDY039)、"经常性要坐板凳……事实上就是把材料念完,听得大家瞌睡得不行"(XJDY081)等无奈的表达中,也再次印证了上述判断。从系统角度看,虽然运动式党建在短期内有助于提高大学党建活动的效力,但长期看会招致教师的反感,并不利于大学党建的展开,也无助于党建效果的提升。

大学党建活动需要与大学组织特性结合起来,才能避免形式化。或许可从以下几个方向考虑大学党建活动的方向:第一,将大学的党建活动与大学学风建设、学术道德建设结合起来,将大学党建作为防治大学学术不端的一条路径;第

---

① 周作宇:《微观政治:大学治理中的一个特殊场域》,载《清华大学教育研究》2017年第2期。
② 刘益东、杜瑞军:《大学政治纪律建设的调查研究》,载《复旦教育论坛》2018年第1期。

二，将大学的党建活动与大学文化建设结合起来，让教师在党建活动中获得精神洗礼，获得精神启示，这些方式包括但不限于：与学校的组织传奇（saga）、① 历史故事、文化传统相结合等多个方面。究竟何种方式更为有效，则需要更加细致的研究和实践探索。②

---

① Saga 是伯顿·克拉克大学文化模型中的核心概念，可简要理解为大学的精神领袖，对大学具有重要的精神引领作用，影响大学的走向。
② 刘益东、杜瑞军：《大学政治纪律建设的调查研究》，载《复旦教育论坛》2018 年第 1 期。

第四章

现代大学治理结构中的德治礼序研究

第一节 德治礼序的传统内涵及其演变

文化是民族的血脉，推动文化繁荣与精神文明建设是我们党和国家多年来的工作重点。尤其是党的十六大以来，培育民族精神，弘扬传统文化，提升文化软实力开始成为提升国家治理能力的重要目标和组成部分。重视文化功能的发挥，是国家社会治理由单一的制度建设向综合治理的转变。党的十八大报告中就明确提出要"建设优秀传统文化传承体系，弘扬中华优秀传统文化……树立高度的文化自觉和文化自信"。大学作为传统文化的传承者和先进文化的创造者，肩负起这一使命显然义不容辞。王岐山同志曾讲道："中华传统文化是责任文化，讲究德治礼序……我们必须继承和弘扬中华民族优秀传统文化，汲取德治礼序、崇德重礼的文化精华。"① 重倡德治礼序，挖掘传统智慧的理念不仅是国家治理的重要手段与方向，也为我国大学现代治理提供了新思路、新选择。德治礼序作为以儒家思想为代表的传统文化的起点与核心，曾担负过我国传统社会各时期人性教化与国家治理的历史使命，也是长期以来古代育人理念与制度的核心，更是全社会道德与行为的重要标准，对中国古代社会的稳定与发展做出了有益的贡献。德

---

① 孙乾：《王岐山：谁敢继续我行我素就要付出代价》，人民网，2014年10月26日，http://politics.people.com.cn/n/2014/1026/c1001-25908605.html。

治礼序与现代大学治理的结合是传统与现代的碰撞,是传承与回归,亦是创新。

一、德治礼序的起源及其内涵

德治礼序是中国传统文明特有的符号,其相关术语最早常见于先秦诸子作品之中,但"德治礼序"这一词组则是现代用法,已有资料中最早见于 2014 年王岐山同志的讲话之中。① 德治、礼序从语法角度可理解为以德为治、以礼为序,② 传统中的"德""礼"各有所指,也常同时使用,共同构成古代政治家治国理政的智慧来源与知识分子精神修养的核心内容。德治礼序在先秦儒家思想中最为明显,孔子云:"为政以德,譬如北辰居其所而众星共之。"③ 其将"德治"视为治国理政的核心,主张以道德教化维护统治秩序,使人民对君主自觉服从以保证统治者地位的合法性。当时"德治"的目的主要在于区别"法家"所主张的严刑峻法,在孔子看来,用"德""礼"的逻辑治国相比于严刑峻法来讲是一种更高明的手段和层次,他说:"道之以政,齐之以刑,民免而无耻;道之以德,齐之以礼,有耻且格。"④ 这也与《礼记》中的"夫民,教之以德,齐之以礼,则民有格心;教之以政,齐之以刑,则民有遁心"相一致。可见在儒家看来,德礼并用比政、刑强制更有利于良好人格的塑造。与"德治"思想一样,"礼"的应用也主要体现在君臣关系、政治关系上,如《论语·八佾》中的"君使臣以礼,臣事君以忠"就是孔子政治道德主张的核心体现。

那么"德"和"礼"的传统内涵究竟是什么呢?"外得于人,内得于己也。"这是东汉许慎在《说文解字》中关于"德"的解释,即以善德施于别人,使人各得其所,以善念存诸心中,使身心各得其益,倾向于表达一种向善的伦理规范。"礼"("从示从豊。履也,所以示神致福也"⑤),最初指祭祀所用之器物,后引申并抽象为社会伦理规范与意识形态。《孟子·梁惠王下》中对礼的来源有这样的论述:"礼义由贤者出",即认为"礼"是特定文化中由圣贤制定的行为准则。《资治通鉴·周纪·威烈王》则对"礼"有详细解释:"夫礼,辨贵贱,序亲疏,裁群物,制庶事,非名不著,非器不形;名以命之,器以别之,然后上

---

① 孙乾:《王岐山:谁敢继续我行我素就要付出代价》,人民网,2014 年 10 月 26 日,http://politics.people.com.cn/n/2014/1026/c1001-25908605.html。
② 此处"德治""礼序"语法相同。"德""礼"皆为名词。"治"与"序"既可作动词,意为治理、使……有序;又可作名词,理解为治理、有序的状态。
③ 杨伯峻:《论语译注》,中华书局 2012 年版,第 15 页。
④ 杨伯峻:《论语译注》,中华书局 2012 年版,第 16 页。
⑤ 许慎:《说文解字》,上海古籍出版社 2007 年版,第 2 页。

下粲然有伦，此礼之大经也。"① 可见此时的"礼"已经转化成为可操作、具体化的实践层面的礼，其核心在于维护一种秩序，具体表现在区分地位高下与身份贵贱，排比亲疏，在于明确人与人之间的差异。所谓君臣之义、父子之亲、夫妇之别、长幼之序正是这种道理，礼成为古代社会"定亲疏、决嫌疑、别异同、明是非"② 的标准。当然"礼"的内涵的丰富性还表现为可用来裁决、处理各类日常庶事。而不同身份的人拥有的名分与其差异化则是"礼"的外在表现形式，通过这些方式把"礼"具体化、明确化了。

当然，"礼"的应用并不止于以上方面。如"恭近于礼，远耻辱也"③ 讲的是与人交往需合乎礼。"生，事之以礼；死，葬之以礼，祭之以礼"④ 则是说尽孝于父母，无论何时都不可违背礼。《礼记·礼运篇》也详细记述了古代"礼"在各方面的功用，"礼义以为纪，以正君臣，以笃父子，以睦兄弟，以和夫妇，以设制度，以立田里，以贤勇知，以功为己"。⑤ 可以看出，从君臣、父子、兄弟、夫妻关系到制度建设、社会道德等方方面面，"礼"成为整个社会的行为准则和规范。罗国杰也认为"礼是社会道德原则和总体框架，它不是某种内心的情感和道德境界，而是人和人之间都应该遵循的规范、准则以及人民行事的礼节、仪式"。⑥ 因此即使是对礼的价值持有否定态度的蔡尚思先生也认为："中国思想文化史不限于儒家，而不能不承认儒家是其中心；儒家思想不限于礼教，而不能不承认礼教是其中心。"所谓修身、齐家、治国、平天下都要遵循礼的逻辑。

综上所述，"德"和"礼"共同构成了古代社会治理和道德教化的思想基础和秩序保障，二者皆具有极为丰富、宽泛的内涵。"德"是重要的社会伦理、政治和社会原则，在维护社会秩序、和谐人际关系、规范人的行为等方面都发挥着不可替代的作用。"礼"则是约束社会个体的规则和理念，使人们的行为与自身身份相匹配，而不有所僭越。马戎认为，随着语境的发展变化，"德"与"礼"的区分并不十分明显，"礼"可用来描述约定俗成的"德"，"德"亦可以表达约定俗成的"礼"。⑦ 这在今天看来对约束和规范人的行为也有相当意义的启发。当然需要明确的是，古代倡导的德治礼序一方面是一套自上而下的思想观念体系，主要在具有一定社会地位的贵族阶层发挥作用，具有明显的等级色彩；另一

---

① 司马光著：《资治通鉴·周纪·威烈王》，沈志华、张宏儒编，中华书局2009年版，第2页。
② 杨天宇：《礼记译注》，上海古籍出版社2004年版，第2页。
③ 杨伯峻：《论语译注》，中华书局2012年版，第11页。
④ 杨伯峻：《论语译注》，中华书局2012年版，第17页。
⑤ 杨天宇：《礼记译注》，上海古籍出版社2004年版，第266页。
⑥ 罗国杰：《中国伦理思想史》，中国人民大学出版社2007年版，第117页。
⑦ 马戎：《罪与孽：中国的"法治"与"德治"概说》，载《北京大学学报》（哲学社会科学版）1999年第2期。

方面德治礼序又超越等级与阶层，具有全社会的普遍价值与约束力。

二、德治礼序与中国古代社会

从中国历史上的实际情形来看，德治既是一种政治理念，亦是一种制度形式。关于德治思想的研究更多的是放在法治的背景之下，很多学者都对法治与德治关系及其互补性进行了探讨。如孙莉在《中国社会科学》发文指出，中国传统德治的进路是把道德一统化，再把法与道德一体化。这在宗法社会结构和专制统治下可能是合理的，但它却是在牺牲法的形式合理性同时也背离道德本性的情形下运作的，因而在现代法治和道德精神的框架内，会因不具形式上的正当性而无法操作。作者认为，法治的正当性不只在于其尊重人权和自由的精神内蕴，更在于过程本身的正当性，在于通过过程本身的正当来实现结果的正当。这意味着法治是一种根本性的道德，即制度的道德。这种制度的道德是个人道德选择和道德生活的预设前提，所以道德建设在实质上应是道德的制度性环境建设。而关于先秦礼的教化功能在涵养人性方面与教育在一定程度上具有一致性，使人成"人"是"礼"文化发展的重要动因，也是先秦儒家教育的重要目的。明礼、习礼和执礼的过程就是教育的过程。教化功能不仅是我国传统教育的要义，也是现代教育的应有之义。

德治礼序虽是等级社会体制下的产物，一定时期内也建立在人与人之间一定的不平等之上，但其思想内涵数千年来对中国人的精神价值、物质生活的规范与引领作用是无可替代的。罗国杰在《中国伦理思想史》中指出："礼是社会道德原则和总体框架，它不是某种内心的情感和道德境界，而是人和人之间都应该遵循的规范、准则以及人民行事的礼节、仪式"。"内德外礼"是儒家主张的核心，因此自古以来，德、礼便是不分家的。因此马戎也认为，随着语境的发展变化，"德"与"礼"的区分并不十分明显，"礼"可用来描述约定俗成的"德"，"德"亦可以表达约定俗成的"礼"。因此马戎认为，从今天来看以德性权威、人伦重建、任贤使能、移风易俗等为主要内容的中国文化复兴，是中国文化秩序重建的必由之路。总体来看，对于传统礼的研究，多数学者还是承认其积极意义，并论述其对于社会教化与治理的正面价值的。

三、德治礼序与古代中国高等教育

提及中国古代大学，首先存在的一个争论是我国大学的起源问题，对此目前学界尚无定论。据文献记载，我国最早的高等教育雏形可追溯到五帝时期的成均。而大学这一称谓,早在西周时期已较为常见,如《礼记·王制》所云,"小学在公宫南之左,大学在郊"。① 周益斌认为,关于我国大学的起源,学术界比较有代表性的主张有以下三种:一种认为我国大学主要源于古代的"太学";一种认为应以清末引入的西方大学堂作为我国大学的源头;还有一种认为我国大学应以西方大学堂与我国传统书院作为双重起源。② 而周谷平、张雁指出,学界一般都把建于公元前124年的太学视为古代中国高等教育的发端,但也一直存在争议。③ 在笔者看来,太学作为大一统的封建帝国的中央最高学府,是中国历史上第一次为高等教育赋予国家层面的重要地位及合法性,因此以太学为起源是有很强的说服力的。

无论是历史上的欧洲中世纪大学,还是中国古代高等教育机构,皆离不开特定的时代印记,不得不承担特定的历史使命,也无法进行全方位的纵向比较。它们在办学目的、育人理念与方式、社会职能等诸多方面不同于现代意义上的大学。那么中国古代大学与现代大学之间的对比何以可能呢?在笔者看来二者在最根本的两大职能——教育职能和社会规范与理念的创造、传播职能方面是一致的。也就是说作为教育机构和道德观念传播机构的古代大学与现代大学在相应职能上没有本质差异。

始于汉代的太学是古代封建帝国设于中央的高等学校,其地位是教育体系中的最高学府,在整个中国古代高等教育史上居于核心地位。与太学相匹配,各地方州郡则相应设立郡学、州学、府学、县学等地方性高等学校,此类学校也属于公立性质,但层次上各不相同,居于太学之下。隋唐以后,太学改为国子监,唐五代之间出现一种新型教育机构——书院。书院与国子监的区别在于前者主要是一种研究学问的民间组织机构,主要形式是私办官助。尽管偶尔受朝廷赏赐,但主要办学资源并不靠朝廷的奖励和补助。如吕思勉先生所言:"书院之设,大概由有道德学问者所提倡,或为好学者的集合,或则有力者所兴办。"④ 岳麓书院、白鹿洞书院、应天府书院、茅山书院等都是史上著名书院的代表。明清以来,书院作为中国文化的载体和先进教育模式,一度被日本、韩国和东南亚地区所效仿,可见其在世界教育史上也有一定地位。

---

① 杨天宇:《礼记译注》,上海古籍出版社2004年版,第149页。
② 周益斌:《论我国现代大学的起源——从太学、大学和书院的关系说起》,载《高等理科教育》2014年第1期。
③ 周谷平、张雁:《中国古代太学与欧洲中世纪大学之比较——兼论我国现代大学的起源》,载《高等教育研究》2006年第5期。
④ 吕思勉:《中国通史》,上海人民出版社2014年版,第236页。

（一）德治礼序是古代大学的制度核心

在大学管理上，今之大学有章程，古之大学有学规。学规作为古代学校管理规章制度的总称，最初只起到对学生行为、道德约束之作用。如齐国的稷下学宫制定的第一个学生守则《管子·弟子职》所言："先生施教，弟子是则。温恭自虚，所受是极。见善从之，闻义则服。温柔孝悌，毋骄恃力。志无虚邪，行必正直。"又如《论语》："弟子入则孝，出则弟；谨而信；泛爱众，而亲仁；行有余力，则以学文"，也可以视作对初学者的学规。到宋代时期，学规已发展成为学校和书院的规章制度的总体称谓。宋代太学学规对学生之过错就有严格的惩戒措施："生徒犯规，轻则关暇几月，不许出入；重则前廊关暇；再重则迁斋，若其人果不肖，则所迁之斋可以不受；既迁以后，又必本斋同舍力告公堂，方许放还；再重则下自讼斋，自宿自处，同舍亦不敢过问；又重则夏楚，屏斥终身不齿。"① 与太学学规相对应，《白鹿洞书院学规》可视作书院规章的代表。该学规由朱熹于公元1179年颁布施行，主要包括四个部分内容：一是五教之目，"父子有亲，君臣有义，夫妇有别，长幼有序，朋友有信"；二是为学之序，"博学之，审问之，慎思之，明辨之，笃行之"；三是修身之要，"言忠信，行笃敬，惩忿窒欲，迁善改过"；四是处事接物之要，"正其义，不谋其利，明其道，不计其功"，及"己所不欲，勿施于人，行有不得，反求诸己"。② 可以看出，此时的《白鹿洞书院学规》兼具现代意义上大学章程与校规校纪的性质与功能。其不仅对书院的办学宗旨、理念有明确说明，而且对学生学习之理念、为人处世之规范皆有一定的警示和要求。难得的是，以上多数内容，至今仍在不少教育机构被广为推崇，以校训等方式影响着今天的中国教育。可以看出，无论是《论语》《管子》，还是《太学学规》《白鹿洞书院学规》，都在不同程度上蕴含德治礼序的思想理念。或者笼统来讲，都体现出对以孔子为代表的儒家思想的尊崇，而德治礼序正是儒家思想的核心。

（二）德治礼序是古代大学理念与教育核心

论及古代大学的教育理念与内容，《礼记·王制》里有明确的表述："春秋教以礼乐，冬夏教以诗书。"③ 此处所谓礼乐自然是宫廷祭祀等仪式所用。周代的贵族教育中明确规定把礼、乐、射、御、书、数"六艺"作为教育必备的知

---

① 陈青之：《中国教育史》，东方出版社2008年版，第181页。
② 陈谷嘉、邓洪波：《中国书院制度研究》，浙江教育出版社1997年版，第451页。
③ 杨天宇：《礼记译注》，上海古籍出版社2004年版，第158页。

识；汉武帝时设立五经博士，教授《诗》《书》《礼》《易》《春秋》，奠定了儒家经典的尊贵地位；南宋理学家、教育家朱熹所主持编注的《大学》《中庸》《论语》《孟子》四书被定为官书，由此开始成为科举考试内容的来源和知识分子必读书目，自然也是大学教育的核心内容，也逐渐成为古代中国人安身立命之道，家传户诵之学。可见自春秋之后历朝历代，儒家经典著作长期以来构成古代大学传授知识、智慧和道德教化的主要来源（部分朝代是唯一来源），德治礼序作为孔孟之学的核心内涵自然是古代大学的"必修课"。科举制度与古代大学教育的结合，把德治礼序推崇到了一个更高的地位。

由以上论述可以看出，从大学、书院的日常管理、教育理念到课程设置等方方面面都把以德治礼序为核心的传统思想理念作为核心准则。在儒家思想长期占主导地位的古代社会，大学作为贵族知识分子教育的场所，德治礼序思想观念成为知识分子精神与道德的最主要组成部分，也成为统治者治国理政的工具与智慧来源。再加上长期以来的科举制度明确把儒家经典之内容作为选拔人才标准的依据，在制度上保证了传统文化在大学教育中无可替代的作用与地位。不过，中国古代的高等学校与现代意义上大学的关键差异还是应该明确指出的。一方面，古代大学教育具有明显的阶级性，正如吕思勉先生所言：所谓古代大学，即系王宫的一部分，都是从王宫中分离出来的。① 可见其在当时主要承担的是贵族教育的功能，并不惠及普通百姓。另一方面，从功能上看，学校作为政治上的一个机关，是政治制度的一部分，其目的主要在于培养政治人才，与学术无甚关系。② 不过这正好与儒家"学而优则仕"之主张相吻合。当然，作为民间教育机构的书院，在研究学问方面要优于官办教育机构，对推动民间思想文化交流有重要意义。此外，与欧洲中世纪大学相比，中国古代尽管有太学这样的高等教育机构，但在大学特征上与前者也不可同日而语。周谷平、张雁通过对比中国古代太学与欧洲中世纪大学得出结论：前者主要培养的是国家官员，后者则是未来职业人员的学习场所。③ 办学主体上，官办大学与私立、教会大学存在明确的主体差异。太学是封建官僚系统的组成部分，太学博士的身份具有官员性质，属于既得利益阶层，再加上以儒家理论体系为意识形态，因此难免走向保守，而其积极意义在于一定程度上有利于维持帝国思想文化领域的稳定性；欧洲中世纪大学旨在为当时社会背景下的教会及各行各业输送专业化、实用型人才，已具备相对明确的专业划分，如法律、医学、神学等，加上其高度自治与学术自由的环境，具有更高

---

① 吕思勉：《中国通史》，上海人民出版社 2014 年版，第 228 页。
② 吕思勉：《中国通史》，上海人民出版社 2014 年版，第 234 页。
③ 周谷平、张雁：《中国古代太学与欧洲中世纪大学之比较——兼论我国现代大学的起源》，载《高等教育研究》2006 年第 5 期。

的自主性与学术抱负，相比之下大学知识分子以走向仕途为最高追求，应有的学术追求被政治追求所取代了。

四、高等教育国际化与德治礼序的式微

明末清初，西学东渐之风盛行，中国高等教育开始兼具中国特色与西方模式的特征。换句话说，中国高等教育的近代化过程实质上就是西方化过程。1905年，为推广新式学堂，在袁世凯等人的主张与建议下，正式废除科举制度，新式学校逐渐成为主要的教育机构。1895年，由盛宣怀主持创办的中国第一所现代意义上的大学——北洋大学堂宣告成立，这标志着中国高等教育步入了新时代。而作为中国第一所冠以国立之名的京师大学堂，则开启了中国近代国立大学教育的篇章。

尽管这一时期大学的办学模式开始呈现西方特征，但从理念上看，仍坚持以中国传统为首要。1902年颁布的《钦定京师大学堂章程》就明确提出其办学方针是"中学为体，西学为用"。"中国圣经垂训，以伦常道德为先；外国学堂于知育、体育之外尤重德育。中外立教本有相同之理，今无论京外大小学堂，于修身伦理一门视他学科更宜注意为培植人材之始基。"① 由此可见，坚持传统的德育为先理念仍是其立校之本。而其章程中"所有学堂人等，自教习、总办、提调、学生诸人有明倡异说，干犯国宪，及与名教纲常显相违背者，查有实据轻则斥退重则究办"② 的规定对大学各类人员之言行皆有较强约束，这一定程度上也是大学之"礼"的体现，有所为，亦有不可为。作为第一个正式颁布且在全国普遍实施的学制——《奏定学堂章程》，其分科大学科目设置上，以儒家经典为主要内容的经学仍为首要。可见自先秦以来不断充实的儒家经典的地位仍在近代最高学府得以保障。

被誉为大师摇篮的西南联大，在内外交困、资源短缺的背景下曾经创造了中国近代高等教育史上的辉煌。西南联大的成功，一个重要原因在于当时该校教授多半有海外尤其是美国留学背景，接受过西方先进知识与思维训练。受西方大学治理体系影响，教授治校、学术自由成为西南联大的治理特征与理念。尽管如此，西南联大的成功也不能只归功于西方教育的贡献，其关键在于西方理念与本土文化的结合。对此，任之恭曾有一段回忆可为佐证："战争时期为保存高等教育而奋斗的主要动机来自于中国传统对学识的尊重，在以儒家为主的传统中，中国学者被认为是社会中的道德领袖……战时大学代表的不仅是书本知识，而且是

---

①② 张国有：《大学堂章程》，北京大学出版社2011年版，第12页。

国家道德和精神价值的体现。"① 谢泳的相关论述也与之不谋而合，在他看来："西南联大这批教授虽多接受过不同程度的西方教育，但在伦理道德层面却明显留有儒家文化的色彩，可以说专业和政治意识上倾向西方，而在生活层面上还是中国化的。"② 由此可以看出，西南联大的成功，表面上看主要是西方教育理念的功劳，但从根本上讲，中国传统道德精神和儒家文化中的家国情怀才是支撑知识分子不畏艰难、育人报国的精神支柱。

新中国成立之后，随着政治、经济领域全面向苏联学习，教育制度也照搬苏联模式，显现出高度的计划性和政策性特征。直到1978年改革开放后，先进的欧美教育模式开始大规模推行，从最初的办学基本模式到后来理念上亦采用西方模式，如今这一趋势和影响尚在不断深化。总的来看，从苏联模式到欧美模式，这一阶段的社会大背景下儒家传统的德治礼序文化曾一度遭到扭曲乃至践踏的不公正待遇。在高等教育领域，近乎所有大学发展先后以美式教育、英式教育为尊，中国大学与中国文化被割裂开来。

当前我国大学治理体系中，依旧存在着明显的"西方中心主义"的倾向。在中国建设一流大学的过程中，西方经验成为所谓的"主流经验"，西方传统、西方经验被无条件引入对中国问题的分析。应当承认现代大学治理体系建设中西方有好的经验和做法，但是从今天来看，这一趋势和逻辑是存在很大问题和弊端的。具体表现在两个方面：一是对国外模式的学习和效仿带有很大的局限性与片面性。正如一位大学校长所指出的那样："不少中国代表团到美国去考察，眼睛直盯着哈佛、耶鲁。名牌大学值得研究、效仿，但是它们并不代表美国教育的整体。"③ 二是对西方模式的简单移植和不当嫁接往往造成水土不服，同时又遗失了自身的教育传统。当前我国大学治理中的相当一部分问题和困境，都是西方高等教育理念与中国传统结合不当、相互冲突的结果。

要把我国建成高等教育强国，仅有模仿和简单移植是远远不够的。从长远来看，遵循和追赶西方大学的发展步伐，永远无法望其项背。因此未来我国大学治理的方向，必然是要更多地回归并利用中国传统教育智慧。我们要有自己的东西，建设中国大学，不是建设"在中国"的大学，而是打上了中国文化印记的大学，这必然就要求我们更加关注中国大学与中国自身传统。

高等教育全球化是一种现实性的趋势，也是各国高校应对外部环境的策略。西方大学的国际化主要特征在于积极主动参与全球竞争以及利用其长期以来世界领先的高等教育形成强大的向心力，而中国自近代以来大学的"西方化"则是迫

---

① 任之恭：《一个华裔物理学家的回忆录》，山西高教联合出版社1992年版，第101页。
② 谢泳：《西南联大与中国国现代知识分子》，福建教育出版社2009年版，第11页。
③ 黄达人：《大学的治理》，商务印书馆2013年版，第328页。

于外部压力而做出的被动选择。在此背景之下，高等教育系统更加需要立足本土，提高教育质量。① 中国特色现代大学治理必须和中国国情相结合，必须借鉴中国优秀传统文化中的宝贵经验。习近平总书记在北京大学讲话中提到，我们要建中国的北京大学，而不是把北京大学建设成为哈佛大学。② 大学是传承文化的重要机构，如果其失去了传承本民族优秀文化的功能，那么也就失去了灵魂。因此，把德治礼序纳入大学治理结构中，是建构中国特色大学治理体系的努力，也是中国大学贡献给世界的重要经验。

第二节 仪式、礼仪及其现代化

在儒家文化当中，自古德礼不分家。从个体角度而言，一个人的礼仪举止是其内在道德修养的外部表现，因此有内德外礼之说；从集体角度来看，礼仪的社会化和标准化在一定程度上规训着人与人之间的行为处事方式，也在社会秩序、社会习俗和社会文化的形成当中发挥着积极作用。而大学治理这一话语决定了我们关于礼仪秩序的讨论主要着眼于大学组织这一集体层面。此外，为了更好地处理和衔接好传统与现代、中国与西方、大学与社会这些关键概念之间的关系，本节进一步聚焦到相对具体化的大学仪式这一个新概念上来，把对礼仪与仪式的讨论置于各自不同的文化背景之下，以此为核心，逐步探讨仪式和礼仪的时代价值、大学组织中的仪式与仪式感缺失问题、古代书院文化及其生成、现代大学礼仪的功能及其文化建设等问题。

一、仪式、礼仪及其时代价值

仪式一般指典礼的秩序形式。美国人类学家大卫·科泽将其定义为一种体现社会规范的、重复性的象征行为。在他看来，仪式具有高度结构化和标准化程序，有特定的场所、时间以及特殊的象征意义。③ 它在人们长期的生活与交往中形成，并以相对固定的方式得以传承。

---

① 周作宇：《全球化与高等教育的国际责任》，载《大学教育科学》2011年第6期。
② 习近平：《青年要自觉践行社会主义核心价值观——在北京大学师生座谈会上的讲话》，新华网，2014年5月5日，http://news.xinhuanet.com/2014-05/05/c_1110528066_3.htm。
③ [美]科泽著：《仪式、政治与权力》，王海洲译，江苏人民出版社2014年版，第11~12页。

与西方仪式研究主要聚焦于宗教、神话、种群等对象不同，中国传统语境下的仪式主要以"礼仪"为核心，亦可说古代仪式的背后多是以礼文化为支撑的。把知识分子个人的道德追求、古代社会秩序结构与象征性社会行为相结合，是中国古代儒家礼文化的独特之处。我国自古便被称为衣冠上国、礼仪之邦，长期以来都是先进文明的代表，而对礼仪的重视也成为整个中华文化的一大特征。

礼本源于祭祀。早在原始社会，祭祀活动便已经产生，但最初并没有严格的程序和规定。随着社会文明的发展进步，祭祀方式由简单原始逐渐变得复杂规范。与此同时，由于祭祀活动在古代社会具有重要的地位，是一个国家最为重要的事件之一，因此有所谓的"国之大事，在祀与戎"①之说。礼最初只是祭祀活动中的仪式与规范，后来贵族统治者出于政治统治和社会秩序的需要，对祭祀活动进行了严格的等级划分。在此过程中，礼的社会规范作用便逐渐产生并不断延伸，不仅成为后来士人阶层所必须学习和具备的一大个人品质，也发展为具有全社会约束力的一套行为规范和标准，在维护中国古代社会的秩序上扮演了重要角色。

时至今日，仪式仍广泛存在于社会各领域之中，与之对应的"仪式感"一词已经成为中国社会的一个网络流行词汇，同时又是这一时代的"稀缺品"。与仪式不同，仪式感源于个体的主观体验。无论爱情、生活，不少人都呼吁需要仪式感，用来给普通的生活增加一些不平凡的东西。而相比之下，"礼"则是一个有争议的词汇，不少人闻之便将其与封建糟粕联想在一起，视为腐朽落后的产物。当然导致此种印象的原因至少有二：其一是传统文化中的礼本身存在部分消极内涵，如其所倡导的等级观念与现代文明精神不符。而关键在于第二点，即近代以来部分知识分子倡导的社会变革以及文化运动对大众观念的引导，导致在缺乏足够知识基础和判断力的情况下，民众对"礼"多年来的正面价值一概否定。而相比之下，一些研究者和学者们的认识事实上则相对客观，且对其积极意义还是持肯定态度。辜鸿铭先生认为礼仪的本质是对他人感受的体谅。②著名历史学家吕思勉先生表示，其所谓礼，在古代都是切于生活的实际规则，并不是什么虚文。③清华大学陈来教授曾指出，西方文化以"自由"为首出的模式有其优点，儒家礼的模式以"秩序"为首出的模式，则可限制人对自由的放任，因为无限制的自由足以破坏社会……礼的社群取向不仅与政治制度的进化不冲突，反而在社会分化的势态下更能发挥其社会文化的功能。④可以看出，在中国文化背景下来

---

① 郭丹等：《左传》，中华书局2012年版，第974页。
② 辜鸿铭著：《中国人的精神》，李晨曦译，上海三联书店2010年版，第6页。
③ 吕思勉：《中国通史》，上海人民出版社2014年版，第73页。
④ 陈来：《儒家"礼"的观念与现代世界》，载《孔子研究》2001年第1期。

看，礼作为中华古代社会的重要"发明"，延续数千年之久，在社会规范方面职能值得肯定。而从人类文明的角度来看，西方文明与中国传统相比只有不同，没有高低。事实上，当下中国人尤其是普通大众对传统礼文化认识的全面性和深刻性远远不够，这才是导致对其存在偏见的根本原因所在。

2018年3月17日，习近平同志开创性地进行了庄严的宪法宣誓仪式，在彰显宪法权威的同时，体现了新一届领导人依法治国的决心。治国理念与政治仪式相结合，赋予了政治活动特殊的象征意义，也凸显了仪式活动在国家治理中的重要意义。大卫·科泽认为，仪式是政治生活的重要组成部分，但事实上，仪式的存在空间远远超出政治生活的范畴。在当下诸多的集体生活中，仪式都是必不可少的元素，现实中的仪式远比我们日常所见的更为普遍。

二、大学组织中的仪式与仪式感的缺失

大学肩负着传承与传播社会文化、引领社会文明的使命。无论建校时间长短，每一所大学历史上都必然存在特殊的"英雄人物"或"传奇故事"，作为其软实力和大学精神特性的来源，并通过举行定期的典礼和仪式活动得以不断传承和强化。当然，大学组织文化中仪式文化的形成非一蹴而就，与其建校历史长短直接相关。一般而言，历史越久远，其文化符号越多，仪式感也越厚重。相比之下，越是年轻的大学，在这一方面就越显欠缺。不过也不尽然。年轻大学如果一开始就注重仪式的文化意蕴，也会有意识地凸显符号设计的价值。

从当前大学组织层面来看，仪式活动按举办目的主要可分为以下几种类型：一是庆典类仪式。这类仪式主要在重要的节日、纪念日等举办，其中尤以校庆最具代表性。校庆有大小之分，一般以间隔的时间段（如10年、5年等）加以区分。举办校庆的目的也有内外之别，对大学自身内部而言，有助于弘扬办学传统，总结办学经验，提高师生员工的凝聚力及组织认同感；外部方面，可以借校庆之机扩大学校影响力，提高声誉，提供师生与校友交流之契机，为学校争取资源等。二是学术类仪式。这类仪式主要在各类学术会议、论坛、报告等场合进行。学术活动作为大学最重要、最普遍的活动之一，具有相对规范、严肃的流程和礼节。不同类型学术活动举办中的仪式虽有些许差异，但亦有不少共同之处。三是传统类仪式。此处的传统是就单一大学自身而言的。此类仪式往往产生于高校特殊的历史渊源、历史事件或历史符号，并按照惯例被不断地传承。其最大的特点在于因校而异，不具有普遍性。从个人角度来看，师生之礼本应是大学礼仪的核心。但不同于古代师生间有束脩礼、释菜礼等明确而严肃的礼仪，如今受西方平等、自由主义教育理念和理念革新的影响，师

生之间早已不存在传统意义上的礼仪关系。本书并不以回归到传统的礼仪为目的，也不予讨论东西方不同教育理念之优劣，而是主要关注当下大学组织层面的仪式与礼仪。

当然，大学仪式本身是不存在什么问题的，问题在于仪式与仪式感的脱节。相比于仪式本身，不少仪式的参与者似乎愈加关心仪式背后的东西。以校庆为例，近年来中国高校普遍掀起了一场又一场的"校庆热"，铺张浪费、相互攀比之风盛行。原本神圣的庆典成了高校互相攀比的角斗场和聚敛财富的提款机。与"校庆热"对应的还有"校史热"，在攀比办学历史的同时，个别高校为盲目获取影响力和关注，不惜伪造和篡改校史，对中国大学的整体声誉造成较大负面影响。从这一现状不难看出，纵然校庆和校史都是各高校普遍重视的东西，但无论在举办校庆还是修订和考证校史的过程中，作为主体的高校举办者并不太关心事件节点本身的意义，而是看中其背后的资源和利益，以至于在一定程度上，校庆、校史及其仪式本身"空壳化"。至于各类典礼，师生参与大多缺乏积极性，视之为例行公事，内在动机不足。大多听众关心的是演讲和发言是否有趣或搞笑，荣誉和奖励花落谁家，而不去思考典礼本身意味着什么。礼仪是客观的，但仪式感源于内心的个体意识，师生不注重礼仪，源于个体的无意识，其主要原因在于礼仪文化的弱化导致在仪式面前没有仪式感。总而言之，仪式感的弱化已成为中国高校的一个普遍现象。

究其原因，导致大学仪式感缺乏的根源首先离不开相关教育的忽视。从家庭教育、中小学礼仪教育，到大学新生入学教育，每一个阶段都是培养学生礼仪意识和习惯的必要环节。就高等教育而言，不得不承认的一个事实是，中国现代大学几乎都产生于近代以后，许多学校建校历史较短，缺乏历史深度与认同。而个别高校出于宣传目的，违背历史事实、虚构校史的做法造成了很大的负面影响。其次，在教育市场化背景下，功利主义思潮的兴起和盛行是另一大原因。无论是庆典仪式还是学术活动，越来越多地转变为效益导向，而仪式本身并不能产生经济上的收益和价值，因此不免越来越受到冷落。此外，大学社会化的深入、多元价值的冲击、社会节奏的加快使得传统的价值难以凸显，仪式感就更加难以维持。

在此背景下，日常生活当中的仪式感尚且有存在的必要，大学组织作为人类知识和文化的高地，仪式感的重建更是迫在眉睫。而仪式感重建的前提，在于首先要弄清大学的历史渊源和发展脉络。书院作为中国古代高等教育的重要组成部分，具有深厚的礼仪和祭祀传统，因此，系统回顾和分析书院祭祀与利益相关活动中的内容、形式等对于现代大学仪式感的重建是有重要启发意义的。相比于单纯的西方相关经验介绍，从中国古代自身的教育实践中发掘有益经验，指导当下的高等教育实践，更具有现实意义，也更有益于中国传统优秀教育文化的传承创新，树立中国高等教育的文化自信。

三、中国书院礼仪文化与礼的生成

书院是我国封建社会中后期学校教育的重要场所，也被不少学者视作中国古代高等教育的重要办学形式。其兴衰演变受不同时期社会背景、公私权力博弈的影响呈现出不同的发展特征，在前后1000余年当中在中国教育史乃至东亚文化史上留下了辉煌灿烂的篇章。与官学相对固化的教育方式相比，作为以私立或私办官助为主要办学模式的书院，在教学与研究上具有更大的灵活性，因此一定程度上更加具有现代意义上学术自由自主的特征，在思想文化传承与人才培养上扮演了极为关键的角色。此外，历史上书院的存在与兴盛为更多读书人提供了接受教育、潜心学术的机会和场所。尤其是在战争年代，社会动荡不安，官方教育废弛之际，这一功能体现得更为突出。

书院教育除了注重德行的养成与知识的传播外，尤其重视礼仪，但是不同于今天学校教育中专设礼仪课程等方法，书院一般并不把礼仪作为教育的直接内容，但却有系统性的礼仪文化与制度保障，从而长期保持和彰显其崇礼、重礼的文化氛围。其具体理念和做法上可主要总结为以下三个层面。

（一）教育者重"礼"

自孔孟以来，教师在国人心中都是具有高超学识与道德的化身，因此具有崇高地位。再加上读书人历来以圣贤君子为追求目标，受儒家思想的影响尤重德行和礼仪，对自身行为举止皆有较高要求。因此，长期以来，儒学的兴盛以及科举与教育的结合，使能为人师者历来注重道德品质的传承与榜样的力量。教书育人更是以身为范，也只有如此才能够获得同行的认可与学生的尊重。

五代时期的朱弼在白鹿洞书院讲学时，谨持礼法，整顿秩序，使诸生诚服，皆循规矩，使教学秩序和学风大为改观。① 五代本是社会动乱不堪的年代，而在书院之中仍能维持一片净土，甚是难得。可见在书院设立之初，除传道授业解惑之外，就尤其重视礼法。就礼和法的关系来看，《后汉书·陈宠传》有言：礼之所去，刑之所取，出礼则入刑，相为表里。② 此处的"刑"和"法"意义相近。可见在重礼的时代，礼与刑法在古代社会具有同样的社会规范和约束的职能，只

---

① 王炳照：《中国古代书院》，商务印书馆1998年版，第33~34页。
② 范晔著：《后汉书》，李贤等注，中华书局2012年版，第1238页。

是程度上存在区别，礼的重要性更高一筹，刑法则作为礼的补充。

宋代朱熹在书院讲学期间，同样非常注重个人的举止和仪表，"平日修身，其色庄、其言厉，其行舒而恭，其坐端而直"。① 不仅如此，在闲余之时，他也十分重视个人仪礼，躬身践行其慎独之道。事实上，在古代诸书院之中，山长与讲学之人大多既是知识之楷模，也是礼仪与道德之榜样。重礼之理念是其个人精神的一部分，也是其传道授业过程之中极为重视的内容。把教育者自身所追求的品质与其讲学的实践相吻合，学习者自然在有形与无形之中受到礼仪文化的熏陶。

（二）规章制度"明"礼

书院一般都有自己的规章制度，称谓上有学规、学则、学约、章程等区别，详略与内容上也各有差异，但总体都是以规范书院成员行为、践行办学理念为目的，本质上等同于现代意义上的大学章程和规章制度的综合体，但远不及今日完善、纷杂。

南宋理学家吕祖谦所设立的《丽泽书院学规》就明确指出："会讲之容，端而肃；群居之容，和而庄；旧所从师，岁时往来，道路相遇，无废旧礼"。② 前一句描述的是集体场合的礼仪要求，需要做到严肃庄重；后一句则是师生个人间的礼仪体现。即使不再是师生之关系，但原有的礼仪照样是需要遵守的。清光绪年间，广东肇庆端溪书院《附生徒住院章程》规定："各生徒不得短衣赤足，群立房门，既玷斯文，尤乖礼法，不遵者记大过一次，至三次革课出院。"③ 可见学生个人的妆容与行为都需合乎礼法，且对于违反规定的行为做出了明确而严格的惩戒措施，三次尤犯者则革课出院的规定无疑是相当严格的。这里的礼仪已不只是一种倡导的价值，而是做到了把书院礼仪制度化、明确化，对学生个体形成了强有力的约束力。

（三）祭祀活动"立"礼

谈到祭祀，一般都会联想到节日、宗教、祖先神灵、古代社会等方面，而鲜有人想到大学。事实上，厦门大学历来都保持着每年祭祀其创校校长陈嘉庚先生（亦被厦大尊称为校主）的传统，这一活动发展至今也已成为厦大师生缅怀先辈、激励后人、传承特色的重要名片。

---

① 胡青：《书院的社会功能及其文化特色》，湖北教育出版社1996年版，第176页。
② 陈谷嘉、邓洪波：《中国书院史资料》，浙江教育出版社1998年版，第198页。
③ 刘伯骥：《广东书院制度沿革》，商务印书馆1939年版，第140页。

学校开展祭祀活动的做法早在西周时期便已有之。书院兴盛之后祭祀活动的重要性进一步得到强化，其程序、祭品、着装、音乐、舞蹈等都有明确的规定，甚为严肃且隆重，成为与教学、藏书同等重要的事。祭祀是书院实施道德教育和礼仪教育的重要手段，书院一般都设有祭祀场所，它与教学、藏书一起构成了"书院的三大事业"。①

书院祭祀作为一种仪式，有诸多的礼仪规范和讲究。清代《紫阳书院志》中记载，祭祀朱熹时，要求主祭者、陪祭者、执事者都穿"吉服"，② 也就是今天的礼服，可见首先在着装上是有严格要求的。《豫章书院学约》有云："每月朔望，清晨击云板三声，教官率领诸生至理学名贤祠，拱立。先生至，各就位拈香，行四拜礼。又至白、王二公祠，拈香行礼如前。教官又率诸生至讲堂，先生至，诸生朝上三揖，诸生向教官三揖，诸生对拜三揖，礼毕，各退肄业。"③ 此处祭祀先贤的礼仪和对先生、教官行礼同时进行。既有先后之礼序，也注重礼仪文化的传承，是很有意义的。

从本质上看，书院祭祀与古代社会对天地神灵和祖先的祭祀存在一致性，都是以纪念、传承和强化祭祀对象的某种精神为目的的。但是在对象上，书院祭祀不同于家庭祭祀或宗教祭祀，其对象主要包括两类人物：一是孔孟等先圣先贤；二是本书院创办和发展过程中的杰出人士和有功之人，此部分既包括书院内部历史上的名儒大家，也有书院外的乡贤名宦。如四大书院之一的岳麓书院，发展到清代时，祭祀对象已达百人之众。每所书院的祭祀对象都不完全相同，当然就共同的学统与道统而言，孔子是每一所书院首要的祭祀对象。④ 南宋以后，书院祭祀对象的不同，间接地凸显了不同书院的学术渊源与学术派别，是当时书院发展多元化与特色化的重要标志，书院祭祀及其礼仪传承成为独特的文化符号。祭祀活动的常态化开展，是礼仪文化得以传承的重要保证。

当然，无论是教育者榜样的力量，还是用规章制度"明"礼，祭祀活动"立"礼，三个层面的举措是自成体系、互为补充的。也正因为如此，崇礼、重礼的文化氛围得以在书院长期延续，也使得书院在一代又一代的发展过程中，精神和传统得以延续，至今仍影响深远。

---

① 盛朗西：《中国书院制度》，中华书局 1934 年版，第 47 页。
② 生云龙：《中国古代书院学礼研究》，清华大学出版社 2013 年版，第 49 页。
③ 邓洪波：《中国书院学规集成》，中西书局 2011 年版，第 621 页。
④ 蓝甲云、张长明、易永卿：《论中国古代书院的学礼制度》，载《湖南大学学报》（社会科学版）2005 年第 3 期。

从功能上看，书院礼仪既有明显的内部价值，也有积极的外部效应。其主要体现在三个层面：一是以礼仪文化促进知识与道德教育，使二者之间形成良性互动，相互促进。书院教育者在礼仪上严格的自我约束，对学习者来说无疑是积极的榜样和激励，这种感召又会促进知识学习和个人品性的提升。二是礼仪对维持书院秩序的贡献。礼仪规范作为书院规章制度的组成部分，虽具有一定的强制性，但对学习者来讲，把礼仪要求融入书院规章制度的举措相比于直接的制度约束无疑更加易于接受。对礼仪的尊崇既是对学习者自我修养的提升需要，也是遵守规章制度的需要。三是书院开展的祭祀活动及其相关礼仪具有强大的外部效应，对书院之外的社会文明是一种良好的导向。无论是祭祀活动还是礼仪本身，在整个古代社会是具有普遍性的，从这个角度来讲，书院祭祀兼具社会性与自身特殊性。在以尊师重教为传统的古代中国，书院祭祀活动的方式、对象等都会对社会生活中的祭祀和礼仪产生直接的影响。而长远来看，无疑会对社会风气形成积极的引领，促进整个社会道德水平的提升。

四、现代大学礼仪文化的功用

书院礼仪文化的功用及其特色传承体系对今天的大学是富有启发的。现代大学虽起源于西方，但中国的大学离不开自身的传统文化根基，中国知识分子精神中的道德追求与家国情怀也亘古未变。当下的中国大学虽不能称之为古代书院的延续，但中国大学精神与文化的独特之处，正是以古代书院等本土教育文化为源头发展演变而来的。

毫无疑问，现代中国大学礼仪与古代书院之间存在深刻的关联。在建立和完善中国特色现代大学治理体系的过程中，传统礼仪的传承保护与现代礼仪文化建设扮演着重要的角色。但因时代不同，现代大学礼仪的功用与价值又体现出新的特征。具体来看，主要表现为如下三个方面。

（一）凸显大学文化底蕴，推进高校特色化、内涵式发展的有力抓手

特色化、个性化是近年来我国高校在面临办学同质化问题的背景下提出的重要改革理念，也是未来我国高等教育发展的必然趋势。在面临同样外部制度环境的前提下，立足大学内部的礼仪文化建设为我国高校的发展与转型提供了一种可行的路径。但其一直以来之所以进展缓慢，关键在于大学文化建设缺乏有力的抓手。而从大学特有的仪式文化出发，其为凸显独特的大学文化提供了一种可操作

的方式，有利于在传承和弘扬各自大学特色文化的同时，明确办学特色与方向，树立文化自信。

有学者指出，受中国近代特殊政治社会条件影响，千余年书院文化作为中国传统高等教育文化的重要组成部分，未成为中国近现代大学文化的组成部分。[①]与之相对的是西方大学文化不断传入并影响中国大学，使得今天的中国大学呈现出一种不中不西的尴尬特征。站在新的历史高度来看，传统与现代之间的断裂实为中国文化史上的一种无法挽回的遗憾，但同时正是这种遗憾使我们更为深刻地意识到文化传承对于凸显中国大学特色的必要性。从更长远、更宏观的视角来看，中华文化从来都是在借鉴和吸收外来文化的过程当中获得更好的发展，而在此过程中，自身的文化根基不仅没有中断，反而愈发有生命力。

（二）当代大学生全面发展、道德教育以及核心素养的重要来源

在古代中国，无论是家庭教育还是学校教育，从内容上看主要传递的是道德礼仪的学问，而非西方意义上的科学知识。但随着科学技术与科学教育的发展，中国传统意义上的礼仪文化教育被严重削弱乃至摒弃。因此，近年来，越来越多的教育研究与实践者开始重新认识培养学生全面人格与综合素养的必要性。在此过程中，礼仪道德和传统文化成为不可或缺的一部分。

第一，从人文素养培养的角度来看，近年来，我国高校普遍兴起了博雅教育、通识教育、综合素质教育等人才培养模式的探索，以改变一度以来仅重专业教育和知识教育的弊端，转而注重人文素养与全面人格的培养。这一理念成为当下高校人才培养的一种主要趋势。懂礼、明礼是人文素养的重要组成部分，也是当前大学生相对薄弱的品质。因此，在这个过程中，把礼仪教育和礼仪文化教育贯穿其中是非常迫切和必要的。第二，从大学生德育的角度来看，把传统礼仪教育纳入学生德育的范畴具有一定必要性。一方面，德和礼本身关系密切，礼仪本身就具有道德属性，我国自古便有"内德外礼"之说。自党的十八大和十八届三中全会以来，立德树人被明确为中国特色社会主义事业的核心，也成为高校人才培养的根本任务。而从历史角度来看，重视道德修养与高尚人格的养成长期以来都是中国传统的育人理念。把礼仪教育与立德树人相结合，是中国传统教育特色的延伸和进一步凸显。另一方面，德育本身是一个老话题，但同时也是一个宏观且模糊的定义，把明礼、懂礼作为大学生德育目标的一部分，一定程度上有助于德育理念和路径的明确化，从而使其更富有实效性与可操作性。第三，从社会对

[①] 朱汉民：《书院精神与书院制度的统一——古代书院对中国现代大学建设的启示》，载《大学教育科学》2011年第4期。

人才的需要来看，礼仪文化修养更是外部社会判断大学生个人素质的重要准则，是求职者应当具备的核心素养之一。因此，规范的礼仪教育对学生发展与整个社会都是大有裨益的。

(三) 从仪式到秩序——礼仪传统功能的回归

礼仪文化作为古代书院当中被不断传承的精神财富，其根本意义不止在于为组织发展输送活力、为组织成员增强文化自信，更重要的实质上是提供了一种组织规范和秩序。建立在组织文化认同之上的规范和秩序，无须任何强制力的约束，也无须有意识地去强化，它完全是一种组织发展过程中的惯性使然，被内部成员接受并不断沿袭。

从当下来看，个体行为的规范、大学良治的实现路径并不是单一的，不能只靠法治与权力分配等硬的手段来实现。大学作为学术组织，抑或是文化组织，通过其文化功能的有效发挥亦是实现一种秩序的有效手段，也是理想方式。礼仪作为一种文化的延续源于教化，而教化的目的最初为秩序。因此，重塑大学仪式感的根本意义在于促进大学良治的实现。基于仪式之上的秩序最大的特征表现在其有助于大学治理保持稳定性或惯性。此种逻辑之所以可能，原因之一在于大学本身的文化特质。传承与创造文化是大学的使命之一，在此过程之中大学成员也无不被其文化所浸染。

韦伯认为，组织中权威的效力可能会建立在理性制度（如法律制度）、传统和超凡魅力三种基础之上。① 即学者们概括的"传统型""法理型""个人魅力型"三种类型。在韦伯看来，法理型权威或建立在理性制度基础之上的组织才是最合理的，也是历史的必然选择，这一主张也历来被高等教育组织研究者所推崇。然而在大学组织发展变革的现实当中似乎并不尽然。依法治校的大学治理理念实质上仍是尊崇韦伯的科层制理念，即以理性制度建设与实施来实现大学良治。完善的制度体系的确是大学治理走向成熟的标志，依法治校诚然是建设现代大学制度的必然选择。但这并不意味着建立在传统之上的权威效力已无用武之地。尽管在当下法制社会仅凭文化的软约束规范大学秩序的情况是不可能实现的，但深厚的礼仪文化不仅不会成为依法治校的阻碍，反而会成为一所大学的财富与特色，可以赋予一所大学伟大的灵魂和稳定性，而且这种影响会自然延续下去。

---

① ［德］韦伯著：《经济与社会》，阎克文译，上海人民出版社2010年版，第322页。

第三节 德治礼序与现代大学治理

一、大学的伦理德性与内部治理

大学的伦理德性是大学在追求文化理想和实践大学的道德使命过程中所形成的卓越品质。大学的伦理德性渗透到大学精神、组织文化、治理方式、教学实践、社会责任、科学研究等方面，是大学作为道德性组织的重要象征。大学要注重伦理德性的养成，不断建构完备的道德生态系统，彰显卓越的道德品性。大学的伦理德性及其生成是大学内部治理的途径、方式与结果，是大学发展的构成性条件。伦理德性的卓越是一流大学的本质特征。

大学作为一种教育共同体，其实践是一项道德的事业，大学培育人才、创新知识、弘扬文化、服务和促进社会进步，具有道德或伦理的目的与价值。大学是伦理实践主体，具有伦理德性，而伦理德性是一个大学文化生命的根本体现，也是教学育人品质、科学研究品质和社会服务品质的反映。大学的伦理德性是一个大学是否是卓越的一流大学的根本标志。提升大学各项实践的伦理德性，是建设一流大学的根本任务。大学的伦理性质决定了大学必须坚守道德原则，肩负道德责任，追寻道德理想。

大学的伦理德性是大学治理的内部方式，是大学内部各种治理的根本基础。大学内部治理要以道德认知、道德自律、道德原则、道德行动来塑造大学的道德品行，优化大学内部的道德秩序，凝聚大学的道德力量，建设大学的道德生态，提升大学的道德境界，充分发挥伦理德性在大学内部治理中的正能量和软实力。只有这样，大学才能成为社会的理性良知，才能承载历史赋予的重任，才能成为具有卓越伦理品质的社会机构和教育共同体。可以说，提升大学的伦理德性是现代大学治理过程中的重中之重。

（一）大学伦理德性的意涵

德性（arete）作为哲学概念源自古希腊伦理哲学思想，其含义是指一个事物所表现的善品质，即优秀、卓越的实践品质，是事物内在本质性力量的美好实现。① 伦理德性或道德德性（ethikarete）是指通过道德实践获得的"道德上的优秀品格"，② 表达实践主体所实现的伦理品质上的整体的优秀或善好。伦理德性在伦理行动或实践中习得、发展、提升或完善。

大学作为伦理实践主体，也有其德性品质。大学的伦理德性是大学的各项实践活动中呈现出来的稳定的、一致的卓越道德品质和实践倾向，是道德诉求、道德原则和道德理想在大学的治理理念与行动中的体现，也是大学的本质功能在实践中的卓越实现。大学的伦理德性由大学的道德认识、道德理想、道德规范、道德信念和道德实践等因素构成，它表征了大学的内在道德品质。大学的伦理德性的拥有与践行，能够使大学表现出卓越的科学精神、文化精神和教育精神。一所大学的伦理德性反映出该大学自身的道德品格、学术品格、思想品格与文化品格。只有通过伦理性实践不断丰富自身的伦理德性，大学的善治才能达成目的。大学真正自觉地肩负起道德使命，在各项实践中提升自身的伦理德性，成为德性丰满的大学，才是卓越的、善好的大学。

大学的伦理德性具有内在性、恒久性和实践性等特征。

第一，大学的伦理德性具有内在性。伦理德性源自大学的内在结构，生长于大学的内在治理，是大学共同体内在的伦理文化品质，内隐于大学组织文化和大学成员的思想与行动之中，反映在大学的独特精神气质之中，浸润在大学的整体生命之中，渗透于大学有机体的方方面面，因此大学的伦理德性具有深刻的内在性。大学的伦理德性是大学的一种内在的道德影响力，表现在大学的价值追求与价值实践之中，是内在的引导力、规范力和发展力。大学的伦理德性自觉地呈现着大学的道德文化风貌。正是因为伦理德性的内在性，大学的精神品质才展现出深刻的卓越性。

第二，大学的伦理德性具有恒久性。大学的伦理德性是通过不断自觉培育而形成的杰出品质。塑造与完善伦理德性是一所大学的永恒追求。如果说大学的治理是大学的构成性途径，那么一所大学的伦理德性正是在治理过程中自觉塑造的，它是大学精神及其道德文化传统的体现，也是一所大学之所以卓越的根本表现。大学如果不能持之以恒地自觉追求伦理德性的完善，便不可能形成自身卓越的文化传统和精神气质。大学的伦理德性的完善是过程性的，一旦成为内在治理的方式与途径，便能长期滋养大学的机体，润泽大学的生命，塑造大学的品质。大学的伦理德性融合于学者、教师、行政人员、学生的血脉，贯穿于大学的制度与文化，根植于大学的生命。只要大学自觉地追求伦理德性的完善，大学的伦理

---

① ［古希腊］亚里士多德著：《尼各马可伦理学》，廖申白译，商务印书馆2003年版，第35页。
② ［英］尼古拉斯·布宁、余纪元编著：《西方哲学英汉对照辞典》，人民出版社2001年版，第329页。

德性便能够始终发挥自身的积极功效，为大学的人才培养、科学研究、社会服务、文化传承创新与国际交流合作提供道德的保障。

第三，大学的伦理德性具有实践性。大学的伦理德性渗透于大学的各项功能，表现在大学实践之中，具有完善大学自身的文化品质和促进社会发展进步的实践效能。大学的伦理德性具有双重性，即伦理德性的追求是通过实践的，也是为了实践的，大学追求伦理德性的发展，既是提高大学整体品质的过程，也是促进社会繁盛的方式。大学的道德品性表现在大学的道德理想、道德义务、道德信念和道德行动等方面，这些方面都深深地镶嵌在大学的各种实践之中。大学通过理性价值维护社会的理性精神，通过追求知识或真理而实现科学、文化创造，通过道德公正的行为而引导社会的道德风尚，通过整体的育人实践而培养贡献社会的人才。大学自觉地追求道德精神和伦理德性的实践建构，是引领大学的整体实践的枢纽，所以，大学伦理德性的建构是大学逐步成为坚守大学理想、承载大学使命的教育共同体的必经之路。大学的伦理德性只有通过实践，才能展现丰富的内涵、呈现独特的品质，因此，我们必须重视大学的伦理德性的重建。

（二）大学伦理德性的内容

大学必须要培育伦理德性，实践伦理德性，以道德的方式存在。伦理德性在大学的价值实践中生成，在大学的使命、文化、功能等实践领域，赋予大学成长、发展的伦理理由、道德力量与价值理想。大学整体上是伦理实践领域，所以大学完成自己的功能或履行自己的教育责任、文化使命或追求社会理想，不仅是体现伦理德性的过程，而且也是建构伦理德性的方式。

1. 学术与研究的伦理德性

学术研究的领域是大学的伦理德性表现的重要实践领域。崇真、崇善都是学术研究的伦理德性，崇真就是要探求未知的真理，这是学术的根本，是学术的动力和活力源泉。崇真是评价学术研究的本质标准，是学术伦理的本质。只有崇真，才能辨明是非，厘清善恶，追问本原，最终，体现学术的真谛。学术以"崇真"为旨归，但学术"崇真"的标准与学术崇善的标准是统一的。学术实践的指向与应用符合社会进步的价值，符合公众的共同利益，符合人性，这是学术本身的崇善伦理。"学术伦理标准从治学的对象即高深的学问中取得其特性，由于高深的学问处于社会公众的视野之外，公众很难评判学者是否诚恳地对待公众的利益。"[①] 因此，学术研究的崇善是为了人类命运共同体的普遍利益而对学术研究（包括科学研究）提出的伦理责任。从大学的伦理德性来看，学术研究应该具

---

① ［美］布鲁贝克著：《高等教育哲学》，王承绪等译，浙江教育出版社1987年版，第120页。

有更高的伦理自律性。

大学的学术研究要追求伦理德性，这与追求学术水平的卓越是一致的。学术研究就是崇实、求实、贵真、向善，就是审慎明辨、追求真理、尊重事物的本来面目和规律，就是摒弃偏见、实事求是、具有质疑批判精神，而不盲从他者，谨慎得出研究结论，不断省思，认真论证，杜绝得出错误的结论，探求新知。同时，不为任何私己利益所动，坚持学术研究的伦理性，恪守伦理价值和伦理责任，不为谋取个人利益、违背研究伦理而使用研究成果，防止违背人类共同利益的学术研究行为，对学术研究的伦理前景具有敏锐的判断力和审慎的实践力，尊重生命，坚守科学的人本精神，坚持学术研究的良知，以学术研究服务人类的文明。

2. 教与学的伦理德性

大学的教学肩负培育人才的重要责任，这是大学的伦理德性的重要实践领域。任何形式的教学，无论是目的、内容，还是方式、手段、过程，都具有伦理德性的标准，都具有伦理价值，都必须承担伦理责任。大学教学的伦理德性源自对社会的公共价值的维护和对人性尊严的尊重。

大学的教的伦理德性是对大学教师教的伦理实践的要求。大学的教不仅是学术水平的展现领域，也是伦理德性建构的领域。大学教的伦理德性表现在追求卓越的知识之教与人格之教相互统一的教的责任感。大学的教的责任是对教育的承诺与担当，是对学术尊严的尊重，是对学生专业成长和人性培育的承担，是一种自觉追求卓越的大学课堂教学共同体的价值追求。大学的教学要传递人文价值，培育科学精神；营造课堂自由探究的氛围，培养学生的思维能力，塑造学生追求真理、追求真知的精神；培养学生的公共理性，注重学术品德和人格品质的养成。大学教学的伦理德性贯穿于大学教学的各个环节。

大学的学的伦理德性是对大学生的伦理要求。大学生的学习其实是一种伦理实践，这一实践领域不仅仅是对学业发展水平的追求，而且也是对学习本身的伦理责任的承担。学习是大学生的完全伦理责任。大学生的学的伦理德性表现在学习的主体性上，即学习的自觉性、自主性、独立性、创造性，表现在大学生理性心灵的培育上。学习的主体性要求大学生在学习中拒绝依赖于别人的思想，不武断地判断现实或提出结论，积极发展独立理性思考的能力，以知识素养提升理性判断和理性精神。塑造理性精神是大学生的学术训练的伦理目的，是培养能够服务人类社会文明的知识人才的基础。

立志向学是对大学生的伦理德性的要求之一。学习是大学生应当坚持的，是大学生成长的重要路径。朱熹认为："学者大要立志。"（《朱子语类》卷三六）学习要树立远大志向，执着追寻，克服困难与障碍，要超越自身，用坚强的毅力战胜一切。要"强勉学问，则闻见博而知益明。强勉行道，则德日起而大有功"（《汉书·董仲舒传·对策一》）；"学以治之，思以精之，朋友以磨之，名誉以崇之，不倦以终之，可谓好学也已矣"（《法言·学行》）。因此，大学生要通过学习来获得学问，通过思考来提取学问中的精华，通过朋友之间的互相切磋来加以提高，通过一些宣传途径把它推崇，再不怕疲倦地找出它的缘由，以养育好学的品质。

3. 行政与管理的伦理德性

行政与管理本质上是伦理性的，是大学伦理德性展现的重要领域。大学的内在治理的重要内容就是对大学行政与管理的伦理治理。塑造大学的行政与管理实践的伦理德性是大学追求卓越的根本方式。

大学的行政管理的伦理德性首先表现在行政管理人员的廉洁奉公上。廉洁是大学的行政管理的根本。"廉者，政之本也。"（《晏子春秋·内篇杂下》）大学的行政管理要清廉若水，加强自律，这是一种工作作风，也是一种行政力量，更是为政之本、为人之道、处事之基。大学的行政管理人员不仅要戒除贪利之心，也要远离名气的诱惑；要清白做人、廉洁自律、不徇私情、不谋私利；要始终秉持公道，高效率完成工作，而不是以官者自居，缺乏公允之心；要心怀仁爱之心，而不是颐指气使，压抑人性；要体现行政礼仪，重视信用，竭诚为广大教师和学生服务，只有这样，才能体现大学的行政管理的内在伦理德性。

大学的行政管理人员要身正为范。儒家认为，为政的关键是要"正"，"政者，正也。子帅以正，孰敢不正？"（《论语·颜渊》）。如果为政者自己身正，其所管辖下的各级管理人员以及民众就没有不正的。所谓"身正"就是为政者的道德人格，它具有重要的影响力。"其身正，不令而行；其身不正，虽令勿从。"（《论语·子路》）大学的行政管理人员要以公道为准则，要正直，维护公平与正义。从政不奉奸，不偏不倚，不徇私情，"不党父兄，不偏富贵，不嬖颜色"（《墨子·尚贤中》）。大学的行政管理人员要维护大学行政管理工作的严肃性、影响力以及高效能。"公则无不明，正则无不达。"否则，"私视使目盲，私听使耳聋，私虑使心狂"（《吕氏春秋·序意》）。如果不公正，那么大学的行政管理就会失效，关系就会紧张，凝聚力、向心力就会弱化，因此，大学的行政管理人员要怀揣敬畏，恪守道德准则。敬畏是指敬重而畏惧。大学的行政管理人员要遵从道德律令，审视道德状况，培育道德敬畏之心。大学的行政管理人员的道德敬畏源于对自身事业的认识，对教育与国家发展、民族未来、学生人生深层次联系的思考，基于这样的认识，道德敬畏感会自然产生。因而，为了完成大学教育的使命，必须做到"仰不愧于天，俯不怍于人"（《孟子·尽心上》），这既是一种道德要求，也是大学的行政管理人员的道德信念。

4. 社会服务的伦理德性

在社会服务过程中，各种因素干扰着大学、影响着大学、控制着大学。大学要秉持社会的良心，保有自身的道德理想，塑造自己的伦理德性。大学要不忘自己的历史使命和文化使命，不以市场利益为终极目的，勇于面对社会的挑战，这样的大学才能恪守自己的道德使命，才能帮助社会正确地理解自身。大学要保持精神的高贵，不能丢失学术与文化品位；要养育高贵的心灵，脱离庸俗，不能被市场利益所主导；要有以伦理德性立校、立学、立人的精神追求。大学要基于独特视角来审视社会全貌，并运用知识与理论有效地分析社会，并针对社会发出真实的声音，给予社会一个真实理性的判断，帮助社会把握自身的命脉，履行大学作为社会良知的伦理责任。

大学要冲破围墙的限制，与社会、大众有机融合，将自身的积极影响撒播到社会的每一个角落，将自身的智力资源与优势运用于解决公共问题。大学作为智囊团和资源库必须开展创造性的工作，着力于发展知识、革新技术、塑造人文。大学必须面向大众，面向地方社会，实现教学、科研、文化传承创新、国际交流合作和社会服务的协同化，进而产生大学与社会的双向互动效应，精准地开展社会服务。只有这样，大学才能获得社会的承认，进而转向社会的背后，揭示社会问题的根源，从而真正肩负起社会服务的重任，促进社会的良性运转。

（三）大学伦理德性与内部治理的价值同构

卓越的大学品质的形成包括伦理德性的塑造是大学内部治理的目的，实践大学的伦理理想、承担大学的道德使命、履行大学的道德责任是内部治理的主要方式。大学的伦理德性支撑着大学的内部治理，而大学内部治理助推着大学道德性的养成。二者互相促进，共同促进着大学的有序发展。大学内部治理致力于通过道德建设强化大学的道德自律意识，确立合理的道德价值取向，形成道德共识，推进大学治理结构的不断优化。与此同时，大学伦理德性能够为大学内部治理提供道德保障，不断丰富大学内部治理的道德底蕴，提升大学内部治理的层次。要通过二者的有机契合，共同形成大学的卓越品质。

1. 大学内部治理奠基于大学的伦理德性

大学的伦理德性是大学民主治理、自由参与、协同合作、良好道德关系的体现。发挥大学成员的道德主体作用，重视大学内部道德关系的建构，着力创设正义公平、美好向善、和谐有序的大学伦理环境和道德文化，是大学善治的任务。大学的伦理德性能够为大学内部治理营造一种良好的道德氛围，提供持续的道德支撑，创设优质的道德生态，进而形成大学的伦理文化。大学的德性品质与自主建构的自觉意志，是实现大学的他律与自律、法治与德治的统一的基础。

大学伦理德性能够促进大学内部治理的道德化。伦理德性是大学应当追求的善，也是大学作为重要的社会进步力量的存在方式，是大学成为科学、知识、文化的道德化实践的途径，对于大学来说，追求和完善伦理德性是其进行内在治理、实现品质卓越、承当文化责任、获得社会声誉的根本方式。大学作为一种伦理共同体，其根本的治理方式就是塑造群体的道德文化与道德品质。如果大学内部治理缺乏道德意识、道德信念与道德文化，那么大学就会失去方向、失去大学精神，大学的道德秩序就会混乱。大学伦理德性侧重于大学共同体的伦理气质、道德文化的重建，侧重于大学伦理秩序在大学治理过程中的调节作用，关注大学在公共生活中的道德影响，体现了大学道德建设的基础性、动力性和普遍性。大学伦理德性以道德的制度、文化、品质为保障，凝聚着大学的道德力量，建构着大学的道德文化，将大学的各种利益与社会的公共利益有机地结合，促进着大学道德化的发展，展现了大学的治理水平与品质。

2. 大学内部治理生成大学的伦理德性

大学的伦理德性的发展与大学的内部治理是共同进行、相互促进的统一过程。大学内部治理能够促进大学伦理德性的养成。大学内部治理的深化，在于建构大学的伦理品质。大学内部治理的道德实践面临着多重的选择，善与恶的，道德的与非道德的，美的与丑的，这就需要大学作为道德实践主体能够有正确的道德判断、健全的道德意识与信念，能够趋善避恶，能够长善救失，不断提升大学的伦理德性的品质。大学的伦理德性的发展和大学道德文化的建设，是大学整体发展的组成部分，所以，在大学的内部治理过程中，大学作为道德主体必须自觉投入到道德建设的进程中，打造自身的德性或伦理文化，这是大学获得尊严的根本方式，也是大学向社会传播道德理性和伦理精神的方式。就如费希特所言："传播道德性的首要规则将会是这样的：你要向你的同胞指出值得尊重的东西。但是，除了我们自己的道德思维方式和道德举止，我们几乎不可能向他们指出在这方面还有更加合乎目的的东西。从这里就产生了好榜样的职责。"① 大学引领社会的道德风尚，就必须不断强化道德自律意识，明确道德义务，使大学的所作所为合乎道德的规律，只有这样，才能促进大学的道德认同，提升大学的道德品质。

大学内部治理的目的是塑造大学的品质，凝练大学的精神文化，提升大学的卓越性，这与大学完善伦理德性的目的一致。相应的，大学伦理德性的促进与提升是大学内部治理的内容、途径与方式，二者相互促进、相辅相成。内部治理的任务之一就是引导大学道德共同体超越现实功利，激发大学追求道德理想的力

---

① ［德］费希特著：《伦理学体系》，梁志学、李理译，中国社会科学出版社1995年版，第319页。

量，承担和履行大学的伦理责任，实现大学整体品质的卓越，最终成为社会的理性、良知、道德、文明的坚实基础。

大学的内部治理形成大学的道德尊严与道德魅力。如果大学缺失道德的根基，丢失应有的伦理德性，也就失去了真正的文化尊严与教育尊严。大学的伦理德性是大学共同体的内在表征，表现了大学品质的尊严、魅力，是大学卓越性的道德支撑，也是大学激发社会文明、促进社会道德风尚的重要力量。正因为如此，内部治理要促进大学的伦理德性，引导大学不同的道德主体确立道德规范、履行道德责任、塑造道德品质。

3. 大学的伦理德性与大学内部治理的价值契合

大学的伦理德性与大学内部治理统一于大学的伦理实践。内部治理指向大学的伦理德性的生成，伦理德性的提升与内部治理的有机结合是大学整体善治的核心。大学的道德信念和道德理想是大学独特的价值理念，大学的内部治理就建立在大学确立的价值理念上，因此，伦理德性的建构与内部治理必然结合在一起。大学的伦理实践的核心是建设卓越的大学共同体，这其中，有特色的道德价值观是重要支撑和重要导向，它们共同反映在学校的内部治理之中，是内部治理不可缺失的力量。在大学共同体中，核心道德价值把管理者、教师、学生带入一种共同的承诺，从而实现大学整体的道德文化的建构。① 只有通过建构具有核心道德价值取向的伦理实践，才能将大学成员充分引入道德建设之中，才能协调多重的道德关系，才能逐步优化大学的伦理实践，塑造大学杰出的文化精神，大学的内部治理才能导向真正的卓越。

大学品格发展的关键在于大学的价值理念。大学品格发展的结果不仅依赖于大学的自主权，而且依赖大学共同体在伦理实践中"正确地运用自主权"，② 也就是大学在治理过程中追求伦理德性的道德自觉与价值自觉。萨乔万尼指出，与人的品格设定相似，学校品格也包含了正直、诚实、非凡的道德感、目的感、信念、沉稳等素质，这些品格通过可持续的自觉自主的伦理实践才可能形成。大学的治理把大学品格的建构作为实现大学卓越的有力途径，可以说，大学的内部治理是一种自觉的伦理价值的实践，呈现了求真、进步、理性、公正、文明等精神追求，在价值上内隐着大学追求精神价值的超越性，因此内部治理的伦理性和价值性将大学文化引向理想的层面。大学内部治理要厘清大学内部的道德关系，为大学发展提供道德基础，使大学趋向道德的存在。只有这样，才能构建道德的大学秩序，促进大学治理的道德化。在这一意义上，我们认为，大学内部治理，从

---

① Sergiovanni, T. J., *The Life World of Leadership*: *Creating Culture, Community and Personal Meaning in Our Schools*. San Francisco: Jossey-Bass, 2000, pp. 17-34.

② 蔡怡：《道德领导——新型的教育领导者》，教育科学出版社2009年版，第135页。

根本上是大学道德的重建。只有通过大学道德的重建，才能建构道德的、人性的、和谐的大学教育共同体，才能实现大学的伦理德性与内部治理的有机融合。

（四）结语

大学是伦理性的，其实践具有道德的意蕴。建设现代大学治理体系，意味着大学治理理念、结构、手段、路径、目标等全方位的伦理建构。培育大学的伦理理性，塑造大学的道德品格，将大学的内部治理不断引向深入，这是大学治理的内在需求，也是大学本体价值的体现，是大学理应追寻的梦想。

大学的卓越在于伦理德性所反映的品格。建构大学的伦理德性，是大学可持续发展的普遍性目的（general purpose）。① 这是因为只有大学构建出自己杰出的伦理品格，才能积极参与并贡献于社会，才能表现大学的本质。大学之谓大学在于它通过科技、知识、文化的创新，人才培养实践的卓越，社会服务的善好，为整个社会的发展树立核心的价值实践典范，推动社会文明进步，成为社会的中流砥柱。大学的内部治理之中的伦理实践，能给人类的文明留下永久性的道德印记。

二、德治礼序的现代性转化

中国大学的今天是从中国的昨天和前天发展而来的。要建设好中国特色的世界一流大学，必须对我国历史和传统文化进行深入挖掘，获取有益的养分，为当代大学文化的构建提供智慧。正如阿什比所言，大学是民族灵魂的反映。知识是世界的，但大学属于特定的民族和国家。每一所大学都是与其国家的历史传承和文化传统密切相关的。若中国大学文化失去了中国特征与中国符号，那么一流大学的建设也就必然失去了其意义。

中国的大学理应办出中国特色，德治礼序是中国传统文化尤其是儒家思想的核心，但在西方大学模式主导中国高等教育的今天，大学中的传统符号与特征的地位遭到严重削弱。因此，作为文化传承者与传播者的大学，复兴传统文化，从传统当中去寻求智慧成为发展中国特色高等教育的当务之急，也是我国高校治理的重要着手点。德治礼序自起源至今已超过两千年历史。从今天来看，虽时代不同，但作为传统文化的德治礼序仍具有极其重要的当代价值。正如孔子所言："殷因于夏礼，所损益，可知也；周因于殷礼，所损益，可知也。其或继周者，

---

① ［美］克拉克·克尔著：《大学之用》，高铦、高戈、汐汐译，北京大学出版社2008年版，第145页。

虽百世，可知也。"① 不同时期礼仪制度皆有革新与增减，亦有传承与延续。而其精华部分，虽历百世，犹可发光发热。要在认识到礼的时代性的同时注重其一以贯之的普遍价值，在当下实践中赋予其时代精神与现代性的转变。不同于自然科学知识或线性或阶梯式上升与进步的特性，作为人文范畴的文化传承与此特性并不完全一致。因此，个别学者所主张的回归传统是历史的倒退的说法是站不住脚的。

在谋求建立法治国家时，德治、礼治都曾被当成和法治截然不相容的东西而遭到全盘否定。其实，这既是对德治与礼治的误解，也是对法治的误解。② 王凌皓、王晶也认为"礼教"与"封建礼教"是两个内涵不同的概念，历史传承机制使人们产生错觉将二者等同。不能以偏概全地将先秦儒家礼教与封建礼教混同起来。③ 德治礼序虽是等级社会体制下的产物，长期以来也建立在人与人之间一定的不平等之上，但其思想内涵对数千年中国人的精神价值、物质生活的规范与引领作用是无可替代的。以德性权威、人伦重建、任贤使能、移风易俗等为主要内容的中国文化复兴，是中国文化秩序重建的必由之路。④ 当然，德治礼序的当代价值不能只停留在口号层面沦为空谈，而是应该将其转化为可操作化的理念与智慧。在全面开启依法治国新局面的今天，我们非但不应该舍弃中国传统社会的"德治礼序"，反而更应该尝试建构适应当代中国社会发展的现代化的"德治礼序"，进而促进法治、德治和礼治三维多重社会秩序模式的良好运转。这尤其需要教育，需要对法治、德治、礼治的宣传教育，使其入乎耳，著于心，见于行。⑤ 具体来讲，可从以下三个方面着手。

（一）大学德治要求在加强学生德育、师德建设、道德领导的同时，明确自律与他律的区别，勿以手段当作目的，本末倒置

大学德治的目的在于使行为主体形成一种内生的自觉心，实现一定的自律而非只靠他律。自古以来，德育都是最核心的教育内容之一。作为教师更须以德为先，德才兼备。所谓"其身正，不令而行"。而如今，道德能够为大学治理输送新鲜的血液，重新激活大学治理。大学治理的道德诉求是以德治教和以德治校在

---

① 杨伯峻：《论语译注》，中华书局 2012 年版，第 29 页。
② 姜义华：《论"礼治"的当代意义》，载《红旗文稿》2014 年第 20 期。
③⑤ 王凌皓、王晶：《先秦儒家礼教思想的历史定位及现代镜鉴》，载《社会科学战线》2015 年第 4 期。
④ 方朝晖：《法治中国同样需要礼教文明重建——从中西方制度文明的比较展开》，载《人民论坛·学术前沿》2014 年第 21 期。

大学治理中的具体体现。要以道德约束大学官员权力，强化官德建设。① 应当明确，以德治校的核心在于上行下效，上位者给下位者的一种道德感召力和榜样力量。因此其前提是管理者、教育者自身须具备一定的道德品性。在学生德育方面，习近平总书记也曾勉励青年大学生要修德，加强道德修养，注重道德实践。同时也要学会自省、学会自律。②

事实上，以德治校在今天来看并非一种新理念，而是早已践行多年。尽管如此，其成效值得怀疑的同时，部分举措也多为师生群体所诟病和抵触。究其原因，主要在于过去的师德建设、学生德育都过于强调各种规范、准则、制度等约束性、强制性手段，而忽略了道德建设应以正面提倡为主的理念。如此一来，手段成为目的，大学德治多以冰冷生硬的条条框框、制度文件的形式所呈现，缺乏以德治校最基本的人文关怀与操作上的灵活性。以师德建设为例，一旦个别教师道德出现问题，政府与学校层面便总是从底线出发对整个教师群体进行规范与"惩戒"。在教师看来，一方面这是对整个教师群体素质与道德水平的低估；另一方面是因为少数人的错误而惩罚了多数人，这才是导致教师不满的根源。总的来讲，加强师德建设、学生德育及管理人员的道德领导是维护学术道德、和谐校园文化、提升管理者领导力以及应对高校腐败的有效途径，其关键在于勿以手段当作目的而本末倒置。

（二）弘扬大学之礼就是要明确个体的角色、权利与责任，维护师道尊严

礼的核心在于明确个体身份与定位、权利与责任，各行其是而不僭越。现代大学早已发展成为克拉克·科尔所谓的多元巨型大学，内部成员规模庞大，外部利益相关群体更是纷繁复杂。当前大学组织中不少冲突产生的根源都在于不同权利主体身份与角色定位模糊、权利与责任不统一。因此，基于此背景，提倡大学之礼更具必要性。

弘扬大学之礼，首先就要维护新时期的师道尊严。尊师重教是我国的传统美德。古人有"天地君亲师"之说，可见教师在历史上有非同一般的地位。"文革"时期，师道尊严曾一度被扣以反动、不平等的污名而遭受批判。究其原因，很大程度上在于对师道尊严的误解、歪曲与别有用心的利用。时至今日，在功利化浪潮与市场经济等多种因素的驱使下，教师地位大不如前。我们不能让师道尊

---

① 余承海、曹安照：《当代中国大学治理的道德诉求》，载《大学教育科学》2013 年第 3 期。
② 习近平：《青年要自觉践行社会主义核心价值观——在北京大学师生座谈会上的讲话》，新华网，2014 年 5 月 5 日，http：//news.xinhuanet.com/2014-05/05/c_1110528066_3.htm。

严成为遗失的美好,而应当在取缔传统师道尊严"师尊学卑"理念的同时赋予其新的内涵。有学者认为师道尊严有两种解释:一是指为师之道,以严为尊;二是指教师地位至高无上。① 而当下我们有必要赋予其第三种解释,即为师有道,然后才能有尊严。社会要尊师重教,教师更要尊重自己。维护师道尊严对不同的主体有不同要求。一方面,要强化学生群体和社会对教师身份与合法性的尊重与认可;另一方面,教师群体自身要加强道德自律与修养,树立一种内在的人格、道德与学术权威。

此外,弘扬大学之礼需要明确和正确看待两组关系。第一,无论是师生关系,还是上下级关系,一个基本的前提是不应把这种关系看成是一种简单的二元对立关系。如果失去了这样的前提,过于强调领导、教师就是管理者,下级、学生就是被管理者,必然会造成师生之间、上下级之间的不和谐。所以,在大学当中,管理者和被管理者之间应淡化身份对立,促成命运共同体。第二,正视大学之礼中的"不平等"现象。基于礼在历史上曾一度被当作等级制的代名词,难免有批评者会担心倡导大学之礼实质上是倡导一种不平等的人际关系。回应这一指责,一方面一定要明确角色上的不平等并不等同于人格与法律地位上的不平等或不对称。任何社会分工背景下的组织当中角色上的不平等均是无法避免的。从社会政治伦理角度讲,有些身份、角色的差别化是必要的也是必然的。另一方面不应将大学中人与人之间的平等的概念泛化和极端化,不同角色间合理的不平等与差异化并不意味着一定是负面的。以师生关系为例,师生关系、师生角色与地位一定要追求绝对平等吗?显然不是。事实上师生关系中除人格与法律地位之外的不平等与不对称是合理的,也是积极的。这种所谓的"不平等"不该受到批判。

(三)德治礼序为大学治理制度逻辑的局限性提供有效补充

大学治理是一项长期性、系统性的工程,而正式制度只是实现大学良治的条件之一。海外学者罗斯文(Rosemont)曾指出,社会调节过于重要,以至于不能交由政府来承担。更好的做法是由传统来承担,作为一种民众的约束性力量。我国目前关于现代大学治理结构的研究和讨论过于关注显性的制度(如大学章程),忽略了大学治理的具体文化环境。有学者认为,中国人不适合形式至上的制度主义,所以不能像西方人那样来追求法治,至少不应该盲于追求西方意义上的法治。② 同样梁漱溟也曾指出,中国文化中的制度建设不适用于西方那一套以人与

---

① 张东娇:《师生关系新走向:双向式"师道尊严"》,载《教育科学》2007年第1期。
② 方朝晖:《"三纲"与秩序重建》,中央编译出版社2014年版,第343页。

人相互限制、相互竞争以及自我中心、权利本位的方式。① 尽管人类文明成果在很多方面表现出诸多共性，但在具体制度层面还需要考虑文化背景与国情。西方智慧和制度逻辑在大学治理中是有明显局限性的，而德治礼序作为一种文化逻辑对大学治理的制度逻辑提供了有效的补充。只有立足于中国传统、中国文化和中国智慧，把依法治校与以德治校相结合的大学制度才是具有生命力的制度。

第四节　德治礼序的实践路径

我国目前关于大学治理的研究过于关注显现的制度，忽略了具体的文化环境。大学治理既要牢牢抓住法治这个重要路径，还要以道德为本，强化道德建设，重视德治礼序。大学治理需要中国经典优秀德治思想的现代转向，是现代大学治理的现实需要，更是大学文化自信的展现。"文化自信是一个国家、一个民族发展中更基本、更深沉、更持久的力量。"② 现代大学治理不是迷恋人治，而是在弘扬法治精神的同时，强调大学德治礼序的重要性。在借鉴中国古代优秀德治礼序思想的基础上，我们认为大学德治礼序的实践主要涉及"挖掘和激活传统文化资源，加强和改进现代大学仪式建设、大学的道德领导、大学制度的道德性、大学的道德权利以及大学的道德赏罚机制"几个维度，具有互通性，共同支撑大学建构德治礼序，通过探讨其实践路径，力求将大学德治礼序真正引向实践。大学德治礼序建设不能只停留在理论层面，而要真正走入大学治理的实践。只有深入实践，大学德治礼序才能真正发挥自身的功效，促进大学的有序发展。

一、挖掘和激活传统文化资源

（一）汲取书院文化精华，加强传统仪式文化的传承

在弘扬传统文化成为全社会共识的背景下，书院文化作为我国古代高等教育

---

① 梁漱溟：《梁漱溟全集·中国文化要义》（第三卷），山东人民出版社1989年版，第320~345页。
② 习近平：《决胜全面建成小康社会 夺取新时代中国特色社会主义伟大胜利——在中国共产党第十九次全国代表大会上的报告》，新华网，2017年10月27日，http://www.xinhuanet.com/2017-10/27/c_1121867529.htm。

文化的主体，也是中华优秀传统文化的组成部分。发掘古代书院文化、教育文化的魅力，科学、合理地将其转化为中国现代大学文化的组成部分，对于推动传统文化的复兴与繁荣具有重要意义。各高校应当以古代书院礼仪及其传承为启示，结合校史、校情，把大学仪式活动与自身特色文化建设相结合，尤其要善抓重点，把最具特色和代表性的礼仪活动发展成为"品牌"效应并发挥其引领作用，从而增强和带动校园总体的文化氛围，推动内涵式发展与文化特色。当然需要指出的是，传统书院礼仪并不总是积极、有益的，对传统书院礼仪文化的学习借鉴需要有所摒弃和取舍，尤其是对其中的繁文缛节和过时的部分应当坚决取缔。在此过程中，必须以推动和繁荣积极向善的校园文化和不影响正常的教学与科研秩序为两大基本出发点。

（二）挖掘和塑造大学组织中的"传奇"，以符号创新带动仪式创新

人类是能够使用符号并赋予符号特定意义的动物。如果把仪式比作"乐谱"，那么象征符号则是它的"音符"。① 对于仪式参与者来说，符号承载着知识和情感两个方面的意义。除了学位服、毕业证书等普遍意义上的符号外，每一所大学因特定的历史和发展轨迹，必然有其独特的象征性符号，这也就是伯顿克拉克所谓的"传奇"（saga）。克拉克认为，传奇是一个组织重要的资源，作为一系列组织信仰和价值结合产生的故事，是组织成员对组织独特成就的共同理解，有助于促进组织大学和学生、校友、教师和职工的团结。② 因此，要围绕大学校史的保护与研究，在师生共同的价值寄托和情感记忆当中，注重挖掘大学历史当中的传奇故事和人物，以此激活大学文化的潜力，凝聚师生共同体的力量和信仰。此外，还要注重具体符号的创新，为仪式中的情感表达提供落脚点与纽带。

例如，兰州大学在110周年校庆之际，以大学历史传统和精神为核心，新建起了校友墙、校史馆等一系列校园景观提升工程。尤其是刻有百余年来数十万校友名字的校友墙气势恢宏，一时间成为"网红墙"。对校友而言，从一个个姓名当中可以寻找并唤起鲜活的回忆；而在更大的社会网络当中，校友社会关系网络当中的"他人"也对校友墙表现出了极大的兴趣，如此一来，大学本身的社会声誉也将得到提升。

---

① ［英］特纳著：《象征之林：恩登布人仪式散论》，赵玉燕等译，商务印书馆2006年版，第20页。
② Clark, B. D., Organizational Saga in Higher Education. *Administrative Science Quarterly*, 1972 (17), pp. 179 – 194.

二、加强和改进现代大学仪式建设

（一）要以立德树人为根本遵循，提升大学仪式的价值内涵，重塑大学仪式的神圣感

大学仪式建设一定要以坚持正确的价值导向为前提，充分发挥好仪式的教育功能，把仪式现场作为教育的"第二课堂"，增强仪式内容的学术导向、德育导向，避免大学仪式走向官僚化、商业化和庸俗化等，避免仪式导向的异化；要把大学仪式建设与高校的使命、学术的神圣与知识的崇高相结合，把仪式创新与个体价值世界的塑造、社会责任感的养成和核心道德素养的教育相结合，使大学仪式在形式创新与内涵提升上保持同步。此外，还应当明确的是，大学仪式建设要保持在必要的限度之内，不能影响正常的教学秩序，也不可使之成为师生的负担。因为仪式的目的不在其本身，要以服务大学理念与人才培养目标的实现为出发点。

（二）要以人为中心，以需求为导向，改进大学仪式的举办和参与方式

大学仪式既要有价值上的"高度"，也要有情感上的"温度"。在仪式改进和创新的过程中，要避免形式主义，要以共同情感为纽带，充分考虑参与者尤其是占最大比例的学生群体的体验和需求。要遵循不同仪式自身的逻辑和不同身份参与者的诉求。在以学生为主体的仪式活动设计和举办当中，应更大程度发挥学生参与的积极性与创造力，从而更好地在仪式表演中体现学生诉求。此外，仪式创新应当保持在合理的范围之内，要提高仪式建设的专业性，不能违背知识和大学组织特性谈仪式，尤其是涉及传统文化元素和国外文化元素借鉴时，要力求准确、规范，增强大学仪式建设的科学性，重塑大学仪式的神圣感，从而把文化育人真正落到实处。

（三）以仪式建设为突破口，把文化育人落到实处

当前高校的礼仪教育多缺乏系统性，同时也呈现出重视行为层面而忽视礼仪文化的特征。事实上，比礼仪本身更为重要的是礼仪背后的文化脉络和价值。要知其然，更要知其所以然。高校师生只有在掌握特定的礼仪知识和文化的背景下，才能把特定历史情境中的卓越人物、重要事件与当下自身所处的环境联结起来，从而建构起对传统的自豪感与当下的信心。因此，礼仪教育的关键在于礼仪文化的教育。同时也需要以正确的价值导向为前提，以必要的激励为手段，以实现学习者主动明礼、行礼为目的。在此过程中，教师无疑是相关教育的实施主体。在礼仪及其文化教育中，教师不仅是相关知识的传递者，更重要的是作为一种榜样。为师者，范也，礼仪教育更当如此。因此，规范和重视教师队伍的礼仪意识与行为显得尤为重要，对教师群体进行系统性的礼仪及其文化培训是相当必要的。

（四）推动大学仪式建设规范化、制度化，使之成为现代大学治理体系的组成部分

总体来看，当前我国大学治理的秩序主要通过两种途径得以实现：一是基于依法治校理念之上，以章程为核心的各类规章制度建设。现代大学章程在各高校的先后颁布与实施使我国大学治理的现代化迈上一个新的台阶，但与章程相适应的规章制度体系尚待进一步完善。二是基于组织共同治理理念之上的共同体建设，在高校具体表现在学术与政治两个方面：其一是在学术权力运行和学术事务决策方面，通过加强学术委员会及相关委员会建设得以实现；其二是在高校党组织范围内，以全面从严治党为契机，通过加强党的纪律建设的方式提高对高校党员干部与党员教师的约束。但是很明显，以上两种途径都有一定的局限性。法理制度不利于大学理念的全面实现，学术与政治共同体无法覆盖大学的全部利益相关者。当此之时，大学治理还需要第三种路径作为补充，即基于对传统礼仪之上的秩序，也是大学治理的一种文化逻辑。一方面，需要在学校战略层面赋予大学礼仪文化的重要使命和突出地位；另一方面，规范大学礼仪的举办条件、流程、秩序并使之制度化，有助于推动中国特色现代大学治理走向成熟和深化。

三、强化大学的道德领导

道德领导理论由美国学者萨乔万尼在其所著的《道德领导：抵及学校改善的核心》一书中首次提出。萨乔万尼基于对传统学校领导方式存在问题的批判，提出传统学校领导"偏向注重理性、逻辑性、客观性，忽视了作为附加价值的情感、团体成员身份的重要性、道德"。[①] 这使"我们已逐渐把领导视作行为而不是行动，视作心理学方面的（因素）而不是心灵方面的（因素），视作与人有关

---

① ［美］托马斯·萨乔万尼著：《道德领导：抵及学校改善的核心》，冯大鸣译，上海教育出版社2002年版，第8页。

的（东西），而不是与理念有关的（东西）；我们过度强调了科层的、心理的和技术、理性的权威，而严重忽视了专业的和道德的权威"。① 这种领导过于强调组织气氛、工作满足、组织效能，而缺乏道德的诉求，这种传统的领导范式限制了学校的发展，也使学校领导实践日趋陷入危机，由此，他借助对组织道德领导的信念、价值观与哲学背景的探讨，提出道德领导。道德领导就是学校的领导者通过构筑愿景，挖掘人的潜质，确立道德权威，以凝聚力量，提升学校道德品性的一种领导方式。大学道德领导是大学德治的重要表征，基于此，大学德治需要首先加强大学道德领导。

（一）加强愿景领导，构筑道德契约

愿景领导是通过确立宏伟前景，传达高绩效期望，传递新的价值观体系，以及表明对未来前景的坚定信念的一种领导方式。愿景领导不是虚幻的，而是需要切实地行动。"领导是一项艰难的工作，你不能只是将一个全球性的愿景表达出来之后就拍拍屁股走开。领导的真正问题是将这个愿景转化为现实。你并不一定非要是一位天才——你只要不断地给予关注就可以。"② 领导者所构筑的愿景要契合大学成员的价值取向，符合大学成员的共同利益，而且要善于将学校的愿景分享给他人，使大学成员感受到自我的兴趣和抱负与大学的愿景是一致的，从而激励他们为实现愿景而付出努力。领导者要通过"广泛开展理想信念教育，深化中国特色社会主义和中国梦宣传教育，弘扬民族精神和时代精神"，③ 引导大学成员树立正确的历史观、民族观、国家观、文化观；要以永不懈怠的精神状态和一往无前的奋斗姿态切实行动，注重团队建设、分享式决策以及打造团队精神。与此同时，要着力构筑大学的道德契约，进而完善大学的愿景领导。大学道德契约是不同意愿的结合、一定诺言的约定，以彼此的信任为条件。通过订立道德契约，大学由一个世俗组织变成了一个神圣的组织；由一个纯粹被设定去达成特定目标的工具变成了一个有德行的教育共同体。道德契约建立了不同的责任关系，明确了大学不同主体的权利与义务，规约着各自的行为。当愿景的价值和契约的附加价值都形成时，大学成员就会以更高的动机和责任感来做出回应，而且，他们也会有卓越的行为表现，这无疑将促进大学的道德实践。

---

① ［美］托马斯·萨乔万尼著：《道德领导：抵及学校改善的核心》，冯大鸣译，上海教育出版社2002年版，第5页。

② ［美］罗伯特·波恩鲍姆著：《学术领导力》，周作宇等译，北京师范大学出版社2008年版，第116页。

③ 习近平：《决胜全面建成小康社会 夺取新时代中国特色社会主义伟大胜利——在中国共产党第十九次全国代表大会上的报告》，新华网，2017年10月27日，http://www.xinhuanet.com/2017-10/27/c_1121867529.htm。

（二）倡导分享领导，激发人的潜质

分享领导是通过权力分享让他人变得强大，通过授权促进下属的自我管理的一种领导方式。领导者对自身的职业生涯的关注不能超越于对教师、学生、教学的关注。领导者要甘于平淡，重视对大学成员长期的、细节上的引领，帮助他们确定自己的价值和需要。领导者要用多种方式激发大学成员的潜质，引领他们的价值观念，与此同时，接受他们的思想，分享他们的经验，采纳他们的建议，引入他们的决策，并予以欣赏与鼓励，增强其参与大学治理的积极性，使大学成员共同担当大学的领导。领导者"需要帮助他的追随者澄清他们在学校的角色以及他们身上潜藏的价值，将个人价值与学校目标结合起来，使他们工作有激情、生活有意义"。① 分享领导侧重于发挥大学成员的聪明才智，使大学组织中的人们愿意为大学美好的未来而携手并进，让他们由更高层次的需要所驱动。领导者要尊崇民主、自由、公正等价值理念，注重塑造大学成员的价值观、理想信念与人生目标，充分调动大学成员的全部工作热情。领导者要和教职员工共同构建大学的共同价值体系，妥善地处理大学内部主体间的关系。领导者要注重为大学成员提供展现自我的机会，鼓励其为了学校的发展而努力，同时，引导大学成员确立正确的道德价值取向，明确自身的道德权利与道德义务。在领导者与大学成员之间不存在不可逾越的鸿沟，也并非单纯的利益交换，而是事务的共谋与权力的分享。领导者要着力塑造大学成员多样的能力，使他们能够自觉参与现代大学治理，可以通过民主协商、领导发展以及积极行动来实现。领导者要将专业和道德权威结合起来，只有这样，才真正构成了分享领导。通过分享领导将学校由纯粹的组织转化为命运共同体。在命运共同体中，每一个人都享有相应的权利，同时，也必须履行对应的义务，共同承载着大学的道德使命。

（三）增强表率领导，呈现独特的领导风格

表率领导是领导者自觉加强自我净化，强化道德修为，充分发挥模范引领作用，彰显独特领导品质的一种领导方式。以令率人，不若身先。如孔子所言："其身正，不令而行；其身不正，虽令不从。"（《论语·子路》）这说明，只要大学领导者道德品质高尚，清廉为政，那么大学成员就会自然心悦诚服。大学领导者要率先垂范，自觉强化自身的道德建设，塑造自我高尚的道德情操。大学领导者要从科层的、心理的和技术理性的权威转变为专业的和道德的权威。大学领导者要以公道为准则，要正直，维护公平与正义；要敬畏法律、敬畏制度、敬畏权

---

① 蔡怡：《道德领导——新型的教育领导者》，教育科学出版社 2009 年版，第 41 页。

力；要有高度的责任感与崇高的使命感，确立为政为公的价值取向，严于律己、宽以待人、秉公守信。大学领导者要"弘扬忠诚老实、公道正派、实事求是、清正廉洁等价值观"。① 大学领导者要发挥模范作用，要在现实中有所行动，他的行动要表达出学校的理念。大学领导者要以多种方式影响人、感染人、促动人；要为了促进学校的发展，实现学校的成功，竭尽全力，而不能把领导作为权利，作为满足个人利益的手段；要明确自身的义务，有所担当，要果断、坚强、有力；要对学校的事务提出真知灼见，对于事务的处理要机智，对于人事的配备要公正，使大学的领导转化为真实的行动。只有这样，大学领导者才能逐步提升自我的道德境界，真正成为大学的道德表率。

四、丰富大学制度的道德内涵

大学制度作为外在的规约，其源头在于道德。大学制度要明确道德指向，捍卫道德的尊严。反观现代大学治理，大学制度的道德内涵相对薄弱，没有体现其应有的道德意义。大学制度应当具备自身的道德性，假如大学制度缺乏道德的内涵，那么，势必将无法真正将现代大学治理逐步引向深入。② 因此，对大学制度道德属性的疏忽，往往导致大学制度在发挥工具作用时，暗暗确认、传播着与工具理性最终目的及大学整体的道德追求方向相反的信息。大学制度的设计和执行必须要有道德观念的内化，否则，大学制度就会由于缺乏道德性而无法获得普遍的遵守和执行。大学制度内聚道德价值，因此，我们必须打破固有的思维方式，积极构建道德内涵丰富的现代大学制度体系。

（一）明确大学制度的道德取向，展现大学制度的道德性

大学制度需要道德准则的规约，以保障大学成员的合法权益，创设大学的道德生活。③ 因此，大学制度要恪守道德准则，坚守道德底线，蕴含道德意义；要依赖道德的背景，呈现特定的道德属性，而非工具化的运用。大学制度要体现道

---

① 习近平：《决胜全面建成小康社会 夺取新时代中国特色社会主义伟大胜利——在中国共产党第十九次全国代表大会上的报告》，新华网，2017 年 10 月 27 日，http：//www.xinhuanet.com/2017-10/27/c_1121867529.htm。
② 李龙：《西方法学名著提要》，江西人民出版社 1999 年版，第 534 页。
③ 何怀宏：《公平的正义：解读罗尔斯〈正义论〉》，山东人民出版社 2002 年版，第 54~55 页。

路自信、理论自信、制度自信、文化自信；要构筑中国精神、中国价值、中国力量，① 为大学成员提供价值引领。大学制度要将相对抽象的伦理要求、道德命令具体化为大学成员所必须遵循的一系列可操作的道德规范。大学制度要展现大学群体的道德意志，反映群体共同的道德要求，直接对大学成员的道德行为进行指导和规范，同时，强化自身的他律性和强制性，发挥惩戒功能，限制并消除大学成员的不道德行为。大学制度的道德化不是道德与制度的简单连接，也不是将制度的形式强加于道德，而是道德与制度的有机结合。道德的大学制度既有道德的自觉性、引导性、示范性，又有制度的权威性、强制性、操作性。道德的大学制度结合了二者的优点，弥补了彼此的不足，能够很好地发挥最大的效力，实现道德与制度的过渡、协调与配合，这对于展现大学制度的道德性，塑造大学的道德品格，将发挥不可替代的积极作用。

（二）构建公正的大学制度，充实大学制度的道德性

以制度公正建设为内容的制度有效供给是大学德治实践的重要维度，是克服大学道德失范的有效途径。罗尔斯认为："一个人的职责和义务预先假定了一种对制度的道德观，因此，在对个人的要求能够提出之前，必须确定正义制度的内容。"② 正义制度本身就是一种基本的大学激励机制。大学制度建设要从大学的定位出发，防范内外的多重侵扰，维护大学的尊严、师生的权益以及社会服务的职能；着眼于避免大学成员彼此冲突，产生敌意，舍善趋恶，使一个原本品行端正的人可能呈现出不道德的行为；立足于防范大学的道德危机，杜绝大学成员彼此分离，缺乏归属感，对大学的未来缺乏信心；引导大学成员团结协作、互利互惠、抑恶扬善，转变大学不道德的行为，进而打造公正的大学制度。公正的大学制度能够引导大学确立合理的道德取向，塑造大学良善的道德品性。③ 大学制度安排必须符合程序，遵从规则，体现合法性，不存在特权人员，不歧视弱势群体，同时，要专注于打造公开、公平、公正的实践运行机制，切实保障大学成员的个人福祉并维护大学的公共福祉，进而充分发挥大学制度对大学道德实践的规约作用，不断丰富大学制度内在的道德意涵，逐步提升大学制度外在的治理功效。只有这样，大学制度才能体现公正价值理念，凸显公正主体地位；才能维护大学的道德品格、学术品格、思想品格与文化品

---

① 习近平：《决胜全面建成小康社会 夺取新时代中国特色社会主义伟大胜利——在中国共产党第十九次全国代表大会上的报告》，新华网，2017 年 10 月 27 日，http://www.xinhuanet.com/2017-10/27/c_1121867529.htm。
② [美] 罗尔斯著：《正义论》，何怀宏等译，中国社会科学出版社 1988 年版，第 105 页。
③ 高兆明：《制度公正论——变革时期道德失范研究》，上海文艺出版社 2001 年版，第 112 页。

格，进而提升大学的道德品性。

（三）推动大学制度的道德实践，拓展大学制度的道德性

大学制度的道德实践是指将大学制度引向大学的道德生活，进而规范大学的道德生活，维护大学的道德生态。大学制度的道德实践展现着大学的人文精神，体现着大学道德治理的理念。[①] 大学制度在实践过程中，通过解决大学内部的道德价值观冲突，克服非道德主义，确立主流道德价值取向，明确道德衡量指标与完善道德的调控机制，引导大学成员在共同体中为了共同的利益、共同的价值目标，共同参与、真诚合作以及理智地行动；规约并引导大学成员对他者权益的尊重，并考虑到他者的合理需要与正当权益，不在与他者权益截然对立中实现自我的权益，促进大学成员养成良好的道德习惯，形成一种在自我、他者、群体利益共同增进中思考与实现自身权益的思维模式与思想习惯，使大学成员的道德心理结构得以优化，以拓展自身的道德性。大学制度的道德实践具有一种反思性的实践智慧，能够依据大学内外部的环境变化，选择恰切的实践方式，形成内在的道德观念与道德信念体系。大学制度的道德实践能够夯实大学制度的道德基础，增强大学制度的道德权威性，更好地发挥大学制度的道德约束力与强制性，保障大学治理始终在道德的轨道上前行。

五、维护大学成员的道德权利

大学成员的道德权利是大学德治的重要指向，而大学德治需要捍卫大学成员的道德权利。大学成员的道德权利是大学成员在大学的道德体系或道德关系中的地位的规定。大学成员的道德权利的范围更大，不同于法律权利，是大学成员享有的，维护自身道德权益的权利。大学道德权利涉及大学成员的切实利益，维护大学成员道德权利的过程也就是深入推进大学德治的过程。

（一）维护大学成员的行为选择自由权

行为选择自由权是大学成员基于道德，自由选择行为方式并获取正当利益的权利。行为选择自由权为大学成员提供了行为选择的机会。在大学德治过程中，必须尊重大学成员的意志，引导其遵循一定的道德原则，选择道德的行为，实现道德的诉求。当大学成员面对外在的威胁、干涉或者侵扰时，可以依据道德的准

[①] 赵荣辉、周作宇：《论大学德治》，载《清华大学教育研究》2016年第6期。

则，自由选择道德的行为，并维护这样的行为，以保障自身的正当权益，这是大学成员行为选择自由权的体现。康德认为："任何与责任不相矛盾的行为都被允许去做，这种自由，由于不被相反的绝对命令所制约，使构成道德的权利，作为该行为的保证或资格。"① 大学成员有权去自由选择契合道德要求的行为，抵制不道德的行为，这充分体现了对大学成员道德自主的尊重，能够促进其道德的生长。但是，行为选择自由权也不是无限大的、无约束的，它也有限度，必须依据道德规范与道德原则，否则，就会被剥夺相应的权利。

（二）维护大学成员的人格平等权

人格是人的独特表征。人格的平等是基本的平等。人格的平等是一种获得他人、社会认同的心理需要。获得人格平等，能够证明自我存在的价值，展现自我内在的力量。人格平等权是大学成员在大学事务中受到平等对待的权利。人格平等权维护着大学成员人格的独立性。大学德治要保障大学成员的人格平等权，强调大学成员间人格的平等是大学德治的内在精神，是大学道德建设的基本要求。在大学德治实践过程中，必须使每一个大学成员在大学生活中切实体验到自身平等地获得他人尊重的自豪感，体会到与他人平等地参与大学的事务，而且是受到保障、不可侵犯的。大学德治要解决大学内部的冲突，要厘清大学内部的道德关系，要维护大学成员人格的平等。只有这样，每一个大学成员才能享有人格的尊严，才会真正融入大学的道德生活，并且积极维护这样的道德生活，使大学成为一个平等的、独立的、道德的教育共同体。

（三）维护大学成员的公正评价权

公正评价权是指大学成员的道德行为获得公正的道德评价的权利。公正的道德评价能够弘扬正义，惩戒邪恶。只有公正的道德评价才能引导大学成员获得正确的道德认知，明确道德责任，克服道德失范，始终秉持道德情怀。道德评价涉及主体自身评价和外在的他人评价、社会评价。公正的道德评价就是对是非曲直的正确裁断，而不是主观的臆断。即使违背了道德的规范，造成了不良的道德后果，也要获得公正的道德评价，这也是大学成员应该享有的道德权利。为了进行公正的道德评价，必须建立统一的道德评价标准。只有为大学成员普遍认可的道德评价标准，才能维护道德评价的公正。如果在大学校园内没有一个一致的道德评价标准，那么公正的道德评价则是无法实现的，必然导致道德的混乱。大学的道德评价标准应该与大学的精神相一致，是大学努力达到的最好状态，是大学成

---

① ［德］康德著：《法的形而上学原理》，沈叔平译，商务印书馆1991年版，第25页。

员努力去实现的道德目标与道德理想。大学要想做到公正的道德评价，还需要建立相应的道德评价组织机构，例如，"大学道德委员会"，其构成以大学成员为主体，而非单一的行政领导，只有这样，才能保证大学道德评价的公平公正。另外，还需配套大学道德评价的技术，例如，"道德评价对象的日常行为表现、目的与效果以及方式与手段"等。大学道德评价既包括量化评价也包括质性评价，只有这样，才能全面客观地呈现大学的道德风貌。在引导大学成员获得公正评价的同时，也应引导其对他者进行公正的评价，不能施以不公正的评价，体现出不道德的行为。在大学道德评价过程中，要强化这样的观念，既保障自身的道德权利，也充分尊重他者的道德权益，这才是一个合理的道德评价。大学的道德评价还不完善，需要汲取历史经验，也要符合时代特征，更要考虑大学的实际。我们只有不断强化大学成员的道德主体意识，引导其公正评价自我与他人，同时，加强大学公正的道德评价机制建设，才能切实维护大学成员的道德权利，促进大学道德评价机制的完善。

（四）维护大学成员的主体权利

大学要保障大学成员的主体权利，在此层面上，其与大学德治的精神内在是一致的，是大学道德建设的基本要求。大学德治着眼于维护大学成员人格的独立性。人格的独立需要法制的保障，凸显法律主体的存在，因此，主体权利既涉及道德层面，也涉及法律层面，二者的有机结合更能彰显大学成员的独立人格。明确大学成员的主体权利，就是依据道德标准，明确其享受的道德自由、利益与选择的权利。明确自身享有的权益，本身就是一种道德的追求。如果违背了权利，那就违背了道德。要引导大学成员捍卫自我的主体权利，与非道德的、侵害性的行为坚决抗争，为权利而斗争，切实保障自身的道德权益。大学成员既要维护自身正当的主体权益，也要关怀他人的合法权益，这是每一个大学成员必须践行的道德义务。权利与义务是对等的。在现代大学治理中，既不存在没有权利的义务，也不存在没有义务的权利，二者共同规约着大学成员的行为。义务的获得源于权利的享有，反之亦然，否则，二者就是不恰切、不合理的。只有全面地把握大学的状况，维护大学成员的主体权利，才能了解大学道德建设的实质性内容，将大学道德建设真正引向深入。

六、建构大学的道德赏罚机制

中国传统伦理中道德养成侧重于自我修炼，强调内在的道德自觉，其建构中重自律、重宣讲、重私德，虽具有合理性，但缺乏普遍的道德赏罚机制。反观现代大学治理，大学道德主要是靠大众舆论、内心信念、行为习惯等非功利的精神力量来维系的一套道德规范体系。道德具有非功利性、义务性、无私性。但是道德的考量毕竟受着多重因素的影响，光靠自我的约束来保障，则是不可靠的，更需要外在的道德赏罚机制加以保障。大学的道德赏罚机制是大学德治的保障，因此，大学德治需要建构大学的道德赏罚机制。大学道德赏罚机制是以社会舆论及其他多种利益机制为主要制约力量、以他律性的外在手段引导或诱导道德主体遵守和践行道德规范的控制形式。大学道德赏罚机制能够树立道德的权威，促进道德的内化，强化道德在大学治理过程中的重要地位。

（一）鼓励道德行为，惩戒非道德行为，完善大学道德赏罚机制

大学道德赏罚机制的根本目的在于赏善罚恶，强化大学主体的道德自律，提高大学的道德水平。赏罚依据大学行为主体的行为后果，通过奖励道德行为，惩戒不道德行为，对大学道德建设进行评价与调控。由于人内在的避免惩罚的心理，所以，大学道德赏罚机制还是会起到积极的作用。如罗素所言："在不具备刑法的情况下，我将去偷，但对监狱的恐惧使我保持了诚实，如果我乐意被赞扬，不喜欢被谴责，我邻人的道德情感就有着同刑法一样的效果。"① 因而，必须加强大学的道德立法，在大学章程中明确规定大学的道德标准，设定大学的道德底线，将大学的道德规范上升为法律规范，发挥法制的道德约束力，要求大学成员必须遵守；必须发挥群体监督力量，共同维护大学的道德准则，抵制不道德的行为。大学的道德评价必须与大学成员的职位晋升、职称评聘、绩效考核等紧密相连，为此要建立大学成员的道德档案，构建道德监测机制，实行道德公开，定期发布大学道德质量报告。在此过程中，通过树立道德典范，积极宣传道德事迹，鼓励道德行为，助推大学成员不断提高自我净化、自我完善、自我革新的能力。针对道德失范行为实行一票否决制，以端正人心，使大学成员不苛求不可能的东西，不寻求占有过多的物质。但是，赏罚毕竟只是手段，根本还在于人心，要关注大学成员内在的道德养成，强化道德的自我立法，同时，建立动态的大学道德奖惩机制，消解伪道德，防范道德风险。只有通过合理的道德奖惩，才能逐步培养大学成员的道德习惯，丰富大学的道德资本，实现大学道德的转向。

---

① ［美］罗素著：《伦理学和政治学中的人类社会》，肖巍译，中国社会科学出版社1990年版，第73页。

（二）提倡道德激励，明确利益诉求，优化大学道德赏罚机制

个体在一定意义上，总是围绕个人的利益而活动的，利益驱动是个体行为的主要动因。大学道德赏罚就是对大学中道德行为的一种利益奖赏，对非道德行为的一种利益剥夺，以引导大学成员自觉加强道德建设，不断提高自身的道德素养。但是，大学成员的道德行为不只是源于外在的利益，也源于内在的动机、情感与价值观。正如包尔生所言："全部道德文化的主要目的是塑造和培养理性意志使之成为全部行为的调节原则。"① 这不是否定大学成员的合理的物质需要，完全抹杀大学成员的心理需求，我们强调的是大学成员的更高的行为动因，使其追求高尚的、道德的、纯粹的行为目的。这说明道德赏罚的根本在于能够在大学形成良好的道德风气，引领大学成员趋善避恶，寻求道德的选择，而不是单纯的利益满足。因此，大学要成立专门的道德赏罚机构，例如"道德裁定委员会"，完善"道德申诉制度"，实施"道德问责制"，以零容忍态度惩戒大学非道德行为，公正合理地处理大学内部的道德失范问题，优化大学内部的多重道德关系。大学的道德赏罚既要有物质的奖励，也要有精神的鼓励；既要有道德的规劝，也要有法律的制裁。只有通过多种方式进行道德赏罚，客观地对大学成员的行为作出科学有效的评价，才能引导大学成员确立正确的道德价值取向，践行合乎道德的行为。

（三）重视道德反馈，强化道德教育，健全大学道德赏罚机制

大学道德赏罚机制在维护大学道德纯洁中要发挥积极的作用，通过赏善罚恶，从正向与反向两个维度，保障大学的道德进步。大学的道德赏罚是一个有机的过程系统，要公平公正、明确领域、制定规范、建立准则、重视程序。大学的道德赏罚必须重视及时的反馈，要采用鲜活的正反实例说明问题，明辨是非，而非一纸空文，流于形式，这样既可以对道德赏罚的领域、规范、标准以及技术等进行审视，使之日趋完善，逐步适应日新月异的大学环境，同时，也能对大学自身的道德赏罚机制进行评判，进而完善大学道德赏罚机制，使道德赏罚在保障大学德治实践的过程中发挥应有的功效。大学道德赏罚机制的运用也要适度，要契合大学的实际，同时，也不能忽视道德教育，要通过强化意识形态，培育和践行社会主义核心价值观，弘扬科学精神，强化社会责任意识、

---

① ［美］弗里德里希·包尔生著：《伦理学体系》，何怀宏等译，中国社会科学出版社1988年版，第412页。

规则意识、奉献意识,①不断加强大学成员的道德教育,引导大学成员理解道德赏罚的内涵、价值与意义所在,使广大大学成员接纳、认可并乐于接受道德赏罚机制,否则,就不能发挥这一机制的真正功效,可能引起不良竞争,造成错误导向,势必为了奖赏而进行道德活动。因此,必须强化道德教育,通过法制的约束,明确赏罚的范围与目的所在,维护道德的权威,促进大学德治实践的深化,实现大学的善治。

---

① 习近平:《决胜全面建成小康社会 夺取新时代中国特色社会主义伟大胜利——在中国共产党第十九次全国代表大会上的报告》,新华网,2017年10月27日,http://www.xinhuanet.com/2017-10/27/c_1121867529.htm。

第五章

现代大学治理结构中的权力配置研究

党的十八届三中全会通过的《中共中央关于全面深化改革若干重大问题的决定》将"完善和发展中国特色社会主义制度,推进国家治理体系和治理能力现代化"确立为"全面深化改革的总目标",依法治校和大学治理是国家治理体系和治理能力现代化在教育领域的本质要求和具体体现,教育治理体系和大学治理能力现代化将对国家治理体系和治理能力现代化起到有力的助推作用。我国大学目前正处于不断深化改革时期,不同权力主体的利益面临深刻的调整,改革的难度加大。这就急需对大学的治理结构、权力运行机制进行科学、合理的规划,使不同权力主体的权力配置、权力运行在法治的框架下开展。

完善大学治理结构、建设现代大学制度是我国高等教育管理体制改革的主要目标。权力是大学治理结构改革的核心议题。合理配置大学治理权力是实现大学有效治理的基础。从大学外部权力关系来看,主要涉及政府与学校之间的关系;从大学内部来看,主要涉及党政之间、党群、教师与行政、学校与学院等不同权力主体、不同权力层级之间的关系。

改革开放以来,中国治理方式的重大变革就是政府改变总体性支配权,通过赋予诸领域一定程度的自主权来释放社会活力。① 在改革开放初期,复旦大学、同济大学等四所大学的校长、党委书记就在《人民日报》上呼吁给高校一点办学自主权。赋予高校办学自主权是缓解改革压力、释放高校发展活力的重要举措。

---

① 渠敬东、周飞舟、应星:《从总体支配到技术治理——基于中国 30 年改革经验的社会学分析》,载《中国社会科学》2009 年第 6 期。

高校自主权的"下放"更多是以"项目"和试点方式进行的，这被视为具有中国特色的经验。① 在此过程中，国家设置了相对宽泛的政策目标，给予高校反复试验、创新探索的机会，在一定程度上导致高校自主招生项目、招生标准等年年变化、年年有新意。加之，政府对高校自主招生的政策定位并非一以贯之，而是在多重目标甚至相互冲突的目标间变动不居。这些模糊性和矛盾在政策执行过程中留下了灵活性的空间，也可能导致摩擦和紧张。② 从而使改革进程呈现一种渐进而不是跳跃式的发展道路。

政府和大学之间的关系是分析中国大学制度权力配置的前提和基础。中国高校的治理结构与中国的政治制度是高度同构、不可分割的。分析高校内部权力配置是透视和分析政府与高校之间关系的基本视角。本章立足高校内部，分析大学治理结构中不同职能部门的权力主体之间的关系，主要包括党政之间、学术与行政权力、学校和学院权力的配置问题，着重从四个方面进行研究：（1）在理论上探索分析政治权力、行政权力和学术权力之间的边界和运行规则；（2）以依法治校为切入点，透过大学章程现象，分析高校内部治理的法理依据；（3）在此基础上，在横向上以党委领导下的校长负责制为切入点，分析高校内部党政权力配置问题；（4）在纵向上对大学内部学校层面和二级学院之间的权力配置问题进行研究，厘清大学内部治理的框架结构。

第一节 现代大学治理中的"权力三角"理论模型

许多学者认为，我国大学治理实践中存在着学术权力与行政权力之间的矛盾。破解这一矛盾，"去行政化"改革是关键。有观点认为，"去行政化"的范围应限定在大学的外部关系。其指向是减少政府对大学的干预，落实大学办学自主权。而大学内部的行政管理不仅"不可去"，还应继续加强。③ 但在关于学术权力和行政权力的讨论中，人们往往对行政的概念进行泛化，在学术和行政的关系上存在认识误区，将政治与行政混为一谈，忽视政治在大学治理中的重要地位，要么以行政代政治，要么将从事行政工作视为"搞政治"。这在理论界和实践领域都有表现。分析讨论政治、行政和学术在大学治理过程中的协调过程与机

---

① ［德］韩博天：《通过试验制定政策：中国独具特色的经验》，载《当代中国史研究》2010 年第 3 期。
② 周雪光、艾云：《多重逻辑下的制度变迁：一个分析框架》，载《中国社会科学》2010 年第 4 期。
③ 周光礼：《"双一流"建设的三重突破：体制、管理与技术》，载《大学教育科学》2016 年第 4 期。

制，对进一步认识大学组织运转模式，构建中国特色现代大学制度具有理论意义和实践价值。本书旨在将政治因素引入大学治理的讨论，分析政治在我国大学治理理论讨论中缺位的原因，尝试构建我国大学治理学术、行政与政治的权力三角模型，以此分析我国的大学治理实践，并提出参考性解决方案。

一、学术、行政与政治：大学治理中的共轭耦合系统

大学组织具有鲜明的学术和政治双重性。一方面，自中世纪以降，现代意义上的大学乃学术组织，体现出了"学者社区"的特点；另一方面，从大学诞生之日起，即在不同程度上承担着政治功能。布鲁贝克在其《高等教育哲学》中概括了"认识论"和"政治论"两大基础，这是对高等教育实践问题很好的总结。理论上学术和政治遵循不同的逻辑，但在现实中二者有密切的联系，难以决然分割。无论是学术还是政治，作为组织，都需要行政的力量保证其正常运作。①组织中的行政力量在大学运行过程中起着重要的作用，三者共同组成了大学治理中的共轭耦合系统。

（一）学术：大学治理的关键维度

学术是大学的核心，是大学组织的界定依据和本质规定。以高深学问为逻辑起点的大学，自诞生之日起就与学术相伴相生。在德国、英国和美国，以学术为核心的思想源远流长。洪堡认为大学的核心是知识发现；纽曼提出大学是传播永恒真理的场所；弗莱克斯纳认为大学的本质就是发展纯学术；赫钦斯也将大学描绘为理智社团，用以解决人类所面临的或可能面临的普遍性问题。在博耶那里，学术的概念拓展到包括教学、科研、应用和综合四个方面。虽然学术是大学的核心工作，但学术不是在真空中进行的。一方面，大学的出现使学术活动制度化，因而需要专门的组织以保证其实施；另一方面，以学术为核心的大学还存在于更大的社会系统之中。因此，客观上不可能有纯粹的学术单位存在。政府和市场是大学组织置身其中的外部支持和约束。伯顿·克拉克对多个国家高等教育体制进行系统比较后，抽象出了经典的"高等教育权力三角协调图"。按照这个模型，政府、市场和学术分列三角的顶端。不同国家的三角关系呈现出不同的特征。相比而言，仅意大利将学术置于高等教育体制的核心地位。意大利高等教育体制表现为学术主导，大学治理以学术为核心。现代意义上最早的博洛尼亚大学诞生于

---

① ［美］约翰·S. 布鲁贝克著：《高等教育哲学》，王承绪等译，浙江教育出版社2001年版，第13页。

意大利，缘起于学生对大学的诉求，而非政治或经济方面的因素，① 拥有一定意义上的学术传统。又因"意大利的国立高等教育系统也极力阻隔大学与市场的关系，把大学的主动性和大学之间的竞争降到不重要的位置"，且"联合政府比较软弱，国家的官僚政治比较平庸，政府权力基本上是虚假的官僚政治，在表面上政府控制的背后，资深教授掌握了主要权力"。② 从其他国家的大学治理实践来看，在大多数情况下，学术都脱离了大学治理的核心地位。在众多高等教育体制中，意大利更像是一个特例。希尔斯指出："大学现在不是、过去也从来不是自我支持的机构。"③ 依照大学的资源依赖特质和高等教育的发展趋势，现实中的大学不可能是完全的"自治"组织。克拉克在分析高等教育体制时坦言："（学术的）理想有时的确发挥作用，但他们只代表一种对理想化了的过去的回忆，一种并不能阻止现实向另外方向发展的怀旧观念。"④ 学术要素在大学治理中非常重要，但是不能因此认为学术是治理的唯一决定性力量。

（二）行政与政治：两个相对独立的概念系统

理论界长期认为大学治理的主要矛盾是行政权力和学术权力的矛盾，这在一定程度上遮蔽了大学内部的学术、行政与政治的张力。在世界范围内，政治与行政不分有其历史基础。从历史上来看，无论在西方还是中国，古代国家的显著特征是政治与行政融为一体，行政事务大多是政治的化身。⑤ 但随着工业化时代来临，社会分工细化，政府的公共管理职能扩大，政治和行政越来越体现出不同的功能。

关于政治与行政分化的讨论源起于19世纪的德国，在美国结出果实。19世纪末，美国面临政治制度的"政党分赃制"（spoils system，又译为"猎官制"）弊病。即在政治选举中胜者为王败者为寇，一旦落选就一无所有。⑥ 由此，在政党的操作下，行政体制中充斥了大量非正式的法外组织和人员，使得机构膨胀、效率低下，需要进行文官制度改革。在此背景下，威尔逊于1887年发表了《行

---

① ［美］查尔斯·霍默·哈斯金斯著：《大学的兴起》，王建妮译，上海人民出版社2007年版，第2页。
② ［美］伯顿·克拉克著：《高等教育系统——学术组织的跨国研究》，王承绪、徐辉等译，杭州大学出版社1994年版，第157页。
③ ［美］爱德华·希尔斯著：《学术的秩序》，李家永译，商务印书馆2007年版，第216页。
④ ［美］伯顿·克拉克著：《高等教育系统——学术组织的跨国研究》，王承绪、徐辉等译，杭州大学出版社1994年版，第21页。
⑤ 杨克瑞：《高校的政治权力分析》，载《高教探索》2007年第6期。
⑥ 见王元为《政治与行政》（复旦大学出版社2011年版）所做的序，《〈政治与行政〉试读：古德诺的政治行政思想》。

政的研究》一文，较为系统地对政治与行政进行了区分，认为政党分赃制就是由于将行政问题和政治问题联系在一起所造成的。他强调行政作为政治的一个新的方面或阶段的性质，突出了行政的地位和行政学研究的重要性。他指出：政府是政治家的特殊活动范围，政治关乎立法和政策制定；而行政管理则是一个技术性领域，是法律政策的执行。虽然政策没有行政管理的协助会一事无成，但行政管理并不因此就是政治。①

1900年，古德诺针对美国面临的问题，在威尔逊的基础上，较为完整地建构了美国行政学理论。他认为："在所有的政府体制中都存在两种主要或基本的政府功能，即国家意志的表达和国家意志的执行。"政治是政策或国家意志的表达，行政则是对这些政策的执行。② 行政中很大一部分都与政治无关，应该在很大程度上把行政从政治团体的控制中解放出来。但他同时强调，在绝大多数情况下，被称为执行机关的机构拥有相当大的制定法令权或立法权，"虽然人们可以轻而易举地区分政府的两种功能，但却无法明确规定应该将这些功能委托给哪些政府机构执行"。③ 由此，他提出了"强党有益"的观点，认为政党在政治中具有中心地位。他的出发点是党派的政治和行政。大学治理也需要对政治与行政的二分逻辑进行反思。

（三）学术、行政与政治在大学治理中的共轭耦合

将政治明确引入大学治理的讨论，在有的人看来或许与理想主义大学观（即以学术为尊的"学者社区"大学观）存在认识分歧。事实是，大学组织根本上还是人构成的行动单位。以学术为核心的理想大学或许从未存在过。从世俗中的大学来看，很难找到学术是大学治理核心的直观证据，所谓以学术为核心，更大程度上可能是学者们"想象的秩序"。从世界范围来看，有组织的大学最早便与政治联系在一起了。有学者把大学与政治紧密联系的组织模式称为"罗马传统的高等教育体系"。他们认为其具有三个典型特征：一是高等教育归属于国家体制；二是政治系统与教育系统不分；三是奉行国家主义的价值观。④ 以自由标榜的美国大学，其大学治理陷入政治冲突的例子也并不鲜见。大学从来都不是一片理想

---

① Wilson, Woodrow, The Study of Administration. *Political Science Quarterly*, 1887, 2 (2), pp.197-222.
② ［美］弗兰克·古德诺著：《政治与行政：政府之研究》，丰俊功译，北京大学出版社2012年版，第3~18页。
③ ［美］弗兰克·古德诺著：《政治与行政：政府之研究》，丰俊功译，北京大学出版社2012年版，第13页。
④ 周光礼：《学术与政治——高等教育治理的政治学分析》，载《中国地质大学学报》（社会科学版）2011年第3期。

的"净土"，走出"象牙塔"是当今大学所面临的客观实践情境。政治是大学必须面对的重要因素之一。

在我国，近代大学创建以来，所谓现代意义的大学就和政治保持密切的联系。辛亥革命以后，五四运动肇始，民主和科学的思想席卷中国，政治力量贯穿大学内外。新中国成立后，社会主义改造启动，院系调整开始，公立、私立和教会办学"三驾马车"归一化于公立高等教育系统。在后续发展过程中，政治力量也始终发挥重要作用，大学紧系历史车轮，和外部力量持续互动。政治对大学方向起导向作用。有的学者谈政治色变，政治性因"敏感"而讳莫如深。殊不知政治是中国大学治理绕不开的话题。脱离了政治讨论中国大学治理，无论是在理论上还是在实践中，都存在缺陷。和在其他国家或地区一样，在我国，学术、行政与政治是大学治理中的基本要素，它们相互联系、相互作用，构成大学治理中的统一体。学术界定大学的底蕴，行政决定大学的效率，政治则保障大学的方向。故此，以三者为基点讨论大学治理，要比单纯从学术和行政二者出发更具理论和现实意义。正视政治力量的存在，讨论学术、行政和政治如何协调，如何划定边界，又如何以合力推动大学发展，需要积极地开展理论探讨。

二、我国大学治理中的政治与行政关系的实践反思

从新中国成立到改革开放之前，高校的外部管理体制总体上处于一个由集权到放权、由放权到收权的动态变化过程之中，而内部管理体制则先后经历了校务委员会制、校长负责制、党委领导下的校务委员会负责制、党委领导下的以校长为首的校务委员会负责制、党委领导下的以工宣队为主的革命委员会负责制五次变革。在不到30年的时间里，高等教育管理体制几经变化，一方面与当时的历史背景密不可分，另一方面也与中国大学治理缺乏经验，盲目模仿、照搬他国治理模式有很大关联。① 从总体上来看，在这段历史时期内，我国的高等教育正处于"探索与知识分子的关系"的特殊阶段。② 中国大学治理探索中的政治权力与行政权力紧密交织在一起。改革开放之后，通过总结反思历史经验，我国基本确立了以"党委领导下的校长分工负责制"为主体的大学内部管理体制。在此期间，对部分院校又实行过"校长负责制"的试点。20世纪80年代末，"党委领导下的校长负责制"进一步明确和稳定下来，政治在大学治理中不可缺位的意识

---

① 张德祥：《1949年以来中国大学治理的历史变迁——基于政策变革的思考》，载《中国高教研究》2016年第2期。
② 郝维谦、龙正中：《高等教育史》，海南出版社2000年版，第209～391页。

得到加强。几十年的中国高等教育实践表明，党委领导下的校长负责制是中国大学治理的历史选择，是中国经验和中国道路的探索结果。在我国大学发展的最初几十年里，政治在国家和大学之间起到了衔接的作用。政治作为大学和国家的中介，影响着高等教育系统的治理实践，也影响了大学的内部治理。以1992年召开的全国第四次高等教育工作会议为标志，我国开始实施"共建、调整、合作、合并"的高教管理体制改革，高等教育格局发生显著变化，内部管理体制改革也在稳步推进。① 总的来看，虽然行政的独立地位有所提升，但在一定程度上，大学内部的政治与行政不分是客观现实。20世纪末我国先后启动了"985"和"211"计划，大学进入高度分层、急速发展的新时期。有学者曾对我国大学治理的政治与行政维度进行了较为系统的论述，指出我国大学的特征表现为学术权力弱化，而政治和行政构成了"双子权力系统"，即在大学系统内部有两套权力系统，有书记和校长两个权力顶层。② 在大学治理的实践中，也存在"一套人马，两块牌子"的现象。在党委领导下的校长负责制的实践中，由于缺乏相应的规定细则，在很多问题上都难以区分何为党委的决策域，何为校长的决策域。二者往往有很大的交集，边界模糊。在多数高校，校长和部分副校长本身即为党委常委，有的校长还兼任了党委副书记，有的党委书记还担任着副校长的职务，更是无法细分二者的边界。

诚如古德诺所论，在国家治理体系中，政治的功能是制定政策，而行政的功能则是执行政策。行政在执行过程中虽然有一定的政策制定权，但其本质仍是为了更好地执行政治所提出的政策。从宏观到微观，在大学内部，政治与行政的区分也应是明确的。政治实质上构成了大学与国家链接的桥梁。政治是国家强制力通过办学理念和办学方略在大学的表达。大学内部的政治权力主要用于保障国家意志在大学的贯彻和确保相关政策在大学的执行。而大学本身则作为政策的执行机构，必须发挥其行政作用。在高校"双子权力系统"的框架之下，部分政治和行政部门高度重合，尤其在实行监督功能的部门上高度重合。监督功能的融合客观导致了大学内部监督边界模糊，政治纪律检查和行政监察上边界不明，使得行政监察的地位得不到保障。③

同时，大学是学术性组织，存在学术权力。大学的政治和行政都有一个重要的功能，即相互协调对方和学术的关系。政治影响行政与学术的协调，行政也影响政治与学术的协调。对大学内部的行政权力和政治权力进行切割，对讨论大学

---

① 郝维谦、龙正中：《高等教育史》，海南出版社2000年版，第528~543页。
② 孙天华：《大学的科层组织特征及效率——对我国公立大学内部治理结构的分析》，载《河南社会科学》2004年第5期。
③ 徐国正：《公立大学监督机关研究》，湖南大学，2014年。

治理问题是有益的。在学术、行政和政治的三角权力框架下，建构中国大学治理的理想类型，以明确各权力的定位，明确各权力的职能，更清晰地认识权力的博弈过程，是非常必要的。

三、权力三角：大学治理的理论分析

大学中权力的博弈和利益的分配是大学治理的核心话题。根据韦伯理想类型的方法概念，本书将大学治理中的权力互动抽象成为一个三角形。三边分别代表大学治理中的三种权力：学术权力（Ac）、行政权力（Ad）和政治权力（Po）。三角形的边表征三者在大学治理中的作用，边长越长，表明其在大学治理中所起的作用越大（见图5–1）。①

图5–1　权力三角图示

三种权力相互协调的方式可以通过大学内部政治领导、行政领导和学术领导的协调过程加以表征，但这种领导不一定表现为个体的权力大小。伯顿·克拉克认为，典型的学术系统没有权威性的顶点，只是在顶端有各种部、局和委员会。② 在此意义上，我国大学内部三种权力的表达主要依赖于三个群体或委员会：党委（常委）会、校长办公会、学术委员会（总体上的称谓，还可以细分为不同的委员会）。大学治理中的权力偏向，反映着大学内部各类主体的地位。最理想的大学治理理论模型是等边三角形，即三种权力通过三个委员会达到平衡。在现实中，三者之中任何两种权力是否相等很难界定。有的边长有的边短。理想类型的缺陷在于忽略了组织的外部环境而只考虑组织内部的情况，即使在内部，其也是高度抽象和理想化的产物。外部环境当然会影响大学的治理。在中国的大学管理模式下，"大学治理是国家治理体系的组成部分，以政府为核心的治理仍然是治理的关键"。③ 大学的外部治理体系是相对稳定的。由此，将大学治理问题限定

---

① 周作宇：《微观政治：大学治理中的一个特殊场域》，载《清华大学教育研究》2017年第2期。
② ［美］伯顿·克拉克著：《高等教育系统——学术组织的跨国研究》，王承绪、徐辉等译，杭州大学出版社1994年版，第191页。
③ 李立国：《解决大学治理困局须认真审视什么》，载《光明日报》2014年12月16日，第13版。

在大学内部，不仅具有理论合理性，也将对实践有借鉴意义。将三大类权力的"力矩"作为维度，通过建构六种理想类型考察中国大学的治理过程，可以从理论上帮助我们认识中国大学治理的核心问题和主要矛盾，突破学术和行政的二分法，更加全面地考察大学治理中的权力问题，具有理论意义和实践价值。

（一）学术治理模型

最早的大学缘起于学生共同体（博洛尼亚大学），继而产生了教师共同体（巴黎大学），后来又发展成为师生共同体。① 欧洲大学形成的学术传统逐渐在世界范围内传播。学术是大学的核心，几乎已成为大学不变的真理。我国学者也普遍认为："学术为先"在大学治理中具有天然的合法性。无论是"教授治校"还是"教授治学"，都是彰显学术权力是大学治理关键的概念修辞。② 而大学治理改革的关键就是在制度和实践层面落实"教授治学"与"大学自治"。是否如此，可以用学术治理模型予以考察。在学术治理模型框架下，根据三种权力的大小不同，有两种治理模式。

1. 模式 1：学术权力 > 行政权力 > 政治权力（Ac > Ad > Po）

在该模式下，行政权力在大学治理中处于中层，政治权力位于底层，十分类似于西方大学治理理论中的"学院模式"（或称学术共同体模式）。该模式认为"大学治理要建立开放性论坛，为学者提供自由表达意见的平台；治理的权威来自学术专长，学者是学校活动的中心；要采取集体决策方式，行政只起到执行功能"。教师的专业权威、工作自主性以及教师如何处理学科和学校之间的关系，是该模式的核心要点。③ 在该模式下，大学的发展和决策均以学术为导向，彰显了古典大学的核心理念。在这种模式中，大学权力结构的典型特征是底部沉重，类似于明兹伯格所描述的专业化组织，即具有专业权力的教授掌握了组织话语权，可以视为"教授治校"的典型。

模式 1 也存在一些弊端。首先，正如斯诺指出的那样，自然科学和人文学科之间存在"两种文化"④ 的隔阂。或者又如杰罗姆·凯根所论，外加社会科学后，三者之间形成了"三种文化"。⑤ 不同类型学科的学者之间在文化上存在冲突。因此，在模式 1 中，不同学科之间的学术权力或存在无法调和的困境，学者

---

① ［美］查尔斯·霍默·哈斯金斯著：《大学的兴起》，王建妮译，上海人民出版社 2007 年版，第 6～11 页。
② 王晓辉：《大学治理要素——国际比较的视角》，载《中国人民大学教育学刊》2016 年第 3 期。
③ 阎凤桥：《大学组织与治理》，同心出版社 2006 年版，第 69 页。
④ ［英］C. P. 斯诺著：《两种文化》，纪树立译，生活·读书·新知三联书店 1995 年版，第 5 页。
⑤ ［美］杰罗姆·凯根著：《三种文化：21 世纪的自然科学、社会科学和人文学科》，王加丰、宋严萍译，上海世纪出版集团 2014 年版，第 33～35 页。

内部也存在群体之间的微观政治。① 其次，随着高等教育大众化甚至普及化的到来，现代大学正在向着"巨型大学"转向，学术再也没有能力独立面对世界的万千变化。克尔指出，纽曼意义上的"理想大学"和弗莱克斯纳意义上的"现代大学"已经成为"幻想"。② 换言之，学术权力独大的大学在现代社会业已成为"幻想"。最后，由于政治权力式微，大学与国家在政治上几乎处于割裂状态。大学的办学方向失去政治影响，大学的国家责任缺位。在古德诺的理论框架之中，由于行政权力强于政治权力，政治的政策制定将被束之高阁，政治在大学中被边缘化，政治监督失去地位。现实中有一个现象值得关注：相较于美国大学而言，欧洲大学治理中教授的权力相对更大，更类似于模式 1 的治理模式，但从大学的办学效果来看，欧洲大学的竞争力却普遍不如美国大学，③ 这也是学术治理模式需要深入反思的。

2. 模式 2：学术权力 > 政治权力 > 行政权力（Ac > Po > Ad）

在该模式下，政治权力在大学治理中发挥一定作用，行政被边缘化。政治为学术服务，行政为两者服务。同模式 1 类似，该模式也继承了学院模式的特点。其不同之处在于，政治力量开始在大学治理中发挥作用，且政治处于权力层级的中部，当学术与政治发生冲突时，政治让位于学术，大学的领导体制以学者为核心。

模式 2 的优势在于，在学术治理的框架下，政治权力和行政权力的层级关系共同保障了大学治理过程中的非学术权力的运行，政治政策得到贯彻实施，政治权力对学术权力具有一定的影响，办学方向会得到一定程度上的保证。在理论上，行政可以更好地发挥服务功能。与模式 1 相比较而言，模式 2 是一种优化了的"教授治校"模式。这种模式的缺陷也较明显。除了具有模式 1 所固有的文化冲突和体制幻想之外，由于行政权力过于式微，大学中的行政人员地位得不到有效的保障。行政成为大学治理中的"服务生"，行政人员成为大学治理中的"螺丝钉"，成为完全意义上的"辅助人员"，这显然是职业片面化认识的表现。④ 如果行政人员的职业生涯难以得到保障，行政专业化程度势必下降，组织效率势必降低，最终或使大学组织的运转"脱轨"。

总之，学术治理模型框架下的两种治理模式，都在一定程度上体现了"教授治校"的传统大学治理理念，是学术权力在大学治理中得到表达的典型模式。但这两种模式都存在各自的弊端。学术治理模型在大学治理实践中面临各类困境，

---

①④ 周作宇：《微观政治：大学治理中的一个特殊场域》，载《清华大学教育研究》2017 年第 2 期。
② ［美］克拉克·克尔著：《大学之用》，高铦、高戈、汐汐译，北京大学出版社 2008 年版，第 1～3 页。
③ 张维迎：《大学的逻辑》，北京大学出版社 2005 年版，第 85 页。

如学科之间的文化冲突、学术权力难以得到有效监督等。这些因素都将在一定程度上导致大学治理的混乱和失序，带来大学治理危机。

（二）行政治理模型

高效的行政管理是现代组织运转的基本要素之一，现代大学也概莫能外。行政的基本特征是组织内部森严的等级制和对组织规则的无条件服从，即韦伯笔下的"科层制"的理想类型。在科层制的9个基本特征之中，7个与规则相关。大学行政治理模型的整体框架类似于科层制，其核心就是组织内部成员对组织等级和组织规则的高度服从。在同一领导和规则之下，组织成员有共同的组织目标和行为准则。在行政治理模型下，又分为两种大学治理模式。

1. 模式3：行政权力 > 学术权力 > 政治权力（Ad > Ac > Po）

在该模式下，学术权力得到一定程度的表达，政治权力式微。具体表现为在高校各类决策事务中，学术和政治向行政让位，大学治理主要依赖组织内部的成文规则和组织领导的制度权威。

模式3的优势在于，组织目标十分明确且组织成员的目标一致程度高，组织的行政效率获得极大提升。无论是行政、学术还是政治，都向着共同的行政效率目标努力。由于学术居于权力格局的中间位置，在大学治理过程中可以通过自身权力影响行政决策。模式3的缺陷也十分明显。首先，与模式1类似的，由于政治权力式微，行政强于政治，会导致缺乏国家立场的办学方向、出现权力腐败等现象。其次，同所有的科层制组织类似，高度固化的科层结构使得大学组织架构变得比较僵化，组织内部规则的合理性在大多数情况下依靠组织领导的治理智慧，缺乏多元参与。此外，过于强调组织的"理性"，即对规则的遵循，而忽略了组织内部非理性的部分，如组织成员之间的关系和互动，忽略了人对组织的影响。最后，过于统一的组织目标与大学的组织特性产生内在矛盾。科恩和马奇对大学组织的特性做出过系统分析，他们指出，大学的重要特征之一就是目标模糊。[①] 明确的目标可"欲"不可得。抽象而一元化的目标无法调和大学组织内部诸多的利益集团的诉求。由此，在模式3中，当无法调和学术权力中的博弈情况时，会出现行政过度干预学术的现象，造成学术僵化的困境。

2. 模式4：行政权力 > 政治权力 > 学术权力（Ad > Po > Ac）

在该模式下，学术彻底成为行政和政治的附庸，政治权力在大学治理中发挥

---

① Cohen, M., March, J. *Leadership in an Organized Anarchy.* in M. Christopher Brown II, James L. Ratcliffe, etc. *Organization & Governance in Higher Education* (*fifth edition*). New York: Pearson Custom Publishing, 2000, pp. 16 – 35.

一定作用。该模式的优势在于行政和政治处于权力"金字塔"的顶端，组织目标与政治目标获得一定程度上的结合，组织与外部的联系相对紧密，但依然无法避免政治、行政权力强于学术权力而带来的治理危机。模式4具有巨大弊端。除了模式3导致的治理结构僵化、忽略组织的非理性因素之外，还会造成大学治理中逐权的"集体无意识"状态，即组织内的人过分关注权力而疏于学术，造成大学内部的"官本位"① 现象，从而使大学异化成为其他的组织形式，导致大学彻底失去其学术特征。

总之，行政治理模型框架下的大学治理模式最大的优点在于组织目标的统一和组织的高效行政，它是大学治理现代化的标志之一。但其弊端非常突出，无论是政治权力的式微，还是学术权力受到高度抑制，都将带来大学治理危机。美国学者瑞泽尔借用"麦当劳化"的概念描述了这种情境下的大学将会出现的四个困境：高效率、可计算、可预测和控制。② 这些看似"现代"的特征背后，实质上导致了大学组织与其人才培养、科学研究、社会服务等基本功能的背离，表现在以行政效率标准强求学术效率，认为大学学术发展可以通过规则进行规制，学术成果可以计算和预测。结果恰恰可能是创新受到抑制，学术受到行政控制，学术沦为所谓效率的牺牲品。③

（三）政治治理模型

所谓政治权力，一般是指高校所有人基于国家或社会整体发展的需要而对高校决策所形成的各种影响力。④ 政治治理模型主要关切的是大学与国家的关系，把大学的发展置身于更为宏大的国家发展视域之中。大学的政治治理模型的主要特点是组织内部高度统一化，权力运行规范，监督体系明晰，与国家命运紧密相连。西方的大学治理理论虽也讨论政治问题，如鲍德里奇所论的政治模式，但其关切点在于大学内部的"微观政治"，关切组织内部各种利益的博弈，并未在更为宏大的视野中讨论政治治理模型问题。在政治治理模型框架下，根据学术权力和行政权力的不同，有两种治理模式可供讨论。

1. 模式5：政治权力 > 学术权力 > 行政权力（Po > Ac > Ad）

在该模式下，政治权力居于大学权力的顶层，学术为政治服务，行政权力被边缘化。国家战略与大学发展命脉相连，学术为国家发展服务，大学治理的使命

---

① 宣勇：《大学组织结构研究》，高等教育出版社2005年版，第104页。
② ［美］乔治·瑞泽尔著：《汉堡统治世界?!——社会的麦当劳化》（第七版），姚伟等译，中国人民大学出版社2014年版，第80~185页。
③ 刘益东：《高等教育现代化中的"麦当劳化"及其消解》，载《现代教育管理》2017年第10期。
④ 杨克瑞：《政治权力：高校管理研究的真空》，载《现代教育管理》2010年第5期。

是贯彻落实国家政策，践行国家的教育观、人才观和社会发展观。该模式的优点在于，大学发展有鲜明的政治方向性，大学的学术活动与政治高度契合，科学研究和教学与国家命脉高度相关。但该模式也有较大缺陷。首先，与模式 2 相类似，由于行政权力过于式微，大学组织运转面临稳定性挑战。其次，学术研究与政治需要高度结合，在某种程度上会导致学术研究的泛政治化，学科发展极度不平衡。最后，政治权力过大，容易导致大学变为强政治组织，强化了以政治为核心的科层模式，大学治理中可能会出现意识形态的泛化甚至异化。

2. 模式 6：政治权力 > 行政权力 > 学术权力 （Po > Ad > Ac）

模式 6 与模式 4 是对应的。在该模式下，学术成为政治和行政的附庸，行政权力配合政治权力，进一步加强政治的科层化。模式 6 与模式 5 相比较，在贯彻国家意识方面具有更大的优势。但这种模式是危险的。一如古德诺的理论框架所指出的，在类似模式 6 的政治与行政的权力格局下，是最为有益的政府组织模式。模式 6 的本质是"政治家提出政策，官僚们管理，教授开展工作"，[①] 是国家控制大学的极端形式。诚如伯顿·克拉克所论，这种思想是一种理论神话，早已失去其合法性基础。因为在这种模式中，大学不再是大学，而成为政治运动的场所，学术丧失应有的地位。其最典型的例子就是纳粹统治下的德国大学，在强势的政治镇压之下产生十分严重的后果：人才流失、科学家被迫逃离本国、学生放弃学习投入政治运动。在这种情况下，国家反而会丧失发展的机会。严格的控制不仅控制了大学的思想流动和发明创造，而且使学术退化为强权的工具。

总之，在政治治理模型的框架下，要么是学术与政治泛化性渗透，最终导致大学的独特精神迷失；要么是政治与行政合谋，导致大学从本质上解体，国家发展也将因此付出代价。虽然政治治理模型在谋求大学与国家的价值联系时具有广泛的优势，但逆向看来，反而会存在巨大的政治风险。

（四）小结

通过对大学治理三种模型框架下六个理想类型的理论分析，可以发现，以三种权力任何一方为核心的大学治理，都会在一定程度上导致大学治理危机。当权力在没有监督的情况下使用时，将面临被滥用的风险。而权力滥用的最终结果，就是大学治理失序。无论是学术权力、行政权力、政治权力任何一方在大学治理中处于绝对的权力优势或权力劣势，都将带来困境。只有三种权力各司其职、交互协调，才能推进大学的发展与有序运转。否则，大学难免沦陷成为权力斗争的

---

① ［美］伯顿·克拉克著：《高等教育系统——学术组织的跨国研究》，王承绪、徐辉等译，杭州大学出版社 1994 年版，第 186 页。

场所。突破治理困境的重点在于权力的平衡与协调。如果权力之间没有边界，就会使得大学治理陷入新的困境。具体而言，学术和政治不分，会导致学术管理政治化和治理行动的学术化。前者的表现是政治泛化，将政治的逻辑套在学术管理身上，看不到学术活动的特殊性；后者是用学术的逻辑套用治理行动，看不到治理行动中的政治因素。① 学术和行政不分，则会导致学术权力的行政化和行政权力的学术化。前者表现为学术活动的官僚化，将行政逻辑套用在学术管理身上，学术成为了手段而不是目标；后者表现为行政权力和学术权力的共谋，导致"学霸""学阀"现象的产生。行政和政治不分，就会导致行政权力政治化和政治权力的行政化。二者的表现可能很难分清，但无论是从古德诺的理论框架来看，还是从我国的大学治理实践来看，权力共谋导致监督失效，最终会导致各类腐败。

因此，中国大学治理想要实现善治或达到一种理想中的治理秩序，必须防止大学治理产生六种模式中的任意一种，且要充分认识与贯彻权力的协调与平衡逻辑。在党委领导下校长负责制的基本制度框架下，探索具有中国特色的大学治理模式，需要更加彻底的理论武器。

四、权力三角模型视野下的中国大学治理改革

从理论上来看，六种治理模式都只是抽象概括，现实中的治理模式很难找到一一对应的例子。现实的大学治理只能是近似或接近。从实践来看，存在政治与行政不分的客观事实。在部分高校，大学内部治理普遍存在行政与政治"双子权力系统"的博弈，学术权力往往缺位或边缘化，② 大学治理模式似乎更像是模式3、模式4、模式5和模式6的各类变体。无论如何，仅仅关切学术权力和行政权力的关系，显然未抓住问题的全部。权力博弈的核心在于学术与行政、学术与政治、行政与政治三对关系的博弈。在党委领导下的校长负责制框架下，如何实现治理改革，构建中国特色现代大学制度，是大学治理理论模型讨论想要解决的核心问题。

（一）构建基于三权协调的权变大学治理观

大学治理实践的变革，首先需要治理观念的变革。如前所述，等边三角形的

---

① 周作宇：《大学卓越领导：认识分歧、治理模式与组织信任》，载《北京师范大学学报》（社会科学版）2016年第1期。

② 孙天华：《大学的科层组织特征及效率——对我国公立大学内部治理结构的分析》，载《河南社会科学》2004年第5期。

权力结构是一种理想类型，现实中不存在。不同类型的学校具有不同的三边长度。同一个学校，历史阶段不同，领导不同，也会有不同的三角形式。权力三角形的价值一方面是通过凸显权力类型的基本形式和结构，弥补权力二元论的不足；另一方面，在实践中，可以借此建立权力状态的检测系统与预警机制，防止权力越界行为。具体而言，从话语体系的修正角度看，要跳出"学术—行政"二分的权力观，对政治权力给予高度重视。政治权力是我国大学治理中不可或缺的组成部分，我们需要在更为宏大的视野中理解其价值。尽管在大学内部像其他组织一样存在微观政治，但是权力三角形的政治权力不是针对微观政治而言的，而是和我国特有的政治制度一体的。高校政治权力是执政党的政治权力在高校的延伸和具体体现。领导权和纪律权是两种基本的政治权力形式。领导权包括价值领导、组织领导和行动领导。价值领导涉及理想信念、思想道德和意识形态。组织领导涉及政治机构设置和运作制度。行动领导则是在常态、变革和革命时期表现出的与价值一致性和组织忠诚相联系的信念坚守和责任担当。纪律权则是配合领导权的三个方面进行规范和规则设置与执行的权力。在高校党委领导下的校长负责制的基本框架下，政治权力的客观存在和现实地位无疑应该得到充分认识。

　　要构建三种权力相互协调与制约的大学治理观。从理论模型的分析中可以发现，任何不受制约的权力都有走向越界的可能。其结果必然是：或者政治权力受到削弱或挤压，或者行政权力丧失应有的地位，或者学术权力没有受到应有的尊重。大学不讲政治就看不到大图，不讲行政就会忽视效率，不讲学术就会失去身份。三权协调，是大学治理的理想。用三角权力模型来表征，即构建一个动态平衡的等边三角形。静止的权力关系不能描述动态变化的过程。在具体的治理情境中，应依据情境特征对权力的表达进行权变性的调整。有的地区面对多种势力的渗透和影响，具有高政治风险特征，当然就要强调政治权力的重要力量。有的学校被地方视为党政部门的简单延伸，当然要强调学术权力的地位。一些学校不抓机遇、不抓规划、不抓落实，当然要强调行政权力的作用。过分强势、明显越界的权力安排和行为，要加以改造和遏制。对逃避责任、放弃权力的行为也要予以监督和克服。在我国学界和潜意识中，存在以西方大学治理模式为圭臬的现象，抽象地、孤立地谈"大学自治"和"董事会模式"等治理观念，看不到大学治理所置身其中的政治、社会和文化背景。查强等曾经过比较后指出："在全球化的宏大背景之下，正是不同特征（儒家的和西方的）的结合使得中国模式独特于世。"[①] 大学治理现代化必须充分认识到我国的历史传统和群体心理，需要针对

---

① 查强、史静寰、王晓阳、王璐瑶：《是否存在另一个大学模式？——关于中国大学模式的讨论》，载《复旦教育论坛》2017年第2期。

中国的实践思考与设计。反过来，也要看到，还有的人看不到大学作为知识创造、传递与转移的组织的特殊性和世界范围内的大学共性，完全套用其他部门的做法和运行模式，这也是需要客观审视和评估的片面认识。立足中国大地办大学，决定了现代大学治理的改革发展中必须走自己的道路。而吸收一切人类治理文明的成果为我所用，是走好自己的道路的积极态度。

（二）检讨权力主体与权力关系调节的人性假设

我国大学治理模式与西方多数国家有很大差别，校长的角色与西方大学的校长角色有所不同。我国《高等教育法》规定大学的治理结构是"党委领导下的校长负责制"。党委具有最高权威。从党的系统结构考虑，有党支部、党总支、分党委、党委和常委。在实践运行过程中，在学校层面，虽然党委是最高领导机构，但是，党委会并不能频繁审定决策。党委常委会实质上代表党委承担领导职能。考虑到前述的政治权力的内涵和外延，党委主要掌握政治权力，行使政治职能。党委书记是政治领导的第一责任人。《高等教育法》又规定：校长是高校的法人代表。这就意味着校长是法律框架内的学校责任人，这是法人制度的基本内涵。① 校长的主要职务权力是行政权力，他是行政领导的第一负责人。2014年10月，中共中央办公厅印发了《关于坚持和完善普通高等学校党委领导下的校长负责制的实施意见》，将二者的权责进行了进一步明晰，领导核心得到了进一步确认。但如何建立更加明确的"决策—执行"治理结构还需要探索。如果书记和校长统一于一个人身上，这种"双头同体"的设计通过个人的自我调节得到平衡，但是对于多数大学而言，书记和校长是分立的。"异体领导"比之于"同体领导"最大的困难在于两个不同的个体在几乎所有的方面都存在现实的或潜在的差异。如果仅仅是差异，并不影响领导行动。问题是存在对差异的主观判断和评价。在没有正式的清晰界定的权力结构中，如何评价、如何沟通在很大程度上成为两个主体之间的个性拼接。客观上存在的个性差异和交际偏好会不可避免地影响两个人的沟通方式、沟通频度和沟通质量，进而影响学校的整体决策。只要想一想家庭沟通中存在的矛盾和冲突，就可以推断在大学组织中存在的矛盾和冲突。如果再加上大学中的学术权力，权力之间的关系和矛盾就更加复杂。在我国的大学治理框架之下，想要实现三种权力协调，需要书记和校长携手而行，共同在学术、行政与政治三条权力轴线中取得平衡。但从我国的大学治理实践来看，

---

① 龙宗智：《依法治校与高校领导体制的改革完善》，载《北京大学学报》（哲学社会科学版）2005年第1期。

"寄希望书记与校长形成制衡关系很容易形成一种扯皮状态",① 且"携手"似乎过于依赖二者的个人品格,不具有常态化和制度化的持续性。"道德人"和"学术人"的假设是在大学治理中既需要大力提倡,也需要加以检讨的。比之于政治权力和行政权力,学术权力具有更为复杂的性质。学术权力从根本上说,就是谁对知识真伪拥有裁判权。学术活动是知识边界内外的行为。已知的知识处于边界内,未知的知识处于边界外。对于边界内部的知识而言,即使浩如烟海,在理论上看也是有限的,因此客观上存在知识的最后"裁判者"。这个裁判者是"他者"。但是,对于边界外的知识,它是人类突破已知的行为,是在知识边缘的临界线或临界点上撕的口子,是一种越界行为。越界的人本人才是合格的"裁判者"。这也正是学术不同于政治与行政的重要特征。本来,学术权力的最后判据就是事实真伪。但是,由于学术人首先是人,因此会不可避免地受非理性因素的影响。非学术因素对学术因素的影响,正是因为人性中存在的非理性因素,放在学术共同体中,体现为圈子中的微观政治。现实地讲,正像林达描述制度工具的操作有效性时所用的比喻一样("总统是靠不住的"),我们可以套用为"书记是靠不住的""校长是靠不住的""学者是靠不住的"。书记是政治权力的象征,但并不意味着书记就能忠诚于政治组织和信念。校长是行政权力的象征,但并不意味着校长就能忠诚于大学的使命和功能。学者是学术权力的象征,但并不意味着学者就能忠诚于学术的责任和标准。要解决治理中的权力冲突,一方面,需要更加精细的工作描述和权力界定;另一方面,必须从人性的角度出发,在强调德治的同时,建立克服人性弱点的约束机制。为此,纪律建设就成为重要的治理内容。

(三) 推进大学纪律建设,完善大学治理保障机制

当前,我国大学法制化程度得到了一定提升,作为大学宪章的大学章程建设取得了显著突破。在高校治理层面,实施基于章程的治理成为新趋势。这也就意味着,章程应当是三种权力界定的依据。但从我国大学治理的实践来看,伴随着章程建设的推进,"大学章程现象"也随之而来,大学章程在治理过程中存在被忽视、被束之高阁的现象。② 由此看来,制度建设虽然是推进大学法治的重要保障,是协调大学中权力的重要方式,但制度建设不能解决所有治理问题。因为大学有自己的文化传统和治理逻辑。③ 新制度主义学派业已指出,在理性的制度之

---

① 王洪才:《大学治理:理想·现实·未来》,载《高等教育研究》2016 年第 9 期。
② 刘益东、周作宇、张建锋:《论"大学章程现象"》,载《中国高教研究》2017 年第 3 期。
③ 周作宇:《现代大学制度的实践逻辑》,载《国家教育行政学院学报》2011 年第 12 期。

外，非理性的诸多因素也对大学治理有广泛的影响，且这些因素并不一定与制度建设在同一个维度。即便如此，制度建设依然是最重要的一步，因为制度会在更长的历史时期内决定大学的治理走向，会决定群体的选择性遗忘。① 如何保障制度行之有效，通过制度协调三者的权力关系，是一个重要的研究范畴。"大学治理是一个上下互动的管理过程，使开放系统中的任何一方，在制约另一方的同时也受到制约，是双向的'相互监督'，强调权力运行的方式是双向的。"② 如何系统推进这种监督与保障，让权力运行真正处于相互协调监督的过程中，需要大学治理在观念和行为上进行双向变革。根据党的十八大以来的国家治理经验，避免权力腐败、把权力关进制度笼子的有力方式，就是推进纪律建设。可以预想，大学纪律建设也将是使三种权力规范行使、相互协调的重要方式之一。虽然，纪律建设在广义上也是制度建设的一个部分，但纪律更多地强调对人的行为的约束，对权力的约束是对权力的监督和对违反纪律之后的强力惩罚手段。从历史和实践的经验看来，无论个体的道德水平如何高尚，任何没有监督的权力最终都会异化。政治和行政如此，学术也是如此。布鲁贝克曾警告："就像战争意义太重大，不能完全交给将军们决定一样，高等教育也相当重要，不能完全交给教授们决定。"③ 学术自身也存在纪律建设问题。因此，可以将纪律建设视为推动制度建设的系统保障工程，经由纪律建设转变大学治理的观念和实践。在此意义上，应将高校的党委会、学术委员会、纪检监察部门等协同起来，在发挥权力作用的同时，进行权力监督，使大学治理的权力三角实现动态平衡，保证相互监督、相互支持和相互约束。

  大学治理不能脱离国家治理的生命土壤和全球治理的政治环境。学术、行政与政治是我国大学治理的根基。其中，政治权力既是中国大学的独特之处，又是全球大学都需要考虑的问题。六种治理模式的理论分析业已表明，在我国大学治理的权力三角之中，缺失了任何一方，大学治理都存在危险。强调一方而忽视其他方面，都会导致大学治理的失序。若要取得三种权力的协调与平衡，突破我国大学治理的困境，首先要走出西方中心主义，描绘和分析中国大学模式，探索中国大学治理模式。这既需要观念的变革，也需要行动的变革。

---

  ① ［英］玛丽·道格拉斯著：《制度如何思考》，张晨曲译，经济管理出版社2013年版，第86～103页。
  ② 李福华：《大学治理与大学管理》，人民出版社2012年版，第119页。
  ③ 刘益东、周作宇、张建锋：《论"大学章程现象"》，载《中国高教研究》2017年第3期，第21～26页。

第二节　大学治理中的章程"现象"①

大学章程建设经过双向推动,已经取得初步成效,各校章程纷纷出台。在章程实施过程中,新问题逐步生发,新现象亦渐显现,即"大学章程现象"。一方面,各大学章程内容趋同;另一方面,章程在实施过程中被束之高阁。② 如何解释章程趋同和章程搁置,如何发挥章程在大学治理中的作用,需要深入研究。大学章程现象是高校治理过程中诸多问题的一个缩影,本节以此为切入点,系统讨论大学章程现象的成因及其破解之道,提出大学章程建设的理论模型,以期对大学章程在高校治理中的有效运行起到积极的推动作用。

一、大学章程现象:一个不能回避的实践话题

我国《高等教育法》第二十七条规定"申请设立高等学校的,应当向审批机关提交章程",同时在第二十八条规定了章程的事项。自《国家中长期教育改革和发展规划纲要(2010~2020年)》颁布以来,国务院发布《关于开展国家教育体制改革试点的通知》,提出"推动建立健全大学章程,完善高等学校内部治理结构";教育部启动了部属高校大学章程制定试点工作,发布了《高等学校章程制定暂行办法》,要求所有高校在2012年内全面启动章程制定或者修订工作。2013年,教育部发布《中央部委所属高等学校章程建设行动计划(2013~2015年)》,要求进入国家"985工程"的高校要在2014年6月底前完成章程起草工作;"211工程"高校要在2014年底前完成章程起草工作;所有高校要在2015年底前完成章程起草工作。2013年11月16日,教育部首次核准中国人民大学等6所高等学校章程。在章程制定前期,大学章程研究成为高等教育研究的热点话题,各方面理论探讨已有不少,为章程文本的制定提供了大量指导。

学界对大学章程的基本认识为"大学的宪法",其是连通国家法律和学校内部规则的中介。就章程研究的范围来看,通过对我国大学章程研究做知识图谱的梳理发现,该领域主要研究内容包括:概念探讨、现代大学制度、自主办学、依法治校与内部治理结构五个方面。在大学章程的作用层面,学界对其期待较高,

---

① [美]约翰·S.布鲁贝克著:《高等教育哲学》,王承绪等译,浙江教育出版社2001年版,第32页。
② 在课题组调研过程中,在大学治理情况中章程被束之高阁的情况并非个案,是一种普遍存在的现象。

认为章程是实现大学法治的根基，是保障大学独立人格和自治传统、维护学术自由、完善大学治理结构的重要举措。大学章程的建立和完善，是我国高等教育法制化、大学法人治理结构进一步完善的标志，是大学治理过程中必须贯彻和实施的基本原则。

随着各校章程的逐步出台，学术界关于章程研究的热度似有下降，而大学章程现象成为了一个新的值得关注的问题。在理论层面，章程建设带来了大学法制化发展的契机，但在实践层面，高校内部的各类群体仍延续着对行政权力和学术权力矛盾的讨论。从理论上看，章程出台后，两种权力关系在正式文件中得到规定。但从我们的调研结果来看，事实却并非如此。我们有理由质疑，大学章程的制定及出台是否起到了其应有的作用，其在改善大学治理结构、提高大学自主权、维护学术自由等方面的效用是否得到了发挥。鉴于此，有一些学者指出，大学章程文本质量不高、大学章程宣传不到位、大学章程执行机制缺位、大学章程执行人员素质不高、大学章程实施环境欠佳是造成章程实施困境的主因，提出了把大学章程作为成文的正式制度，忽视其本身的文化内涵，走向表象上的形式主义等理论批评。这些讨论对全面描述章程现象提供了富有启发的视角，但还没有从整体上对章程现象进行理论解释。如果只是讨论章程制定和执行中的某个细节，不从理论上彻底厘清大学章程现象背后的逻辑，大学章程或许会长期陷入被束之高阁的困境。探索章程现象的理论阐释，是回答大学治理问题的重要基础。

二、大学章程现象的理论分析

制度学派因韦伯式的科层制组织无法解释一系列现实问题应运而生，在社科领域具有重要影响。其代表人物包括塞尔兹尼克（Selznick）、迈耶（Meyer）、斯科特（Scott）以及迪马奇奥（DiMaggio）等。塞尔兹尼克在 20 世纪 40 年代率先对理性组织提出批判，指出组织首先是作为一个经济体（economy）和适应性的社会结构存在，而非超脱于经济和社会之外。组织的运行不仅要依赖理性的科层制，也要依赖非理性的情感。因此，组织研究必须走出理性模式，考虑组织外部环境的影响。

大学是一种组织。组织学对大学的组织特性有过系统研究，提出了若干理论模型，包括自中世纪大学成立以来的学者社区模式、明兹伯格（Mintzberg）提出的专业化组织模型、马奇（March）提出的"有组织无政府"模式和垃圾桶决策模型、维克（Weick）提出的松散耦合模式，以及鲍德里奇（Baldridge）提出的政治模式等。从这些大学组织模型来看，大学并非一个完全理性的组织，非理性因素在大学的运行中起着至关重要的作用。因此，在这一点上，大学的组织运行现状与制度学派的理论前提高度契合。从制度学派的理论框架出发，大学必须时刻关注其经济和社会基础。这是借用制度学派理论框架分析大学章程现象的前提。

迈耶和罗文（Meyer and Rowen）是制度学派中期的代表人物，他们沿着塞尔兹尼克的脉络，从组织的非理性出发，解释了制度趋同和组织趋同现象。他们指出，组织研究必须考察组织的制度环境（institutional environment），即一个组织所处的法律、制度、社会规范、观念等广为人们接受的社会事实。制度环境中，最重要的是组织的"合法性"（legitimacy）机制，即强调这种广为接受的社会事实具有强约束力，规范人的行为。韦伯认为，合法性有三种来源：传统、卡里斯玛型领导和法律。制度学派的合法性机制与韦伯的观点有所不同，强调社会制度的约束力量。因为组织生存在制度环境里，必须得到社会的认可。有两种意义（强意义和弱意义）上的合法性机制。强意义上的合法性机制强调制度制约着组织及组织中的人，使组织不得不采取制度环境所认可的组织行为，而人只是制度的载体，不具有主观能动性。弱意义上的合法性机制强调制度的激励机制，认为制度通过影响资源分配和激励方式来影响人的行为。制度不塑造人们的思维和习惯，而是通过激励来影响个人和组织的行为。

迪马奇奥和鲍威尔（Powell）从弱意义上讨论了组织和制度的趋同性。他们指出，有三种机制——强迫性机制（coercive）、模仿性机制（mimetic）和社会规范机制（normative）导致和促进了这种趋同。强迫性机制是指组织必须遵守政府所制定的法律和一系列的纪律规章，否则就会遭受惩罚。模仿性机制是指各个组织都会模仿相同领域中成功组织的行为和做法。因为环境具有不确定性，通过模仿可以减少这种不确定性。社会规范机制是指社会规范产生了一种共享观念和共享思维，从而导致了组织趋同。

在采用这一框架对大学章程现象进行分析之前，还需要回答以下问题：章程对大学来说意味着什么？为什么在很长一段时间内，没有章程的大学①依然可以运行？如前所述，我国《高等教育法》规定大学成立的前提是有章程，因此，章程意味着大学的合法化。而没有章程时代的大学之所以可以运行，简单来说，是因为大学可以根据惯例或者传统行事而完全不需要成文的法律法规。但是，没有章程并不意味着没有制度，没有系统的成文制度也不意味着大学奉行无政府主义。正如塞尔兹尼克所述，非正式制度等非理性因素在大学的运行中起了关键作用。此外，中国传统"礼治"思想也影响着大学内部运行，《礼记·仲尼燕居》

---

① 需要说明的是，我国大学并非完全没有章程。最早的大学章程是 1902 年颁布的《钦定学堂章程》和 1904 年颁布的《奏定学堂章程》。在教育部推动章程建设之前，也有部分高校有章程，如吉林大学等几所高校，此处所指没有章程的大学为泛指。

有云："礼之所兴，众之所治也；礼之所废，众之所乱也。"简而言之，"礼治"的要义是通过国家"权威"自身的"明德"与对民众实施"仁政"和道德教化来实现社会有序与和谐的目标。大学中的"权威"，从科层角度来讲，是各级党政负责人；从学术角度来讲，是各学科带头人。这与制度学派合法性机制中的"社会规范机制"起到了相同作用。因此，在一定程度上，权威本身成为一种社会规范，决定了大学秩序，但这种秩序并不需要用章程来维护。所以，虽然没有章程，但大学的合法性得到了其他方面的支持，因此其运行仍保持有序状态。

明确了章程对大学的合法性作用，就可以借用制度学派的理论框架来分析章程现象。根据制度学派的观点，一方面，根据强迫性机制，大学要保证自己法律上的合法性，必须按照规定制定章程；另一方面，制度的激励作用也引导大学如此行事。但对于大多数高校而言，章程的制定工作刚刚开始，都在摸索状态，因而引发了章程研究热潮。虽然有一系列研究作为基础，但对于部分高校的章程制定人员来说，一方面，他们没有时间和精力去梳理大量的研究结果；另一方面，一些高校的章程制定多由行政部门主导，因而缺乏理论与实践的对话。① 因此，根据模仿性机制的观点，在本领域中话语权本身不强的高校不会率先制定章程，因为它们不确定章程制定的合理性，亦不确定章程是否有助于其合法性的提升。所以，只能由当时的试点院校率先制定。② 这也就解释了为什么在章程制定的过程中，需要按照高校类型，分不同时段加以规定；也解释了各高校章程核准的时间为何会存在时间差。③ 待第一阶段的章程颁布之后，基于模仿性机制的因素，为了减少章程制定中的不确定性，大部分高校几乎都没有跳出第一批章程制定的文本，因此也就导致了各高校之间章程趋同，换言之，即表现出了制度的趋同性。

至此，章程现象中的第一个现象（即章程趋同的现象）基本得到了理论解释。那么，为什么章程在大学的实际运行过程中会被束之高阁呢？我们依然要回到制度学派的合法性机制。从制度学派的理论框架来看，中国大学治理在传统上并不依赖章程，大多数高校能够在无章程情况下保持有序运行。因此，对于大学而言，章程的最初目的是为了其合法化，而不是为了其运行而制定的。因此，章程一旦设立，便被束之高阁，与大学内部的运行过程相分离。

但此处存在一个悖论。因为在实际中，大学的各个利益相关者都认为章程并非与大学的实际运行无关，而是与大学的运行高度相关。那么，高度相关的章

---

① 在调研过程中，我们了解到，案例学校的章程多数都由行政部门牵头，组建章程制定小组，经过几次讨论，形成章程文本，后采取征集意见的形式，但事实上，很多小组之外的成员对此并不十分热心。
② 通过对试点院校官网的查找，该批试点学校大多数在要求制定章程之前曾经制定过本校章程的草案。
③ 按照教育部核准章程的时间来看，采取了对章程分批进行核准的方式。这侧面说明高校章程制定时间存在时间差。在第一批章程核准之后，这一时间差有减小的趋势。

程，为什么也会被束之高阁呢？制度学派的理论框架并不能完全解释这一现象，因为制度学派关注组织的外部环境和外部控制，忽视组织的微观基础和组织中人的作用。而这一现象，人的因素起到了重要作用。在这里，奥尔森（Olson）的集体行动理论对大学章程现象可以起到补充解释作用。集体行动理论认为，组织的收益是公共性的，组织内的每个成员都能分享，而不管其是否为之付出了成本。所以，在经济学理论框架中，经济人或理性人都不会为集团的共同利益采取行动。

大学章程出台，提出了保障学术权力的若干规定，尤其是其中关于设立学术委员会的规定。很多没有学术委员会的高校，在章程建设的过程中，成立了学术委员会。通过学术委员会的设立，组织本身希望缓解高校内部学术权力和行政权力之间的冲突，而学术人员也希望通过章程，减少行政人员决策的主观性，希望看到界定清晰的章程文本。但如亚里士多德所言，人类在本性上是一种政治动物。大学组织的政治模式早已描述了大学微观政治的常态。从微观政治的视角来看，章程的建设过程实际上是利益协商的结果，是大学内部政治互动的产物。从集体行动理论来看，在大学这一大型组织中，章程的有效运行有助于整个组织的治理水平得到有效提升，促进组织成员参与大学治理，调和行政与学术的矛盾。为实现这一目的，需要组织成员付出巨大的努力。对组织成员而言，相较于做成此事的结果，如此做并不会显著增加其个人收益。因此，他们即便知晓章程的有效运行会推动大学善治的实现，也不一定会为此付出更多的努力，在这种集体行动的逻辑之下，组织的惯性得到了保持，从侧面导致了章程的束之高阁。当然，该逻辑并非唯一的解释，在现实中也不是每个成员都是集体行动中的个体，也并非所有的高校都存在这样的现象。但通过奥尔森集体行动理论视角可窥大学章程现象一斑。

制度学派的理论框架和集体行动理论可以对大学章程现象做出一定理论解释，可以为我们解决章程现象提供一些思考方向，如可以增加章程执行的合法性机制；跳出大学组织本身，从大学组织的外部系统考查章程现象，破除大学的集体行动障碍等。随着大学法制化建设的深入，章程作为大学合法性来源的依据，必将成为大学内部权力运行的基本准则。基于此，本书尝试总结出破解章程现象的几个方向，并以此为根据，建立一个大学章程建设的理论模型。

三、大学章程现象的破解之道

（一）加强章程宣传力度，实施大学文化引导

大学文化建设是学术界为大学章程现象开出的一个药方。因为，大学章程的

问题，表面上是制度和管理问题，实际上却是文化问题；章程是组织文化的彰显，需注重章程制定和执行过程中的组织文化导向。不可否认，文化对章程的贯彻实施具有重要的影响作用，文化建设也无疑是章程现象的破解之道之一。但是，采用文化建设的方式在现实中存在困难。首先，文化是一个相对模糊的复杂概念，文化在章程的具体实践中是一个不可操作的观念，多数情况下只能够存在于理论探讨之中，存在于组织内成员的相互交往当中。其次，根据制度学派的观点，文化本身具有长期性的特点，是受先前的制度影响而形成的。而且，中国大学治理本身就存在"无章程"的制度文化氛围，短时间内进行文化改造难度很大。

因此，文化建设固然是破解章程现象的重要方式之一，但由于其单独作用存在较大的不确定性，必须与其他方式通力合作。比文化建设要容易一个层次的是实施文化引导，文化引导的前提是使全体组织成员知晓章程，因此，首先需要加强章程的宣传工作。相比于文化建设，这项工作所需要的时间和精力都要少一些，只需要将章程作为大学的文化符号，经常在组织内部加以讨论，或采取宣传、学习或其他方式，让组织成员认识到章程对自己参与学校治理有重要作用。此后，高校的规章制度都应明确表明是根据章程的某款某条制定或实施的，不断发挥文化引导的隐形作用。但这种方式在章程运行的初期可能效果不会很明显。依据奥尔森的观点，在集体行动中，即使组织成员知晓章程对大学治理的改善具有重要意义，但由于其个人所耗费的精力并不能使其从中获得更多的回报，对其个人利益并无重大影响，因此，个体的参与意愿不会很高。但无论如何，集体行动的前提是取得观念的一致，宣传和引导是不可忽视的有效方式。

（二）完善大学纪律建设，建立章程运行监督机制

正因为单纯的宣传和引导不足以使章程在实际运行中发挥效用，因此，需要采取其他方式协同破解章程现象。完善大学纪律建设，建立章程监督机制是一条路径。纪律建设是大学治理的基础。从广义上来理解，大学内部最大的纪律就是大学章程。纪律与文化共同构成了大学权力运行的双重约束。纪律的刚性配合文化的柔性能够保障大学有序运行。在文化层面引导，需要在纪律方面予以保障。从大学治理的实践来看，高校对纪律不够重视，组织内成员总是希望通过"关系"来处理组织中的各项事宜，而破坏组织规定的办事程序。从个体来讲，找"关系"是个体理性的表现，但从组织的视角来看，"关系"导致了群体和组织的非理性，导致了组织内部的纪律和规矩意识的淡薄。因此，在建立章程监督机制之前，需先树立大学内部的纪律意识。只有确立纪律的主体价值，才能避免监督机制连同章程一样被束之高阁。

加强宣传与文化引导，指明章程建设的方向，纪律建设和章程监督机制保证

组织向该方向运行。首先，需要进一步对相关规章制度进行修订，系统清理大学内部纪律与章程相矛盾的地方，保证组织内部的各项纪律具有"合法性"根基。其次，需要严格执行相应的纪律，让其惩罚功能落地，系统推动章程运行。但修订的基本前提是保证纪律制定的程序规范、内容民主。

有学者提出采取建立章程评估机制的方式来实现章程有效运行之目的。他们认为，章程评估应该包括合乎国家体制要求、反映大学多元利益相关主体利益诉求、对各主体具备充分规制效力、符合大学学术本位、促进大学持续发展及具备可靠的支持与保障条件等几个方面。这给建立章程监督机制提供了有益的思考方向，但是，这些标准相对而言还比较模糊，需要在实践中进一步细化。因此，在章程监督机制的操作化层面，还需要进行深入研究，这是大学章程研究下一步的重点。

（三）统一关于章程的价值观念，进行大学管理体制变革

上述两种方式主要讨论了在大学内部治理中破解章程现象的路径，还需从大学的外部治理的角度讨论该问题。需通过统一章程的价值观念（即大学的利益相关者都要充分认识到章程对大学法治的核心作用）进行大学的管理体制变革，理顺大学的内部治理结构和外部治理结构。理顺内部治理结构的核心是大学纪律建设；理顺外部治理结构的核心是理顺大学与政府的关系。大学与政府的关系核心在于确立大学自治的理念和完善相关法律和制度，把高等学校建设成为面向社会依法自主办学的法人实体，确立大学真正的独立法人地位。然而，在实践层面，高校"事业单位法人"的法人属性本身就与大学的独立性需求存在张力。因此，章程的设定法律本身就与大学的实际运行存在距离。想要从根本上破解章程现象，需明确大学章程的三重特点：从形式上看，大学章程是政府与公办高校签署的行政契约；从内容上看，大学章程既是办学许可证，也是治理委员会和管理层的运行规则；从效力上看，大学章程是法律的延续，对政府、大学、理事、管理人员等均具有约束力。在这其中，尤其要关注章程对政府的约束力。根据制度学派的理论框架，外部环境决定了大学的组织运行，影响了章程的有效性。这就要求政府在处理与大学的关系时，要规避一直以来所奉行的"文件办学"的顶层设计，真正从根源上走向"依法办学"，确保顶层设计与大学章程的一贯性。破解大学章程现象，统一政府与大学关于章程的价值观念，进行大学的管理体制变革是关键。

四、大学章程建设模型：一个理想类型

三种方式对破解章程现象起到不同方面的作用。加强章程宣传和实施文化引

导主要解决大学章程建设过程中章程是什么、为什么要建立和章程执行的问题;完善大学纪律建设和建立章程运行监督机制,主要解决大学章程建设过程中章程如何建设、如何发挥效用的问题;统一价值观念和进行大学管理体制变革主要解决大学章程建设中政府和大学的认同和实践问题,以及组织内部成员的认同和实践问题。而这三者统合的前提条件是大学的卓越领导。首先,在复杂的情况下,大学面对的决策环境的复杂性和不确定性极大增加。而领导的主要任务就是在确定性和不确定性之间寻找可能性,消除组织内部和外部的认识分歧。针对章程现象,即消除大学、政府、社会和组织成员关于大学章程的认识分歧。其次,只有经由大学的卓越领导,才能有效避免集体行动的困境。基于大学的卓越领导,本书尝试提出大学章程建设模型,在理论上助力大学章程成为大学治理的习惯,成为组织内部和外部看待大学的习惯。从习惯的视角来看待和理解章程,可以跳出合法性机制的思维框架,消除关于章程的认识分歧,避免集体行动困境,克服章程现象,推动章程在大学治理的过程中落地生根。

那么,如何才能让章程成为大学治理的习惯呢?科维认为,习惯的形成包括三个方面:知识、技巧和意愿。当三者相统一时,习惯才会形成(见图5-2)。知识层面的习惯是指知道此习惯是什么(what),为什么要培养这种习惯(why);而技巧层面的习惯则是指在实践中如何实践这种习惯(how);意愿则是习惯的最高级层次,表明发自内心的认同并实践这一习惯(want)。章程建设的过程,就是大学治理形成法治习惯的过程。从习惯的角度而言,章程习惯形成的三个方面就是破解章程现象的三条路径,也可以近似地看作知识模式、技巧模式和意愿模式。三者相互协调配合,共同构成了大学章程建设模型(见图5-3)。但是,这个模型只涵盖了章程建设当中的部分因素,而没有涵盖全部,不能表征章程建设过程中的所有内容,因而只是一种理论上的理想类型。但这一模型的价值在于,提供了一种通过卓越领导而加强章程建设的方式和路径:即如何把三个圈的交集扩大,让"三圈合一",从而达到章程建设中的理想状态。

在模型的具体实践中,需要注意,大学的卓越领导"不是领导者的独唱,即使是跟随者,也担负着一定的领导角色"。卓越领导的关键是建立组织信任。在章程建设层面,在组织内部,要求全体组织成员建立对章程的信任;在组织外部,要建立政府与大学的相互信任。只有在价值观层面推进对章程的重视和信任,才能在实践层面推动章程的有效运行,发挥章程在治理结构中的关键作用。离开了大学的卓越领导和组织信任,脱离价值观层面的"习惯"思维,无论何种路径与方式,可能都不能消除大学章程现象,也无法完成章程的建设过程。建立大学对章程的信任,需要通过自上而下的方式,从顶层设计开始,将章程的习惯贯彻到大学治理的每一个环节当中。而贯彻的方式,就体现在破解章程现象的三条路径之中，二者互为促进关系。唯有如此，组织及其成员对章程的习惯才能形成，才能从根本上破解章程现象。

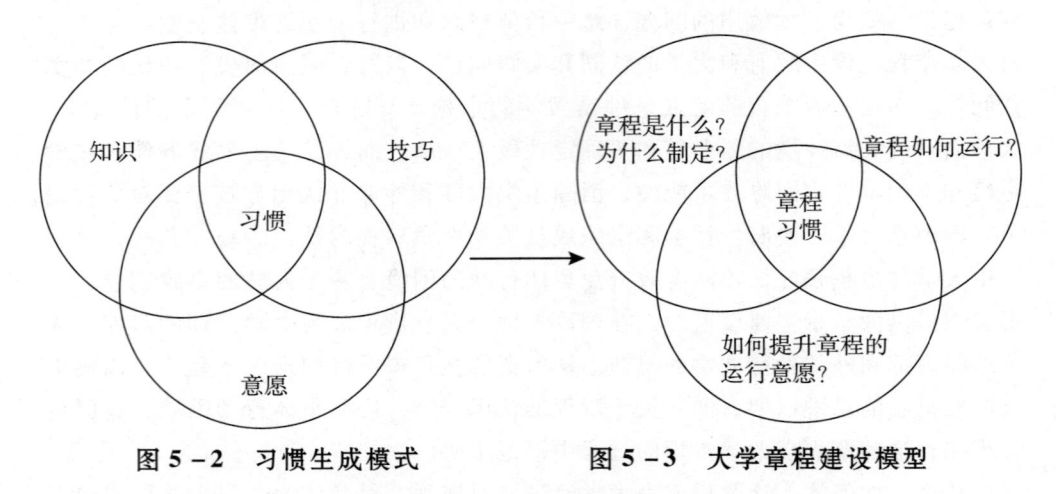

图 5-2　习惯生成模式　　　　图 5-3　大学章程建设模型

　　大学章程现象是章程建设初期所经历的必然阶段。任何一项制度历经从无到有，都十分不易。这其中涉及大学治理中的价值观冲突，对原有习惯的打破，对未来不确定性的担忧等多个方面。制度学派的理论框架和集体行动理论为我们认识和理解章程现象提供了一扇视窗。在章程现象的理论解释之后，需要我们在实践中破解章程现象。这是一场系统工程，需要加强章程宣传，实施大学文化引导；需要完善大学纪律建设，建立章程运行的监督机制；需要统一关于章程的价值观念，进行管理模式变革。三者的基础在于，需要大学的卓越领导。卓越领导需要组织信任，组织信任意味着对章程的信任，这是一场关于大学治理习惯的深刻变革。以章程现象的理论分析和破解之道为基础，可以建构出大学章程建设模型。该模型是系统推进大学章程运行的一个理想类型，将在理论上助力大学章程成为大学治理的习惯。破解大学章程现象单靠大学自身是不够的，需要由上而下的系统改革，需要贯彻一整套的"法治"价值观，形成法治习惯。

　　大学章程现象是高等教育改革中所面临种种问题的一个缩影。这提醒我们，在认识和实施改革之时，应当将改革的思维确定在习惯和价值观层面，超越具体的技术，从根本上进行改革，破除惯性积弊，实现大学治理的法制化和现代化。

第三节　我国高校内部领导体制的演变

　　高校领导体制是大学制度的重要组成部分，是连接大学外部治理与内部治理的桥梁和纽带，其受政治体制的约束，体现国家意志，同时也要反映大学作为学术专业组织的特点。我国高等学校实行党委领导下的校长负责制，其确立漫长而曲折，到现在主体框架基本成型，还有诸多问题需要深入探讨。

一、党委领导下的校长负责制的确立

在中国，社会主义制度是国家的根本制度，中国共产党领导是中国特色社会主义最本质的特征。国家对大学和其他社会事业的管理有统一部署，大学不可能脱离政治体制的约束而孤立存在。大学要服从上级党政部门的管理，在内部治理上就得与相关管理部门进行对接。因此确定大学领导体制不能仅仅从大学自身的特点出发，也要考虑独特的外部体制和制度环境。

1949年中央政府颁布的《中国人民政治协商会议共同纲领》（以下简称《共同纲领》）第五章第四十一条规定：中华人民共和国的文化教育为新民主主义的，即民族的、科学的、大众的文化教育。《共同纲领》在当时起临时宪法的作用，由此可见，教育要民族化和本土化是国家意志的体现。

1950年《高等学校暂行规程》第五章第十九条规定：大学及专科学校实行校（院）长负责制；第二十六条规定：大学及专门学校在校（院）长领导下，设立校（院）务委员会。① 新中国成立之初，国家虽然对教育有明确的方向要求，但恢复和重建仍是当时的主要任务。

1958年8月12日，毛泽东在视察天津大学时指出，高等学校应抓三个东西：一是党委领导；二是群众路线；三是教育与生产相结合。此后，中共中央和国务院在《关于教育工作的指示》中指出："在一切高等学校中，实行党委领导下的校务委员会负责制，一长制容易脱离党的领导，所以是不妥当的。"这是党委直接领导高校的开始，也是大学内部治理与政治体制对接的开始。

1961年《教育部直属高等学校暂行工作条例（草案）》第九章第五十一条规定：高等学校的领导制度是党委领导下的以校长为首的校务委员会负责制。"文革"开始后，高校是重灾区，既定的领导体制被破坏。1971年《全国教育工作会议纪要》中写道："学校实行党的一元化领导，在党委领导下统一发挥工宣队的政治作用，革命委员会是权力机构。"

"文革"结束后，党和国家在各条战线上全面进行拨乱反正。1978年《全国重点高校暂行工作条例》规定：今后高等学校实行党委领导下的校长分工负责制。随着改革开放的不断深入，国家开始发展有计划的商品经济，同时也着手在

---

① 《高等学校暂行规程》，载《人民教育》1950年第5期。

各行各业进行体制和机制改革。1985年《中共中央关于教育体制改革的决定》规定：学校逐步实行校长负责制，并在部分高校中试行。

1990年《中共中央关于加强高等学校党的建设的通知》指出，高等学校实行党委领导下的校长负责制。至此我国高校的领导体制稳定下来，一直到现在。1996年《中国共产党普通高等学校基层组织工作条例》规定了高校党组织的七条职责，2010年修订为八条。

1998年《中华人民共和国高等教育法》（以下简称《高等教育法》）第三十九条规定：国家举办的高等学校实行中国共产党高等学校基层委员会领导下的校长负责制。这是第一次以法律形式明确了我国公立高校的领导体制。2016年国家对《高等教育法》进行修订，虽然并没有修改领导体制和党委与校长的分工，但却明确了学术委员会的职责。由此可见，学术权力，行政权力和政治权力在《高等教育法》中都有了明确的表述。

2014年中共中央办公厅《关于坚持和完善普通高等学校党委领导下的校长负责制的实施意见》中指出，高等学校党的委员会是学校的领导核心，履行党章等规定的各项职责，把握学校发展方向，决定学校重大问题，监督重大决议执行，支持校长依法独立负责地行使职权，保证以人才培养为中心的各项任务完成。该文件对党委和校长的职权进行了较为细致的划分，对这一领导体制进行了完善。

2016年全国高校思想政治工作会议中指出，办好我国高等教育必须坚持党的领导，牢牢掌握党对高校工作的领导权。高校党委对学校工作实行全面领导，承担管党治党、办校治学主体责任，把方向、管大局、作决策、保落实。

党委领导下的校长负责制在我国大学的确立意味着相对于其他国家的大学而言，我国大学的权力结构中除了行政权力和学术权力之外，还有政治权力，这是我国大学的特点。研究我国高校治理问题特别是领导体制问题，必须正视这三种权力同时存在的客观现实。

从党委领导下的校长负责制的确立过程可以看出，党委对高等学校的领导有不断加强的趋势，这与当前国内政治体制的不断完善有关。随着经济快速发展，国家所面临的内部和外部挑战不断加大，为了更好地应对日益复杂的国内外形势，国家在各个领域都在进一步加强党的领导，而高校作为人才培养基地和意识形态重镇自然也不能例外。

二、高校党委与校长的职权划分与责任承担

正确认识我国高等学校当前领导体制的关键是理解"党委领导"和"校长

负责"的内涵以及党委与校长的职权划分与责任承担。

在党委领导下的校长负责制中,"党委领导"的含义是指要坚持党委的领导核心地位,党委会是学校的最高决策机构。高校党委的任务是把握好政治方向,总揽学校改革发展稳定的全局,统一领导学校的工作,抓好大事,管好干部,管好人才,加强党的建设和思想政治工作,对"三重一大"问题进行集体决策。此外,还要尊重和支持校长独立负责地开展工作,力戒包揽行政事务。"校长负责"的含义是指校长作为学校的法定代表人,要在党委的领导下依法行使职权,积极主动地做好教学、科研和行政管理工作,并承担事业单位行政法人责任。

根据《高等教育法》第三十九条规定,高校党委的领导权主要集中在政治领导、思想领导、德育领导、组织领导、制度领导和行政领导六个方面。其中党委的行政权主要体现在"讨论决定学校的改革、发展和基本管理制度等重大事项",即党委拥有在学校重大事项中的行政决策权。这同时也意味着传统意义上归属于大学校长的行政权力被进行了拆分。

根据《高等教育法》和相关党内文件的规定,行政权力实际被拆分为方案建议权、决策权、执行权和监督权四个维度。学校党委在学校行政权方面主要拥有重大事项的决策权和监督权,而重大事项的方案建议权和执行权归校长。当然,对教学、科学研究和行政管理中的非重大事项(如聘任和解聘教师,对学生进行奖励处分,组织教学科研活动等),校长拥有从方案建议、决策到执行的完整的行政权力。

重大事项主要是指"重大决策""重要干部任免""重大项目安排""大额度资金的使用"。涉及"三重一大"问题必须由领导班子集体决定。其中后三项内容相对比较清楚,但"重大决策"容易在认识上存在模糊和分歧。对于学校而言,"重大决策"通常是指学校办学方向、发展规划、机构设置、人才政策、事关教职工切身利益的重大事项、校产管理、年度预算和其他重要权益等。

校长作为学校的法定代表人,根据《高等教育法》第四十一条规定,其职责和权力为"全面负责本学校的教学、科学研究和其他行政管理工作"。也就是说,校长拥有的职权主要是行政权,而且是有限的行政权,主要包括重大事项中的方案建议权和执行权以及非重大事项的完整行政权。

由此可见,在党委领导下的校长负责制中,党委与行政、党委书记与校长之间的关系是比较复杂的。党委书记是学校党委领导集体的班长,对党委"三重一大"的决定承担领导责任,校长是学校行政法人,党委书记和校长在重大事项的决策和执行过程中都有较大的话语权,需要相互合作。

以干部工作为例,2014 年印发的《关于坚持和完善普通高等学校党委领导下的校长负责制的实施意见》中关于党委权责的规定为:"坚持党管干部原则,按照干部管理权限负责干部的选拔、教育、培养、考核和监督，讨论决定学校内部组织机构的设置及其负责人的人选，依照有关程序推荐校级领导干部和后备干部人选。"同时，该文件中关于校长的权责又规定："组织拟订和实施学校内部组织机构的设置方案。按照国家法律和干部选拔任用工作有关规定，推荐副校长人选，任免内部组织机构的负责人。"

这说明在人事任免事项上，校长也是有推荐权的。但推荐只是干部任用程序中的一个环节，在考察和决定过程中党委有领导权，校长参与党委对干部的研究和决定，有较大的话语权。在做出任用决定后，行政系统的干部由校长负责任命，党委系统的干部由党委负责任命。这充分验证了前文所述的党委与行政、书记与校长之间职权分工的复杂性。

事实上，在人事问题上党委书记与校长都有很大的话语权，如果校长和书记在人选上有分歧，一般不会进行表决。校长不仅具有推荐权和表决权，而且在党委研究决定干部过程中具有否决权。这说明在党委领导的校长负责制下，校长也拥有很大的参与决策的话语权。

党委在高校行使领导权的目的是保障高校的政治方向，在大学治理中党委的主要任务是"建立规范、搞活机制、监督执行"。所以，党委拥有权力的尺度也应以此为界，特别是对于行政工作，党委应力戒大包大揽。当党委与行政、书记与校长在实际工作中特别是涉及具体权力行使中遇到法律、政策和文件的"空白地带"时，应遵循领导体制确立的初衷，酌情进行研判和决断。

有了职责和权力就得有相应的责任承担机制。党委实行集体领导制，因此法律和文件中以党委的名义规定其责任，而行政实行首长负责制，法律和文件中会直接明确校长的责任。这里有两个问题需要探讨：一是党委书记主持党委会，负责对学校重大问题和重大事项进行决策，作为党委书记本人如何承担与决策权力相承的责任；二是校长参与重大问题和事项的决定，执行党委的决定，负责非重大事项的行政工作，如何承担相应的法人责任。

党委书记属于党的干部，按照党章要求和党要管党的原则，首先要接受党内监督。2016年《中国共产党党内监督条例》规定，通过巡视等途径进行党内监督，确保党章党规党纪的有效执行，维护党的团结统一，加强党的领导，保证党组织充分履行职能、发挥核心作用。党委书记作为党委领导集体的班长，既要承担学校发展（办学治校）的主体责任，也要承担党风廉政建设和安全稳定等方面的责任，如果治党不严和管理不善，要接受党内问责和党纪处分。

党委书记除了接受党内规章、纪律和规定的约束外，还受其他法律、法规和制度的约束和监督。随着监察体制改革的深入，国家对党政干部的责任追究机制越来越规范。管理不善问题有组织监督，涉及违法问题有司法监督。对于"重大项目安排"和"大额资金使用"等属于"三重一大"范围、涉及经济和财务的决策,党委书记、校长和分管领导还要接受审计监督。

2010 年中共中央办公厅、国务院办公厅印发《党政主要领导干部和国有企业领导人员经济责任审计规定》,2014 年又印发《党政主要领导干部和国有企业领导人员经济责任审计规定实施细则》,这两个文件明确规定:中央和地方各级党政工作部门、事业单位和人民团体等单位的正职领导干部或者主持工作一年以上的副职领导干部属于审计对象。① 按照此项规定,党委书记也在审计范围内。

在党委领导下的校长负责制的完善过程中,党委与行政分工的层次和内容以及书记与校长的责任承担问题是关键。但是,目前党委与行政在执行中的分工还存在一定的问题。权责分工要清晰,最好的方式是先区分层次,再区分内容。党委与行政所代表的毕竟是两种权力,如果两种不同的权力都设置在同一层次,无形之中会增加协调成本。学校管理中客观上有战略和日常管理两个层面。如果能先从战略管理和日常管理上对党委与行政的权责进行区分,分工就会更加明确,运转也会更加协调。

三、党委领导下的校长负责制的运行

党委领导下的校长负责制是有中国特色的大学领导体制安排,这一体制无疑适应了我国当前的政治要求,有外部合法性。但在实践中,只有运转良好、真正能推动大学的发展,才能具有内部合理性。为此,要建立健全党委统一领导、党政分工合作、协调运行的良性工作机制。

在党委领导下的校长负责制中,党委书记与校长的关系是中心问题。所以,有关党委书记与校长的职位安排对这一领导体制的运行有重要影响。这些年在实践中也产生了一些关于书记和校长任职的不同模式。有的大学采用党政"一肩挑"加常务副书记和常务副校长的模式;有的大学采用校长兼任党委副书记的单项兼任模式;还有少数大学采用党委书记兼任常务副校长兼法人的模式。

在不同的任职模式中,党委书记和校长扮演的角色和协调合作模式会有所不同。党政"一肩挑"的模式减少了内耗、提高了效率,但在实际工作中容易导致"一言堂"的问题,对一把手的素质和监督制度的要求比较高。最近,在部属高校领导干部配备中党员校长出任党委副书记的比较多,这种配备模式相对而言更有利于校长和党委书记之间的协作。总之,在党委领导下的校长负责制中,任职模式选择也会对运转产生重要影响。

---

① 《党政主要领导干部和国有企业领导人员经济责任审计规定》,人民出版社 2010 年版,第 82~84 页。

在明确党委书记与校长的权责分工、责任承担和任职模式之后，还要细化具体的运作机制。2014年中共中央办公厅出台《关于坚持和完善普通高等学校党委领导下的校长负责制的实施意见》，意见中对党委与行政的议事决策制度和协调运行机制有详细的规定。

民主集中制是党和国家决策中一贯坚持的优良传统，学校的重大事项由党委集体讨论，按照"集体领导、民主集中、个别酝酿、会议决定"的原则来决定。此外，集体领导应与个人分工负责相互结合，集体决定的事，班子成员应按照分工分头去办，积极负责，充分发挥这一决策机制的优势。

当前，很多高校已经出台了完善党委领导下的校长负责制的实施意见或细则，对党委和校长的职责和权力进行细化，建立党政沟通协调机制，着手建立健全党委统一领导、党政分工合作、协调运行的工作机制。如浙江大学早在2007年就出台了《浙江大学党委领导下的校长负责制实施意见（试行）》。

浙江大学的实施意见中不仅细化了党委和校长的职责和权力，而且还制定了党委常委会和校长办公会的议事规则，明确了必须由常委会讨论决定的十三项重要问题和重大事项，确定了重要问题和重大事项的决策程序。有了详尽的规则，权力被不断程序化后，自我裁量的空间就越来越小，体制运行就越来越具有稳定性和永续性。

安徽大学2016年通过了《关于坚持和完善党委领导下的校长负责制的实施细则》。该细则在明确党委和校长分工、党委常委会和校长办公会议事规则的基础上，还规定了书记专题会议酝酿干部人事任免的规则，规定了包括定期沟通、经常性沟通和领导干部双重组织生活会制度等协调运行机制。特别是对党委书记与校长之间的协调和沟通也有明确的规定："党委会议有关教学、科研、行政管理工作等议题，应在会前听取校长意见；校长办公会议的重要议题，应在会前听取党委书记意见。意见不一致的议题暂缓上会，待进一步交换意见、取得共识后再提交会议讨论。集体决定重大事项前，党委书记、校长和有关校领导班子成员要个别酝酿、充分沟通。"

党委书记与校长有了相对明确的分工，也建立了相应的协调和沟通机制，学校对重大问题和重要事项有了明确规定，党委常委会和校长办公会有明确的议事规则，党委领导下的校长负责制的运行规则就基本建立了。总之，职权分工明确、沟通协调机制完善、有确定的议事规则、决策程序化是领导体制落地生根的前提。

四、展望与探索

经过多年的完善，我国高校党委领导下的校长负责制正逐步走向成熟，初步适应了外部政治体制的要求，成为有中国特色的高校领导体制，但这并不意味着这一领导体制已经非常完善。事实上，党委与行政、书记与校长的权责分工和相互协作还需要继续明确和加强。要想从根本上完善体制，还需要从顶层设计上继续改进，使党委与行政、书记与校长的分工层次清晰、内容明确、权责对等。

在体制改革中，经济体制改革一般会先行，国有企业体制改革中积累的经验可以供事业单位改革借鉴。目前政府正在着手完善国有企业的法人治理结构。在国有独资公司中，董事长是法人代表，对企业的改革和发展负首要责任；总经理对董事会负责，依法行使管理生产经营、组织实施董事会决议。①

在大学中，也可以由国家选派有党员身份的学者或专业的学术管理人员入驻大学董事会（理事会）对大学进行间接管理，由党委书记出任学校董事长（理事长），对学校进行战略管理。但法人还应由校长来做，大学毕竟是学术专业组织，赋予校长法人身份既是对学术的尊重，也有利于树立校长的权威。这样党委与行政、书记与校长的分工就更为明确，学校运转会更加顺畅。

当前，教育部已经把继续完善大学治理结构列入重点工作。教育部2018年工作重点中提出，"制订完善高校党委运行体制机制办法，指导高校党委细化党委领导下的校长负责制实施办法"。② 完善高校党委工作细则、细化党委领导下的校长负责制的关键是把党委的管理权限定位为战略管理，由校长来执行既定战略，负责对大学进行具体运营，并保障其自主权。

体制与机制的完善是个动态过程，不管是西方的政治制度还是有中国特色的社会主义制度都在演化过程中，与之相应的大学治理也在发展中。在发达国家，欧洲大陆国家的大学传统上受政府和教授控制的色彩比较浓；英美国家的大学一般会获得政府特许，受董事会和内部行政控制比较多，有明显的分享治理特征。在我国，执政党的章程、纲领、路线、方针、政策和政府的法律和法规会同时影响大学。这些不同的治理方式没有本质差异，都在追求各方利益的平衡，既要体现大学作为学术专业组织的特性，也要体现国家、政府甚至市场的要求。

总之，高校领导体制是大学治理中的重要问题，党委领导下的校长负责制是有我国特色的现代大学制度的重要组成部分，经过多年的发展已经有所完善。随着国家宏观治理与大学自身治理结构的演进，这一制度还应继续完善。

---

① 《国务院办公厅关于进一步完善国有企业法人治理结构的指导意见》，中央人民政府网，2017年5月3日，http://www.gov.cn/zhengce/content/2017-05/03/content_5190599.htm。

② 《教育部关于印发〈教育部2018年工作要点〉的通知》，中国教育和科研计算机网，2018年2月7日，http://www.edu.cn/edu/zheng_ce_gs_gui/zheng_ce_wen_jian/zong_he/201802/t20180207_1584978.shtml。

第四节 高校内部院校两级权力配置研究

大学内部治理结构包括横向和纵向两个层次的结构，二级学院身处其中，因此学院的治理不仅是学院自己的问题，学院外部受政府、社会和大学校级层面以及其他二级单位等各方面的影响，学院内部也存在内部治理结构的影响。

马克斯·韦伯提出了"形式的合理性"和"实质的合理性"的概念。同样的，在任何组织中，组织拥有的形式上的权力和实质的权力是不一致的，理论上、制度上和实际运行中三个方面的权力存在着极大不一致。因此，需要对高校内权力的配置进行研究，揭示这三方面之间的现实差异。在组织研究领域，有很多关于组织中子单位的权力和影响能力的研究。例如，查尔斯·佩罗（Charles Perrow）调查了12个工业企业的子单位拥有的权力的情况，得出组织中拥有最重要的功能（如营销部门）的子单位往往拥有最大的权力，组织的各个子单位的对组织的影响能力都是不一样。① 汤普森（Thompson）提出，组织中的权力由那些处理重要的组织不确定性（critical organizational contingencies）的子单位所掌握。② 类似的情况同样发生在大学组织中，若将大学的二级学院视为组织的子单位，高校组织或行政上平级的单位，其在制度或形式上拥有的权力看起来是一致的，但实际拥有的权力可能并不一致。

若将大学的二级学院视为一个组织，组织的资源依赖理论认为，③ 组织内部的运行受外部控制，控制体现在资源的供给与分配等方面。二级院系的运行和发展，受学校的资源供给与分配的影响。现代大学内部治理体系的改革，需要在学校层面进行宏观层次研究，也需要从基层院系即大学的"毛细血管"的运行角度进行研究，同时还需要从学校和学院两个层级之间的关系即学校和学院两级权力之间的关系这一角度进行研究，即校院两级权力配置研究。

"配置"从字面理解，"配"即把缺少的补足，"置"即设立，配置即把缺少的补足并且设置好。在现实领域，任何一个组织中的资源都被默认为缺少的状态，某种资源的缺少可能伴随着冲突，因此，配置的目标是在组织资源缺乏的前提下，解决各类资源分配的不足，缓解或解决冲突，促进组织发展，实现组织的

---

① Perrow, Charles, Departmental Power and Perspectives in Industrial Firms, in Mayer N. Zald (ed.), *Power in Organization*. Nashville, TN: Vaderbilt University Press, 1970, pp. 59–85.
② Thompson, James D., *Organization in Action*. New York: McGraw-Hill, 1967.
③ [美]杰弗里·菲佛、杰勒尔德·R. 萨兰基克著：《组织的外部控制》，闫蕊译，东方出版社2006年版。

目标。大学作为一种组织，也存在各种冲突。大学组织冲突与大学的改革与发展相伴相生，大学组织冲突主要表现在大学身份认同、行动安排以及组织设计等方面。① 熊彼特（Schumpeter）提出动态失衡是健康经济的"常态"，创新是"新组合的实现"，企业家是能够"实现生产要素的重新组合"的创新者，创造性地破坏市场的均衡（"创造性破坏"）。② 在默认的资源不足的情况下，学校及其各院系都在组织中争取相应的资源，存在着某种冲突，即一种"动态失衡"，这种动态失衡可以通过重新组合来进行资源的调整。大学中的校院两级权力配置改革，校级与院系的权力也处于动态失衡的状态，需要不断地寻找新的组合形式。而在校院二级权力长期处于不平衡的状态下，创新会破坏原有的一些结构或者说是影响既得利益，而组成新的组合。凡是涉及组织的改革，必然涉及权力配置关系的改变，因而组织中必然存在冲突。因此，在大学内部治理中，校院二级权力配置的冲突值得被关注。

同时，在实践运行中，校院二级权力配置的理论和制度设计和实践探索也存在不同程度的冲突。在当前政府政策与高校改革的现实背景下，不同省市、不同层次的大学所获得的政府下放的权力的进度和权力类型都不一致；同时，在全国各个高校组织的历史与文化、发展规划、重点发展方向、所在学校区位等各种因素的影响下，各高校关于学校向学院"放权"的探索进度也很不均衡，差异巨大。高校及其二级学院的权力关系在大部分高校都成为治理中的一个难题，相关问题还引发了"大学办学院"还是"学院办大学"的争论。③ 例如，上海交通大学、中山大学提出了"院办校"的改革口号，推进院为实体改革，深化人事制度改革。部分高校借鉴国外经验，借鉴"学部"的组织设置模式，在落实学院自主权的过程中进行了改革。即使是同样以"学部"为名的"学部制"改革，在各高校都存在不同的设置模式，不乏存在"摸着石头过河"的情景，甚至可以说是一校一模式。

高校的办学自主权需要落实，学院的办学自主权也需要落实，国家的"放管服"也需要逐级展开与深入，但自主权的落实和"放管服"的深入究竟能彻底到什么程度，深入到哪一层，能否在大学与二级学院之间贯彻，能否在二级学院与师生个人之间贯彻，不仅需要理论讨论和顶层设计，更需要实践探索。④ 二级院系即大学基层学术组织，专业教师都分别归属于某一个二级院系。基层院系是

---

① 周作宇：《论大学组织冲突》，载《教育研究》2012年第9期。
② 约瑟夫·熊彼特：《经济发展理论》，立信会计出版社2017年版。
③ 石中英：《大学办学院还是"学院办大学"》，载《光明日报》2016年5月10日。
④ 吴振利：《〈"放管服"意见〉下的普通本科院校二级学院治理探讨》，载《高校教育管理》2017年第4期。

大学治理的基础。大学与二级学院的治理关系是大学内部的治理关系中一个重要组成部分。要从院系的层次进行研究，发现影响学校治理和办学中存在问题，从源头着手，理顺制度、关系、资源配置与组织中的人之间等一系列的关系。

一、政府与学校治理关系的历史变迁

二级学院治理是大学治理领域的一个重要课题。① 大学治理结构与国家治理结构有紧密的联系，因此，分析二级学院治理需要整理我国政府与高校治理关系的历史变迁以及现状。

1949 年 10 月 1 日，中华人民共和国成立。中国高等教育进入从半殖民地半封建教育到新民主主义教育的重大转折时期。1950 年 6 月，教育部召开第一次全国高等教育会议，并颁布了《高等学校暂行规程》《关于高等学校领导关系的决定》《关于实施高等学校课程改革的决定》等法规文件，确立了高等教育逐步实行由中央人民政府教育部统一管理的方向和党对教育工作的领导，② 在这个过程中，接受国外津贴的教会大学也都归于政府统一管理和主办。

大学的治理模式与一个国家的政治、社会发展的历史紧密相关。我国现有大学治理的模式和实践同样也深受历史的影响。新中国成立以来，我国政府、大学、大学院系之间的关系的历史变迁主要受国家政策的引导。我国大学治理模式的变迁可以分为以下三个时期：（1）1949～1989 年的领导体制探索期；（2）1990～2009 年的党政联席会议制度形成期；（3）2010 年至今的大学内部治理结构完善期。③

在 1949 年新中国成立之后，百废待兴。我国高等教育经历了：（1）以老解放区新教育经验作为基础、借鉴苏联经验，建设新民主主义教育。（2）全面学习"苏联经验"，否定旧时期教育。（3）逐步放弃苏联模式，探索自己的模式和经验。（4）"文革"期间的"革命教育模式"。（5）"文革"结束后进入恢复重建阶段。恢复重建阶段实行以经济建设为中心，实行改革开放，对政治、经济、科学技术等体制进行改革。以 1985 年《中共中央关于教育体制改革的决定》为标志，高等教育进入改革、开放发展的历史阶段。

在新中国成立之初，我国急需大批人才。1950 年，我国开始在苏联的帮助下逐步学习苏联经验建设高等教育体系。1949 年底，全国开始了小范围的院系

---

① 张德祥、李洋帆：《二级学院治理：大学治理的重要课题》，载《中国高教研究》2017 年第 3 期。
② 刘海峰：《高等教育史》，高等教育出版社 2010 年版。
③ 张德祥等：《二级学院治理：权力运行制约与监督》，科学出版社 2017 年版，第 3 页。

调整，如北京大学与南开大学的教育并入北京师范大学，北京大学、清华大学、华北大学的农学院合并成为北京农业大学。1950年，教育部提出院系调整的设想，全国院系陆续开始调整。1952年开启了院系大调整的序幕，包括以培养工业建设干部和师资为重点，发展专门学院和专科学校，原有的综合大学调整成为文理大学、单科大学与单科性学院。1952年，高等学校由原来的205所调整为201所。1953年进一步开展了院系调整，院校数量减少为185所，所有私立高校改为公立。同时进行的还有系科专业的调整。1955年，高等教育部发布《关于1955～1957年高等学校院系调整有关事项的通知》，以改变高等学校分布不合理的情况，对全国高等学校的选址、规模、系科专业等进行了调整。这一阶段的调整促进了中国的建设，培养了一大批人才，但是也存在一些问题，如过分强调工科建设、贬低综合院校、轻视了文科人才的培养、过分强调了专业教育，这也成为了20世纪80年代我国高等教育改革要解决的问题。

苏联模式的一个特点是统管过多，对管理体制和培养模式管理过于严格。1956年，在全国人大一届三次会议上，高等教育部部长指出，要充分发挥业务部门和地方积极性，共同办好高等学校，对高等教育事业体制、计划体制、领导关系和毕业生分配等过于集中和统一的状况进行改革。高等教育各方面的改革和实验进行了放权的初步尝试，但同时，1958年八大二次会议之后，各领域发生"大跃进"的倾向，这种倾向同样发生在高等教育领域。1958年，中共中央发布《关于高等学校和中等技术学校下放问题的意见》，部分高等学校相继下放至地方管理，但是，我国高等学校数量规模迅速扩大。1957年，我国高等学校有229所，1958年增加至791所，1959年增加至841所，1960年增加至1289所，这样的大发展违背了高等教育发展的基本规律，也超出了国家的承受能力。① 1961年，中共中央发布了《教育部直属高等学校暂行工作条例（草案）》（即《高校六十条》），纠正前一阶段在高等学校带来的偏差与失误，稳定高校教学工作秩序，并提出了高等学校要加强党的领导，实行党委领导下的以校长为首的校务委员会负责制度，同时，教育部召开了系列会议，要求教育部直属的26所院校有计划、有步骤地全面贯彻中央指示和《高校六十条》。

1966～1976年，"文化大革命"时期的高等教育发展失控，大批高等学校被撤销，教育行政管理失控，教育工作处于无政府状态。1978年，邓小平领导教育战线全面拨乱反正，恢复高考、关于真理标准的大讨论逐步展开。同年10月，教育部发布《全国重点高等学校暂行工作条例（试行草案）》（《新高校六十条》），提出党委领导下的校长负责制，在系一级层次试行新体制，即党总支领导

---

① 刘海峰：《高等教育史》，高等教育出版社2010年版，第197页。

下的系主任分工负责制。1982年，《中共中央关于教育体制改革的决定》提出在国家统一的教育方针和计划指导下扩大高等学校的办学自主权，加强高等学校同生产科研和社会其他各方面的联系，使高等学校具有主动适应经济和社会发展需要的积极性和能力。《高等教育管理职责暂定规定》《关于高等学校各级领导干部任免的实施办法》等文件相继出台，各个高等学校纷纷改革校内财务制度、人事管理制度、机构设置等，实践了扩大高等学校办学自主权的目标。

在新的阶段，中央进一步提简政放权。自从1985年以来，"简政放权""扩大高校办学自主权"的话语不断被提及，在不同的时期也有不同的内涵。《中共中央关于教育体制改革的决定》提出存在"在教育事业管理权限的划分上，政府有关部门对学校主要是对高等学校统得过死，使学校缺乏应有的活力；而政府应该加以管理的事情，又没有很好地管起来"的问题，应当"改革管理体制，在加强宏观管理的同时，坚决实行简政放权，扩大学校的办学自主权"。全国建立了高度计划、高度集权和高度统一的政治管理模式。教育领域与当时的政治环境是相统一的，高等教育体制也是相同的模式，由中央政府制定高等教育管理体制，即中央政府制定高等教育管理政策、政府行政力量强制要求高等学校执行政策、政府对高等学校实行统一领导的模式。

1993年，中共中央、国务院正式印发了《中国教育改革和发展纲要》，提出在高等教育领域建设100所重点大学和一批重点学科的基本要求。高等教育领域进入了一个崭新的局面。第一，高等教育规模扩大，1989年高等学校共1 075所，在校本专科学生达到了2 082 111人，教职工共100.41万人。2005年，全国各类高等教育规模超过了2 300万人，高等教育毛入学率达到21%。教育部发布的《2016年全国教育事业发展统计公报》显示，我国2016年高等教育毛入学率已达42.7%，比2012年增长12.7%。第二，为建设世界一流大学和高水平大学，全国从1995年开始实施"211工程"，1999年启动"985工程"，并实施了一系列优秀人才计划，推进高校高层次拔尖人才和骨干教师队伍建设。第三，改革和完善学位制度和研究生教育。从1995年开始，批准33所高等院校成立研究生院，研究生院一度成为高水平大学的标志，研究生院规模也逐年扩大。第四，坚持教育管理体制改革，高校内人事制度进一步改革，高校后勤保障体系逐步形成。第五，深化教学改革，提高教育质量，形成了一系列的评估制度。

伴随着这一过程，高等教育体制改革在各个方面不断深化，改革涵盖了高等教育办学体制、高等教育管理体制、投资体制、招生制度、就业体制、领导体制、内部管理体制、后勤管理体制与科技产业管理体制等多个方面。其中，管理体制改革（即高等教育宏观管理体制）是管理国家高等教育事务有关机构的设置、职权划分和运行机制以及相关制度的总称，涉及中央与地方、中央教育行政部门与中央各业务部门、政府与高校之间的基本关系等方面的问题。改革的主线是理顺社会、学校和政府三者之间的关系，核心是扩大升级政府发展高等教育的自主权以及扩大高校的办学自主权。改革逐步扩大了高校的自主权，调动了高校发展高等教育事业的积极性。①

二、高校内部体制改革

除了大学与外部的关系之外，高校还进行内部管理体制改革，高校内部管理体制与外部环境步调基本一致。新中国成立初期，高校内部管理方式也是计划经济式的统一管理模式，学校机构与上级管理职能部门对应设置，学校内部管理体制也与上级对应，决策权集中于学校党委一级，认为知识分子是资产阶级，对知识分子不够信任，在管理体制中也没有体现其相应的地位。高校内部管理体制基本以政治要求为主，在政治和业务上，突出政治的地位和作用，限制了广大教师工作的积极性。在党的十一届三中全会之前的30年，高等教育体制有积极作用，但也暴露出弊端，例如：队伍结构不合理，教学和科研第一线的人员比例较低，内部人员超编或缺编的矛盾突出，没有自我约束机制和优化组合机制，管理机构设置不科学，管理层次偏多，职责、权限不清楚，工作效率不高；人事管理模式单一，为单一的固定编制模式，投入、产出的效率不高；学校一切部门无论其职责和任务区别，工资待遇都不高，工资制度刚性，内部活力不强，整体效益不高；等等。

党的十一届三中全会之后，高校开始尝试内部管理体制改革，但依然存在如下弊端。第一，内部管理机构过多。小的学校中层管理规模可能达20个部门左右，大规模的高校，其管理规模可达30~40个部门。大学内为党政两个系统，党政部门之间可能功能相近、职责重叠，部门职能交叉过多，管理关系不顺，多头领导的现象普遍，人力资本效率不高。高校内设机构以行政级别裁定，人员待遇与所在机构行政级别相关，拥有行政职务和没有行政职务的人员待遇差别很大。即便在20世纪80年代中期"精简机构"压缩编制的要求下，部分机构还是撤了再设、设了再撤，人员精简与人员膨胀不断循环。第二，高校人员结构不甚合理，人事管理制度陈旧。人事管理制度权力过于集中，缺乏民主管理机制和法律保障，用人形式单一，缺乏民主、公开和竞争的机制，用人中的不正之风难以杜绝。对教职工工作的考核缺乏客观依据，论资排辈的现象严重。第三，行政管理人员超编，干部管理制度落后。部分高校行政管理人员比例高于教育部要求的

---

① 国家高级教育行政学院：《中国高等教育体制改革世纪报告》，人民教育出版社2001年版。

标准。干部任命制和终身制占主导地位,干部考核标准不严格,缺乏量化标准,群众监督作用微弱。第四,教师职务评聘矛盾较多,指标控制的方法有弊端。指标数的确定不够科学,聘任和岗位需要存在脱节。第五,分配制度中存在平均化的倾向,工资结构与1985年国家机关、事业单位的工资制度相同,没有体现教育工作者的特点,劳动贡献与回报没有建立合理的评价标准,存在留不住优秀人才的情况。第六,高校管理缺乏民主法治意识。"依法治校、实行民主管理"还停留在口头形式。管理基本处于行政决定的状态,行政管理人员把教师和学生看作"管理"的对象,师生参与民主管理的渠道狭窄。部分学校领导缺乏自主办学的思路。

由以上的历史回顾可以看出,我国高等教育的格局和架构产生于计划经济时代。以地理分布为例,部分省市高校高度集中,而部分省市院校高等教育资源缺乏。中央将部分高校下放地方管理或与地方共建的原因之一是中央经费不足,高校接受财政资助的驱动和学生学费的驱动带动了大学扩招。我国大学的扩招为自上而下的政府决策,教育行政部门没有充足的准备和计划。1999年招生扩大了45%。大学经费显得更加不足,校内生均学习、生活资源等非常紧张。

三、现阶段高校治理体系的改革

新中国成立以来的高校与政府关系实践一直陷于一个怪圈,即由于我国高校的实际治理能力有限,政府每次放权,高校在具体落实过程中都会导致一些无序状态,然后政府再次收回权力,人们再呼吁政府放权,形成了"一管就死,一放就乱"的恶性循环。政府提出"放管服"概念之后,其成为各领域改革的高频讨论话题和主旋律,各政府部门相应推出了"放管服"实施举措。在高等教育领域,2017年3月31日,教育部、中央编办、发改委、财政部、人社部五部门联合印发《关于深化高等教育领域简政放权放管结合优化服务改革的若干意见》(以下简称《"放管服"意见》),计划将专业设置、编制及岗位管理、进人用人及聘任制度、薪酬分配及经费使用等方面的事项和权力都交由高校自主运用,这一方案涉及高校资源配置、高校编制制度、高校会计制度以及高校内部治理等深层次的问题。不过有学者认为,《"放管服"意见》在解决高校办学自主权问题上依然不够彻底,为一个过渡性政策。[①]

组织形式与权力分配的一个重要的关系就是集权与放权的平衡,其中涉及各

---

① 周光礼:《中国大学办学自主权(1952~2012):政策变迁的制度解释》,载《中国地质大学学报》(社会科学版)2012年第12期。

个环节的微观政治,影响各个环节的活力。关于组织中权力分配与活力的研究非常多。如果政策制定者不理解治理结构中的一些微观政治,则政策在实施中不免遭到抵抗以至于变味与失败。一般来说,大学的政治结构与国家政党和政体同构,一个国家有什么样的政体,大学内部也会相应地存在什么样的政治结构。①周雪光认为,在当代中国政治治理实践过程中,围绕权威体制和有效治理探索过程中存在集权与放权轮番交替,运动型整治在不同的领域重复出现,收效甚微却绵延不断的状况。②

1978年改革开放以来,中国社会结构的一个重大变化是从总体性支配的方式(即国家几乎垄断着全部重要资源)或者通过群众性的规训、动员和运动来调动政治和社会经济诸领域的各种力量,改变为向各个领域赋予一定程度的自主权来释放基层社会的活力。③但同时,为了对"文革"期间造成的影响进行拨乱反正,单位制的重建也使得行政秩序在总体上恢复以中央权力为核心的纵向体制。政府在集权与放权的交替过程中出现了中央集权的集中模式和中央放权的竞赛模式。新中国成立之后高等教育与政治及社会形态同构,在前述中国高等教育改革的过程中,也出现同样的情景。在集中模式下,中央政府收紧了地方政府的大部分经济计划和管理权限;在竞赛模式中,中央政府将一些计划和若干经济管理权限放权给地方。面对软预算约束和竞赛环境,地方政府的行为往往导致地方重复建设和经济过热,最终使中央政府收紧权限,回到集中模式。人们常说的"一放就乱,一收就死"就是对这两种模式的概括。

大学和医院等专业性极强的机构形成了专业式官僚机构。④在专业官僚机构中,运营核心是专业人士,工作重心应由专家们控制。专业官僚机构看重专业权力,因其复杂性而无法标准化,专业高度自主,具有不确定性,因此专业人士具有自由决断权。在大学中,学术专业人员是机构运营的核心,需要大量支持人员去维持学术运营核心。专业官僚机构的人员中支持人员的组织结构为传统的机械官僚机构,权力与行政职位相关,权力来源自上而下,而专业人员的管理模式是民主化的,权力来源自下而上,权力掌握在专家——即知识和技能较高的人士手中。

在大学中,各个职能部处占据了大量的学校资源。在大学的实际运行中,将基层学术组织(即各院、系、研究所以及中心等)视为其下属机构,各院系基层行政组织也设置了与学校各职能部处对应的单位,根据各职能部处的指令而安排

---

① 周作宇:《论大学组织冲突》,载《教育研究》2012年第9期。
② 周雪光:《权威体制与有效治理:当代中国国家治理的制度逻辑》,载《开放时代》2011年第10期。
③ 渠敬东、周飞舟、应星:《从总体支配到技术治理——基于中国30年改革经验的社会学分析》,载《中国社会科学》2009年第6期。
④ [加]明茨伯格著:《卓有成效的组织》,魏青江译,中国人民大学出版社2007年版。

工作。同时，基层学术组织的教师在与学院行政或学校职能部处相处的过程中，是与上级系统进行沟通的模式，教师常常抱怨类似于政府行政部门的"门难进、脸难看、事难办"的情况。

四、我国大学校院二级治理研究

中西方大学起源和话语体系有较大不同。大量文献对学术权力和政治权力的讨论部分基于西方大学的理念，很多借鉴于欧美大学的经验无法在中国大学语境下实践与落实。现代对学术思想纯洁度的迷恋显然已然成为旧的传统，福柯提出权力的无所不在应该成为我们讨论历史问题的前提和基础。因此部分专家无法清晰地描述学术权力与行政与政治权力之间的融合，而是着重于描述它们之间的对抗。彰显对学术权力的独立性，将其描述为一种理想的状态而去追求，这样的讨论倾向于将它们描述为一种相互对峙、不可相容的态势。着眼于现实的改革，还需要给出基于我国实践并能缓和冲突、达到善治的解决方案。

大学权力的纵向权力结构主要表现为政府与大学之间的权力分配和学校内部的校、院、系三级之间的权力分配。[①] 其中，校院关系指的是大学管理层与二级学院教学科研单位之间的组织关系。[②] 学院一级下设研究所或系一级学术组织。校院两级关系及其权力配置是大学内部权力配置的基础和重心。主要趋势为权力重心下移，把学科和课程的调整和设置权、科研项目管理权、教师聘用权等学术、行政权力下放给学院、系一级，使学院、系拥有一定的自主权。

校院两级权力配置也是国家"双一流"建设、建立和完善现代大学内部治理体系的关键环节。校院关系影响了整个大学的办学活力，而"双一流"相关政策中，调整校院关系的政策较为缺乏。我国高校与国外高校相比，在校院两级权力的分配上出现了上移与集中的特点，学院的权力相对较少。[③] 大学及其职能部处在人才培养、科学研究、社会服务、文化传承、国际交流与合作等方面起主导作用，其出台的改革方案大部分院系是被动执行的。因此，改革方案层出不穷，但院系层面师生们的实际"尊严感"与"获得感"并不明显。校院两级权力配置模式改革应当关注改变高校发展动力机制的问题，降低管理中心、下放管理权力，调整管理跨度、规范管理行为。

规章制度决定了组织内部各单位之间责任分派、资源调拨和权威关系。[④]

[①] 周光礼：《重构高校治理结构：协调行政权力与学术权力》，载《中国高等教育》2005 年第 19 期。
[②] 石中英：《大学办学院还是"学院办大学"》，载《光明日报》2016 年 5 月 10 日。
[③] 周作宇、赵美蓉：《高校校院权力配置研究》，载《国家教育行政学院学报》2011 年第 1 期。
[④] 周雪光、李贞：《组织规章制度与组织决策》，载《北京大学教育评论》2010 年第 8 期。

《国家中长期教育改革和发展规划纲要（2010～2020年）》中指出，要建设现代学校制度，探索符合学校特点的管理制度和配套政策。大学治理结构即大学重大事务决策中的权力配置方式，其核心是大学内部的权力结构和决策中的角色，[1] 学者们对高等教育宏观结构的探讨主要集中在科类结构、层次结构、布局结构和管理结构等问题上。[2]

据不完全统计，"985""211"高校中有17所开展学部制改革。[3] 其他高校（包括部分民办高校）也陆续开展了学部制改革。已经于2000年进行学部制改革的高校（如北京大学），也推行了新举措，在原有学部的基础上进行改革。自2009年进行第一轮学部制改革的北京师范大学于7年后开展第二轮学部制改革，并尝试引入权力清单协助厘清校部两级权力关系。2016年华东师范大学学部制改革入选上海市教育综合改革优秀案例。我国学部制改革的显著特点在于：各大学所推行的学部制，结合自身的实际情况，在学部设置、角色定位、基本职能、运行机制等方面略有不同，呈现出了各自的特色。在部分大学的学部制改革中，改革举措较弱，教师和学生对学部存在或改革的直观感受不强；在部分大学的学部制改革中，教师和学生觉得是"瞎折腾"，与预期的设计有较大出入，甚至出现"倒退"的改革。

要实现"现代大学制度"的改革，可将"现代学院制度"作为起点进行突破，[4] 实施校院二级治理体系的改革。学院是大学各项主要职能的承担者，是大学各项职能性活动的实际组织者，也是高等教育管理体制中的一个基本行政层级。学院拥有自己的教师和学生，有行政级别、相对独立的经费和下属机构，是大学各项主要职能的直接承担者和教学科研工作的直接组织者，具有实体性，也兼具学术性和行政性。[5] 1993年发布的《中国教育改革和发展纲要》中提出，要在"机构设置"方面"进一步扩大高等学校的办学自主权"，高校在校内机构的设置与变更方面拥有自主权。近年来，除部分学校设置了学部和学系之外，大部分二级院系的名称都为"学院"。学部制的建设可以通过"优势互补，相互促进，资源整合，扁平管理"的原则打破原有学院的行政壁垒，通过合理调整将相近学科集结起来使其交融共生，形成具有集团优势的群体，在促进学科交叉发展、科研团队建设、大类招生培养、优秀人才引进和推进高等教育国际化等方面

---

[1] 徐琪、姜华：《大学内部权力结构和决策角色研究——基于社会网络分析的视角》，载《清华大学教育研究》2016年第1期。

[2] 别敦荣、彭阳红：《近10年我国高等教育研究的现状与未来走向——以〈高等教育研究〉刊发论文为样本》，载《齐齐哈尔工程学院学报》2008年第2期。

[3] 谷梦琴：《基于绩效网络模型的学部绩效管理研究》，华东师范大学，2016年。

[4][5] 周川：《学院组织及其治理结构》，载《中国高等教育评论》2012年第3期。

发挥巨大作用。①

　　大学的基层学术组织即学院层级的治理是大学治理的重要组成部分。我国学者关于学院治理的研究正在不断丰富。对院系治理的研究方式包括理论思辨、质性研究和量化研究等。张德祥等对新中国成立以来与我国大学院系二级治理相关的国家文献进行了整理，认为我国大学学院治理的模式在变迁的过程中存在以下四个特征：（1）与中国大学治理的变迁具有同质性；（2）整个变迁过程由政策主导；（3）整个变迁过程具有阶段性和连续性；（4）现有院系治理内生动力不足。②

　　吴振利对一些大学的二级院系负责人进行了访谈，部分二级院系负责人认为，我国"很多二级学院均以被治理为主，自治空间较小"，③ 主要体现在很多二级学院：（1）不断接受学校各职能处室频繁地"发号施令、检查、督促和评比"；（2）"等、靠学校的会议、文件和规定"，"有令则行、有禁则止"。因此二级院系成为学校的政策落实者、执行者和被治理者，规定动作过多，自选空间太小，长期持续，容易使部分二级学院不愿、不能或不想再研究和落实自选动作。④

　　2016年巡视组对各大学的巡视报告中提出的很多问题也体现在二级学院治理中。如二级学院管理不到位，存在廉洁风险，存在科研经费管理问题，科研经费被浪费、报销混乱；部分二级学院党政联席会议召开不及时、不规范等。

　　决策制定的模式是治理的重要部分。一些学者通过问卷的方式研究院系治理的状况。张继龙和陈廷柱从教师参与学院学术治理的角度进行研究，认为学院学术治理由内至外划分为三个部分：即学院党政核心领导居于中心、其他行政领导位于外围、普通教师处于边缘的"权力圈层"结构。按照学术决策的制定参与主体与决策形式的不同，可以将学院学术决策的制定划分为四种基本模式：即行政集体式、行政个人式、教师集体式、教师个人式。⑤ 他们通过问卷调查发现，学院学术治理中行政集体（即"党政联席会"）进行决策的形式最为普遍，教师集体（即学院"学术委员会"）进行决策的形式排在第二位，行政个人（如"院长"或"书记"）进行决策的形式再次之，教师个人进行决策的情况极为少见。⑥ 同时，在非研究型大学中，学术决策中以行政力量为主导的现象较为普遍；在研究型大学中，学术集体决策的形式比起非研究型大学来说更为普遍。

　　姜华和徐琪使用社会网络方法，以组织治理决策为例，利用社会网络问卷调

---

　　① 张弛、迟景明：《学部制改革中大学内部权力结构优化》，载《国家教育行政学院学报》2015年第11期。

　　② 张德祥等：《二级学院治理：权力运行制约与监督》，科学出版社2017年版，第5页。

　　③④ 吴振利：《〈"放管服"意见〉下的普通本科院校二级学院治理探讨》，载《高校教育管理》2017年第11期。

　　⑤⑥ 张继龙、陈廷柱：《大学的学院学术治理现状及其改进——基于24所本科院校的调查》，载《清华大学教育研究》2017年第4期。

查了三所大学，分析了高校权力的类型和结构组成，将大学的权力结构分为六个子权力结构，引入社会网络分析中的地位和角色的概念，梳理出了在组织治理中大学的校级领导、各个部门和各个专业学院所处的地位和所扮演的角色，[①] 结论得出在大学组织治理中党委、党委书记和校长扮演最重要的角色，机关部处、专业学院等参与治理不足。

在新人招聘的过程中，基层院系是真正的"用人单位"，既知晓人才需求，又了解学术劳动力市场的供给，因此可将新教师招聘权力用到极致；同行专家特别是"小同行"，既了解本领域的前沿问题及发展趋势，又了解现有的期刊水平和高水平学者的分布，有资格评判被评审人的学术位置；可形成群聚效应的人，既有当前可体现出的知识、能力和水平，也有潜在的独立学术思想和创新竞争力量，更有搭建院系发展新平台的能力。因此，在新人招聘时，基层院系应当具有首选责任。在学术体系中，一些学校招聘新人强调独立思想，例如，伊利诺伊大学厄巴纳—香槟分校（UIUC）工学院在招聘的时候强调该学院需要的是具有独立思想的学者，不是只会执行的高级技术员。

五、学部制改革：大学与学院关系的重构

德国的高教系统从形成"科研—教学—学习"联结体的角度提出了"研究所型大学"，英国的高教系统富有特色地提出了"学院型大学"（collegiate university）。[②] 在近几十年高等教育研究中，学者们关注的一个重要领域是高等教育体制与结构研究。从选题来看，一段时期内学者们对高等教育宏观结构的探讨主要集中在科类结构、层次结构、布局结构和管理结构等问题上。[③] 基层学术组织及其治理是大学内部治理的基础和重心。[④] 近 10 年我国大学基层学术组织改革已形成学部制、研究所制、学科制三种典型模式。[⑤] 不同的模式是基于不同的大学的知识结构，服务于知识发展。如何理解不同模式的基层学术组织的治理价值和优势，分析是否应当重构或基于何种方式重构基层学术组织，优化大学内部治理结构，是探索现代大学制度与建设"双一流"的基础。

学部制改革案例对分析现有我国大学学部制改革研究现状，对校院二级权力

[①] 姜华、徐琪：《基于社会网络分析的大学治理结构研究》，载《高教探索》2014 年第 4 期。
[②] ［美］伯顿·克拉克著：《探究的场所——现代大学的科研和研究生教育》，王承绪译，浙江教育出版社 2001 年版，第 63 页。
[③] 别敦荣、彭阳红：《近 10 年我国高等教育研究的现状与未来走向——以〈高等教育研究〉刊发论文为样本》，载《齐齐哈尔工程学院学报》2008 年第 2 期。
[④][⑤] 魏小琳：《治理视角下大学基层学术组织的重构》，载《教育研究》2016 年第 11 期。

配置有重要的参考意义。魏小琳以大学基层学术组织的重构的角度分析了三所大学的改革，包括浙江大学的"校—学部—学院（学系）"制、兰州大学的"校—学院—研究所"制、绍兴文理学院的"校—学院—学科"制。① 孙伟琴主要从浙江大学学部制改革的背景、文本与制度出发，分析了浙江大学改革的内外动力与阻力。②

学部建设可以通过"优势互补，相互促进，资源整合，扁平管理"的原则打破原有学院的行政壁垒，通过合理调整将相近学科集结起来使其交融共生，形成具有集团优势的群体，在促进学科交叉发展、科研团队建设、大类招生培养、优秀人才引进和推进高等教育国际化等方面发挥巨大作用。③ 有研究指出，学部制改革集中在高水平综合性大学中，"985工程"高校和"211工程"高校占了绝大多数，学科发展比较成熟、学科门类相对齐全是实行学部制改革的重要条件。部分具有行业特色的学校（如辽宁石油化工大学）也尝试了在优势学科（化学化工与环境学部）进行学部制改革。④

高校学部制改革主要是学术权力、行政权力和政治权力的重组过程，其中学术权力是学部制改革中的关键权力。⑤ 在内容上，学术权力包括学科建设、科研平台、队伍建设、人才培养等方面的权力。在类别上，学部的学术权力包括跨学院的学术权力和学院原有的学术权力两类。其中，跨学院的学术权力是新生发出来的学术权力或者是由学校层面下移的学术权力；学院原有的学术权力如果划归学部所有，则体现为学术权力的上移过程。行政权力是指学部对学院的行政管理权。政治权力是指学部对学院党务和群团组织的管理权。这些权力的不同配置状况构成了不同的学部类型。依据学部权力类型，可以将我国高校学部分为"虚体""实体""实虚结合体"三类。虚体型学部是指仅具有跨学院的学术决策或咨询权力，相当于执行了部分校学术委员会的职能。实体型学部是指相关学院隶属于学部，学部不仅对相关学院具有学术方面的决策咨询权力，同时，对学院的行政工作和党务工作进行直接管理。

进行学部制的改革其中的一个方式是，通过组织的变革来实现学术权力和行

---

① 谷梦琴：《基于绩效网络模型的学部绩效管理研究》，华东师范大学，2016年。
② 王巧云：《微信在高校学部制背景下研究生党建工作中的创新应用》，载《高教学刊》2016年第18期。
③ 张弛、迟景明：《学部制改革中大学内部权力结构优化》，载《国家教育行政学院学报》2015年第11期。
④ 赵侠、李平、孙铁：《基于学部制改革的省属本科院校管理体制研究——以辽宁石油化工大学为例》，载《现代教育管理》2014年第2期。
⑤ 严蔚刚、李德锋：《我国高校学部的基本权力、分类及相关思考——基于我国学部制改革的调查研究》，载《中国高教研究》2012年第7期。

政权力的相对分离。然而，被认为能促进大学去行政化的学部制措施是否能达成这一目标呢？

学术自治被认为是处理大学与政府和社会关系应遵循的一个重要准则。① 大学作为学者社团，由代表不同学科的院系松散地构成，依一种民主的方式协调各院系的目标和利益，把它们有机地联系在一起，学术委员会是其中一种方式。

设立学部制的院系促进学术权力和行政权力分离的措施主要为设立学术委员会且规定担任行政职务的教师不再加入学术委员会。现有文献对与学术权力和行政权力分离的研究属于制度安排的描述，缺乏微观权力运行机制的实证研究，即在进行学部制改革并设置学术委员会之后，学术权力和行政权力的分离并不一定能自然而然地产生。以下问题尚停留在宏观层面的叙述，缺乏微观层面的实证分析：学部层学术委员会的作用如何发挥；学术权力与行政权力以何种形式进行博弈；各院系在进行学部改革前与后、进行改革的学部与未进行学部制改革的院系相比产生了什么样的变化，是否促进了学术权力与行政权力的分离，促进的程度和实际效果如何。

采用虚体型的学部的高校（如浙江大学），在学术委员会设置上，采用"校级—学部—学院级"的三级组织形式。② 校学术委员会为学校最高的学术审议机构。学部学术委员会为相关院系共同组成的学术审议机构。院系学术委员会为院系或相关学科所涉及单位共同组成的学术审议机构。但实际运行情况还需要调查。笔者曾访谈了一所以虚体形式进行学部制改革的"985"高校，其学部级学术委员会的会议主题是学校如何将学校按学部分配的名额再分配至学院，除此之外极少开会。这种类型的学部级的学术委员会对学术权力与行政权力的配置影响有限。

采用实体型学部的高校（如某"985"高校），学部级学术委员会与其他学院学术委员会平级，学部下的院系并不设立学术委员会。实体型的学部在运行中可能成为规模扩张的学院，同样，学部级的学术委员会对学术权力与行政权力的配置影响不能体现"学部制"的作用。

现有文献尚未能充分说明以下问题：设立了学部的单位与未设立学部但拥有学术委员会的学院，学校与学部两级的学术权力、行政权力与政治权力三者之间的配置关系是否发生了改变。相关问题需要进行案例研究，但现有案例研究的缺乏导致改革现状尚不明晰。与学部制改革相关的还有政府部门与高校行政机构的

---

① 王英杰：《大学文化传统的失落：学术资本主义与大学行政化的叠加作用》，载《比较教育研究》2012年第1期。

② 刘婷、庞鹤峰、左晶莹：《浅谈设立高校学部制对高校学术权力的提升作用》，载《中国城市经济》2011年第26期。

大部制改革，制度学的分析认为改革应当有与之相适应的制度安排，成功的改革须要制度权力、制度文化与制度运行相互融合，否则将陷入"精简—膨胀—再精简—再膨胀"的不良循环之中。① 学部制改革也是如此，若缺少服务于学术权力、行政权力与政治权力三者平衡的微观制度安排，改革将得不到深度推进。

当代我国大学以校—院系二级结构为主，院系数量较多。院系数量众多导致组织运行面临管理效率低、学科组织划分过细且学科组织间壁垒森严、学术创新效率低、院系间资源共享程度和教育资源利用效率低的问题。② 当代经济社会发展迫切要求研究型大学对接国家经济社会发展和重大科技战略需求，构建与承担大项目、构筑大平台、建设大团队、培育大成果相适应的体制机制；科学技术发展的综合、交叉、集成等趋势要求研究型大学必须进一步克服传统组织体制下学科划分越来越专门化和学科发展的独立性倾向。③ 社会变化和时代发展的新特征，给大学带来了新的挑战和机遇，更灵活的大学的组织方式和管理制度将比学院派的大学更适合现代社会，能够多元整合公共资源和人力资源的大学将成为优胜者。④ 学部的设置可以迅速增强相关学科的组织力、凝聚力和整合力，短时间内组织行为可能会出现显著的变化。⑤ 现有文献研究认为可以通过学部制改革的契机，统筹学部层面的学术规划平台建设、学术评价体系建设、人才引进、人才培养机制改革等几个方面搭建学科综合交叉平台，促进发展。⑥

学部制的改革动因之一是以扁平化的组织结构形式提高组织效率。而也有研究者认为，在院系上一层设置学部一级，学部作为行政组织实体，会增加管理层次，不符合扁平化组织结构的改革趋势，增加行政管理人员也可能会产生学部与学院之间的权力冲突。⑦ 何翔根据重庆大学学部制的设置和制度文本归纳了学校级、学部级以及学院级三个层面共 15 项可能影响学部运行效率的因素，并通过教师群体问卷与管理层的访谈对影响因素进行了分析，排名前三位的影响因素为"学校是否对学部有科学明确的规划""学校学术权力是否归属于学术委员会的

---

① 陈大兴：《制度学逻辑下的高校大部制改革：缘起、挑战与前瞻》，载《研究生教育研究》2013 年第 1 期。
② 何翔：《我国高校学部制改革问题研究》，西南大学，2013 年。
③⑥ 邹晓东、吕旭峰：《研究型大学学部制改革的动因、运行机制及发展走向》，载《浙江大学学报》（人文社会科学版）2011 年第 3 期。
④ 韩震：《社会发展与大学组织方式、教学方式及其功能的变革——考察澳大利亚高等教育的体会与思考》，载《比较教育研究》2009 年第 4 期。
⑤ 严蔚刚、李德锋：《我国高校学部的基本权力、分类及相关思考——基于我国学部制改革的调查研究》，载《中国高教研究》2012 年第 7 期。
⑦ 刘美辰、闻万春：《学部制平衡大学内部权力的功效研究》，载《辽宁教育行政学院学报》2014 年第 1 期。

教授""学部争取校内外资源的能力"。① 谷梦琴从组织绩效生成的角度对 A 大学的教育学部进行了案例研究，发现 A 大学教育学部的绩效管理存在学部与院系层沟通不足、院系对学部级目标不明确，组织机构复杂、分类考核不足，考核过程缺乏权益人的参与因而使基层教职工存观望态度三个方面的问题。② 这些问题都影响着组织整体效率的提升。

很多大学通过设置新的组织形式来促进跨学科。如哈佛大学 2007 年专门成立了由教务长负责的哈佛科学与工程委员会等机构。德国柏林工业大学在传统学术组织结构（大学—学系—研究所模式）基础上设置了大量的跨学科学术组织，如跨系研究中心（FSP）、大学研究论坛（UF）、跨学科研究组（IFP）。③

我国部分高校以学部制改革的方式促进跨学科。"跨学科"的意义需要在实践中被解释，参与其中的管理者和学术人员都会从各自不同的视角来看待它。④ 在我国各高校学部制改革的动因中，跨学科、促进学科交叉是一个重要的动因，在实际操作过程中，一些虚体型高校的学部设置在实际运作中促进跨学科。如在北京大学、中国人民大学等一些学校中，部分学生和教师反馈一般情况下感觉不到学部（虚体型学部）的存在。评价某些学部制改革的跨学科效果，不能忽视自然科学、人文科学与社会科学学者之间集体工作与独立工作的可能性，不能一概而论，因此还缺乏对跨学科效果的分类实证研究。

跨学科可以从两个角度考虑：一是教师，二是学生。对于教师来说，以北京师范大学教育学部为例，学部成立后成建制地撤销了 3 个二级实体学院并合并了相关的研究院所。在教育学部内，所有资源实现整合，鼓励教师多领域、跨学科开展研究工作。一个实体学术机构的教师同时可以兼职进入各综合交叉平台，也可以兼职进入其他实体学术机构，这为资源的重新组合和教师们的自由流动创造了平台。对学生来说，北京师范大学教育学部成立以后，学部内的选课虽然还有学分和模块的限制，但学部内的选课可以不用进行跨院系和跨专业的申请，为学生提供了跨专业学习的机会。教育学部从 2013 年开始设置了专业前置课程，本科生可以选择其他院系的专业课，但实际运行中的效果还需评估。在北京大学 2016 年出台的文件中允许学部内学生自由转专业，这是 16 年后在原有学部制基础上的一个新的尝试；同时在元培计划的基础上，允许学生不经过跨专业选课的申请和批准手续就可以全校内自由选课。

---

① 何翔：《我国高校学部制改革问题研究》，西南大学，2013 年。
② 谷梦琴：《基于绩效网络模型的学部绩效管理研究》，华东师范大学，2016 年。
③ 陈平：《基于学部的跨学科合作探讨》，载《科技管理研究》2010 年第 12 期。
④ 刘文晓：《"学部制"改革究竟改什么——对"跨学科"融合中"人"的透析》，载《现代教育管理》2014 年第 9 期。

大学是学者的共同体，大学中的教师（学者）是大学存在的基石。人才培养是大学的核心使命，人才培养的对象是大学中的学生。因而无论学部制如何改革，在改革中教师与学生的态度、收获都是需要考虑的重要因素，但研究很少从学部制改革的角度对教师与学生开展研究。

在学部制改革的微观层面，以校领导和院系负责人为代表的行动者的理性选择会影响学部制改革的进程。① 然而，学部中占主要数量的人群是普通教师与学生，他们的态度与行为以及他们在学部制改革中的得失，是评价学部制改革不可忽略的问题。在大学中，有关学生的决策还要与学生或其代表机构讨论，因为在大学中学生也是主体构成部分，他们与教师和行政人员不构成领导与被领导关系。② 一些高校（如沈阳工业大学）的校级学术委员不仅注重人员组成的去行政化，也增加了学生成员。③ 但在现有大部分机构改革中，要了解教师与学生是否有获得收益、如何受益，还需要考察政策是如何出台的，在出台过程以及后续实施过程中是否关注了教师与学生的利益。

在学部制改革的研究中，缺乏对人的关注。已有文献极少涉及从师生的角度开展的研究，如学部制改革后师生的态度与师生利益得失的案例研究。吴娱以访谈的方法对北京师范大学教育学部成立四年后教师的认可状况进行了研究。韩强通过问卷调研与访谈对大连理工大学、浙江大学、江苏师范大学三所大学的学部制改革进行了调查，问卷题目主要涉及教师与学生对学部改革的主观评价，如学部制改革是否必要、学部的设置是否合理、学部的功能定位是否准确、学部的层级结构是否合适等。④ 他认为学校内相关师生的主观反应也是判断学部定位是否准确的重要依据。因改革时间短，评价方式难，他尚未对客观情况进行分析。除此之外，其他文献也极少从学部中的普通教师与学生的角度进行研究。

不同的组织拥有不用的文化，因此，在日益趋同的学部制改革中，改革的动机和对策停留在制度和结构的设置上，当完成改革之后，较少的跟踪研究也停留在制度设计和理念的上位描述上，而对学部制改革后，具体的对人的关注，缺乏长期跟踪的研究。

如何促进学科群的建设与学科交叉融合的配套服务是学部改革中必须关注的

---

① 付梦芸：《我国高校实体性学部制改革的困境与破解——基于历史制度主义的分析》，载《中国人民大学教育学刊》2015年第2期。
② 王英杰：《大学文化传统的失落：学术资本主义与大学行政化的叠加作用》，载《比较教育研究》2012年第1期。
③ 李荣德：《制定学术委员会章程 探索现代大学制度建设》，载《中国高等教育》2016年第11期。
④ 韩强：《中国大学学部制改革的问题反思——基于三所不同类型大学的调研分析》，载《现代教育管理》2015年第9期。

问题。高校图书馆服务于用户的科研和学习，以提供更专业的学科信息与知识服务。① 传统图书馆服务基于学科与二级院系开展学科服务，重庆大学基层学术组织以学部制重组后，图书馆在部分学部进行试点，以学部为单位开展学科服务，经过问卷调研，试点后的用户满意度得到较大提升。② 学部制改革除了制度与人文环境等层面的设计之外，物理空间的设置也是改革中需要考虑的一个方面。近些年一些高校开展了住宿制书院改革，通过物理空间设计拉近师生的距离，如北京航空航天大学书院在沙河校区对本科一年级学生开展书院制改革，北京师范大学教育学部成立之后，也进行了办公空间的集中与调整。赵金剑等从设计交往空间的角度，提出人文建筑环境设计需要从外部公共空间、学部内、院系间、院系内四个层次设计交往空间，打破学院与学院之间较为封闭的交往状态。③ 学部成立以后，与院系相比，教师与学生人数规模增加，管理方式需要做出相应调整，南京工业大学的一个案例研究分析了如何在学部制改革的基础上利用微信开展学生工作。④

  组织是制度化的组织。⑤ 对组织进行制度方面的研究并不是对制度文本表面的研究，而是对组织的制度化现象的研究。在现有学部制改革的实践和研究中，存在从国外借鉴移植和国内高校间相互模仿的现象。改革一种制度，依靠单纯的制度移植或更替不能一蹴而就，一个组织和制度的形成、生长和变迁并不能简单等同于组织结构及其制度模式内在的构造或重构过程，而必须考虑组织嵌入其中的整体社会的结构性环境，也必须考虑组织自身路径依赖的惰性。⑥ 在文献中，对学部制改革的实践探索的研究大多停留在制度建设和机构调整方面。一般的改革所涉及的只是制度的表层或表现，其内核常常被厚厚的一层保护带包裹着、维护着，具有抗拒变迁的力量。制度的保护带主要是指围绕在特定制度周边的相关政策和措施以及由此引发的或直接对应的组织行为和规范。因此，未来应加强制度内核与保护带组织行为方面的研究。

  因学部制改革是一个在实践中的高校组织变革模式，所以对学部制进行研究的文献大部分趋同且缺乏扎实的理论研究与大量深入的案例研究。纵观现有的研

---

  ①② 李燕、杨新涯、陈文：《学部制下学科服务创新模式探索与思考——重庆大学图书馆学科服务的拓展与深化》，载《图书情报工作》2016年第11期。
  ③ 赵金剑、魏宏杨：《高校学科群建筑交往空间环境设计策略初探》，载《福建建筑》2014年第1期。
  ④ 王巧云：《微信在高校学部制背景下研究生党建工作中的创新应用》，载《高教学刊》2016年第18期。
  ⑤ 周雪光：《组织社会学十讲》，社会科学文献出版社2003年版。
  ⑥ 李汉林、渠敬东、夏传玲、陈华珊：《组织和制度变迁的社会过程——一种拟议的综合分析》，载《中国社会科学》2005年第1期。

究文献,学部制改革的政策出台、执行过程可以从垃圾桶模型理论得到一定的解释。[①] 首先,在高校组织中,组织追求的目标具有模糊的特征。如追求学术权力与行政权力的相对分离,现有学术权力与行政权力如何配置多为思辨的论述,缺乏实践的支撑,且并没有清晰的实践模式,而为追求学术权力与行政权力优化配置的学部制目标较为模糊。其次,高校组织具有手段或方法不确定的特征。虽然都为学部制改革,但是学部制改革的宏观与微观层面的方式和方法在目前的实践中有相似与巨大差异共存的情况。最后,组织具有流动性参与的特征。即在政策形成的过程中,参与决策的人员具有相当程度的流动性,也就是说参与决策者可能前后完全不同,故同样的议题由于不同的人员出席讨论,结论也可能与原先规划的完全不同。虽可能存在这样的情况,但因为缺乏相关政策制定过程的实证研究,政策出台的背景、政策时机与问题解决时机、最后落实的过程尚不清晰。具有相似或差异的学部制改革方案究竟如何形成尚不得而知。

总之,党的十九大提出"加快一流大学和一流学科建设,实现高等教育内涵式发展"的要求,高校内部治理体系的改革和完善是深化高等教育管理体制改革、实现高等教育内涵式发展的关键。学校与院系两级管理体系的实践改革关系是大学治理体系的重要组成部分,无论从理论与实践还是历史或实践的角度来看,未来完善和创新高校内部治理体系仍面临诸多问题,需要进一步探索。

第五节 中国大学权力配置的实证研究

一、教师参与大学治理实证研究

教师参与大学治理不仅是大学治理研究的重大理论问题,也是大学治理实践中亟待解决的现实问题。教师参与治理已经成为不容置疑的"政治正确"议题,但对如何参与、参与什么以及参与到何种程度尚待研究。从理论上讲,作为学术组织的大学,其治理不能没有学术人员的参与。然而大学治理实践非常复杂,理论逻辑不能代替实践逻辑。因此,要回答教师应当如何参与治理,首先要回答教师实际是如何参与治理的。

2014年教育部颁布的《高等学校学术委员会规程》正式确立了学术委员在

---

① 周雪光:《组织社会学十讲》,社会科学文献出版社2003年版。

大学中最高学术机构的地位。《高等学校学术委员会规程》颁布实施后，各大高校纷纷开始制定或修订学术委员会章程，成立专门的学术委员会办公室。在新的背景下教师参与治理是否发生了变化？教师参与治理的路径如何？呈现出什么样的特点？本书在对质性资料登录和编码的基础上，将教师参与大学治理内容归纳为制度性决策、事务性决策和边缘性决策三类，总结出了教师参与这三类决策的具体路径，并对各个路径进行了深入分析。

本书采用质性研究方法，从教师的视角，围绕"哪些教师通过什么样的方式参与了什么决策"的思路对教师参与治理的实际情况进了深入研究。

教师参与治理与大学状况非常复杂，不同层次、类型大学的教师参与治理存在较大差异。已有研究表明，部属高校和地方高校、研究型大学和非研究型大学在大学治理结构和教师参与治理方面存在较大差异。本书的主要目的不在于探索不同类型大学教师参与治理情况的差异。此外，限于时间和精力，作为一项探索性研究，本书将研究对象聚焦于教育部直属的研究型大学教师。研究型大学主要是指以从事高水平学术研究和以研究生教育为主的大学，在具体类型上主要以39 所"985 工程"大学为主。本研究资料主要来源于一所教育部直属研究型大学，以 C 大学指代。C 大学是一所学科门类齐全、规模很大的综合性研究型大学。

本研究采用滚雪球技术初次抽取了 6 位研究对象。其中包括两位学术委员会委员，两位教代会代表，两位职能部门教师。对初步收集资料整理分析之后，形成逐步概念体系，在此基础上形成了初步的理论假设。形成初步理论假设之后，分别进行了第二次、第三次抽样。从 2016 年初到 2017 年底，本研究先后对 26 位研究对象进行了开放式深度访谈，再加上对 5 位职能部门工作人员进行的常规访谈，总计访谈人数到达 31 位。其中教学科研人员主要包括校领导、学校职能部门领导、学院主要领导、知名教授、学术委员会委员、教代会代表等。具体抽样方式主要是通过发送邮件邀请。研究对象的邮箱地址来源于高校的官方网站。为了保密，对所有访谈对象都做了匿名化处理，其中教学科研人员用 F 加数字表示，行政职员用 S 加数字表示。具体访谈对象情况如表 5-1 所示。

表 5-1　　　　　　　　　　　　访谈对象

访谈对象	职称（级别）	职务/特点
F1	教授	副校长
F2	教授	研究生院副院长
F3	教授	原副院长、学校学术委员会委员
F4	教授	研究中心主任

续表

访谈对象	职称（级别）	职务/特点
F5	教授	院长、学术委员会委员
F6	教授	副院长、院人事工作委员会委员
F7	教授	院长、校学术委员会副主任
F8	教授	发展规划处处长
F9	教授	社科处副处长
F10	教授	人事处副处长
F11	教授	教代会、教学科研工作委员会委员
F12	教授	学院人事工作委员会主任
F13	教授	学院学术委员会委会主任
F14	教授	教代会、教学科研工作委员会
F15	教授	教代会、教学科研工作委员会副主任
F16	教授	教代会、民主评议委员会
F17	教授	教代会、提案工作委员会主任
F18	副教授	普通教师/参与征求意见
F19	讲师	教代会代表
F20	教授	原教代会代表
F21	副教授	普通教师/不愿参与治理
F22	副教授	普通教师
F23	教授	原校学术委员会委员
F24	讲师	普通教师/参与过座谈
F25	教授	校学术委员会委员
F26	副教授	普通教师/参与过座谈
S1	科员	研究生院工作人员
S2	科员	教务处工作人员
S3	科员	人事处工作人员
S4	科员	财务处工作人员
S5	科员	校办工作人员

（一）教师参与大学治理内容

本研究以党委常委会和校长办公会决策议题为线索，去追溯相关决策事项的参与人员。通过对党委办公室、校长办公室工作人员的访谈，可以追溯到在某一具体决策过程中教师是否参与其中以及通过什么样的方式、参与到何种程度等。另外，通过对教师的开放式深度访谈，归纳出了教师具体参与决策事项。将上述两种方式获得的资料相结合，归纳出了教师参与大学治理的内容。

通过对学校行政部门职员的访谈得知，在学校党委常委会涉及的 94 项议题中，有教师①参与决策过程的②议题涉及 20 项，占年度决策议题的 21%。在校长办公会涉及的 66 项决策中，教师参与决策的事项有 21 项，约占年度决策事项的 32%。当然，所有这些统计都是基于职能部门的回忆整理，部分事项统计可能有所出入。从教师参与决策的具体事项来看，主要集中在学术研究类、工资福利类和总体规划类等三类决策事务。C 大学党委常委会与校长办公会讨论议题比较（2016 年度）如图 5-2 所示。

表 5-2　　C 大学党委常委会与校长办公会讨论议题比较（2016 年度）

会议类型	决策事项								
	总体规划类	后勤保障类	财务预算类	学术研究类	工资福利类	招生类	人事任免类	政治/行政事务	总计
党委常委会	7	23	4	11	4	2	19	24	94
校长办公会	2	34	0	17	1	2	0	10	66

资料来源：C 大学党委常委会和校长办公会纪要。

通过对与教师的开放式深度访谈获得的资料分析归纳，本研究将教师参与决策事项分为制度性决策、事务性决策和边缘性决策三种类型。之所以分为这三项决策类型，是因为教师在参与这三项事务时呈现出不同的特征。需要指出的是，这种分类方式是一种方便的分类方式，三种决策事务类型并不存在泾渭分明的界线。

1. 制度性决策

"制度性决策"是本研究发现的一个重要本土概念，一般与事务性（非制度性）决策相对。多数受访者在访谈中提到诸如"有关基本制度的决策""学校基本制度的制定""学校学术政策决策""学校教学管理制度""招生制度"等词汇。研究者将诸如此类的决策归纳为"制度性决策"。制度性决策主要是有关基本政策和规章制度的决策。在大学内部治理过程中，教师经常参与的制度性决策

---

① 学术界虽然对"教师参与大学治理"概念缺乏统一的界定，但是一般认为，这里的教师主要是指专任教师，即不担任任何党政领导职务的教学科研人员。大学教师（faculty）具有学术人属性，所以有时候大学教师也用学术人员指代。如无特别指出，本研究中的教师均指在参与治理期间不担任党政领导职务的专任教师。

② 本研究中的参与决策过程涵盖了决策事项的全过程，包括对决策提议提出意见和建议，对决策议题进行咨询、审议和决定等环节。参与上述过程的任何一个环节均属于参与决策。

主要包括：教师招聘制度（人才引进制度）、教师职务晋升制度、教师考核制度、招生制度、人才培养制度、学术研究制度等。

按重要程度来分，制度性决策可以分为重大制度性决策和一般制度性决策；按照决策事项的性质来看，其可以分为学术制度性决策和非学术制度性决策。由于大学里面的多数制度性决策多少与学术有一些关联，而且教师和管理者对何为学术事务缺乏共识，因此，本研究不采用学术和非学术来对制度性决策进行分类。

制度性决策是大学治理中的基础性决策，是影响和规范大学运行和长期发展的基本制度。制度建设是建设中国特色现代大学制度的重要任务。在建设中国特色的现代大学制度的历史进程中，教师应该发挥重要作用。大学所有职能的发挥都需要依托教师才能完成。教师应该参与大学制度性决策。当然，对究竟如何参与，通过何种方式参与以及参与到何种程度，无论是学术界还是在大学治理实践中，都存在着分歧。

教师参与制度性决策是指参与制度文本的起草、修订、咨询、审议以及决定等。根据研究对象在访谈过程中提到的实际参与过的制度性决策事项，教师参与制度性决策的事项大致有规划类、方案类、办法标准类、规范类、规程类五类（见图5-4）。

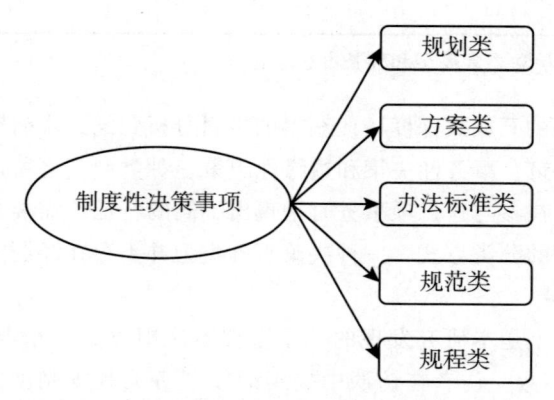

图5-4 教师参与制度性决策内容分类

规划类事项主要包括学校中长期发展规划、学科专业以及教师队伍建设规划、科学研究、对外学术交流合作等学术规划；方案类事项主要包括学校内部各类学术机构设置方案、交叉学科、跨学科协同创新机制的建设方案、学科资源的配置方案、学科建设方案、人才培养方案、招生方案等；办法标准类事务主要包括教师聘任中的学术标准、学生毕业标准、学位授予标准及细则、学历教育的培养标准、教师绩效考核标准、教师职称评审中的学术标准以及招生标准与办法等；规范类事项主要包括学术论文写作规范、学术道德规范、学术不端与争议处理规则等；规程类事务主要包括学术委员会常设机构及其各类专门委员会组织规程、学术分委员会章程等。需要指出的是，教师实际参与的制度性决策并不仅仅限于学术制度性决策，也包括诸如教师福利分配制度、校园停车位管理办法、教师子女入学管理规定等非学术制度性决策。

分类是人们认识事物的思维工具。上述分类只是为了便于认识和分析教师参与决策的情况而进行的大致分类，不同类别之间不存在严格的互斥关系。分类不是目的，我们的目的是对教师参与制度性决策有一个较为清晰的认识。当然，这个分类也不可能囊括教师参与的所有制度性决策，而是基于大多数研究对象在访谈中提到的参与决策事项归纳的结果。

2. 事务性决策

事务性决策是教师参与最多的决策类型。一般而言，事务性决策是指大学内部决策事项中除了制度制定之外的日常具体事务决策。大学治理中的事务性决策有很多，学校职能部门的大部分决策都属于事务性决策。事务性决策属于具体事务的决策，不涉及基本制度的制定。比如，关于《博士生导师资格遴选条例》的起草、讨论、征求意见、修改、审议、决定、公示等过程属于制度性决策过程，而对博士生导师资格候选人进行遴选、评定就属于事务性决策。

从决策事项的性质来分，大学事务性决策可以分为学术事务性决策和非学术事务性决策。通过访谈发现，教师主要参与和学术有关的事务性决策，较少参与非学术事务性决策，除非需要决策的事务涉及教师的切身利益。从事务的重要性程度来分，大学事务性决策又可以分为重大事务性决策和一般事务性决策。比如，学校重大研究项目的评审、重大人才项目推荐等就属于重大事务性决策，而对公派出国联合培养博士生评选则属于一般事务性决策。

从教师实际参与的决策事项来看，教师参与的事务性决策主要包括与学术水平和学术道德评价有关的事务，主要有以下几种类型：（1）评定学校教学、科学研究成果和奖励，对外推荐教学、科学研究成果奖；（2）评定高层次人才引进岗位人选、名誉教授聘任人选，推荐国内外重要学术组织的任职人选、人才选拔培养计划人选；（3）自主设立各类学术、科研基金、科研项目以及教学、科研奖项等；（4）教师聘任与教师职务晋升等；（5）学科专业设置；（6）关于学术不端等行为的调查、认定和裁决等。本研究将诸如此类事务的决策称为事务性决策。

3. 边缘性决策

按照分类逻辑，制度性决策与事务性决策（非制度性决策）是对应的概念。从逻辑上讲，边缘性事务包含于上述两种分类当中。边缘性决策也可以分为制度性和事务性两种类型。然而，在教师参与治理实践过程中，研究者发现，"边缘性决策"是研究对象普遍提到的一种决策类型，并且教师在参与边缘性决策时表现出不同的特征。因此,将边缘性决策单列出来,单独分析。

从访谈资料来看,边缘性决策主要包括两层含义:第一,边缘性决策通常属于非学术事务或者与学术事务关系不太密切的事务。第二,边缘性决策一般属于非重大事务决策。边缘性决策一般与核心性决策或重大决策相对应。在学术组织中,边缘性事务大多属于非学术事务。①"边缘性"表明了事务的重要程度。边缘性决策与前面的两类决策类型并不构成并列关系。由于教师参与边缘性决策的方式、内容、特点等均与前面两种决策事项类型表现出明显的差异,为了便于分析、归纳和分类,故将边缘性决策单列出来。从教师实际参与制度性决策和事务性决策的性质来看,大多属于与学术密切相关的事务。而边缘性决策通常与学术关联并不那么紧密。如果粗略划分,可以将事务性和制度性决策看作是学术事务决策(制度和具体事务),而边缘性决策可以看作非学术决策。

教师参与大学治理视域下的"边缘性决策"主要是指与学术关联不太密切但又广泛存在的一种决策类型。说它边缘是相对于大学作为学术组织而言的。边缘性决策并不意味着不重要(是否重要一般不好评价,因为涉及"对谁而言是重要的"问题),而是相对于学术作为大学组织核心而言的。对于学术组织而言,学术决策一般被认为是核心决策,而与学术无关的决策可以被认为是边缘性决策。"边缘性决策"通常是一些与学术关系不太密切的事务,主要包括与教师利益直接相关的福利、校内分配实施方案、教工食堂就餐环境、教师子女入学、校园停车位等事务的决策。

本研究通过对访谈资料和文本资料的归纳分析,总结出了三类主要参与的决策事项。这些分类为下文具体分析教师参与治理路径提供了基础。

大学决策事项有很多种分类方式,最流行的分类方式是学术事务和行政事务。然而,这种分类方式并非有利于问题的解决,反而可能造成一种普遍的偏见:教师负责学术事务治理,行政人员负责行政事务治理。"教授治学,校长治校"就是这偏见的真实反映。而学术事务与非学术事务事实上并不存在明确的界线,并且判断是否为学术事务的决定权并不掌握在教师群体手中。且不论学术事务与行政事务之间"剪不断理还乱"的关系,单这种非此即彼的二元思维定式就很容易加剧学术与行政之间的鸿沟。学术人员通常从广义上理解学术事务,认为一切与学术相关的事务都是学术事务;而行政人员通常认为,只有那些与学术专

---

① 鉴于学术事务与非学术事务概念的模糊性,本研究一般很少使用这样的分类方式,但是这种分类方式又是被广泛使用的方式。所以,在有的情况下本研究也使用学术事务和非学术事务这一对概念。大学作为一个学术组织,很多事务都与学术有关。通常学术事务有广义和狭义之分。狭义的学术事务通常指与学术专业紧密相关的事务,如学术评价、学位授予、课程教学等。广义的学术事务包括一切与学术相关事务。一般认为,后勤、基建、停车位、教职工子女入学、教师福利、食堂就餐环境等不属于学术事务。本研究在广义上使用这一对概念。

业密切相关的事务才算学术事务，比如，学术水平评价、研究项目评审、学位授予等非常专业的事务。两大群体之间对学术事务理解的差异加深了教师与行政之间潜在的冲突。正如阎光才所指出的那样，传统的学术权力与行政权力简单二分的思维逻辑与分析框架，不仅在经验层面上无法捋清高校内部事务间的复杂关联，而且在理论层面上也根本无法为高校内部治理结构框架提供可靠的依据。① 所谓"教师参与大学治理"是一种共同治理，不是分开治理，而是学术和行政齐心协力，共同努力实现学术与教育的繁荣。

本研究之所以将教师参与治理的内容按照制度性、事务性和边缘性决策来区分，主要是考虑到教师在参与这类事务时，在参与效果、参与程度、参与渠道方面表现出明显的差异。这种分类方式也便于下文进一步分析教师参与治理的路径。

（二）教师参与治理路径

1. 教师参与制度性决策路径

教师如何参与制度性决策受大学内部决策结构的制约。高校制度性决策既包括制定新的规章制度，也包括对旧有制度的修订或废止。制度性决策过程一般包括制度文本的制订、讨论、修改、修订和决定等环节。教师参与制度性决策是指教师通过提供咨询意见、参与制订、审议、投票表决等方式参与制度决策过程。本节的描述和分析主要围绕以下问题展开：教师是如何参与学校制度性决策过程的？参与了制度性决策过程的哪些环节？哪些教师参与了？通过什么方式参与的？参与结果如何？

（1）参与渠道。

按照制度化程度，教师参与治理渠道可以分为制度化渠道和非制度化渠道。从参与形式来分，教师参与治理又可以分为个体性参与和集体性参与。一般而言，制度化参与渠道是集体性参与，而非制度化渠道更多是个体性参与。制度化渠道通常有较为完备的制度文本规定，如《学术委员会章程》《教职工代表大会暂行条例》等。而非制度化渠道通常缺乏成文规则，具有较大的随意性和灵活性。学术委员会②和教代会是教师参与大学治理最主要的制度化渠道。而主动提出意见和建议、参加座谈会、找领导反映情况等一般属于非制度化参与渠道。由于制度性决策主要由行政部门主导，与其说教师通过什么方式参与制度性决策，

---

① 阎光才：《高校教师参与治理的困惑及其现实内涵》，载《中国高教研究》2017年第7期。
② 《高等学校学术委员会规程》第二条规定，高校应"健全以学术委员会为核心的学术管理体系与组织架构"。因此，各个学校开始对学术委员会的组织架构进行调整，将教学委员会、学位评定委员会、人事委员会等专门委员纳入学术委员会组织架构中，成为学术委员会的下设机构。如无特别指出，本研究的学术委员会均包括学术委员会及其专门组织。

不如说学校行政部门通过什么样的方式让教师参与到制度性决策过程中。

①制度化渠道。

A. 国家层面关于教师参与制度性决策的规定。教师参与制度性决策依据主要来源于《高等教育法》《学校教职工代表大会规定》《学术委员会规程》以及各自高校的《大学章程》《学术委员会章程》等。《高等教育法》（2015年修订版，下同）第四十二条规定，学术委员会除具有学术水平评定权和学术不端裁决权之外，还具有"审议学科建设、专业设置，教学、科学研究计划方案""审议、决定有关学术发展、学术评价、学术规范的其他事项"的权力。《高等教育法》第四十三条规定，高等学校通过以教师为主体的教职工代表大会等组织形式，依法保障教职工参与民主管理和监督，维护教职工合法权益。秦惠民认为，我国现行法律明示或暗示大学治理中的四种权力，即政治领导权力、行政权力、学术权力和民主管理权力。① 其中，教师享有学术权力和民主管理权力。《高等教育法》是教师参与制度性决策的根本法律依据。

2014年教育部颁布的《高等学校学术委员会规程》对教师参与制度性决策做了具体规定。根据规定，在有关制度性决策事项中，学术委员会只有咨询、审议权，没有决定权。制度层面对学术委员会的学术制度立法权的规定比较模棱两可。《高等学校学术委员会规程》第十五条规定，学校下列事务决策前，应当提交学术委员会审议，或者交由学术委员会审议并直接做出决定：

（一）学科、专业及教师队伍建设规划，以及科学研究、对外学术交流合作等重大学术规划；

（二）自主设置或者申请设置学科专业；

（三）学术机构设置方案，交叉学科、跨学科协同创新机制的建设方案，学科资源的配置方案；

（四）教学科研成果、人才培养质量的评价标准及考核办法；

（五）学位授予标准及细则，学历教育的培养标准、教学计划方案、招生的标准与办法；

（六）学校教师职务聘任的学术标准与办法；

（七）学术评价、争议处理规则，学术道德规范；

（八）学术委员会专门委员会组织规程，学术分委员会章程；

（九）学校认为需要提交审议的其他学术事务。

---

① 秦惠民：《我国大学内部治理中的权力制衡与协调——对我国大学权力现象的解析》，载《中国高教研究》2009年第8期。

上述九项具体事务中，除第二项"自主设置或者申请设置学科专业"① 不属于制度性决策外，其余都是制度性决策。从《高等学校学术委员会规程》文本来看，教育部虽然在章程中明确指出"学术委员会是学校最高学术机构"，但是对具体的学术制度立法权的规定还是相当谨慎的，采用的表述方式也是比较模糊的：对于学术制度"应当提交学术委员会审议，或者交由学术委员会审议并直接做出决定"。这就给高校留下了较大的自主裁量空间。

教师参与制度性决策的依据还有《高等学校教职工代表大会暂行条例》。1985年教育部、中国教育工会印发了《高等学校教职工代表大会暂行条例》，其中第五条规定了教职工代表大会的具体职权：

（一）听取校长的工作报告，讨论学校的年度工作计划、发展规划、改革方案、教职工队伍建设等重大问题，并提出意见和建议。

（二）讨论通过岗位责任制方案、教职工奖惩办法，以及其他与教职工有关的基本规章制度，由校长颁布施行。

（三）讨论决定教职工的住房分配、福利费管理使用的原则和办法，以及其他有关教职工的集体福利事项。

（四）监督学校各级领导干部，可以进行表扬、批评、评议、推荐，必要时可以建议上级机关予以嘉奖、晋升，或予以处分、免职。

从《高等学校教职工代表大会暂行条例》来看，教职工代表大会的职权有"听取、讨论、建议、通过和决定"。真正具有实质性决策权的只有第二项和第三项，即教职工代表大会在涉及教师"岗位责任制方案、教职工奖惩办法，以及其他与教职工有关的基本规章制度"和"教职工的住房分配、福利费管理使用的原则和办法"方面具有决定权。

2011年教育部颁布了新的《学校教职工代表大会规定》，并于2012年1月1日起实施。1985年的《高等学校教职工代表大会暂行条例》同时废止。目前关于教职工代表大会的职权与1985年版的略有不同。具体规定如下：

（一）听取学校章程草案的制定和修订情况报告，提出修改意见和建议；

（二）听取学校发展规划、教职工队伍建设、教育教学改革、校园建设以及其他重大改革和重大问题解决方案的报告，提出意见和建议；

（三）听取学校年度工作、财务工作、工会工作报告以及其他专项工作报告，提出意见和建议；

（四）讨论通过学校提出的与教职工利益直接相关的福利、校内分配实施方

---

① 本研究将有关"自主设置或者申请设置学科专业"视为事务性决策，而非制度性决策，因为不涉及基本制度问题。

案以及相应的教职工聘任、考核、奖惩办法；

（五）审议学校上一届（次）教职工代表大会提案的办理情况报告；

（六）按照有关工作规定和安排评议学校领导干部；

（七）通过多种方式对学校工作提出意见和建议，监督学校章程、规章制度和决策的落实，提出整改意见和建议；

（八）讨论法律法规规章规定的以及学校与学校工会商定的其他事项。

通过对两个版本的对比发现，虽然教职工代表大会职权从四项增加到八项，但实质性决策事项只有一项，即第四项，对"与教职工利益直接相关的福利、校内分配实施方案以及相应的教职工聘任、考核、奖惩办法"具有"讨论通过"（1985年版是"讨论决定"）的权力，并且比1985年版本的规定多了一个限定词"学校提出的"，说明新版条例明确了教代会并不具备"方案提议权"，① 在其他事务上仅有"听取""建议"权，新版条例删除了"讨论"的字样，直接变成"听取……，提出意见和建议"，连讨论权也没有了。在对领导干部的监督方面，新版条例变成了"评议"，并且表述变得更加模糊和原则化："按照有关工作规定和安排评议学校领导干部"。这说明新版《学校教职工代表大会规定》实际上从制度设计上就已经弱化了教职工代表大会的决策权和监督权。这也是教职工代表大会在大学内部权力配置中被边缘化的原因之一。

通过对《高等学校学术委员会规程》和《学校教职工代表大会规定》文件的文本分析发现：学术委员会对与学术密切相关的制度性决策具有审议或决定权，规定比较模糊；教代会对教职工聘任、考核、奖惩办法以及教师利益直接相关的福利制度具有"讨论通过权"，但无"方案提议权"。

B. 高校内部有关教师参与制度性决策规定。高校内部关于教师参与制度性决策的规定，大致与教育部颁发的《高等学校学术委员会规程》和《学校教职工代表大会规定》内容大体一致，但也存在细微差别。《C大学学术委员会章程》第四条规定，学校下列事务决策前，根据校行政部门的需要可以提交学术委员会审议或做出决定：

（一）学科、专业及教师队伍建设规划，以及科学研究、对外学术交流合作等重大学术规划；

（二）自主设置或者申请设置学科专业；

（三）学术机构设置方案，交叉学科、跨学科协同创新机制的建设方案，学科资源的配置方案；

---

① 方案提议权，也叫方案建议权，是指提出方案的权力。教代会具有讨论通过方案的权力，但是方案是由学校提出的，所以，教代会不具备方案建议权。权力一般包括四个要素：方案建议权、决策权、执行权和监督权。

（四）教学科研成果、人才培养质量的评价标准及考核办法；

（五）学位授予标准及细则，学历教育的培养标准、教学计划方案、招生的标准与办法；

（六）学校教师职务聘任的学术标准与办法；

（七）学术评价、争议处理规则，学术道德规范；

（八）学术委员会专门委员会组织规程，学术分委员会章程；

（九）学校认为需要提交审议的其他学术事务。

通过与教育部《高等学校学术委员会规程》的内容对比发现，关于教师参与上述制度性决策事项与《高等学校学术委员会规程》的内容完全一致。但是，关于这些事项的决策权限却与《高等学校学术委员会规程》存在细微差异，该校学术委员会章程使用的表述方式是"根据校行政部门的需要可以提交学术委员会审议或做出决定"。与《高等学校学术委员会规程》相比，多了"依据校行政部门的需要"的限定，并且用的是"可以提交"而不是《高等学校学术委员会规程》所规定的"应当提交"。虽然只有几个字之差，但是对学术委员会权力的影响可谓"天壤之别"。从《C大学学术委员会章程》来看，凡直接涉及学术事务的制度性决策是否提交学术委员会审议或决定取决于"行政部门的需要"，主导权在行政部门。而教育部《高等学校学术委员会规程》的规定是，学校在进行与学术直接相关的学术制度决策之前，"应当提交学术委员会审议，或者交由学术委员会审议并直接做出决定"。

也有部分高校的学术委员会对某些学术制度性决策拥有明确的决定权。例如，华中科技大学和北京大学的学术委员会对部分制度性决策享有实质性决策权。《北京大学学术委员会章程》（2017年7月修订版）规定校学术委员会或授权相关专门委员会"讨论决定学位授予标准、教师职务聘任的学术标准与规程、学术道德规范等学术管理制度"。《华中科技大学学术委员章程（暂行）》（2014年7月发布）规定由学术委员会"审定教学科研成果、人才培养计划和质量的评价标准""审定教师及其他专业技术职务评聘中的有关学术评定标准""审定校学术委员会专门委员会组织规程、学科分委会和院（系、所、实验室、中心）学术委员会章程"。只有少数高校学术委员会对部分学术标准拥有部分决策权。

从C大学《教职工代表大会实施细则》文本来看，有关教代会职权的规定与教育部的《学校教职工代表大会规定》完全一致，不再赘述。通过与其他高校教代会制度文本的比较发现，这些文本与国家制度文本也基本一致。

通过对教师参与制度性决策的制度文本分析发现，关于学术委员会参与制度性决策权力的规定比较模糊，其除了对学术标准和学位授予标准具有部分决策权之外，其他权力制度文本并没有做出明确规定。是否由学术委员会参与以及参与到何种程度，主要取决于学校行政部门的需要。教职工代表大会对与教师利益直接相关的福利制度和教师考核、奖惩和聘任制度具有讨论通过的权力。

当然，除了教代会和学术委员会，教师还可以通过其他咨询性质的委员会参与治理。例如，《C大学章程》第四十五条规定：学校设立校务委员会作为学校的咨询机构。校务委员会由学校的主要领导、前任领导、院士、资深教授、全国人大代表、全国政协委员、专家学者代表、党代会代表、教代会代表以及学生组织负责人等组成，主任由学校党委书记担任。校务委员会就学校中长期事业发展规划、学科建设及人才队伍建设规划和校园建设规划，关系学校改革发展全局的重大决策，事关教职工根本利益和学校发展长远利益的重要决定等提供咨询意见和建议。校务委员会按其议事规则开展工作。但是，校务委员会并没有具体实施细则，并且能够成为校务委员成员的教师非常少，在实际访谈中，很少有受访者提到通过校务委员会参与学校制度性决策。此外，校务委员会作为学校重大决策的咨询机构，其成员并非通过选举产生，并不能代表教师群体参与大学共同治理。

目前，无论是从国家层面还是从学校内部层面的制度文本来看，教师参与制度性决策的制度化渠道主要是学术委员会和教职工代表大会。但是，在学校实际的制度性决策中，学校行政部门较少通过学术委员会和教代会等制度化渠道参与决策。除了部分与学术标准和学术规范等相关的事务要经过学术委员会外，大部分制度性决策并不经过学术委员会。就算经过学术委员会，也是咨询、审议性质，对决策的影响力主要取决于行政部门。从实际来看，政府部门更多地采用征求意见或者参与座谈会等方式让教师参与制度性决策，即使通过学术委员会参与制度性决策，也多半是采用非正式的方式，比如，通过邮件进行通讯审议或提意见等，而不是通过正式会议的方式让教师参与。

②非制度化渠道。

非制度化渠道主要包括通过各种方式主动提出意见和建议、向领导反映情况、参加座谈会等。非制度化渠道是教师参与制度性决策的主要方式。与其说非制度化渠道是教师参与制度性决策的主要渠道，不如说学校行政部门在进行制度性决策时，主要通过非制度化渠道让教师参与决策。

A.参加座谈会。座谈会是由行政部门组织的面对面沟通交流活动。参与座谈会是教师参与大学制度性决策的重要渠道之一。学校在出台重要政策时，尤其是制定重大学术政策和制度时，一般都会召集部分教师展开座谈，听取教师意见和建议。

"重大决策一般都有座谈和征求意见环节，但是征求了哪些人的意见，我们普通老师是不知道的，其实整个过程主要是就是行政部门主导的。"（F15）

"开展座谈，其实就是那几个牌牌教授一天在那儿说，座谈会的代表不是作为群体的（代表）。你看参加座谈的群体是都是什么人？我觉得这不是真的意义上的民主。我觉得这样玩儿下去大家都不玩儿了，有什么意思？"（F3）

"通过座谈会的方式参与学校的决策，我觉得是存在一些弊端的，座谈会都是找一些资深教授、牌牌教授、几个代表群体。这几个群体已经固化了，而且代表的选择是可控的，那种不同群体是不是具有代表性？我觉得是很大的问题。"（F23）

教师对通过座谈的方式来参与大学治理认同度不高。他们认为，参加座谈会的教师并不能真正代表所有教师。一位受访教师表示，"他们并不是被教师选上去的，是决策层主导的，对决策部门缺乏有效的监督"（F18）。相对于制度化参与渠道，参与座谈会具有被动性的特点，因为邀请哪些教师群体参与座谈经常取决于决策者。学校重大学术政策和制度出台一般会经历调研、起草初稿、讨论、征求意见、公示等环节，最后由学校领导层面审定通过后正式发布。座谈会一般发生于政策和制度制定前期。所以参与座谈会是教师群体影响学校决策的重要渠道。对于决策者而言，在出台重大学术政策和制度时，通常倾向于通过开展座谈会的方式进行征求意见，而较少通过召开学术委员会全体会议进行讨论。这主要有三个原因：第一，相对于学术委员会来说，座谈会效率更高，而且具有更强的可控性。选择什么样的人参与座谈、什么时候开展座谈，基本上由行政部门决定。第二，相对于座谈会来说，学术委员会可控性较差、效率低。第三，学术委员会开会频率低（通常每学年召开两次全体会议），无法满足学校及其职能部门制度性决策需求。

座谈会也是教师与行政部门沟通的机制。但是，整个座谈过程是由行政部门主导的，哪些人参与座谈、行政部门到底如何对待教师的座谈意见都取决于行政领导。从常理上来讲，行政部门自然不会找那些具有反对倾向的教师参与座谈。座谈会的象征意义大于实际意义。

B. 公示与征求意见。对于教师而言，公示属于知情，属于被动参与，参与程度最低。征求意见（主动提意见）属于主动参与，参与程度较高。公示和征求意见通常是在政策或者制度已经有了初步文本的基础上进行的。职能部门在前期调研基础上形成初稿。重要文件或者涉及教职工切身利益的文件通常会向全校公示和征求意见。

"我们有专门的征求意见的渠道，甚至所有的重要文件在发布之前都会广泛征求教师意见。我自己分管过学校的'十二五'规划、学校的综合改革方案、学校的'985 工程'的建设方案、'双一流'的建设方案，这些我们都向全校征求意见的。"（F1）

然而在受访教师看来，这种公示和征求意见虽然也体现了学校的民主管理和民主决策，但这种民主属于"集中上的民主"。"真正的决策已经做出来了，再征求意见，走个程序"（F18）。因为教师通过这样的方式参与治理，实际上是一种"单向参与"。教师提出意见后，缺乏有效的反馈。行政部门如何处理这些意见，教师们并没有收到反馈。教师群体与决策部门之间缺乏有效的双向沟通机制。

"老师们其实还是比较愿意提意见的，但是事实上缺乏反馈，老师们提了（意见）没有反馈，虽然他们可能或多或少参考了，但并没有反馈，也没有互动，所以这种参与是单向的，如果他们觉得这个东西有必要征求意见，就会考虑进去，如果觉得没有必要，就是直接由行政领导决定，而且征求完意见之后的决定是否采用或者是否改进没有对老师有一个说明，主要还是取决于领导的个人意志。"（F2）

"所谓的征求意见，就是一个征询意见稿，不开任何会，没有交流，你有什么意见反映出来，然后就结束了，知道吧？人家有反对意见，你为什么不采纳？没有任何交流，只有自下而上的收集信息的做法，这不叫民主啊！这叫过度集中，有限民主，你说它不民主，不对，它走民主流程了。"（F14）

在教师们看来，征求意见是行政部门主导的"自上而下的信息收集"。这种方式具有很大的随意性，教师难以对行政部门决策权力形成制衡。受访教师普遍对这种方式不认可。

"为什么我不太认同提意见的模式呢？这种（模式）的效果是不好的，往往意见提出来，最后决策层只是说有选择性地考虑，或者说提意见比较集中的他们可以考虑，但是也可以不考虑。因为没有一个互动的过程，也没有一个比较好的监督，没有意见得以回应的机制。"（F2）

"去年职称评审制度修订的时候，也广泛征求了老师们的意见。但是这种通过民主渠道提上去意见到底被采纳多少，就不知道了。"（F15）

征求意见是由决策部门主导的自上而下的收集信息的方式，也是教师影响学校重要决策的机会。座谈会能够在多大程度上影响决策，很大程度上取决于学校行政部门的意志。通过主动提出意见和建议的方式参与治理的方式属于"单向度参与"，教师的意见和建议对行政部门的决策没有约束作用。整个参与过程都是单向的，缺乏有效的双向互动。

从教师参与制度性决策的过程来看，教师主要通过参加座谈会和主动提意见的方式参与制度性决策。或者说，行政部门倾向于通过非制度化的方式让教师参与制度性决策，因为参与方式是由行政主导的，教师实际上是没有选择的余地。相对于制度化渠道，非制度化渠道对学校决策缺乏有效的制度保障。制度意味着分权和制约，而非制度化渠道具有很强的人为因素，行政部门具有足够的自由裁量空间，容易受到行政领导意志的影响。从教师参与制度性决策的实际情况来看，行政部门是影响教师参与程度和效果的关键因素。一方面，"渠道是畅通的"，教师可以通过各种制度化和非制度化渠道参与治理，但是，当教师参与过后，发现其实"还是领导说了算"，就会产生不好的参与体验，觉得"没意思"，自然就会减少参与或者"隐性不参与（虽然是各类委员会代表或者受邀参与座谈，但是不发言、不参与讨论等，参与只是迫于无奈被迫参加）"。另一方面，从学校领导和职能部门的角度来看，他们确实在努力通过各种渠道促使教师参与，但是经常的情况是，"开会的时候老师们都不愿意来，得挨个打电话确认，求着他们来，否则会没法开"（F11）。

之所以形成这样的局面，一个重要的原因是，行政人员和学术人员之间缺乏有效的沟通机制。从制度化渠道来看：第一，学术委员会会议频率低，通常一个学年只开两次全体会议，而且有限的会议时间大多用于处理事务性工作，其他涉及学术事务的评议大多采用通讯评审、邮件咨询，都属于单项沟通。第二，教代会会议频率同样很低。高校教代会一般一年只召开一次全体会议，会期集中在一两天，并且主要都是听取领导汇报，只有少量分组讨论时间，沟通并不充分。从非制度化渠道来看：第一，受邀参加座谈虽然是面对面的沟通，但是并没有形成制度，参与群体有限，且参与人员由决策部门选择。从程序上来看，参与座谈的教师并不能代表广大教师群体（因为他们不是教师选举出来的代表），教师并没有获得同等参与座谈的机会。第二，公示和征求意见属于自上而下的信息收集，缺乏有效的沟通反馈机制。虽然 C 学校通过网上信息系统建立了反馈制度，但是都是基层行政职员"例行公事"式的回复，并没有起到教师群体与行政部门之间的沟通桥梁作用。

（2）参与主体。

随着大学利益相关者的日益多元化，大学治理逐渐从传统的单一治理主体向多元主体"共同治理"的趋势转变。国家、大学管理者、教师、学生、校友等利益相关者都是大学治理的参与主体。由于本研究的对象是教师群体，所以其他利益相关者群体不是本研究的重点关注对象。

随着大学的发展，教师的类型日益多元化，教师群体的概念也变得模糊起来。本研究中的"教师"主要是指在大学中从事教学科研工作的学术人员。在大学治理中，有一类特殊且重要的参与主体，那就是"双肩挑"教师。在研究型大学中，除了后勤、基建、保卫等部门之外，几乎所有校领导和职能部门负责人都属于"双肩挑"教师。这类教师在大学治理中发挥着非常关键的作用。不过，"双肩挑"教师由于其特殊的行政领导身份，通常不被视为教师群体的代表，而被视作行政管理人员。在已有关于教师参与大学治理的研究中，也很少看到有研究将"双肩挑"教师纳入教师参与大学治理意义上的"教师群体"。所以，"双肩挑"教师不是本研究关注的重点。本研究主要关注的是作为一个群体的大学教师在大学治理中发挥了什么样的作用。

通过对学校行政部门工作人员的访谈发现，制度性决策的参与主体主要有"牌牌"教师、"普通"教师以及教代会、学术委员会。从参与形式来看，分为集体参与和个体参与。学术委员会和教代会属于集体参与方式，本研究中的学术委员会体系包括学术委员会及其下设专门委员会；个体参与包括教师个人主动向行政部门提出意见和建议，受邀参加各种座谈会、咨询会等。个体参与方式一般属于非制度化参与方式。

参与主体的构成与决策事项性质和重要性程度有关。如果是事关全校教师利益的重大制度性决策，最终的制度文本一般要经过教代会讨论通过。制度性决策过程非常复杂，在决策的不同阶段参与体也存在差异。例如，在多数制度文本的起草阶段，参与主体一般为少数大牌教授或相关领域的专家学者。到制度文本初稿文本阶段，可能会通过学术委员会进行审议。所以，在决策的不同阶段，参与主体也不一样。

通过对参与制度性决策的教师进行类属分析发现，大学教师群体在参与大学治理中呈现出分化的趋势。少数位于大学教师队伍"金字塔塔尖"的大牌教授、明星教授、大腕教授（统称为"牌牌"教师）比"普通"教师拥有更多的参与机会和话语权。而位于教师队伍"金字塔塔基"的广大教师面临着参与机会不足、有效参与渠道不畅等问题。

目前，我国研究型大学共同治理中，过分强调位于"塔尖"的教师的作用，忽视了广大位于"塔基"的教师的参与诉求，扩大了参与主体之间的鸿沟。虽然"大学本身就是一个等级社会"，① 但不能放弃对平等的追求。在教师参与治理方面，教师群体呈现出"牌牌"教师和"普通"教师分化的趋势。这两大群体之间在参与大学治理的机会、参与治理的内容、参与治理的程度等方面分化日益明显。广大"普通"教师参与治理的权力受到忽视。本研究中的"普通"教师不是一个严谨的概念，是一种方便的表达，主要与"牌牌"教师相对。这部分教师是大学教师的主体，是大学教学、科研和社会服务的职能的主要承载者。从职称构成上，"普通"教师主要以讲师、副教授和部分教授为主。理论上讲，"普通"教师也有参与渠道，但从实际参与情况来看，"普通"教师的有效参与渠道其实非常有限。

（3）参与结果。

规章制度是教师参与制度性决策的依据。从制度文本分析来看，教师对制度

---

① ［美］克拉克·克尔著：《大学之用》，高铦、高戈、汐汐译，北京大学出版社2008年版，第11页。

性决策并没有明确的决定权，只有咨询和审议的权力。为了解教师参与制度性决策的真实情况，研究者对相关人员进了深度访谈，并对访谈结果做了三角验证，确保所收集资料的真实性。下面通过两个具体案例，从制度方案的形成、讨论、征求意见和决定等环节分析教师在制度性决策过程中的参与情况。

案例1：C大学职称评审制度改革中教师参与

2016年C大学启动了职称评审制度改革工作。在文件起草初期，C大学对兄弟院校的职称评审制度进行了调研，在调研的基础上形成初稿后，通过邮件方式向学校咨询委员会进行了咨询，此后对文件进了微调。人事处邀请了部分教师代表参与了座谈，每个学院选派1名讲师和1名副教授参加。人事处将文件初稿起草后在校内网上进行了公示，并通过邮箱通知各个学院院长征求和汇总教师意见。教师们对这个文件意见比较大。很多老师对这个方案很不满，纷纷提出自己的意见。但是，从最终公布的方案来看，征求意见稿和最终方案几乎没有差别。据受访教师们反映，他们没有收到任何反馈。

资料来源：基于C大学教师访谈资料整理。

职称评审制度改革是大学组织非常重要的制度性决策，涉及大多数教师的切身利益。从C大学职称评审制度的出台过程来看，教师可以通过三种方式参与决策：

第一种方式，成为学校咨询委员会成员。咨询委员的成员主要包括院士、前任校领导、资深教授和著名校外专家。"普通"教师通过咨询委员会参与决策的机会微乎其微。

第二种方式，参加学校组织的座谈会。这种方式仅限于那些受邀的教师代表。而对于谁能参加学校的座谈会，推荐人选由二级院系负责人确定。F26是C大学的副教授，他当时受邀参加了座谈会。"当时我们院长找到我说，学校召开职称改革的座谈会，问我有没有时间参加，我说我想参加，然后就让我去了。具体领导怎么考虑的，我也不清楚"（F26）。也许各个学院产生座谈会的人选的方式各不相同，但是，研究者在进行访谈和相关文件检索后，并没有发现对座谈人选产生方式做出明确规定的文件。F26也认为没有具体规定："据我了解是没有明确规定的，基本上就是领导来定的。"

第三种方式，通过主动提意见的方式参与。F24是C大学的讲师，马上面临评副教授的压力，他很关心这个职称改革，因为按照原来的规定，他目前是符合评副教授的条件的。但是，按照改革后的方案，他离副教授的要求还差很远。用他自己的话说是"到手的鸭子飞了"。他没有参加职称评审改革座谈会。学校公示和征求意见后,他通过邮件提了很多意见。他说:"大家都很关心这件事,尤其是青年教师和副教授,我们建了一个微信群专门讨论这个事情,就我了解到的,很多老师都提了意见,但是提完之后并没有得到任何反馈。从最后公布的文件来看,并没有体现老师们的意见,这不是我一个人的判断,很多老师都是这样认为的。"(F24)

通过对C大学职称评审制度决策过程的分析可以发现:第一,在方案形成前期,学校通过邮件方式向咨询委员会进行了咨询,并没有通过学术委员会进行审议。第二,行政部门控制着教师参与决策的渠道,通过什么样的方式以及哪些人可以参加都是由行政部门决定的。第三,对教师的意见并没有进行反馈,整个参与过程是单向的,缺乏双向沟通。至于教师的意见能否被采纳、采纳多少,取决于行政部门。通过本案例可以看出,教师在参与制度性决策方面处于被动地位。行政部门在整个制度性决策过程中并没有选择通过制度化渠道(学术委员会或教代会)来让教师参与,而是选择通过召开座谈会和征求意见的方式让教师参与。很多受访教师表示,征求意见稿和最终稿并没有什么变化,决策部门也没有对教师们的意见做出反馈。

案例2:C大学《学科能力提升计划》出台过程中的教师参与

C大学于2015年开始制订学校《学科能力提升计划》。大致过程如下:职能部处首先深入面向院系调研,同时借鉴国内外高校的相关的经验,调研后由职能部门起草文件初稿,初稿完成后,职能部门邀请部分专家进行座谈。这个座谈不是面向全校,而是面向部分专家,包括学校的学术骨干、青年骨干以及院系负责人,然后相关职能部处的负责人在征求意见并修改完之后,上学校领导班子讨论,形成共识,之后再一次修改文件,最后面向全校征求意见。根据职能部门的反应,只收到了几位教师提交的意见。

资料来源:基于C大学教师访谈资料整理。

《学科能力提升计划》属于非常重要的制度性决策。学校应该重点发展哪些学科?应该如何发展?这不是一个纯学术问题,还涉及学科资源配置、学校发展战略问题,属于学校的重大制度性决策。那么在C大学《学科能力提升计划》制订和决策过程中,教师是如何参与的?发挥了哪些作用?

首先,从C大学《学科能力提升计划》的方案建议权来看,是由学校职能部门起草的,而不是来自教师群体或者教师群体的代表性机构。也就是说,方案的提议权属于学校行政部门。F1是C大学的副校长,主管学校的学科建设。他介绍了《学科能力提升计划》出台的缘由。C 大学出台《学科能力提升计划》主要基于两点考虑：第一，创新型国家建设对大学的创新能力提出了更高的要求，大学创新能力离国家的要求差距大；第二，从事跨学科研究的教师对学校学科现状发展不满。学科交叉项目是《学科能力提升计划》的重要组成部分，F1 说道：

"学科交叉建设项目就是因为基层有意见，他们向我反映，以学科为基础的传统院系划分，学术标准都是按学科来，很多跨学科研究领域得不到认可，按传统的发展渠道上不来，很多学科交叉团队发展不好，所以我们就单独设项目。"（F1）

从 F1 的这段话可以看出，教师在 C 大学《学科能力提升计划》的出台过程中是发挥了作用的，甚至可以说，正是由于从事跨学科研究的老师对现状不满，找到主管学科建设的副校长提意见，才促使了学科交叉项目计划的出台，成为《学科能力提升计划》的重要组成部分。这促使研究者思考：教师在方案形成过程中扮演着什么样的角色？教师为什么选择直接向主管副校长反映？为什么不采取其他方式？研究者通过访谈对象要到了曾经向访谈对象反映问题的教师的联系方式，试图通过邮件对这位教师做进一步的访谈。遗憾的是，这位教师在国外访学，不便接受访谈。他通过邮件简短地回了研究者的问题："找主管领导也是无奈之举，我之前通过教代会提过几次议案，但是都没有效果。所以，我就干脆找主管领导反映。"通过教代会提交议案是教师参与大学治理的重要方式。但是，从本案例来看，当教师通过教代会提出议案时，并没有得到学校的重视。无论是通过教代会还是主动向行政部门反映问题，其效果都是有限的，严重依赖学校行政部门的意志。

方案建议权力是非常重要的权力。从目前的制度文本来看，研究者并没有看到学校授权学术委员会或其他教师参与治理机构方案提议权的制度规定，只有教职工代表具有提案权，但是提案权并非真正意义上的方案建议权，并且教师提案能否进入决策程序取决于学校行政部门。这同时也说明，非制度化渠道在教师参与制度性决策方面也起着一定的作用。但是，无论是通过制度化渠道还是非制度化渠道，教师在制度性决策过程中都处于弱势地位。

其次，方案初稿形成后，职能部门邀请部分专家进行座谈。参加座谈的专家主要包括学校的学术骨干、青年骨干以及院系负责人。F8 是发展规划处的老师，他解释了邀请代表参加的主要依据："邀请代表参加座谈，主要根据几个因素吧，比如考虑代表性，包括不同的利益相关者群体代表，有时候还会邀请一些大腕教授，一方面表示对他们的尊重，另一方面他们在学术上比较突出，对学术发展会有比较好的看法，看问题要比一般教师看得深一些"（F8）。因此，这些参与座谈的教师主要由学校行政部门决定。参与座谈的方式属于非制度化参与方式，具有很大的随意性。是否召开座谈会，邀请哪些人参与座谈，如何处理座谈会上教师的发言和意见，都由行政部门决定。

从公开征求意见来看，教师对于《学科能力提升计划》关注得似乎并不多，与职称评审制度广泛提意见形成鲜明对比。《学科能力提升计划》征求意见期间只收到了几位教师的意见。从两个案例的对比中我们发现，教师存在"选择性参与"。由于职称评审与教师的切身利益息息相关，学校将职称评审要求提高影响了教师的切身利益，所以遭到了教师的强烈反对。《学科能力提升计划》虽然也很重要，但是对教师的切身利益影响并不大，或者并不直接影响教师的切身利益，所以教师参与得较少。最后，征求意见结束后由党委（常委）审议通过后实施。在方案最后拍板决定环节，没有教师参与。

通过对上述两个案例的分析可以得到以下几点结论：第一，教师参与过程由行政主导。参与座谈的人选由行政部门决定，如何处理教师提出的建议和意见也是由行政部门决定。参与主体、参与方式以及参与程度都由行政主导。第二，教师存在"选择性参与"。对关涉教师个人直接利益的制度性决策，教师表现出高度的参与热情，但是当决策与自身利益关系不密切时，教师通常选择不参与。教师对职称评审制度决策表现出的高度参与热情与《学科能力提升计划》制订过程中的不关心、不参与形成了鲜明对比。

总体来看，教师对制度性决策的参与情况评价不高。他们认为最主要的原因是缺乏有效参与渠道。由于制度性决策由决策部门主导，他们通常采用非制度化渠道让教师参与，尽管"渠道是畅通的"（F1、F3、F6等），教师可以通过各种渠道给决策部门表达不同意见，但是通常"意见提上去以后就像石沉大海"（F2、F11），"意见采纳与否，他们说了算"（F5）。这种"单向度的参与"造成教师对决策部门缺乏有效制衡，在学校制度性决策中处于非常弱势的地位。教师能够在多大程度上影响制度性决策，决定权在于决策部门。

"基本上对学校的重大学术政策，好像参与度不高，我觉得主要的原因就是教师参与的渠道少，因为好多事情都公布出来了，或者说已经吹出风来，我们改变不了这个局面，也就私下说说。"（F11）

"现在基本上学校的政策公布完了我们才知道，基本上都是这样，根本没有教师参与的份，都是他们说了算。"（F17）

教师参与制度性决策的过程本身就是学术和行政两大群体相互沟通和协商的过程。学术群体和行政群体本身就是两个极为不同的群体，一直存在"两种文化"的冲突。大学中的很多制度性决策都与教学科研密切相关，这种制度的落实都需要教师来执行。教师缺乏参与制度性决策，教师和行政部门之间缺乏有效的沟通渠道，不仅加深了彼此的冲突，而且也给制度的执行造成阻力。

"如果你让老师事先都参与这个过程，中间做参与，对吧，公布了结果以后，虽然很多老师也会有不同意见，比如说关于很多重大奖励，有的老师觉得多了，有的老师觉得少了，但是中间有一个协商的过程或者说让大家多参与过程，老师们就比较容易接受。"（F18）

一方面，教师缺乏有效参与制度性决策的渠道不利于制度更好地被接受和执行。人们常说，"教育是一门良心的事业"。这从某种程度上反映了教育活动的特殊性，任何一项教育改革，只有得到教师内心真正的认同，才能取得良好的效果。如果一项教育政策得不到教师的认可和支持，往往很难取得成功。另一方面，教师缺乏有效参与也容易加剧教师群体和行政群体之间的隔阂。教师和行政人员工作性质的差异决定了两个群体之间看问题视角的分歧。教师参与制度性决策的过程也是两个群体沟通的过程。

"现在很多东西不知道怎么出来的，包括我们现在的培养方案，不知道怎么搞的，基础课全弄了两个课时，这些规定是怎么制定出来的？这个方案出来，我觉得，从正常角度来说，都不应该出现这种东西。有好多基础课就是两个课时，你怎么去上？"（F5）

本研究从制度化决策的参与渠道、参与主体以及参与结果三个方面对教师参与制度性决策过程进行了描述和分析，归纳出了教师参与制定性决策的路径和特点。

从参与渠道来看，主要以非制度化渠道为主，制度化渠道为辅。专业性非常强的制度性决策（学位授予标准、人才培养质量评价标准、教师职务晋升中的学术标准）通常通过学术委员会（及其专门机构）进行咨询、审议或审定。其他制度性决策通常采用座谈、征求意见等非制度化渠道让教师参与。制度和组织是影响教师参与治理的两大关键要素，其中，制度对教师参与大学治理的影响更为直接和敏感。① 非制度化渠道既缺乏制度规范，也缺乏组织保障，这两大关键要素的缺失决定了非制度化渠道难以在教师参与制度性决策过程中发挥重要作用。制度化渠道虽然有制度和组织保障，但行政部门一般很少选择通过制度化渠道进行实质性决策。制度性决策权是大学最核心的决策权之一，行政部门通过非制度性渠道确保了对核心权力的掌握。但这种参与渠道的作用发挥情况严重依赖行政领导的意志，也难以对行政部门的权力形成有效监督和制衡。

从参与主体来看，有两大特点：第一，呈现出"牌牌"教师和"普通"教师之间分化。"牌牌"教师由于占有丰富的学术资本，能够为学校获得丰富的学

---

① 叶文明：《教师参与大学内部治理的渠道：一个"组织—制度"分析框架》，载《中国高教研究》2017年第3期。

术资源和较高的学术声望，是学校的"宝贵资产"，是学校制度性决策的重要参与主体。而广大"普通"教师则在大学制度性决策中面临被"边缘化"的境遇。"牌牌"教师要比"普通"教师享有更多的参与机会和话语权。然而，并没有证据表明，"牌牌"教师参与治理的能力要高于"普通"教师。教师参与治理的权力更多是一种集体性权力，要防止教师参与治理权力被少数"牌牌"教师垄断。第二，教师在制度性决策过程中存在"选择性参与"。教师在与其切身利益密切相关的制度性决策（福利制度、教师职务晋升制度等）中表现出高度的参与热情，而对与其自身利益关系不密切但对大学发展具有重要意义的制度性决策，则表现出低参与热情甚至不参与。教师选择参与或者不参与的主要依据不是因为决策事项的重要性程度，而是根据制度对其直接利益的影响程度。

从学术委员会章程的制定过程来看，教师对学术委员会章程的关注度和参与度都不高。研究者从学校职能部门领导那里了解到，尽管学校在制定学术委员会章程过程中面向全校教师征求意见，但收到的建议寥寥无几。朱家德的一项研究也得出了类似的结论：在章程制定过程中，章程起草小组在面向全校师生征求意见的 14 天期限内，没有收到任何有关章程制定的意见和建议，全校教师主动放弃了"制宪"参与权。[①] 当然，教师的"选择性参与行为"并不总是与自身利益有关。参与效果不符合教师的预期也是影响教师做出选择性参与行为的重要因素。当教师主动提出意见和建议却并没有得到有效的反馈时，教师的参与热情就会下降。在教师看来，行政部门并不一定要采纳教师的提议，但是应当充分尊重教师的意见，要给予教师参与决策和沟通互动的机会。

从参与结果来看，无论是"牌牌"教师还是"普通"教师对学校制度性决策的影响都取决于行政部门的意志，行政部门在教师参与制度性决策的过程中居于强势地位。制度设计并没有赋予学术委员会和教代会明确的制度性决策权力，其效果的发挥情况依赖于行政部门。由于教师主要通过非制度化渠道参与制度性决策，导致教师主要以个体的方式参与，缺乏组织保障和制度保障，难以对行政部门的权力形成有效的监督和制约。行政领导因素在教师参与治理效果方面起到了决定性作用。在制度性决策过程中，学术群体与行政部门之间缺乏有效的双向沟通渠道，教师在制度性决策过中属于"单向参与"，缺乏有效互动。

2. 教师参与事务性决策路径

本部分主要描述和分析教师参与事务性决策具体路径和特点。主要围绕以下具体问题展开：哪些教师参与了事务性决策？通过什么方式参与的？参与效果如何？教师如何看待自己的参与行为？资料来源主要是访谈资料和制度文本资料。

---

① 朱家德：《教师参与大学治理个案研究》，载《高等教育研究》2017 年第 8 期。

（1）参与渠道。

教师参与事务性决策的方式主要以群体参与为主，具体参与渠道主要包括学术委员会和教代会。学术委员会主要负责与学术有关的事务性决策。教代会通常负责边缘性事务决策（将在后文详细论述）。

事务性决策属于具体事物决策，具体事务的管理一般由学校职能部门负责。教师在学校事务性决策中参与的事项主要包括两类：学术水平评价类事务和学术不端类事务。学术水平评价类事务主要包括各种项目评审、职称评审中的学术水平评定、对外推荐优秀成果、学位评定与授予等。学术不端类事务主要包括学风建设、学术不端的调查和认定等。上述事务性决策一般通过学术委员会体系进行决策。一般而言，学校事务性决策主要由相应的职能部门负责，但是涉及学术水平评定和学术不端调查和裁决的一般要以学术委员会的决策为基础。学校行政部门决策一般也会尊重学术委员会的决定。重大事务性决策还要经过校长办公会或（及）党委（常委）会做出最后决策。

《高等学校学术委员会规程》对学术委员组织架构也做出了明确规定："健全以学术委员会为核心的学术管理体系与组织架构。"目前，高校内部学术委员会组织架构主要存在两种类型：第一种是整合型（见图5-5）。这种组织架构将学位评定委员会、教学指导委员会、学术道德委员会以及院系相关委员会统一纳入学术委员会当中，使其成为学术委员会下设的专门机构或常设机构。学术委员会与下设专门委员会属于领导与被领导的关系。校学术委员会对院系学术委员会属于指导关系。第二种是独立型。这种组织架构将学术委员会与学位评定委员会、教学指导委员会等其他委员会独立设置，它们之间没有隶属关系。为了便于表述，本研究统一将这两种类型都称为学术委员会。

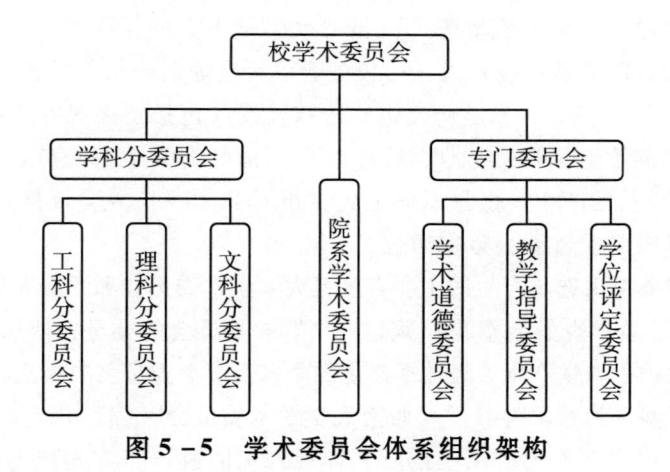

图5-5　学术委员会体系组织架构

（2）参与主体。

大学属于典型的利益相关者组织。政府、行政领导、学术人员和学生都是大学组织的核心利益相关人员。教师参与大学治理，并不意味着教师参与所有事务的决策，也不意味着教师要参与决策的全部过程。大学治理和大学管理的一个重要区别是，治理强调通过特定决策结构协调不同利益相关者的利益，而管理侧重的是决策的执行。大学所有的事务都要由管理部门负责执行。但在涉及教师利益和学术专业事务决策时，教师应参与其中。教师只是大学治理中多元参与主体中的重要主体之一。

教师参与事务性决策的主要决策渠道是学术委员会及其下设的专门委员会。因学术委员会下设的专门机构由学术委员会产生，接受学术委员会领导，对学术委员会负责，所以在这里主要分析学术委员会。

①学术委员的产生方式。

学术委员会成员产生方式主要有遴选、推举和选举。2014年教育部颁布的《高等学校学术委员会规程》规定，学术委员会委员"应当经自下而上的民主推荐、公开公正的遴选等方式产生候选人，由民主选举等程序确定"。从《高等学校学术委员会规程》来看，候选人是通过"遴选"等方式产生的，但委员的确定要经过"民主选举"程序。是否要差额选举，其没有明确规定。

学校层面的制度文本对学术委员会的产生方式也做出了明确规定，总体来看，与国家层面的制度文本类似，但也存在细微差别。通过对高校学术委员会章程文本分析发现，大多数高校的学术委员会成员都是推举和遴选产生的，很少由选举产生。例如，《华中科技大学学术委员会章程（暂行）》规定，"校学术委员会委员由学院（系、所、实验室、中心）学术委员会或学科分委会推荐，经校长办公会讨论通过后，由校长聘任。"《清华大学学术委员会章程》规定："委员包括推选委员和直聘委员。委员人选由校务会议审定通过、校长聘任"，"推选委员由各院（系、所）等实体教学研究机构按照教授（包括正高级专业技术职务者）比例通过民主推荐、公开公正地遴选产生"。《浙江大学学术委员会章程》规定："学术委员会委员的产生，由自下而上民主推荐和学校校务会议推荐等方式确定候选人，经学校党委常委会审定通过。"

明确规定委员由选举产生的主要有复旦大学学术委员会和西南大学学术委员会等。《复旦大学学术委员会章程》规定："学术委员会的委员，依照民主、公开、自愿原则，由民主选举产生。经选举产生的学术委员会委员名单报送校长办公室备案，并由校长签署和颁发聘书。"《西南大学学术委员会章程》规定："坚持公开、自愿的原则，经自下而上的民主推荐、客观公正的遴选等方式产生委员候选人，经全校在职在岗教授（研究员）大会民主选举产生委员，由校长聘任。"

从学术委员会成员的产生来看，多数高校的学术委员会委员都是通过推举、推选、遴选的方式产生。C 大学学术委员会委员也是通过遴选和推举的方式产生。访谈结果也证实了文本上的规定。

"主要是院系按照学校的遴选条件，然后推荐到学校，由学校最终确定。"（F3）

"不是教师民主选举产生，而是通过下面推荐、酝酿，最后由领导商定，可以说是被任命的，虽然也走了（民主）程序，但基本上是由行政主导。"（F12）

选举和遴选虽然只有一字之差，但是含义却大不相同。选举（election）通常是指自下而上通过投票的方式确定。遴选（selection）虽然也有自下而上的民主程序，但是决定权在行政部门手上。从国外大学学术评议机构成员产生方式来看，主要是选举产生。例如，美国大学学术评议会（委员会）成员通常是按分配席位选举产生的。① 而我国大学学术委员会的成员产生方式主要不是通过选举，所以，学术委员能否真正代表教师群体参加共同治理有待考察。当然，现实中学术委员产生过程非常复杂，受到诸多因素的制约，通过推举和遴选的方式产生委员并不意味着就不能代表教师群体，反之则相反。采用选举还是遴选的方式，主要取决于各个高校的具体情况。在条件不具备的情况下，贸然采取选举的方式，结果可能未必如我们所期待的那样。但是，民主选举应该是我们未来努力的方向，这也是《高等学校学术委员会规程》所明确规定的学术委员会委员产生方式。由于学术委员会成员人数少（校学术委员会成员总数与学校规模相关，研究型大学学术委员会规模一般在 35~55 人之间）且其成员产生方式并非通过选举，学术委员会的代表性大打折扣。

②学术委员会成员构成。

学术委员会成员构成是影响学术委员会功能发挥的重要因素。从学术委员会成员构成来看，制度文本对专任教师代表（即不担任任何行政职务的教师代表）和"双肩挑"教师在学术委员会中所占的比例做了明确规定。根据《高等学校学术委员会规程》的规定，学术委员会中"担任学校及职能部门党政领导职务的委员，不超过委员总人数的 1/4；不担任党政领导职务及院系主要负责人的专任教授，不少于委员总人数的 1/2"。从案例高校学术委员章程来看，关于学术委员会人员构成的内容与教育部的《高等学校学术委员会规程》基本一致，甚至有的高校对行政人员的限制更加严格。例如，《浙江大学学术委员会章程》规定："担任学校党政领导、职能部门负责人及在校外担任具有行政职级领导职务的专家，一般不再担任学术委员会委员职务；担任学院（系）主要负责人的专任教师

---

① 杨开忠：《深化高校学术委员会改革的几点思考》，载《中国高等教育》2014 年第 8 期。

不超过委员总人数的 1/4。"从案例高校实际公布的学术委员会成员名单来看，均符合教育部的规定。从学术委员会的成员构成来看，不担任党政领导职务及院系主要负责人的专任教授占多数。

决策过程是一项非常复杂的活动，即使专任教师代表占多数也未必就能说明教师能够发挥主导作用。F20 指出："同样是一人一票，但是影响力可不一样啊，当领导的'喇叭'要比一般代表'喇叭'响一些的嘛。"所以，即使专任教师占多数比重，也还需要进一步完善议事规程，明确发言顺序和投票方式。具体议事规程和实施细则需要进一步建立和完善。当然，专任教师代表占多数至少为教师发挥主导作用提供了基础。学术委员会内部决策过程属于微观决策，影响因素很多，但对学术委员会决策过程中微观政治的分析并非本研究的任务。

另外，研究者对学术委员会成员的头衔做了初步分析，发现学术委员会基本上都是各种带"帽子""牌牌"① 的教师和"双肩挑"教师，除此之外，"普通"教师很少能够成为学术委员会成员。从职称来看，全部是教授级别。

通过对参与学校事务性决策的主体进行分析发现，虽然不担任任何行政职务的"纯教师"不少于 1/2，但是委员产生方式是在行政主导下通过遴选、推举等方式产生，而非通过教师直接选举产生，所以，很难说学术委员会代表教师群体参与大学治理。换言之，学术委员会不是代表教师参与大学共同治理的组织机构。

（3）参与结果。

由于学术委员会是教师参与大学事务性决策的正式渠道，所以，要判断教师参与事务性决策的结果，主要取决于学术委员会效果发挥情况。

①学术委员会事务性决策权力增加。

《高等教育法》《高等学校学术委员会规程》以及各自高校的学术委员会章程对学术委员会的职权做出了具体规定，这些规定是教师参与事务性决策的制度依据。1998 年 8 月 29 日第九届全国人民代表大会常务委员会第四次会议通过了《高等教育法》，这是新中国第一部关于高等教育的专门法律。《高等教育法》第四十二条规定："高等学校设立学术委员会，审议学科、专业的设置，教学、科学研究计划方案，评定教学、科学研究成果等有关学术事项。"从 1998 年版的《高等教育法》来看，学术委员会对教学科研成果等事务具有评定权。2015 年 12 月 27 日第十二届全国人民代表大会常务委员会第十八次会议对《高等教育法》进行了修订。新版《高等教育法》对学术委员会的职权规定更加清晰明确，同时明确学术委员具有学术不端调查和裁定权。新版《高等教育法》第四十二条规

---

① 这些"帽子"包括两院院士、资深教授、万人计划人选、千人计划人选、百千万人才工程人选等，涵盖了从国家级到省部级到校级的各种"帽子"。

定，高等学校设立学术委员会，履行下列职责：

（一）审议学科建设、专业设置，教学、科学研究计划方案；

（二）评定教学、科学研究成果；

（三）调查、处理学术纠纷；

（四）调查、认定学术不端行为；

（五）按照章程审议、决定有关学术发展、学术评价、学术规范的其他事项。

从新版《高等教育法》可以看出，学术委员会对学术水平评价和学术不端调查裁决方面的事务具有法定决策权。教师参与事务性决策的直接权力依据是《高等学校学术委员会规程》以及各自高校的学术委员会章程。按照《高等学校学术委员会规程》的规定，学术委员会具有四项基本权力：评定权、审议权、咨询权以及学术不端裁决权。其中行使评定权的事项主要是各类教学科研成果奖励评审、人类人才项目人选推荐以及各类学术研究项目遴选等。《高等学校学术委员会规程》第十六条规定：学校实施以下事项，涉及对学术水平做出评价的，应当由学术委员会或者其授权的学术组织进行评定：

（一）学校教学、科学研究成果和奖励，对外推荐教学、科学研究成果奖；

（二）高层次人才引进岗位人选、名誉（客座）教授聘任人选，推荐国内外重要学术组织的任职人选、人才选拔培养计划人选；

（三）自主设立各类学术、科研基金、科研项目以及教学、科研奖项等；

（四）需要评价学术水平的其他事项。

《高等学校学术委员会规程》颁布实施后，各大高校陆陆续续出台或修订了各自的学术委员会章程。从高校制定或修订的《学术委员会章程》文本来看，关于学术委员会职权的有关规定基本一致，对事务性决策中的学术水平评价类和学术不端调查裁决类事务具有决定权，而对学科专业建设类事务只有咨询、审议权。

例如，《浙江大学学术委员会章程》规定，校学术委员会具有"评定重要学术标准和学术成果""评定学校重大教学和科研成果""评定对外推荐优秀学术人才的学术水平"的权力，而对其他事项都是具有咨询权和审议权。《华中科技大学学术委员会章程》规定由校学术委员会"审定教学科研成果、人才培养计划和质量的评价标准""审定教师及其他专业技术职务评聘中的有关学术评定标准""评定教学、科研以及有关社会服务的重要成果""评定学校自主设立的重大科研项目"。《华中科技大学学术委员会章程》在学术委员会职权表述上与其他学校略有不同，多了一个"审定"的权力，主要是涉及学术水平评价标准的审定权。至少从文本来看，《华中科技大学学术委员会章程》明确规定了学术委员会具有部分学术制度决定权。

通过对学术委员会委员进行访谈发现，对校学术委员会在事务性决策权的认知上，不同受访者的判断基本是一致的，即基本都认同校学术委员会的评定权得到了增加。F1是副校长，同时也是校学术委员会的副主任，他在访谈中提到："现在就是学术委员会在学校学术事务决策方面的作用，在制度保障上越来越大。"这个判断也得到了非"双肩挑"学术委员的认可。F12是C大学校学术委员会委员，他认为："学术委员会具有一定的决策功能，学术委员会在学术水平评价方面的影响力还是在增加的。"来自C大学学术委员会委员的F3也提到教师在学术事务性决策中的权力在增加："学术委员会在有关学术水平评定事务上的决策基本是最终决策，学校行政部门一般会尊重学术委员会的决定。"在校学术委员会的事务性决策权力上，受访者的意见比较一致，基本认同其在学术水平评定事务方面权力较大，学术委员会的决策基本是最终决策，很少有被行政部门否决的情况。

另外，从制度文本来看，校学术委员会具有参与各种制度性决策和事务性决策的职权，不过权力大小程度从咨询、审议、评定到决策不等。但是受访者普遍认为，事务性决策是学术委员会的最主要的职能。

"学术委员会主要是负责与学术水平评定相关的事情，比如学术评奖、项目遴选、学科专业设置等事务，都是一些事务性工作，有时候还涉及一些学术不端的调查之类的事务，基本就是这些吧。"（F3）

"原来学术委员会的作用我觉得不那么实，学术委员会一直在，现在学术委员会的制度非常实，学科专业设置、教学科研成果评定、学术机构设置等都要经过学术委员会，过去我们可能不用经过。现在就是学术委员会在学校学术事务的决策方面的作用，在制度的保障上越来越大。"（F1）

"学术委员会主要承担事务性的工作，比如说要学科设置了，方案制定后提交学术委员会，你就投票，同不同意设置，还有包括一些评奖、项目进行遴选。我觉得学术委员会履行的更多是事务性的东西，主要是学术水平评定和学术道德法官的作用。"（F5）

通过对国家和学校层面的制度文本的分析和对教师的访谈可以发现，校学术委员会实际上扮演的主要角色是学术事务性决策。其中，最核心的是与学术水平评价相关的事务。从受访者的实际感受来看，大家对校学术委员会在学术事务性决策方面的权力表现出较为一致的看法，即认为校学术委员会在学术事务性决策方面具有很大的权力。校学术委员会实际上承担着学术水平评价的职能和学术道德法官的角色。

学术委员会在学术事务性决策中发挥的作用越来越大，这是很多受访教师的共同感受。无论是行政领导还是学术委员会委员，还是不担任学术委员的教师，对学术委员会权力的增加都表现出较为一致的判断。这种情况与以往关于学术委员会的权力虚化和弱化的研究结论不符。部分原因可能在于，之前关于学术委员会的研究都比较早，而近年来学术委员会无论是制度建设还是组织机构建设都取得了较大进展。大学组织的内外部环境也发生了很大变化。校学术委员会事务性决策权力的增加，主要有以下几个原因：

第一，关于学术委员会的制度供给增加。《高等教育法》和教育部颁布的《高等学校学术委员会规程》都明确规定了教师对涉及学术水平评价的事务具有评定权，对学术不端行为具有裁定权。高校学术委员会章程的制定或修订为学术委员会参与治理权力落实提供了制度保障。

第二，学术委员会组织机构不断完善。学术委员会办事机构设置主要有两种情况：一种是挂靠在学校职能部门；另一种是专门成立学术委员会办公室。目前，越来越多的高校成立了专门的学术委员会办公室，并配备了专门人员和运行经费。西南大学、华中科技大学、浙江大学等高校都成立了专门的学术委员会办公室。学术委员会的组织机构完善也为学术委员会参与治理权力的落实提供了组织保障。

第三，也是最为关键的一点，国家对高等教育的项目化治理方式①为学术委员会事务性决策权力的增加提供了资源基础，校学术委员会权力增加的部分很大程度上源于国家专项资源。资源是权力的基础。校学术委员的权力增加并没有改变校内原有的权力配置结构，而是外部资源供给为学术委员会提供了权力基础。这是一种由外而内的嵌入式权力。一旦这种资源配置方式改变或消失，那么校学术委员会大部分事务性决策权力将会极大减弱甚至消失。近年来，各级党政部门源源不断地设置的各种项目是学术委员会事务性决策权力的根本来源之一。

《高等学校学术委员会规程》明确规定了具有决定权的只有学术水平评价类事务和学术不端调查裁决类事务。而各种人才项目、科研项目、教学项目、成果奖励构成了学术水平评价类事务的主要内容。这些事务是学术委员会主要承担的决策事项。

从学术委员会年度决策事项可以清楚地看到学术委员会所决策的事项与国家专项资源配置有密切的联系。C 大学《学术委员会 2016 年度工作报告》中显示，2016 年度由校学术委员会承担的事务性决策主要有：重大科研项目（如创新驱动计划）评审、重大人才项目选拔推荐、重大成果奖励（如国家级、省部级教学科研成果奖等）推荐和评审工作。② 这些事务性决策项目直接与政府专项资源配置挂钩。由于专项资源属于竞争性的资源，需要有筛选过程，校学术委员会所起

---

① 熊进：《高等教育治理的"项目制"及其可能风险》，载《教育发展研究》2016 年第 13 期。
② 资料来源：C 大学《学术委员会 2016 年工作报告》。

的作用就是筛选。校学术委员会对人才项目、教学科研成果奖励、科研项目的评审、推荐基本都是源于政府资源配置的需要。也就是说，校学术委员会的事务性决策权很大程度上来源于政府专项资源。如果没有这些专项资源，校学术委员会的学术事务评定权或将极大弱化。除了各级政府设立各种专项，学校内部也会设立教学、科研等专项。校学术委员会的主要职权就是评审和对外推荐各级各类专项，这些专项资源都是校学术委员会事务性决策权的来源。

从学术委员会办公室的日常运作来看，其分担了以前由各职能部门承担的部分职责。以前由职能部门负责组织实施的评价、评优、职称评审、项目遴选等涉及学术评价的事务开始逐步归口到学术委员会办公室，某种程度上落实了校学术委员会职权中"学术水平评定"的权力，也使得学术水平的评定有了制度化的保障。所以，学术委员会事务性决策权力的增加是有其外部资源作为基础的。而独立的学术委员会办公室和专门的运行经费则为学术委员会的正常运行提供了组织保障和经费支持。我们可以认为，《高等学校学术委员会规程》和国家高等教育"项目化"治理方式、学术委员会专门办事机构的建立是研究型大学校学术委员会事务性决策权力得到落实和扩大的重要因素。

②教师参与治理"权力获得感"没有增加。

政府简政放权，扩大高校办学自主权，发挥教师在学术治理中的核心作用是我国大学治理改革的方向。为促进教师在大学治理中的作用，国家多次出台专门文件，要求大学建立教师参与学术治理的制度和组织机构。2014年教育部专门印发了《高等学校学术委员会规程》。此后，高校纷纷着手制定或修订各自学校的学术委员会章程。随着大学内部治理改革的加快，高校学术委员会体系的制度建设、组织建设和经费保障机制日益完善。前文的分析也表明，学术委员会在参与事务性决策方面的权力明显增加。学术委员会日益成为学术评价和学术不端调查认定的权威机构。

与此同时，在对教师进行访谈时，很多教师普遍反映，教师自身并没有感受到参与大学治理权力的增加，反而感觉教师在学校重大事务决策中日益被边缘化。尽管大多数受访教师都认同学术委员会参与治理权力增加，但是他们的"权力获得感"并没增加。

"我感觉教师权力一点都没有增加，还不如以前呢，现在什么事情都管着，感觉一点尊严都没有。"（F26）

"教师只是被管理的对象，对学校决策没什么影响力。"（F12）

"我个人总体感觉，教师的权力其实是在下降的。教师在大学决策方面是被边缘化的群体。"（F2）

上述列举文字呈现了受访教师对其参与大学治理权力的感知和判断。教师对自身参与治理权力的主观判断与学术委员会权力增加形成鲜明对比。建立学术委员会制度的初衷是促进教师参与学术治理。然而，从实际来看，学术委员会的权力虽然增加了，但是教师的"权力获得感"不增反降。这说明，学术委员会并不是代表教师参与大学治理的机构。

首先，从学术委员会成员产生方式来看，C大学（包括很多其他大学）的学术委员都是通过遴选、推举的方式产生候选人，由行政部门确定最终人选。教育部颁布的《高等学校学术委员会规程》明确规定，通过遴选、推举等方式产生候选人，由教师选举确定委员。但是从很多高校的实际情况来看，大多数高校学术委员会成员的产生并没有选举过程。所以即使不担任行政职务的教师占1/2以上，也不能说明，学术委员会是教师群体的代表性机构。当然，这并不意味着否定学术委员会存在的价值，只是强调学术委员会的权力与作为一个整体的教师参与治理权力的差异。

其次，从学术委员会职称构成来看，委员全部是教授、博士生导师级别的教师。除去行政领导，剩下的基本都是各种"牌牌"教师，如两院院士、文科资深学者、长江学者以及千人计划、万人计划入选者。没有"牌牌"的"普通"教师很少能有机会进入学术委员会。所以，学术委员会权力增加，意味着教师群体中少数位于"塔尖"的掌握着丰富学术资本的教师的参与治理权力增加，并不能说明教师群体参与治理权力增加。

③学术委员会参与治理能力不足。

前文的分析已经表明，学术委员会的与学术相关的事务性决策权力在不断落实，尤其是在学术水平评定方面的职权在不断强化。然而，校学术委员会是否具备学术水平评定的能力是一个值得讨论的问题。本研究在访谈过程中发现不少受访教师都提到了这个问题。

A. 学术委员会缺乏学术水平评价能力。由于校学术委员会的成员来自全校不同的学科，学科之间差异较大。有的高校的学术委员会下设了文科分会和理科分会，即便如此，随着学科的不断发展，知识分化日益明显，其也很难对其他学科专业水平做出科学判断。F3是校学术委员会委员，曾经担任过二级学院院长。他认为："真正能够对学者的学术水平做出评价的只有学术同行。校学术委员会往往不具备学术水平评价的能力。只有本学科专业内部人士才具备（评价的能力）。"（F3）

校学术委员会成员均来自不同学科专业。不同学科专业领域差异大，来自不同专业的教师难以对其他学科水平做出评价。虽然校学术委员会在进行学术水平评定相关事务之前，很多项目在院系层面已经进行了一次遴选，但由于很多项目是有指标或者名额限制的，因此需要对项目进行进一步筛选。然而不同学科出身的委员难以胜任这样的工作，他们只能"认真地乱评"。"认真地乱评"说明，委员的态度是认真的，但是由于缺乏评价能力，所以只能"数数字"。

"委员毕竟没有更多的机会去了解，只是看大家报上来的材料。比如说像我们推荐教学名师的时候，就先看他得过什么奖，因为我不了解具体情况，都是看已经有了的成果，大家看硬的。具体水平的评定，其实只是这个学科的同行评议可能更靠谱一些。"（F5）

"我觉得学术重心在学院。学术归根结底是以专业为基础的。专业在哪儿呢？在学院。教师的教学科研水平只有本专业的老师最清楚。"（F20）

校学术委员会参与能力不足是由于制度设计缺陷造成的，本研究将其称为"制度性参与能力不足"。"制度性参与能力不足"是指由于制度设计不合理造成教师参与治理能力和参与治理的事务不匹配，从而造成参与能力不足的现象。

B. 学术委员缺乏大学治理知识。大学的象牙塔时代已经一去不返。随着社会和高等教育的发展，大学的规模也在不断扩大。随着大学越来越卷入社会生活中，大学与社会、大学与市场、大学与政府的关系也变得日益复杂。大学越复杂，大学治理就越需要专门知识。传统大学的那种教授治校模式已经失去时代基础。从学校党委常委会和校长办公会的日常决策可以看出，绝大部分事务都与学术关联不大。教师的专长在具体的学科专业领域，缺乏专门的大学治理知识。大学规模越大，与外界关系越密切，大学的重要性就越大。布鲁贝克曾经指出："高等教育越卷入社会事务中，就越有必要用政治观点来看待它，就像战争意义太重大，不能完全交给将军们决定一样，高等教育也相当重要，不能完全留给教授们决定"。[①] 大学事务性决策也是如此。因为校学术委员会在进行项目遴选和推荐时，不仅涉及学术水平评价的问题，还涉及整个学校的发展战略和发展方向问题。

"学术委员会其实缺乏对学校整体建设的考虑。当我推教学成果的时候，其实我们学校很多院系的教学成果都是很有影响的，推出去在北京市在全国都有竞争力，那么推谁和不推谁就不仅仅是一个水平的问题，还有一个学科建设发展需求问题。这件事情如果行政不介入，从高层次上没有一个导向的话，是实现不了这个目标的。所以，如果仅仅让学术委员会当一个投票机器的话，它没有办法站在学校层面来考虑学校整体的发展。"（F5）

"比如，这次'双一流'学科遴选，如果先从校内PK的话，我们这个学科连校内都杀不出去。如果放在全国，我们还是很有影响力的。但是按照传统的模式，我们就不可能入选。"（F13）

---

① ［美］约翰·S. 布鲁贝克著：《高等教育哲学》，王承绪等译，浙江教育出版社2001年版，第32页。

因此，一味强化校学术委员会的权力或者片面强调校领导退出学术委员会，对大学的发展实际上并非最佳选择。由于教师的专长是学术和教育，对整个大学治理既缺乏兴趣，也缺乏专门知识，因此，在涉及学术水平评价时，应当交由学术专业同行（而不是简单地由校学术委员会来决定）进行评议。

C. 学术委员会运行过程中的政治博弈。学术委员会表面上是进行学术水平评定、项目评审、成果推荐的机构，但其实际是作为学术资源分配的机构。所以学术委员会并非单纯的学术水平评定机构，同时也是学术利益分配和博弈的平台。

"学术委员会实际上是一个学术资源争夺和利益博弈的机构，表面上看是学术权力在起作用，但更多可能跟真正的学术没太大的关系。"（F20）

"学校层面的学术委员会能起到多大的作用？那个（委员会）很多时候是在平衡利益，（决定）是哪个学院还是哪个学科上。"（F20）

由于校学术委员会实际上承担了部分学术资源分配的职能，因此利益博弈和争夺就不可避免。但我们的制度设计又不是按照利益分配机构设计的。表面上看，学术委员会在行使学术水平评定的职权，但实际运行过程中却受到多重逻辑影响。所以，学术委员会进行学术项目评定的时候，不完全是学术逻辑在起作用，很多时候是非学术逻辑在主导着学术评审。

F5认为，由校学术委员会完全掌握学术水平评定权"实际上一直很难做好，因为大家总是站在自己的学科或者学院的角度，如果你真不投自己人，投了别人，就（被认为）不对了"。这种情况很容易造成一种错觉，即表面上是学术权力在发挥作用，实际上委员在参与决策过程中遵循的并非都是学术逻辑，很多时候是利益最大的逻辑在主导着参与过程。这使得"学术权力"导致合法性危机。实际上，这个过程可能跟真正的学术权力没有什么直接关系。

此外，这种状况还容易造成学术与行政之间的冲突和不信任。作为副校长的F1在访谈中提到："由学术委员会决策就更靠谱吗？教授更不靠谱，有的教授不涉及自己的利益连会都不来开。"所以，校学术委员会在学术水平评定方面的权力越大并非就越好。更棘手的问题在于，由于校学术委员会制度日益规范（当制度设计不合理时，制度越规范往往危害越大），权力也日益扩大，当学术委员会做出不利于学校发展的决策或不公平的决策时（这种情况并非不可能，学术权力并非总是"善"的），学校行政部门还难以干涉。所以，在学术委员会权力获得增加时，如何约束和监督学术委员会的权力也是亟待解决的问题。

从国际经验来看，教师参与大学治理一般有委员会制和代议制两种方式。采用委员会制还是代议制，主要取决于决策事项的性质。学术水平评价类事务更加侧重参与者的专业能力和专业资质，更适合采用委员会制，而涉及利益分配的事项更适合采用代议制。① 从校学术委员会实际运行来看，学术委员会不仅仅是进行专业评价的机构，同时也是学术利益分配的机构。解决问题的关键在于分离这两种功能。学术评价可以交给由利益不相关人员组成的专家委员会进行评议。而对于利益分配问题，则应当采用代议制进行决策。

（4）小结与讨论。

本部分从参与渠道、参与主体和参与结果三方面描述了教师参与大学事务性决策的路径和特点，归纳起来如下。

从参与渠道来看，制度化渠道是教师参与事务性决策最主要的渠道。学术委员会及其专业委员会（包括教学委员会、学位评定委员会、人事工作委员会等各种专门常设机构）是最主要的制度化渠道。

教师参与治理的制度设计决定了教师主要通过学术委员会参与事务性决策，《高等教育法》规定了我国大学共同治理结构中不同参与主体的权力。"党委领导，校长治校，教授治学，民主管理，社会参与"是我国大学共同治理结构顶层设计的基本格局，教师分享的是"治学权"，并且是以学术委员会作为主要渠道的。学术委员会章程明确规定了学术委员会具有学术水平的评定权和学术不端行为的裁决权，这些规定为落实教师参与事务性决策权提供了制度依据。

从参与主体来看，"普通"教师和"牌牌"教师在参与事务性决策的机会和话语权方面呈现出分化趋势。"牌牌"教师是事务性决策最主要的参与主体。从学术委员会成员构成来看，"牌牌"教师和"双肩挑"教师是学术委员会的绝对主体，而"普通"教师则很少有机会进入学术委员会。教师参与大学治理权力是集体性权力，应当由教师选举产生的教师治理机构行使，而不应成为少数教师的个人权力。

从参与结果来看，主要有三点结论。

第一，学术委员会事务性决策权力增加。在研究型大学中，学术委员会在学术水平评定权和学术不端裁决权方面基本得到了保障，已经成为学校学术评价最主要和最权威的机构。然而，学术委员会事务性决策权力增加并没有从根本上改变大学内部权力配置的结构。从某种程度上而言，学术委员会事务性决策权力增加是外部组织赋予的。从学术委员会主要决策的事项可以看出，学术评审是学术委员会最主要的职能。而学术评审事务的增加，根源在于国家对高等教育的"项目化"治理方式。日益增加的来自政府组织的专门项目为学术委员会事务性决策权力增加提供了资源基础。而资源恰恰是权力的重要来源之一。这也是学术委员会事务性决策权力增加但制度性决策权并没有取得实质性进展的原因之一。因为

---

① 阎光才：《高校教师参与治理的困惑及其现实内涵》，载《中国高教研究》2017年第7期。

一方面制度性决策缺乏外部资源基础，另一方面学术委员制度性决策权力增加会对大学内部既有权力配置造成威胁。此外，制度供给增加、学术委员会组织机构完善以及日常运行经费保障也是学术委员会事务性决策权力增加的重要原因。

第二，广大"普通"教师"权力获得感"没有增加。虽然学术委员会事务性决策权力增加，且委员中不担任行政领导职务和院系主要负责人的专任教师占到了半数以上，但由于教师代表不是通过选举产生的，其产生过程由行政主导，所以学术委员会并非完全意义上的教师群体代表。因此，学术委员会并非代表教师参与大学治理的机构。

第三，学术委员会参与治理能力不足。随着大学规模日益扩大，大学治理日益复杂，参与大学治理日益需要具备专门知识。而教师主要关注自己的学科专业领域，缺乏对大学整体的认识。在大学管理日益专业化的时代，教师应该如何参与治理是一个迫切需要研究的课题。此外，由不同学科领域专家组成的学术委员会不具备学术评价能力。真正具备学术评价能力的只有学术同行。大学是"底部沉重"的组织，学术的重心在院系组织。涉及专业评价的事务性决策应当由学术委员会下设的专门委员会负责或授权院系学术委员会。

3. 教师参与边缘性决策路径

边缘性决策与前文的事务性决策和制度性决策并非并列关系。实际上，在事务性决策中也有边缘事务性决策，在制度性决策中也有边缘性制度决策。之所以将其单独拿出来讨论，是因为此类事务的参与方式、参与内容和参与程度都呈现出了明显的特征。本部分主要围绕教师如何参与边缘性决策展开。

（1）参与渠道：教职工代表大会。

通过对访谈资料和文本资料的分析和归纳发现，教师参与边缘性决策的主要渠道是教职工代表大会。当然，除了教代会，教师还可以通过向行政部门反映情况、表达利益诉求、参加座谈会、参加咨询会等方式参与边缘性事务决策过程。从教师实际参与渠道来看，主要还是教代会。从制度设计意图来看，教代会是教职工参与大学民主管理和监督的重要渠道。《C大学教职工代表大会实施办法》（2013年修订版）规定，教代会"是教职工依法行使民主权利、参与学校民主管理和监督的基本形式，是学校管理体制的重要组成部分"。与教育部颁发的《学校教职工代表大会规定》文本内容对比发现，《C大学教职工代表大会实施办法》与教育部的文件几乎完全一致。

从《C大学教职工代表大会实施办法》的文本来看，教师对许多重大决策（包括制度性决策和事务性决策）有"听取"和"提出意见和建议"的权力。教代会所拥有的实质性决定权是"讨论通过学校提出的与教职工利益直接相关的福利、校内分配实施方案以及相应的教职工聘任、考核、奖惩办法"。从制度文本来看，教代会被当作是"学校管理制度的重要组成部分"，然而，从实际情况来看，教代会在这方面并没有发挥实质性决策功能。在受访者看来，教代会实际上更多地发挥象征性作用，其所负责的事务大多为边缘性事务。

"教代会讨论的都是一些鸡毛蒜皮的小事。总而言之，我个人感觉没有起到它应有的作用。"（F17）

"教代会讨论得比较多的主要是教职工福利吧。我感觉主要还是起一个上传下达的作用吧。"（F20）

"反正（教师参与决策）渠道是有，效果也有，但是可能因为教代会涉及福利的色彩太重，或者说都是一些鸡毛蒜皮的小事，因此大家对它的关注程度也就弱一些。"（F17）

从教师对教代会的看法中可以看出，教代会主要是教师参与边缘性决策的机构。教代会所讨论的都是"鸡毛蒜皮的事情""边边角角的事务""边缘性事务"。并且，教代会在处理边缘性事务方面还起到了一些作用。"它（指教代会）在一定程度上能抵消一部分懒政。就是某些领导不愿意干活，通过教代会把这事给挑明了，然后还必须回复，还能解决一些边边角角的事情"（F14）。教代会在一定程度上对行政部门起到了监督作用，可以"抵消一部分懒政"。

尽管教师对教代会评价不高，但是教代会在参与边缘性决策方面确实起了重要作用。虽然问题不一定能够解决，但是"提了总比不提好，学校也有难处，你提了，也许一时半会解决不了，但是有的问题过一段时间还是能解决的，比如，学校停车位很紧张，提了很多年也没进展，你看现在不是解决了么"（F7）。由于教代会在学校内部的权力配置中并没有被赋予实质性决策权力，所以教代会在大学内部的权力配置中处于被支配地位。决策部门是否重视教代会很大程度上决定了教代会作用的大小。教代会参与大学治理主要有两种方式：一种方式是通过提交议案参与；另一种方式是参加一年一度的教职工代表大会。教代会开会频率低、会期短，这些情况也在某种程度上制约了教代会功能的发挥。

"教代会每年都开，也有提案，但是其实说白了，就是真正和学校发展相关的实质性重大决策没有在教代会说，反倒是一些鸡毛蒜皮的事让教代会去讨论，然后去投票。真正的重大决策，其实教代会基本上就没有涉及，其讨论的只是一些边缘性的事情。"（F5）

"就是边边角角的意见可以提，就是日常的生活、工作环境方面，比如说哪个楼的厕所不行，哪个楼热水机不行，但是对重要的决策没啥影响。"（F14）

通过对教师代表的访谈发现，教代会在学校重大决策影响力方面的作用还是比较弱的。教师代表对教代会的认可度比较低，他们认为教代会实际上是处理边缘性事务的机构。教代会实际上成为教师参与边缘性决策主要的制度化渠道。需要指出的是，这里说教代会是教师参与边缘性决策的渠道，并不是说教代会只能处理边缘性事务，而是说从实地调研的情况来看，教代会实际上已成为教师参与边缘性事务决策的机构。

教师参与边缘性决策的主要渠道有制度化渠道和非制度化渠道。就制度化渠道而言，以教代会为主，教师可以通过担任教代会代表或者通过教代会代表进行提案或提交意见。非制度化渠道主要是给学校领导或职能部门提意见，这种参与方式很少，主要是教师个体参与行为，缺乏组织机构和制度保障。在实地调研中发现，教师参与边缘性决策的主要渠道还是教代会。并且，教师参与热情普遍不高，只有涉及个人切身利益时才会积极参与。

（2）参与主体。

由于教代会是教师参与边缘性决策的主要渠道，因此，关于边缘性决策参与主体的讨论主要围绕教代会代表展开。

《C大学教职工代表大会实施办法》规定，教代会代表按照各单位人数比例"由教职工直接选举产生"。与学术委员会成员产生方式对比发现，至少在制度设计层面，教代会代表产生过程相对更加民主，教职工可以直接选举自己的代表。所以，仅就代表性而言，教代会更强，并且"不担任本单位党政领导职务的教职工代表应占代表总数的60%以上"。而学术委员会则是以推举、遴选的方式产生候选人，由学校行政部门确定。

那么教代会代表产生的实际过程又是怎样的呢？通过访谈发现，教师似乎对参与教代会并不太感兴趣。很多教师都提到，并不希望自己被推选为代表。之所以不愿担任代表，主要是因为他们认为，"教代会作用比较虚，没有发挥实质性作用"（F16）。C大学的一位教代会代表说，教师代表的产生主要"先是各个院系选，都怕自己被选上，所以把别人选上了，不是自己报名"。（F16）F11老师已经担任教师代表4年了，他一直想退出，不想继续担任代表，但是没有成功，因为"没有退出机制"。

"就是都不太愿意当代表，大家可能还是觉得没什么用吧。老师们的热情也不是很高，要不怎么都推脱，都不当？"（F16）

教师参与教代会的热情不高，甚至一年一度的教职工代表大会都需要工会做工作才能达到会议的法定人数。F11老师参加了两次以后，觉得"没意思"，就不再参加了。

"前不久开的教代会让我去，跟我确认，你能不能来？说是希望你能来……我说不去，人家跟我说什么？说你尽量来吧，人不够。你就知道了，教代会就快成空壳了。为什么？没有实际意义，没有实际功能。大家本着试试看的态度去参与整个学校治理，结果这样，那谁还去？"（F11）

教代会是教师参与学校民主管理和民主监督的机构。但从教代会实际运作来看，教代会对学校重要事务性决策和制度性决策缺乏实质性影响力。教代会所参与的决策事项也越来越边缘化，教师参与教代会热情不高，最终导致教代会成为教师参与边缘性决策的机构。

（3）参与结果。

①教代会的日常运作："休眠状态"。

C大学教代会下设有执行委员会、提案工作委员会、教学科研工作委员会、青年教师工作委员会、民主评议工作委员会、校产工作委员会和教职工生活福利保障工作委员会等各类专门工作委员会。每个委员会由15~20人组成，设主任1名，副主任2名。各专门工作委员会委员由各代表团从代表中推荐候选人，经学校党委研究同意后，在代表大会上进行等额选举产生。通过访谈教代会常设专门机构的代表发现，教代会的常设机构平时处于休眠状态，只有在开教代会前夕，部分常设机构才会"活动"一下。

"教代会一般一年开一次。下属委员会基本不开会。"（F15）

"平常很少开会，也就是要开教代会了，然后这个分委员会就开个会，我觉得也就是2014年的时候开过，2015年好像也没有了，后来好像也没开过。"（F16）

"我觉得现在是一年开一次教代会，然后其他的比如分委员会啊什么或者提案工作也就是在这个会的前面做一点工作，平时还是做得太少了，几乎就不做什么。"（F17）

教师不愿意当代表，教代会一年开一次，教代会下设机构和常设机构平时几乎休眠，这是C大学教代会组织运行的基本现状。教师对教代会认可度不高，认为其作用没有发挥，不愿意花时间参与。一位教师在当选为教师代表之初，还很积极地参与，认真调研，撰写提案，但他表示，他提过一次议案，"然后再也不提了，没意义。教代会这几年都做了什么事情？没多大事情，就是开会表决，走个形式，从那时起我就不去了"（F11）。

教代会召开的频率一般是一年一次。教代会下设的常设机构平时基本也处于"休眠"状态，只是在教代会召开之前"活动一下"。这反映了教代会在教师参与大学治理方面发挥的作用非常有限，甚至很多教师都不愿意当代表，即使担任代表也不太愿意参加一年一度的会议。我们可以认为，这个专门为保障教师权益和民主监督的制度并未发挥其应有的功能。

②教师代表参与边缘性决策情况。

教师代表参与教代会主要有两种方式：第一是参加教代会会议，第二是提交议案。通过访谈发现，由于教代会处理的事务越来越边缘也越来越形式化，所以代表也不再提与重大事务相关的提案。F19 认为，教代会成为教师福利机构，主要还是"对于重大事务，教代会提出来没有用，只能提一些小事情，所以逐渐有一种趋势，大家提的问题越来越鸡毛蒜皮"（F19）。由于教代会的议题由工会提出，学校行政决定，所以教代会本身并不具备议题设置权。工会虽然是教代会日常工作的组织者，但并不能真正代表教职工利益，只是象征性代表教职工。当然，由于教代会本身对重大事务决策影响力不大，教师代表对教代会的程序权力并不关心。除了会上表决、参与代表团讨论之外，提案成为教师参与边缘性决策的主要方式。

案例3：C大学教代会网络提案系统

为方便教师代表提案，C大学建立了网络提案系统。代表可以通过提案系统随时随地提交议案。学校领导要求，对每一个提案都要在规定的时间内由明确的负责人完成反馈。通过访谈教代会代表发现，这套系统的效果还有待观察。虽有反馈，但是很多是"象征性反馈""形式上反馈"，对解决实际问题作用不大。一位教代会代表提到，反馈主要是由职能部门的工作人员落实，他们并没有决策权，无法做出决定，只能从形式上给回复。

资料来源：基于访谈资料整理。

提交议案是教师代表参与大学民主管理的主要方式。《C大学教职工代表大会实施办法》第七条规定："学校通过征集代表提案，采取答询会、座谈会、听证会等多种形式，全面听取教代会和教代会代表提出的意见和建议，并合理吸收采纳；不能吸收采纳的，应当及时向教代会做出说明或与代表进行直接的交流与沟通。"C大学在保障教师提案方面的制度保障越来越完善，不仅建立了网络提案系统，而且规定必须有反馈机制。在一年一度的教代会召开之前，学校开通提案系统（后改为全年开通），接受教师代表提案。按照规定，教师可以就学校内部的教学、科研、人事、行政、后勤、财务、住房、福利、医疗等广泛事务提出议案。从C大学教师代表提案的内容汇总来看，提案大多集中在与教职工切身利益相关的福利、子女入学、住房等方面的事务。

从实地调研来看，教师代表的提案都得到了及时反馈。这在一定程度上促进了问题的解决。但是，也有不少教师代表提到，"反馈变得越来越形式化"。F11是教代会代表，同时也是教代会下设的教学科研工作委员会委员，他说道：

"我以前提过一个提案，结果人家给我背书，把研究生院这方面的制度给我写一遍，复制粘贴上去。他们不答复不行，系统要求答复。谁答复？研究生院院

长会答复吗？不就只是秘书答复。你说这叫什么民主？"（F11）

从 F11 老师的这段话可以看出，制度设计和制度的执行存在很大的差距。由于之前教师代表不满提案没有反馈，后来学校建立了反馈机制，并且通过信息网络系统来监督反馈实施情况，这在教师参与治理方面是一个很大的进步。但是，从受访教师的反馈来看，实际执行情况并不好。本来很好的制度结果被形式化了。这说明，人的因素在制度执行过程中起到了很大影响。

教代会应该成为教师群体和行政部门沟通的桥梁。但实际上，无论是教代会全体会议还是教师提案，教师与行政群体之间的有效沟通依然匮乏。目前教师与行政部门的沟通更多是象征性的、形式化的沟通。对于决策部门而言，教师提案是一种收集教师意见的方式，实际问题的解决还需要行政部门。对于教师而言，通过提交议案的方式向决策部门反映自己的诉求、提出自己的意见和建议，属于单向参与行为。提案所涉及问题能否解决，主要取决于决策部门解决问题的能力和意愿。行政领导的因素对教师的参与权力影响很大。

从教师的角度来看，由于教代会讨论的事务主要是边缘性事务，而不是教师最关心的科研教学以及职称评审等事务，所以教师参与兴趣不大。"对于教师来讲，最关注的问题，主要是科研、教学和职称。这些问题其实教代会或者是工会都不会直接参与，所以教代会或者工会的作用实际上在某种程度上是不完全的"（F17）。即使将教师最关注的教学科研事务在教代会上讨论，也"只是走个程序而已，因为像这种比较实质性的决策，在上会之前就已经定了，只是让教代会通过一下。除非是有特别大的问题，一般来说教代会也就是形式上通过一下"（F2）。教师对参与边缘性决策兴趣不大，只有少部分涉及教师个人利益的时候，参与的热情会比较高。不少教师在当选教代会代表时都希望能够积极参与大学治理，然而当参与过几次发现离自己的预期比较远时，他们通常选择不参与或者"隐性不参与（因为教师代表人数不足无法开会，教师参会只是满足要求，会上不作为）"。

本部分探讨了教师参与边缘性决策的现状。从教代会设计意图来看，教代会并非教师参与边缘性决策的机构，但从实际作用发挥情况来看，教代会事实上成为教师参与边缘性决策的制度化渠道。造成这个现象的主要原因在于：第一，从教代会的制度设计来看，无论是国家还是学校的制度文本，都没有赋予教代会实质性的决策权力。第二，从教代会的实际运作来看，其实际作用的发挥取决于行政部门。教代会的讨论议题和需要提交的表决方案由学校行政部门决定。提案实际上是教师自下而上表达利益诉求的机制，也是学校自上而下收集信息的机制，然而两者之间并没有建立真正有效的双向沟通机制，行政主导整个过程。第三，从教师代表的产生和成员构成来看，尽管教师代表是由教师直接选举产生，而且不担任行政领导职务的教师占 60%，可以认为，教代会能够代表教师群体，但教代会对大学重要决策缺乏实质性影响力，实际上成为教师参与边缘性事务决策的机构。教代会功能的边缘化影响了教师代表参与教代会的热情，教师代表不愿意参与教代会，这种情况进一步加剧了教代会的边缘化。

（三）结论与讨论

本研究遵循"谁（参与主体）通过什么方式（参与渠道）参与了什么事务决策（参与客体）"的思路对教师参与大学治理过程进行了描述和分析。参与治理的内容（参与客体）主要包括制度性决策、事务性决策和边缘性决策。需要指出的是，这三类事务并不是并列关系。事务性决策和制度性决策具有对应关系，而边缘性事务主要考虑到其特殊性而单列。

1. 结论：教师参与治理的三大路径

通过参与主体、参与渠道和参与客体三个要素，理论上可以形成12种组合，即12种参与路径。在此基础上，根据教师参与治理实践，归纳出三种最主要的参与路径。不同参与路径之间呈现出不同的特点。当然，这并不意味着不存在其他参与路径，而是指这三种参与路径是最主要的路径。这种分类模式是对现实情况的归纳总结，是为了更好地理解现实而采用的"理想类型"。① 理想类型是对现实进行抽象的研究方法，抓住事物的主要方面，忽略事物的次要方面，以认识事物的本质特点和规律。下面将对这三种参与路径的理想类型进行分析。教师参与大学治理路径如图5-6所示。

（1）制度性决策路径。

制度性决策是关于制度文本的制定、修订或废止的决定活动。制度性决策过程一般包括提出制度决策动议、形成制度文本、对制度文本的讨论和修改以及决定是否通过制度等过程。参与上述决策过程的任何一个环节都属于参与制度性决策。教师参与制度性决策的主要领域集中在与学术和福利密切相关的领域。

教师参与制度性决策的主要渠道是非制度化渠道。需要指出的是，说教师通过非制度化渠道参与制度性决策，并不意味着不存在其通过制度化渠道参与制度性决策的情况。实际上，专业性非常强的制度性决策、与教师福利密切相关的制度性决策一般都会通过制度化渠道进行实质性或形式性决策。例如：学位授予标准就由学术委员会及其专门组织审议或决定；教师福利制度要经过教代会讨论通过。"理想类型"作为一种思维工具，既有优势也有劣势。优势是便于认识事物，

---

① ［德］马克斯·韦伯著：《社会科学方法论》，杨富斌译，华夏出版社1999年版，第186页。理想类型也叫理想模型或模式，是一种分析概念或逻辑工具，是高度抽象出来的、反映事物本质特征的分类概念。

抓住事物的主要特征；劣势是为了突出主要特征，容易有意无意地扩大事物之间的差异。本研究提出"通过非制度化渠道参与制度性决策"意在表明，非制度化渠道是教师参与制度性决策区别于参与其他决策类型的主要特点。

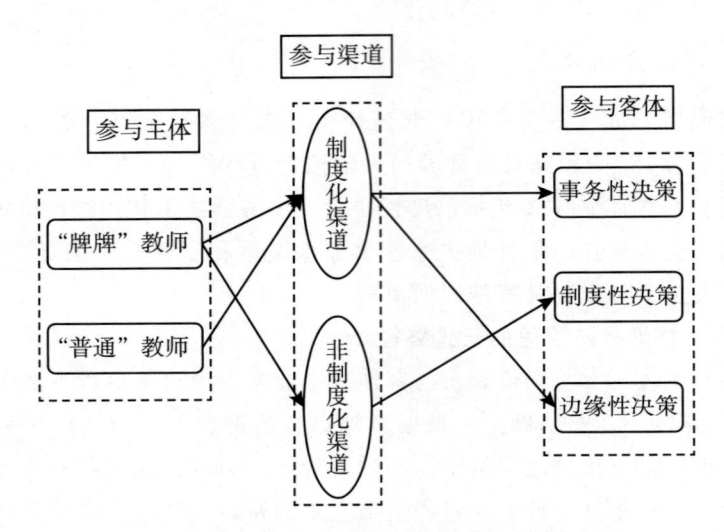

图 5-6 教师参与大学治理路径

从参与主体来看，"牌牌"教师是除行政领导之外最主要的制度性决策参与主体。在参与制度性决策的机会和话语权方面，"牌牌"教师与"普通"教师呈现出明显的分化趋势。与"普通"教师相比，"牌牌"教师拥有更多的参与机会和话语权。从对制度性决策的影响力来看，两大教师群体对制度性决策影响力都不大。教师参与制度性决策的具体方式、参与人员、参与程度、参与过程由行政主导。

（2）事务性决策路径。

事务性决策也叫非制度性决策，主要指除了制度性决策之外的具体事务决策。教师参与的主要事务性决策集中在学术评价和学术不端调查裁决这两类事务。

教师主要通过制度化渠道参与事务性决策。学术委员会是教师参与事务性决策最主要的制度化渠道。"牌牌"教师是事务性决策的重要参与主体。虽然学术委员会事务性决策权力明显增加，但是广大教师群体的"权力获得感"并没有增加。由于学术委员会成员不是通过全体教师选举产生的，因此，学术委员会不是代表教师群体参与大学共同治理的机构。学术委员会权力增加并不意味着教师群体权力增加。从校学术委员会实际的职能来看，其更像是学校行政系统中的独立行使学术水平评定权和学术不端调查裁决权的职能部门，而不是代表教师群体参与大学共同治理的机构。

（3）边缘性决策路径。

所谓边缘性决策，主要是针对大学作为一个学术组织而言的，通常涉及一些非学术性的事务，不涉及基本的教学科研事务决策。边缘性事务并不意味着不重要，而是指对于作为学术组织的大学而言，处于学术外围的事务。大学中的边缘性事务主要包括校园环境改善、食堂就餐环境、教职工子女入学、教职工福利等。这类事务相对于学术事务而言，基本属于边缘性的，所以本研究将此类事务归纳为边缘性事务。

教师主要通过教职工代表大会参与大学边缘性事务决策。教职工代表大会代表由教职工直接民主选举产生，教师代表所占比例在60%以上，能够代表教师群体。教代会在行政主导下运行，缺乏实质性决策权力。从实际运作来看，教代会事实上已成为教职工参与边缘性决策的机构。

2. 讨论：教师参与决策过程中的权力关系

在教师参与决策过程中，实际上存在着行政部门、"牌牌"教师和"普通"教师三大参与主体。不同参与主体之间的权力配置结构影响教师参与治理的效果。

（1）行政部门的权力。

学校行政部门是大学内部所有决策的最终责任主体，对大学内部决策负责。

①行政部门在制度性决策过程中居于绝对主导地位。从制度文本来看，正式的法律法规并没有授权教师治理机构（如学术委员会、教代会等）享有明确的制度性决策权力。例如，2014年教育部颁布的《高等学校学术委员会规程》对学术委员会参与制度性决策权力的规定也是相当模棱两可的，用的表述是："应当提交学术委员会审议，或者交由学术委员会审议并直接做出决定"。这就为行政部门自由裁量提供了空间。

从教师参与制度性决策的实际情况来看，其主要通过非制度化渠道参与制度性决策。"非制度化"意味着缺乏明确、完善的制度规范，意味着行政领导享有充分的自由裁量权，而制度性决策又是大学最核心最重要的决策之一。参与制度性决策的具体方式、参与程度、参与人员、参与内容都由行政部门主导。非制度化参与渠道难以对行政部门产生有效监督和制约。这说明，行政部门通过非制度化渠道，既实现了教师参与，增强了决策的合法性基础，又保证了对核心决策权力的控制。

②行政部门在事务性决策过程中处于辅助地位。从制度文本来看，《高等教育法》和《高等学校学术委员会章程》明确授权学术委员会对事务性决策享有法定决策权力。《高等教育法》第四十二条第二、第三、第四款明确规定，学术委员会具有"评定教学、科学研究成果；调查、处理学术纠纷；调查、认定学术不端行为"的权力。

从教师参与事务性决策的实际情况来看，由于事务性①决策主要通过学术委员会决策，而学术委员会制度化程度比较高，制度建设、经费保障以及组织机构设置比较完善。绝大多数受访教师认同学术委员会事务性决策权力增加，这说明，在事务性决策过程中学术委员会处于主导地位，行政处于支持和辅助地位。但是这并不意味着行政部门无法对事务性决策施加影响。主要表现在：

第一，行政部门人员可以通过成为学术委员会成员的方式影响事务性决策。虽然《高等学校学术委员会规程》明确规定"担任学校及职能部门党政领导职务的委员，不超过委员总人数的1/4"，但是，担任行政领导职务的委员和没有行政职务的委员对决策的影响力存在差异。"同样是一人一票，但是影响力可不是一样啊，当领导的'喇叭'要比一般委员'喇叭'响一些的嘛"（F20）。

第二，行政部门可以通过影响学术委员会委员的产生过程作用于事务性决策。学术委员会委员是在行政主导下通过"遴选、推举"产生候选人，由行政部门决定最终人选。因此，行政部门还是可以对事务性决策施加影响，只不过要受到一定的制度约束。

③行政部门在边缘性决策过程中具有主导地位。教师参与边缘性决策的渠道主要是教代会。无论是从制度文本还是教代会的实际运作来看，教代会都不具备实质性决策权力。教代会的功能主要是象征性的。教师可以通过提案影响学校边缘性决策，但影响效果主要取决于行政部门。

（2）教师群体的权力。

教师群体与行政部门共同构成大学内部治理的两大主要参与主体。研究发现，教师群体内部在参与大学决策权力方面呈现出明显的分化趋势。

首先，在制度性决策中，"牌牌"教师拥有更多参与的机会和话语权。"牌牌"教师拥有更多的参与座谈和决策咨询的机会。

其次，在事务性决策过程中，除行政领导外，"牌牌"教师是学术委员会最主要的成员。学术委员会中的"牌牌"教师在事务性决策中享有很大的权力。由于"普通"教师很少有机会成为学术委员会委员，所以"普通"教师对事务性决策的影响力微乎其微。"普通"教师的参与主要体现在边缘性决策上。

"普通"教师占了全体教师的绝大部分，是大学教学、科研、社会服务职能的最主要承载者。由于事务性决策大多与专业领域有关，需要对决策参与者的专业水平和资质有一定要求，"牌牌"教师作为学术精英的代表，参与学术委员会具有其合理性。但是，学术委员会事务性决策不仅仅涉及专业资质，同时也涉

---

① 教师参与事务性决策主要与学术有关，所以这里的学术性决策均指学术事务性决策，为了表述方便，统一使用"事务性决策"。同理，制度性决策也主要指与学术有关的制度性决策。与学术关联不大的制度性决策专门放到边缘性决策中讨论。

学术资源配置。例如，各种学术评审是学术委员会的主要职能之一，学术评审不仅涉及对申请人的学术水平做出评定，而且也是对学术资源进行配置的过程。所以，当学术委员会集学术评价与利益分配功能于一体时，就容易出现问题。这两大功能应分别由不同类型的机构行使。对于利益分配问题，应当采取代议制。对于学术水平评价问题，应当采取委员会制。

相对于行政部门而言，除了事务性决策学术委员会具有较大的决策权力之外，制度性决策和边缘性决策都由行政部门主导。行政部门掌握着对核心权力的绝对控制。

二、学生参与大学内部治理的实证研究

（一）研究缘起

2017年10月18日，习近平总书记在党的十九大报告中指出，要完善和发展中国特色社会主义制度，推进国家治理体系和治理能力的现代化。完善大学治理体系、提升大学治理能力是推动实现国家治理体系和治理能力现代化的重要环节。学生是大学最重要的利益相关者，学生在大学内部治理中的参与具有合理性和必要性，对于建设中国特色大学治理体系和现代大学制度具有重要意义。就学生的发展而言，学生参与大学内部治理也有利于学生个人实践经验的积累和实践能力的提升，有助于增强学生的主体意识、民主意识和责任意识。然而，从研究者自身的生活经验和日常观察来看，学生的参与意识薄弱，高校对学生参与内部治理缺乏一定的重视和激励。此外，学界对学生群体的关注度明显不够，学生参与大学内部治理的研究成果不多，尤以实证研究紧缺。

1. 学生参与大学内部治理是建设中国特色现代大学制度的必由之路

建设现代大学制度和中国特色大学治理体系已成为当下高等教育领域关注的焦点和重要任务。首先，2014年5月4日，习近平总书记在北大师生座谈会上指出："办好中国的世界一流大学，必须有中国特色。没有特色，跟在他人后面亦步亦趋，依样画葫芦，是不可能办成功的。"① 这次讲话强调了建设具有中国特色的现代大学制度和大学治理体系的必要性。其次，《国家中长期教育改革和发展规划纲要（2010～2020年）》提出，要将完善大学内部治理结构作为完善中国特色现代大学制度的一项重要内容，"完善治理结构。公办高等学校要……加强

---

① 习近平：《青年要自觉践行社会主义核心价值观——在北京大学师生座谈会上的讲话》，新华网，2014年5月5日，http://news.xinhuanet.com/2014-05/05/c_1110528066_3.htm。

教职工代表大会、学生代表大会建设,发挥群众团体的作用"。《统筹推进世界一流大学和一流学科建设总体方案》的 10 项重要任务中也包括完善内部治理结构,加快形成以章程为统领的完善、规范、统一的制度体系,加强学术组织建设,完善民主管理和监督。上述两个文件则为完善中国特色现代大学制度和大学内部治理结构尤其是学生参与大学内部治理提供了制度依据。最后,治理理论中同样也强调了多元化治理主体的重要性,强调多元主体的利益协调,强调共同治理(shared-governance)。因此,作为大学内部治理中民主管理权力结构的重要群体代表,学生参与大学内部治理是建设现代大学制度、完善现代大学治理结构的必由之路。

2. 学生参与大学内部治理是提升大学管理质量的有效途径

按照美国经济学家弗里曼的理解,利益相关者是指那些能够"影响"组织目标的实现或是被这种实现"所影响"的个人或群体。① 张维迎教授在《大学的逻辑》一书中明确指出,大学作为一个非营利组织,是一个典型的利益相关者组织,包括教授、校长、院长、行政人员还有学生以及毕业了的校友,当然也包括我们这个社会本身(纳税人)。② 由此可见,学生是大学内部相关人群中人数最多的一个群体,也是最重要的利益相关者之一。大学组织目标的实现和管理质量的提升需要倾听来自不同群体的声音,需要以学生为代表的多方利益相关者的参与。与此同时,随着高等教育大众化和市场化的发展,学生逐渐从单一的受教育者向高等教育消费者的角色转变,学生"消费者"的影响力不断增强,他们的学习和生活满意度成为大学政策制定者和管理者越来越重视的问题。大学必须让其提供的管理和服务得到"消费者"的认可。因此,无论作为利益相关者或是消费者,大学的发展、大学组织目标和理念的实现、大学管理质量的提升都与学生息息相关,学生参与大学内部治理理应得到高校和相关人士的重视。

3. 学生参与大学内部治理是促进学生全面发展的重要环节

现代大学职能包括人才培养、科学研究、社会服务、文化传承与创新以及国际交流与合作五项基本职能。其中,人才培养是大学最基础、最核心也是最重要的职能。因此,大学肩负着学生综合素质的培养、实现学生全方位发展的重要使命和责任。正如纽曼在《大学的理念》一书中指出,大学的任务就是通过良好的教育为社会培养需要的人才。安·奥斯汀 20 多年的持续研究证实,参与大学治理对学生个体发展有积极影响,他认为学生终将成为引领社会变革的人,鼓励学

---

① [美] 弗里曼著:《战略管理:利益相关者方法》,王彦华、梁豪译,上海译文出版社 2006 年版,第 63 页。
② 张维迎:《大学的逻辑》,北京大学出版社 2004 年版,第 19 页。

生参与大学治理是提升领导力和社会责任心的策略之一。① 从研究者的日常观察和生活经验来看，学生参与大学内部治理有利于学生实践经验的积累和实践能力的提升，从而提高自身的附加价值，为学生今后走向工作岗位、走向社会打下坚实的基础。此外，学生参与高等教育机构的共同治理被认为是高等教育引导学生成为公民角色的重要途径，有助于增强大学生的主体意识、民主意识和责任意识。因此，在一定意义上，学生参与大学治理是促进学生全面发展的重要途径，是实现大学育人职能的有效手段。

4. 对学生参与大学内部治理缺乏应有的关注度和相关研究

2017年9月1日起施行的《普通高等学校学生管理规定》中指出，学生有权在校内组织、参加学生团体，以适当方式参与学校管理，对学校与学生权益相关事务享有知情权、参与权、表达权和监督权。因此，在我国大学内部治理结构中，学生是不可或缺的重要治理主体，学生的权利应该得到承认和保护。然而，从当前来看，我国大学内部治理中的学生参与还亟待加强，相关研究更需继续推进。已有研究发现，一方面，大部分学生缺乏参与的积极性，对学校事务不甚关心；另一方面，部分大学并未对学生参与给予适当的重视和激励，没有为学生参与大学内部治理提供合理有效的途径和平台，从而导致学生很少参与大学内部治理。长久以来，国内学界对大学内部治理的研究重点也主要集中在大学内部行政权力与学术权力的矛盾与冲突，集中在政治领导权力、行政权力以及学术权力等权力三角形结构的探讨，而少有学者关注大学内部治理过程中的学生参与。② 有学者指出，中国大学内部治理包括政治领导权力、行政权力、学术权力和民主管理权力四种权力结构。③ 而在这四种权力的博弈中，前两种权力往往居于强势地位，后两种权力则处于相对的弱势处境。

（二）研究目的及意义

1. 研究目的

本研究的研究对象为普通高等院校的学生，主要包括本科生、硕士生以及博士生群体。研究拟通过自主开发信效度良好的测评工具，全面、具体地调查我国学生参与大学内部治理的现状特点，分析影响和制约学生参与大学内部治理的主要因素，总结不同类型高校的实践模式和经验，从而为加强学生参与大学内部治理提出针对性建议，为推进现代大学治理结构的改革和完善提供借鉴和参考。

---

① 马培培：《论美国大学治理中的学生参与》，载《高等教育研究》2016年第2期。
② 周作宇：《微观政治：大学治理中的一个特殊场域》，载《清华大学教育研究》2017年第2期。
③ 秦惠民：《我国大学内部治理中的权力制衡与协调——对我国大学权力现象的解析》，载《中国高教研究》2009年第8期。

2. 研究意义

（1）理论意义。

大学治理是近年来高等教育研究领域的热点话题。完善学生参与大学内部治理是推进高校治理体系和治理能力现代化的重要手段，也是推进世界一流大学建设的重要制度保障。我国大学内部治理问题的研究重点主要集中在党委、教师及行政人员等权力主体参与大学内部治理的结构与过程，而对学生参与的重视程度还十分有限。此外，通过回顾已有研究文献发现，学生参与大学内部治理的研究主要以思辨形式为主，少有实证研究。因此，本研究以实证形式对学生群体参与大学内部治理问题进行探析，可以丰富和充实学生参与大学内部治理的理论研究成果，对后续相关研究人员的研究具有一定的借鉴意义，也为世界一流大学建设的探索与实践提供参考和理论依据。

（2）现实意义。

学生参与大学内部治理有利于提升学生的领导力和社会责任感，是促进学生全面发展的重要途径和实现大学立德树人目标的有效手段。本研究通过对学生参与大学内部治理的现状及其影响因素的调查研究，可以更加准确、全面地揭示学生在参与大学内部治理中呈现出的特点和问题，明晰其在参与治理过程中的阻碍因素，提出有针对性的对策及建议。因此，本研究结果对大学推进自身管理体制和治理模式的改革具有重要的参考价值，同时也有利于唤醒和增强学生的主体意识和参与意识，提升其领导力和社会责任感，使其积极、有效地参与大学内部治理，维护自身的合法权益。

（三）研究设计

1. 研究问题

本研究旨在解决以下几大问题：

问题一：我国学生参与大学内部治理的总体状况如何？

问题二：不同学生群体在参与大学内部治理方面是否存在差异？

问题三：哪些因素会影响学生参与大学内部治理，哪方面因素对学生参与大学内部治理的影响最大？

2. 理论基础

（1）利益相关者理论。

"利益相关者"一词的英文为 stakeholders，是指那些没有其支持组织就无法生存的群体。1984 年，美国经济学家弗里曼对"利益相关者"给出了一个广义的定义，即"那些能够影响企业目标实现，或者能够被企业实现目标的过程影响的任何个人或群体"。利益相关者理论的核心内容是，受公司利益影响的不仅仅是出资人，而是所有利益相关者，公司治理的目标应是满足多方利益相关者的不同要求，关注公司经营所造成的社会经济和政治影响，使各利益相关者都能参与公司治理，公司决策由各利益相关者合力参与、共同决定。

最早将利益相关者理论应用于高等教育领域，将大学作为一个利益相关者组织进行研究的人是美国经济学家亨利·罗索夫斯基（Henry Rosovsky）。他在《美国校园文化——学生·教授·管理》一书中列举了大学的四类利益相关者群体。第一层次的当属教师、行政主管和学生，他们是学校最重要的利益相关者；第二层次即董事、校友和捐赠者，属于重要利益相关者群体；第三层次如政府或企业，只是部分利益相关者；第四层次即市民、社区等边缘性利益相关者。① 纵使美国大学所处的政治环境、经济环境等与我国大学有所差异，但就同作为组织的特性而言，其都是由利益相关者组成的社会机构。

根据利益相关者理论，大学治理需要各利益相关者的合力参与，学生作为利益相关者理应参与大学内部治理，学生参与大学内部治理的实现同样离不开其他利益相关者的支持。因此，同样作为学校最重要利益相关者的教师和行政管理人员，也是影响学生参与大学内部治理的重要因素，需要纳入研究中加以考虑。

（2）学生参与理论。

参与（participate）源自拉丁文"participare"。在《现代汉语词典》中，"参与"一词的含义为参加事务的计划、讨论、处理，参与其事。② "参与"一词的英文翻译是"participate"，指"个人的思想和感情投入到一种鼓励个人为团队的目标做出贡献、分担责任的团队环境之中"。③ 在管理学和组织行为学中，"参与"是指个体卷入群体活动的程度，包括个体认知和情感方面的投入、与组织中其他个体间的互动、个体受到群体影响以及个体影响群体的方式和程度。④ 我国学者陈向明把参与定义为"个体卷入群体活动的一种状态"，它包括个体在群体活动中与其他成员互动的外在行为以及个体认知和情感与群体活动交互影响的内在状态。

国外的"学生参与理论"主要来源于"学生发展理论"。阿斯汀（Astin）指

---

① ［美］亨利·罗索夫斯基著：《美国校园文化——学生·教授·管理》，谢宗仙等译，山东人民出版社1996年版，第6页。

② 中国社会科学院语言研究所词典编辑室编：《现代汉语词典（第五版）》，商务印书馆2008年版，第129页。

③ ［美］罗伯特·G. 欧文斯著：《教育组织行为学》，窦卫霖等译，华东师范大学出版社2001年版，第374页。

④ 方舟、吴巧英、吕有伟：《学习支持服务与学生参与度关系的调查研究——以浙江奥鹏远程教育为例》，载《开放教育研究》2010年第1期。

出，"学生参与"包括显性的身体行为和隐性的心理活动的行为。① 学生参与理论强调大学最重要的任务是提供和创造鼓励学生参与的条件与环境，认为只有参与才能促进学生取得更好的学习效果，实现个人发展。芬恩（Finn）等学者建构了一个参与—认知模型，分四个层次描述学生参与：一是学生到校、集中注意力并对教师指导做出反应；二是学生能表现出学习热情，可以提出问题并积极参与相关学习活动；三是学生愿意参与到课堂以外的活动中去；四是学生能够参与学校的管理，这是参与的最高层级。② 以詹尼弗·弗雷德里克斯（Jennifer Fredricks）为代表的学者从参与的构成出发，认为学生的参与主要包含行为（behavioral）、情感（emotional）和认知（cognitive）三方面的参与。③

本研究重点关注的是学生在大学内部治理中的参与情况，"参与"是本研究的一个关键词。据此，本研究采用学生参与理论中对"参与"结构的划分，从认知参与、情感参与和行为参与三方面研究学生参与大学内部治理。

3. 概念界定

（1）学生参与。

本研究中的学生为普通高等院校学生，主要包括本科生、硕士生以及博士生群体。"学生参与"是指学生加入学校相关事务的计划、讨论和处理中，为学校的发展目标做出贡献、分担责任，主要涉及认知、情感、行为三方面的参与。其中，认知参与是指学生对其参与大学内部治理的认识和了解程度；情感参与是指学生对其参与大学内部治理的认可和满意程度；行为参与是指学生在参与大学内部治理过程中的行为表现或行为趋向。

（2）大学内部治理。

结合国内外关于大学治理的概念研究，本研究将大学内部治理界定为大学内部利益相关者参与大学重大事务决策的结构和过程。在大学内部治理中，主要分为政治领导权力、行政权力、学术权力和民主管理权力四类基本权力结构，分别以党委、行政人员、教师、学生等利益相关者为代表。大学内部治理的事务范围主要包括学生管理事务、教育教学事务、后勤管理事务、人事管理事务、学校战略规划和制度化建设等方面。

4. 研究假设

（1）假设一：我国学生参与大学内部治理总体水平较低。

依据：国内外已有部分研究表明：学生参与大学内部治理尚未得到社会各界

---

① 李冬梅：《对学术界"学生参与"内涵的梳理和解读》，载《今日中国论坛》2013 年第 17 期。
② Finn J. D., Withdrawing from School. *Review of Educational Research*, 1989, 59 (2), pp. 117 – 142.
③ Fredricks, J. A., et al., School Engagement: Potential of the Concept, State of the Evidence. *Review of Educational Research*, 2004, 74 (1), pp. 59 – 109.

的重视，学生参与的相关制度还不够完善；① 学生的参与意识淡薄、参与动机不强、参与能力较低、参与事务范围的广度与深度不足；② 学生参与大学内部治理的整体水平较低。③

（2）假设二：不同学生群体参与大学内部治理的水平存在显著差异。

依据：学生可根据个体人口学特征、家庭背景、学校背景或社会背景等变量被划分为不同的群体。不同群体之间必然有一定的差异性，而这些差异也很有可能不可避免地表现在参与大学内部治理的过程中。

（3）假设三：高校因素、他人因素、个人因素都对学生参与大学内部治理具有显著影响。

依据：相关研究揭示，学生参与大学治理的影响因素主要分为两类：一类是来自学生本身的内在因素；另一类是来自学生所处的外在环境。④ 学生所处最主要的外在环境即是高校。因此，学生的行为表现容易受高校及其内部相关人员的影响，也会受其内在因素的影响。

（4）假设四：高校因素对学生参与大学内部治理水平影响最大。

依据：有研究指出，学生经常认为他们缺乏有效履行共同治理角色所需的资源。学生认为完善其参与大学治理的最大阻碍在于学校所提供的参与途径相对单一。因此，本研究假设高校因素对学生参与大学内部治理的影响最大。

5. 研究方法

目前，教育学领域的研究范式主要分为实证研究和规范研究两大类。规范研究通常采用的是演绎法，侧重逻辑；实证研究通常采用的是归纳法，贴近现实。实证研究最基本的优势是通过科学的概率抽样获取样本加上一个标准化的问卷就可以提供对某群体、某城市甚至某国家总体的统计推断。实证研究能掌握大量的第一手资料，有数据做支撑，更有一套标准化、规范化的操作程序，可有效地描述并解释各种社会事实，而不仅仅是表达主观性的、缺乏证据的论述。为了全面和深入地了解学生参与大学内部治理的情况，我们需要对研究对象进行大规模的实证调查研究，以获取客观的数据资料，进行整理分析，得出研究结论。因此，本研究拟采用实证研究，具体的研究方法如下。

---

① 姚佳胜：《论大学治理的学生参与》，载《黑龙江高教研究》2016 年第 4 期。
② Menon, Maria E., Students' Views Regarding their Participation in University Governance: Implications for Distributed Leadership in Higher Education. *Tertiary Education and Management*, 2005, 11 (2), pp. 167 – 182.
③ Planas A., et al., Student Participation in University Governance: The Opinions of Professors and Students. *Studies in Higher Education*, 2013, 38 (4), pp. 571 – 583.
④ 周巍、孙思栋、谈申申：《学生组织参与大学治理的驱动因素研究——基于结构方程模型》，载《中国高教研究》2016 年第 6 期。

(1) 访谈法。

为了解学生在参与大学内部治理方面的认知情况、动机特点、行为表现、影响因素和相关案例等情况，以助于研究早期问卷的编制、理论模型的建构以及后期对数据分析结果的解释，本研究将对部分学生代表进行半结构半开放式访谈。访谈对象遵循目的性抽样的原则，选取 5 名普通学生代表，5 名学生干部代表以及 5 名社团成员代表。

访谈安排如表 5-3 所示。

表 5-3　　　　　　　学生参与大学内部治理访谈安排

研究形式	研究对象
半结构半开放式访谈	15 人 (5 名普通学生代表， 5 名学生干部代表， 5 名社团成员代表)
个别访谈	

(2) 问卷法。

问卷调查法也称问卷法，是调查者运用统一设计的问卷向被选取的调查对象了解情况或征询意见的调查方法。本研究将建立在对已有文献梳理和理论建构的基础上，根据前期访谈结果和专家意见进行自编问卷对我国学生参与大学内部治理的现状和影响因素进行调查。具体实施主要包括问卷的设计、预测、修订、正式施测以及数据分析五个阶段。本研究将采用 SPSS 22.0 和 Amos 17.0 对问卷数据进行整理、统计和分析。

实施步骤如图 5-7 所示。

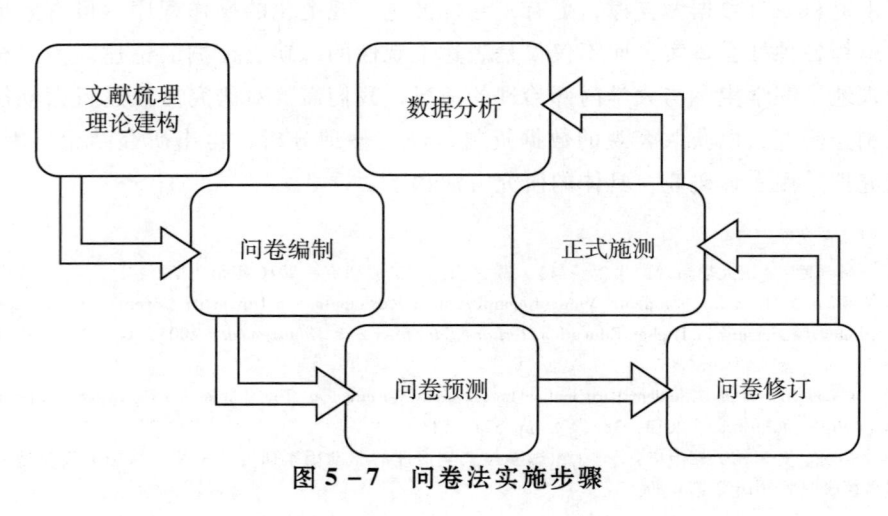

图 5-7　问卷法实施步骤

6. 技术路线

本研究的技术路线如图 5-8 所示。

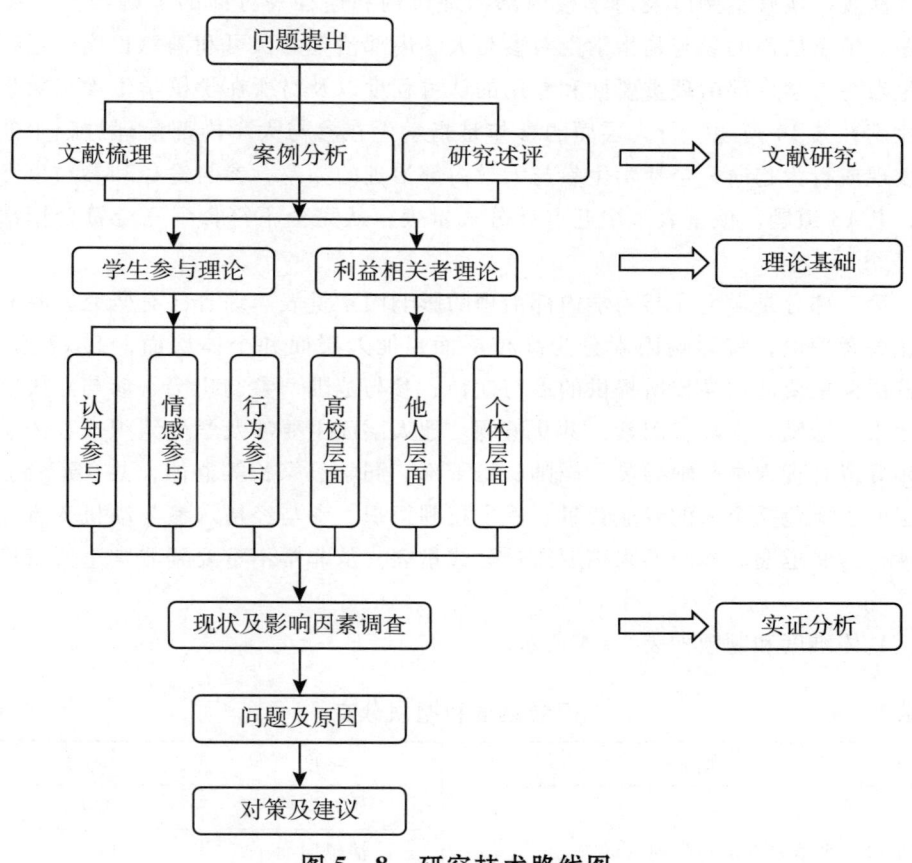

```
                    问题提出
                       │
        ┌──────────────┼──────────────┐
        │              │              │
     文献梳理       案例分析        研究述评    ⟹   文献研究
        │                             │
        └──────────────┬──────────────┘
                       │
            ┌──────────┴──────────┐
            │                     │
       学生参与理论          利益相关者理论        ⟹   理论基础
            │                     │
     ┌──────┼──────┐       ┌──────┼──────┐
     │      │      │       │      │      │
    认知   情感   行为     高校   他人   个体
    参与   参与   参与     层面   层面   层面
     │      │      │       │      │      │
     └──────┴──────┴───┬───┴──────┴──────┘
                       │
                现状及影响因素调查                ⟹   实证分析
                       │
                   问题及原因
                       │
                   对策及建议
```

图 5-8 研究技术路线图

（四）研究工具的开发

1. 问卷的编制

问卷的初步设计建立在前期的文献梳理、访谈结果和专家咨询的基础上，主要分为三大部分。

第一部分主要是对个人和所在高校基本情况的调查。个人情况包括性别、年级、年龄、所属高校类型、生源地、政治面貌、学生干部经历、参与动机等方面；高校基本情况包括高校所提供的参与途径、参与形式、参与事务范围等方面。第一部分共计 18 道题。

第二部分是学生参与大学内部治理的现状调查量表。我们根据参与理论对参与结构的分类，将学生参与大学内部治理分为认知、情感、行为三方面的参与，共33道题。认知层面的参与是指学生对参与大学内部治理的认识，包括对相关法律法规、实践案例以及对学校内部治理机构和途径等方面的了解程度，共10道题。情感层面的参与是指学生对参与大学内部治理的认可和满意程度，包括对学生参与大学内部治理重要性和作用的认可程度以及对所在学校学生参与效果的满意度，共10道题。行为层面的参与是指学生在参与大学内部治理过程中的行为表现或行为趋向，包括学生参与大学内部治理的频率、参与途径和参与事务范围，共13道题。该量表采用五点计分式量表，从完全不符合到完全符合依次计1～5分。

第三部分是学生参与大学内部治理的影响因素量表。综合已有研究文献和利益相关者理论，将影响因素分为高校层面、他人层面和个体层面，共27道题。高校层面主要涉及高校所提供的参与途径、参与范围、参与机会、参与氛围、参与效果、激励与保障等因素，共9道题。他人层面主要涉及学生组织或社团、学校领导或管理人员、辅导员、教师、班干部、同学、家长等群体，共9道题。个体层面主要包括个人的专业背景、民主权利意识、参与经历、参与动机等方面的因素，共9道题。本问卷采用五点计分式量表，从非常不重要到非常重要依次计1～5分。

具体维度和题项如表5－4所示。

表5－4   问卷维度和题项分布

量表	维度	题项
学生参与大学内部治理的现状调查	认知层面	1～10
	情感层面	11～20
	行为层面	21～33
学生参与大学内部治理的影响因素调查	高校因素	1～9
	他人因素	10～18
	个体因素	19～27

2. 问卷的修订

科姆雷（Comrey, 1988）提出，如果量表的题项少于40题，中等样本数约为150位，较好的样本数是200位。① 对此，本研究的问卷预测阶段在B大学展开，共发放问卷476份。在剔除掉部分无效问卷后，对问卷进行了探索性因子分

---

① 吴明隆：《SPSS统计应用事务》，中国铁道出版社2000年版，第8页。

析。根据分析结果对问卷进行修订,最后形成了学生参与大学内部治理问卷的正式版。

（1）学生参与大学内部治理的现状调查量表。

①项目分析。通过计算现状调查量表总分,以27%进行高低分组后对分组变量进行独立样本T检验发现,学生参与大学内部治理的影响因素量表中所有题项T值均显著,题项具有鉴别度,所有题项均能鉴别出不同受试者的反应程度。同时,95%的置信区间中不包括0,表示两者的差异显著。因此该阶段不予删除题目。

②探索性因子分析。KMO检验和巴特勒特（Bartlett's）球形检验结果显示,巴特勒特球形度检验值为2 018.732,P＜0.001,KMO值为0.884（＞0.80）,表明数据很适合做因子分析。

最后,探索性因子分析结果显示,学生参与大学内部治理的现状调查量表共抽取出了4个公共因子,累计方差解释率为70.394%。因子一为原量表中的1、2、3、5、6、9、10题,与原量表中的题项所在维度基本一致,命名为认知度;因子二为原量表中的11~14题,从内容来看,主要涉及对学生参与大学内部治理重要性和作用的认可,命名为重视度;因子三为原量表中的15~20题,主要是对所在学校学生参与效果的满意度,命名为满意度;因子四为原量表中的21~30题,与原量表中的题项所在维度基本一致,命名为行为卷入度（见表5-5）。学生参与大学内部治理的现状调查拟将从以下四个维度展开：认知度、重视度、满意度和行为卷入度。

表 5-5　　　　　　　　　问卷维度和题项分布

量表	维度	题项
学生参与大学内部治理的现状调查	认知度	1、2、3、5、6、9、10
	重视度	11~14
	满意度	15~20
	行为卷入度	21~30
学生参与大学内部治理的影响因素调查	高校因素	1~4
	他人因素	10~12
	个体因素	22、23、24、27

（2）学生参与大学内部治理的影响因素量表。

①项目分析。通过计算影响因素量表总分,以27%进行高低分组后对分组变量进行独立样本T检验发现,学生参与大学内部治理的影响因素量表中所有题

项 T 值均显著，题项具有鉴别度，所有题项均能鉴别出不同受试者的反应程度。同时，95% 的置信区间中不包括 0，表示两者的差异显著。因此该阶段不予删除题目。

②探索性因子分析。在运用探索性因素分析对项目进行筛选之前，首先采用 KMO 检验和巴特勒特球形检验法对数据的适切性进行检验。结果显示，巴特勒特球形检验值为 27 642.710，KMO 值为 0.954（>0.90），$P<0.001$，表明数据非常适合做因子分析。

最后，探索性因子分析结果显示，学生参与大学内部治理的影响因素量表共抽取 3 个公共因子，累计方差解释率为 79.234%。其中，因子一为原量表中的 1~4 题，与原量表中的题项所在维度基本一致，命名为高校因素；因子二为原量表中的 10~12 题，与原量表中的题项所在维度基本一致，命名为他人因素；因子三为原量表中的 22、23、24、27 题，命名为个体因素（见表 5-5）。由此，学生参与大学内部治理的影响因素量表分为高校因素、他人因素、个体因素三个维度。

（3）正式问卷的结构。

在对量表进行修订之后，学生参与大学内部治理的现状调查量表共分为四大维度，共计 27 个题项；学生参与大学内部治理的影响因素量表共分为三大维度，共计 11 个题项。

3. 问卷的信效度检验

研究通过发放正式问卷对其信效度进行检验。在样本量的选择上，为了有效降低抽样误差，提高推估总体的正确性，调查法所需要的样本数目通常不会少于 1 000 人。从统计学原理来说，1 000 人所获得的意见调查，抽样误差约为 3%。[①] 对此，本研究的正式施测采用随机抽样方式在全国范围内共发放问卷 3 381 份，经筛查后有效问卷 3 058 份，问卷有效率为 90.4%。

（1）信度分析。

根据问卷信度的标准要求，总量表信度系数要求达到 0.8 以上，各分量表信度系数要求达到 0.6 以上。以内部一致性系数考察问卷的信度发现，学生参与大学内部治理的现状调查量表的信度系数为 0.979（>0.8），项数 27。其中，认知度的信度系数为 0.951（>0.6），项数 7；重视程度的信度系数为 0.908（>0.6），项数 4；满意度的信度系数为 0.939（>0.6），项数 6；行为卷入度的信度系数为 0.979（>0.6），项数 10。

学生参与大学内部治理的影响因素量表的信度系数为 0.951（>0.8），项数

---

① 邱皓政：《量化研究与统计分析——SPSS 中文视窗版数据分析范例解析》，重庆大学出版社 2009 年版，第 26 页。

11。其中,高校因素维度的信度系数为 0.895(>0.6),项数 4;他人因素维度的信度系数为 0.895(>0.6),项数 3;个体因素维度的信度系数为 0.914(>0.6),项数 4。可以看出,学生参与大学内部治理的现状调查量表及影响因素量表的总量表信度系数均高于 0.9,各分量表的信度系数均高于 0.8,具有较好的信度。

(2)效度分析。

本研究主要从内容效度和结构效度两方面验证量表的效度情况。

①内容效度。确定内容效度常用的方法是专家判断法。由专家对测验项目与所涉及的内容范围进行符合性判断,这是一种定性分析的方法。学科专家要对问题所涉及领域的知识有全面了解,然后对测验题目进行逐一评定,看题目是否能达到测验的目的。实践表明,利用专家头脑的直观判断仍具有强大的生命力,专家的知识和经验是技术软件无法完全取代的。

对此,研究所用量表在开发和修订的过程中通过问卷调查、会议研讨等多种形式广泛征询了多位大学治理方向、学生发展方向等教育学领域、心理学领域的有关专家学者或权威人士对各个题项的建议和理由,以保障量表的内容效度。

②结构效度。量表的结构效度可以用总量表与各因子之间的相关性来衡量。由表 5-6、表 5-7 数据可知,两个总量表与各维度以及各维度之间的相关性都在 0.01 水平上显著,两个量表的结构效度良好。

表 5-6 　　　　　　现状调查量表与各维度的相关矩阵

维度	参与度	认知度	重视度	满意度	行为卷入度
参与度	1				
认知度	0.939**	1			
重视度	0.723**	0.695**	1		
满意度	0.914**	0.842**	0.735**	1	
行为卷入度	0.957**	0.848**	0.602**	0.819**	1

注:* $p<0.05$,** $p<0.01$,*** $p<0.001$。

表 5-7 　　　　　　影响因素量表与各维度的相关矩阵

维度	影响因素	高校因素	他人因素	个人因素
影响因素	1			
高校因素	0.909**	1		
他人因素	0.892**	0.732**	1	
个人因素	0.902**	0.732**	0.758**	1

注:* $p<0.05$,** $p<0.01$,*** $p<0.001$。

结构效度还可由结构模型图和各项模型适配指标来检验假设模型与实际数据的适配情况。拟合度是检验一个模型能否可以被接受的重要指标。通常采用卡方（χ^2）、自由度（df）、拟合良好性指数（GFI）、可比性拟合指数（CFI）、增值拟合指数（IFI）、标准拟合指数（NFI）、塔克—勒威斯（Tucker – Lewis，TLI）指数相对拟合指数（RFI）来综合判断模型和数据的拟合程度。通常来说，卡方自由度比小于5，表示模型拟合效果较好。但当样本量较大时会导致卡方值变得显著，并使卡方自由度比变大。里格登（Rigdon）认为，使用真实世界的数据来评价理论模型时，卡方统计的实质性帮助不大。卡方自由度比也像卡方一样容易受到样本量的影响，因而在判别模型是否可以接受时最好参考其他适配度指标值进行综合判断。① 考虑到本研究的样本量已达到3 000份以上，此时模型的拟合效果应综合根据其他拟合指数来评价。② 在各项拟合指数中，GFI、NFI、RFI、IFI、CFI、TLI 的数值在0~1之间，越接近于1表示该理论模型的拟合度越高。RMR为均方根残差，RMR的值在小于0.1的范围内被认为模型拟合度较好。RMSEA为渐进残差均方和平方根，用于评价不拟合的程度，因此越小越好。一般认为，RMSEA的值在0.08以下是可以接受的范围。

学生参与大学内部治理的现状调查量表。由如表5 – 8所示，现状调查量表的各项拟合指数（GFI、NFI、RFI、IFI、CFI、TLI）均接近于1，RMR值为0.040（小于0.05），RMSEA为0.066，小于0.08，表示模型拟合合理。此外，各项目的因子载荷均在0.6以上，说明模型拟合效果较好。因此，学生参与大学内部治理的现状调查量表结构效度良好。

表5 – 8　　　　　　　现状调查量表的各项拟合指数

卡方	自由度	RMSEA	RMR	GFI	NFI	RFI	IFI	CFI	TLI
4 596.179	318	0.066	0.040	0.887	0.953	0.948	0.956	0.956	0.952

现状调查表模型结构如图5 – 9所示。

学生参与大学内部治理的影响因素量表如表5 – 9所示，影响因素量表的各项拟合指数（GFI、NFI、RFI、IFI、CFI、TLI）均大于0.9，RMR值为0.010（小于0.05），RMSEA为0.052，小于0.08，表示模型拟合合理。此外，各项目的因子载荷均在0.6以上，说明模型拟合效果较好。因此，学生参与大学内部治理的影响因素量表结构效度良好。

---

① 吴明隆：《结构方程模型——AMOS的操作与应用》，重庆大学出版社2009年版，第43页。
② 林嵩：《结构方程模型原理及AMOS应用》，华中师范大学出版社2008年版，第43页。

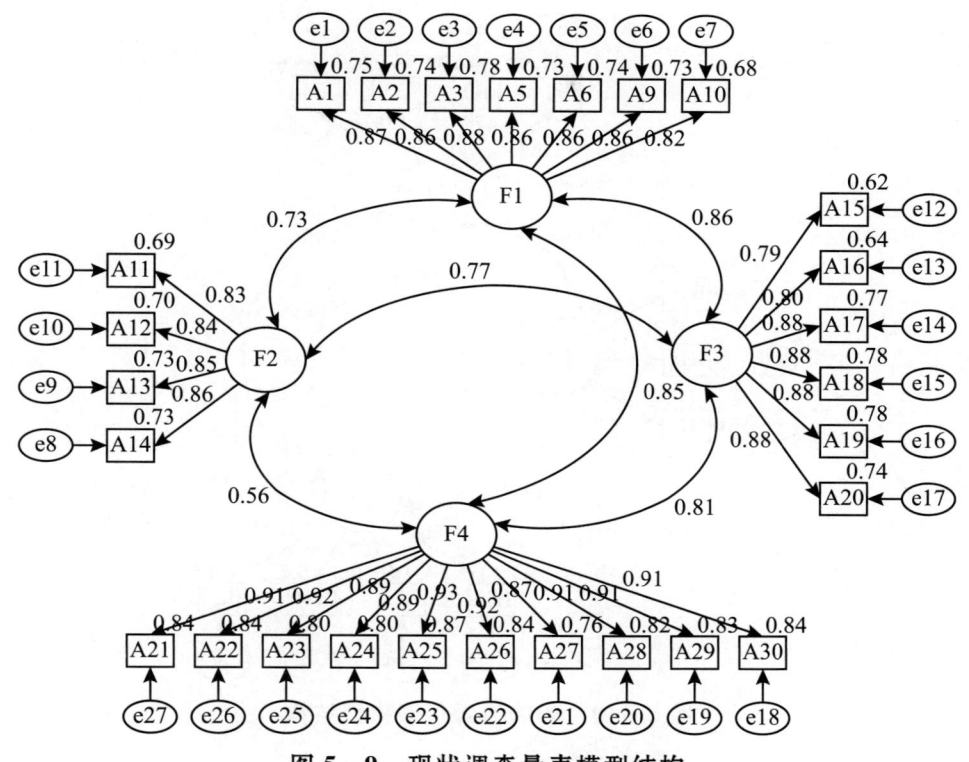

图 5-9　现状调查量表模型结构

表 5-9　影响因素量表的各项拟合指数

卡方	自由度	RMSEA	RMR	GFI	NFI	RFI	IFI	CFI	TLI
378.324	41	0.052	0.010	0.978	0.986	0.982	0.988	0.988	0.984

影响因素量表模型如图 5-10 所示。

(五) 研究发现与结论

本次研究发现主要基于收集到的 3 058 份有效问卷的数据和对所选取的学生代表进行访谈整理后的资料。

1. 学生参与大学内部治理的现状分析

学生参与大学内部治理的现状分析将从两个方面展开：一是学生参与大学内部治理的总体情况分析；二是学生参与大学内部治理的群体特征分析。

图 5-10　影响因素量表模型结构

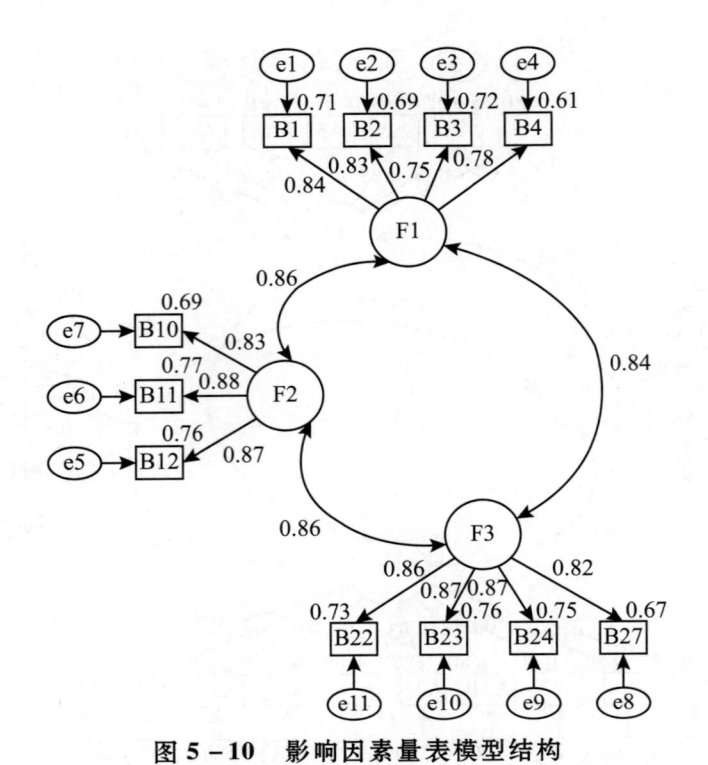

（1）学生参与大学内部治理的总体情况分析。

表 5-10 结果显示，学生参与大学内部治理的整体参与度平均得分均稍高于中等分数 3 分，说明我国学生参与大学内部治理基本处于中等水平。从各维度来看：一方面，平均得分最高的是重视度，得分为 4.069，得分最低的是行为卷入度，得分为 3.440，两者分数相差达到 0.6 以上。另一方面，从标准差的数值来看，重视度的标准差要稍低于其他维度，行为卷入度的标准差要稍高于其他维度。这一现象说明学生普遍认可其参与大学内部治理的重要性，但由于各方面的原因，参与行为最终却未能较好地落实到实践中。而学生个体之间的行为卷入度差异也比较大，不同学生个体在参与大学内部治理中所践行的行为和发挥的作用具有较大差别。这可能与高校提供给学生的参与途径、参与形式和可参与的事务范围有关。

表 5-10　学生参与大学内部治理量表各维度得分

维度	样本量（N）	均值（M）	标准差（SD）
认知度	3 058	3.705	0.955
重视度	3 058	4.069	0.785

续表

维度	样本量（N）	均值（M）	标准差（SD）
满意度	3 058	3.874	0.864
行为卷入度	3 058	3.440	1.183
参与度	3 058	3.698	0.905

参与途径上，高校提供给学生参与大学内部治理的途径主要有以下几类：学生会或研究生会等学生组织（26.3%）、学生工作处或研究生工作处等行政管理机构（24.3%）、网络平台（15.7%）、监督信箱（11.7%）、学生代表参与各级各类会议（11.4%）、校领导接待日（7.2%）、其他（0.1%）。也有3.3%的学生表示不了解学校提供的参与途径。除以上参与途径外，研究发现部分高校还提供了校长直播间、电视台、新闻处等学生参与大学治理的信息化新途径。

在参与形式方面，高校提供给学生的主要参与形式包括了解信息（30.3%）、提供建议（28.9%）、参与决策（15.1%）、提供监督（18.5%）、其他（0.1%）。有6.9%的学生表示并不了解学校提供的参与形式。可以看出，学生参与大学内部治理的形式还主要停留在了解和建议层面。在参与事务范围方面，高校提供给学生可参与的事务范围主要包括学生管理事务（35.9%）、教育教学事务（24.9%）、后勤管理事务（18.7%）、人事管理事务（8.6%）、学校战略规划（6.5%）、其他（0.1%）。此外，有5.2%的学生表示不了解学校提供的参与事务范围。同时，研究也对学生所期望参与的事务范围进行了调查，结果显示，29.9%的学生希望参与学校学生管理事务，24.4%的学生希望参与学校教育教学事务，19.8%的学生希望参与后勤管理事务，13%的学生希望参与人事管理事务，11.9%的学生希望参与学校战略规划事务，0.8%的学生认为学生不应该参与大学内部治理。由此来看，在学校人事管理和战略规划方面，学生期待着更广泛、更深层次的参与。

综上所述，我国学生参与大学内部治理基本处于中等水平。学生非常重视参与大学内部治理，但在实际行动上落实得还不够。一方面，高校为学生参与大学内部治理提供了较为丰富的途径。另一方面，参与途径的实际运行效果、学生的参与权力和参与范围还有待进一步提高和扩大。

（2）学生参与大学内部治理的群体特征分析。

本研究中涉及群体特征的背景变量主要包括性别、年级、专业类型、高校类型、生源地、年龄、政治面貌、学生工作经历等方面。研究将展示分析不同背景群体下学生参与大学内部治理的水平差异。

①不同性别的学生参与特征分析。如表5-11所示，男女生人数分别占总样

本量的 43% 和 57%，男女生在参与大学内部治理的认知度、满意度、行为卷入度以及参与度上均存在极其显著的差异（p＜0.001）。从均值来看，男生的认知度、满意度、行为卷入度以及参与度都要显著高于女生，尤以行为卷入度的得分差别最大。

表 5-11　　　　　不同性别学生的各维度得分（M±SD）

维度	男生（N=1 326）	女生（N=1 732）	T值
认知度	3.866±0.960	3.581±0.934	8.256***
重视度	4.087±0.851	4.056±0.729	1.074
满意度	3.958±0.906	3.809±0.825	4.681***
行为卷入度	3.729±1.104	3.219±1.195	12.237***
参与度	3.869±0.905	3.568±0.883	9.238***

注：*p＜0.05，**p＜0.01，***p＜0.001。

②不同年级的学生参与特征分析。从表 5-12 来看，不同年级的学生在参与大学内部治理的各个维度上均显示出了极其显著的差异。因此，研究继续对不同年级学生在各个维度上的表现进行了多重比较。多重比较的结果显示，在认知度层面，本科学生对参与大学内部治理的认知水平要显著高于硕士研究生，而大四学生的认知水平要显著低于大一、大二、大三的学生；在重视度层面，大二和大三年级的学生要显著高于大四学生和硕士研究生，博士二年级的学生要显著高于博士四年级的学生；在满意度方面，大一、大二、大三的学生满意度要显著高于大四学生、硕士研究生以及博士二年级、三年级和四年级学生；在行为卷入度方面，硕士研究生的行为水平要显著低于本科生和博士一年级学生，而大四学生的行为水平要显著低于大一、大二和大三的学生；最后，就参与度而言，硕士研究生要显著低于本科生，而大四学生要显著低于大一、大二和大三的学生。

表 5-12　　　　　不同年级学生的各维度得分（M±SD）

年级	认知度	重视度	满意度	行为卷入度	参与度
大一（N=355）	3.832±0.982	4.059±0.861	4.021±0.853	3.719±1.061	3.866±0.879
大二（N=594）	4.031±0.901	4.187±0.772	4.114±0.842	3.891±1.061	4.021±0.865
大三（N=718）	3.922±0.920	4.137±0.803	4.025±0.856	3.780±1.101	3.924±0.890

续表

年级	认知度	重视度	满意度	行为卷入度	参与度
大四 (N=447)	3.538±0.999	4.032±0.804	3.741±0.914	3.242±1.265	3.547±0.953
研一 (N=308)	3.392±0.824	3.963±0.701	3.688±0.732	2.895±1.051	3.358±0.749
研二 (N=260)	3.276±0.824	3.997±0.619	3.594±0.746	2.773±1.057	3.267±0.738
研三 (N=198)	3.369±0.827	3.938±0.724	3.546±0.767	2.796±1.010	3.280±0.715
博一 (N=22)	3.675±0.754	3.875±0.862	3.856±0.842	3.436±1.151	3.657±0.878
博二 (N=31)	3.429±1.103	4.210±0.750	3.661±0.977	3.036±1.384	3.450±1.043
博三 (N=32)	3.446±0.714	4.016±0.602	3.406±0.744	2.950±0.960	3.338±0.652
博四 (N=25)	3.554±1.329	3.790±1.258	3.620±1.225	3.324±1.410	3.519±1.228
其他 (N=68)	3.334±0.954	3.893±0.899	3.566±0.852	3.110±1.108	3.386±0.845
F 值	24.900***	3.883***	17.413***	41.559***	30.850***

注：* $p<0.05$，** $p<0.01$，*** $p<0.001$。

③不同专业类型的学生参与特征分析。由表 5-13 可以看出，不同专业的学生在参与大学内部治理的各个维度上均显示出了极其显著的差异。基于此，研究继续进行了多重比较。结果显示，从参与度来看，文科学生的参与水平要显著低于理、工、农、医、艺术以及体育专业的学生。就具体维度而言，在认知度层面，文科学生对参与大学内部治理的认知水平要显著低于理科、工科、医科、农科和艺术类专业的学生；在重视度层面，理科学生对参与大学内部治理的重视程度要显著高于文科、农科、工科以及艺术类专业的学生；在满意度层面，理科和医科的学生满意度要显著高于文科和工科的学生；在行为水平上，理科和医科学生在大学内部治理中的行为卷入度要显著高于文科、工科以及艺术类专业的学生，而文科学生的行为卷入度要显著低于理、工、医、农、艺术以及体育专业的学生。

表 5-13　　　　不同专业学生的各维度得分（M±SD）

专业类型	认知度	重视度	满意度	行为卷入度	参与度
文科 （N=1 358）	3.526±0.961	4.045±0.754	3.725±0.862	3.152±1.212	3.511±0.897
理科 （N=817）	3.928±0.944	4.162±0.779	4.073±0.827	3.776±1.111	3.939±0.889
工科 （N=428）	3.691±0.896	3.995±0.812	3.814±0.860	3.439±1.119	3.670±0.865
医科 （N=171）	3.998±0.842	4.130±0.864	4.104±0.857	3.942±0.988	4.020±0.832
农科 （N=69）	3.812±0.940	3.967±0.824	3.870±0.879	3.715±0.972	3.812±0.861
艺术 （N=148）	3.794±0.842	4.010±0.768	3.955±0.805	3.488±1.084	3.749±0.817
体育 （N=32）	3.705±1.206	4.039±0.994	4.005±0.902	3.744±1.100	3.836±1.010
其他 （N=35）	3.576±1.012	3.929±0.952	3.767±0.943	3.329±1.166	3.579±0.974
F 值	16.490***	2.984**	14.007***	27.853***	21.096***

注：$*p<0.05$，$**p<0.01$，$***p<0.001$。

④不同高校归属类型的学生参与特征分析。表 5-14 数据显示，不同高校归属类型的学生在参与大学内部治理的各个维度上显示出了极其显著的差异。随后，笔者继续对数据进行多重比较发现，在认知度、满意度、行为卷入度以及参与度上，省部共建高校的平均得分要显著低于教育部直属高校和地方所属高校；在重视程度和满意度方面，教育部直属高校的平均得分要显著高于地方高校和省部共建高校。

表 5-14　　　不同高校归属类型学生的各维度得分（M±SD）

高校归属类型	认知度	重视度	满意度	行为卷入度	参与度
部属 （N=1 442）	3.809±0.973	4.132±0.801	3.965±0.872	3.565±1.188	3.801±0.923
地方 （N=896）	3.748±0.928	4.044±0.798	3.892±0.858	3.583±1.117	3.763±0.879

续表

高校归属类型	认知度	重视度	满意度	行为卷入度	参与度
省部 (N=615)	3.481±0.914	3.989±0.725	3.683±0.836	3.054±1.172	3.443±0.853
其他 (N=105)	3.207±0.812	3.895±0.705	3.587±0.724	2.768±1.023	3.231±0.716
F值	27.793***	7.261***	19.711***	44.618***	34.497***

注：* $p<0.05$，** $p<0.01$，*** $p<0.001$。

⑤不同高校类别的学生参与特征分析。由表5-15数据可知，不同高校类别的学生在参与大学内部治理的各个维度上均呈现出极其显著的差异。多重比较结果显示，理工、农林、体育和财法类高校学生在大学内部治理的认知度和满意度层面要显著高于综合类、师范类以及民族类高校的学生，而民族类高校学生的认知水平要显著低于综合类、师范类和艺术类高校的学生；在重视度上，艺术类高校学生对参与大学内部治理的重视程度要显著低于理工类、体育类和财经政法类高校；最后，理工、农林、艺术、体育和财法类高校学生的行为卷入度和参与度要显著高于师范、综合和民族类高校的学生，其中民族类高校学生的平均得分最低。

表5-15　不同高校类别学生的各维度得分（M±SD）

高校类别	认知度	重视度	满意度	行为卷入度	参与度
综合 (N=1 204)	3.587±0.988	4.036±0.793	3.802±0.879	3.256±1.220	3.579±0.924
师范 (N=804)	3.653±0.939	4.029±0.771	3.814±0.859	3.327±1.190	3.624±0.893
理工 (N=587)	3.975±0.883	4.184±0.779	4.070±0.825	3.861±1.021	3.985±0.835
农林 (N=114)	3.956±0.847	4.110±0.762	4.016±0.812	3.899±0.975	3.971±0.805
财法 (N=113)	3.933±0.912	4.168±0.811	3.988±0.854	3.835±1.005	3.944±0.842
民族 (N=117)	3.361±0.867	4.075±0.662	3.715±0.784	2.965±1.117	3.399±0.780

续表

高校类别	认知度	重视度	满意度	行为卷入度	参与度
艺术（N=57）	3.825±0.960	3.899±0.918	4.006±0.978	3.811±1.049	3.871±0.948
体育（N=29）	4.074±0.956	4.319±0.678	4.201±0.719	3.935±1.127	4.087±0.860
其他（N=33）	3.515±0.780	3.811±0.877	3.621±0.817	3.073±1.111	3.419±0.838
F值	13.389***	3.527***	7.591***	22.868***	16.583***

注：*$p<0.05$，**$p<0.01$，***$p<0.001$。

⑥不同生源地的学生参与特征分析。表5-16数据显示，不同生源地的学生在参与大学内部治理的重视度上存在极其显著的差异，在满意度、行为卷入度和参与度上存在统计学意义上的差异，在认知度上不存在显著差异。从维度来看，在认知度上，来自县的学生的平均得分要显著高于来自乡村的学生；在行为卷入度上，来自县的学生的平均得分要显著高于来自市区、乡村的学生。

表5-16　　　　不同生源地学生的各维度得分（M±SD）

生源地	认知度	重视度	满意度	行为卷入度	参与度
乡村（N=1 434）	3.682±0.990	4.096±0.782	3.879±0.879	3.406±1.223	3.685±0.929
县（N=687）	3.773±0.899	4.045±0.777	3.910±0.836	3.549±1.115	3.761±0.867
市区（N=923）	3.695±0.940	4.059±0.778	3.850±0.852	3.417±1.165	3.680±0.887
其他（N=14）	3.265±0.919	3.196±1.283	3.191±1.109	3.086±1.268	3.172±1.084
F值	2.465	6.659***	3.585*	2.876*	2.909*

注：*$p<0.05$，**$p<0.01$，***$p<0.001$。

⑦不同年龄的学生参与特征分析。由表5-17可知，不同年龄的学生在参与大学内部治理的认知度、满意度和行为卷入度层面存在显著差异，在重视度和参与度层面存在统计学意义上的差异。具体而言，16岁以下的学生对参与大学内部治理的重视程度要显著低于16岁以上的学生，16~20岁的学生在满意度、行

为卷入度和参与度上要显著高于 20 岁以上的学生。

表 5-17　　　　不同年龄学生的各维度得分（M±SD）

年龄	认知度	重视度	满意度	行为卷入度	参与度
<16 （N=16）	3.286±1.234	3.500±1.204	3.542±1.083	3.750±0.831	3.546±1.007
16~20 （N=919）	3.786±0.938	4.076±0.775	3.939±0.857	3.552±1.140	3.776±0.888
21~25 （N=1 750）	3.686±0.956	4.080±0.779	3.864±0.862	3.405±1.201	3.680±0.910
26~30 （N=313）	3.621±0.971	4.036±0.801	3.793±0.855	3.330±1.206	3.613±0.905
>30 （N=60）	3.550±0.950	3.975±0.824	3.658±0.937	3.237±1.160	3.521±0.887
F 值	3.599**	2.571*	3.595**	3.834**	3.281*

注：* $p<0.05$，** $p<0.01$，*** $p<0.001$。

⑧不同政治面貌的学生参与特征分析。表 5-18 数据表明，不同政治面貌的学生在参与大学内部治理的认知度、重视度、行为卷入度和整体参与度层面具有极其显著的差异，在满意度层面具有统计学意义上的差异。其中，团员学生在认知度、行为卷入度和整体参与度层面要显著低于党员、民主党派人士和无党派人士；党员学生对参与大学内部治理的重视程度要显著高于团员、无党派人士和群众，但在行为卷入度层面要显著低于民主党派人士和无党派人士。在满意度层面，民主党派人士要显著高于党员、团员和群众。

表 5-18　　　不同政治面貌学生的各维度得分（M±SD）

政治面貌	认知度	重视度	满意度	行为卷入度	参与度
党员 （N=840）	3.741±0.965	4.165±0.746	3.905±0.862	3.451±1.194	3.733±0.905
团员 （N=1 790）	3.643±0.949	4.040±0.768	3.843±0.852	3.331±1.197	3.631±0.899
民主 （N=183）	3.973±0.978	4.053±0.993	4.051±0.924	4.091±0.898	4.046±0.903

续表

政治面貌	认知度	重视度	满意度	行为卷入度	参与度
无党派 （N = 92）	3.862 ± 0.871	3.856 ± 0.898	3.870 ± 0.874	3.877 ± 0.887	3.869 ± 0.850
群众 （N = 145）	3.784 ± 0.937	4.017 ± 0.795	3.840 ± 0.927	3.590 ± 1.105	3.759 ± 0.898
其他 （N = 8）	4.232 ± 0.611	4.281 ± 0.452	4.104 ± 0.610	4.100 ± 0.614	4.162 ± 0.574
F 值	5.838***	4.557***	2.388*	18.097***	8.969***

注：$*p < 0.05$，$**p < 0.01$，$***p < 0.001$。

⑨不同学生工作经历的学生参与特征分析。由表 5 – 19 可知，87.8% 的学生参与过学生组织，是否担任学生会等学生组织成员的学生在参与大学内部治理的各维度上均显示出了极其显著的差异。从均值来看，担任学生组织成员的学生在参与度和各维度上都要高于非学生组织成员，由以行为卷入度的平均得分差异最大。

表 5 – 19　　不同学生组织经历学生的各维度得分（M ± SD）

维度	学生组织成员 （N = 2 684）	非学生组织成员 （N = 374）	T 值
认知度	3.766 ± 0.955	3.262 ± 0.835	10.731***
重视度	4.113 ± 0.775	3.756 ± 0.780	8.335***
满意度	3.928 ± 0.857	3.486 ± 0.814	9.395***
行为卷入度	3.535 ± 1.168	2.760 ± 1.064	13.023***
参与度	3.768 ± 0.901	3.199 ± 0.761	13.218***

注：$*p < 0.05$，$**p < 0.01$，$***p < 0.001$。

从样本量来看（见表 5 – 20），有过学生干部经历的学生为 2 206 人，占比 72.1%。研究显示，在学生会、研究生会主席团中任职的学生有 789 人，占比 25.8%；担任学生会、研究生会、社团部长、班长、党团支书的有 1 474 人，占比 48.2%；担任其他班委、支委和副部长等职务的有 803 人，占比 26.3%。表 5 – 20 数据表明，具有不同学生干部经历的学生在参与大学内部治理的各维度上均存在极其显著的差异。担任过学生干部的学生在各个维度上的平均得分都要高于从未担任过学生干部的学生。在行为卷入度层面，不同学生个体之间的行为卷入度差异较大,但担任过学生干部的学生的平均得分要比未担任过学生干部的学生高出 0.907。

表 5-20　不同学生干部经历学生的各维度得分（M±SD）

维度	学生干部 （N=2 206）	非学生干部 （N=478）	T 值
认知度	3.867±0.943	3.300±0.869	12.745***
重视度	4.155±0.784	3.917±0.702	6.575***
满意度	3.991±0.861	3.635±0.772	8.967***
行为卷入度	3.696±1.115	2.789±1.119	16.065***
参与度	3.874±0.888	3.277±0.792	14.629***

注：* $p<0.05$，** $p<0.01$，*** $p<0.001$。

表 5-21 数据显示,16.5% 的学生在学校某委员会中担任过学生代表,是否在学校某委员会中担任过学生代表的不同学生群体在参与大学内部治理的各个维度上均存在极其显著的差异。从均值来看,在学校委员会中担任过学生代表的学生在各维度上的平均得分都略高于非委员会代表的学生。其中,担任过学生代表的学生在行为卷入度上的平均得分要高出非委员会代表的学生 1.059。从标准差来看,未担任过委员会代表的学生个体在行为卷入度层面的差异较大。

表 5-21　不同学生代表经历学生的各维度得分（M±SD）

维度	某委员会学生代表 （N=506）	非委员会学生代表 （N=2 552）	T 值
认知度	4.298±0.892	3.587±0.924	16.281***
重视度	4.377±0.818	4.008±0.763	9.342***
满意度	4.358±0.812	3.778±0.841	14.589***
行为卷入度	4.324±0.832	3.265±1.164	24.313***
参与度	4.332±0.800	3.573±0.871	19.221***

注：* $p<0.05$，** $p<0.01$，*** $p<0.001$。

2. 学生参与大学内部治理的内在作用机制分析

阿斯汀指出,"学生参与"包括显性的身体行为和隐性的心理活动。学生参与大学内部治理的现状调查量表中包括四个维度,分别是认知度、重视度、满意度和行为卷入度。其中,认知度、重视度和满意度属于学生隐性的心理活动行为,涉及知、情、意等方面;行为卷入度则是学生显性的、外在的行为表现,属于行的层面。研究认为，心理活动状态对外在行为具有重要影响，即学生在参与大学内部治理中的认知程度、重视程度以及满意程度对其实际行为表现具有重要影响。为了让学生参与大学内部治理能够真正得以实践、取得实效，研究继续对学生参与大学内部治理的内在作用机制进行了深入分析。

首先，研究对学生的认知度、重视度、满意度和行为卷入度进行相关分析发现，前三个维度都与行为卷入度呈现显著的正相关关系（$p<0.01$），相关系数分别为 0.823、0.542、0.777，即学生对参与大学内部治理的认知程度、重视程度和满意程度越高，学生在大学内部治理过程中的行为卷入度就越高。从相关系数来看，学生的认知程度对学生的行为卷入度影响最大，满意度的影响次之，重视度的影响最小。

随后，笔者将认知度、重视度和满意度作为自变量，将行为卷入度作为因变量，运用逐步回归继续对其影响程度进行了深入探究。

从表 5-22 中的显著性值来看，方差分析结果的 p 值小于 0.001，说明自变量与因变量建立的线性关系回归模型具有极其显著的统计学意义。经 PP 图（见图 5-11）和散点图（见图 5-12）检验，标准化残差呈正态分布，自变量与因变量之间呈直线趋势。此外，该模型的 DW 检验值为 $1.624\approx2$，Tolerance = 0.276（>0.1），VIF = 3.619（<10），说明各变量之间不存在共线性问题。

表 5-22　　　　　　　　　回归分析结果

因变量	自变量	标准系数	B 值	T 值	F 值	R^2 值	调整 R^2 值
行为卷入度	认知度	0.611	0.756	36.323***	2671.966***	0.724	0.724
	重视度	-0.173	-0.261	-12.059***			
	满意度	0.405	0.556	22.427***			

注：* $p<0.05$，** $p<0.01$，*** $p<0.001$。

在回归模型中，R^2 值是判定线性方程拟合优度的重要指标，一般认为需要达到 0.6 以上。它体现了回归模型解释因变量变异的能力。如表 5-22 所示，R^2 值为 0.724，说明该模型拟合效果良好，3 个自变量对因变量的解释率达到了 72.4%。认知度、重视度、满意度的标准化系数分别为 0.611、-0.173 和 0.405，可以看出认知度对个体行为卷入度的影响最大，满意度次之，重视度的影响最小。具体到解释率上，认知度对个体行为卷入度的解释率达到 67.8%，满意度对个体行为卷入度的解释率为 3.3%，重视度对个体行为卷入度的解释率仅为 1.3%。最后，设认知度为 X_1、重视度为 X_2、满意度为 X_3、行为卷入度为 Y，可建立回归方程为 $Y = 0.611X_1 - 0.173X_2 + 0.405X_3 - 0.454$。由此，我们可以得出结论，学生对参与大学内部治理的认知度、重视度和满意度都对最终的行为卷入度具有显著的正向影响，而认知度在其中发挥了最为重要的作用。

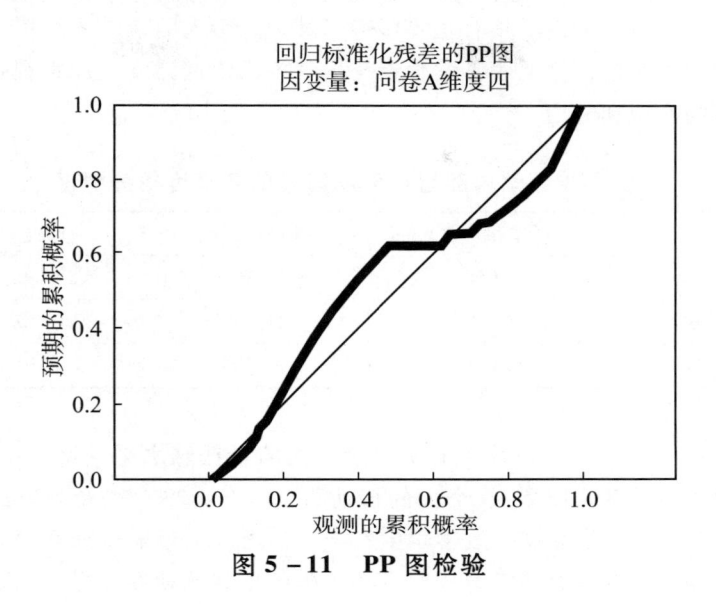

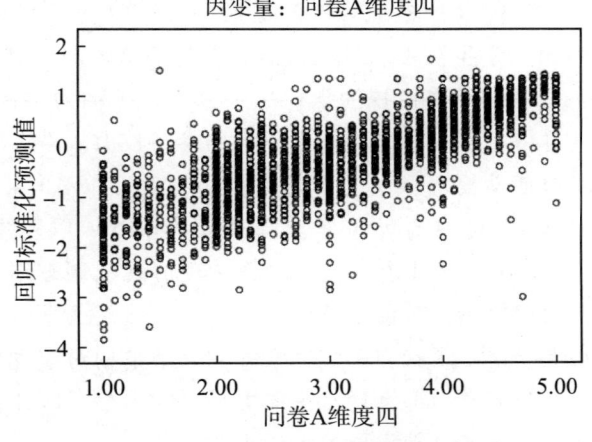

图 5 - 11　PP 图检验

图 5 - 12　散点图检验

3. 学生参与大学内部治理的影响因素分析

学生参与大学内部治理的影响因素分析将从两个方面展开：一是学生参与大学内部治理影响因素的总体情况分析；二是学生参与大学内部治理影响因素的群体特征分析。

（1）学生参与大学内部治理影响因素的总体情况分析。

如表 5 - 23 所示，高校因素、他人因素和个人因素的平均得分都在 4 分以上,远远超过了中等分数(3分)。由此来看,高校因素、他人因素和个人因素都对学生参与大学内部治理具有重要影响。其中,个人因素的平均得分要稍高于高校因素和他人因素,说明改善学生参与大学内部治理需要更加重视提升学生自主自发参与的意识和能力。

表5-23 学生参与大学内部治理影响因素的各维度得分情况

维度	样本量(N)	均值(M)	标准差(SD)
高校因素	3 058	4.167	0.704
他人因素	3 058	4.252	0.719
个人因素	3 058	4.264	0.689

就具体题项而言,个人因素主要包括个人的责任感水平($M=4.31$)、个人的民主权利意识($M=4.25$)、个人的行动力($M=4.23$)以及个人的参与动机($M=4.26$)。结合以上数据,改善学生参与大学内部治理需要加强对学生群体的责任感教育和民主权利意识教育,以发挥学生的主观能动性和行动力。从参与动机来看,学生参与大学内部治理的主要动机有维护学生群体的利益(27.9%)、锻炼自身能力(27.3%)、丰富自身简历(25.9%)、推动学校的发展(18.7%)。不难看出,学生在推动学校发展方面的动机较弱。对此,学生应该积极树立"主人翁"意识,将自己视为学校的一分子,主动为学校发展出谋划策。学校也应给与学生群体更多的参与机会和更大的参与权力。

高校因素主要包括学校所提供的参与途径的有效性($M=4.25$)、参与途径的多样性($M=4.16$)、可参与的事务范围($M=4.15$)以及参与的权力大小($M=4.11$)。在前一部分,学生参与大学内部治理的现状调查结果表明,高校为学生参与大学内部治理提供了较为丰富的参与途径。然而,学生参与大学内部治理仍然处于中等水平。这一现状与影响因素的调查结果相对应发现,参与途径的有效性是影响学生参与大学内部治理水平的更重要的因素。因此,如何将参与途径落到实处、发挥实效是各高校需要思考的重要问题。

他人因素主要包括学生组织的可信任水平($M=4.29$)、班级学生干部的可信任水平($M=4.26$)以及辅导员的积极指导($M=4.21$)。由此来看,学生组织在学生参与大学内部治理的过程中发挥了极其重要的作用,同时也是学生与学校之间沟通的桥梁。对此,学校应该加强对学生组织的建设和培训,发挥学生组织的领导作用,引导和支持学生参与大学内部治理。

(2)学生参与大学内部治理影响因素的群体特征分析。

①不同性别学生的影响因素分析。表5-24数据显示,男女生在对他人因素

和个人因素的重视程度上具有统计学意义上的差异，在对高校因素的重视程度上不存在显著差异。从均值来看，女生对他人因素和个人因素的重视程度要稍高于男生。

表 5-24　不同性别学生的影响因素分析（M±SD）

维度	男生（N=1 326）	女生（N=1 732）	T值
高校因素	4.158±0.786	4.174±0.635	0.591
他人因素	4.222±0.790	4.276±0.659	2.013*
个人因素	4.230±0.769	4.290±0.621	2.312*

注：*$p<0.05$，**$p<0.01$，***$p<0.001$。

②不同年级学生的影响因素分析。表 5-25 数据说明，不同年级的学生在对高校因素和个人因素的重视程度上具有显著差异，在对他人因素的重视程度上存在统计学意义上的差异。经多重比较后发现，大二的学生对高校因素的重视程度要显著高于大一、大四的学生和硕士研究生；对他人因素的重视程度要显著高于研一、研三和博三的学生；对个人因素的重视程度要显著高于大一、研一、研三和博三的学生。大三学生对高校因素的重视程度要显著高于大一、研一和研三的学生；对他人因素的重视程度要显著高于博三学生；对个人因素的重视程度要显著高于研一学生。大四学生对他人因素的重视程度要显著高于研三和博三学生；对个人因素的重视程度要显著高于研一学生。

表 5-25　不同年级学生的影响因素分析（M±SD）

年级	高校因素	他人因素	个人因素
大一（N=355）	4.112±0.838	4.238±0.830	4.232±0.778
大二（N=594）	4.258±0.719	4.329±0.762	4.347±0.705
大三（N=718）	4.217±0.716	4.267±0.720	4.297±0.686
大四（N=447）	4.160±0.689	4.275±0.678	4.280±0.682
研一（N=308）	4.093±0.555	4.196±0.597	4.170±0.558
研二（N=260）	4.123±0.630	4.246±0.621	4.264±0.611
研三（N=198）	4.077±0.572	4.153±0.668	4.196±0.655
博一（N=22）	4.068±0.970	4.288±0.685	4.182±0.761
博二（N=31）	4.226±0.669	4.237±0.790	4.105±0.824
博三（N=32）	4.063±0.672	4.000±0.728	4.078±0.682

续表

年级	高校因素	他人因素	个人因素
博四（N=25）	4.100±1.000	4.133±0.923	4.150±0.927
其他（N=68）	4.022±0.717	4.098±0.796	4.110±0.791
F值	2.542**	1.921*	2.492**

注：*$p<0.05$，**$p<0.01$，***$p<0.001$。

③不同专业类型学生的影响因素分析。由表5-26可知，不同专业类型的学生在对高校因素、他人因素和个人因素的重视程度上均存在显著差异。研究继续进行了多重比较，结果显示，工科专业学生对高校因素和他人因素的重视程度要显著低于文科、理科和医科专业的学生，对个人因素的重视程度要显著低于文科和理科专业的学生。体育专业的学生对高校因素和他人因素的重视程度要显著低于理科学生。农科学生对高校因素的重视程度要显著低于理科和医科学生，对个人因素的重视程度要显著低于文科和理科学生。

表5-26　不同专业类型学生的影响因素分析（M±SD）

专业类型	高校因素	他人因素	个人因素
文科（N=1358）	4.178±0.654	4.274±0.686	4.282±0.660
理科（N=817）	4.223±0.721	4.295±0.722	4.312±0.681
工科（N=428）	4.067±0.705	4.136±0.732	4.154±0.710
医科（N=171）	4.219±0.807	4.300±0.749	4.268±0.742
农科（N=69）	4.018±0.857	4.135±0.821	4.080±0.873
艺术（N=148）	4.115±0.719	4.241±0.727	4.264±0.663
体育（N=32）	3.969±0.995	4.031±1.072	4.086±0.897
其他（N=35）	4.100±0.798	4.067±0.791	4.314±0.801
F值	3.135**	3.371**	3.324**

注：*$p<0.05$，**$p<0.01$，***$p<0.001$。

④不同高校归属类型学生的影响因素分析。从表5-27可以看出，不同高校归属类型的学生在对高校因素的重视程度上存在极其显著的差异，在对他人因素和个人因素的重视程度上存在显著差异。具体而言，教育部直属高校的学生对高校因素的重视程度要显著高于地方所属院校和省部共建院校的学生，对他人因素和个人因素的重视程度要显著高于地方所属院校的学生。

表 5-27　不同高校归属类型学生的影响因素分析 (M±SD)

高校归属类型	高校因素	他人因素	个人因素
部属高校 (N=1 442)	4.224±0.698	4.294±0.713	4.310±0.685
地方高校 (N=896)	4.123±0.724	4.189±0.755	4.204±0.727
省部共建 (N=615)	4.127±0.681	4.259±0.679	4.260±0.645
其他 (N=105)	3.998±0.695	4.181±0.684	4.167±0.636
F 值	7.027***	4.263**	5.162**

注：* $p<0.05$，** $p<0.01$，*** $p<0.001$。

⑤不同高校类别学生的影响因素分析。如表 5-28 所示，不同高校类别的学生在对高校、他人和个人这三类影响因素的重视程度上均不存在显著差异。

表 5-28　不同高校类别学生的影响因素分析 (M±SD)

高校类别	高校因素	他人因素	个人因素
综合 (N=1 204)	4.166±0.708	4.264±0.710	4.255±0.694
师范 (N=804)	4.136±0.686	4.247±0.706	4.272±0.674
理工 (N=587)	4.218±0.698	4.272±0.733	4.289±0.681
农林 (N=114)	4.239±0.684	4.254±0.730	4.243±0.666
财法 (N=113)	4.230±0.763	4.212±0.794	4.266±0.808
民族 (N=117)	4.045±0.677	4.188±0.732	4.199±0.678
艺术 (N=57)	4.088±0.794	4.205±0.729	4.290±0.716
体育 (N=29)	4.319±0.782	4.345±0.799	4.328±0.720
其他 (N=33)	4.023±0.764	3.380±0.731	4.159±0.736
F 值	1.709	0.943	0.418

注：* $p<0.05$，** $p<0.01$，*** $p<0.001$。

⑥不同生源地学生的影响因素分析。由表 5-29 可知，不同生源地的学生对高校因素和他人因素的重视程度存在极其显著的差异，对个人因素的重视程度存在显著差异。其中，来自乡镇或农村地区的学生对三类影响因素的重视程度都要显著高于来自县的学生。而来自市辖区的学生对他人因素的重视程度要显著高于来自县的学生。

表 5-29　不同生源地学生的影响因素分析（M±SD）

生源地	高校因素	他人因素	个人因素
乡镇或农村（N=1 434）	4.190±0.683	4.276±0.701	4.289±0.665
县（N=687）	4.115±0.740	4.189±0.756	4.220±0.733
市辖区（N=923）	4.179±0.691	4.273±0.704	4.268±0.677
其他（N=14）	3.500±1.316	3.571±1.208	3.625±1.224
F 值	6.068***	6.789***	5.577**

注：*p<0.05，**p<0.01，***p<0.001。

⑦不同年龄学生的影响因素分析。表 5-30 数据显示，不同年龄阶段学生在高校因素和个人因素的重视程度上存在显著差异，对他人因素的重视程度存在统计学意义上的差异。继续进行多重比较发现，16 岁以下的学生对各影响因素的重视程度要显著低于 16 岁以上其他年龄阶段的学生。

表 5-30　不同年龄学生的影响因素分析（M±SD）

年龄	高校因素	他人因素	个人因素
<16（N=16）	3.453±0.927	3.646±1.000	3.578±1.056
16~20（N=919）	4.155±0.724	4.247±0.744	4.260±0.706
21~25（N=1 750）	4.179±0.691	4.267±0.701	4.274±0.677
26~30（N=313）	4.161±0.688	4.227±0.715	4.267±0.662
>30（N=60）	4.229±0.703	4.200±0.740	4.200±0.729
F 值	4.456**	3.220*	4.217**

注：*p<0.05，**p<0.01，***p<0.001。

⑧不同政治面貌学生的影响因素分析。从表 5-31 显示的数据来看，不同政治面貌的学生对他人因素和个人因素的重视程度存在极其显著的差异，对高校因素的重视程度存在统计学意义上的差异。研究继续对此进行了多重比较，结果显示：党员学生对高校因素的重视程度要显著高于团员、民主党派和无党派的学生；党员和团员学生对他人因素的重视程度要显著高于民主党派和无党派的学生；党员和团员学生对个人因素的重视程度要显著高于民主党派、无党派和群众类型的学生。

表 5-31　　不同政治面貌学生的影响因素分析（M±SD）

政治面貌	高校因素	他人因素	个人因素
党员（含预备）（N=840）	4.223±0.676	4.301±0.699	4.315±0.685
团员（N=1 790）	4.162±0.667	4.266±0.675	4.277±0.635
民主党派人士（N=183）	4.079±0.989	4.042±1.040	4.060±0.979
无党派人士（N=92）	3.992±0.809	4.073±0.806	4.128±0.827
群众（N=145）	4.131±0.797	4.175±0.767	4.148±0.773
其他（N=8）	4.219±0.508	4.333±0.436	4.438±0.458
F 值	2.869*	5.580***	5.921***

注：*$p<0.05$，**$p<0.01$，***$p<0.001$。

⑨不同学生工作经历学生的影响因素分析。表 5-32 数据显示，不同学生组织经历的学生对各影响因素的重视程度存在极其显著的差异。从均值来看，参加过学生组织的学生对各影响因素的重视程度要稍高于没有参加过学生组织的学生。

表 5-32　　不同学生组织经历学生的影响因素分析（M±SD）

影响因素	学生组织成员（N=2 684）	非学生组织成员（N=374）	T 值
高校因素	4.197±0.707	3.953±0.647	6.744***
他人因素	4.275±0.718	4.094±0.706	4.571***
个人因素	4.289±0.686	4.087±0.687	5.328***

注：*$p<0.05$，**$p<0.01$，***$p<0.001$。

由表 5-33 数据可以看出，不同学生干部经历的学生在对高校因素的重视程度上存在极其显著的差异，在对他人因素和个人因素的重视程度上存在显著差异。从均值来看，担任过学生干部的学生对各个影响因素的重视程度都稍高于没有担任过学生干部的学生。

表 5-33　　不同学生干部经历学生的影响因素分析（M±SD）

影响因素	学生干部（N=2 206）	非学生干部（N=478）	T 值
高校因素	4.234±0.716	4.026±0.636	6.379***
他人因素	4.296±0.724	4.175±0.685	3.464**
个人因素	4.308±0.698	4.200±0.623	3.350**

注：*$p<0.05$，**$p<0.01$，***$p<0.001$。该题目中的"学生干部经历"是默认在学生组织中任职的学生，因而参与作答人数为上一道题"是否参与过学生组织"（表 5-32）中作答为"是"的人数，共计 2 684 人。

表 5-34 数据显示，不同学生代表经历的学生对各影响因素的重视程度存在极其显著的差异。从均值来看，担任过校委员会代表的学生对各个影响因素的重视程度都高于没有担任过校委员会代表的学生。

表 5-34　不同学生代表经历学生的影响因素分析（M±SD）

影响因素	学生代表 （N=506）	非学生代表 （N=2 552）	T 值
高校因素	4.418±0.741	4.117±0.686	8.868***
他人因素	4.460±0.723	4.211±0.712	7.160***
个人因素	4.464±0.708	4.224±0.679	7.216***

注：*p<0.05，**p<0.01，***p<0.001。

4. 研究结论

就总体情况而言，如图 5-13 所示，学生的参与行为包括认知度、重视度、满意度等心理行为和行为卷入度等外在行为。研究发现，学生的整体参与度处于中等水平，重视度最高且个体差异小，行为卷入度最低且个体差异大。因此，研究拒绝原假设一（我国学生参与大学内部治理总体水平较低）。高校因素、他人因素、个人因素均对学生的参与行为有重要影响，个人因素的影响最大。因此，原假设三成立（高校因素、他人因素、个人因素都对学生参与大学内部治理具有显著影响），拒绝原假设四（高校因素对学生参与大学内部治理水平影响最大）。同时，学生的心理行为和外在行为也具有显著的相关关系，尤其以认知度对行为卷入度的影响最大。

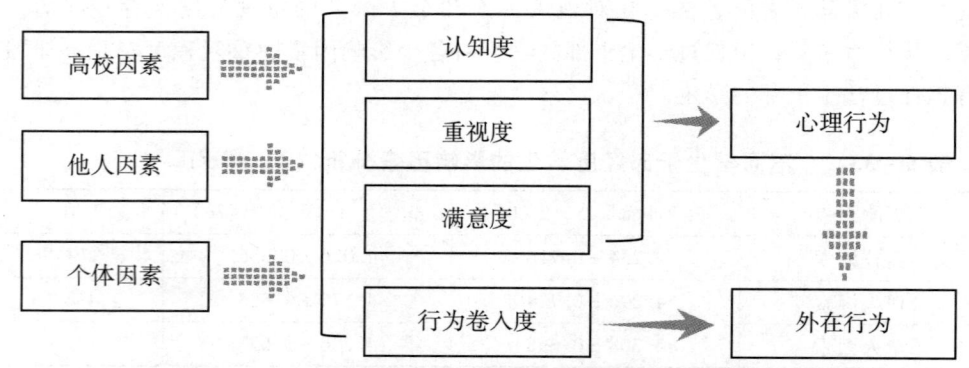

图 5-13　学生参与大学内部治理的行为与影响因素

就群体特征而言，学生参与大学内部治理现状水平的分析结果显示：第一，不同年级、不同专业类型、不同高校归属类型、不同高校类别、不同学生工作经历的学生在参与大学内部治理的各个维度上均存在极其显著的差异；第二，男女生在参与大学内部治理的认知度、满意度、行为卷入度以及参与度上存在极其显著的差异；第三，不同生源地的学生在参与大学内部治理的重视度上存在极其显著的差异；第四，不同年龄的学生在参与大学内部治理的认知度、满意度和行为卷入度上存在显著差异；第五，不同政治面貌的学生在参与大学内部治理的认知度、重视度、行为卷入度和参与度上具有极其显著的差异。最后，研究发现，不同背景变量下的学生群体在参与大学内部治理的参与度上均存在显著差异（$p<0.05$），接受原假设二（不同学生群体参与大学内部治理的水平存在显著差异）。

学生参与大学内部治理影响因素的群体特征分析结果显示：第一，男女生对他人因素和个人因素的重视程度具有统计学意义上的差异；第二，不同年龄阶段、不同年级的学生对高校因素和个人因素的重视程度具有显著差异，对他人因素的重视程度存在统计学意义上的差异；第三，不同高校归属类型的学生、具有不同学生干部经历的学生在对高校因素的重视程度上存在极其显著的差异，在对他人因素和个人因素的重视程度上存在显著差异；第四，不同生源地的学生对高校因素和他人因素的重视程度存在极其显著的差异，对个人因素的重视程度存在显著差异；第五，不同政治面貌的学生对他人因素和个人因素的重视程度存在极其显著的差异，对高校因素的重视程度存在统计学意义上的差异；第六，不同专业类型、不同学生组织经历、不同学生代表经历的学生对高校因素、他人因素、个人因素的重视程度均存在极其显著的差异。

（六）思考与建议

综上所述，高校因素、他人因素和个体因素均对学生参与大学内部治理的行为具有重要影响，而学生的认知水平、重视程度和满意度是最终作用于学生行为卷入度的内在诱因。因此，改善学生参与大学内部治理需要从高校、他人和个体三大主体入手，从提升学生的认知水平、重视程度和满意度三大目的切入，采取有针对性的、合理化的举措。

首先，在高校层面，落实信息公开制度、加强学生参与大学治理的教育宣传是提高学生认知程度的重要举措；提供多样化的参与途径和提高参与途径的有效性是提高学生对参与大学内部治理满意度的重要手段；适当拓宽学生可参与事务范围和扩大学生参与权是提高学生对参与大学内部治理重视程度的重要方式。具体来说，高校对以合理渠道实名向学校提出建议的学生要及时回应和反馈结果。同时，高校应该对学生参与大学内部治理进行定期宣传和评估，积极征求学生和专家顾问的意见，以期更好地完善大学治理。在可参与的事务范围和参与权方面，高校要采取更主动的态度支持和发展学生代表，让学生、学生代表和学校管理人员之间能进行建设性对话，要多方面倾听学生的声音，尊重学生的意见，加强学生在大学内部治理中的参与度。

其次，在他人层面，学生组织、班级学生干部及辅导员是学生可信任和可依靠的三类重要群体，也是学生获取相关信息、提高认知水平的重要来源。因此，高校应加强对学生组织的建设和培训，发挥学生组织的领导作用，利用多样化的平台和途径了解学生动态、收集学生提案，使其成为学生和学校管理层之间对话的桥梁，协助学生反馈和解决有关问题，提高学生参与大学内部治理的积极性和满意度。除此之外，学生干部和辅导员也要经常和学生沟通交流，分享信息，提高学生在参与大学内部治理方面的认知水平。同时，教师、同伴等也要鼓励和支持学生参与大学内部治理，提升其对参与大学内部治理的重视程度，共同营造主动参与、多元共治的民主管理氛围。

最后，在个人层面，个人的责任感水平、民主权利意识、行动力以及参与动机等同样是学生参与大学内部治理的重要影响因素。一方面，学生要端正个人的参与动机，树立集体荣誉感和责任感，将个人利益和学校利益结合起来，将个人发展和学校发展结合起来，为学校的治理贡献自己的力量，为学校的发展贡献自己的智慧。另一方面，学生要有积极思维，主动维护和行使自己的权利，敢于及时采取行动或寻求他人帮助，并尝试通过合理化、多样化的途径表达自己的想法和建议。

第六章

现代大学治理结构的协调机制研究

理解现代大学治理结构的复杂性必须认清和把握大学治理当中权力、纪律与文化的角色与功用，需要从理性、自然和开放系统视角系统地解读大学的组织与治理，将其嵌套进政治权力、行政权力和学术权力的权力三角理论。纪律建设主要起显性规范、权力监督和价值引领的作用，德治礼序主要起社会规范和文化影响的作用，权力配置则关乎大学内部权力的边界、运行与博弈。三者最终都依归于组织内每一个具体的人的观念、行为与惯习之中。

从历史实践来看，三种要素的不同配置在高等教育史上留下了三种不同治理模式，即权力主导型、纪律主导型和文化主导型。然而在当下来看，任何一种模式都因其固有的局限无法实现现代大学的使命和目标，最终的路径必然是三者间的有效整合。因此，现代大学治理必须通过加强不同治理手段间的协调机制建设，由治理走向善治，从而实现大学治理与大学使命的统一。操作上，要改善权力配置，促进利益协调；加强纪律建设，促进目标协调；重视文化治理，促进价值协调。

对任何组织而言，权力的配置都是通过一个个真实的个体或群体得以体现的，都是通过决策得以显现的，决策是关涉组织建设发展的重要治理内容。个体和群体的心智模式会产生不同的决策实践："防卫型"（低对话—低共识）、"放任型"（高对话—低共识）、"专断型"（低对话—高共识）、"高效型"（高对话—高共识）。四种决策类型在特定的大学都只存在一定的"影子"，不能完全一对一匹配，不过其中的"高效型"决策模式，因为承认并且有意识消除错觉，正视并且吸收分歧意见的合理成分，直面并且充分利用冲突的积极力量，保证各种声音都能自由发出并被认真听取，最后形成了特定内外部情境下的最佳方案。因而它是建立在个体心智模式基础上的集体决策的最理想类型，也是大学决策最值得追求的理想类型。

第一节 现代大学治理的协调机制：权力三角的视角[①]

党的十九大报告在国家治理和国家发展层面突出强调了党的领导地位。宪法修正案将"党的领导"法制化为中国特色的最根本特征。这为建设中国特色现代大学制度、构建现代大学治理结构指明了方向，也为进一步发展和完善党委领导下校长负责制提出了新要求。作为我国大学的法定治理结构，党委领导下的校长负责制在实践过程中积累了大量经验，但也面临突出问题，需要进一步的理论清理。我们认为，贯彻和落实党委领导下的校长负责制的核心在于建立大学治理中的动态协调机制，其目标应指向大学的善治。鉴于此，本研究采用权力三角的理论视角，从大学治理协调机制的建构和完善的角度，提出中国大学实现善治的一个理论模型，为构建中国特色大学治理理论提供思想资源。我们的思路是：在全球化背景下，从大学的组织性质出发，梳理和整合大学的组织与治理模式，在此基础上，依托中国独特的外部环境，以权力三角理论作为切入点，将纪律建设、德治礼序和权力配置作为三个重要的面向，构建促成大学善治的协调机制模型。

一、现代大学的组织性质与治理模式

探讨大学治理的前提是明辨大学的组织性质。大学的组织性质涉及"大学是什么"和"作为组织的大学"的合理性依据。前者主要关切大学的理念，涉及大学的目标、功能等价值问题；后者主要关切大学作为一个组织的特征，涉及大学的组织形态、组织方式及其突出表现。在布鲁贝克的哲学视野中，关于大学理念的讨论有两条主线：认识论的和政治论的。前者承接纽曼的大学理念，突出强调"闲逸的好奇"，认为知识本身即为目的；后者以威斯康星思想为表征，突出强调大学的服务功能。基于这两种高等教育哲学的大学理念所表征的组织治理模式为学者社区模式和行政科层模式。但这两条理念主线均缺乏对大学理念的主体

[①] 刘益东、杜瑞军、周作宇、赵聪环：《现代大学治理的协调机制：权力三角的视角》，载《复旦教育论坛》2021 年第 2 期。

即教师作为"常人"的日常生活的理念逻辑的深入讨论。常人逻辑的缺场导致理念问题的浮空，继而其所对应的组织治理模式也均因理想化而难以描绘大学治理的常态。

组织学率先超越了这两种大学治理模式，提出了解释力强的组织治理模型：科恩和马奇提出了有组织的无政府模式，明茨伯格提出了专业化科层模式，维克提出了松散耦合模式，鲍德里奇提出了政治模式，等等。这些治理模式极大地丰富了对大学组织与治理现象的描述和解释，但由于其往往从某一个角度描述大学治理中的独特场景，而缺乏大学作为组织的一般化表征，因此也受到一些批评，而且每种组织治理模式内部都有诸多冲突之处。斯科特从理性、自然和开放系统的视角系统整理了组织学的研究成果，指出一般性组织的三种不同定义。这给讨论大学的组织性质和治理模式提供了一个更为宏大的框架。下面尝试从斯科特的理论框架出发，整理大学组织的经典模式，提出一个综合的大学组织模式，给大学治理提供给更为坚实的组织基础。

（一）作为理性系统的大学组织与治理

作为理性系统的组织的突出特征是目标具体化和结构正式化。目标具体化是指组织在日常运行中有十分明确的目标，组织成员的行动都指向组织目标的实现，而不考虑目标的设定是否符合某种价值观，具体的目标是组织获得外部注意力、资源和合法性的符号。结构正式化是指组织对约束行为的规则做出明显的显性表述，确定结构中各角色间关系的规范，这种规范不会因具体占据这些角色的人的不同而改变。换言之，组织的正式规则更多基于具体的职位而非基于人。

从这两点看，大学似乎并不具备理性系统的组织特征。其一，无论是从理论上还是实践上来看，大学的总体目标相对模糊；其二，大学的学术活动涉及人的创造性，不同的人在同一位置差别巨大。但是，大学的如下具体表现表明，其组织中的理性系统成分也并不鲜见。首先，虽然大学的总体目标模糊（如我国《高等教育法》规定了高等教育培养社会主义的建设者和接班人这一总体目标，但实践中并无具体规定），且在大学的功用、哲学基础及价值观等方面存在一定分歧，但从大学组织的实际运行看，具体到高校，则表现为在对大学排名的追求、在学术评价上突出科研成果数量和等级、对学生毕业有具体的学分要求等方面较为一致。高校对这些具体目标都有明确的"数字"要求，如吸引多少位"杰出人才"、申报多少个"学位点"、发表多少篇"顶级论文"、学科排名挺进多少位等。这是大学作为理性系统的绩效逻辑。其次，由于大学组织规模的不断扩大和功能的日益繁多，现代大学治理中的结构正式化表现其实非常明显，就中国大学而言，大学内部行政结构的科层安排、党政结构的人员构成及其功能等，都可概括为韦伯笔下的"形式理性",即以形式规则和法规约束引导行动。在这一过程中更为突出职位的权威和影响。

鉴于此,作为理性系统的大学组织治理需要特别突出两个方面:组织目标治理与治理结构安排。前者的关键在于,需要为大学的具体组织目标进行价值排序,因为作为理性系统的组织的走向在于实现目标,而不在于分析目标;后者的关键在于,区分治理结构中的理性成分,避免学术活动的理性化治理。

(二)作为自然系统的大学组织与治理

作为自然系统的组织的突出特征是目标复杂化和对非正式结构的强调。虽然这两个基本特征与作为理性系统的组织显著不同,但作为自然系统的组织并不否定具体目标和正式结构,而是认为其他属性有时更为重要。目标复杂化可归结为两条:其一,组织宣称的目标和真实的目标间常常存在间距;其二,即使组织宣称的目标在实际中得到贯彻,其也绝不是指导参与者行为的唯一目标。非正式结构是基于具体参与者的个人特点和人际关系的规范与模式,强调组织中人的非理性。

从这两个基本特征看,大学作为自然系统组织有明显的表征。中国大学治理的表征则更为明显。首先,中国大学治理延续了国家治理的主导逻辑。周雪光等研究指出,在国家治理中,相关政策的制定和执行过程中常常存在"上下谈判"的现象,即对具体的政策目标而言,政策的制定方和执行方就如何解读该目标倾向于达成"共谋"。在大学治理中,此种现象也不乏其例。如教育部发起大学章程的制定与实施,在后续过程中引发"大学章程现象"。其次,中国大学治理多表现出路径依赖和文化依赖特征,体现在治理过程中对人际关系的突出强调。此种案例在大学各类资源分配中多有表现。最后,大学在发展过程中受到越来越大的"生存"压力,体现在大学领导对"政绩"的重视和大学声誉的指标化表现,组织应对"生存"压力的力量甚至超过了追求目标的力量。这种外部压力被制度学派概念化为"合法性"。

鉴于此,作为自然系统的大学组织治理需要特别强调人是"整体地"参与到组织中来,而不是仅仅履行其正式角色,从而体现个体参与到组织治理中的"常人逻辑",进而涉及组织治理的一些所谓非理性的核心议题:参与者的共同承诺;将治理过程中决策的注意力放到核心议题中来而不是放到普通决策上来;重视领导者在组织治理中的引领作用等。

(三)作为开放系统的大学组织与治理

作为开放系统的组织的突出特征是强调组织与环境之间存在交换关系,且这种交换关系是组织存活的关键。组织具有自我存活能力，从环境中获取资源。劳伦斯和落施提出的"权变理论"是作为开放系统的组织的具体表征之一。他们认为内部特征与所处环境的要求相匹配的组织适应性最强，不同环境对组织提出不同要求，组织内的不同部门也有可能面对不同的环境要求。他们希望通过开放系统将组织的理性系统面向和自然系统面向结合起来。他们认为，组织是一个连续体，一端高度正式化和集中化，具有非常明确的目标；另一端则正式化程度很低，高度依赖参与者的个人素质和主动性，追求的目标不明确，甚至目标之间相互冲突。

从这些特征来看，大学在如下方面具有开放系统组织的特征：首先，大学的利益相关者多元。其核心利益相关者至少包括政府、学生、教师和市场等，各方的利益要求均有所差异，使得大学面临一个高度多元的外部环境。其次，大学内部各院系之间相对独立，其根据学科特点又面临相对不同的外部环境；行政部门和党政机关所面临的外部情境也多有不同。最后，组织分析的连续体思维正切中大学治理中学术与行政的分野的实践基础。

鉴于此，作为开放系统的大学组织治理要求同时考虑组织的内部治理和外部治理。内部治理要求组织在面临不同外部环境时能有权变的应对理路，因而会突出强调次级组织独自应对外部环境的能力。外部治理则要求大学能够游走于不同的利益诉求之中，适应不同的外部利益诉求，走出"象牙塔"式的乌托邦。内外部治理不是割裂的，始终处于连续体之中。

二、中国大学组织与治理的综合视角

（一）理性、自然与开放系统视角下的大学组织与治理

通过三种理论视角重新审视大学的组织与治理，可以看到每种视角彼此之间存在张力，理性系统与自然系统甚至存在本质的冲突，而开放系统的视角则告诉我们大学所处的动态环境。这揭示了大学并不存在一元的组织与治理模式，需要一个多元嵌套的综合组织模式对其加以分析。从这三个角度审视大学组织性质，可以看到其非常复杂的面向。相较于几种经典的大学组织理论，理性、自然和开放系统的综合视角可以更为全面和系统地揭示大学的组织与治理过程。具体而言，科恩和马奇的"有组织的无政府"模式强调大学的目标模糊和技术不确定，将大学的决策过程视为"垃圾桶决策模型"，综合模式则强调组织目标在模糊与具体上的协同和在技术上的分类，并在决策中突出"核心事件"。维克的"松散耦合"组织模式强调组织内部的松散耦合关系，综合模式则补充了其理性方面的

缺失。明茨伯格的"专业化科层"组织模式突出了大学组织学术和行政不同的底层逻辑，综合模式则补充了外部环境与组织存活压力的看法。鲍德里奇的"政治模式"看到了组织内部的权力博弈和利益协调，突出了组织的"微观政治"，综合模式则从"常人逻辑"方面给予进一步的补充说明，并将微观政治嵌套进更复杂的系统背景当中。

由此可见，将大学组织的性质进行理论简化虽然可以得到有益的启发，但由于视角的局限往往容易挂一而漏万，理性、自然和开放系统的综合模式可以帮助我们更系统地审视大学组织与治理问题。此外，由于现有的经典大学组织模式大多出自美国大学的案例，与中国大学在背景和文化上都存在一定差异，不宜盲目套用分析。理性、自然和开放系统的综合模式为开发一个更为全面和本土的大学组织治理模式提供了更为丰富的理论资源。

我们认为，在中国大学治理党委领导下校长负责制的法定框架下，基于理性、自然和开放系统相协调的框架讨论大学组织的理论模型具有重要意义。一方面，党委领导下的校长负责制本身就是一种协调治理，既非学院治理，也非科层治理，而是一种三权协调的治理结构；另一方面，三视角对组织治理不同方面的描述和强调，给进一步发展这种治理结构提供了不同的思考方向。我们曾提出大学学术权力、行政权力和政治权力的动态权力三角，并将其界定为中国大学治理的理论模型，将组织性质的三个视角嵌套到该理论模型中，具有重要意义，一方面可以丰富权力三角的理论框架，另一方面则为认识大学治理中的协调机制提供进一步思考方向。

（二）权力三角：中国大学治理的理论模型

"权力三角"是解读中国大学组织与治理的理论视角。其主要观点是：大学组织中存在三种交互影响的权力——学术权力、行政权力和政治权力。三权的平衡与协调是实现组织善治的基础，任何一方权力独大或权力式微都将带来治理危险。在具体的治理情境中，构建权变的动态权力三角形，检讨权力主体与权力关系调节的人性假设，建立克服人性弱点的约束机制，推进大学纪律建设，实现三权的动态平衡，是实现组织善治的路径选择。

在学术、行政与政治三分的权力三角视野中，实现大学的善治有不同的微观表现。组织善治的标志：就学术而言，是充分的学术自主和学术自治，这是自然系统组织观在学术领域的折射；就行政而言，是效率的充分化和组织绩效的倍数增长，这是理性系统组织观在行政领域的表现；就政治而言，是大学与政党在政治目标上的契合，是党的领导在高校的全面展开，这是开放系统组织观在政治领域的微观特征。从综合的组织观和权力三角协调的视角看，组织善治的基础超越了学术、行政与政治三分的视角，而指向权力的协调和平衡，以至"和谐"。一般认为，这种和谐的实现是实施共享治理（shared governance），但也有学者认为共治并非大学最有效、最合理的治理模式，应该实行"分治"（independence governance）或"并治"（parallel governance）。此二者的区别在于，前者在宏观上指向大学、政府和市场的三角协调，在微观上则指向大学内部权力的平衡与协调，但一般不存在一种主导权力；后者强调学术和行政横向分开，实施学术治学，行政治校。就理论层面而言，其不失为两种理想的模式。但问题在于，大学治理的日常逻辑和综合的组织观告诉我们，大学内部决策的主要精力必须关注重点领域，而每个重点领域的决策都将有一种权力来主导。以我国大学治理中"三重一大"的决策为例，在多数情况下，政治权力在其中所起的作用是主导的。此外，在横向上切割学术与行政，虽然在理论上具有可能性，但实践中则因大多事务均交织在一起，使得清晰切割十分不易。

结合大学组织性质的多元模式和权力三角模型，我们尝试跳出共治与分治的争论，提出关于大学治理的协调机制的理论构想（模型）。该模型有三个协调层面：纪律建设、德治礼序和权力配置。我们在学术、行政和政治三个层面讨论其中的关键性治理实践，在这些关键性治理实践中，都存在相对明晰的主导权力。纪律建设是或隐或显的，相对正式的组织治理范式；德治礼序是符号性、象征性的，相对非正式的组织治理范式；权力配置是大学组织内部常规的、权力三角所揭示的大学组织的组织治理范式。三者均具有开放系统的特征，与外部环境充分互动。

三、大学治理协调机制的理论构想

大学治理协调机制的根本目标是实现大学善治。在政治学话语体系中，善治即公共利益最大化的治理过程，其本质特征是国家与社会处于最佳状态，是政府与公民对社会公共事务的协同管理。就大学善治而言，外部表现为国家与大学处于和谐的关系状态，体现在和谐的府学关系和资源配置模式；内部则表现为权力三角的交互协调。据此，现代大学治理的协调机制模型如图6-1所示，在与外部环境协调互动的情况下，协调机制模型刻画了实现大学善治的几个关键要素：纪律建设、德治礼序、权力配置以及组织中的人。下面对各协调元素做简要的论述。上文已经对大学组织性质的综合视角和权力三角模型进行过较为系统的论述，以下不再展开。

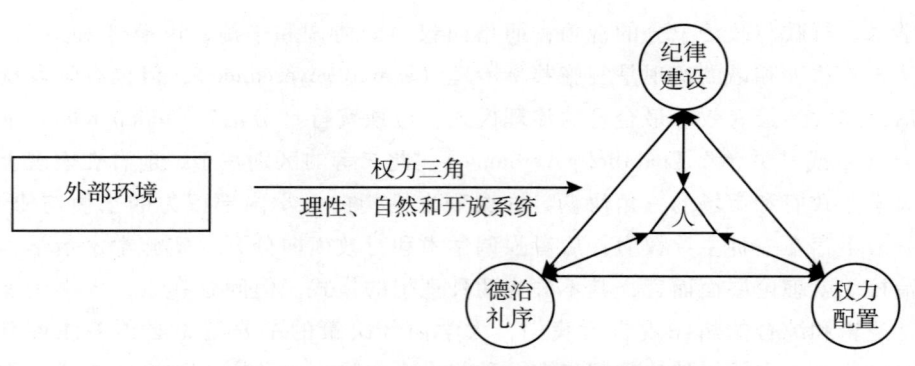

图 6-1 现代大学治理的协调机制模型

（一）外部环境

外部环境是大学治理协调机制的先导，是大学治理协调机制所面对的客观情境，包括特定的物理、技术、文化、社会和国际情境等。不与外部环境相适应的组织与治理的协调机制，是不具有生命力的。治理研究领域有颇多外部环境分析的工具，如波特的五力模型、制度理论的组织合法性来源、资源依赖理论等。结合这些工具和中国大学外部环境的特征，我们认为，最重要的两个外部环境要素为：全球化和国家治理改革。前者涉及大学发展的全球背景，具有大学治理协调的共通性特点；后者涉及中国大学治理的国家治理改革情境和中国大学与外部资源互动的最重要关系（府学关系）。

1. 全球化与反全球化

大学治理最重要的外部环境之一是全球化。目前，全球化在世界范围内表现出两极化特征：一方面，一股反全球化浪潮正暗流涌动。其核心表现是以美国为首的"美国第一"原则，宏观表现为美国退出"跨太平洋伙伴关系协定"（TPP）和联合国教科文组织，在世界范围内发动贸易战等方面。在反全球化的暗流中，缺乏国际体制性的有效约束，必然导致"以邻为壑"的极端政策和民族国家间的恶性经济竞争，而且会恶化国家间的政治竞争。大学自然难独善其身。另一方面，与此相对应的是中国坚定不移的改革开放策略和新全球化主张，党的十九大报告提出"实施共建'一带一路'倡议，发起创办亚洲基础设施投资银行，设立丝路基金，举办首届'一带一路'国际合作高峰论坛、亚太经合组织领导人非正式会议、二十国集团领导人杭州峰会、金砖国家领导人厦门会晤、亚信峰会。倡导构建人类命运共同体，促进全球治理体系变革"。

两种迥异的全球治理框架，影响着全球背景下的大学在理念上的内在张力，大学治理的价值排序出现分歧。简要而言，"反全球化"的逻辑总体上是指向本土的、封闭的；"全球化"的逻辑总体上是指向国际的、开放的。就治理的协调而言，其关键点在于大学将主要嵌入全球化框架还是反全球化框架。二者的区别在于，大学的宏观治理理念是否能够从维护全人类共同命运的视角出发，是否为促进公平正义、合作共赢的世界秩序做贡献。从微观来看，这将影响大学在理性、自然和开放系统中的组织边界，影响大学在权力三角协调中采取的核心理念：究竟是零和博弈还是互利共赢；又能否"和而不同，各美其美"。因为协调在本质上而言乃是要谋取共同利益，实现各方利益的最大化。

2. 国家治理改革与府学关系

大学治理最重要的外部环境还包括国家治理。党的十八大以后，党的治理和国家治理进入"新时代"，开展了一系列治理改革举措。例如：加强党的统一领导，强化中央最高权威；确立"习近平新时代中国特色社会主义思想"，更加强调政治意识形态的引领作用；全面深化改革，系统推进国家治理体系和治理能力的现代化；全面从严治党，加强纪律建设，营造全新的政治生态；推进中国特色，在中国传统和治理实践中凝练经验；等等。

在此背景下，嵌入国家治理改革的大学治理实现善治多了几个维度的衡量：一是大学纪律建设的具体表征，其核心是大学学术、行政和政治秩序、大学的价值排序和三方权力的监督机制；二是中国特色现代大学的治理机制，其标志是以德治礼序为核心的中国文化的治理意蕴和当代转换；三是党的领导在高校的贯彻落实情况，其核心表征是党委领导下校长负责制的实施状况，这是大学权力配置方面的重点之一。

除了需要考虑大学治理在国家治理层面的微观表现外，还需要从开放系统视角进一步审视模型适切性。由于中国大学的资源核心提供方是政府，大学最重要的外部关系就是府学关系。因此，在协调机制模型的各要素中，政府都具有一定影响力。此外，无论是纪律建设、德治礼序还是权力配置，其后面的底层逻辑都是人的观念与行为模式，因而组织中的人居于协调机制的核心位置，具体将在后文进一步论述。

（二）纪律建设

大学纪律建设源于国家治理改革的实践经验及其超越，主体目标是应对组织失败现象。根据权力三角理论，其又细分为学术纪律建设、行政纪律建设和政治纪律建设。学术纪律建设是贯彻学术纪律的具体路径，其面对的主要是学术失范；行政纪律建设是落实行政纪律的实践方略，其面对的主要问题是行政人员的行政失范行为和行政规章异化现象；政治纪律建设是规范大学的政治权力、规制大学内部各类群体和个体政治行为的现实做法，大学内党的纪律建设是其不可或缺的组成部分。在操作层面，大学纪律建设形成了"个体/组织"与"观念/行为"的二维矩阵框架。

1. 学术纪律建设

学术纪律建设应对学术中的组织失败现象，其最主要表征是学术失范。目前学界认为学术失范的主要原因在于"个人"和"环境"两个层面，可用勒温（Lewin）的拓扑心理学理论加以描述：行为是环境和个性的函数，即 $B = f(E, P)$，前者是指涉及个体学术道德缺失，后者是指涉及学术规范供给不足。但若从系统论的视角考察，道德并不能解释失范现象，学术规范供给也不是解决问题的根本策略，因为长期来看其会将"道德行为"转化为"循规行为"。根本解决方法在于通过构筑学术信任，进而建立学术信仰回归的路径。面对学术共同体价值认同相对缺失的情况，须先将惩戒措施树立起来，将学术纪律"挺在学术规范的前面"，加大学术失范的惩戒力度，在这一过程中，学术信仰会逐步回归；待经过该阶段后，须由学术共同体自身接棒学术纪律建设，将学术纪律转化为道德自律，重回学术价值认同。

学术评价改革是学术纪律建设的"牛鼻子"。学术纪律建设意味着从系统角度重新审视学术评价，明确其对大学治理的影响。学术评价机制越合理，学者的组织承诺感就越强，就越能推动大学治理实现善治，从而进一步建立更为合理的评价机制，反之则相反。当前学术评价面临两大问题：对于学术评价权下放到学院的高校而言，学术评价往往产生学科矛盾，导致学院层面的教授委员会成为众矢之的；而对于学术评价权未下放的高校而言，学术评价中会存在行政权力压制学术权力的情况。通过构建多元主体参与的学术纪律执行委员会进行学术评价工作，是学术纪律建设的一个实践构想。

2. 行政纪律建设

行政纪律建设解决的突出问题是行政人员的失范行为和行政规章制度的异化现象。大学的组织性质决定了大学的基层学术单位之间的联系性比较弱，彼此之间分享不同的学术文化，因而仅通过学术本身构建组织承诺存在一定难度。大学教师的组织承诺感的相当重要的一部分就来自与行政人员的互动，以及在整个大学治理过程中体现的存在感和价值感。这方面的突出案例是香港科技大学。孔宪铎指出，科大之所以迅速跻身世界一流大学，有一个重要的秘诀就是"以人为本"，即"延聘一流人才，并使他们快乐"。换言之，就是塑造一流教师的组织承诺感，建构他们的共同理想，让他们愿意付出，对组织忠诚。

行政纪律建设强调三个方面：一是推动构筑"服务第一序"的动态大学行政纪律，并辅以相应的微观变革方式；二是创建大学学术、行政与政治的沟通机制，进一步推动不同权力主体之间的协调和对话；三是以行政纪律建设引领组织共同体建设，推动构筑组织的"事业共同体"和"命运共同体"。

3. 政治纪律建设

政治纪律建设解决大学在政治方面面临的组织失败现象，其最突出表现是高校政治权力的缺场与异化。国家层面的大学政治纪律建设实践表现为高校的政治巡视。第十八次第二轮巡视揭示了高校在政治纪律方面存在的诸多问题，通过对29所高校的巡视反馈文本分析发现，以下问题较为突出："四个意识"落实不到位（29次），意识形态工作责任落实不到位（25次），政治生活不严不实（24次），党委领导下校长负责制贯彻不力（23次），选人用人存在问题（23次），党的领导弱化（15次），基层党建存在问题（15次），纪委执纪不严（12次），关键领域具有廉洁风险（12次）等。

加强政治纪律建设为解决这些问题提供了实践路径，是大学治理应对外部环境的必然选择。首先，需要旗帜鲜明地把政治纪律在高校内立起来，形成政治失范的常态预警和监督基础；其次，需要将大学党建与大学的组织特性结合起来，以避免其走向形式化；最后，建立人事退出机制，保障大学的政治氛围风清正气。

（三）德治礼序

德治礼序出自王岐山同志在中纪委第四次会议中的讲话，是对中国传统儒家文化和国家治理的精练总结。其可概分为德治和礼序两个层面，前者与法治相对照，是国家治理的重要组成部分；后者涉及个体行为与身份的协调和各类仪式的礼序特征，是中国传统社会的核心理念之一。在当代情境中，德治礼序涉及中国特色、国家文化的现代传承与转化、政治仪式的治理等功能，在当代中国治理中发挥着文化引领和精神塑造的重要作用。从权力三角角度看，在学术层面，德治礼序主要涉及学术道德和学术仪式的治理意蕴；在行政层面，其主要涉及行政结构、行政身份与行政道德；在政治层面，其主要涉及政治仪式的现代和未来功用及其对大学治理的影响。依据组织性质分析的关键性原则，下文主要从仪式方面做相应展开。

1. 学术仪式的治理意蕴

大学的仪式主要包括学术仪式和纪念、庆典类仪式以及政治仪式。学术仪式涉及的内容较为庞杂，主要包括学位授予仪式、各类学术象征的奖励仪式（如先进教师的评选、一流学术成果的发布、新晋研究中心的成立等）以及各类学术会议所表现出的等级结构等；庆典类仪式包括开学典礼、毕业典礼等，一般具有周期性或即时性特征；政治仪式涉及党的领导在高校的仪式化，包括一系列中央精神的学习活动，在党员教师内部，包括党员宣誓、党建活动等。

从功能上看，仪式属于社会与文化规范范畴，具有组织身份认同与组织凝聚、道德教化与价值认同、历史传承与文化传播、情绪体验与情感升华等多方面功能。在组织层面，学术仪式在塑造大学的学术文化、识别教师的学术身份、增强教师的学术认同等方面具有重要作用，是大学理念在具体学术仪式活动中的具象表现。

学术仪式的治理意蕴体现在仪式背后所隐含的象征性权力和学术身份规训。通过学术仪式构建大学组织内部隐性的学术秩序和特定的学术文化，隐含着高校内部学术权力和学术资源配置的逻辑。但学术仪式的治理意蕴日渐式微，其宏观表现为高等教育的经济主义倾向，微观表现为绩效逻辑下大学组织中的学术文化困境，从而引发了学术的"待价而沽"。这在本质上而言消解了学术仪式作为社会文化规范的治理功能，而将治理的主导逻辑推向"市场"。其危险在于，学术"市场"又是不完备的，大学的资源依赖特质决定了其内部学术所倚重的"市场"具有公共性，强制且无序的"市场化"无疑会带来公共资源的配置错位，进而造成组织在内外部环境的价值冲突，使治理失调。

2. 行政科层的身份认同

高校在行政层面的仪式较少，德治礼序多体现在行政道德和行政身份方面。行政道德涉及公德和私德两个方面。公德是行政群体道德，体现为显性或隐性的行政规范，与组织层面的行政纪律建设有联系；私德是拥有行政身份的个体的行政道德，体现于个体的观念行为之中，与个体层面的行政纪律建设有联系。行政身份涉及行政群体的身份认同，只有拥有明确的身份认同，才能促进和保障行政纪律建设的推进。

大学内部的行政身份拥有理论和实践两张"画像"。理论上的行政人应以服务逻辑为主导，实践中的行政人则以管理逻辑为主导。两种截然不同的行政逻辑既是组织内部"行政化"的诱因之一，也是其具体表现。行政纪律建设刻画了以服务逻辑为主导的行政纪律，其贯彻尤其需要抓住德治礼序中的关键人物：大学的主要行政领导。在强调其卓越领导的同时，需要进一步深化其道德领导力和仆从领导力。在组织层面丰富大学制度的道德内涵，尝试在群体心理层面建构大学的道德赏罚机制，形成组织信任。

3. 政治仪式的未来功用

习近平在党的十九大报告中反复强调"新时代"一词达37次，这标志着一种典型的政治时间更新。前文概述了这种政治时间更新的具体实践，但尚有一个领域未曾细究，即政治仪式。政治仪式在政治时间更新中具有双重作用：一是促进作用，强调新变化的效果；二是防范作用，抵抗与传统断裂和前景不明的风险。政治仪式在大学治理中的作用尚未受到重视。在大学治理的情境中，政治仪式以或隐或显的方式影响治理结构。其微观表现包括学习中央系列讲话、精神的集体会议和活动,高校党建活动的进一步强化,进一步开展高校政治巡视等多个方面。

从功能上看,政治仪式旨在强化党对高校的领导,进一步落实和完善党委领导下的校长负责制,并进一步增强高校教师的政治认同,整合高校的政治意识形态等,这些都是政治权力依托政治仪式的具体化显现。中国大学治理的权力三角表明,政治仪式业已成为中国大学治理必须考察的重要组成部分。但通过对大学党建的实质效果和教师评价的研究发现,高校的政治仪式存在形式化风险,并有可能带来深刻的治理危机。换言之,大学政治仪式中存在泛政治化、泛仪式化倾向。这一方面受大学教师时间的稀缺性影响,另一方面是由于大学治理的制度逻辑存在差异。如何从国家治理的政治仪式中进一步阐释和发挥其在大学治理中的影响,发挥政治仪式在大学治理风险防范中的未来功用,还需要细致研究。此外,大学主体对政治仪式的解释也影响政治仪式的治理效用,如何协同政治纪律建设开展政治仪式是另外一项重要议题。

(四) 权力配置

权力配置是大学治理讨论中涉及最为广泛和深入的话题,其中关于学术权力和行政权力配置的讨论最为丰富,也被学界认为是大学治理的核心。权力配置涉及横向与纵向两个维度。从中国大学的主体治理结构看,纵向权力配置主要是指校、院(包括部、系、中心等)两级的权力配置,横向权力配置主要是权力三角所揭示的在校、院层面的学术、行政和政治权力配置。鉴于此,高校权力配置可以用一个三维坐标系来表征(如图6-2所示)。三条轴线表示学术、行政与政治三种权力,坐标轴的内部是学院,外部是学校,共同形成了权力配置的立体嵌套模型,虚线内框揭示了学院层面的横向权力配置,实线外框揭示了学校层面的横向权力配置,而两框之间的交互空间则表征了校、院两级纵向权力配置和学院与学院之间横向权力配置的情况。但在高校具体的人、财、物、事等权力中,往往很难在横向上将三种权力完全分开,且学院之间的横向权力配置涉及高校内学科布局、组织规划和人力资源等多方面复杂因素,不在此详细考察。根据组织性质分析的关键性原则,现仅从每种权力配置中的核心权力及其关键问题做简要论述,涉及校、院纵向权力配置的问题也多从一般意义上的学院进行讨论。

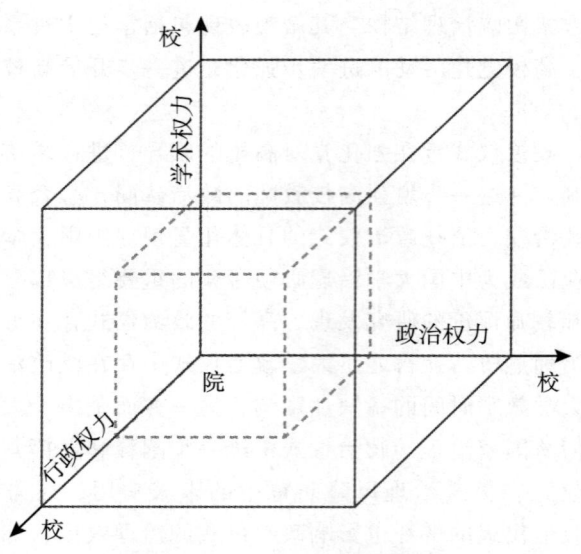

图 6-2　大学权力配置模型

1. 学术权力配置

学术权力的核心是学术资源的分配权和学术评价权。前者涉及学术方面的经费、人事以及相关方面的自主权；后者涉及学术共同体。在学院层面，领导体制法定为院长负责制，在具体的治理实践中也较少有学院层面书记与院长的权力纠葛，一般院长行使的行政权力更多，学术权力则由学院层面的教授委员会行使。总体来看，学院层面的横向权力配置是较为清楚的。在学校层面，学术权力的横向配置主要表现为学术委员会建设的情况；纵向学术权力配置的模式类似于"发包制"，校级层面会在整体上对资源进行调配，将人、财、物等资源"打包"授权给学院。

前文从学术纪律建设的角度讨论了学术评价在大学治理中的重要性，此处主要从学术权力配置的角度讨论学术委员会在学术资源分配中的重要性。此外，教师参与学术治理中的话语权也是学术权力表达的重要方式。学术委员会在我国的大学中具有法定地位，但事实上其承担的功能及其建设路径都尚处于初级阶段。如何让学术委员会在学术资源分配和大学的学术治理中发挥效用而不虚置？将学术委员的"胜任"和教师参与的"民主"结合起来是一条实践进路。具体而言，关切学术委员的学术领导力和学术胜任力，增强教师在学术事务中的参与感和参与度，确保教师在学术事务中能够在规范的框架下拥有较为充分的自主权，那么学术权力配置就达到了一种理想状态。

2. 行政权力配置

行政权力配置的前提是行政与政治的理论划分。关于行政与政治的分野缘起德国，在美国结出果实。古德诺在国家治理层面概论了行政与政治的区隔：政治是国家意志的表达，行政是国家意志的执行。换言之，前者为政策制定权，后者为政策执行权。但行政和政治不分在我国大学中具有一定的历史和实践渊源，导致大学治理过程中存在"双头政治"，形成了"双子权力系统"。行政权力的纵向配置在大学治理实践中具有科层制的基本特征，类似企业管理中的"直线职能制"和"事业部制"。按照业务类型分配行政权力在一定程度上提高了组织效率，但其缺陷在于，学院往往面临"多头领导"，造成行政冗余和资源浪费。这涉及组织结构的布局和协调以及行政人员的专业化问题，一般属于技术性问题，较容易获得改善。

行政权力配置的难点在于学校层面的横向行政权力配置，主要涉及党委系统和行政系统在行政权力上的决策权，一般表现为党委会和校长办公会的决策权。在这个意义上，中国大学的行政权力配置模式有几种表现：一是延续式，即校长办公会的决策议题上党委会继续讨论决策；二是取代式，即校长办公会和党委会二会合一，进行主要决策；三是分工式，党委会和校长办公会一般有不同的决策领域，遇到重大问题再进行合议；四是双头式，即党委会和校长办公会各行其是，形成两套决策系统。从中国大学的治理实践看：前两种模式容易带来治理风险，导致治理腐败；最后一种模式则会带来巨大的组织冲突，让学校沦为权力斗争的场所；模式三是一种较好的选择，纪律建设和德治礼序正是推动和促进这种行政权力配置模式的重要方式。

3. 政治权力配置

政治权力是指高校所有人基于国家或社会整体发展的需要而对高校决策所形成的各种影响力。纵向上看，政治权力配置是超越组织边界的，主要涉及国家与大学的关系、国家发展与大学发展的关系，校、院两级的政治权力配置则主要体现在高校内政治系统的组织结构之中。横向上看，学院层面一般不存在明显的政治权力配置问题；在学校层面，政治权力与行政权力配置有交叉，主要是由于党委会和校长办公会的人员交叉以及存在大学政治与行政结构中"一套人马、两块牌子"的现象。

政治权力配置的核心在于，要在国家控制和大学自主间保持必要的张力。一方面，要着力避免"政治家提出政策，官僚们管理，教授开展工作"的极端控制模式；另一方面，要注意保持国家与大学在总体利益上具有一致性。就大学的外部而言，政治巡视既是政治纪律建设的途径，也是通过政治权力理顺国家与大学关系的必要治理方式。从大学内部来看，高校党委会是贯彻党的教育方针的有力组织，是高校发展政治性方向的有力保障，是确保高校为国家建设发展服务的组织保障。政治权力配置强调对重大事项的最终决定权，但因其具有重要影响力，必须以强力的政治纪律建设加以监督,并通过政治仪式内化到高校的日常生活。

(五) 组织中的人

无论是纪律建设、德治礼序还是权力配置,其背后的主体都是组织中的人,尤其是组织中人的观念、行为和习惯。人的目的是最高原则,考察组织治理绝不能缺失人这一维度。就交互层面而言,人既受到纪律建设、德治礼序和权力配置边界的规范和影响,同时也在形塑着三者的理念与实践。在理性、自然和开放系统的组织视角中,组织中的人既是身份人(表现为与身份高度契合的组织人、学术人、行政人和政治人),也是理性人(表现为重视利益算计的经济人)和非理性的人(表现为"常人")。从这些人性假设看,组织人与组织的利益相一致;学术人近乎组织中的"自由人",倾向于奉行抽象的原则,但对具体的规则常常持批判态度;行政人是大学内部的"公务员",其社会影响来自职位;政治人钟情于利益的博弈,看待组织命运与发展往往更多从资源、权力、时代背景等方面切入;理性人则表明当利益分配的公平感受到挑战时,会投入到物质利益的算计中来;常人则表达了人的整全,人从整体上把身体、情感、行动和习惯都整合到组织之中。其中,常人逻辑又是组织中人的常态。如果纪律建设、德治礼序和权力配置对人在组织中的日常生活不能产生影响,也不受人的塑造,最终必将归于虚妄。

(六) 小结

通过对大学治理协调机制各要素的简要分析,可以看到其内部复杂的动态关系及相关元素之间的交互影响。在不同的治理情境中,纪律建设、德治礼序和权力配置既有相对清晰的边界,又往往交织在一起。总体而言,纪律建设主要起显性规范、权力监督和价值引领的作用,德治礼序主要起社会规范和文化影响的作用,权力配置则关乎大学内部权力的边界、运行与博弈。但无论是何种元素,其最终都依归于组织内一个个具体的人的观念、行为与习惯之中。因此,协调机制的核心就在于,如何通过纪律建设、德治礼序和权力配置三者的协调运行进而实现与组织内的人的协调。

四、结语

限于篇幅,本书仅从基本框架层面提出了现代大学治理的协调机制模型,并对其进行了初步讨论。这一模型的重要意义在于提供了实现大学善治的一种综合的理论视角，并提供了相应的实践路向。纪律建设和德治礼序是以往大学治理容易忽略的两个重要方面，但在中国的情境中，二者在大学治理中具有重要价值：一方面是彰显中国特色的重要元素，另一方面又是实现大学善治所不可或缺的。从协调机制模型看，大学治理的失序往往体现在纪律建设、德治礼序所面临的困境和权力配置所处的迷局当中，其背后的本质往往忽略了人在治理中的主体地位，而代之以制度、激励、控制等方式。这是缺乏系统的协调观的表现。真正的大学善治在学术、行政和政治方面的整体特点应当是和谐。学术的和谐意味着学术评价的公正、学术承诺的提升、学术文化的彰显以及学术权力的表达；行政的和谐意味着"服务第一序"行政观的普及与落实、行政身份的认同、行政管理所促成的组织承诺以及行政权力的规范运行；政治的和谐意味着政治权力在高校有着明确的定位，政治将大学与国家的命运联系在一起。协调机制所促成的和谐治理状态还不限于此，还应当表现为学术、行政与政治三者的和谐。这种和谐以人为基础，并始终权变地处于纪律建设、德治礼序和权力配置的动态变换之中。

第二节　现代大学治理的理想类型与协调机制：高等教育史的视角

理解现代大学治理结构的复杂性必须认清和把握大学治理当中权力、纪律与文化的角色与功用。从历史实践来看，三种要素的不同配置在高等教育史上留下了三种不同治理模式，即权力主导型、纪律主导型和文化主导型。然而在当下来看，任何一种模式都因其固有的局限而无法实现现代大学的使命和目标，最终的路径必然是三者的有效整合。因此，现代大学治理必须通过加强不同治理手段间的协调机制建设，由治理走向善治，从而实现大学治理与大学使命的统一。操作上，要改善权力配置，促进利益协调；加强纪律建设，促进目标协调；重视文化治理，促进价值协调。

现代大学治理正在成为一项愈加复杂的工程。这一复杂性趋势既体现为外部治理关系的复杂化，也体现为内部治理体系的复杂化。在此背景下，单一的治理思路往往都难以关照到所有矛盾与利益相关者诉求，治理结构的复杂性与相对单一的治理思路现实之间存在一定矛盾，从而可能导致大学治理偏离理想的轨迹，因此我们迫切需要建构一种整体的治理思路。

从现实来看，当下的大学治理实践也着实缺乏一个总体的、均衡的治理结构，从而衍生出了各类问题。一直以来，中国大学治理的变革实质上遵循的是一种问题导向的思路。换句话说,绝大多数的制度改良与新治理策略的提出都是以解决某一突出问题为动因的,而缺乏一种理念在先的治理体系设计。① 这一逻辑明显是被动的,而且容易因着眼于局部问题的解决而忽视治理结构的整体性,从而产生新的矛盾。那么在此背景下,是否能从整体出发,建构一种整体的协调机制,掌握大学治理体系建设的主动权呢?解决这一问题的前提是要破解和开启中国大学治理的这一"黑箱",从复杂的治理表象之下认清主要动因和运行逻辑,明晰和解构中国大学治理的层次与本质。

一、权力、纪律与文化:大学治理结构的一种解构思路

治理本质上可以理解为通过对一定组织内部成员的约束保障和实现组织利益的过程。英语中的治理(governance)一词原意是控制、引导和操纵。其根据约束对象与治理主体的比例差异具体可分为三种类型:一是约束大多数人以实现少数人的利益,这一模式主要表现为专制或暴政;二是约束少数人来实现多数人的利益,现实中的表现为民主政体,如中国国家性质中的人民民主专政;三是约束对象也是利益实现对象,这正是现代社会共同治理、多元治理的显著特征。

在组织内外部环境日益复杂化的背景下,治理的内涵也在不断延伸,但这并不意味着其本质的改变。大学治理结构是建设现代大学制度的基石,是特定时期大学外部制度环境与内部组织关系共同作用的结果,也因此具有明显的历史性与民族性。2010 年,《国家中长期教育改革和发展规划纲要(2010~2020 年)》明确提出要完善中国特色现代大学制度,完善治理结构。一般而言,大学治理结构在范围上有内部治理结构和外部治理结构之分。外部治理结构说到底是国家政治结构、社会结构在大学组织结构上的投影,② 其核心是大学与政府、社会之间的关系与角色问题。内部治理结构从不同的角度可分为权力结构、利益结构、制度结构、人员结构等类型。

大学治理结构有有形的、静态的(如部门设置、人员构成、政策文本),也有无形的、动态的(如权力配置、利益冲突等)。不同的切入视角会呈现给研究者不同的画面。事实上,理解大学治理结构尤其是中国大学治理结构应当超越大学内外边界之分,把外部制度环境尤其是政治环境与文化环境充分纳入考量。这两大因素是塑造中国特色大学制度和文化的关键要素。本书从整体的、互动的且

---

① 尽管教育部门曾出台整体性的教育中长期发展规划,但在具体领域的治理思路似乎并不明确。
② 龚怡祖:《大学治理结构:建立大学变化中的力量平衡——从理论思考到政策行动》,载《高等教育研究》2010 年第 12 期。

充分考虑和结合中国特色制度与文化背景下的治理结构着手,关注大学治理结构中的三大动因(或手段),即权力配置、纪律建设和文化治理。

作为大学治理的手段,权力、纪律与文化的功能在本质上具有一致性,但在层次与程度上存在差异。这一差异体现在两个角度:第一,三者对人的约束力不同。从权力、纪律到道德,是一种由硬约束到软约束的转变。权力具有强制性,文化是"润物细无声"的存在,纪律居其中。第二,从自律到他律、内力到外力的区别。毫无疑问,权力是一种他律的手段,文化的作用力则会转换为个体精神道德的提升,体现为个体的自律。纪律兼有二者的特性。一方面,从集体或共同体的角度而言,纪律是一种自律手段,也就是说纪律的制定者与约束对象往往一致,都是组织成员;另一方面,从个体角度看,纪律也是外部约束,是一种他律手段,一旦成为共同体中的一员,就要遵守纪律的规定。当然,此处的约束是价值中立的,约束的对立面是自由,现实当中无论自由与约束都是有限度的,也可以说任何的治理都是旨在实现一定范围内一定程度的自由秩序。在大学现代学治理结构当中,权力、纪律与文化扮演着不同的角色。

(一) 权力配置是大学的生命,也是现代大学治理结构的核心

从大学的发展史来看,中世纪大学的诞生本身就是一个漫长的权力(特权)斗争与追逐的结果。由最初的居住权到司法权、罢课权以及学位授予权,一系列特权的获得使中世纪的学者行会最终发展成为大学组织。可以说,没有外部特权的授予和保障,就没有中世纪大学组织的产生。尽管在中世纪后期大学特权被相继废除,但组织制度与理念在后世得到了延续。

大学的权力配置模式在一定程度上决定了大学的治理模式。如今,有学者认为大学内部主要存在政治权力、学术权力、行政权力和民主权力四种权力,① 也有重点关注学术、行政与政治三大权力关系的。② 无论哪种划分思路,共识在于都主张不同权力的运行与协调是保证现代大学组织存在与发展的根本动力。

在各种权力类型当中,学术权力是大学组织的特有属性,是大学学术自由和自主办学传统的基本保障。从历史的角度来看,尽管不同阶段不同地区的大学组织的形态与类型经历的复杂的变迁各有不同,但学术自由似乎是一切大学共同追求的目标。学术权力的独立运行需要合理的权力配置结构作为保障,在以多元、巨型为普遍特征的现代大学当中,权力类型多样、权力结构复杂。在此背景下,

---

① 秦惠民:《我国大学内部治理中的权力制衡与协调——对我国大学权力现象的解析》,载《中国高教研究》2009 年第 8 期。
② 周作宇、刘益东:《权力三角:现代大学治理的理论模型》,载《北京师范大学学报》(社会科学版)2018 年第 1 期。

建立适当的权力配置机制显得更加重要。

事实上，抛开大学组织的特殊性，从权力的普遍功能上看，在政府部门、公司企业乃至任何组织当中，个体利益需求的不一致性决定了个组织成员难以自觉服务于集体利益和组织发展，因此必然需要权力的支配来维持组织的有效运转与发展。尤其是在资源稀缺背景下，权力配置的科学性就显得尤为重要。因此，权力配置不仅是现代大学治理的核心，也可以说是一切组织运行的动力来源与秩序保障。

（二）纪律建设是组织共同体团结的纽带与凝聚力的源泉

纪律一般是指为维护集体利益、保证组织秩序而要求成员必须遵守的规章、条文，是秩序实现的又一手段。纪律的具体特征与内容因组织目标不同而异。但是大到党的纪律，小到学校纪律、课堂纪律，纪律的效力范围总是以某一组织边界为边界的。

纪律的约束力遵循的是共同体逻辑。共同体逻辑是中国现代大学内部治理结构的核心。大学组织本身就是一个共同体，赋予大学成员共同的身份、认同与理念。在大学内部，还存在着以党组织为核心的政治共同体、以教学科研人员为核心的学术共同体，以及学生共同体等其他形式。与共同体类型对应，不同的共同体内部因目标不同、主体和规则不同，自然也存在诸如党的纪律、学术纪律、学生纪律等不同的纪律类型，其中尤以党的纪律和学术纪律最为核心。

如今，"党纪国法"是在提及反腐败斗争和党员干部约束时常谈到的高频词汇，我国古代也常用的"法纪"一词表示法律和纪律，可见纪律与法律之间存在密切关联，二者最大的共同之处在于都具有强制性约束力。但我们常讲"把纪律挺在前面"，显现出党的纪律比法律有着更高的要求，而法律是底线。当然，法律和纪律在约束力和适用范围上的区别也很明显，法律以强大的国家机器为后盾，其权威至高无上，对全体国民都有无可比拟的约束力；而相比之下，纪律则以特定的组织目标和共识为依据，约束范围仅限于组织内部，效力自然也是在法律之下。

近年来，加强党的纪律建设成为全面从严治党的重要手段。习近平同志在党的十九大报告中强调，要坚定不移全面从严治党，不断提高党的执政能力和领导水平。在高校，党委领导下的校长负责制这一制度设计决定了大学党建是全党纪律建设的重要组成部分。再加上大学肩负着培养社会主义接班人的特殊使命和落实立德树人的根本任务，加强高校思想政治教育和党组织纪律建设显得更为必要。

学术纪律是当前高校另一核心纪律类型，也是大学组织区别于政府、企业的特殊性所在。一方面，学术共同体的内部秩序需要纪律作为保障，学术乱象与学术不端等行为需要严格的学术纪律加以约束和整治。大学作为学者共同体，只有学者才能评判学者，因此必须是独立、自治的。另一方面，正是由于当前高校学术纪律"存在感"不明显，责任不明确，执纪不严格，从而给行政权力干预学术事务提供了可乘之机。因此，大学学术纪律建设亟须提升和完善。当然，学术纪律建设不只是制度建设问题，还包括纪律文本、执行与申诉一体化的体系建设。

（三）文化道德是大学精神的高地，也是大学治理的稳定剂

个体是文化的创造者，也常常被文化所塑造。如果把社会分成政治、经济和文化三大系统，大学无疑归于文化系统。① 大学之所以伟大，原因之一是社会始终都期望和相信大学之神圣。② 大学文化不仅使大学本身变得高雅、神圣，也在有形无形当中影响着地区、国家乃至更大范围内的人类文化。从今天来看，世界范围内的大学共享文化事实上都来源于少数杰出大学的贡献。

大学文化的核心或最高尚的部分当属道德礼仪及其传承机制。英国近代高等教育形成了独特的绅士教育传统，强调道德法则、荣誉法则和责任法则。③ 与之同时期的意大利贵族教育、法国宫廷教育都把以人文主义为核心的自由教育与道德礼仪之学作为核心教育内容。必要的仪式既是对教育生活的诠释，也是对教育生活的超越，其独特的人文魅力使教育本身更具感染力。④ 尽管从大历史观来看，作为教育理念的人文主义和道德实践只占了欧洲大学史的一小部分，但与面向职业的实用科学教育相比，这一导向为后世的大学理想设定了旨趣，使"象牙塔"永远成为大学精神的一种寄托。

与欧洲大学相比，传统中国土壤上并未生长出大学这一组织形态。但无论是作为官办高等教育的太学，还是民间兴起的私学与书院，中国传统的高等教育机构在教育内容、学校理念上都把倡导礼仪道德的儒家思想作为核心。在学校之外，这一传统对引领中国传统道德文化的传承与弘扬做出了重要贡献。

无论是西方历史上的贵族、绅士教育，还是古代中国知识分子的教育目标，把内在的个人道德通过外在的礼仪和行为彰显是二者的共同之处。前者在很大程度上培养了欧洲贵族的品质，赋予了西方大学精神的向往，后者成为中国知识精英的楷模。自大学产生之时，就与理念和精神绑在一起。如今，文化创新与传承

---

① 眭依凡：《大学的使命与责任》，社会科学文献出版社 2007 年，第 80 页。
② 眭依凡：《大学的使命与责任》，社会科学文献出版社 2007 年，第 194 页。
③ 刘海峰、史静寰：《高等教育史》，高等教育出版社 2010 年版，第 374 页。
④ 董云川：《仪规消退　教育何存?》，载《中国教育报》2016 年 11 月 21 日。

成为继教学、科研、社会服务之后大学的第四大使命,① 但文化道德的功用不止于此。从治理的视角来看,大学文化也在无形之中规制着大学的秩序。与法理制度相比,建立在大学文化认同基础之上的大学秩序具有更强的稳定性,无须强制性约束,便可被组织成员接受并不断沿袭。

精神追求与文化魅力是大学独特的符号,也是社会对大学的寄托。在功利主义、科学教育、职业教育再次成为时代潮流之时,大学能否在变与不变中保持从容,一大关键在于其能否重视并挖掘大学文化底蕴中的治理效力。

二、不同要素主导下的治理模式及其特征

在大学治理结构中,权力、纪律与文化所发挥的作用大小是动态变化的,不同配比会出现不同的大学治理特征。我们通过对已有治理实践的分析与总结,根据三种要素不同程度的凸显,解析出了以下三种大学治理的理想类型。

(一)权力主导型

权力主导型的治理模式,即权力是推动大学治理的核心动因,这一模式的特点通常表现为:高度集权和统一,运行效率高,执行力强,但基层自主性不足。权力主导下的大学治理又可进一步分为外部权力主导型与内部权力主导型。前者主要由国家控制,政府权力直接主导大学运作,而内部权力主导存在不同的表现形式。

外部权力主导型一般存在于集权政府和体制下的大学组织。如近代法国大革命前后,无论是旧政府还是革命政权,都是高度集中的中央集权体制。② 在此背景下,高等教育也体现出高度集权的特征,国家和政府拥有对大学的完全控制。国家主义与大学理念结合,政府意志主导大学办学。当然,近代法国这一模式的形成离不开战乱频繁的外部环境。从效果上看,这样的模式对拿破仑时期法国的强大乃至称霸欧洲提供了重要的人才支持。与之类似,古代中国的高等教育形态事实上在多数时期也是这一模式。太学和书院是两大高等教育组织类型。其中太学历来都是政府部门的一部分,管理者与教师都由政府任命,完全受政府权力节制。书院虽在建立之初有很明显的民办或私立特征,自主性强,但宋代以后也走向官学化,无论是举办者还是管理者都被政府权力主导,原有的民办性质不复存在。

---

① 徐显明:《文化传承创新:大学第四大功能的确立》,载《中国高等教育》2011 年第 10 期。
② 刘海峰、史静寰:《高等教育史》,高等教育出版社 2010 年版,第 335 页。

内部权力主导型主要有以下不同类型：一是大学初创期，由于制度建设不健全，组织共同体建设不成熟，组织文化积淀尚不深厚，因此权力主导成为这一情境下的必然选择。二是创始于近代柏林大学的讲座制度，该制度可以看成是学术权力主导下的治理模式。其初衷在于建立有利于专业和学术发展的制度，作为德国高等教育的一大制度创新，其在很大程度上也促进了高等教育的发展。但这一制度的弊端在于学术权力的过度集中，教授控制整个学科发展，教授的学术垄断严重影响了学术发展。① 三是存在于大学组织追求效率导向而其他治理模式无法实现的情况之下的类型。20世纪60年代，伴随着大学组织的复杂化、巨型化以及企业管理模式的影响，在美国高等教育领域兴起科层制管理。科层制是金字塔形的权力分层结构，管理非人格化，追求效率与服从。尽管批评者从未间断，但该制度也在诸多大学的管理实践中得到应用。

一直以来，学术界关于大学权力配置的目光多集中于一个核心命题，即行政权力的过度发展会抑制学术发展。但事实上，无论是行政权力、政治权力还是学术权力，过度集中的权力配置方式都会对大学组织造成负面影响。尽管一些管理模式短时期内的存在有特殊性与必要性，但无疑不利于学术的长远发展。

（二）纪律主导型

纪律主导型的大学治理，换句话说就是共同体治理模式。这一模式一般需要具备的特征有：较小的组织规模和相对成熟的共同体。

从时间上看，古希腊的学派是早期学术共同体的雏形，而学园则更进一步，已经具备一定的高等教育机构特性，因此一些研究者将柏拉图的阿加德米学园称为世界第一所大学。二者的贡献在于开始让学术活动成为集体行为，学术组织边界初现，组织成员有一定的准入机制，内部具备一些共同价值理念。它们是较早形式的依靠纪律规制和约束的高等教育组织。

到了中世纪，无论是以博洛尼亚大学为代表的学生大学，还是以巴黎大学为代表的教师大学，本质上最初都是一种利益共同体的结合。发端于行会的大学组织，共同利益更加明确，团结更为紧密，学生群体与教师群体选举代表行使权力，当自治权力无法满足需求或受到威胁时，他们团结起来与教会和王权斗争，组织共同体更为成熟。

当欧洲大学模式发展到美国，在传承与创新之间逐渐形成了美国特色的高等教育制度。注重学术共同体治理是美国高等教育的重要理念之一。曾任迈阿密大学校长的米利特是较早使用"学术共同体"这一称谓的学者之一。古德曼的

---

① 刘海峰、史静寰：《高等教育史》，高等教育出版社2010年版，第370页。

"学者社会"也正是出于这种思路。而鲍德里奇等人主张的学院治理模型把大学看成是一个目标高度一致的学者共同体,决策上强调集体参与和协调一致,① 这一主张在美国早期小规模的私立学院也得到实践。

在中国,大学组织共同体不再单指学术共同体,而被赋予了新的内涵,即党组织共同体。这是中国特色党委领导下的校长负责制的表现形式,目的在于引领中国高校办学方向,事实上其在进行高校重大事务决策方面发挥着绝对核心作用。高校党组织的存在和近年来各级党组织建设的日益加强和规范,使得党员师生群体需要在遵守校规校纪之外还必须接受党的纪律约束,这一特征在维持大学治理秩序上有明显的积极意义。

总体上看,纪律手段是与大学组织特征相适应的约束手段。但随着大学与外部互动加强,大学对政府和社会的依赖性逐渐增加,在此过程中,单凭原有的共同体已无法维持大学的生存。此外,纪律约束针对性强,仅限于共同体内部。但是大学师生个体身份的多重属性决定了个体同时具有多个组织身份,这个时候便容易出现个体身份上的组织冲突。此外,组织共同体建设的另一大局限性在于该思路无法解决不同组织共同体之间的协调问题,而当今的大学早已不是封闭的团体。

(三)文化主导型

德鲁克认为管理是以文化为转移的,并且受特定的社会的价值观、传统与习俗的支配。文化在大学的日常运转和治理当中发挥着重要作用,潜移默化之中塑造师生行为是文化治理的最理想类型,也是大学自治的最高境界。

中国古代的学校教育一定程度上是儒家文化与科举文化主导下的教育模式,以科举入仕为现实追求,以儒家道德为精神追求与处世准则。修身、齐家、治国、平天下成为读书人的理想追求。千百年来,这一理念在中国的知识精英阶层产生的巨大凝聚力造就了中国数千年封建政权的稳固与强大。从这一角度来讲,文化对中国人精神的影响早已超出学校教育的范围,成为国家治理理念的一部分。

欧洲中世纪早期的大学实际上主要也是受文化支配的。在教会统治下,大学本身一定程度上就是宗教神学的产物,大学的学科设置和办学目的主要是为教会服务的,教会理念支配大学秩序,尤其在教会实力强大的北欧最为明显。

---

① Baldridge, J. Victor, Alternative Models of Governance in Higher Education. In Marvin W. Peterson, *Organization and Governance in Higher Education*: *An ASHE Reader*. New York: Simon & Schuster Publishing, 1984, pp. 30 – 44.

在美国，有学者早在20世纪70年代便已认识到文化影响大学组织的管理方式和决策实践，对特有的组织文化的理解有助于解释高校治理，[①] 同时开始从大学治理的视角探讨组织文化中的具体符号与形式。佩蒂格鲁认为组织文化是由信仰、意识形态、语言和神话所构成的结合物。[②] 伯顿·克拉克提出了组织传奇的经典论述，认为传奇是一个组织重要的资源，它是由一系列组织信仰和价值结合产生的故事，是组织成员对组织独特成就的共同理解，[③] 传奇能有效保护组织免受外部不良环境的影响，抗拒现代理性的侵蚀，维护组织结构。[④] 马斯兰德重点关注了组织文化中相互关联的四个具体方面，即传奇、英雄、符号和仪式，并在方法上做出了有益的尝试。[⑤] 以上几位学者的共同之处在于都试图把大学组织文化这一抽象概念进行具体化的分解和探究，并且都认识到了组织文化中具体的仪式、故事、符号在大学的实际运转和治理当中发挥着重要作用。

大学治理的本质在于追求更好秩序的实现，因此最理想的治理应当是用最少的约束实现最好的秩序。文化主导型的大学治理模式是一种理想类型，但问题在于过于理想。尽管在一定历史时期内这一模式有存在的环境，但随着近代以来全球范围内高等教育世俗化的趋势，一些传统信仰在人心中的地位下降，取而代之的是科学主义和功利主义的崛起，以文化为尊为序的"象牙塔式"大学组织只能作为一种美好的憧憬。

总体上看，以上模式的总结既是理想类型，也有相应的现实特征作为支撑。三种模式各有千秋，也都在世界高等教育史上留下了各自的印记。权力主导下的大学治理是最具现实主义的模式，纪律主导下的治理模式存在于相对成熟的共同体之中，相比于前者已经有了巨大的进步，而文化治理主导下的大学模式是最高理想。当下的大学治理一定程度上是对过去不同治理模式的吸收、综合与发展。从今天来看，权力、纪律与道德代表着大学治理结构当中三种不同的层次。如果把三者置于现代大学治理内部来看，三种力量都现实地存在且扮演着不同的角色，也皆有明显的局限与不足。毫无疑问，任何一种类型主导下的治理模式在今天来看都不是好的大学治理，但任何一种类型的缺乏都无法实现现代大学的目标，而最终的路径必然是三者的有效整合。

---

①⑤ Masland, A. T., Organizational Cultural in the Study of Higher Education. *Review of Higher Education*, 1985（2），P. 119.

② Pettgrew, A. M., On Studying Organizational Cultures. *Administrative Science Quarterly*, 1979（24），pp. 570 - 581.

③ Clark, B. D., The Organizational Saga in Higher Education. *Administrative Science Quarterly*, 1972（17），pp. 179 - 194.

④ Burton R. Clark, *The Distinctive College：Antioch，Reed & Swarthmore*. Chicago：Transaction Publishers, 1970, P. 234.

三、协调机制与大学善治

大学有优秀与平庸之分，大学治理也有好坏之别。有学者认为，大学治理的本质在于秩序的实现。此种说法虽有其合理性，但事实上，秩序的实现要比治理容易得多，从秩序到好的大学治理之间还有很长的距离，而评判的核心准则就是大学理念与目标是否得到实现。

从管理到治理的转变，本身就是一次质的飞跃，让大学组织运行中的参与主体和权力分配有更多可能和更合理的配置。但治理并不是万能的，任何的治理本身都存在内在的局限性，存在治理失效的可能性。[1] 明确这一点至关重要，有助于我们不断地思索和探寻大学治理的改良路径。

要实现现代大学治理与大学使命的统一，必由之路是从治理走向善治。俞可平认为，善治就是使公共利益最大化的社会管理过程。[2] 这一目标的实现，至少需要两个关键步骤：第一个关键在于科学把握和认清现代大学的治理结构。在多个利益相关者共同参与下的现代大学组织当中，治理结构实质上要遵循大学内在逻辑并与现代社会相契合，重建大学变化中的力量平衡。[3] 一方面，需要打通大学内部治理与外部治理的分割，保持内外沟通机制的畅通，争取最广泛的资源；另一方面，应当打破权力、纪律与道德在大学治理当中角色的孤立，使三者在服务大学组织层面形成合力。

以上目标的实现关键在于大学内外权力、纪律与文化三者间建立的协调机制，这也是大学善治实现的第二个关键环节。大学治理的路径有很多种，但实现大学善治的目标是非常困难的。权力、纪律与文化是任何大学组织运行当中都无法回避的关键要素，需要在给予三者同等关照的同时，在大学使命的高度重新定位三者的角色，赋予其共同而又有差别的使命，促成更加科学、合理的角色分工，这也是协调机制的本质要求。

一是要改善权力配置，促进利益协调。

大学组织结构松散、目标多元、利益相关者众多，理想的权力配置似乎难以明晰。但正是由于利益相关者的利益诉求，把不同的个体聚合到大学这一组织框架之内。利益的实现和分配，自然要落脚在权力配置这一重心上来。

权力界定利益是一切政治生活的本质。在宏观上，要处理好大学外部关系互

---

[1] 俞可平：《治理与善治》，社会科学文献出版社 2000 年版，第 7 页。
[2] 俞可平：《治理与善治》，社会科学文献出版社 2000 年版，第 8 页。
[3] 龚怡祖：《大学治理结构：建立大学变化中的力量平衡——从理论思考到政策行动》，载《高等教育研究》2010 年第 12 期。

动过程中"权力—利益—责任"三者间的关系,进一步协调大学内外权力配置结构,把自主办学、学术自由等原则与履行使命、服务国家与社会发展的要求相结合,实现大学组织利益与国家、社会利益的更紧密关联。从大学内部来看,微观政治是理解大学组织行为不可忽视的一个特殊场域,① 其核心实质上是权力和利益的分配。要在保障学术权力独立运行的同时,把师生与服务人员等群体尽可能纳入相关决策中来,消解不同利益相关者的对立,最大化地实现和协调利益相关者利益,把共同利益导向转移到大学组织共同利益上来。

二是要加强纪律建设,促进目标协调。

一个成熟的共同体必须具备一致的目标和愿景,也必须具备严格的纪律性以保持凝聚力。加强大学纪律建设首先是要强化内部的学术组织、党组织、学生组织等共同体各自的纪律体系建设。以党章、学术委员会章程和学生纪律规章为最高准则和依据,不断规范组织成员的行为和认知,提高对组织目标的认同。对守纪、执纪不严的个人和行为,应严格按照纪律规定进行认定、调查和惩处。

此外,要促成不同共同体目标在大学层面形成共识。加强纪律建设不只是加强各组织内部利益建设,而是要寻求组织共同体间的最大公约数,凝聚最大共识,用大的共同体目标统摄小的共同体诉求,协调好普遍性与特殊性的关系、学术共同体与党组织共同体的关系,最终在大学这一共同体上形成合力。

三是要重视文化治理,促进价值协调。

大学治理与大学文化之间存在一种辩证统一的关系。在一定程度上,有什么样的大学治理就有什么样的大学文化。反过来也可以说,有什么样的大学文化就有什么样的大学治理。

一直以来,在大学治理领域谈治理文化的多,但谈文化治理的少。大学文化对治理本身的积极意义不可否认。大学组织的特殊性决定了文化在大学中扮演着不可或缺的角色,大学文化的核心就是价值。价值是抽象的,但价值引领的重要性无可替代。与利益协调、目标协调不同,价值协调是最高层次的协调。

从现实需要来看,无论是大学校长的作风魅力、外部的制度环境,还是学校财务盈亏,这些影响大学治理的关键要素都有存在阶段性差异乃至发生剧烈变动的可能,从而影响大学运行状况的持续性。但只要一所大学没有消亡,文化就会得以延续并愈加丰富和厚重。要重视和发掘文化治理功能的发挥,强化大学共享价值。要用大学文化上的高度认同替代对各自共同体的身份认同,实现治理文化上的统一。建立在共享文化和价值认同基础上的大学治理将更具稳定性,也更有生命力。古语云:"万物并育而不相害,道并行而不相悖。"在现代大学治理结构

---

① 周作宇:《微观政治:大学治理中的一个特殊场域》,载《清华大学教育研究》2017年第2期。

的探索中，只有遵循和尊重大学内部规律，做好大学内外的利益协调、目标协调与价值协调，才有可能最终解决大学组织治理中的各类冲突与问题，最终实现大学的善治。

第三节　大学治理的心理基础：心智模式与集体思维

我国学者对大学治理的研究多与现代大学制度研究相关联。关于大学制度的研究多关注以章程精神为代表的成文规则和秩序。新制度主义将信念、习俗、规则等因素引入制度分析（包括不成文的制度和非正式制度），成为社会科学领域一个高词频概念。青木昌彦（Masahiko Aoki）在总结了制度的三种含义后，提出制度是内生规则的命题，强调制度是博弈规则，也是博弈均衡，凸显了制度安排的动力学特征。[①] 在大学制度研究中，有的学者注意到了文化的重要影响，从文化取向论及大学制度。[②] 这些研究对大学制度分析是有益的。与制度研究比较，大学治理的研究注重治理结构和机制。[③] 治理过程中人和组织的互动问题特别是治理参与者的心理基础问题，还有很大的探索空间。大学治理是一个复杂的动力学过程，涉及制度、文化、领导力等诸多面相。决策关乎组织各个层面的生存与发展，是治理的核心内容。决策受内外环境的制约，但决策参与者个体是始发点，是决策的原点，也是治理的原点。个体的心智模式影响集体的互动频度和深度，也影响决策的速度和质量，进而影响大学整体治理水平。治理体系和治理能力的现代化进程，需要穿过治理结构之网，触达个体的心智模式，才有可能寻得进路。学界对大学治理有多种理想类型的建构，如学者社区、官僚机构、政治系统等。任何理想类型都对现实问题具有有限理论解释力。当触及组织内部真实的治理情境时，单一模式的解释力都显局限。将个体心智模式和集体决策模式联系起来，从大学的组织特性切入，探寻大学治理的心理基础，是寻求对现实治理问题的解释，以期获得解决方案的有益尝试。

[①] 青木昌彦：《沿着均衡点演进的制度变迁》，引自克劳德·梅纳尔编：《制度、契约与组织——新制度经济学角度透视》经济科学出版社 2003 年版，第 19～43 页。三种制度含义包括：博弈棋局中的参与人、博弈规则以及作为博弈结果的均衡。

[②] 张应强、高桂娟：《论现代大学制度建设的文化取向》，载《高等教育研究》2002 年第 6 期。

[③] 董泽芳、岳奎：《完善大学治理结构的思考与建议》，载《高等教育研究》2012 年第 1 期。赵彦志、周守亮：《网络视域下的大学组织特征与治理机制》，载《教育研究》2013 年第 12 期。

一、大学组织特性:一般与特殊

对任何组织而言,决策都是关涉组织建设发展的重要治理内容。决策是治理的核心功能。战略规划、重大工程的建设方案、改革措施、业务拓展或收缩、年度计划和资源配置等诸多议程,需要经过组织不同层面主体的议决,是组织决策的重大内容。无论怎样的治理结构,组织决策都是一种集体行为。即使在个人专断的组织中,决策也不是一个人的事。参与决策的个体因自身的角色定位不同、代表利益不同、心智模式不同、思维风格不同,在决策过程中必然会表现出不同的价值取向和认识主张。因此,决策过程中的认识冲突和利益冲突不可避免。这些冲突既有可能是个体内在的思想斗争,也有可能是人与人之间的外在冲突。矛盾的化解和冲突的解决,或者是经过充分辩论获得认识一致的结果,或者是权力平衡彼此让步妥协的产物。在各类决策场合,个体的心智模式和思维风格具有方向定位的坐标作用,是大学治理的心理基础。大学组织特性和个体心智模式是影响大学治理的两个一般性要件。二者之间存在着"剪不断"的联系。大学组织特性不是完全客观地"摆在那里的事实",它和人们对其的体验、理解、认识、期望分不开。所有关于大学组织特性的总结概括,都经过了人们的归纳或演绎。没有纯粹的、天然的、独立于人们的认识存在的组织特性。组织特性是可以描述的,但是其意义取决于人们的解释和说明。可以想见,在决策过程中特别是关乎大学的重要和重大决策中,当事人对大学组织特性的认识具有重要意义。

每个大学都是独特的。没有两所大学全等,甚至也难谈相似。即使同一所大学,在不同时期也表现出很不相同的气质和性格。这既受大学外部环境的影响,也由大学成员的独特性所决定。大学成员的个体特性,在一定程度上看乃是大学组织特殊性的根源。组织是大学组织的上位概念,大学组织尽管因其特殊而独树一帜,但是仍然具有组织的一般特性。在外部控制和内部模仿的情况下,大学在形式上表现出普遍的趋同性,也存在迪马乔和鲍威尔(DiMaggio and Powell)等提出的同构性(isomorphism)。[①] 组织创建的实践与人类社会性群体活动相伴而生,可以上溯到千万年前。从王朝更迭到人类奇迹的制作,无不体现出组织的存在和作用。生活在世界各地的人们的集体生活,无不打着组织的印记。中国先秦以降的思想家不乏治国理政的宝训,古希腊的涉及理想国和社会契约的经典著述至今仍有咀嚼的筋道。虽然组织的思想和组织的活动一样有漫长的历史,但作为

---

① Paul J. DiMaggio, Walter W. Powell, The Iron Cage Revisited: Institutional Isomorphism and Collective Rationality in Organizational Fields. *American Sociological Review*, 1983, 48 (2), pp. 147-160.

一个相对独立的研究领域，组织研究还十分年轻。根据威廉姆·斯达巴克（William Starbuck）的研究，① 在19世纪50年代前，人们很少对组织的特征进行概括。自19世纪50年代之后，陆续出现零星论述。20世纪40年代偶有关涉组织的理论著述。不过，组织研究的真正盛行从1960年前后开始。描述组织的路径和角度不同，对组织的理论建构也就有所不同。摩根（Morgan）应用隐喻的方式，对组织的"意象"从"机器""有机体""大脑""文化"到"政治系统"做过五大假设的总结，② 使人们看到在同一个"组织"旗号下的不同组织面相。尽管不同派别对组织的定义各有侧重，难求定义严格，但劳动的分工与协调是组织存在的基础。巴纳德（Barnard）、明茨伯格（Mintzberg）、马奇（March）和西蒙（Simon）等对组织的界定具有一定的代表性。巴纳德从人性的角度分析经理人的职能，将正式组织定义为两个或两个以上的人构成的协作系统。③ 明茨伯格指出，"每一项人类活动，从制作壶罐到载人登月，都有两种最为基本并且相互对应的要求：一方面是劳动分工，另一方面是劳动协作。组织结构可定义为劳动分工和协作的各种方式的总体"。④ 马奇和西蒙的经典著作《组织》对组织的定义是："偏好、信息、利益或知识相异的个体或群体之间的协调行动的系统"。⑤ 概括各家观点，可以将组织界定为由诸多个体构成的协作系统，这是对各类组织的抽象。由是推之，大学作为一种组织，乃是由不同个性处于不同岗位的个体构成的协作系统。协作问题是研究大学组织治理及决策的逻辑起点。这涉及如下问题：大学里的协作是如何发生的，何以发生，为什么会发生？协作产生的影响如何？逆向问题是：为什么不协作？不协作是如何发生的？不协作产生怎样的影响？对这些问题的追问适合任何组织。不过，大学毕竟具有其独特性。大学和企业、政府部门、非政府部门等各类机构相比较，自有其独特的性格。⑥

大学的组织特性特殊在什么地方？科恩（Cohen）和马奇（March）从目标、权力、经验和成功等方面观察大学的模糊性，揭示大学是有序的混乱组织。⑦ 维

---

① William H. Starbuck, The Construction of Organization Theory. In Haridmos Tsoukas, Christian Knudsen (eds.), *Oxford Handbook of Organization Theory: Meta-Theoretical Perspectives*. London: Oxford University Press, 2003, P. 79.
② Gareth Morgan, *Images of Organization*. New York: Sage Publication, 1997.
③ ［美］C. I. 巴纳德著：《经理人员的职能》，孙耀君等译，中国社会科学出版社1997年版，第4页。
④ Henry Mintzberg, The Structuring of Organizations, U. S. NRC, 2019-3-27, https://www.nrc.gov/docs/ML0907/ML090710600.pdf.
⑤ ［美］詹姆斯·马奇、赫伯特·西蒙著：《组织》，邵冲译，机械工业出版社2008年版，第 XVIII 页。
⑥ James Perkins, A Report for the Carnegie Commission on Higher Education. *The University as An Organization*. New York: McGraw Hill Book Company, 1973.
⑦ Michael D. Cohen, James March, Leadership in and Organized Anarchy. In M. Christopher Brown II, *Organization and Governance in Higher Education*. London: Pearson Custom Publishing, 2000, pp. 16-35.

克（Weick）借用生命科学的术语，把教育系统描述为松散耦合的结构。① 大学就是一种典型的松散耦合组织。一项意向性输入不必产生和意向相符的输出。意图和行动之间不是线性过程，即并不是一种意向必然导致一种行动。真实意向的出现往往在行动中形成或在行动中体现。高等教育界的许多事例证实了马奇和维克的理论。越是在巨大变革期，或在剧烈动荡期，越能显现大学的协作状态。学生、教授、校行政、校董会等不同主体之间在特定情境中协作关系的震荡，或是因利益冲突的爆发，或是由于认知模式的对撞。协作关系的持续必然要通过冲突的解决来维系。冲突解决的路径依赖其产生的根源。利益冲突交由讨价还价的博弈来解决。认知冲突则涉及协作者的思维风格的差异问题。当冲突危及组织生存的时候，无论外部力量的介入还是内部力量的崛起，常常会牵扯到组织内部当事人的去留。通过终止个体与组织的正式关系来获得组织内部的新平衡和新秩序，是矛盾的一种解决方案。此外，维持协作关系，但当事人改变心智模式，悦纳差异，共同认可利益分配方案，是冲突的另一种解决方案。20世纪60年代加州大学校长克拉克·科尔（Clark Kerr）和康奈尔大学校长詹姆斯·珀金斯（James Perkins）因学生运动先后被校董会解职，这是平息内部动荡的典型解决路径。而21世纪弗吉尼亚大学校长萨利文的解聘续任风波，② 又增加了校董会解职决策遭到教师和学生群体反对而改变的案例。在绝大多数大学的绝大多数治理实践中，类似校长非正常更迭的事件并不常见，但是经常发生的是，治理决策过程中因利益冲突或认知冲突所造成的或明或暗的协作破裂。实践中利益冲突和认知冲突无法决然分开，但在理论上可以适当切割。利益冲突涉及更多更复杂的因素，也和微观政治有关联，本身也和认知有这样那样的关系。文书的讨论重点是治理和决策的认知方面，不过多触及利益冲突的讨论。心智模式和思维风格因在协作和决策过程中不可避免地发挥重要作用，所以是本部分的核心。

二、心智模式及其"家族相似"

无论自觉还是不自觉，有意识还是无意识，决策者都是带着对大学组织特性的认知地图和心智模式进入决策过程的。如明茨伯格（Mintzberg，1994）所言："每一个经理人都有一个关于世界的心智模式，他/她是根据经验和知识行事的。当经理人必须决策的时候，他/她是在自己的心智模式框架内考虑行为

---

① Karl E. Weick, Educational Organization as Loosely Coupled Systems. *Administrative Science Quarterly*, 1976, 21 (1), pp. 1–19.

② 周作宇：《大学卓越领导：认识分歧、治理模式与组织信任》，载《北京师范大学学报》（社会科学版）2016年第1期。

选择的。"① 阿里·德·基尔斯（Arie de Geus）将组织规划的过程看作是一个学习的过程。他认为组织里"唯一相关的学习是那些有权行动的人所实施的学习。因此，真正有效规划的目的不是制定计划，而是改变小宇宙，即决策者在自己的大脑中藏着的心智模式"。② 相对于议程中的决策内容，对大学组织特性的认识不必起同等程度的重要作用。有的事务和大学组织特性联系密切，有的则相对松散，或没有直接的关系。决策是一种集体行动，是一个协作过程。其中，与特定的议题同时发生作用的，就是个体对大学组织特征的认识，以及对价值观、个性、认识、偏好、动机、利益诉求等因素不同于自己的他人的认识。对大学组织特性的认识不同、对他人的态度（特别是对差异性或不同风格的态度）不同会影响对特定问题的决策。因此，个体的心智模式、思维风格以及在互动过程中形成的集体思维模式，在不同程度上影响组织决策的效率和质量。考察大学成员的心智模式，建构大学组织的思维坐标，关注组织的集体思维特征，凸显心智模式和思维风格对决策的影响，是研究大学组织治理与发展的重要切入点。

　　心智模式概念源自哲学认识论、心理学、脑科学、人机互动、管理学等学科领域的研究。与其相似的概念形成一个群，即所谓"心智模式"概念的家族相似，包括图式（schema）、认知地图（cognitive map）、范式（paradigm）、前结构（fore-structure）、前见（Prejudice）、视界（horizon）、控制变量（governing variable）等。图式的话语背景是对儿童心理发展的阶段性特征进行概括。儿童的认知图式是通过同化和顺应加以建构的（皮亚杰，Piaget）。认知地图最初由心理学家爱德华·推孟（Edward Tolman）在研究老鼠的迷宫实验的时候提出，③ 后来这个概念被广泛应用，如朗费尔德—斯密斯（Langfield - Smith）就将其用在管理学上。范式的话语背景是回答"科学是什么"及"科学如何进步"的科学哲学的历史学派解答。范式和科学共同体是同等程度的概念。范式是共同体成员所认同的概念体系。常规科学遇到危机，原有范式无法解释新出现的现象，科学革命发生，新范式出现（库恩，Kuhn）。哲学解释学针对"文本"理解和解释有一组独特概念。比如海德格尔（Heidegger）的前结构，加达默尔（Gadamer）的前见和视界融合。两人的前结构和前见概念彼此有别，但从方向上看，都直指先前经验

---

① Mintzberg, H., *The Rise and Fall of Strategic Planning: Reconceiving Roles for Planning, Plans, and Planners*. New York: The Free Press, 1994, P. 368.
② Arie de Geus, Planning as Learning, *Harvard Business Review*, 1998 - 3, https://hbr.org/1988/03/planning - as - learning#.
③ Edward C. Tolman, Cognitive Maps in Rats and Men. *The Psychological Review*, 1948, 55 (4), pp. 189 - 208.

对文本理解的影响。[①] 克里斯·阿基里斯（Chris Argyris）在其行动科学的研究中提出双环学习模型。在该模型中，控制变量是影响行动的重要概念。在由控制变量、行动策略、行动结果构成的链条中，单环学习是由行动结果反馈到行动策略的过程，而双环学习不仅反馈到行动策略，还要反馈到控制变量，因而形成两个反馈环路。双环学习的意义在于，控制变量可能是更为根本的影响行动结果的因素。控制变量是支配个人或组织行动策略的因素，是一种深度假设。[②] 在组织变革理论中，科特·勒温（Kurt Lewin）提出"解冻—变革—重新冻结"的模型。冻结或解冻的这个"结构"，也有类似的特征。所有这些看似无关的理论背后都有一些共同的"存在物"或"中心体"：图式、范式、结构或模式。发展或变革的过程乃是这个"体型"或者"体质"变化的过程。心智模式和这些家族相似的概念具有类似的理论意蕴。从心理学的角度看，心智模式的概念接近图式；从群体动力学的角度看，心智模式的变化类似群体学习与组织变革，反推亦然。聚焦和比较这些家族相似的概念可以发现，心智模式具有高度的概括性，它是从个体到群体再到组织的认识和决策绕不开的心理基础。

心智模式的英文对应词有两个：一个是 mental model（MM），另一个是 mind-set（MS）。心智模式（MS）的代表人物是卡罗尔·德威克（Carol Dweck）。她对人类心理发展中存在的固化智力模式（fixed model）和发展智力模式（growth model）的区分[③]具有很强的教育学和管理学意义。其在教育学中的意义受到关注和重视，但是它所具有的管理学意义还待挖掘。显然，持固定模式与持发展模式的决策参与者，无论对待自我还是对待别人都会表现出不同的态度，这势必会影响到决策沟通。与持发展模式的人比较起来，持固化模式的决策参与者对其他团队成员可能具有刻板的、一成不变的印象，不能从学习和发展的角度看问题。其结果或者因为"谁讲的"而不是"讲了什么"而高估他人的意见，或者低估他人的意见。显然这回会影响决策的质量。

学界对心智模式（MM）这个概念进行探源或相互转引，大多追溯到肯尼斯·克莱克（Kenneth Craik），其代表性著作是《解释的性质》（*The Nature of Explanation*，1943）。这本小册子并没有出现心智模式（MM）的概念。但他在《关于思想本质的假设》中提到"小规模的模型（small-scale model）"。克莱克关

---

① Ka-wing Leung, Heidegger's Concept of Fore-structure and Textual Interpretation, Digitalna knjiznica slovenije, 2011, https://www.dlib.si/stream/URN：NBN：SI：DOC-BBS7U2NC/82059f4d-4c53-450f-8bf8-3213d74cb0db/PDF.

② Chris Argyris, Single-Loop and Double-Loop Models in Research on Decision Making, *Administrative Science Quarterly*, 1976, 21(3), pp. 363-375.

③ Dweck, Gavin, C. Marguerite (Narrator), *Mindset：The New Psychology of Success*, NY：Ballantine Books, 2007.

注的问题是：人们如何对外部事件进行预测，以及人们的大脑如何解释外部世界的运作机制。他提出解释的三段论假设：即翻译（将外部过程转化为文字、数字和符号）—推理（通过推理、演绎、推论等过程得出其他的符号）—再翻译（将这些符号转化为外部过程，建立这些符号与外部过程的关联）三个阶段。在这个过程中，大脑内部并不存在真实的外部事件的物理或化学的成分。大脑所具有的这个关于外部现实的"小模型"是一种象征（symbolism），关系结构（relation structure）、操作模式（working model）或思想模式（thought models）。① 克莱克多次提及桥梁建筑这样的类比，将外部事物的操作机制和人脑的构思联系起来，其小模型的提法为后来心智模式研究的兴起提供了思想准备。约翰逊－莱尔德（Johnson－Laird）为系统和持续研究心智模式的代表。沿克莱克的理路，他的研究也是从解释的性质出发的。莱尔德吸收了图灵机的递归函数（recursive functions）原理和乔姆斯基（Chomsky）结构语言学中的"解释完备性"（explanative adequate）概念，② 提出"有效程序"（effective procedure）的概念，这是他的心智模式理论中的一个核心术语。由图灵机反推大脑的信息加工过程，是其心智模式理论的基本路线。其基本假设是，人脑在加工信息的时候，操作程序与计算机相似，总体上说是一个计算过程。如果能够建立有效程序，人对外部世界的认识和解释就不需要依赖直觉或"魔术式的成分"。③ 当人们感知世界的时候，在其视野影响下会产生眼前事物为何的心智模式。同样，在理解关于世界的描述的时候，他们也会根据描述的意义和自身所具有的知识建构起一个相似的心智模式。当然，与事物本身比较起来，模式的代表性或象征性在丰富性方面还存在不足。心智模式的共同特点包括：（1）心智模式表征一套独特的可能性的集合；（2）心智模式是图像性的，象征结构与其象征对象的结构相符；（3）描述性的心智模式之象征"为真"是以"为伪"为代价的。④ 人机互动模式、人工智能和大数据的发展，为心智模式提供了更为广阔的前景。就管理学而言，彼得·圣吉（Peter Senge）的心智模式（MM）概念影响更大。他将心智模式列为五项修炼的其中一项。按照他的定义，心智模式是"根深蒂固于心中，影响我们如何了解这个世界，以及如何采取行动的许多假设、成见，或甚至图像、印象"。⑤ 圣吉的心智模式内涵比较宽泛，涉及影响人观察世界的方式和行动策略选择的深度假设，是

---

① Kenneth J. W. Craik, *The Nature of Explanation*. London：Cambridge University Press, 1943, pp. 50－61.
② 乔姆斯基提出三个完备性：观察完备性、描述完备性和解释完备性。
③ Philip N. Johnson－Laird, *Mental Models*. Cambridge, MA：Harvard Press, 1983, pp. 1－12.
④ Philip N. Johnson－Laird, Mental Models and Human Reasoning, PNAS, 2019－3－27, http：//www.pnas.org/doi/10.1073/pnas.1012933107.
⑤ ［美］彼得·圣吉著：《第五项修炼——学习型组织的艺术与实务》，郭进隆译，上海三联书店1998年版，第9页。

起统御作用的个体心智控制变量的总和。心智模式有意无意地影响着思想者的思想和行动者的行动。如詹姆斯·柯里尔（James Clear）所言，"心智模式影响你的感知和行为。它是理解生活、做出决定和解决问题的思维工具"；将心智模式比作锤子，则有"如果你仅有的是一把锤子，你看到什么都是钉子"的效果。①现代大学治理中的许多问题，都可以从圣吉所谓的心智模式中找到根源。是否体认个体间心智模式的差异并做出怎样的反应，对大学协作、决策和治理而言，具有重要的管理学意义。在心智模式中，经长期重复循环形成的思维习惯，构成个体的思维风格。它是心智模式的重要组成部分，但有一定的独立性。在不涉及价值观和思维内容的情况下，心智模式主要表现为思维风格。

三、思维风格与认知错觉

思维风格对组织决策和发展的影响已引起学术和实践的关注。企业组织方面的相关研究已经有不少成果。如波恩切科和斯蒂尔（Bonchek and Steele）在研究数字化时代的合作行为和学习型组织的特征的基础上指出，"在当今的市场环境下，最聪明的公司不必是那些在生产上超过竞争者的公司，而是那些思想上的超越者。有许多工具可以帮助我们迅速理解团队的所作所为。但是比较困难的是，很少能说清楚他们是怎样思维的。有研究显示，团队绩效的决定性因素是其思维的方式"。② 团队成员如果能够了解别人的思维方式，每个人就会更有干劲、更加投入、更富创造性，相应地会有更多产出。"当今员工的角色不仅仅是行动者，还应该是思想者。"③ 如前文所言，对组织的界定虽众说纷纭且与时俱进，但是协作是交集点。围绕共同目标进行协作的多数个体的集合是公认的组织单元。就大学的特殊性而言，"合并、调整、合作、共建"以及"协同创新"等话语符号，体现出宏观制度安排和组织假设。从逆向可以识别对"组织失灵"的问诊和处方。微观层面的组织原点"协作"如果虚化，就要从宏观层面加以引导和干预。在微观层面，大学内部个体之间是如何协作的、各层级各部门是如何协作的是核心的组织发展问题。而大学之间、大学和包括政府机关在内的其他组织之间如何协作，当然也是大学组织发展绕不开的问题。组织层面的协作不能简单还原为个体的协作，但是具体的个体间协作是组织协作的必要条件。个体如何协作，

---

① James Clear, Mental Models: How Intelligent People Solve Unsolvable Problems, Life back, 2019-3-27, https://www.lifehack.org/371742/mental-models-how-intelligent-people-solve-unsolvable-problems.

②③ Mark Bonchek, Elisa Steele, 2015: What Kind of Thinker Are You?, Harvard Business Review, 2015-11, https://hbr.org/2015/11/what-kind-of-thinker-are-you.

受制于许多主客观条件。个体的心智模式、思维风格和认知水平是诸多影响因素中值得高度关注的变量。

个体思维风格是其心智模式构成的一个方面，在一定程度上也反映其个性化的能力特征。关于认知能力的研究成果汗牛充栋，总体上看对能力的划分越来越细。① 根据卡尼曼（Kahneman）的研究，个体思维有两套系统，即自动系统（系统Ⅰ）与慎思系统（系统Ⅱ）。② 自动思维影响所有判断和决策，其特点是思维具有直接性和自动性，参考框架比较狭窄，联想和直觉是主要形式，思维活动相对容易，见到什么马上做出反应。慎思思维则考虑更多因素，思考面更加宽泛，参考框架更为宽大，推理和深思是主要特点，遇事琢磨再三，思维活动要付出更多努力。卡尼曼形象地将两种思维区分为快思维和慢思维。快思维应用普遍，具有反射性；慢思维则用于权衡困难的决策或进行复杂计算。集体决策从系统Ⅱ出发。但根据追踪研究，富有成效的合作始于系统Ⅰ的反射行为，即真正的信任。卡尼曼的理论为研究组织中的协作和决策提供了很好的理论依据。

安东尼·格里格克（Anthony Gregorc）从1969年开始研究人的活力问题，1984年开发出心智风格模型，对心智的工作机制加以解释。他提出心智的两个基本维度：一个是感知维度（perception），涉感知信息的方式，包括具体（C）和抽象（A）两个方面。具体感知由五官获取信息。具体能力用于处理"此时此刻"的当下信息，直面"是什么就是什么"的表象，未及隐藏在背后的意义，不在观念或概念之间探寻关系。抽象能力则有所不同，它通过形象化、构念化的理念来理解或解释事物，深入感官看不到的层面。其基于"事情并不总是看起来的那样"的假设，通过洞见和想象力，超越"是什么"的表象层面，深挖到更为精细的意义世界。另一个是排序维度（ordering），涉处理信息的方式，包括序列（S）和随机（R）两个方面。序列排序是按照线性排列的方式开展活动的。序列性思维以线性步骤组织信息，遵循逻辑序列，是传统的处理信息的方法。简单地说，就是先有一个计划，然后按照计划根据先后顺序一件事一件事做，而不是"心血来潮"、即兴而为。与此相对照，随机型思维按照块状形式组织信息，并不遵循特定的顺序，而是根据即时获得的任务安排工作。即使是同一项任务，也没有确定的顺序。你可能会在执行任务过程中跳过一些步骤，或者从中间开始，或者从结尾开始，或者倒着做，以产生期望的结果。比如阅读一本书，有时

---

① 以CHC的三层级模型为例，认知能力结构由窄、宽和一般三个水平多项元素构成。CHC模型以卡特尔（Cattell）、霍恩（Horne）和卡罗尔（Carrol）三个人的名字命名。卡霍卡模型根据抽象程度的变化建构了认知能力的层级框架。层级Ⅰ是狭窄能力，包括70多种。层级Ⅱ是宽阔能力，包括流体推理和水晶智力，还包括短时记忆、视觉加工、听觉加工、长短储存和提取、加工速度、阅读和写作、数量化知识、反应时间和决策速度。最顶端是层级Ⅲ，为一般能力。

② Daniel Kahneman, *Think Fast, Think Slow*. Washington, D. C.: Targeted News Service, 2011.

从后往前读,有时从中间开始,有时则从头读起,没有套路。以感知维度和排序维度为纵横坐标,可以模拟出以序列具体型(SC)、随机具体型(RC)、序列抽象型(SA)、随机抽象型(RA)为基础的思维风格。通过一定的量表可以测出个体的风格特征。在信息感知上,有的偏具体,有的偏抽象;在信息加工过程中,有的偏序列,有的则比较随机。从最小集体单位出发分析,不同个性的合作者如何看待他者的思维风格,是悦纳、欣赏还是排斥、打击,无疑会影响团队协作的质量。大学决策过程中的认知冲突,在一定程度上说,乃是团队成员的心智风格差异所致。随机具体型遇到序列抽象型,或序列具体型遇到随机抽象型,本来在具体和抽象、随机和序列之间可望互补,但是如果缺乏对思维差异的宽容和悦纳,因客观存在的思维风格差异在人际互动中日积月累,个体对合作者认识上的定势或偏见不可避免地形成,必然会影响合作中的信任。

罗伯特·斯坦伯格(Robert Stenberg)于1988年尝试建构心智自治(mental self-government)风格理论。[①] 他用"政府管辖(government)"比喻个人对大脑的管理。正像政府在社会治理中存在不同风格一样,个体在自身能力的使用风格上也存在差异。思维风格即个体使用能力时的方式偏好。斯坦伯格按功能(立法、行政、司法)、形式(官僚、君主、寡头、无政府)、层级(全球、地方)、视域(内部、外部)和学习(自由、保守)五个方面对思维风格进行分类,构建出五个层面共计十三类风格。之后张丽芳[②][③](Li-fang Zhang)等又将十三类思维风格整并为三大类。第一类是创造型思维,包括了立法(创造性)、司法(对人和产品的评价)、官僚(任务优先)、全球性(整体大图)和自由(用新方法完成任务)的风格类型,其表征了认知复杂度的高级水平。第二类是规范型思维,包括行政(在给定的秩序内完成任务)、地方性(关注细节)、君主(一段时间里只做一件事)和保守(使用传统的方法完成任务)的风格类型,其表征了认知复杂度的低级水平。第三类思维风格包括放任型(什么任务来了做什么)、寡头型(没有优先顺序地同时做许多工作)、内部型(独自做)和外部型(与别人一起做)。张丽芳的研究还证明了这种分类对学术性和非学术性任务的普遍有效性。上述研究的前提是,个体千差万别,没有两个人完全相同,但通过建立模型,可以对思维风格进行分类,从而在纷繁复杂的特殊性中抽象出共性。无论是方法路径还是概念系统都有很大差别,企图找到为众公允包容各类差异的绝对有

---

① Robert Stenberg, Mental Self-government: A Theory of Intellectual Styles and Their Development. *Human Development*, 1988, 31(4), pp. 197–221.
② Li-fang Zhang, Thinking Styles and Cognitive Development. *The Journal of Genetic Psychology*, 2002, 163(2), pp. 179–195.
③ Li-fang Zhang, Validating the Theory of Mental Self-government in A Non-academic Setting. *Personality and Individual Difference*, 2004, 38(8), pp. 1915–1925.

效的统一模型是不可能的。列举不同模式的价值在于将不同的模型作为思维工具，借以对实践进行观察分析。

持有不同思维风格的个体是如何认识自己和他人的，无疑会影响到组织沟通和决策。构成组织最小单元的自我与他者（协作者）彼此了解多少、自我了解多深，不可避免地影响其协作关系。在协作关系链上，个体对自我和他者的认识特别是对思维风格的认识，乃是有效协作的重要基础。约瑟夫·鲁夫特（Joseph Luft）和哈里顿·英海姆（Harrington Ingham）将主体和认知关联按照自我与他者以及知与未知两个维度建立矩阵，形成了由开放区、隐蔽区、盲区和未知区构成的乔哈里窗模型（Johari window, 1955）。① 这个模型的认识对象是个体。它对了解和解释个人的经验、动机、意向、态度、见解、情感和技能等方面的特征是有参考价值的，特别是对处于组织或群体中的人而言是一个有用的工具。乔哈里窗的局限在于：一方面，对知的错觉没有做适当的分析。事实上，无论是自我还是他者，在知和未知之间，还存在知的错觉的可能性。在没有绝对的鉴别标准或尺度的前提下，所谓知，有可能是知的错觉。即使没有客观的标准，就个体而言，由于自身的认识局限，知也可能仅仅是知的错觉。② "事物总比其看上去复杂得多"，③ 何况人呢？此外，随着时间推移，个体在变化，原有的知，有可能在新的时空状态下成为"知的错觉"。因此，知和未知之间还存在着的知的错觉，这需要在乔哈里窗中充分考虑。知的错觉恰恰可能是协作行动冲突或失灵的根源。另一方面，在组织的意义上看，他者有内外之分。也就是说，有组织内的他者，也有组织外的他者。"家丑不可外扬"，就是将真相控制在组织内部的具体表现。将组织作为一个拟制的人，区分组织内的他者和组织外的他者是必要的。将上述两方面的因素考虑在内，即可将乔哈里窗发展为新的版本。乔哈里窗的发展

---

① The Johari window, Changing Minds, 2019-3-27, http：//changingminds.org/disciplines/communication/models/johari_window.htm.

② 例如，2016年3月15日，美国明尼苏达一位名叫莉萨·巴尼特（Lisa Barnett）的学生家长（同时也是一名特教教师）在就HB4822法案写给立法者的一封信中，题头引用了所谓斯蒂芬·霍金（Stephen Hawking）的名言："知识的最大敌人不是无知，而是知识的错觉。"再核实，这句话不是霍金的"专利"，最早是由丹尼尔·布尔斯廷（Daniel Boorstin）讲的。事实上，布尔斯廷还讲过其他类似的话："不可知论者是不会将人烧死在火刑柱上的，也不会去折磨异教徒、异端学说者或无信仰的人。"莉萨引述"霍金的箴言"，涉及知识和知识的错觉，但她本人并不知道，自己已经在谁是这句话的"版权人"上出现了错觉。如果问题的核心是所说的内容而不是谁说的，她的错觉并不重要。但是如果问题是谁说的，而不是说了什么，她的错觉就是一个严重的错误。她的错觉是针对过去别人讲过的话。饶有兴趣的是，布尔斯廷在谈到书的优点时曾讲，"和计算机屏幕比较起来，绝妙的是，你可以将书带到床上阅读"。他在当时所做出的判断是事实，但在互联网时代智慧手机出现之后这样的判断受到质疑。从面向未来的思维看，许多过去的论断在彼时是知识，在此时就都可能是知识的错觉。

③ ［美］史蒂文·斯洛曼、菲利普·费恩巴赫著：《知识的错觉——为什么我们从未独立思考》，祝常悦译，中信出版社2018年版，第XIV页。

版如图 6-3 所示。

	组织外 他人知		组织外 他人未知
组织内 他人知	开放区 （自我知）	知的错觉区	对外隐蔽区 （自我知）
	盲区 （自我未知）		Ⅱ型半隐蔽半盲区 （自我未知）
	知的错觉区		知的错觉区
组织内 他人未知	对内隐蔽区 （自我知）	知的错觉区	隐蔽区 （自我知）
	Ⅰ型半隐蔽半盲区 （自我未知）		未知区 （自我未知）

图 6-3 乔哈里窗的发展版

知、无知和知的错觉对组织发展及组织绩效无疑产生正反两方面的影响。由无知到知，需要解决知的动力问题，即知的欲望和积极性。兼听则明，偏听则暗。听是明和暗的重要信息渠道。延伸开来，打开所有感官通道，用全心去"听"（比喻，用各种方法），就会获得更准确的认识。能不能用心"听"，既是一个态度问题，也是一个方法论问题。从方法论的角度上说，需要将"我—他"纳入人性的哲学高度，将我作为反思对象，在我他关系中通过认识我，达到认识他者的目的。如此，对我自身的"知的错觉"的检讨、诊断和矫正，就是协作关系得以发展的基本问题。那么，知的错觉是如何产生的？

柏拉图的洞穴隐喻在学界广得知悉。从囚徒卸掉手铐脚链，走到火堆旁，再从洞穴走出，走进日光下，整个过程是人身获得自由的过程，也是人的认识错觉被纠正、获得重构的过程。由于感官受限，以幻影为真。通过身体的解放获得知识，再通过知识获得心智的解放，这则寓言诠释了身心"出监"过程。从隐喻的意义上看，人无不在洞穴中生活，是洞穴的囚徒，认识无不受限，知的错觉无时无处不在。培根继承发展了古希腊的思想，提出约束人类认识的四大假象（idol）：族类假象（tribe）、洞穴假象（cave）、市场假象（market place）和剧场（theater）假象。[①] 培根细化了柏拉图的洞穴构成，提出个体心智经验、所属部落、可接触到的语言文字以及似"剧本"的哲学体系在一定意义上都是约束人生

---

① ［英］培根著：《新工具》，许宝骙译，商务印书馆1986年版，第18~21页。

自由的洞穴，尽管它们也是自由和解放的必要工具。培根警告，"一个人在错路上跑时，愈是活跃，愈是迅捷，就迷失得愈远"。洞穴和假象的隐喻发展到今天，知识论已有进化。图式、范式、科学纲领、视界融合、个人知识、地方知识、有限理性、社会建构、心智模式等概念在科学和哲学的凯歌中生成。将知识和错觉的经典思想和当下话语用到大学的组织分析中，对曝光大学组织之"知的错觉"无疑是有益的。对自我和他者的正确认识是协作的重要基础，但认知错觉是不可避免的。要克服个体知的错觉，需要建立社会互动的场域，在对话中揭示或暴露个体的错觉，通过集体思维消除认知错觉的负面影响。

四、集体思维模式：对话与共识的矩阵结构

集体思维何以可能？组织不能思考，只有组织中的人才能够思考。组织是人的集合体，一个思考着的组织可以看作是人们的思想及其表达的集合体。因此组织也可以看作是"思维组织"，是其成员思想和行动的产物。① 组织是一种人的集合体，是由两个以上的人组成的协作系统。共同的目的、做贡献的意愿和人与人之间的信息交流是构成组织的三大要素。② 协作是组织得以产生、维持和发展的基础。组织的失灵、失效或解体，可以从协作关系的失败中找到解释。从组织的最小单元分析，两个人的协作是其人际关系的具体展开。协作行为的背后，是两个人思维风格的接触、碰撞、互渗、融合或抵消。由两人构成的协作系统在思维主体上发生了变化，因思维的个体处于协作关系中，相互协作着的集体（二人是最简单的集体形式）成为思维着的主体，从而个体思维因为协作的关系上升为集体思维。于是，集体能不能思维或是否存在集体思维是需要考虑的问题，假如有集体思维，那么集体如何思维，思维的结果如何，乃是组织分析的基本问题。毫无疑问，就思维所需要的生理和心理机制而言，集体思维是通过个体思维实现的。集体并不思考，集体思维仅仅是一种比喻。但就集体行动而言，毫无疑问，集体思维是指挥行动的"后台操作"。如果将集体看成是一个可以思考的超个体，集体思维就是这个超个体的功能。集体思维不是个体思维的简单相加，而是思维的接触、互渗与融合。将两个个体组合在一起，在没有相互作用的前提下，其思维集合仅仅是个体 A 和个体 B 单列的思维组合 $S(A，B)$。其组合形式存在有 $Sa \cap Sb = 0$，$Sa \cap Sb > 0 (Sa = Sb，Sa \supset Sb，Sb \supset Sa)$ 几种可能性。这是集体思维

---

① Evelyn Pitre, Henry P. Sims, Jr., The Thinking Organization: How Patterns of Thought Determine Organizational Culture, Wiely Online Library 1987, https://onlinelibrary.wiley.com/doi/pdf/10.1002/npr.4040060407.

② [美]巴纳德著：《经理人的职能》，孙耀君等译，中国社会科学出版社1997年版，第67～73页。

的静力学形态,是集体思维的潜在形式。由于组织是一个协作体系,个体之间的互动是组织得以存在的基础。① 因此,集体思维的前提和特征就是个体之间在思想层面的交互作用。集体思维是个体相互作用的过程和产物,呈现出群体动力学特征。以个体 A 的思维形式(form)和内容(content)(A|f, c)为一方,以个体 B 的思维形式和内容(B|f, c)为另一方,在特定情境中(context)会形成两个个体之间的思维互动矩阵(MC [A, B])。由两个人组成的最小集体扩展,会形成人数增多、层级增加、互动矩阵变得更加复杂的思维集合。个体以其形式性的思维风格与思维内容的广度和深度,通过交互作用,生成集体思维模式。思维内容或起于现实问题,或因袭学科传统,构成对象性的开放系统。思维风格虽千差万别,但在研究水平的限制下,形成有限的理想类型。具有不同思维风格的个体处在一个决策任务中,如何对话,如何倾听,如何发言,如何看待他人的思维风格和对议题的基本态度和观点,如何总结收敛,既是集体思维的具体化过程,也体现出集体思维的模式化特征,还影响集体思维的结果即决策的质量。集体思维过程中不可避免地并存着参与者围绕权力和利益展开的博弈和较量,这是微观政治要研究的内容。

波恩切科等通过观察团队合作行为,揭示了思想契合的重要性。他从焦点(focus)和定向(orientation)两个维度建构了八类思维倾向。焦点包括理念、程序、行动、关系四个方面,定向包括大图和细节两个方面。两相组合,形成定向大图的探索者(生成创造性的想法)、计划者(设计有效的系统)、激活者(动员人们采取行动)、联络者(建立和增强关系)和定向细节的专家(获得客观性和洞察力)、优化者(提高生产力和效率)、生产者(致力于完成和动能)、教练(培育人和挖掘潜能)八种类型。每个人的侧重点不同,表现出不同的思维偏向组合。带有自身思维偏好或思维风格的个体进入集体后,必然面对协调和决策的问题。集体行动当然需要个体行动的配合,但行动的默契源于个体的思想互动。集体思维风格不是简单的个体思维风格的加总,而是特定集体在长期思想互动中体现出的稳定性特征。集体对话场域中个体思维激活和思想释放的深度和广度,是对集体思维水平的鉴定。组织内部的思维形式多种多样。组织内部的知识管理就是一种特殊的集体思维。野中郁次郎等对组织中的知识产生机制做了模拟,形成了广有影响的知识螺旋模型(SECI)。② 他们将组织内的知识创造看作是一个螺旋上升的动力学过程。在这个过程中,通过个体、组织和环境的动力学互动,

---

① Wiener, Norbert, *Cybernetics, or Control and Communication in the Animal and the Machine*. New York: John Wiley & Sons, 1948, P. 194.

② Ikujiro Nonaka, Ryoko Toyama, The Knowledge-creating Theory Revisited: Knowledge Creation as A Synthesizing Process. *Knowledge Management Research & Practice*, 2003, 1 (1), pp. 2 - 10.

如秩序与混乱、微观与宏观、整体与部分、身心、隐性与显性、自我与他者、演绎与归纳、创造性与效率性等各种看似矛盾的正反题得到综合。综合并不是折中，而是通过对话和实践的动力学过程对相反方面思想的整合。"场（Ba）"既是对话发生的物理环境，也是对话者本人的现象学存在。其对地位平等、目的在于通过分享激发生产新知识的互动具有解释力和说服力。对于组织决策而言，互动对话的个体处于不同的权力位置，决策既是知识创生过程、问题解决过程，还是权力博弈和利益分配过程，因此，和知识管理比较，其增加了更为丰富的内涵。无论是知识管理还是组织决策，特定场内的对话是集体思维发生的充分且必要条件。有人甚至将对话视为集体思维。① 对话与集体思维不可分，处于并且构成对话场。有集体思维发生，必然有对话存在。有对话也就一定会产生集体思维。不同的是，对话的方式不同、深度不同、相互激发和倾听吸收的程度不同，表现出对话幅度和深度的差别。相应地，集体思维的水平也有不同，表现在一个共识度区间上所处的不同位置。共识达成的方式和对话模式有关。有的是每个人都积极投入，充分思考，深入分析，再经过充分讨论达成。有的是少数人主导，其他人不投入，"搭便车"，仅做附和，不贡献独特的思想。将对话与共识度作为两个维度建立坐标，形成四大类集体思维模式：防卫型（低对话—低共识）、放任型（高对话—低共识）、专断型（低对话—高共识）、高效型（高对话—高共识）（见图6-4）。

对话水平	共识水平	
	放任型	高效型
	防卫型	专断型

图6-4　集体思维模式

防卫型的典型特征是集体缺乏信任感，大家相互提防、互相揣摩，每个人都不能畅所欲言，遮遮掩掩，各自谨小慎微，不能直面问题，议而不决，形不成需要决定的结论性共识。放任型是各抒己见，置他人意见与观点于不顾，以自我为中心，唯我独尊，每个人自说自话，各种观点竞相发表，但谁也无法驾驭局面，呈现出没有集中的意见发布场的结果。专断型的特征是对话的共识度高，但是共识的达成途径表现为强人意志凌驾于共商集体，"一言堂"取代"百家争鸣"。集体中的强人首推正式权力的高位者，但也不必是具有最高权力位置的分子。那

---

① Jens Allwood, Dialog as Collective Thinking. *New Direction in Cognitive Science*, 1997（2）.

些资格老、贡献大的参与者,或智慧出众,或能言善辩,或强词夺理,在集体对话中也占据特殊位置,是一种"次权力"分子。他们也可能会引导意见的"趋强集中"。专断型因为共识度高而显示出决策效率的优越性,但是其最大的风险是因为强权者的强势意志限制其他成员的意见表达,或其他人员为了息事宁人、维护成员之间的"和谐关系",特别是为了维护权力人的权威,隐蔽自己的真实观点,结果导致高效的决策走向无法挽回的结果。为迁就权威意见而压抑或隐藏成员真实想法的一致性追求乃是团体迷思(groupthink)的症候。① 高效型集体对话表现为每一个人都能在没有任何压力的情况下尽情发表意见,但并不止步于形式化的言说民主。对话针对讨论主题或决策目标,去粗取精,去伪存真,从杂散观点中发现灼见,于随机意见中概括共识。② 高效型集体思维模式需要对清晰界定的目标进行分享;需要权力人具有表现为海纳百川的成熟情感和去芜存菁的理性智慧;需要建设为刺激每个人积极思考并能切身感受到因公开言论而被需要的心理安全环境;需要每个人分担思考言说的责任,而不是"搭便车"、随大流、敷衍附和。有效的集体思维还需要每个成员不断"剥自我洋葱",反思、反视、反叛自己的心智模式,建立有利于组织目标实现的思维坐标。无论哪种类型,就决策性的对话场域而言,权力位置是一个非常重要的影响变量。对话水平和共识水平在很大程度上受权力位置的占有者的思维风格和心智模式的影响。

五、集体思维模式与大学组织决策

大学决策质量受大学集体思维模式的影响。大学组织思维是将大学组织作为思考者而进行的思维活动,对话是思维的前提和表现。大学思维具有主体和客体双重属性。大学既是思维的主体,又是思维的客体。大学的思维坐标就是将大学作为思维的主体和客体而建立的思维框架。思维有多个层次。日常运行是具体的

---

① 团体迷思(groupthink)最早由威廉·怀特(William Whyte)在《财富杂志》1952 年 3 月号提出。最初是针对与人类本能的意见一致形成对照的是理性化的一致性提出的。团体迷思将一致性追求上升到一种哲学观,认为集团价值不仅仅是权益性的,而且是正确的和善的。埃文·简尼斯(Irving Janis)1971 年较为系统地对团体迷思进行过研究。他认为这是一种心理现象,其表现是:主导者为获得意见一致,压制不同意见,群体成员为了人际和谐,避免矛盾冲突,不能畅所欲言,不能发表真实想法和不同意见,不能对各种可能性观点进行批判性考量,使创造性想法和具有独特价值的独立思考流产,从而导致非理性和功能失调的决策结果。存在于内群体的群体动力学的功能性失调,会产生决策无懈可击的幻觉,即认为决策的正确性是确定的。实际上确定性被放大了。

② 效能原则(efficiency principle):如果人们能够在一起有效议价,而且可以有效地执行和强化他们的决定,那么经济行动的结果将会是有效的,至少对于议价的当事人而言如此。Paolo Bertoletti,EOM:Chapter 2 (P. Bertoletti) 1 Chapter 2:Economic Organization and Efficiency:The Problem of Designing and Managing Efficient Economic Organizations,Slide Player, https://slideplayer.com/slide/7068190/.

实践层面。实践是主客体的统一。实践中存在着关于组织的深度假设或理论预设。实践中的理论和实践一体,是"使用中的理论"。由于知行之间存在差异,知对于行具有相对独立性,在实践过程中,虽然没有使用,但是实践者声称他们具有特定的理论主张,这样的理论就是"声称的理论"(Chris Argyris)。此外,还存在具有客观立场的研究者,他们和实践保持距离,通过各种方法建构理论,其理论成果是经过编码形成的,可以外化、传播和分享。大学和其他组织相比,具有其独特的使命,即创造知识、建构理论、传播和转化知识。将大学自身作为思考的对象,是一种组织的自我反思。事实上,作为主体的大学组织本身无法进行思维,思维者乃是组织成员。根据明茨伯格对组织的构成要素的五元概括,大学有战略、中间、核心运营、技术和支持①等职责相对独立的主体。战略有多个层级,一个是学校层级,一个是学院层级(有不同的称呼,如学部、学院、学系、研究院、研究所等)。在不同的高等教育系统中,战略层的组织单位有所不同,我国是常委会,有的国家是校董会。在学院内部,也存在程度不同的战略。即使都是校董会,不同国家的校董会的构成也不一样。在同一个国家不同的大学校董会也有差别。大学不同于其他组织的一个显著特征是存在二级学术单位。一般而言,二级学术单位依学科而立,有的学科类别多,有的学科类别少,有的单一,有的复杂。它既受学校整体构架的影响,是学校整体战略构成的组成部分和支撑,但同时还有相对独立性。中层管理主体是职能部处,其根据业务类别行使不同的管理和服务职能。彼此相对独立的块儿状结构是中层组织的基本特征。大学的核心运营主体是教师。大学教师类属于不同的二级学术机构。他们又分为二级单位的战略层和核心运营主体两类。战略层由少数代表组成,核心运营分在不同的次一级学术单位。技术和支持辅助部门也存在于大学这个共同主体和二级单位主体。同一个类属的个体本身就存在着思维差异,在不同类属之间当然也同样存在着思维差异。具体的大学是全面的、丰富的,处于运动的过程中,由各种各样的事务表现构成,由其核心工作来界定,但受最高决策层影响。学术事务是大学的核心工作,大学工作围绕学术事务展开。个体思考者特别是拥有关键权力的思考者,他们对组织的显在影响和潜在影响是突出的。从结构上看,组织赞成什么反对什么、鼓励什么限制什么、关注什么无视什么,一方面对个体的心理和行为产生影响,因而表现出为特定组织所共有的集体特征,另一方面个体在上面几个方面的态度和思想,又影响到组织的价值导向。

从"元始"的角度上看,组织是有两个或两个以上的人构成的协作系统。协

---

① Henry Mintzberg, The Professional Bureaucracy. In M. Christopher Brown II, *Organization and Governance in Higher Education*. London:Pearson Custom Publishing, 2000, pp. 50 – 70.

作过程是一个寻求共识、达成共识、分享共识并且依照共识协同行动的过程。"识的对象"包括价值、使命、目标、策略、计划、资源动员和配置、利益分配等,是彼此在逻辑上和理论上相互联系,但仅存在松散耦合关系的要素组合。鉴于认知主体是由理性和非理性构成的"整体人",而非在心理上可以肢解的部分缝合所成,个体无法超越自身的利益诉求和考量,而整体人又处于兼有理性非理性的复杂社会环境之中,因此协作可能受多重因素的限制,是一个动态变化的过程,而非仅靠形式逻辑演绎的结构系统。与协作密不可分的是冲突和斗争。冲突和协作是不可分的。冲突并不意味着是对协作的抵消和限制。协作一方面需要认识上的一致性,也需要利益博弈中的平衡。相应地,冲突的根源有认知因素,也有非认知因素。非认知因素涉及个人或集体的情绪情感、权力欲望、功名利禄等许多方面,从小情绪、小感情到大情感,从小权力到大权力,从小功名到大功名,涉及更为宽泛的心智模式和利益计算。几乎每一个微观互动场合都是认知和非认知接触碰撞的检阅场。在共同利益获得认同的前提下,组织冲突主要来自认知冲突和情感冲突。在组织冲突中,决策冲突是影响组织目标和组织气候的重要面相。

校董会或常委会是大学最高权力机关。校董会或常委会的构成、权力范围、工作机制、沟通模式等受制度环境的限制。二者虽有差别,但各种制度环境和组织构架下的过程在形式上具有共性,决策过程无不受一对一、一对多的集体思维模式的影响。从一对一简单协作到多元协作,复杂程度逐步增加。个体思维风格客观存在差异,个体如何对待决策集体中的他者影响集体决策的效果。将乔哈里窗、集体思维模式和组织决策加以整合,可以建构在大学层面的集体决策的四种理想类型:防卫型决策模式、专断型决策模式、放任型决策模式、高效型决策模式(见图6-5)。

防卫型决策模式和专断型决策模式的共性是对话水平低,集体成员的总隐蔽区大、错觉区大、未知区大。防卫型模式人人自危,彼此隐藏真实想法,各有小九九,凡事议而不尽言,言而不速决,表面一团和气,内心冷若冰霜,对话场域死气沉沉,决策拖拖拉拉,没有时间紧迫感,没有效率,缺乏真知灼见的表达碰撞,共识度低,决策水平低。专断型模式不是所有参与者都能开诚布公地表达自己的思想和主张,只有少数强势人"畅所欲言",其他成员偶有发表独立思考的见解,但只要不符合强势人物的意思,或被制止,或被打击。对话场域中不同意见鲜有鼓励,也不受欢迎。其通过一方一意孤行和他方隐蔽真实想法赢得高度的意见一致。决策水平以强势人物的判断力和认识水平漂移。从决策速度看,前者决策缓慢,领导无力,集体失语;后者决策快,有效率,但是权力横行,异见受挫,因个体行事方式不同而体现出不同程度的霸权倾向。团体迷思或集体思维综合征常见于专断型决策模式。放任型决策模式与高效型决策模式的共性是成员各美其美，充分表达，不隐藏观点，不回避差异和矛盾，各色意见和主张不受任何约束地得到展现和发表。由于参与者真正畅所欲言，尽显本色，因此集体成员的总隐蔽区小、错觉区小、未知区也小。比较而言，放任型决策各有主张，以思想观点的独立性和新颖性代组织决策的集中性和效率性，缺少领导核心，缺乏集中，形不成共识，达不成一致，决策水平受限。在高效型决策模式中，人和事同时受关注，目标导向和人本导向相平衡，成员间不论级别高低，彼此尊重，坦诚相待，鼓励不同意见，不回避矛盾冲突，通过增加了解和减少错觉达成共识，而不是靠屈就情感或依靠权威而赢得一致。其决策建立在意见充分表达并且受到重视、分歧和矛盾没有隐藏而经理性论辩获得超越性解决的基础上，因而表现出高水平。

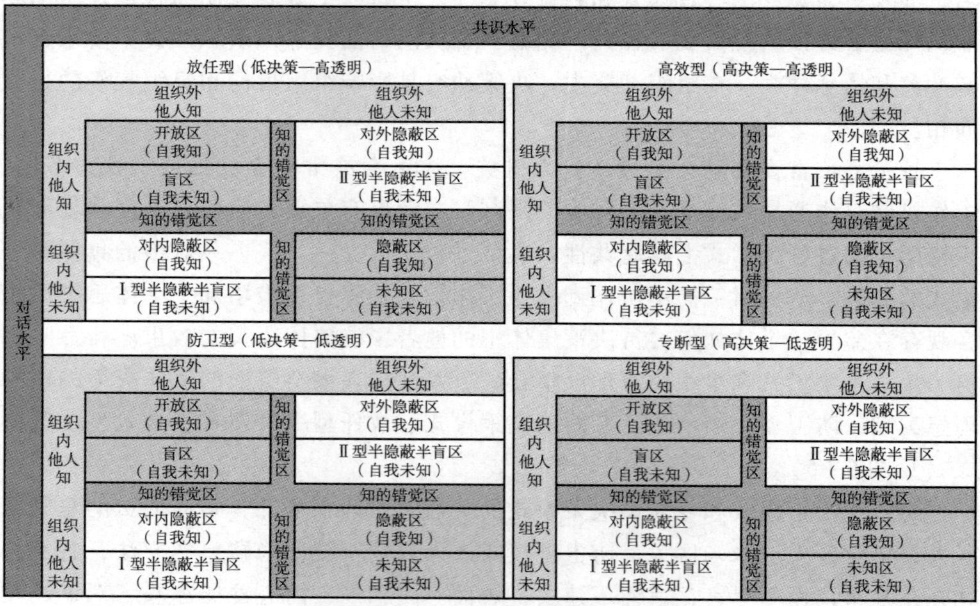

图 6-5　集体决策模式

四种理想类型在特定大学都只存在一定的"影子"，不能完全一对一匹配。从组织发展上看，相对于组织目标的实现而言，防卫型和放任型是缺乏效率的，因而必须加以克服。专断型虽然有时可能走对了路，但是其代价是形成一人定调"万马齐喑"的沉默文化，何况还有许多时候走错了路，因此也是需要警惕和提防的。高效型决策模式比之于防卫型和放任型，具有高度的共识度，其决策场"能统一""能拍板""能决策"。比之于专断型，高效型具有高度的对话水平，其对话场"敢发言""见分歧""能辩论""尚真知"，是大学决策最值得追求的理想类型。在这个模型中，直面和解决真觉与错觉、分歧与共识、协作与冲突的关系问题，是核心的交互范畴。高效型决策模式恰恰是承认并且有意识消除错觉，正视并且吸收分歧意见的合理成分，直面并且充分利用冲突的积极力量，保证各种声音都能自由发出并被认真听取，最后形成特定内外部情境下的最佳方案的理想类型。

撇开利益和非理性因素不谈，从集体思维模式的角度看，错觉的形成，分歧的产生，冲突的出现，在一定程度上源于个体思维风格的差异。在协作关系链条中，要完全认识他人和自己是不可能的。对自己和对他人都存在错觉区间。对他人的刻板坚硬印象、自我反思缺失以及对改变持防卫态度，是错觉不能被识别体认和有效消除的重要原因。人际分歧的产生既可能针对人，也可能针对事。从组织决策的事务上分析，认识分歧不仅是因为外在事物的复杂性和不确定性的对象性因素，还可能由个体思维风格的差异所致。以卡尼曼的二型思维风格观之，自动思维和审慎思维本是个体的双重特征。但毕竟在自动面和审慎面上个体之间有差异。尤其是在专业性很强的领域，对于业内人士已成为自动思维的对象，对于行外人而言，却需要审慎思维。在以知识为基础的专业官僚机构，因自动半径的不同而形成的快慢思维差异，可能会严重影响决策个体对其他人员的知的错觉。以格里格克的四象限心智风格观察，具体导向和抽象导向相对应，随机导向和序列导向相对应。如一个具有"随机具体型"思维特征的人和一个具有"序列抽象型"思维特征的人在一起，前者关注具体细节而讲程序，后者关注概念而随意没有固定套路程序，彼此如何协作？或"随机具体型"与"随机抽象型"的人在一起，如何协调重微观具体和重理论概念的差异？如此等等，不一而足。同样地，斯坦伯格的五层十三型和波恩切科的两面八型在集体决策中如何面对亦是有益解释。如果基于只有"一种思维模式"的假设进入决策场景，就无法理解并且也无法接受和忍受别人不同于自己的特征。即使懂得思维模式或思维风格在个体间存在差异，但是如果不了解协作者的思维特征，任错觉和盲区作主，就会从思维风格之外的因素对分歧归因，因而无由对不同的思维风格表现尊重和欣赏，以一个模子或标准看待和期待协作者的认知表现，失去集体思维中对话的重要价值。

思维风格是如何形成的？特定思维风格可以从培根的四大偶像的比喻中获得解释。反映到大学组中来，无疑与个体习得知识的类型与过程有关系。在同一个学院，研究范式的差异不可避免地影响到组织的集体思维。比如实证偏好对思辨偏好以及数学符号对叙事语言的思维和表达差异，总会在决策层的对话中显现出来。在学校层面，决策层个体所属的学科必然会在一定程度上影响个体思维方式，因而不可避免地会将学科思维带到决策场域。知识的复杂度影响学科的复杂度，学科的专业性水平影响学科际比较的相对地位。当人们将学科地位和该学科领域的个体能力水平联系起来的时候，学科间的平行差异就可能会成为纵向的层级差异，因而产生学科间的"社会分层"，有的占有"塔顶"，有的则"识浅言微"。专断型决策模式的专断，从行政角度看是权力霸权，从专业性和学术性"寻根"，则可发现学术霸权、学科霸权、学缘霸权、学统霸权的源头。

大学内部成员的构成是多元的。从任何一所大学的人力资源部门的岗位分类中可以看到这样的多元化特征。从大学个体的岗位职责和工作性质看，不同岗位的"工作描述"有所不同，"职位说明"和能力要求也有所不同。有些岗位是公共性的，可以通过外包的形式通过购买服务由专门的机构承担。有的岗位则是界定大学性质和性格的核心工作，与从业人员自身紧紧相连，不可分割，也不可外包。高教领域行政权力和学术权力的分界话语，源自两大类主要的成员类型。一类是行政人，另一类是学术人。行政人需要相应的专业知识作为支撑，如教学、财经、基建等处室，各自有相对专门的知识领域。他们和组织融为一体。或者说，行政人是彻底的组织人。没有组织"这棵树"，就没有行政人"这片叶"。与行政人比较起来，学术人与组织有一定间距。在组织内部，虽然学术人也是组织人，但从个体感知和自我定位上看，存在着自由学术人与组织学术人的差别。受不受组织约束是区分自由学术人与组织学术人的判据。大学内部有"个体户"或自由职业人。他们虽然正式身份属于大学，但是行如野鹤，"独往独来"。学术人同时属于"学科社区"和大学内部的"学院社区"。他们对所属学科的"无形学院"的认同，甚至超过对所属学院和大学的认同。由于学术工作对资源的依赖强度和所依赖的"资源幅度"有所不同，因而对组织的依赖感和归属感也有所不同。用前述的乔哈里窗观察，所有自我和他者之间都存在知、知的错觉以及未知的客观现实。在群体层面上看，在行政人和学术人之间存在集体性的认知同一性问题，当然也存在着认知错觉的可能性。行政与学术所谓的权力冲突，确有权力和利益问题，也还有思维风格差异和认知冲突的问题。由假象隐喻观之，官僚洞穴或官僚假象、经院洞穴或经院假象、学科洞穴或学科假象、门派洞穴或门派假象是需要加以警惕和克服的认知障碍。越是处于"公域半径"[①] 大的领域，需要克服的假象越多。大学内部有的学院涉及多个学科门类或学科领域，即使在同一个学科，学术传统和方法偏好也有不同。在大学组织层面，涉及的学科门类更多。不同层面的学术领导人往往是"双肩挑干部"。他们集学术与行政责任于一体。如何领导一级组织，必然受到自身学术风格和思维方式的影响。权力的配置

[①] 公域半径是对领导或服务幅度的比喻。小到一个教研室或学系，大到一个学校，乃至更大的国家机关，都有相应的受众和服务对象。公域半径即是服务对象的集合的描述。

和行使是任何组织所具有的必然行为。围绕权力和利益的微观政治活动在任何组织中都不可避免。塞尔兹尼克（Selznick）所揭示的组织决策中的非理性现象在大学也客观存在。作为"整体人"融入大学组织的个体，无法彻底克服非理性纠缠。而其理性部分还受各类洞穴的限制。其中，表现为学科沙文主义的学科洞穴尤其值得"双肩挑"的学术领导警惕。在任何一对一最小组织单元的沟通情境中，个体间的封闭和开放、互渗和阻隔、融合和抵抗、吸引和排斥、激发与贬抑，都在不同程度上反映各自洞穴的限制。而基于个体但又超越个体的集体思维，乃是组织之为组织的重要认知条件。

心智模式是大学治理的重要心理基础。研究大学治理问题，不能不关注治理主体的心理状态，不能不关注其深度假设、价值系统、信仰信念、思维风格、认知地图等影响其待人接物的心智模式。作为大学治理的重要构成内容，大学决策过程本身就带有学习的特性。特别是在外部环境不断变化、复杂性和不确定增加的大背景下，决策过程就是学习过程。集体决策过程当然就是集体学习的过程。组织学习、组织决策、组织治理无不关涉个体心智模式和集体思维模式。创建大学学习型组织，改造个体心智模式，改善集体思维模式，是大学组织变革的重要任务。

参 考 文 献

中文文献

[1]（春秋）左丘明著：《左传》，蒋冀骋标点，岳麓书社1988年版。

[2][德]彼得·贝格拉著：《威廉·冯·洪堡传》，商务印书馆1994年版。

[3][德]费希特著：《伦理学体系》，梁志学、李理译，中国社会科学出版社1995年版。

[4][德]弗·鲍尔生著：《德国教育史》，滕大春、滕大生译，北京人民教育出版社1986年版。

[5][德]韩博天：《通过试验制定政策：中国独具特色的经验》，载《当代中国史研究》2010年第3期。

[6][德]卡尔·曼海姆著：《意识形态与乌托邦》，黎鸣、李书崇译，商务印书馆2000年版。

[7][德]康德著：《法的形而上学原理》，沈叔平译，商务印书馆1991年版。

[8][德]马克斯·韦伯著：《韦伯政治著作选（影印本）》，阎克文译，中国政法大学出版社2003年版。

[9][德]马克斯·韦伯著：《支配社会学》，康乐、简惠美译，广西师范大学出版社2004年版。

[10][德]马克斯·韦伯著：《经济与社会》（第二卷·下），阎克文译，上海世纪出版集团2010年版。

[11][德]马克斯·韦伯著：《学术与政治》，冯克利译，生活·读书·新知三联书店2013年版。

[12][德]威廉·冯·洪堡著：《论柏林高等学术机构的内部和外部组织》，载《高等教育论坛》1987年第1期。

[13][法]埃米尔·涂尔干著：《道德教育》，渠敬东译，上海人民出版社2006年版。

[14][法]埃米尔·涂尔干著：《社会分工论》，渠敬东译，生活·读书·

新知三联书店 2017 年版。

［15］［法］爱弥尔·涂尔干著：《教育思想的演进》，李康译，上海人民出版社 2003 年版。

［16］［法］米歇尔·福柯著：《规训与惩罚》，刘北成、杨远婴译，生活·读书·新知三联书店 2012 年版。

［17］［法］雅克·勒戈夫著：《中世纪的知识分子》（第 1 版），张弘译，商务印书馆 1996 年版。

［18］［法］雅克·韦尔热著：《中世纪大学》，王晓辉译，上海人民出版社 2007 年版。

［19］［古希腊］亚里士多德著：《尼各马可伦理学》，廖申白译，商务印书馆 2003 年版。

［20］［加］许美德著：《中国大学 1895－1995：一个文化冲突的世纪》，许洁英译，教育科学出版社 1999 年版。

［21］［加］约翰·范德格拉夫等编著：《学术权力——七国高等教育管理体制比较》，王承绪等译，浙江教育出版社 2001 年版。

［22］［美］C. I. 巴纳德著：《经理人员的职能》，孙耀君等译，中国社会科学出版社 1997 年版。

［23］［美］埃德加·沙因著：《组织文化与领导力》，马红宇、王斌等译，中国人民大学出版社 2011 年版。

［24］［美］爱德华·希尔斯著：《学术的秩序》，李家永译，商务印书馆 2007 年版。

［25］［美］巴纳德著：《经理人的职能》，孙耀君等译，中国社会科学出版社 1997 年版。

［26］［美］彼得·圣吉著：《第五项修炼——学习型组织的艺术与实务》，郭进隆译，上海三联书店 1998 年版。

［27］［美］彼得·圣吉著：《第五项修炼》，张成林译，中信出版社 2010 年版。

［28］［美］伯顿·R. 克拉克著：《高等教育系统——学术组织的跨国研究》，王承绪、徐辉等译，杭州大学出版社 1994 年版。

［29］［美］伯顿·克拉克著：《高等教育新论——多学科的研究》，王承绪等译，浙江教育出版社 1998 年版。

［30］［美］伯顿·克拉克著：《探究的场所——现代大学的科研和研究生教育》，王承绪译，浙江教育出版社 2001 年版。

［31］［美］伯恩鲍姆著：《大学运行模式》，别敦荣等译，中国海洋出版社

2003年版。

［32］［美］布鲁贝克著：《高等教育哲学》，王承绪等译，浙江教育出版社1987年版。

［33］［美］查尔斯·霍默·哈斯金斯著：《大学的兴起》，王建妮译，上海人民出版社2007年版。

［34］［美］菲利浦·津巴多著：《路西法效应：好人是如何变成恶魔的》，孙佩妏、陈雅馨译，生活·读书·新知三联书店2016年版。

［35］［美］弗兰克·古德诺著：《政治与行政——政府之研究》，丰俊功译，北京大学出版社，2012年版。

［36］［美］弗里德里希·包尔生著：《伦理学体系》，何怀宏等译，中国社会科学出版社1988年版。

［37］［美］弗里曼著：《战略管理：利益相关者方法》，王彦华等译，上海译文出版社2006年版。

［38］［美］亨利·罗索夫斯基著：《美国校园文化——学生·教授·管理》，谢宗仙等译，山东人民出版社1996年版。

［39］［美］杰罗姆·凯根著：《三种文化：21世纪的自然科学、社会科学和人文学科》，王加丰、宋严萍译，上海世纪出版集团2014年版。

［40］［美］科泽著：《仪式、政治与权力》，王海洲译，江苏人民出版社2014年版。

［41］［美］克拉克·克尔著：《大学之用》，高铦、高戈、汐汐译，北京大学出版社2008年版。

［42］［美］库尔德·勒温著：《拓扑心理学》，竺培梁译，浙江教育出版社1997年版。

［43］［美］罗伯特·波恩鲍姆著：《学术领导力》，周作宇等译，北京师范大学出版社2008年版。

［44］［美］罗尔斯著：《正义论》，何怀宏等译，中国社会科学出版社1988年版。

［45］［美］罗森茨威格著：《大学与政治》，王晨译，河北大学出版社2008年版。

［46］［美］罗素著：《伦理学和政治学中的人类社会》，肖巍译，中国社会科学出版社1990年版。

［47］［美］乔治·瑞泽尔著：《汉堡统治世界？！——社会的麦当劳化》（第七版），姚伟等译，北京：中国人民大学出版社2013年版。

［48］［美］汤姆·彼得斯、罗伯特·沃特曼著：《追求卓越》，胡玮珊译，

中信出版社 2012 年版。

[49]［美］特雷斯·E. 迪尔、阿伦·A. 肯尼迪著：《企业文化》，唐铁军、叶永青、陈旭译，上海科学技术文献出版社 1989 年版。

[50]［美］托马斯·萨乔万尼著：《道德领导：抵及学校改善的核心》，冯大鸣译，上海教育出版社 2002 年版。

[51]［美］威廉·大内著：《Z 理论》，朱雁斌译，机械工业出版社 2007 年版。

[52]［美］约翰·L. 坎贝尔著：《制度变迁与全球化》，姚伟译，上海人民出版社 2010 年版。

[53]［美］詹姆斯·马奇、赫伯特·西蒙著：《组织》，邵冲译，机械工业出版社 2008 年版。

[54]（宋）曾巩著：《中国古代十大散文家精品全集（曾巩）》，陶文鹏选注，大连出版社 1998 年版。

[55]（宋）苏轼著：《苏轼全集》（上），张春林编，中国文史出版社 1999 年版。

[56]［苏］S. 卡夫达诺夫著：《苏联高等教育》，刘君宾编译，火星社 1950 年版。

[57]［英］梅尔茨著：《19 世纪欧洲思想史》（第一卷），周昌忠译，商务印书馆 1999 年版。

[58]［英］C. P. 斯诺著：《两种文化》，纪树立译，生活·读书·新知三联书店 1995 年版。

[59]［英］鲍曼著：《现代性与大屠杀》，杨渝东、史建华译，译林出版社 2002 年版。

[60]［英］布宁著：《西方哲学英汉对照辞典》，余纪元编著，人民出版社 2001 年版。

[61]［英］玛丽·道格拉斯著：《制度如何思考》，张晨曲译，经济管理出版社 2013 年版。

[62]［英］培根著：《新工具》，许宝骙译，商务印书馆 1986 年版。

[63]［英］特纳著：《象征之林：恩登布人仪式散论》，赵玉燕等译，商务印书馆 2006 年版。

[64]［英］托尼·布什著：《当代西方教育管理模式》，强海燕等译，南京师范大学出版社 1998 年版。

[65]［英］约翰·亨利·纽曼著：《大学的理念》，高师宁、何克勇、何可人、何光沪译，贵州教育出版社 2003 年版。

［66］（战国）韩非著：《韩非子》，张觉点校，岳麓书社2015年版。

［67］《党政主要领导干部和国有企业领导人员经济责任审计规定》，人民出版社2010年版。

［68］《邓小平文选》第3卷，人民出版社1993年版。

［69］《图说天下·国学书院系列》编委会编：《四书五经》，吉林出版集团有限责任公司2007年版。

［70］《国务院办公厅关于进一步完善国有企业法人治理结构的指导意见》，中国政府网，http：//www.gov.cn/zhengce/content/2017-05/03/content_5190599.html。

［71］毕宪顺：《高校学术权力与行政权力的耦合及机制创新》，载《教育研究》2004年第9期。

［72］别敦荣、菲利普·阿特巴赫：《中美大学治理对谈》，载《清华大学教育研究》2016年第4期。

［73］别敦荣、李连梅：《柏林大学的发展历程、教育理念及其启示》，载《复旦教育论坛》2010年第6期。

［74］别敦荣、彭阳红：《近10年我国高等教育研究的现状与未来走向——以〈高等教育研究〉刊发论文为样本》，载《齐齐哈尔工程学院学报》2008年第2期。

［75］别敦荣：《论现代大学制度之现代性》，载《教育研究》2014年第35期。

［76］蔡怡：《道德领导——新型的教育领导者》，教育科学出版社2009年版。

［77］曾鸣：《英国大学治理结构发展研究》，福建师范大学，2015年。

［78］查强、史静寰、王晓阳、王璐瑶：《是否存在另一个大学模式？——关于中国大学模式的讨论》，载《复旦教育论坛》2017年第2期。

［79］巢进文：《普希金帝王情结的成因》，载《民族论坛》2008年第4期。

［80］陈超：《从大学审查制度透视美国学术自由的限度与挑战》，载《清华大学教育研究》2014年第4期。

［81］陈大兴：《制度学逻辑下的高校大部制改革：缘起、挑战与前瞻》，载《研究生教育研究》2013年第1期。

［82］陈谷嘉、邓洪波：《中国书院史资料》，浙江教育出版社1998年版。

［83］陈谷嘉、邓洪波：《中国书院制度研究》，浙江教育出版社1997年版。

［84］陈洪捷：《德国古典大学观及其对中国大学的影响》，北京大学出版社2002年版。

［85］陈洪捷：《洪堡大学理念的影响：从观念到制度——兼论"洪堡神话"》，载《北京大学教育评论》2017年第3期。

[86] 陈洪捷：《什么是洪堡的大学思想》，载《中国大学教学》2003 年第 6 期。

[87] 陈来：《儒家"礼"的观念与现代世界》，载《孔子研究》2001 年第 1 期。

[88] 陈平：《基于学部的跨学科合作探讨》，载《科技管理研究》2010 年第 12 期。

[89] 陈青之：《中国教育史》，东方出版社 2008 年版。

[90] 陈权：《当代中国公立高校内部权力结构及运行机制研究》，吉林大学，2011 年。

[91] 陈涛：《大学本质属性探源——基于三所欧洲中世纪大学的分析》，载《高等教育研究》2016 年第 10 期。

[92] 陈戍国：《四书五经》（上），岳麓书社 2014 年版。

[93] 陈学飞：《美国、德国、法国、日本当代高等教育思想研究》，上海教育出版社 1998 年版。

[94] 成然：《纪律与现代性——从韦伯和迪尔凯姆的观点看》，载《浙江学刊》2005 年第 4 期。

[95] 程孝良，向玉凡：《学术腐败成因及其治理：一个社会学理论分析框架》，载《现代教育管理》2011 年第 3 期。

[96] 程玉红：《中世纪"学生型"大学的产生与发展——意大利博洛尼亚大学组织管理述评》，载《沈阳师范学院学报》（社会科学版）2002 年第 6 期。

[97] 褚丽：《德育视域下的学校纪律研究》，安徽师范大学，2014 年。

[98] 单春艳、肖甦：《俄罗斯高等教育层次结构及学位制度的改革与现状评述》，载《比较教育研究》2008 年第 9 期。

[99] 邓洪波：《中国书院学规集成》，中西书局 2011 年版。

[100] 邓磊：《中世纪大学组织权力研究》，人民出版社 2011 年版。

[101] 丁三青、胡仁东：《大学治理中学术权力和行政权力关系研究的再研究——基于共轭的视角》，载《煤炭高等教育》2015 年第 33 期。

[102] 董柏林：《学生参与大学治理的美国经验及其镜鉴——以美国一流大学章程为考察中心》，载《高教探索》2019 年第 11 期。

[103] 董云川：《仪规消退 教育何存？》，载《中国教育报》2016 年 11 月 21 日。

[104] 董泽芳、岳奎：《完善大学治理结构的思考与建议》，载《高等教育研究》2012 年第 1 期。

[105] 赵彦志、周守亮：《网络视域下的大学组织特征与治理机制》，载

《教育研究》2013 年第 12 期。

[106] 杜华伟：《中国古代书院个体德性培育研究》，中南大学，2012 年。

[107] 范如国：《"全球风险社会"治理：复杂性范式与中国参与》，载《中国社会科学》2017 年第 2 期。

[108] 范晔著：《后汉书》，李贤等注，中华书局 2012 年版。

[109] 范颖：《中世纪大学校长制度探究——以博洛尼亚大学与巴黎大学为例》，载《科教文汇（中旬刊）》2017 年第 10 期。

[110] 方朝晖：《"三纲"与秩序重建》，中央编译出版社 2014 年版。

[111] 方朝晖：《法治中国同样需要礼教文明重建——从中西方制度文明的比较展开》，载《人民论坛·学术前沿》2014 年第 21 期。

[112] 方朝晖：《文明的毁灭与新生》，中国人民大学出版社 2011 年版。

[113] 方勇：《吕氏春秋》，商务印书馆 2015 年版。

[114] 方舟、吴巧英、吕有伟：《学习支持服务与学生参与度关系的调查研究——以浙江奥鹏远程教育为例》，载《开放教育研究》2010 年第 1 期。

[115] 费孝通：《乡土中国》，人民出版社 2015 年版。

[116] 付梦芸：《我国高校实体性学部制改革的困境与破解——基于历史制度主义的分析》，载《中国人民大学教育学刊》2015 年第 2 期。

[117] 甘永涛：《美国大学共同治理制度的演进》，载《清华大学教育研究》2009 年第 3 期。

[118] 甘永涛：《大学治理结构的三种国际模式》，载《高等工程教育研究》2007 年第 2 期。

[119] 甘永涛：《对高校学生权力的探索》，载《现代教育科学》2007 年第 1 期。

[120] 高田钦：《"洪堡大学理念"确立的文化背景及其历程》，载《煤炭高等教育》2011 年第 1 期。

[121] 高兆明：《制度公正论——变革时期道德失范研究》，上海文艺出版社 2001 年版。

[122] 龚怡祖：《大学治理结构：建立大学变化中的力量平衡——从理论思考到政策行动》，载《高等教育研究》2010 年第 12 期。

[123] 辜鸿铭著：《中国人的精神》，李晨曦译，上海三联书店 2010 年版。

[124] 古代汉语字典编委会：《古代汉语字典》，商务印书馆 2010 年版。

[125] 谷梦琴：《基于绩效网络模型的学部绩效管理研究》，华东师范大学，2016 年。

[126] 关慧颖：《19 世纪的俄国大学及大学章程研究》，吉林大学，2014

年版。

[127]《关于坚持和完善党委领导下的校长负责制的实施细则》,安徽大学,http://xb.ahu.edu.cn/a4/43/c4924a42051/page.htm。

[128] 管培俊:《关于大学治理的辩证思维》,载《探索与争鸣》2017年第8期。

[129] 郭春发、孙霄兵:《英国大学董事会制度的变迁》,载《清华大学教育研究》2013年第2期。

[130] 郭丹等:《左传》,中华书局2012年版。

[131] 郭广珍:《大学内部权力配置模式与激励》,辽宁大学,2007年。

[132] 国家高级教育行政学院:《中国高等教育体制改革世纪报告》,人民教育出版社2001年版。

[133] 韩强:《中国大学学部制改革的问题反思——基于三所不同类型大学的调研分析》,载《现代教育管理》2015年第9期。

[134] 韩震:《社会发展与大学组织方式、教学方式及其功能的变革——考察澳大利亚高等教育的体会与思考》,载《比较教育研究》2009年第4期。

[135] 郝维谦、龙正中:《高等教育史》,海南出版社2000年版。

[136] 何怀宏:《公平的正义:解读罗尔斯〈正义论〉》,山东人民出版社2002年版。

[137] 何翔:《我国高校学部制改革问题研究》,西南大学,2013年。

[138] 何振海:《博洛尼亚大学学生型管理体制的形成及其民主性辨析》,载《西部教育发展研究》2008年第1期。

[139] 何作井、杨天乐:《论大学内部权力结构的冲突与重构》,载《辽宁教育研究》2007年第2期。

[140] 胡保利、赵惠莉:《冲突理论视野中高校学术权力与行政权力的关系》,载《黑龙江高教研究》2008年第4期。

[141] 胡建华:《科学研究在大学中的历史演进》,载《南京师范大学学报》(社会科学版)2006年第4期。

[142] 胡丽伟:《高校基层党组织建设的现状及发展思路》,载《教书育人》(高教论坛)2014年第7期。

[143] 胡青:《书院的社会功能及其文化特色》,湖北教育出版社1996年版。

[144] 华东师范大学教育系:《列宁论教育》,人民教育出版社1979年版。

[145] 黄达人:《大学的治理》,商务印书馆2013年版。

[146] 黄福涛:《外国教育史》,上海教育出版社2003年版。

[147] 黄福涛:《欧洲高等教育近代化——法、英、德近代高等教育制度的

形成》，厦门大学出版社 1998 年版。

[148] 黄福涛：《外国高等教育史》，上海教育出版社 2003 年版。

[149] 黄帅、姜华、苏永建：《体制与机制：高校内部权力制约与监督——基于 39 所高校巡视反馈文本的主题分析》，载《复旦教育论坛》2018 年第 1 期。

[150] 江新华：《学术何以失范：大学学术道德失范的制度分析》，社会科学文献出版社 2005 年版。

[151] 姜华、徐琪：《基于社会网络分析的大学治理结构研究》，载《高教探索》2014 年第 4 期。

[152] 姜义华：《论"礼治"的当代意义》，载《红旗文稿》2014 年第 20 期。

[153]《教育部关于印发〈教育部 2018 年工作要点〉的通知》，中国教育和科研计算机网，http：//www.edu.cn/edu/zheng_ce_gs_gui/zheng_ce_wen_jian/zong_he/201802/t20180207_1584978.shtml。

[154][美] 杰弗里·菲佛、杰勒尔德·R.萨兰基克著：《组织的外部控制》，闫蕊译，东方出版社 2006 年版。

[155] 晋乾泰：《中国共产党纪律学》，红旗出版社 1993 年版。

[156] 孔令帅、蓝汉林：《美国高校助学金政策探析——以佩尔助学金项目为例》，载《高教发展与评估》2010 年第 6 期。

[157] 孔宪铎：《我的科大十年》（增订版），北京大学出版社 2004 年版。

[158] 邝洁：《论我国高校行政管理的服务特性》，载《湖南社会科学》2010 第 1 期。

[159] 蓝甲云、张长明、易永卿：《论中国古代书院的学礼制度》，载《湖南大学学报》（社会科学版）2005 年第 3 期。

[160] 李冬梅：《对学术界"学生参与"内涵的梳理和解读》，载《今日中国论坛》2013 年第 17 期。

[161] 李福华：《大学治理与大学管理：概念辨析与边界确定》，载《北京师范大学学报》（社会科学版）2008 年第 4 期。

[162] 李福华：《大学治理与大学管理》，人民出版社 2012 年版。

[163] 李福华：《论高等学校教师职称评审的结果公正与程序公正》，载《清华大学教育研究》2016 年第 2 期。

[164] 李工真：《德意志大学与德意志现代化（A）．中国大学人文启示录》（第一卷），华中理工大学出版社 1996 年版。

[165] 李汉林、渠敬东、夏传玲、陈华珊：《组织和制度变迁的社会过程——一种拟议的综合分析》，载《中国社会科学》2005 年第 1 期。

[166] 李红伟、石卫林：《大学章程关于学术权力制约机制的规定——基于

美、英、德三国大学章程的文本比较》,载《高等教育研究》2013 年第 7 期。

[167] 李立国、赵义华、黄海军:《论高校的"行政化"和"去行政化"》,载《中国高教研究》2010 年第 5 期。

[168] 李立国:《大学发展逻辑、组织形态与治理模式的变迁》,载《高等教育研究》2017 年第 6 期。

[169] 李立国:《大学治理:治理主体向治理规则的转向》,载《江苏高教》2016 年第 1 期。

[170] 李立国:《大学治理的内涵与体系建设》,载《大学教育科学》2015 年第 1 期。

[171] 李立国:《解决大学治理困局须认真审视什么》,载《光明日报》2014 年 12 月 16 日。

[172] 李龙:《西方法学名著提要》,江西人民出版社 1999 年版。

[173] 李荣德:《制定学术委员会章程 探索现代大学制度建设》,载《中国高等教育》2016 年第 11 期。

[174] 李兴业编著:《巴黎大学》(第 1 版),湖南教育出版社 1983 年版。

[175] 李雅君:《俄罗斯教育改革模式的历史文化研究》,东北师范大学,2010 年版。

[176] 李燕、杨新涯、陈文:《学部制下学科服务创新模式探索与思考——重庆大学图书馆学科服务的拓展与深化》,载《图书情报工作》2016 年第 11 期。

[177] 梁漱溟:《中国文化要义·梁漱溟全集》(第三卷),山东人民出版社 1989 年版。

[178] 梁漱溟:《中国文化要义》,上海人民出版社 2018 年版。

[179] 林佩云:《发挥高校服务型党组织凝心聚力作用》,载《中国高等教育》2015 年第 5 期。

[180] 林嵩:《结构方程模型原理及 AMOS 应用》,华中师范大学出版社 2008 年版。

[181] 林天伦、茅锐:《中美英三国学生纪律处分制度的比较研究》,载《教育科学研究》2005 年第 7 期。

[182] 刘爱生:《美国大学治理:结构、过程与人际关系》,中国社会科学出版社 2017 年版。

[183] 刘保存:《洪堡大学理念述评》,载《清华大学教育研究》2002 年第 1 期。

[184] 刘伯骥:《广东书院制度沿革》,商务印书馆 1939 年版。

[185] 刘川生:《高校党建九十年的历史进程和基本经验》,载《中国高等

教育》2011 年第 12 期。

[186] 刘海峰，史静寰：《高等教育史》，高等教育出版社 2010 年版。

[187] 刘虹：《控制与自治：美国政府与大学关系研究》，复旦大学，2010 年。

[188] 刘美辰、闻万春：《学部制平衡大学内部权力的功效研究》，载《辽宁教育行政学院学报》2014 年第 1 期。

[189] 刘婷、庞鹤峰、左晶莹：《浅谈设立高校学部制对高校学术权力的提升作用》，载《中国城市经济》2011 年第 26 期。

[190] 刘文晓：《"学部制"改革究竟改什么——对"跨学科"融合中"人"的透析》，载《现代教育管理》2014 年第 9 期。

[191] 刘献君：《论大学内部权力的制约机制》，载《高等教育研究》2012 年第 33 期。

[192] 刘献君：《自治·共治·善治——大学治理的特征、方式与目标》，载《探索与争鸣》2015 年第 7 期。

[193] 刘益东、杜瑞军、周作宇、赵聪环：《现代大学治理的协调机制：权力三角的视角》，载《复旦教育论坛》2021 年第 2 期。

[194] 刘益东、周作宇、张建锋：《论"大学章程现象"》，载《中国高教研究》2017 年第 3 期。

[195] 刘益东、杜瑞军、周作宇：《学术纪律建设：破解学术失范的"系统"力量》，载《国家教育行政学院学报》2017 年第 6 期。

[196] 刘益东、杜瑞军：《大学政治纪律建设的调查研究》，载《复旦教育论坛》2018 年第 1 期。

[197] 刘益东：《高等教育现代化中的"麦当劳化"及其消解》，载《现代教育管理》2017 年第 10 期。

[198] 刘益东：《论"双一流"建设中的学术文化困境》，载《教育科学》2016 年第 3 期。

[199] 刘益东：《中外大学治理研究的图谱分析——基于 WoS 和 CNKI 数据库的比较》，载《教育学术月刊》2017 年第 3 期。

[200] 龙宗智：《依法治校与高校领导体制的改革完善》，载《北京大学学报》（哲学社会科学版）2005 年第 1 期。

[201] 鲁野：《建立纪律学的初步构想》，载《党政论坛》1991 年第 7 期。

[202] 罗国杰：《中国伦理思想史》，中国人民大学出版社 2007 年版。

[203] 吕思勉：《中国通史》，上海人民出版社 2014 年版。

[204] 马超：《美国大学学生纪律的演变、内容及功能》，载《清华大学教育研究》2008 年第 3 期。

[205] 马怀德、张瑜：《用好"纪律"这把尺子》，载《中国高等教育》2016年第2期。

[206] [德] 马克斯·韦伯著：《社会科学方法论》，杨富斌译，华夏出版社1999年版。

[207] 马培培：《论美国大学治理中的学生参与》，载《高等教育研究》2016年第2期。

[208] 马戎：《罪与孽：中国的"法治"与"德治"概说》，载《北京大学学报》（哲学社会科学版）1999年第2期。

[209] 茅锐、黄跃奎、郑家裕、赵倩、孙敏：《对学生纪律处分功能的研究》，载《教学与管理》2004年第19期。

[210] 孟勋：《高校基层党组织建设的作用和评价机制研究》，华南理工大学，2010年。

[211] [加] 明茨伯格：《卓有成效的组织》，魏青江译，中国人民大学出版社2007年版。

[212] 莫晓斌：《高校学生纪律处分行为的法律规制研究》，载《湖南科技大学学报》（社会科学版）2009年第12期。

[213] 墨子：《墨家智谋全书》，内蒙古人民出版社2005年版。

[214] 倪小恒、陈英霞：《高等教育体系的权力分配与大学组织结构》，载《教育科学》2007年第2期。

[215] 欧阳光华：《从法人治理到共同治理——美国大学治理的历史演进与结构转换》，载《教育研究与实验》2015年第2期。

[216] 彭湃：《大学之治：道德领导的思维向度》，载《高等教育研究》2005年第7期。

[217] 浦琳琳、冯典：《美国州立大学校长评价研究——以六所州立大学为例》，载《山东高等教育》2016年第1期。

[218] 眭依凡：《关于高校合并的理性思考》，载《求是杂志》2000年第4期。

[219] 钱露：《中世纪博洛尼亚大学同乡会研究》，河北大学，2013年。

[220] 秦惠民：《我国大学内部治理中的权力制衡与协调——对我国大学权力现象的解析》，载《中国高教研究》2009年第8期。

[221] [日] 青木昌彦著：《沿着均衡点演进的制度变迁》，引自克劳德·梅纳尔编：《制度、契约与组织——新制度经济学角度透视》，刘刚等译，经济科学出版社2003年版。

[222] 邱皓政：《量化研究与统计分析——SPSS中文视窗版数据分析范例解

析》，重庆大学出版社2009年版。

[223] 秋至乐：《中国古代十大思想家》，红旗出版社2014年版。

[224] 渠敬东、周飞舟、应星：《从总体支配到技术治理——基于中国30年改革经验的社会学分析》，载《中国社会科学》2009年第6期。

[225] 瞿葆奎、杜殿坤：《教育学文集：苏联教育改革》（上册），人民教育出版社1988年版。

[226] 任增元：《制度理论视野中的大学行政化研究》，大连理工大学，2012年。

[227] 任之恭：《一个华裔物理学家的回忆录》，山西高教联合出版社1992年版。

[228] 申素平：《高校学生纪律处分制度研究——中英比较的视角》，载《中国高教研究》2009年第4期。

[229] 沈红、王建慧：《一流大学教师队伍建设的院系责任——基于四所世界一流大学的实地调研》，载《教育研究》2017年第11期。

[230] 生云龙：《中国古代书院学礼研究》，清华大学出版社2013年版。

[231] 盛朗西：《中国书院制度》，中华书局1934年版。

[232] 施晓光：《现代大学治理模式的转向》，载《苏州大学学报》（教育科学版）2015年第4期。

[233] 石中英：《大学办学院还是"学院办大学"》，载《光明日报》2016年5月10日。

[234] 司俊峰：《英国大学自治样态的流变研究——基于"府学关系"变迁的视角》，华东师范大学，2017年。

[235] 司马光著：《资治通鉴·周纪·威烈王》，沈志华、张宏儒编，中华书局2009年版。

[236] [美] 史蒂文·斯洛曼、菲利普·费恩巴赫著：《知识的错觉——为什么我们从未独立思考》，祝常悦译，中信前沿出版社2018年版。

[237] 宋伟：《存在与本质：研究型大学中的学术权力》，载《教育研究》2006年第3期。

[238] 宋文红：《欧洲中世纪大学：历史描述与分析》，华中科技大学，2005年。

[239] 眭依凡：《大学的使命与责任》，社会科学文献出版社2007年。

[240] 眭依凡：《论大学的善治》，载《江苏高教》2014年第6期。

[241] 孙殿柏：《比较经济制度》，三民书局1975年版。

[242] 孙国华：《中华法学大辞典》（法理学卷），中国检察出版社1997年版。

[243] 孙华程：《城市与教堂：制度视野下欧洲中世纪大学的发生与演进》，西南大学，2011 年。

[244] 孙天华：《大学的科层组织特征及效率——对我国公立大学内部治理结构的分析》，载《河南社会科学》2004 年第 5 期。

[245] 汤萱：《基于治理视角的中国公立高校权力整合机制研究》，武汉理工大学，2007 年。

[246] 汤智、李小年：《大学基层学术组织运行机制：国外模式及其借鉴》，载《教育研究》2015 年第 36 期。

[247] 万晓光：《高校学术腐败的成因及治理研究》，中南民族大学，2007 年。

[248] 汪庆华、郭钢、贾亚娟：《俞可平与中国知识分子的善治话语》，载《公共管理学报》2016 年第 13 期。

[249] 王炳照：《中国古代书院》，商务印书馆 1998 年版。

[250] 王承绪：《世界教育大系——英国教育》，吉林教育出版社 2002 年版。

[251] 王聪：《美国大学共同治理制度的困境及理性回归》，载《黑龙江高教研究》2018 年第 5 期。

[252] 王达品：《马克思主义意识形态：内涵、挑战及对策》，载《北京日报》2016 年 10 月 24 日。

[253] 王洪才：《想念洪堡——柏林大学创立 200 周年纪念》，载《复旦教育论坛》2010 年第 6 期。

[254] 王洪才：《大学治理：理想·现实·未来》，载《高等教育研究》2016 年第 37 期。

[255] 王洪才：《大学治理的内在逻辑与模式选择》，载《高等教育研究》2012 年第 33 期。

[256] 王静：《试论大学的组织特性与大学内部的权力制衡》，载《中国高教研究》2008 年第 3 期。

[257] 王凌皓、王晶：《先秦儒家礼教思想的历史定位及现代镜鉴》，载《社会科学战线》2015 年第 4 期。

[258] 王明明、周作宇、施克灿：《德治礼序与中国大学治理》，载《北京师范大学学报》（社会科学版）2017 第 1 期。

[259] 王前：《警惕"学"、"术"分家的倾向》，载《自然辩证法通讯》2000 年第 5 期。

[260] 王巧云：《微信在高校学部制背景下研究生党建工作中的创新应用》，载《高教学刊》2016 年第 18 期。

[261] 王清华：《苏联高等教育的历史和现状》，吉林教育出版社 1985 年版。

[262] 王思懿:《迈向"混合法"规制结构:新公共治理范式下高等教育系统的变革趋势——基于美国、英国、新加坡三国的分析》,载《中国人民大学教育学刊》2017年第2期。

[263] 王晓辉:《大学治理要素——国际比较的视角》,载《中国人民大学教育学刊》2016年第3期。

[264] 王应密:《中国大学学术职业制度变迁研究》,华中科技大学,2009年。

[265] 王英杰:《大学文化传统的失落:学术资本主义与大学行政化的叠加作用》,载《比较教育研究》2012年第1期。

[266] 王英杰:《共同治理:世界一流大学治理的制度支撑》,载《国内高等教育教学研究动态》2016年第21期。

[267] 王英杰:《试论大学的领导与管理:孰重孰轻》,载《江苏高教》2014年第5期。

[268] 王英杰:《学术神圣——大学制度构建的基石》,载《探索与争鸣》2010年第3期。

[269] 王志轩、王为治:《"纪""律":治理与约束》,载《中国纪检监察》2015年第12期。

[270] 魏小琳:《治理视角下大学基层学术组织的重构》,载《教育研究》2016年第11期。

[271] 吴晋:《现代大学之母:柏林大学》,载《教育与职业》2007年第9期。

[272] 吴明隆:《SPSS统计应用事务》,中国铁道出版社2000年版。

[273] 吴明隆:《结构方程模型——AMOS的操作与应用》,重庆大学出版社2009年版。

[274] 吴式颖:《俄国教育史》,人民教育出版社2006年版。

[275] 吴先伍:《独白·对话·回应——历史视野中的道德教育走向》,载《湖南师范大学教育科学学报》2015年第3期。

[276] 吴振利:《〈"放管服"意见〉下的普通本科院校二级学院治理探讨》,载《高校教育管理》2017年第4期。

[277] 习近平:《青年要自觉践行社会主义核心价值观——在北京大学师生座谈会上的讲话》,新华网,http://news.xinhuanet.com/2014-05/05/c_1110528066_3.htm。

[278] 习近平:《中共十九大报告》,新华网,http://www.xinhuanet.com/2017-10/18/c_1121822489.htm。

［279］夏传才、林家骊：《徐干集校注》，河北教育出版社2013年版。

［280］肖甦、王义高编译：《俄罗斯转型时期重要教育法规文献汇编》，人民教育出版社2009年版。

［281］谢安邦、阎光才：《高校的权力结构与权力结构的调整——对我国高校管理体制改革方向的探索》，载《高等教育研究》1998年第2期。

［282］谢凌凌：《大学学术权力行政化及其治理——基于权力要素的视角》，载《高等教育研究》2015年第3期。

［283］谢泳：《西南联大与中国国现代知识分子》，福建教育出版社2009年版。

［284］熊进：《高等教育治理的"项目制"及其可能风险》，载《教育发展研究》2016年第13期。

［285］徐国正：《公立大学监督机关研究》，湖南大学，2014年。

［286］徐来群：《美国公立大学系统治理模式研究》，上海交通大学出版社2016年版。

［287］徐琪、姜华：《大学内部权力结构和决策角色研究——基于社会网络分析的视角》，载《清华大学教育研究》2016年第1期。

［288］徐少君、眭依凡、俞婷婕、朱剑：《加州大学共同治理：权力结构、运行机制、问题与挑战——访加州大学学术评议会前主席James A. Chalfant教授》，载《复旦教育论坛》2019年第1期。

［289］徐显明：《文化传承创新：大学第四大功能的确立》，载《中国高等教育》2011年第10期。

［290］许慎：《说文解字》，上海古籍出版社2007年版。

［291］宣勇、钟伟军：《论我国大学治理能力现代化进程中的校长管理专业化》，载《高等教育研究》2014年第35期。

［292］宣勇：《大学能力建设：新时代中国高等教育面临的重大课题》，载《高等教育研究》2018年第39期。

［293］宣勇：《大学组织结构研究》，高等教育出版社2005年版。

［294］宣勇：《论中国大学的主体性重建》，载《国家教育行政学院学报》第2014年第8期。

［295］严蔚刚、李德锋：《我国高校学部的基本权力、分类及相关思考——基于我国学部制改革的调查研究》，载《中国高教研究》2012年第7期。

［296］阎凤桥：《大学组织与治理》，同心出版社2006年版。

［297］阎凤桥：《思想引领：世界一流大学治理的核心特征》，载《探索与争鸣》2018年第6期。

[298] 阎光才、张银霞：《高校学术失范问题的探索性实证研究》，载《北京大学教育评论》2010年第2期。

[299] 阎光才：《高校教师参与治理的困惑及其现实内涵》，载《中国高教研究》2017年第7期。

[300] 阎光才：《关于高校"去行政化"议题的省思》，载《清华大学教育研究》2011年第1期。

[301] 阎光才：《回归一流大学建设与治理的常识》，载《探索与争鸣》第2018年第6期。

[302] 杨伯峻：《论语译注》，中华书局2012年版。

[303] 杨开忠：《深化高校学术委员会改革的几点思考》，载《中国高等教育》2014年第8期。

[304] 杨克瑞：《高校的政治权力分析》，载《高教探索》2007年第6期。

[305] 杨克瑞：《政治权力：高校管理研究的真空》，载《现代教育管理》2010年第5期。

[306] 杨蕾、黄旭华：《中世纪大学的教学质量监控制度——基于学生权力视角》，载《高等教育研究》2016年第2期。

[307] 杨天宇：《礼记译注》，上海古籍出版社2004年版。

[308] 杨玉圣：《为了中国学术共同体的尊严——学术腐败问题答问录》，载《社会科学论坛》2001年第10期。

[309] 姚佳胜：《论大学治理的学生参与》，载《黑龙江高教研究》2016年第4期。

[310] 叶飞帆：《大学行政权力与学术权力的分离：三级组织二级管理模式》，载《教育研究》2011年第2期。

[311] 叶文明：《教师参与大学内部治理的渠道：一个"组织—制度"分析框架》，载《中国高教研究》2017年第3期。

[312] 伊继东：《高校党的先进性长效机制建设的若干思考》，载《学校党建与思想教育》2006年第7期。

[313] 于杨、张贵新：《美国大学"共治"的两难处境及发展趋势》，载《高等教育研究》2007年第8期。

[314] 余承海、曹安照：《当代中国大学治理的道德诉求》，载《大学教育科学》2013年第3期。

[315] 俞建伟：《学院制改革与高校内部权力结构调整》，载《现代大学教育》2001年第6期。

[316] 俞可平：《治理与善治》，社会科学文献出版社2000年版。

[317] 俞可平：《论国家治理现代化》，社会科学文献出版社 2015 年版。

[318] 俞可平：《权力与权威：新的解释》，载《中国人民大学学报》2016 年第 30 期。

[319] 俞可平：《全球治理引论》，载《马克思主义与现实》2002 年第 1 期。

[320] 俞可平：《治理和善治：一种新的政治分析框架》，载《南京社会科学》2001 年第 9 期。

[321] 俞可平：《走向善治》，中国文史出版社 2016 年版。

[322] 约瑟夫·熊彼特：《经济发展理论》，立信会计出版社 2017 年版。

[323] 张宝昆：《人的因素对大学发展的影响——德、美、日三国大学发展与高等教育思想家》，载《比较教育究》1988 年第 1 期。

[324] 张斌贤、王晨：《大学"理念"考辨——兼论大学"理想"与大学"观念"》，载《江苏高教》2005 年第 2 期。

[325] 张斌贤：《现代大学制度的建立与完善》，载《国家教育行政学院学报》2015 年第 11 期。

[326] 张斌贤：《我国高等学校内部管理体制的变迁》，载《教育学报》2005 年第 1 期。

[327] 张弛、迟景明：《学部制改革中大学内部权力结构优化》，载《国家教育行政学院学报》2015 年第 11 期。

[328] 张楚廷：《不同的大学治理方式》，载《大学教育科学》2010 年第 1 期。

[329] 张德祥、李洋帆：《二级学院治理：大学治理的重要课题》，载《中国高教研究》2017 年第 3 期。

[330] 张德祥：《1949 年以来中国大学治理的历史变迁——基于政策变革的思考》，载《中国高教研究》2016 年第 2 期。

[331] 张德祥：《高等学校的学术权力与行政权力》，南京师范大学出版社 2002 年版。

[332] 张东娇：《师生关系新走向：双向式"师道尊严"》，载《教育科学》2007 年第 1 期。

[333] 张广翔、关慧颖：《19 世纪初俄国的教育改革及其评价》，载《俄罗斯东欧中亚研究》2014 年第 3 期。

[334] 张国有：《大学堂章程》，北京大学出版社 2011 年版。

[335] 张宏辉：《纪律与现代性：马克思的论点》，载《社会分析》2012 年第 4 期。

[336] 张继龙、陈廷柱：《大学的学院学术治理现状及其改进——基于 24

所本科院校的调查》，载《清华大学教育研究》2017年第4期。

[337] 张继龙：《院系学术治理中的权力圈层结构——基于教师参与的视角》，载《高等教育研究》2017年第4期。

[338] 张建明：《从战略高度认识高校意识形态工作》，载《求是》2015年第21期。

[339] 张杰：《推进以人为本的制度激励》，载《中国高等教育》2014年第22期。

[340] 张磊：《欧洲中世纪大学》，商务印书馆2010年版。

[341] 张弢：《欧洲中世纪执教资格的产生与演进》，载《世界历史》2013年第3期。

[342] 张维迎：《大学的逻辑》北京大学出版社2004年版。

[343] 张伟：《学术组织中的成文规则》，华东师范大学，2012年。

[344] 张小杰：《关于柏林大学模式的基本特征的研究》，载《华东师范大学学报》（教育科学版）2003年第6期。

[345] 张学文：《何谓大学学者》，载《高等工程教育研究》2006年第5期。

[346] 张应强、高桂娟：《论现代大学制度建设的文化取向》，载《高等教育研究》2002年第6期。

[347] 张应强、蒋华林：《关于中国特色现代大学制度的理论认识》，载《教育研究》2013年第34期。

[348] 张英丽：《大学生学术道德失范现状的实证研究》，载《教育科学》2012年第1期。

[349] 张章：《说文解字（上）》，中国华侨出版社2012年版。

[350] 赵聪环、周作宇、杜瑞军：《论大学治理的领导力基础》，载《中国高教研究》2017年第12期。

[351] 赵富强、陈耘、张光磊：《心理资本视角下高校学术氛围对教师科研绩效的影响——基于全国29所高校784名教师的调查》，载《高等教育研究》2015年第4期。

[352] 赵金剑、魏宏杨：《高校学科群建筑交往空间环境设计策略初探》，载《福建建筑》2014年第1期。

[353] 赵丽娜：《美国州立大学的权力制约机制研究》，华中科技大学，2016年。

[354] 赵荣辉、周作宇：《论大学德治》，载《清华大学教育研究》2016年第6期。

[355] 赵侠、李平、孙铁：《基于学部制改革的省属本科院校管理体制研

究——以辽宁石油化工大学为例》，载《现代教育管理》2014年第2期。

[356] 郑睦凡、赵俊华：《权力如何影响道德判断行为：情境卷入的效应》，载《心理学报》2013年第11期。

[357] 郑师渠：《当下历史虚无主义之我见》，载《历史研究》2015年第6期。

[358] 中共中央马克思恩格斯列宁斯大林著作编译局：《马克思恩格斯全集》（第32卷），人民出版社1998年版。

[359] 中国社会科学院语言研究所词典编辑室编：《现代汉语词典（第五版）》，商务印书馆2008年版。

[360]《中华人民共和国高等教育法》，人民网，http：//www.people.com.cn/item/flfgk/rdlf/1998/111603199802.html。

[361]《普通高等学校学生管理规定》，中华人民共和国教育部，http：//www.moe.gov.cn/srcsite/A02/s5911/moe_621/201702/t20170216_296385.html。

[362] 钟秉林：《现代大学学术权力与行政权力的关系及其协调》，载《中国高等教育》2005年第19期。

[363] 钟晓敏：《加快教育"放管服"改革推进大学内部治理体系和治理能力现代化——基于大学权责清单制度的探索》，载《中国高教研究》2018年第2期。

[364] 周常明：《牛津大学史》，上海交通大学出版社2012年版。

[365] 周川：《学院组织及其治理结构》，载《中国高等教育评论》2012年第3期。

[366] 周谷平、张雁：《中国古代太学与欧洲中世纪大学之比较——兼论我国现代大学的起源》，载《高等教育研究》2006年第5期。

[367] 周光礼、马海泉：《科教融合：高等教育理念的变革与创新》，载《中国高教研究》2012年第8期。

[368] 周光礼：《"双一流"建设的三重突破：体制、管理与技术》，载《大学教育科学》2016年第4期。

[369] 周光礼：《高校内部治理创新的政策框架》，载《探索与争鸣》2017年第8期。

[370] 周光礼：《学术与政治——高等教育治理的政治学分析》，载《中国地质大学学报》（社会科学版）2011年第3期。

[371] 周光礼：《中国大学办学自主权（1952—2012）：政策变迁的制度解释》，载《中国地质大学学报》（社会科学版）2012年第12期。

[372] 周光礼：《重构高校治理结构：协调行政权力与学术权力》，载《中

国高等教育》2005 年第 19 期。

[373] 周巍、孙思栋、谈申申：《学生组织参与大学治理的驱动因素研究——基于结构方程模型》，载《中国高教研究》2016 年第 6 期。

[374] 周文智：《苏联高等学校暂行（标准）条例》，载《外国教育动态》1990 年第 2 期。

[375] 周雪光、李贞：《组织规章制度与组织决策》，载《北京大学教育评论》2010 年第 8 期。

[376] 周雪光、艾云：《多重逻辑下的制度变迁：一个分析框架》载《中国社会科学》2010 年第 4 期。

[377] 周雪光：《权威体制与有效治理：当代中国国家治理的制度逻辑》，载《开放时代》2011 年第 10 期。

[378] 周雪光：《中国国家治理的制度逻辑：一个组织学研究》，生活·读书·新知三联书店 2017 年版。

[379] 周雪光：《组织社会学十讲》，社会科学文献出版社 2003 年版。

[380] 周益斌：《论我国现代大学的起源——从太学、大学和书院的关系说起》，载《高等理科教育》2014 年第 1 期。

[381] 周作宇、赵美蓉：《高校校院权力配置研究》，载《国家教育行政学院学报》2011 年第 1 期。

[382] 周作宇、刘益东：《权力三角：现代大学治理的理论模型》，载《北京师范大学学报》（社会科学版）2018 年第 1 期。

[383] 周作宇：《大学理念：知识论基础及价值选择》，载《北京大学教育评论》2014 年第 12 期。

[384] 周作宇：《论大学组织冲突》，载《教育研究》2012 年第 9 期。

[385] 周作宇：《全球化与高等教育的国际责任》，载《大学教育科学》2011 年第 6 期。

[386] 周作宇：《微观政治：大学治理中的一个特殊场域》，载《清华大学教育研究》2017 年第 2 期。

[387] 朱汉民：《书院精神与书院制度的统一——古代书院对中国现代大学建设的启示》，载《大学教育科学》2011 年第 4 期。

[388] 朱家德：《教师参与大学治理个案研究》，载《高等教育研究》2017 年第 8 期。

[389] 邹晓东、吕旭峰：《研究型大学学部制改革的动因、运行机制及发展走向》，载《浙江大学学报人文社会科学版》2011 年第 3 期。

[390] 邹瑜、顾明等编：《法学大辞典》，中国知网，https：//cidian.

cnki. net/cidian/Search/SimpleSearch？ key = ％ E7％ 89％ B9％ E5％ 88％ AB％ E6％ 9D％ 83％ E5％ 8A％ 9B％ E5％ 85％ B3％ E7％ B3％ BB&range = CNKIDICT&search type = Entryword。

［391］左崇良：《现代大学的双层治理结构探索》，载《中国高教研究》2013 年第 2 期。

外文文献

［1］AAUP, ACE, AGB, Statement on Government of Colleges and Universities. *AAUP Bulletin*, 1977, 63（1）.

［2］Alan B. Cobban, Student Power in the Middle Ages, *History Today*, 1980, 30（2）.

［3］Alan E. Bemstein, Magisterium and License: Corporate autonomy against papa! Authority in the Medieval University of Paris. *Viator*, 1978（9）.

［4］Allen N. J., Meyer J. P., The Measurement and Antecedents of Affective, Continuance and Normative Commitment to the Organization. *Journal of Occupational and Organizational Psychology*, 2011, 63（1）.

［5］Altbach, Philip G., Academic Freedom: International Realities and Challenges. In *Tradition and Transition*: *The International Imperative in Higher Education*. Rotterdam, Netherlands: Sense, 2007.

［6］Arie de Geus, Planning as Learning, *Harvard Business Review*, 1998（3）.

［7］Austin I., Jones G. A., *Governance of Higher Education*: *Global Perspectives, Theories, and Practices.* New York: Routledge, 2015.

［8］Baldridge, J. Victor, Alternative Models of Governance in Higher Education. In Marvin W. Peterson, *Organization and Governance in Higher Education*: *An ASHE Reader.* New York: Simon & Schuster Publishing, 1984.

［9］Broxton J. M., Contrasting Perspectives on the Relationship between Teaching and Research.

［10］Burton R. Clark, *The Distinctive College*: *Antioch, Reed & Swarthmore.* Chicago: Transaction Publishers, 1970.

［11］Charles E. Mcclelland, *State, Society and University in German*, 1700 – 1914. Cambridge: University Press, 1980.

［12］Chris Argyris, Single – Loop and Double – Loop Models in Research on Decision Making, *Administrative Science Quarterly*, 1976, 21（3）.

［13］Clark, B. D., Organizational Saga in Higher Education. *Administrative Sci-*

ence Quarterly, 1972 (17).

［14］Cobban, A. B. , *The Medieval Universities*: *Their Development and Organization*. Britain: Methuen and Co Ltd, 1975.

［15］Cohen M. , March J. , Olsen J. , A Garbage Can Model of Organizational Choice. *Administrative Science Quarterly*, 1972, 17 (1).

［16］Cohen, M. , March, J. , Leadership in an Organized Anarchy. in M. Christopher Brown II, James L. Ratcliffe, etc. *Organization & Governance in Higher Education (fifth edition)* . New York: Pearson Custom Publishing.

［17］Compayre, G. , *Abelard and the Origin and Early History of Universities*. New York: Charles Scribner's Sons, 1907.

［18］D. J. Gayle et al. , *Governance in the Twenty - First - Century University*: *Approaches to Effective Leadership and Strategic Management*. San Francisco: Wiley Periodicals, 2003.

［19］D. Fallon, *The German University*: *A Heroic Ideal in Conflict with the Modern World*. Boulder: Colorado Associated University Press, 1980.

［20］Daniel Kahneman, *Think Fast*, *Think Slow*. Washington, D. C. : Targeted News Service, 2011.

［21］Dill D. D. , The Management of Academic Culture: Notes on the Management of Meaning and Social Integration. *Higher Education*, 1982, 11 (3).

［22］Dweck, Gavin, C. Marguerite (Narrator). *Mindset*: *The New Psychology of Success*. NY: Ballantine Books, 2007.

［23］Edward C. Tolman, Cognitive Maps in Rats and Men. *The Psychological Review*, 1948, 55 (4).

［24］Evelyn Pitre, Henry P. Sims, Jr. , The Thinking Organization: How Patterns of Thought Determine Organizational Culture, Wiely Online Library 1987, https: //onlinelibrary. wiley. com/doi/pdf/10. 1002/npr. 4040060407.

［25］Finn J. D. , Withdrawing from School. *Review of Educational Research*, 1989, 59 (2).

［26］Fredricks, J. A. et al. , School Engagement: Potential of the Concept, State of the Evidence. *Review of Educational Research*, 2004, 74 (1).

［27］Gabriel, A. L. , *Garlandia*: *Studies in the History of the Mediaeval University*. Frankfurt: Josef Knecht, 1969.

［28］Gareth Morgan, *Images of Organization*. New York: Sage Publication, 1997.

［29］Gorski, Philip Stephen, *The Disciplinary Revolution: Calvinism and the Rise of the State in Early Modern Europe*. Chicago: University of Chicago Press, 2003.

［30］Harold Perkin, History of Universities. In Philip G. Altabach, *International Higher Education*. New York and London: Garland Publishing, 1991.

［31］Haskins, C., The University of Paris in the Sermons of the Thirteenth Century. *American Historical Review*, 1904（1）.

［32］Hastings Rashdall, The Universities of Europe in the Middle Ages（2）. edited by F. M. Powicke and A. B. Emden. New York: Oxford University Press Inc., 1936.

［33］Henard, F., A. Mittertle, Governance and quality guidelines in Higher Education. http://www.oecd.org/education/imhe/46064461.pdf.

［34］Henry Mintzberg, The Professional Bureaucracy. In Christopher Brown II, James L. Ratcliffe, etc. *Organization & Governance in Higher Education（fifth edition）*. New York: Person Custom Publishing, 2000.

［35］Henry Mintzberg, The Structuring of Organizations, U.S. NRC, 2019-3-27, https://www.nrc.gov/docs/ML0907/ML090710600.pdf.

［36］Hilde de Ridder-Symoens, *A History of the University in Europe*, Vol, 1. Universities in the Middle Ages. Cambridge: Cambridge University Press, 1992.

［37］Humboldt W. V., ŭber die Bedingungen, unter Denen Wissenschaftund Kunst in Einem Volk Gedeihen. Flitner A.（ed.）. *W. V. Humboldt—Schriften zur Anthropologie und Bidung*. Frankfurt: Klett-Cotta im Ullstein Taschenbuch, 1984.

［38］Ikujiro Nonaka, Ryoko Toyama, The Knowledge-creating Theory Revisited: Knowledge creation as a Synthesizing Process. *Knowledge Management Research & Practice*, 2003.

［39］James Clear, Mental Models: How Intelligent People Solve Unsolvable Problems, Life back, 2019-3-27, https://www.lifehack.org/371742/mental-models-how-intelligent-people-solve-unsolvable-problems.

［40］James Perkins, A Report for the Carnegie Commission on Higher Education. The University as an Organization. New York: McGraw Hill Book Company, 1973.

［41］Jens Allwood, Dialog as Collective Thinking. *New Direction in Cognitive Science*, 1997（2）.

［42］Judy Pearsall, Patrick Hanks, The New Oxford Dictionary of English. Oxford: Clarendon Press, 1998.

［43］Karl E. Weick, Educational Organization as Loosely Coupled Systems. *Administrative Science Quarterly*, 1976, 21 (1).

［44］Ka-wing Leung, Heidegger's Concept of Fore-structure and Textual Interpretation, Digitalna knjiznica slovenije, 2011, https：//www.dlib.si/stream/URN：NBN：SI：DOC-BBS7U2NC/82059f4d-4c53-450f-8bf8-3213d74cb0db/PDF.

［45］Kenneth J. W. Craik, *The Nature of Explanation*. London：Cambridge University Press, 1943.

［46］Kivinen, O., Poikus, P., Privileges of Universitas Magistrorum et Scolarium and Their Justification in Charters of Foundation from the 13th to the 21st Centuries. *Higher Education*, 2006 (2).

［47］Leff, G., *Paris and Oxford Universities in the Thirteenth and Fourteenth Centuries：An Institutional and Intellectual History*. United States：John Wiley & Sons Inc, 1968.

［48］Li-fang Zhang, Thinking Styles and Cognitive Development. *The Journal of Genetic Psychology*, 2002, 163 (2).

［49］Lowrie, J., Dalys, J., *The Medieval University* 1200-1400. New York：Sheed and Ward, 1961.

［50］M. G. Brock, M. C. Curthoys, *The History of the University of Oxford*. Vol. 6. Oxford：Claredon Press, 1997.

［51］Mark Bonchek, Elisa Steele, 2015：What Kind of Thinker Are You?, Harvard Business Review, 2015-11, https：//hbr.org/2015/11/what-kind-of-thinker-are-you.

［52］Masland, A. T., Organizational Cultural in the Study of Higher Education, *Review of Higher Education*, 1985 (2).

［53］Menon, Maria E., Students' Views Regarding their Participation in University Governance：Implications for Distributed Leadership in Higher Education, *Tertiary Education and Management*, 2005, 11 (2).

［54］Michael D. Cohen, James March, Leadership in and Organized Anarchy. In M. Christopher Brown II, *Organization and Governance in Higher Education*, London：Pearson Custom Publishing, 2000.

［55］Mintzberg, H., *The Rise and Fall of Strategic Planning：Reconceiving Roles for Planning, Plans, and Planners*. New York：The Free Press, 1994.

［56］Nipperdey T., *Nachdenden Ueber die Deutsche Geschichte*. Muenchen：Verlag C. H. Beck, 1986.

［57］Nipperdey T. , *Deutsche Geschichte* 1800 – 1866：*Buergerwelt und Starker Staat*. Muenchen：Beck, 1991.

［58］Economic Organization and Efficiency：The Problem of Designing and Managing Efficient Economic Organizations, Slide Player, https：//slideplayer. com/slide/7068190/.

［59］Paul J. DiMaggio, Walter W. Powell, The Iron Cage Revisited：Institutional Isomorphism and Collective Rationality in Organizational Fields. *American Sociological Review*, 1983.

［60］Perdersen, O. , *The First Universities*：Studium General and the Origins of University Education in Europe. New York：Cambridge University Press, 1997.

［61］Perrow, Charles, Departmental Power and Perspectives in Industrial Firms, in Mayer N. Zald (ed.), *Power in Organization*. Nashville, TN：Vaderbilt University Press, 1970.

［62］Peter R. McKeon, The Status of the University of Paris as Parens Scientiarum：An Episode in the Development of Its Autonomy, *Speculum*, 1964 (4).

［63］Pettgrew, A. M. , On Studying Organizational Cultures. *Administrative Science Quarterly*, 1979 (24).

［64］Philip N. Johnson – Laird, *Mental Models*. Cambridge, MA：Harvard Press, 1983.

［65］Philip N. Johnson – Laird, *Mental Models and Human Reasoning*, PNAS, 2019 – 3 – 27, www. pnas. org/doi/10. 1073/pnas. 1012933107.

［66］Planas A. , et al. , Student Participation in University Governance：The Opinions of Professors and Students. *Studies in Higher Education*, 2013, 38 (4).

［67］Post G. Alexander III, The Licentia Docendi and the Rise of the Universities. *Charles Homer Haskins Anniversary Essays*, 1929.

［68］Rashdall, H. , *The Universities of Europe in the Middle Ages*：Saler-no Bologna, Paris (Vol. 1). Oxford：Clarendon Press, 1895.

［69］Robert Stenberg, Mental Self-government：A Theory of Intellectual Styles and Their Development. *Human Development*, 1988, 31 (4).

［70］Schleiermacher F. E. D. , *Gelegentliche über Universitaten in Deutschem Sinn, Nebst Einem Anhang über eine Neue zu Erichtende*. Berlin：Realschulbuchh, 1808.

［71］Schmidtlein, Frank A. , Berdahl, Robert O. , Autonomy and Accountability：Who Controls Academe? . In Philip G. Altbach, Patricia J. Gumport, and Robert O. Berdahl（eds.）. *American Higher Education in the Twenty – First Century*： Social, Political, and Economic Challenges（Third Edition）. Baltimore： The Johns Hopkins University, 2011.

［72］ Scott, W. R., *Institutions and Organizations*. Thousand Oaks, CA： Sage, 1995.

［73］ Sergiovanni T. J., *The Life World of Leadership： Creating Culture, Community and Personal Meaning in Our Schools*. San Francisco： Jossey – Bass, 2000.

［74］ T. E. Holland, The Centenary of Bologna University. *Macmillan's Magazine*, 1888（58）.

［75］ The Johari window, Changing Minds, 2019 – 3 – 27, http：//changingminds. org/disciplines/communication/models/johari_window. htm.

［76］ The University from the 12th to the 20th century, University of Bologna, https：//www. unibo. it/en/university/who – we – are/our – history/university – from – 12th – to – 20th – century.

［77］ The University of Oxford, Preface： Constitution and Statute-making Powers of the University. https：//governance. admin. ox. ac. uk/legislation/preface – constitution – and – statute – making – powers – of – the – university.

［78］ Thompson, James D., Organization in Action. New York： McGraw – Hill, 1967.

［79］ W. T. Hewett, University life in the Middle Ages. *Happer's New Monthly Magazine*, 1897（96）.

［80］ Weick K. E., Educational Organizations as Loosely Coupled Systems. *Administrative Science Quarterly*, 1976.

［81］ Weischeldel, W., *Idee und Wirkhchkeit einer Umversitat. Dokumente zur Geschichte der Fnedrich – Wilhelms – Umversitat zu Berlin*. Berlin： W De Gruyter, 1960.

［82］ Wells, J., The Universities of Europe in the Middle Ages. *The Scottish Review*, 1896.

［83］ Wiener, Norbert, *Cybernetics, or Control and Communication in the Animal and the Machine*. New York： John Wiley & Sons, 1948.

［84］ William A. Kaplin, Barbara A. Lee, *The Law of Higher Education： A Comprehensive Guide to Legal Implications of Administrative Decision Making*. San Francisco： Jossey-bass, A Wiley Imprint, 2007.

［85］ William H. Starbuck, The Construction of Organization Theory. In Haridmos

Tsoukas, Christian Knudsen (eds.), *Oxford Handbook of Organization Theory*: *Meta – Theoretical Perspectives.* London: Oxford University Press, 2003.

[86] Wilson, Woodrow, The Study of Administration. *Political Science Quarterly*, 1887.

[87] А. И. Аврус, *История Российских Университетов* Москва: Московский Общественный Научный Фонд, 2001.

[88] В. Л. Соколин – Пред. и др., *Российский Статистический Ежегодник 2005 Года*. Москва: Госкомстат России, 2005.

[89] Е. В. Олесеюк, В. С. Борисов, В. А. Динес, *Отечественные Университеты в Динамике Залотого Века Русской Культуры*. Санкт – Петербург: М – во Образования и Науки Российской Федерации, Федеральное Агентство по Образованию, Федеральный Центр Образовательного Законодательства, 2005.

[90] И. В. Кулькина, *Правовое Регулирование Деятельности Высшей Аттестационной Комиссии СССР в Сфере Присуждения Ученых Степеней*: 1934 – 1991 гг. РГБ ОД, 61 09 – 12/257, 2008.

[91] Олесеюк Е. В., Харламова Т. Н., *Университетские Уставы XIX Века*: *из Опыта Нормативно – Правового Регулирования Отношений Студенчества*. Санкт – Петербург: Проблемы и Образования, No. 1, 2007.

[92] Петров Ф. А., *Формирование Системы Университетского Образования в России*. Москва: Государственый Университет им. М. В, Т. 1, 2003.

[93] Савин М. В., *200 Лет Первому Университетскому Уставу в России*. Университетское Управление: Практика и Анализ, No. 1., 2004.

[94] ハンス＝ヴェルナープラール, 山本尤訳, 大学制度の社会史. 東京: 法政大学出版局, 1988.

教育部哲学社会科学研究重大课题攻关项目
成果出版列表

序号	书　名	首席专家
1	《马克思主义基础理论若干重大问题研究》	陈先达
2	《马克思主义理论学科体系建构与建设研究》	张雷声
3	《马克思主义整体性研究》	逄锦聚
4	《改革开放以来马克思主义在中国的发展》	顾钰民
5	《新时期　新探索　新征程——当代资本主义国家共产党的理论与实践研究》	聂运麟
6	《坚持马克思主义在意识形态领域指导地位研究》	陈先达
7	《当代资本主义新变化的批判性解读》	唐正东
8	《当代中国人精神生活研究》	童世骏
9	《弘扬与培育民族精神研究》	杨叔子
10	《当代科学哲学的发展趋势》	郭贵春
11	《服务型政府建设规律研究》	朱光磊
12	《地方政府改革与深化行政管理体制改革研究》	沈荣华
13	《面向知识表示与推理的自然语言逻辑》	鞠实儿
14	《当代宗教冲突与对话研究》	张志刚
15	《马克思主义文艺理论中国化研究》	朱立元
16	《历史题材文学创作重大问题研究》	童庆炳
17	《现代中西高校公共艺术教育比较研究》	曾繁仁
18	《西方文论中国化与中国文论建设》	王一川
19	《中华民族音乐文化的国际传播与推广》	王耀华
20	《楚地出土戰國簡冊［十四種］》	陈　伟
21	《近代中国的知识与制度转型》	桑　兵
22	《中国抗战在世界反法西斯战争中的历史地位》	胡德坤
23	《近代以来日本对华认识及其行动选择研究》	杨栋梁
24	《京津冀都市圈的崛起与中国经济发展》	周立群
25	《金融市场全球化下的中国监管体系研究》	曹凤岐
26	《中国市场经济发展研究》	刘　伟
27	《全球经济调整中的中国经济增长与宏观调控体系研究》	黄　达
28	《中国特大都市圈与世界制造业中心研究》	李廉水

序号	书　名	首席专家
29	《中国产业竞争力研究》	赵彦云
30	《东北老工业基地资源型城市发展可持续产业问题研究》	宋冬林
31	《转型时期消费需求升级与产业发展研究》	臧旭恒
32	《中国金融国际化中的风险防范与金融安全研究》	刘锡良
33	《全球新型金融危机与中国的外汇储备战略》	陈雨露
34	《全球金融危机与新常态下的中国产业发展》	段文斌
35	《中国民营经济制度创新与发展》	李维安
36	《中国现代服务经济理论与发展战略研究》	陈　宪
37	《中国转型期的社会风险及公共危机管理研究》	丁烈云
38	《人文社会科学研究成果评价体系研究》	刘大椿
39	《中国工业化、城镇化进程中的农村土地问题研究》	曲福田
40	《中国农村社区建设研究》	项继权
41	《东北老工业基地改造与振兴研究》	程　伟
42	《全面建设小康社会进程中的我国就业发展战略研究》	曾湘泉
43	《自主创新战略与国际竞争力研究》	吴贵生
44	《转轨经济中的反行政性垄断与促进竞争政策研究》	于良春
45	《面向公共服务的电子政务管理体系研究》	孙宝文
46	《产权理论比较与中国产权制度变革》	黄少安
47	《中国企业集团成长与重组研究》	蓝海林
48	《我国资源、环境、人口与经济承载能力研究》	邱　东
49	《"病有所医"——目标、路径与战略选择》	高建民
50	《税收对国民收入分配调控作用研究》	郭庆旺
51	《多党合作与中国共产党执政能力建设研究》	周淑真
52	《规范收入分配秩序研究》	杨灿明
53	《中国社会转型中的政府治理模式研究》	娄成武
54	《中国加入区域经济一体化研究》	黄卫平
55	《金融体制改革和货币问题研究》	王广谦
56	《人民币均衡汇率问题研究》	姜波克
57	《我国土地制度与社会经济协调发展研究》	黄祖辉
58	《南水北调工程与中部地区经济社会可持续发展研究》	杨云彦
59	《产业集聚与区域经济协调发展研究》	王　珺

序号	书名	首席专家
60	《我国货币政策体系与传导机制研究》	刘 伟
61	《我国民法典体系问题研究》	王利明
62	《中国司法制度的基础理论问题研究》	陈光中
63	《多元化纠纷解决机制与和谐社会的构建》	范 愉
64	《中国和平发展的重大前沿国际法律问题研究》	曾令良
65	《中国法制现代化的理论与实践》	徐显明
66	《农村土地问题立法研究》	陈小君
67	《知识产权制度变革与发展研究》	吴汉东
68	《中国能源安全若干法律与政策问题研究》	黄 进
69	《城乡统筹视角下我国城乡双向商贸流通体系研究》	任保平
70	《产权强度、土地流转与农民权益保护》	罗必良
71	《我国建设用地总量控制与差别化管理政策研究》	欧名豪
72	《矿产资源有偿使用制度与生态补偿机制》	李国平
73	《巨灾风险管理制度创新研究》	卓 志
74	《国有资产法律保护机制研究》	李曙光
75	《中国与全球油气资源重点区域合作研究》	王 震
76	《可持续发展的中国新型农村社会养老保险制度研究》	邓大松
77	《农民工权益保护理论与实践研究》	刘林平
78	《大学生就业创业教育研究》	杨晓慧
79	《新能源与可再生能源法律与政策研究》	李艳芳
80	《中国海外投资的风险防范与管控体系研究》	陈菲琼
81	《生活质量的指标构建与现状评价》	周长城
82	《中国公民人文素质研究》	石亚军
83	《城市化进程中的重大社会问题及其对策研究》	李 强
84	《中国农村与农民问题前沿研究》	徐 勇
85	《西部开发中的人口流动与族际交往研究》	马 戎
86	《现代农业发展战略研究》	周应恒
87	《综合交通运输体系研究——认知与建构》	荣朝和
88	《中国独生子女问题研究》	风笑天
89	《我国粮食安全保障体系研究》	胡小平
90	《我国食品安全风险防控研究》	王 硕

序号	书名	首席专家
91	《城市新移民问题及其对策研究》	周大鸣
92	《新农村建设与城镇化推进中农村教育布局调整研究》	史宁中
93	《农村公共产品供给与农村和谐社会建设》	王国华
94	《中国大城市户籍制度改革研究》	彭希哲
95	《国家惠农政策的成效评价与完善研究》	邓大才
96	《以民主促进和谐——和谐社会构建中的基层民主政治建设研究》	徐 勇
97	《城市文化与国家治理——当代中国城市建设理论内涵与发展模式建构》	皇甫晓涛
98	《中国边疆治理研究》	周 平
99	《边疆多民族地区构建社会主义和谐社会研究》	张先亮
100	《新疆民族文化、民族心理与社会长治久安》	高静文
101	《中国大众媒介的传播效果与公信力研究》	喻国明
102	《媒介素养：理念、认知、参与》	陆 晔
103	《创新型国家的知识信息服务体系研究》	胡昌平
104	《数字信息资源规划、管理与利用研究》	马费成
105	《新闻传媒发展与建构和谐社会关系研究》	罗以澄
106	《数字传播技术与媒体产业发展研究》	黄升民
107	《互联网等新媒体对社会舆论影响与利用研究》	谢新洲
108	《网络舆论监测与安全研究》	黄永林
109	《中国文化产业发展战略论》	胡惠林
110	《20世纪中国古代文化经典在域外的传播与影响研究》	张西平
111	《国际传播的理论、现状和发展趋势研究》	吴 飞
112	《教育投入、资源配置与人力资本收益》	闵维方
113	《创新人才与教育创新研究》	林崇德
114	《中国农村教育发展指标体系研究》	袁桂林
115	《高校思想政治理论课程建设研究》	顾海良
116	《网络思想政治教育研究》	张再兴
117	《高校招生考试制度改革研究》	刘海峰
118	《基础教育改革与中国教育学理论重建研究》	叶 澜
119	《我国研究生教育结构调整问题研究》	袁本涛 王传毅
120	《公共财政框架下公共教育财政制度研究》	王善迈

序号	书　名	首席专家
121	《农民工子女问题研究》	袁振国
122	《当代大学生诚信制度建设及加强大学生思想政治工作研究》	黄蓉生
123	《从失衡走向平衡：素质教育课程评价体系研究》	钟启泉 崔允漷
124	《构建城乡一体化的教育体制机制研究》	李　玲
125	《高校思想政治理论课教育教学质量监测体系研究》	张耀灿
126	《处境不利儿童的心理发展现状与教育对策研究》	申继亮
127	《学习过程与机制研究》	莫　雷
128	《青少年心理健康素质调查研究》	沈德立
129	《灾后中小学生心理疏导研究》	林崇德
130	《民族地区教育优先发展研究》	张诗亚
131	《WTO主要成员贸易政策体系与对策研究》	张汉林
132	《中国和平发展的国际环境分析》	叶自成
133	《冷战时期美国重大外交政策案例研究》	沈志华
134	《新时期中非合作关系研究》	刘鸿武
135	《我国的地缘政治及其战略研究》	倪世雄
136	《中国海洋发展战略研究》	徐祥民
137	《深化医药卫生体制改革研究》	孟庆跃
138	《华侨华人在中国软实力建设中的作用研究》	黄　平
139	《我国地方法制建设理论与实践研究》	葛洪义
140	《城市化理论重构与城市化战略研究》	张鸿雁
141	《境外宗教渗透论》	段德智
142	《中部崛起过程中的新型工业化研究》	陈晓红
143	《农村社会保障制度研究》	赵　曼
144	《中国艺术学学科体系建设研究》	黄会林
145	《人工耳蜗术后儿童康复教育的原理与方法》	黄昭鸣
146	《我国少数民族音乐资源的保护与开发研究》	樊祖荫
147	《中国道德文化的传统理念与现代践行研究》	李建华
148	《低碳经济转型下的中国排放权交易体系》	齐绍洲
149	《中国东北亚战略与政策研究》	刘清才
150	《促进经济发展方式转变的地方财税体制改革研究》	钟晓敏
151	《中国—东盟区域经济一体化》	范祚军

序号	书　名	首席专家
152	《非传统安全合作与中俄关系》	冯绍雷
153	《外资并购与我国产业安全研究》	李善民
154	《近代汉字术语的生成演变与中西日文化互动研究》	冯天瑜
155	《新时期加强社会组织建设研究》	李友梅
156	《民办学校分类管理政策研究》	周海涛
157	《我国城市住房制度改革研究》	高　波
158	《新媒体环境下的危机传播及舆论引导研究》	喻国明
159	《法治国家建设中的司法判例制度研究》	何家弘
160	《中国女性高层次人才发展规律及发展对策研究》	佟　新
161	《国际金融中心法制环境研究》	周仲飞
162	《居民收入占国民收入比重统计指标体系研究》	刘　扬
163	《中国历代边疆治理研究》	程妮娜
164	《性别视角下的中国文学与文化》	乔以钢
165	《我国公共财政风险评估及其防范对策研究》	吴俊培
166	《中国历代民歌史论》	陈书录
167	《大学生村官成长成才机制研究》	马抗美
168	《完善学校突发事件应急管理机制研究》	马怀德
169	《秦简牍整理与研究》	陈　伟
170	《出土简帛与古史再建》	李学勤
171	《民间借贷与非法集资风险防范的法律机制研究》	岳彩申
172	《新时期社会治安防控体系建设研究》	宫志刚
173	《加快发展我国生产服务业研究》	李江帆
174	《基本公共服务均等化研究》	张贤明
175	《职业教育质量评价体系研究》	周志刚
176	《中国大学校长管理专业化研究》	宣　勇
177	《"两型社会"建设标准及指标体系研究》	陈晓红
178	《中国与中亚地区国家关系研究》	潘志平
179	《保障我国海上通道安全研究》	吕　靖
180	《世界主要国家安全体制机制研究》	刘胜湘
181	《中国流动人口的城市逐梦》	杨菊华
182	《建设人口均衡型社会研究》	刘渝琳
183	《农产品流通体系建设的机制创新与政策体系研究》	夏春玉

序号	书　名	首席专家
184	《区域经济一体化中府际合作的法律问题研究》	石佑启
185	《城乡劳动力平等就业研究》	姚先国
186	《20世纪朱子学研究精华集成——从学术思想史的视角》	乐爱国
187	《拔尖创新人才成长规律与培养模式研究》	林崇德
188	《生态文明制度建设研究》	陈晓红
189	《我国城镇住房保障体系及运行机制研究》	虞晓芬
190	《中国战略性新兴产业国际化战略研究》	汪　涛
191	《证据科学论纲》	张保生
192	《要素成本上升背景下我国外贸中长期发展趋势研究》	黄建忠
193	《中国历代长城研究》	段清波
194	《当代技术哲学的发展趋势研究》	吴国林
195	《20世纪中国社会思潮研究》	高瑞泉
196	《中国社会保障制度整合与体系完善重大问题研究》	丁建定
197	《民族地区特殊类型贫困与反贫困研究》	李俊杰
198	《扩大消费需求的长效机制研究》	臧旭恒
199	《我国土地出让制度改革及收益共享机制研究》	石晓平
200	《高等学校分类体系及其设置标准研究》	史秋衡
201	《全面加强学校德育体系建设研究》	杜时忠
202	《生态环境公益诉讼机制研究》	颜运秋
203	《科学研究与高等教育深度融合的知识创新体系建设研究》	杜德斌
204	《女性高层次人才成长规律与发展对策研究》	罗瑾琏
205	《岳麓秦简与秦代法律制度研究》	陈松长
206	《民办教育分类管理政策实施跟踪与评估研究》	周海涛
207	《建立城乡统一的建设用地市场研究》	张安录
208	《迈向高质量发展的经济结构转变研究》	郭熙保
209	《中国社会福利理论与制度构建——以适度普惠社会福利制度为例》	彭华民
210	《提高教育系统廉政文化建设实效性和针对性研究》	罗国振
211	《毒品成瘾及其复吸行为——心理学的研究视角》	沈模卫
212	《英语世界的中国文学译介与研究》	曹顺庆
213	《建立公开规范的住房公积金制度研究》	王先柱

序号	书名	首席专家
214	《现代归纳逻辑理论及其应用研究》	何向东
215	《时代变迁、技术扩散与教育变革：信息化教育的理论与实践探索》	杨 浩
216	《城镇化进程中新生代农民工职业教育与社会融合问题研究》	褚宏启 薛二勇
217	《我国先进制造业发展战略研究》	唐晓华
218	《融合与修正：跨文化交流的逻辑与认知研究》	鞠实儿
219	《中国新生代农民工收入状况与消费行为研究》	金晓彤
220	《高校少数民族应用型人才培养模式综合改革研究》	张学敏
221	《中国的立法体制研究》	陈 俊
222	《教师社会经济地位问题：现实与选择》	劳凯声
223	《中国现代职业教育质量保障体系研究》	赵志群
224	《欧洲农村城镇化进程及其借鉴意义》	刘景华
225	《国际金融危机后全球需求结构变化及其对中国的影响》	陈万灵
226	《创新法治人才培养机制》	杜承铭
227	《法治中国建设背景下警察权研究》	余凌云
228	《高校财务管理创新与财务风险防范机制研究》	徐明稚
229	《义务教育学校布局问题研究》	雷万鹏
230	《高校党员领导干部清正、党政领导班子清廉的长效机制研究》	汪 曦
231	《二十国集团与全球经济治理研究》	黄茂兴
232	《高校内部权力运行制约与监督体系研究》	张德祥
233	《职业教育办学模式改革研究》	石伟平
234	《职业教育现代学徒制理论研究与实践探索》	徐国庆
235	《全球化背景下国际秩序重构与中国国家安全战略研究》	张汉林
236	《进一步扩大服务业开放的模式和路径研究》	申明浩
237	《自然资源管理体制研究》	宋马林
238	《高考改革试点方案跟踪与评估研究》	钟秉林
239	《全面提高党的建设科学化水平》	齐卫平
240	《"绿色化"的重大意义及实现途径研究》	张俊飚
241	《利率市场化背景下的金融风险研究》	田利辉
242	《经济全球化背景下中国反垄断战略研究》	王先林

序号	书名	首席专家
243	《中华文化的跨文化阐释与对外传播研究》	李庆本
244	《世界一流大学和一流学科评价体系与推进战略》	王战军
245	《新常态下中国经济运行机制的变革与中国宏观调控模式重构研究》	袁晓玲
246	《推进21世纪海上丝绸之路建设研究》	梁 颖
247	《现代大学治理结构中的纪律建设、德治礼序和权力配置协调机制研究》	周作宇
……		